2025

공인 노무사

2차시험 | 필수과목

행정쟁송법

시대에듀

공인
노무사

행정쟁송법

머리말

사회가 고도화됨에 따라 노사관계 및 노동이슈가 증가하고 있고, 개별적 노사관계는 물론 집단적 노사관계에 이르기까지 분쟁의 해결이라는 측면에서 공인노무사의 역할은 더욱 증대되고 있다. 이에 따라 최근 고용노동부는 공인노무사의 인력수급을 적정화하기 위하여 2018년부터 공인노무사시험 합격인원을 기존보다 50명 더 늘리기로 하였다.

공인노무사시험은 격년제로 시행되었으나, 1998년부터는 매년 1회 치러지고 있으며, 2024년부터는 1차시험이 과목당 40문항으로 문제 수가 증가되었다. 1차시험은 5지 택일형 객관식, 2차시험은 논문형 주관식으로 진행되고, 1 · 2차시험 합격자에 한하여 전문지식과 응용능력 등을 확인하기 위한 3차시험(면접)이 실시된다.

2차시험은 노사관계에서 발생하는 복잡한 사건들을 합리적으로 해결할 수 있는 능력을 평가하는 시험으로, '준'고시라고 불릴 정도로 매년 시험의 난이도가 상승하고 있으며, 수험인원도 증가하고 있다.

논술형인 2차시험의 답안서술방식은 쟁점의 파악, 이론과 법리의 서술, 해당 사안의 포섭 · 해결로 나뉘는데, 본 교재는 위 3단계에 기초한 기본서로서 꼭 필요한 내용만을 담아 구성하였다.

Always with you

사람의 인연은 길에서 우연하게 만나거나 함께 살아가는 것만을 의미하지는 않습니다.
책을 펴내는 출판사와 그 책을 읽는 독자의 만남도 소중한 인연입니다.
시대에듀는 항상 독자의 마음을 헤아리기 위해 노력하고 있습니다. 늘 독자와 함께하겠습니다.

「2025 시대에듀 EBS 공인노무사 2차 행정쟁송법」의 특징은 다음과 같다.

첫 번째 출제되지 아니하거나 불필요한 논점은 생략하였고, 출제확률이 높은 주요논점만을 핵심이론으로 수록하였다.

두 번째 핵심이론에 서술된 구법하의 판례에 기재된 법조항을 현재 시행 중인 법조항으로 수정하는 것도 생각하여 보았으나, 그대로 두어 수험생으로 하여금 찾아보도록 하는 것이 오히려 도움이 되겠다고 판단하여 반영하지 아니하였다.

세 번째 실전처럼 연습할 수 있도록 매 CHAPTER별로 공인노무사 2차시험 기출문제를 수록하였고, 예시답안을 통하여 그 서술방식을 이해할 수 있도록 하였다.

네 번째 CHAPTER별 주요논점과 관련된 공인노무사시험 및 변호사시험의 주요 기출문제해설을 수록하여 심화학습이 가능하도록 하였다.

다섯 번째 주요논점의 본문해설과 관련된 중요 핵심판례를 수록하여 해당 내용의 이해와 숙지에 도움이 되도록 하였다.

본 교재가 공인노무사시험을 준비하는 수험생 여러분에게 합격을 위한 좋은 안내서가 되기를 바라며, 여러분의 합격을 기원한다.

편저자 올림

이 책의 구성과 특징

1 주요논점

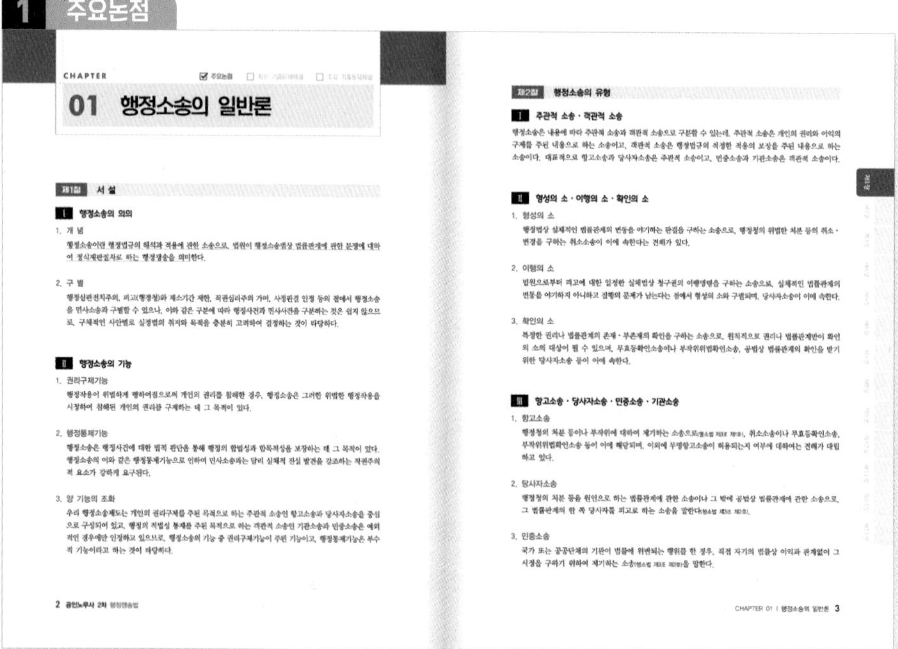

행정쟁송법을 총 13개 CHAPTER로 분류하여 출제확률이 높은 주요논점만을 핵심이론으로 수록하였고, 암기하여야 할 중요사항은 밑줄로 표시하였다.

2 최신 기출문제+예시답안

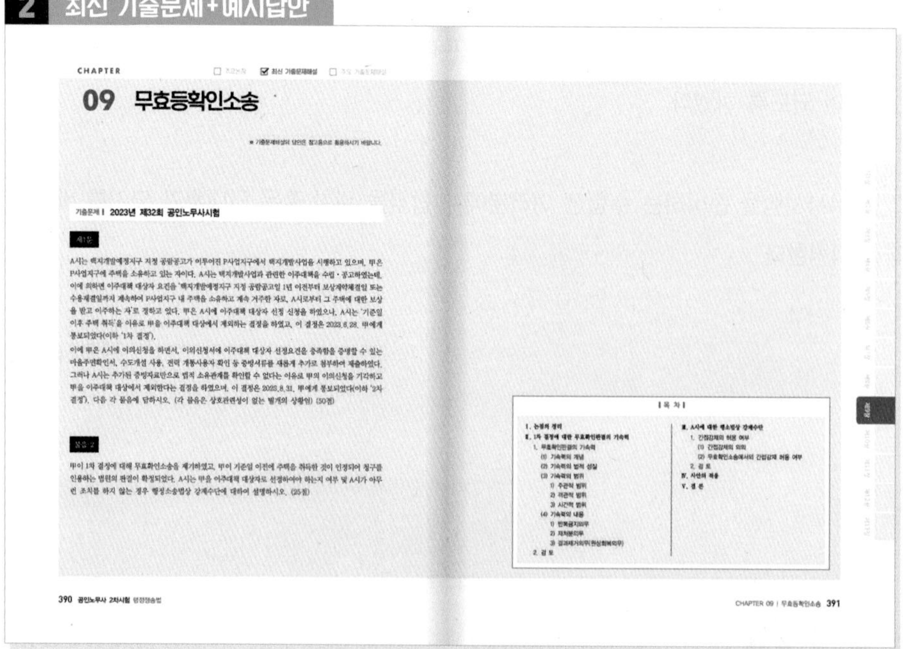

매 CHAPTER와 관련한 가장 최신의 기출문제를 엄선하여 수록하였고 예시답안의 논리적 흐름을 한눈에 확인할 수 있도록 목차로 정리하였다.

3 주요 기출문제+예시답안

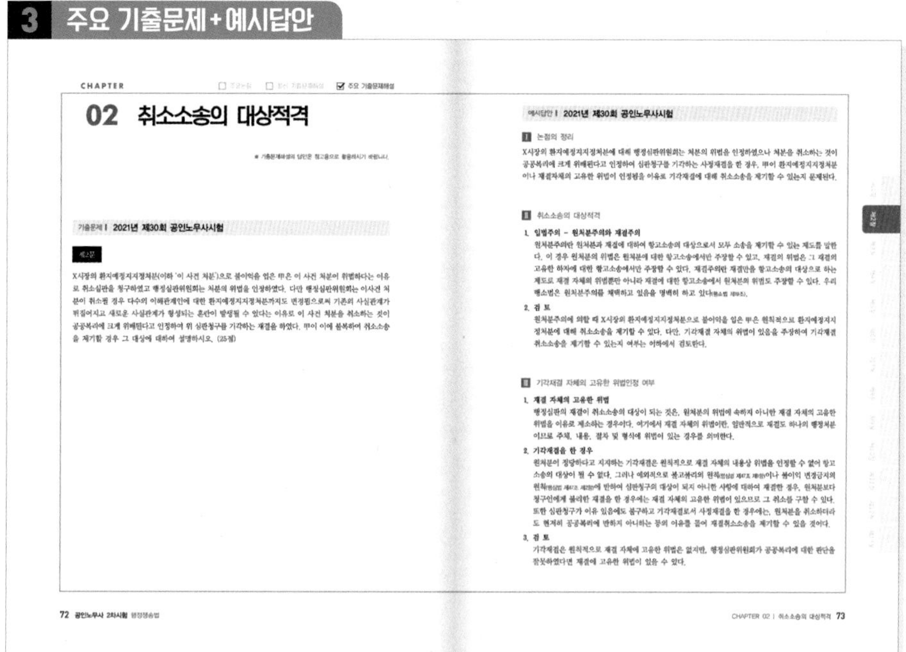

주요논점과 관련된 공인노무사시험 및 변호사시험의 주요 기출문제를 수록하여 심화학습이 가능하도록 하였다.

4 핵심판례

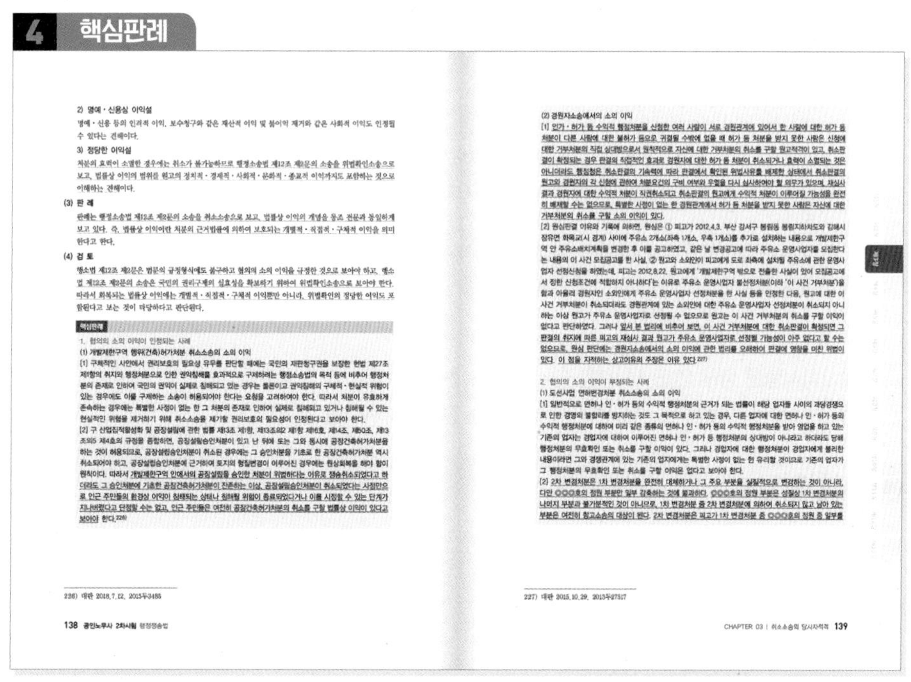

주요논점의 본문해설을 이해하고 숙지하는 데 도움이 되도록 관련된 중요 핵심판례를 수록하였다.

자격시험 소개

★ 2025년 제34회 시험 사전공고 기준

◉ 공인노무사란?

⋯› 노동관계법령 및 인사노무관리 분야에 대한 전문적인 지식과 경험을 제공함으로써 사업 또는 사업장의 노동관계업무의 원활한 운영을 도모하며, 노사관계를 자율적이고 합리적으로 개선시키는 전문인력을 말한다.

◉ 주요업무

❶ 공인노무사는 다음의 직무를 수행한다.

(1) 노동관계법령에 따라 관계기관에 대하여 행하는 신고 · 신청 · 보고 · 진술 · 청구(이의신청 · 심사청구 및 심판청구를 포함한다) 및 권리구제 등의 대행 또는 대리

(2) 노동관계법령에 따른 서류의 작성과 확인

(3) 노동관계법령과 노무관리에 관한 상담 · 지도

(4) 「근로기준법」을 적용받는 사업이나 사업장에 대한 노무관리진단

(5) 「노동조합 및 노동관계조정법」에서 정한 사적(私的) 조정이나 중재

(6) 사회보험관계법령에 따라 관계기관에 대하여 행하는 신고 · 신청 · 보고 · 진술 · 청구(이의신청 · 심사청구 및 심판청구를 포함한다) 및 권리구제 등의 대행 또는 대리

❷ "노무관리진단"이란 사업 또는 사업장의 노사당사자 한쪽 또는 양쪽의 의뢰를 받아 그 사업 또는 사업장의 인사 · 노무관리 · 노사관계 등에 관한 사항을 분석 · 진단하고, 그 결과에 대하여 합리적인 개선방안을 제시하는 일련의 행위를 말한다.

◉ 응시자격

❶ 공인노무사법 제4조 각 호의 결격사유에 해당하지 아니하는 사람

다음의 어느 하나에 해당하는 사람은 공인노무사가 될 수 없다.

① 미성년자
② 피성년후견인 또는 피한정후견인
③ 파산선고를 받은 사람으로서 복권(復權)되지 아니한 사람
④ 공무원으로서 징계처분에 따라 파면된 사람으로서 3년이 지나지 아니한 사람
⑤ 금고(禁錮) 이상의 실형을 선고받고 그 집행이 끝나거나(집행이 끝난 것으로 보는 경우를 포함한다) 집행이 면제된 날부터 3년이 지나지 아니한 사람
⑥ 금고 이상의 형의 집행유예를 선고받고 그 유예기간이 끝난 날부터 1년이 지나지 아니한 사람
⑦ 금고 이상의 형의 선고유예기간 중에 있는 사람
⑧ 징계에 따라 영구등록취소된 사람

❷ 2차시험은 당해 연도 1차시험 합격자 또는 전년도 1차시험 합격자

❸ 3차시험은 당해 연도 2차시험 합격자 또는 전년도 2차시험 합격자

◉ 시험일정

구 분	인터넷 원서접수	시험일자	시행지역	합격자 발표
2025년 제34회 1차	2025.3.31～4.4	2025.5.24	서울, 부산, 대구, 인천, 광주, 대전	2025.6.25
2025년 제34회 2차	2025.7.14～7.18	2025.8.30～8.31		2025.11.19
2025년 제34회 3차		2025.12.5	서 울	2025.12.17

※ 시험에 응시하려는 사람은 응시원서와 함께 영어능력검정시험 성적표를 제출하여야 한다.

◉ 시험과목

❶ 2차시험(4과목)

구 분	시험과목	배 점	출제범위
필 수	노동법	150	「근로기준법」, 「파견근로자 보호 등에 관한 법률」, 「기간제 및 단시간근로자 보호 등에 관한 법률」, 「산업안전보건법」, 「산업재해보상보험법」, 「고용보험법」, 「노동조합 및 노동관계조정법」, 「근로자참여 및 협력증진에 관한 법률」, 「노동위원회법」, 「공무원의 노동조합 설립 및 운영 등에 관한 법률」, 「교원의 노동조합 설립 및 운영 등에 관한 법률」
	인사노무관리론	100	–
	행정쟁송법	100	「행정심판법」 및 「행정소송법」과 「민사소송법」 중 행정쟁송 관련 부분
선 택	경영조직론 · 노동경제학 · 민사소송법 중 1과목	100	–

⋯ 비고 : 노동법은 노동법의 기본이념 등 총론부분을 포함

❷ 3차시험

구 분	시험과목	배 점	출제범위
–	면접시험	–	공인노무사법 시행령 제4조 제3항의 평정사항

◉ 시험시간

구 분	교 시	시험과목	문항수	시험시간	시험방법
2차 시험	1 2	1. 노동법	4문항	교시당 75분 (09:30~10:45) (11:15~12:30)	주관식 (논문형)
	3	2. 인사노무관리론	과목당 3문항	과목당 100분 (13:50~15:30)	
	4 5	3. 행정쟁송법 4. 경영조직론 · 노동경제학 · 민사소송법 중 1과목		(09:30~11:10) (11:40~13:20)	
3차 시험	1. 국가관 · 사명감 등 정신자세 3. 예의 · 품행 및 성실성	2. 전문지식과 응용능력 4. 의사발표의 정확성과 논리성			면 접

◉ 합격기준

구 분	합격자 결정
2차시험	• 과목당 100점을 만점으로 하여 각 과목의 점수가 40점 이상이고, 전 과목 평균점수가 60점 이상인 사람 • 최소합격인원 미달일 경우에는, 최소합격인원의 범위에서 모든 과목의 점수가 40점 이상인 사람 중에서 전 과목 평균점수가 높은 순서로 합격자 결정
3차시험	• 평정요소마다 "상"(3점), "중"(2점), "하"(1점)로 구분하고, 총 12점 만점으로 채점하여 각 시험위원이 채점한 평점의 평균이 "중"(8점) 이상인 사람 • 위원의 과반수가 어느 하나의 같은 평정요소를 "하"로 평정하였을 때에는 불합격

자격시험 검정현황

◉ 공인노무사 수험인원 및 합격자현황

구 분	1차시험				2차시험				3차시험			
	대 상	응 시	합 격	합격률	대 상	응 시	합 격	합격률	대 상	응 시	합 격	합격률
제27회('18)	4,744	4,044	2,420	**59.8%**	3,513	3,018	300	**9.9%**	300	300	300	**100%**
제28회('19)	6,211	5,269	2,494	**47.3%**	3,750	3,231	303	**9.4%**	303	303	303	**100%**
제29회('20)	7,549	6,203	3,439	**55.4%**	4,386	3,871	343	**8.9%**	343	343	343	**100%**
제30회('21)	7,654	6,692	3,413	**51.0%**	5,042	4,514	322	**7.1%**	322	322	320	**99.4%**
제31회('22)	8,261	7,002	4,221	**60.3%**	5,745	5,128	549	**10.7%**	551	551	551	**100%**
제32회('23)	10,225	8,611	3,019	**35.1%**	5,327	4,724	395	**8.4%**	395	395	395	**100%**
제33회('24)	11,646	9,602	2,150	**22.4%**	4,052	3,682	330	**8.9%**	330	329	329	**100%**

◉ 검정현황(그래프)

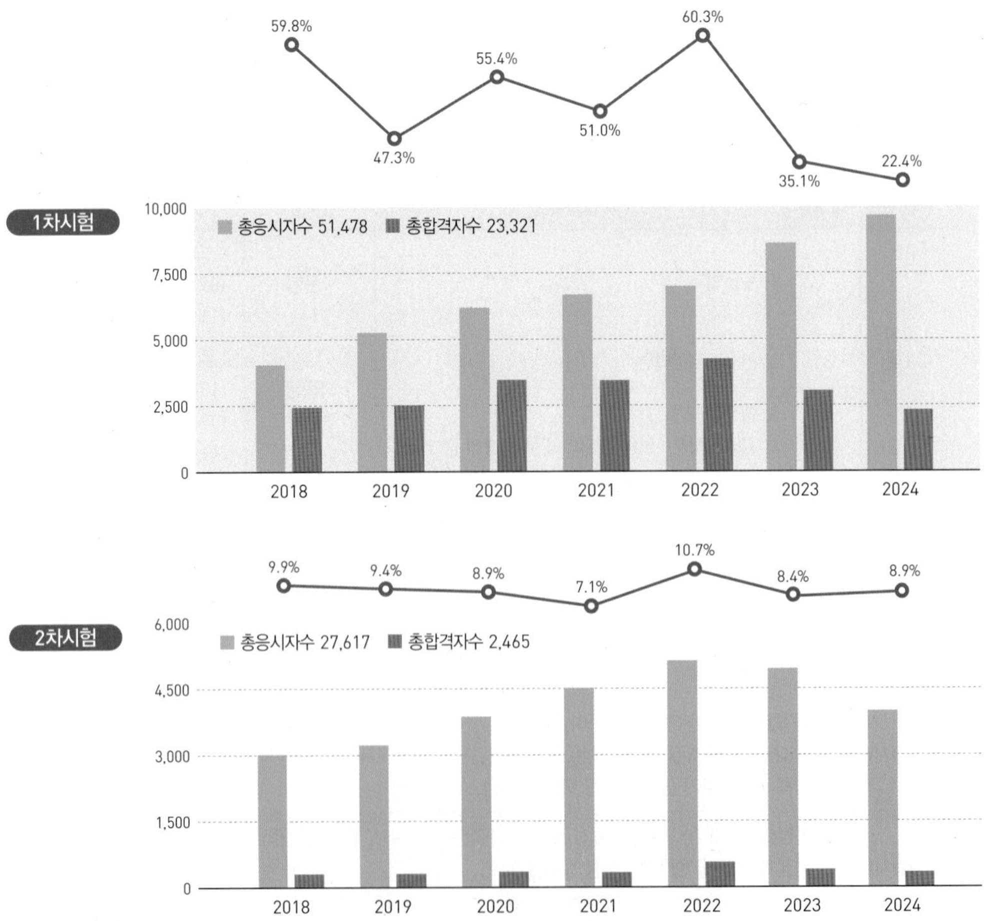

10개년 기출유형 분석

기출연도	행정쟁송법
2015년	취소심판의 청구기간, 처분사유의 추가 · 변경
	행심법상 잠정적인 권리구제수단
	사정판결
2016년	취소소송의 대상적격과 인용판결 전후의 권리구제방안
	제3자의 재심청구
	취소소송에서의 원고적격의 확대
2017년	취소소송의 제소기간, 취소소송에서의 협의의 소의 이익
	무효확인소송
	취소소송의 대상적격
2018년	임시처분, 취소판결의 기속력
	소의 변경
	관련 청구소송의 병합
2019년	취소판결의 기속력, 처분사유의 추가 · 변경
	행심법상 실효성확보수단으로서의 간접강제
	당사자소송
2020년	취소소송의 대상적격, 취소소송에서의 협의의 소의 이익
	행정심판과 이의신청
	부작위위법확인소송
2021년	무효확인소송에서의 입증책임 및 관련 청구소송의 병합, 확정판결의 기판력
	취소소송의 대상적격
	처분사유의 추가 · 변경
2022년	취소소송의 원고적격, 예방적 부작위소송
	취소소송에서의 협의의 소의 이익
	거부처분취소소송에서의 위법판단의 기준시
2023년	취소소송의 대상적격, 무효등확인소송
	취소소송의 당사자적격
	당사자소송 및 민사소송
2024년	소의 변경, 당사자소송에서의 행정심판전치주의의 적용 여부, 처분의 일부 취소
	이행강제금부과처분 취소심판을 관할하는 행정심판기관과 피청구인적격
	취소소송의 대상적격 및 제소기간

※ '–' 표시는 법령 개정으로 인한 해설 생략을 의미

이 책의 목차

CONTENTS

이 책의 목차

행정쟁송법

CHAPTER ☑ 주요논점 ☐ 최신 기출문제해설 ☐ 주요 기출문제해설

01 행정소송의 일반론

제1절 서 설

I 행정소송의 의의

1. 개 념

행정소송이란 행정법규의 해석과 적용에 관한 소송으로, 법원이 행정소송법상 법률관계에 관한 분쟁에 대하여 정식재판절차로 하는 행정쟁송을 의미한다.

2. 구 별

행정심판전치주의, 피고(행정청)와 제소기간 제한, 직권심리주의 가미, 사정판결 인정 등의 점에서 행정소송을 민사소송과 구별할 수 있으나, 이와 같은 구분에 따라 행정사건과 민사사건을 구분하는 것은 쉽지 않으므로, 구체적인 사안별로 실정법의 취지와 목적을 충분히 고려하여 결정하는 것이 타당하다.

II 행정소송의 기능

1. 권리구제기능

행정작용이 위법하게 행하여짐으로써 개인의 권리를 침해한 경우, 행정소송은 그러한 위법한 행정작용을 시정하여 침해된 개인의 권리를 구제하는 데 그 목적이 있다.

2. 행정통제기능

행정소송은 행정사건에 대한 법적 판단을 통해 행정의 합법성과 합목적성을 보장하는 데 그 목적이 있다. 행정소송의 이와 같은 행정통제기능으로 인하여 민사소송과는 달리 실체적 진실 발견을 강조하는 직권주의적 요소가 강하게 요구된다.

3. 양 기능의 조화

우리 행정소송제도는 개인의 권리구제를 주된 목적으로 하는 주관적 소송인 항고소송과 당사자소송을 중심으로 구성되어 있고, 행정의 적법성 통제를 주된 목적으로 하는 객관적 소송인 기관소송과 민중소송은 예외적인 경우에만 인정하고 있으므로, 행정소송의 기능 중 권리구제기능이 주된 기능이고, 행정통제기능은 부수적 기능이라고 하는 것이 타당하다.

제2절 행정소송의 유형

I 주관적 소송 · 객관적 소송

행정소송은 내용에 따라 주관적 소송과 객관적 소송으로 구분할 수 있는데, 주관적 소송은 개인의 권리와 이익의 구제를 주된 내용으로 하는 소송이고, 객관적 소송은 행정법규의 적정한 적용의 보장을 주된 내용으로 하는 소송이다. 대표적으로 항고소송과 당사자소송은 주관적 소송이고, 민중소송과 기관소송은 객관적 소송이다.

II 형성의 소 · 이행의 소 · 확인의 소

1. 형성의 소

행정법상 실체적인 법률관계의 변동을 야기하는 판결을 구하는 소송으로, 행정청의 위법한 처분 등의 취소·변경을 구하는 취소소송이 이에 속한다는 견해가 있다.

2. 이행의 소

법원으로부터 피고에 대한 일정한 실체법상 청구권의 이행명령을 구하는 소송으로, 실체적인 법률관계의 변동을 야기하지 아니하고 집행의 문제가 남는다는 점에서 형성의 소와 구별되며, 당사자소송이 이에 속한다.

3. 확인의 소

특정한 권리나 법률관계의 존재·부존재의 확인을 구하는 소송으로, 원칙적으로 권리나 법률관계만이 확인의 소의 대상이 될 수 있으며, 무효등확인소송이나 부작위위법확인소송, 공법상 법률관계의 확인을 받기 위한 당사자소송 등이 이에 속한다.

III 항고소송 · 당사자소송 · 민중소송 · 기관소송

1. 항고소송

행정청의 처분 등이나 부작위에 대하여 제기하는 소송으로(행소법 제3조 제1호), 취소소송이나 무효등확인소송, 부작위위법확인소송 등이 이에 해당되며, 이외에 무명항고소송이 허용되는지 여부에 대하여는 견해가 대립하고 있다.

2. 당사자소송

행정청의 처분 등을 원인으로 하는 법률관계에 관한 소송이나 그 밖에 공법상 법률관계에 관한 소송으로, 그 법률관계의 한 쪽 당사자를 피고로 하는 소송을 말한다(행소법 제3조 제2호).

3. 민중소송

국가 또는 공공단체의 기관이 법률에 위반되는 행위를 한 경우, 직접 자기의 법률상 이익과 관계없이 그 시정을 구하기 위하여 제기하는 소송(행소법 제3조 제3호)을 말한다.

4. 기관소송

국가 또는 공공단체의 기관 상호 간 권한의 존부나 그 행사에 관한 다툼에 대하여 제기하는 소송으로, 다만 헌법재판소법 제2조의 규정에 의하여 헌법재판소의 관장사항으로 되는 소송은 제외한다(행소법 제3조 제4호).

제3절 행정소송의 한계

I 사법본질적 한계

1. 구체적 사건성에 따른 한계

(1) 추상적인 법령의 효력과 해석에 관한 분쟁

사법권이 발동되기 위해서는 당사자 간에 구체적이고 현실적인 권리・의무에 관한 분쟁, 즉 구체적 사건이 있어야 한다. 따라서 구체적이고 현실적인 권리・의무에 관한 분쟁이 아닌, 법령의 일반적・추상적 효력 내지 해석에 관한 분쟁은 행정소송의 대상이 되지 아니한다. 그러나 법령 자체가 직접적・구체적으로 국민의 권리・의무에 영향을 미치는 처분적 법령인 경우에는, 행정소송의 대상이 될 수 있다고 판단된다.

(2) 객관적 소송

개인의 권리구제보다 오직 법규의 적정한 적용만을 목적으로 하는 객관적 소송은 원칙적으로 행정소송의 대상이 될 수 없다. 다만, 법률이 특별하게 인정하고 있는 민중소송이나 기관소송의 경우에는 예외적으로 행정소송의 대상이 된다.

2. 법 적용상 한계

(1) 통치행위

통치행위는 고도의 정치적 성격을 띠는 국가의 행위로, 사법심사의 대상이 되기에는 적합하지 아니한 행위를 의미한다. 다만, 비록 고도의 정치적 결단에 따라 행하여지는 국가작용이라고 할지라도, 그것이 국민의 기본권 침해와 직접 관련되는 경우에는 당연히 헌법재판소의 심판대상이 된다.[1)]

(2) 반사적 이익

행정소송법은 법률상 이익이 있는 경우에만 원고적격을 인정하고 있으므로(행소법 제12조, 제35조, 제36조), 반사적 이익이나 사실상 이익이 침해된 데 불과한 경우에는 행정소송의 대상이 되지 아니한다.

---

1) 헌재 1996.2.29. 93헌마186

(3) 재량행위

재량을 위반한 행위는 원칙적으로 부당하며, 행정심판의 대상은 되지만 행정소송의 대상은 되지 아니한다. 다만, 행정청의 재량인 처분일지라도, 재량권의 한계를 일탈하거나 그 남용이 있는 경우에는 법원은 이를 취소할 수 있다(행소법 제27조).

(4) 특별권력관계 내에서의 행위

종래 특별권력관계 내에서의 행위는 사법심사의 대상에서 제외되는 것으로 인식되어 왔으나, 오늘날에는 그것이 법률상 이익에 관한 분쟁이기만 하면 당연히 사법심사의 대상이 된다는 것이 일반적인 견해이다.

Ⅱ 권력분립적 한계

1. 의무이행소송

(1) 문제점

독일이나 영·미의 입법례는 행정청에 의무를 부과하는 소송을 인정하고 있으나, 우리나라의 경우에는 이를 인정하는 명문 규정이 없어 인정 여부와 관련하여 견해가 대립하고 있다.

(2) 학 설

행정작용에 대한 1차적 판단권은 행정기관에 있고, 거부처분소송이나 부작위위법확인소송과는 달리 의무이행소송을 인정하지 아니한 입법자의 의사를 고려하면, 의무이행소송은 현행법상 허용되지 아니한다는 부정설과, 거부와 부작위를 행정청의 1차적인 판단권의 행사로 볼 수 있고, 권리구제의 실효성을 확보하기 위해서는 의무이행소송을 인정하는 것이 타당하다는 긍정설과, 행정청이 1차적 판단권을 행사할 수 없을 정도로 처분이 일의적이고, 사전에 구제하지 아니하면 회복할 수 없는 손해가 발생할 수 있으며, 다른 구제방법이 없는 경우에만 의무이행소송을 인정할 수 있다는 절충설이 대립하고 있다.

(3) 판 례

판례는 일관적으로 현행 행정소송법상 행정청으로 하여금 일정한 행정처분을 하도록 명하는 이행판결을 구하는 소송이나, 법원으로 하여금 행정청이 일정한 행정처분을 행한 것과 같은 효과가 있는 행정처분을 직접 행하도록 하는 형성판결을 구하는 소송은, 허용되지 아니한다고 판시하고 있다.[2]

(4) 검 토

현행 행정소송법은 신청에 대한 거부는 거부처분취소소송으로, 행정청의 부작위는 부작위위법확인소송으로 구하도록 규정하고 있으므로, 신청에 대한 거부와 부작위에 대한 의무이행소송을 인정하지 아니하는 것이 입법자의 의사라고 파악하는 것이 타당하며, 의무이행소송의 인정 여부는 해석이 아니라 입법에 의하여 해결될 문제라고 판단된다.

2) 대판 1997.9.30. 97누3200

2. 예방적 금지소송(예방적 부작위청구소송)

(1) 의 의

예방적 금지소송은 행정청이 특정한 행정행위나 그 밖의 행정작용을 하지 않을 것을 구하는 행정소송으로, 예방적 부작위소송이라고도 한다.

(2) 인정 여부

1) 학 설

행정청의 1차적 판단권이 행하여지지 아니한 상태에서의 사전적 통제제도이기 때문에 권력분립주의에 반할 우려가 있고, 현행 행정소송법 규정을 제한적으로 해석하여 예방적 금지소송을 인정하지 아니하는 부정설과, 특정 권익의 침해가 예상되거나 임박한 경우에는 행정청의 1차적 판단권이 이미 행사된 것에 준하여 볼 수 있고, 현행 행정소송법 제4조의 항고소송의 종류를 제한적으로 볼 것은 아니라는 것을 이유로, 예방적 금지소송을 인정하는 긍정설이 대립하고 있다.

2) 판 례

판례는「행정소송법상 행정청이 일정한 처분을 하지 못하도록 그 부작위를 구하는 청구는, 허용되지 아니하는 부적법한 소송이다.」라고 하여 부정설을 취하고 있다.[3]

3) 검 토

국민의 권리구제를 위하여 예방적 금지소송이 필요한 경우가 있고, 허용범위를 제한하여 인정한다면 행정청의 1차적 판단권을 거의 침해하지 아니한다는 점을 고려하면, 긍정설이 타당하다고 판단된다.

(3) 인정 요건

1) 학 설

예방적 금지소송으로 다툴 수 있을 정도로 사건이 성숙된 경우에 이를 인정할 것이라는 독립설과 사건의 성숙성 외에 보충성도 요구하는 보충설이 대립하고 있다.

2) 검 토

처분청의 권한의 존중 및 남소의 방지와 국민의 권익구제를 고려하면 보충설이 타당하다고 보이며 이에 의할 때 예방적 금지소송은 취소소송과 집행정지에 의해서는 권리구제가 불가능하거나 회복하기 어려운 손해를 입을 우려가 있어야 한다는 보충성을 충족하여야 하고, 행정청에게 1차적 판단권을 행사하게 할 것이 없을 정도로 일정한 내용의 처분이 예상되고 그 처분이 임박하여야 한다는 성숙성을 만족시켜야 한다.

3) 대판 2006.5.25. 2003두11988

01 행정소송의 일반론

※ 기출문제해설의 답안은 참고용으로 활용하시기 바랍니다.

기출문제 ▎ 2022년 제31회 공인노무사시험

제1문

채석업자 丙은 P 산지(山地)에서 토석채취를 하기 위하여 관할 행정청인 군수 乙에게 토석채취허가신청을 하였다. 乙은 丙의 신청서류를 검토한 후 적정하다고 판단하여 토석채취허가(이하 '이 사건 처분')를 하였다. 한편, P 산지 내에는 과수원을 운영하여 거기에서 재배된 과일로 만든 잼 등을 제조・판매하는 영농법인 甲이 있는데, 그곳에서 제조하는 잼 등은 청정지역에서 재배하여 품질 좋은 제품이라는 명성을 얻어 인기리에 판매되고 있다. 그런데, 甲은 과수원 인근에서 토석채취가 이루어지면 비산먼지 등으로 인하여 과수원에 악영향을 미친다고 판단하여, 이 사건 처분의 취소를 구하는 소를 제기하였다. 다음 물음에 답하시오. (50점)

물음 2

위 사안에서 丙이 토석채취허가신청을 하였으나, 乙이 이 사건 처분을 하기 전이라면, 甲은 乙이 이 사건 처분을 하여서는 안된다는 소의 제기가 허용되는가? (30점)

▎목 차 ▎

Ⅰ. 논점의 정리
Ⅱ. 예방적 금지소송의 의의
Ⅲ. 예방적 금지소송과 의무이행소송의 비교
Ⅳ. 예방적 금지소송의 인정 여부
1. 학 설
2. 판 례
3. 검 토
Ⅴ. 甲에 의한 예방적 금지소송의 인정 요건
1. 학 설
2. 검 토
Ⅵ. 사안의 적용
Ⅶ. 결 론

예시답안 Ⅰ 2022년 제31회 공인노무사시험

Ⅰ 논점의 정리

영농법인 甲은 군수 乙이 토석채취허가 처분을 하기 전에 채석업자 丙에게 그 처분을 하여서는 안된다는 예방적 금지소송을 제기할 수 있는지 여부가 문제되며, 예방적 금지소송이 인정된다면 그 인정 요건은 무엇인지 여부가 문제된다.

Ⅱ 예방적 금지소송의 의의

예방적 금지소송은 행정청이 특정한 행정행위나 그 밖의 행정작용을 하지 않을 것을 구하는 내용의 행정소송으로, 예방적 부작위소송이라고도 한다.

Ⅲ 예방적 금지소송과 의무이행소송의 비교

사안은 丙에 대한 토석채취허가가 임박한 경우에 甲이 그 처분의 금지를 구하는 형태의 소송인 예방적 금지소송이 문제되는 경우이다. 의무이행소송은 행정청으로 하여금 적극적인 행위를 하도록 강제할 수 있는 소송인 반면, 예방적 금지소송은 공권력에 의한 침해가 절박한 경우에 문제되는 것으로 단순히 현상악화를 방지하고자 하는 공권력 행사에 대한 소극적 방어행위라는 점에서 의무이행소송보다 도입 필요성이 더 크다고 볼 수 있다.

Ⅳ 예방적 금지소송의 인정 여부

1. 학 설

행정청의 1차적 판단권이 행하여지지 아니한 상태에서의 사전적 통제제도이기 때문에 권력분립주의에 반할 우려가 있고, 현행 행소법 규정을 제한적으로 해석하여 예방적 금지소송을 인정하지 아니하는 부정설과, 특정 권익의 침해가 예상되거나 임박한 경우에는 행정청의 1차적 판단권이 이미 행사된 것에 준하여 볼 수 있고, 현행 행소법 제4조의 항고소송의 종류를 제한적으로 볼 것은 아니라는 것을 이유로, 예방적 금지소송을 인정하는 긍정설이 대립하고 있다.

2. 판 례

판례는 행소법상 행정청이 일정한 처분을 하지 못하도록 그 부작위를 구하는 청구는, 허용되지 아니하는 부적법한 소송이라고 하여 부정설을 취하고 있다.

3. 검 토

국민의 권리구제를 위하여 예방적 금지소송이 필요한 경우가 있고, 허용범위를 제한하여 인정한다면 행정청의 1차적 판단권을 거의 침해하지 아니한다는 점을 고려하면, 긍정설이 타당하다.

Ⅴ 甲에 의한 예방적 금지소송의 인정 요건

1. 학 설

예방적 금지소송으로 다툴 수 있을 정도로 사건이 성숙된 경우에 이를 인정할 것이라는 독립설과 사건의 성숙성 외에 보충성도 요구하는 보충설이 대립하고 있다.

2. 검 토

처분청의 권한의 존중 및 남소의 방지와 국민의 권익구제를 고려하면 보충설이 타당하다고 보이며 이에 의할 때 예방적 금지소송은 취소소송과 집행정지에 의해서는 권리구제가 불가능하거나 회복하기 어려운 손해를 입을 우려가 있어야 한다는 보충성을 충족하여야 하고, 행정청에게 1차적 판단권을 행사하게 할 것이 없을 정도로 일정한 내용의 처분이 예상되고 그 처분이 임박하여야 한다는 성숙성을 만족시켜야 한다. 사안에서 채석업자 丙에 의한 토석채취로 인하여 영농법인 甲이 운영하는 과수원에서 재배된 과일로 만든 제품을 제조·판매하는데 악영향을 미쳐 영농법인 甲이 중대한 경영상의 위기를 맞게 될 가능성이 있고, 丙에 대한 관할 행정청의 토석채취허가가 임박한 상황이라면 예방적 금지소송도 가능할 것이라고 판단된다.

Ⅵ 사안의 적용

국민의 권리구제를 위하여 예방적 금지소송을 인정하는 것이 타당하며 사안에서 채석업자 丙의 토석채취로 인하여 영농법인 甲이 운영하는 과수원에서 재배된 과일로 만든 제품을 제조·판매하는데 악영향을 미쳐 영농법인 甲이 중대한 경영상의 위기를 맞게 될 가능성이 있고, 丙에 대한 관할 행정청의 토석채취허가가 임박한 상황이라면 예방적 금지소송도 가능할 것이라고 판단된다.

Ⅶ 결 론

채석업자 丙의 토석채취로 인하여 영농법인 甲이 중대한 경영상의 위기를 맞게 될 가능성이 있고, 丙에 대한 관할 행정청의 토석채취허가가 임박한 상황이라면 예방적 금지소송도 가능할 것이다.

CHAPTER ☑ 주요논점 ☐ 최신 기출문제해설 ☐ 주요 기출문제해설

02 취소소송의 대상적격

제1절 소송요건의 일반론

Ⅰ 소송요건의 의의

취소소송이 적법한 취급을 받기 위해서 갖추어야 할 요건을 취소소송의 소송요건이라고 한다. 소송요건을 갖추지 아니한 소송은 부적법한 것으로 각하되며, 소송요건의 충족 여부는 법원의 직권조사사항이다.

Ⅱ 취소소송의 소송요건

취소소송은 정당한 원고적격을 가지는 자가 피고를 상대로 행정소송사항에 대하여 소정의 절차와 형식에 따라 제기하여야 한다. 즉, 원고적격을 가지는 자가 행정청을 상대로 관할권 있는 법원에 일정한 형식을 갖추어 소송을 제기하되, 위법하다고 주장하는 처분 등이 존재하여야 하고, 처분 등의 취소 또는 변경을 구할 이익이 있어야 한다. 이때 원고적격, 소송의 대상적격 및 권리보호의 필요 등을 실체적 소송요건이라 하고, 그 밖의 소송요건을 형식적 소송요건이라 한다.

Ⅲ 취소소송의 대상으로서의 처분 등

행정소송법은 취소소송의 대상으로 처분 등을 명시하고 있다(행소법 제4조, 제19조). 처분 등이라 함은, 행정청이 행하는 구체적 사실에 관한 법집행으로서의 공권력 행사, 또는 그 거부와 그 밖에 이에 준하는 행정작용 및 행정심판에 대한 재결을 말하므로, 취소소송의 대상은 처분과 재결이 된다.

제2절 처 분

Ⅰ 처분의 개관

1. 의 의

행정청이 행하는 구체적 사실에 관한 법집행으로서의 공권력의 행사, 또는 그 거부와 그 밖에 이에 준하는 행정작용(이하 '처분') 및 행정심판에 대한 재결을 말한다(행소법 제2조 제1항 제1호).

2. 처분 개념의 논쟁

(1) 문제점

행정처분은 실체법상 개념으로, 강학상으로는 행정행위라는 용어가 사용되고 있다. 처분과 행정행위를 같은 개념으로 보는 견해(실체법상 개념설 또는 일원론)와, 처분을 행정행위보다 넓은 개념으로 보는 견해(쟁송법상 개념설 또는 이원론)로 나뉘는데, 논의의 실익은 사실행위를 취소소송을 통해 다툴 수 있는지 여부이다.

(2) 학 설

1) 실체법상 개념설(일원론)

쟁송법상 처분 개념을 강학상 행정행위와 동일하게 보는 견해로, 취소의 대상은 공정력을 가지는 법적 행위인 행정행위에 한정된다. 따라서 사실행위는 처분에 해당하지 않아 대상적격을 충족하지 못한다.

2) 쟁송법상 개념설(이원론)

국민의 권리구제 확대를 도모하기 위하여 쟁송법상 처분 개념을 실체법상 행정행위는 물론, 국민의 권익에 영향을 미치는 사실행위 등까지 포함하는 광의의 개념으로 보는 견해이다.

(3) 판 례

판례는 기본적으로 강학상 행정행위를 항고소송의 주된 대상으로 보고 있다. 다만, 권력적 사실행위라고 보이는 단수조치,[4] 교도소이송조치 및 제소자에 대한 지속적 감시행위에 대하여 처분성을 인정하였고, 비권력적 사실행위인 국가인권위원회의 성희롱 결정에 따른 시정조치를, 성희롱행위자로 결정된 자의 인격권에 영향을 미침과 동시에 공공기관의 장 또는 사용자에게 일정한 법률상 의무를 부담시키는 것이라는 점을 이유로, 처분에 해당한다고 하여 처분의 개념을 확대하고 있다.[5]

(4) 검 토

처분 개념의 정의규정이나 입법취지, 국민의 권리구제의 실효성 등을 고려하면, 현행 행정소송법상 처분을 행정행위보다 넓은 개념으로 보는 쟁송법상 개념설이 타당하다고 판단된다.

핵심판례

1. **검사에 대한 경고조치의 처분성**[6]

[1] 항고소송의 대상이 되는 행정처분이란 원칙적으로 행정청의 공법상 행위로서 특정 사항에 대하여 법규에 의한 권리의 설정 또는 의무의 부담을 명하거나 기타 법률상 효과를 발생하게 하는 등으로 일반 국민의 권리 의무에 직접 영향을 미치는 행위를 가리키는 것이지만, 어떠한 처분의 근거나 법적인 효과가 행정규칙에 규정되어 있다고 하더라도, 그 처분이 행정규칙의 내부적 구속력에 의하여 상대방에게 권리의 설정 또는 의무의 부담을 명하거나 기타 법적인 효과를 발생하게 하는 등으로 그 상대방의 권리 의무에 직접 영향을 미치는 행위라면, 이 경우에도 항고소송의 대상이 되는 행정처분에 해당한다고 보아야 한다.

---

4) 대판 1979.12.28. 79누218

5) 대판 2005.7.8. 2005두487

6) 대검찰청 감찰본부는 제주지방검찰청에 대하여 2017년도 통합사무감사를 실시하여, 제주지방검찰청 소속 검사(원고)에 대하여 21건의 수사사무 부적정 처리를 지적하고 벌점을 부과하였고, 이에 기초하여 피고(검찰총장)는 원고에게 대하여 대검찰청 내부규정에 근거하여 경고조치를 하자, 원고가 경고조치가 항고소송의 대상임을 전제로 취소소송을 제기한 사안에서, 피고는 경고조치가 항고소송의 대상인 처분이 아니라고 본안 전 항변을 하였으나, 원심은 처분성을 인정한 후 본안판단으로 나아가, 검사의 개별 사건처리에 중대하거나 명백한 과오가 있어 검사징계법 제2조 제2호에서 정한 징계사유에 해당하는 경우에만 대검찰청 내부규정에 근거한 검찰총장의 경고처분이 허용될 수 있을 뿐이고, 원고에 대한 사무감사 지적사항들은 경미한 과오에 지나지 않아 검사징계법 제2조에서 정한 징계사유에 해당한다고 인정하기에 부족하므로, 검찰총장이 경고처분을 할 만한 처분사유가 인정되지 않는다고 판단하여 원고의 청구를 인용한 사례(대판 2021.2.10. 2020두47564)

[2] 검사에 대한 경고조치 관련 규정을 위 법리에 비추어 살펴보면, 검찰총장이 사무검사 및 사건평정을 기초로 대검찰청 자체감사규정 제23조 제3항, 검찰공무원의 범죄 및 비위 처리지침 제4조 제2항 제2호 등에 근거하여 검사에 대하여 하는 '경고조치'는 일정한 서식에 따라 검사에게 개별 통지를 하고 이의신청을 할 수 있으며, 검사가 검찰총장의 경고를 받으면 1년 이상 감찰관리 대상자로 선정되어 특별관리를 받을 수 있고, 경고를 받은 사실이 인사자료로 활용되어 복무평정, 직무성과금 지급, 승진·전보인사에서도 불이익을 받게 될 가능성이 높아지며, 향후 다른 징계사유로 징계처분을 받게 될 경우에 징계양정에서 불이익을 받게 될 가능성이 높아지므로, 검사의 권리 의무에 영향을 미치는 행위로서 항고소송의 대상이 되는 처분이라고 보아야 한다.[7)]

2. 이주대책 대상자 제외결정에 이은 제외결정(2차 결정)의 처분성[8)]

[원심판단]

원심은 ① 원고의 이의신청은 당초의 신청과 별개의 새로운 신청으로 보기 어렵고, ② 원고가 1차 결정(이주대책 대상자 제외결정)에 대하여 이의신청을 할 당시에 1차 결정에 대하여 행정심판이나 취소소송을 제기할 수 있었으며, ③ 2차 결정(1차 결정에 이은 이주대책대상자 제외결정)은 1차 결정의 내용을 그대로 유지한다는 취지로서 이는 원고의 권리·의무에 어떠한 새로운 변동을 초래하지 아니할 뿐만 아니라, ④ 이 사건에 신뢰보호의 원칙이 적용된다고 볼 수도 없다는 등의 이유로, 2차 결정을 1차 결정과 별도로 행정쟁송의 대상이 되는 처분으로 볼 수 없다고 판단하였다. 그런 다음 이 사건 소 중 피고 공사에 대한 2차 결정 취소청구 부분은 각하하고, 피고 위원회에 대한 이 사건 재결 취소청구 부분은 재결 자체에 고유한 위법이 없다는 이유로 기각하였다.

[대법원의 판단]

[1] 이 사건 사실관계를 살펴보면, 2차 결정은 1차 결정과 별도로 행정쟁송의 대상이 되는 '처분'으로 봄이 타당하다. 구체적인 이유는 다음과 같다.

① 수익적 행정처분을 구하는 신청에 대한 거부처분은 당사자의 신청에 대하여 관할 행정청이 이를 거절하는 의사를 대외적으로 명백히 표시함으로써 성립된다. 거부처분이 있은 후 당사자가 다시 신청을 한 경우에는 신청의 제목 여하에 불구하고 그 내용이 새로운 신청을 하는 취지라면 관할 행정청이 이를 다시 거절하는 것은 새로운 거부처분이라고 보아야 한다. 관계법령이나 행정청이 사전에 공표한 처분기준에 신청기간을 제한하는 특별한 규정이 없는 이상 재신청을 불허할 법적 근거가 없으며, 설령 신청기간을 제한하는 특별한 규정이 있다 하더라도 재신청이 신청기간을 도과하였는지 여부는 본안에서 재신청에 대한 거부처분이 적법한가를 판단하는 단계에서 고려할 요소이지, 소송요건 심사단계에서 고려할 요소가 아니다.

---

7) 대판 2021.2.10. 2020두47564

8) 피고 1이 원고에 대하여 이주대책 대상자 제외결정(1차 결정)을 통보하면서 '이의신청을 할 수 있고, 또한 행정심판 또는 행정소송을 제기할 수 있다'고 안내하였고, 이에 원고가 이의신청을 하자 피고 1이 원고에게 다시 이주대책 대상자 제외결정(2차 결정)을 통보하면서 '다시 이의가 있는 경우 90일 이내에 행정심판 또는 행정소송을 제기할 수 있다'고 안내하였는데, 이에 따라 원고가 90일 이내에 행정심판을 제기하자, 피고 2가 2차 결정은 행정쟁송의 대상이 되는 처분에 해당하지 않는다는 이유로 각하재결을 한 사안에서, 행정절차법 제26조의 규정과 피고 1이 원고에게 2차 결정을 통보하면서 2차 결정에 대하여 행정심판이나 취소소송을 제기할 수 있다고 불복방법을 안내하였던 점에 비추어 보면, 피고 1 스스로도 2차 결정이 행정절차법과 행정소송법이 적용되는 처분에 해당한다고 인식하고 있었고, 그 상대방인 원고로서도 2차 결정이 행정쟁송의 대상인 처분이라고 인식하였을 수밖에 없으며, 피고 1이 이 사건 소에서 2차 결정의 처분성이 인정되지 않는다고 본안 전 항변을 하는 것은 신의성실원칙(행정절차법 제4조)에도 어긋난다고 보아, 2차 결정의 처분성이 인정되지 않는다고 본 원심을 파기한 사례(대판 2021.1.14. 2020두50324)

② 행정절차법 제26조는 행정청이 처분을 할 때에는 당사자에게 그 처분에 관하여 행정심판 및 행정소송을 제기할 수 있는지 여부, 그 밖에 불복을 할 수 있는지 여부, 청구절차 및 청구기간, 그 밖에 필요한 사항을 알려야 한다고 규정하고 있다. 이 사건에서 피고 공사가 원고에게 2차 결정을 통보하면서 '2차 결정에 대하여 이의가 있는 경우 2차 결정 통보일부터 90일 이내에 행정심판이나 취소소송을 제기할 수 있다'는 취지의 불복방법 안내를 하였던 점을 보면, 피고 공사 스스로도 2차 결정이 행정절차법과 행정소송법이 적용되는 처분에 해당한다고 인식하고 있었음을 알 수 있고, 그 상대방인 원고로서도 2차 결정이 행정쟁송의 대상인 처분이라고 인식하였을 수밖에 없다고 보인다. 이와 같이 불복방법을 안내한 피고 공사가 이 사건 소가 제기되자 '처분성'이 인정되지 않는다고 본안전 항변을 하는 것은 신의성실원칙(행정절차법 제4조)에도 어긋난다.

[2] 그런데도 원심은, 2차 결정이 1차 결정과 별도로 행정쟁송의 대상이 되는 처분에 해당하지 않는다고 판단하였다. 이러한 원심 판단에는 행정소송의 대상인 처분에 관한 법리를 오해하여 판결에 영향을 미친 잘못이 있다. 이를 지적하는 상고이유 주장은 이유 있다.9)

3. 입찰참가자격 제한조치의 처분성

[1] 행정기관이 소속 공무원이나 하급행정기관에 대하여 세부적인 업무처리절차나 법령의 해석·적용 기준을 정해 주는 '행정규칙'은 상위법령의 구체적 위임이 있지 않는 한 조직 내부에서만 효력을 가질 뿐 대외적으로 국민이나 법원을 구속하는 효력이 없다. 행정규칙이 이를 정한 행정기관의 재량에 속하는 사항에 관한 것인 때에는 그 규정 내용이 객관적 합리성을 결여하였다는 등의 특별한 사정이 없는 한 법원은 이를 존중하는 것이 바람직하다. 그러나 행정규칙의 내용이 상위법령이나 법의 일반원칙에 반하는 것이라면 법치국가 원리에서 파생되는 법질서의 통일성과 모순금지 원칙에 따라 그것은 법질서상 당연무효이고, 행정내부적 효력도 인정될 수 없다. 이러한 경우 법원은 해당 행정규칙이 법질서상 부존재하는 것으로 취급하여 행정기관이 한 조치의 당부를 상위법령의 규정과 입법 목적 등에 따라서 판단하여야 한다.

[2] 공공기관의 운영에 관한 법률(이하 '공공기관운영법')이나 그 하위법령은 공기업이 거래상대방 업체에 대하여 공공기관운영법 제39조 제2항 및 공기업·준정부기관 계약사무규칙 제15조에서 정한 범위를 뛰어넘어 추가적인 제재조치를 취할 수 있도록 위임한 바 없다. 따라서 한국수력원자력 주식회사가 조달하는 기자재, 용역 및 정비공사, 기기수리의 공급자에 대한 관리업무 절차를 규정함을 목적으로 제정·운용하고 있는 '공급자관리지침' 중 등록취소 및 그에 따른 일정 기간의 거래제한조치에 관한 규정들은 공공기관으로서 행정청에 해당하는 한국수력원자력 주식회사가 상위법령의 구체적 위임 없이 정한 것이어서 대외적 구속력이 없는 행정규칙이다.

[3] 한국수력원자력 주식회사가 자신의 '공급자관리지침'에 근거하여 등록된 공급업체에 대하여 하는 '등록취소 및 그에 따른 일정 기간의 거래제한조치'는 행정청이 행하는 구체적 사실에 관한 법집행으로서의 공권력의 행사인 '처분'에 해당한다.10)

제1장 제2장 제3장 제4장 제5장 제6장 제7장 제8장 제9장 제10장 제11장 제12장 제13장

9) 대판 2021.1.14. 2020두50324
10) 대판 2020.5.28. 2017두66541

4. 나라장터에서의 거래를 일정기간 정지하는 조치의 처분성

갑 주식회사가 조달청과 물품구매계약을 체결하고 국가종합전자조달시스템인 나라장터 종합쇼핑몰 인터넷 홈페이지를 통해 요구받은 제품을 수요기관에 납품하였는데, 조달청이 계약이행내역 점검 결과 일부 제품이 계약 규격과 다르다는 이유로 물품구매계약 추가특수조건·규정에 따라 갑 회사에 대하여 6개월의 나라장터 종합쇼핑몰 거래정지 조치를 한 사안에서, 조달청이 계약상대자에 대하여 나라장터 종합쇼핑몰에서의 거래를 일정기간 정지하는 조치는 전자조달의 이용 및 촉진에 관한 법률, 조달사업에 관한 법률 등에 의하여 보호되는 계약상대자의 직접적이고 구체적인 법률상 이익인 나라장터를 통하여 수요기관의 전자입찰에 참가하거나 나라장터 종합쇼핑몰에서 등록된 물품을 수요기관에 직접 판매할 수 있는 지위를 직접 제한하거나 침해하는 행위에 해당하는 점 등을 종합하면, 위 거래정지 조치는 비록 추가특수조건이라는 사법상 계약에 근거한 것이지만 행정청인 조달청이 행하는 구체적 사실에 관한 법집행으로서의 공권력의 행사로서 그 상대방인 갑 회사의 권리·의무에 직접 영향을 미치므로 항고소송의 대상이 되는 행정처분에 해당하고, 다만 추가특수조건에서 정한 제재조치의 발동요건조차 갖추지 못한 경우에는 위 거래정지 조치가 위법하므로 갑 회사의 행위가 추가특수조건에서 정한 거래정지 조치의 사유에 해당하는지, 추가특수조건의 내용이나 그에 기한 거래정지 조치가 국가를 당사자로 하는 계약에 관한 법령 등을 위반하였거나 평등원칙, 비례원칙, 신뢰보호 원칙 등을 위반하였는지 등에 관하여 나아가 살폈어야 하는데도, 위 거래정지 조치가 사법상 계약에 근거한 의사표시에 불과하고 항고소송의 대상이 되는 행정처분으로 볼 수 없다고 판단하여 소를 각하한 원심판결에 법리를 오해한 잘못이 있다고 한 사례.[11]

Ⅱ 처분 개념의 분설

1. 행정청의 행위

(1) 행정소송법상 행정청의 개념

행정조직법상 행정청의 개념과는 달리, 쟁송법상 행정청의 개념은 국가 또는 지방자치단체의 행정청 및 공공단체뿐만 아니라, 법령에 의하여 행정권한의 위임 또는 위탁을 받은 행정기관, 공공단체 및 그 기관 또는 사인을 포함한다(행소법 제2조 제2항). 판례도 이러한 기능적 의미의 행정청 개념을 받아들이고 있는 것으로 보인다.

(2) 행정청의 범위

행정청은 보통 단독제 기관인 것이 일반적이지만, 토지수용위원회나 각급 노동위원회, 공정거래위원회 같은 합의제 기관도 있고, 입법기관이나 사법기관의 경우 행정에 관한 의사를 결정하여 외부에 표시하는 범위 내에서는 쟁송법상 행정청에 포함된다. 따라서 지방의회의 지방의원에 대한 징계의결과, 지방의회의장에 대한 불신임의결도 항고소송의 대상이 된다.[12]

---

11) 대판 2018.11.29. 2015두52395

12) 대판 1993.11.26. 93누7341 ; 대판 1994.10.11. 94두23

핵심판례

행정처분의 의미

[1] 행정소송의 대상이 되는 행정처분이란 행정청 또는 그 소속기관이나 법령에 의하여 행정권한의 위임 또는 위탁을 받은 공공단체 등이 국민의 권리·의무에 관계되는 사항에 관하여 직접 효력을 미치는 공권력의 발동으로서 하는 공법상의 행위를 말하며, 그것이 상대방의 권리를 제한하는 행위라 하더라도 행정청 또는 그 소속기관이나 권한을 위임받은 공공단체 등의 행위가 아닌 한 이를 행정처분이라고 할 수 없다.

[2] 한국마사회가 조교사 또는 기수의 면허를 부여하거나 취소하는 것은 경마를 독점적으로 개최할 수 있는 지위에서 우수한 능력을 갖추었다고 인정되는 사람에게 경마에서의 일정한 기능과 역할을 수행할 수 있는 자격을 부여하거나 이를 박탈하는 것에 지나지 아니하므로, 이는 국가 기타 행정기관으로부터 위탁받은 행정권한의 행사가 아니라 일반 사법상의 법률관계에서 이루어지는 단체 내부에서의 징계 내지 제재처분이다.[13)]

2. 구체적 사실에 관한 행위

취소소송 대상으로서의 처분은 구체적 사실에 관한 것이어야 하며, 여기서의 구체적 사실이란 구체적 규율성을 의미한다. 따라서 일반처분과 처분적 법규명령 및 조례 역시 구체적 사실에 대한 법집행으로서의 처분에 해당한다고 보아야 한다. 다만, 일반적·추상적 규율인 행정입법은 항고소송의 대상인 처분에 해당하지 않는다.

3. 법집행의 행위

법집행이란 행정행위와 마찬가지로 국민의 권리와 의무에 직접적인 변동을 일으키는 행위로, 직접적·대외적 효력성과 법적 규율성을 그 요소로 한다. 따라서 비권력적 사실행위나 과세표준 결정[14)], 공정거래위원회의 고발조치[15)]와 같은 행정청 내부의 행위는 처분성이 부정된다.

4. 공권력 행사로서의 행위

행정청이 우월한 공권력의 주체로서 일방적으로 행하는 권력적 행위를 의미한다. 따라서 공법상 계약이나 합동행위는 처분이 아님을 유의하여야 한다.

5. 소극적 처분으로서 거부처분

(1) 의 의

거부처분이란 소극적 처분으로, 개인이 행정청에 일정한 처분을 신청한 경우 그 처분을 발급하지 아니하겠다는 행정청의 의사표시를 말한다.

13) 대판 2008.1.31. 2005두8269
14) 대판 1996.9.24. 95누12842
15) 대판 1995.5.12. 94누13794

(2) 거부행위의 처분성 인정요건

1) 공권력 행사의 거부일 것

행정청의 거부가 처분성을 가지기 위해서는 그 신청행위가 공권력의 행사 또는 그 거부와 이에 준하는 행정작용이어야 한다. 따라서 일반재산의 매각·임대요청의 거부는 국가의 사경제적 행위에 대한 요청의 거부로서 처분성이 부정된다.[16)]

2) 거부행위가 신청인의 법률관계에 영향을 미칠 것

거부행위는 신청인의 권리·의무에 직접적인 변동을 일으키는 것이어야 한다. 따라서 행정청이 건축물대장의 작성신청을 거부한 행위는 항고소송의 대상이 되는 행정처분에 해당한다.[17)]

3) 법규상·조리상 신청권의 존재

① **문제점** : 거부행위가 행정소송법상 처분이 되기 위해서는 신청권이 필요한지에 대하여, 신청권의 존재를 소송요건으로 보는 견해와, 본안의 요건으로 보는 견해가 대립하고 있다.

② **학 설**

㉠ 본안요건설 : 행정소송법상 거부는 부작위 개념과는 달리 위법성을 전제로 하지 아니하므로, 신청권을 요구하여 국민의 권리구제의 길을 축소하는 것보다는 본안의 요건으로 보는 것이 타당하다는 견해이다.

㉡ 소송요건설 : 신청권을 거부처분의 요건으로 보고, 신청권이 있는 자에게는 당연히 거부처분을 다툴 원고적격이 인정된다고 보는 거부처분요건설과, 신청권을 원고적격의 문제로 보는 원고적격설이 있다.

③ **판례** : 판례는 신청권을 거부처분취소소송의 소송요건으로 해석하여 법규상·조리상 신청권이 없는 경우에는, 거부행위의 처분성을 인정하지 아니하는 경향을 보이고 있다.[18)]

④ **검토** : 행정소송법은 신청권에 대응하는 처분의무를 부작위의 요소로 규정하고 있고(행소법 제2조 제1항 제2호), 거부처분 개념은 부작위 개념과도 연결되어 있으므로, 현행 행정소송법하에서는 신청권을 거부처분의 요건으로 보는 것이 타당하다고 판단된다.

(3) 법규상·조리상 신청권 관련 판례

1) 법규상·조리상 신청권을 인정한 사례

① **국토이용계획 변경신청 거부** : 구 국토이용관리법상 주민이 국토이용계획의 변경에 대하여 신청을 할 수 있다는 규정이 없을 뿐만 아니라, 국토건설종합계획의 효율적인 추진과 국토이용질서를 확립하기 위한 국토이용계획은 장기성·종합성이 요구되는 행정계획이어서 원칙적으로는 그 계획이 일단 확정된 후에는 어떠한 사정의 변동이 있다고 하여 그러한 사유만으로는 지역주민이나 일반 이해관계인에게 일일이 그 계획의 변경을 신청할 권리를 인정하여 줄 수는 없을 것이지만, 장래 일정한 기간 내에 관계 법령이 규정하는 시설 등을 갖추어 일정한 행정처분을 구하는 신청을 할 수 있는 법률상 지위에 있는 자의 국토이용계획 변경신청을 거부하는 것이, 실질적으로 당해 행정처분 자체를 거부하는 결과가 되는 경우에는 예외적으로 그 신청인에게 국토이용계획 변경을 신청할 권리가 인정된다고 봄이 상당하므로, 이러한 신청에 대한 거부행위는 항고소송의 대상이 되는 행정처분에 해당한다.[19)]

---

16) 대판 1998.9.22. 98두7602
17) 대판 2009.2.12. 2007두17359
18) 대판 2009.9.10. 2007두20638
19) 대판 2003.9.23. 2001두10936

② 도시계획시설결정 폐지신청 거부 : 국토의 계획 및 이용에 관한 법률은 국토의 이용 · 개발과 보전을 위한 계획의 수립 및 집행 등에 필요한 사항을 규정함으로써 공공복리를 증진시키고 국민의 삶의 질을 향상시키는 것을 목적으로 하면서도 도시계획시설결정으로 인한 개인의 재산권행사의 제한을 줄이기 위하여, 도시 · 군계획시설부지의 매수청구권(제47조), 도시 · 군계획시설결정의 실효(제48조)에 관한 규정과 아울러 도시 · 군관리계획의 입안권자인 특별시장 · 광역시장 · 특별자치시장 · 특별자치도지사 · 시장 또는 군수(이하 '입안권자')는 5년마다 관할 구역의 도시 · 군관리계획에 대하여 타당성 여부를 전반적으로 재검토하여 정비하여야 할 의무를 지우고(제34조), 주민(이해관계자 포함)에게는 도시 · 군관리계획의 입안권자에게 기반시설의 설치 · 정비 또는 개량에 관한 사항, 지구단위계획구역의 지정 및 변경과 지구단위계획의 수립 및 변경에 관한 사항에 대하여 도시 · 군관리계획도서와 계획설명서를 첨부하여 도시 · 군관리계획의 입안을 제안할 권리를 부여하고 있고, 입안제안을 받은 입안권자는 그 처리 결과를 제안자에게 통보하도록 규정하고 있다. 이들 규정에 헌법상 개인의 재산권 보장의 취지를 더하여 보면, 도시계획구역 내 토지 등을 소유하고 있는 사람과 같이 당해 도시계획시설결정에 이해관계가 있는 주민으로서는 도시시설계획의 입안권자 내지 결정권자에게 도시시설계획의 입안 내지 변경을 요구할 수 있는 법규상 또는 조리상의 신청권이 있고, 이러한 신청에 대한 거부행위는 항고소송의 대상이 되는 행정처분에 해당한다.[20]

③ 도시관리계획 입안제안 반려 : 구 국토의 계획 및 이용에 관한 법률 제139조 제2항 및 이에 근거하여 제정된 지방자치단체 조례에 따라 광역시장으로부터 납골시설 등에 대한 도시관리계획 입안권을 위임받은 군수는 관할구역 도시관리계획의 입안권자이므로, 도시관리계획 구역 내 토지 등을 소유하고 있는 주민의 납골시설에 관한 도시관리계획의 입안제안을 반려한 군수의 처분은 항고소송의 대상이 되는 행정처분에 해당한다.[21]

④ 산업단지개발계획 변경신청 거부 : 산업입지에 관한 법령은 산업단지에 적합한 시설을 설치하여 입주하려는 자와 토지 소유자에게 산업단지 지정과 관련한 산업단지개발계획 입안과 관련한 권한을 인정하고, 산업단지 지정뿐만 아니라 변경과 관련해서도 이해관계인에 대한 절차적 권리를 보장하는 규정을 두고 있다. 또한 산업단지 안에는 다수의 기반시설 등 도시계획시설 등을 포함하고 있고, 국토의 계획 및 이용에 관한 법률의 해석상 도시계획시설부지 소유자에게는 그에 관한 도시 · 군관리계획의 변경 등을 요구할 수 있는 법규상 또는 조리상 신청권이 인정된다고 해석되고 있다. 헌법상 재산권 보장의 취지에 비추어 보면 토지의 소유자에게 위와 같은 절차적 권리와 신청권을 인정한 것은 정당하다고 볼 수 있다. 이러한 법리는 이미 산업단지 지정이 이루어진 상황에서 산업단지 안의 토지 소유자로서 종전 산업단지개발계획을 일부 변경하여 산업단지개발계획에 적합한 시설을 설치하여 입주하려는 자가 종전 계획의 변경을 요청하는 경우에도 그대로 적용될 수 있다. 그러므로 산업단지개발계획상 산업단지 안의 토지 소유자로서 산업단지개발계획에 적합한 시설을 설치하여 입주하려는 자는 산업단지지정권자 또는 그로부터 권한을 위임받은 기관에 대하여 산업단지개발계획의 변경을 요청할 수 있는 법규상 또는 조리상 신청권이 있고, 이러한 신청에 대한 거부행위는 항고소송의 대상이 되는 행정처분에 해당한다고 보아야 한다.[22]

20) 대판 2015.3.26. 2014두42742
21) 대판 2010.7.22. 2010두5745
22) 대판 2017.8.29. 2016두44186

⑤ **문화재보호구역 지정해제신청 거부** : 문화재보호법은 문화재를 보존하여 이를 활용함으로써 국민의 문화적 생활의 향상을 도모함과 아울러 인류문화의 발전에 기여함을 목적으로 하면서도, 문화재보호구역의 지정에 따른 재산권행사의 제한을 줄이기 위하여, 행정청에게 보호구역을 지정한 경우에 일정한 기간마다 적정성 여부를 검토할 의무를 부과하고, 그 검토사항 등에 관한 사항은 문화관광부령으로 정하도록 위임하였으며, 검토 결과 보호구역의 지정이 적정하지 아니하거나 기타 특별한 사유가 있는 때에는 보호구역의 지정을 해제하거나 그 범위를 조정하여야 한다고 규정하고 있는 점, 같은 법 제8조 제3항의 위임에 의한 같은 법 시행규칙 제3조의2 제1항은 그 적정성 여부의 검토에 있어서 당해 문화재의 보존 가치 외에도 보호구역의 지정이 재산권 행사에 미치는 영향 등을 고려하도록 규정하고 있는 점 등과 헌법상 개인의 재산권 보장의 취지에 비추어 보면, 문화재보호구역 내에 있는 토지소유자 등으로서는 위 보호구역의 지정해제를 요구할 수 있는 법규상 또는 조리상의 신청권이 있다고 할 것이고, 이러한 신청에 대한 거부행위는 항고소송의 대상이 되는 행정처분에 해당한다.[23)]

⑥ **공사중지명령 철회신청 거부** : 행정청이 행한 공사중지명령의 상대방은 그 명령 이후에 그 원인사유가 소멸하였음을 들어 행정청에게 공사중지명령의 철회를 요구할 수 있는 조리상의 신청권이 있다 할 것이고, 상대방으로부터 그 신청을 받은 행정청으로서는 상당한 기간 내에 그 신청을 인용하는 적극적 처분을 하거나 각하 또는 기각하는 등의 소극적 처분을 하여야 할 법률상의 응답의무가 있다고 할 것이며, 행정청이 상대방의 신청에 대하여 아무런 적극적 또는 소극적 처분을 하지 않고 있는 이상 행정청의 부작위는 그 자체로 위법하다고 할 것이고, 구체적으로 그 신청이 인용될 수 있는지 여부는 소극적 처분에 대한 항고소송의 본안에서 판단하여야 할 사항이라고 할 것이다.[24)]

⑦ **건축허가 철회신청 거부** : [1] 건축허가는 대물적 성질을 갖는 것이어서 행정청으로서는 허가를 할 때에 건축주 또는 토지 소유자가 누구인지 등 인적 요소에 관하여는 형식적 심사만 한다. 건축주가 토지 소유자로부터 토지사용승낙서를 받아 그 토지 위에 건축물을 건축하는 대물적 성질의 건축허가를 받았다가 착공에 앞서 건축주의 귀책사유로 해당 토지를 사용할 권리를 상실한 경우, 건축허가의 존재로 말미암아 토지에 대한 소유권 행사에 지장을 받을 수 있는 토지 소유자로서는 건축허가의 철회를 신청할 수 있다고 보아야 한다. 따라서 토지 소유자의 위와 같은 신청을 거부한 행위는 항고소송의 대상이 된다.

[2] 행정행위를 한 처분청은 비록 처분 당시에 별다른 하자가 없었고, 처분 후에 이를 철회할 별도의 법적 근거가 없더라도 원래의 처분을 존속시킬 필요가 없게 된 사정변경이 생겼거나 중대한 공익상 필요가 발생한 경우에는 그 효력을 상실케 하는 별개의 행정행위로 이를 철회할 수 있다. 다만 수익적 행정행위를 취소 또는 철회하거나 중지시키는 경우에는 이미 부여된 국민의 기득권을 침해하는 것이 되므로, 비록 취소 등의 사유가 있다고 하더라도 그 취소권 등의 행사는 기득권의 침해를 정당화할 만한 중대한 공익상의 필요 또는 제3자의 이익을 보호할 필요가 있고, 이를 상대방이 받는 불이익과 비교·교량하여 볼 때 공익상의 필요 등이 상대방이 입을 불이익을 정당화할 만큼 강한 경우에 한하여 허용될 수 있다.[25)]

---

23) 대판 2004.4.27. 2003두8821
24) 대판 2005.4.14. 2003두7590
25) 대판 2017.3.15. 2014두41190

⑧ **개발부담금환급 거부** : 개발부담금을 부과할 때는 가능한 한 모든 개발비용을 공제함이 마땅하다. 개발공사를 위해 직접 투입되는 순공사비, 조사비, 설계비, 일반관리비 등은 통상 개발부담금의 원칙적인 부과 종료시점인 개발사업의 준공인가일 전에 지출되므로 준공인가일로부터 3개월 이내에 개발부담금을 부과하여도 개발비용으로 공제받는 데 특별한 문제가 없다. 그러나 분양계약 체결 후 납부절차를 밟도록 정하고 있는 학교용지부담금은 준공인가를 받은 후 분양계약이 장기간 지연되거나 분양이 이루어지지 않을 수도 있어 준공인가일로부터 3개월 이내에 납부되지 않을 가능성이 높다. 그럼에도 관련 법령이 일괄적으로 개발사업의 준공인가일로부터 3개월 이내에 개발부담금을 부과하도록 하면서 분양계약 후 실제 납부한 학교용지부담금에 한하여 개발비용으로 공제받을 수 있도록 정하고 있는 바람에, 개발사업에 따른 분양계약이 준공인가일로부터 2개월이 지나 체결된 경우에는 그로부터 1개월 이내에 학교용지부담금 납부절차가 마쳐지지 않아 개발부담금 부과처분 시 학교용지부담금이 공제되지 않을 가능성이 높고, 급기야 준공인가일로부터 3개월 후에 체결된 경우에는 학교용지부담금이 공제될 여지가 아예 없다. 이러한 경우 개발부담금 부과처분 후에 학교용지부담금을 납부한 개발사업시행자는 마땅히 공제받아야 할 개발비용을 전혀 공제받지 못하는 법률상 불이익을 입게 될 수 있는데도 구 개발이익 환수에 관한 법률은 불복방법에 관하여 아무런 규정을 두지 않고 있다. 위와 같은 사정을 앞서 본 법리에 비추어 보면, 개발사업시행자가 납부한 개발부담금 중 부과처분 후에 납부한 학교용지부담금에 해당하는 금액에 대하여는 조리상 개발부담금 부과처분의 취소나 변경 등 개발부담금의 환급에 필요한 처분을 신청할 권리를 인정함이 타당하다.[26)]

⑨ **건축계획 심의신청 반려** : 이 사건 반려처분은 객관적으로 행정처분으로 인식할 정도의 외형을 갖추고 있고, 원고도 이를 행정처분으로 인식하고 있는 점, 구 건축법 제4조 제1항은 건축법 및 조례의 시행에 관한 중요사항을 조사·심의하기 위하여 건축위원회를 설치하여야 한다고 규정하고 있는 바, 이는 건축행정의 공정성·전문성을 도모하기 위하여 행정청으로 하여금 법령이 정하고 있는 건축물에 대한 건축허가 여부를 결정함에 있어서는 반드시 건축위원회의 심의를 거치도록 한 것으로 보이므로, 이러한 건축계획 심의를 거치지 아니한 상태에서는 비록 원고가 이 사건 건축물에 대한 건축허가를 받는다 하더라도 이는 하자 있는 행정행위라 할 것이니, 원고로서는 피고의 이 사건 반려처분으로 인하여 적법한 건축허가를 받기 어려운 불안한 법적 지위에 놓이게 된 점, 피고는 건축위원회의 심의대상이 되는 건축물에 대한 건축허가를 신청하려는 사람으로 하여금 그 신청에 앞서 건축계획 심의신청을 하도록 하고, 그 절차를 거치지 아니한 경우 건축허가를 접수하지 아니하고 있어 원고로서는 이 사건 건축물의 건축허가신청에 중대한 지장이 초래된 점 등에 비추어 보면, 피고의 이 사건 반려처분은 원고의 권리·의무나 법률관계에 직접 영향을 미쳤다고 할 것이다. 나아가 위와 같은 사정에 건축허가를 신청하려는 사람이 직접 건축위원회의 심의를 신청할 수 있음을 전제하고 있는 건축법 부칙(2001.9.28.)의 규정과, 건축허가를 신청하려는 사람으로 하여금 건축허가신청 이전에 먼저 건축위원회의 심의를 신청하도록 규정하고 있는 일부 지방자치단체의 조례 등을 더하여 보면, 법규상 내지 조리상으로 원고에게 건축계획 심의를 신청할 권리도 있다고 할 것이므로, 건축계획 심의신청에 대한 반려처분은 항고소송의 대상이 된다 할 것이다.[27)]

26) 대판 2016.1.28. 2013두2938
27) 대판 2007.10.11. 2007두1316

⑩ **검사 임용신청 거부** : 검사를 임용함에 있어 임용권자가 임용 여부에 관하여 어떠한 내용의 응답을 할 것인지는 임용권자의 자유재량에 속하므로, 일단 임용거부라는 응답을 한 이상 설사 그 응답내용이 부당하다고 하여도 사법심사의 대상으로 삼을 수 없는 것이 원칙이나, 적어도 재량권의 한계 일탈이나 남용이 없는 위법하지 않은 응답을 할 의무가 임용권자에게 있고, 이에 대응하여 임용신청자로서도 재량권의 한계 일탈이나 남용이 없는 적법한 응답을 요구할 권리가 있다고 할 것이며, 이러한 응답신청권에 기하여 재량권 남용의 위법한 거부처분에 대하여는 항고소송으로서 그 취소를 구할 수 있다고 보아야 하므로, 임용신청자가 임용거부처분이 재량권을 남용한 위법한 처분이라고 주장하면서 그 취소를 구하는 경우에는, 법원은 재량권 남용 여부를 심리하여 본안에 관한 판단으로서 청구의 인용 여부를 가려야 한다.[28)]

⑪ **잠수기어업허가신청 거부** : [1] 거부처분의 처분성을 인정하기 위한 전제요건이 되는 신청권의 존부는 구체적 사건에서 신청인이 누구인가를 고려하지 않고 관계 법규의 해석에 의하여 일반 국민에게 그러한 신청권을 인정하고 있는가를 살펴 추상적으로 결정되는 것이고, 신청인이 그 신청에 따른 단순한 응답을 받을 권리를 넘어서 신청의 인용이라는 만족적 결과를 얻을 권리를 의미하는 것은 아니다. 따라서 국민이 어떤 신청을 한 경우에 그 신청의 근거가 된 조항의 해석상 행정발동에 대한 개인의 신청권을 인정하고 있다고 보여지면 그 거부행위는 항고소송의 대상이 되는 처분으로 보아야 할 것이고, 구체적으로 그 신청이 인용될 수 있는가 하는 점은 본안에서 판단하여야 할 사항인 것이다.

[2] 원고에게 신청의 인용이라는 만족적 결과를 얻을 권리가 없다는 이유만을 들어 피고가 한 거부행위의 처분성을 부인한 원심판결에는 항고소송의 대상이 되는 거부처분에 관한 법리를 오해한 위법이 있다.[29)]

⑫ **재임용기간 만료통지** : 기간제로 임용되어 임용기간이 만료된 국·공립대학의 조교수는, 교원으로서의 능력과 자질에 관하여 합리적인 기준에 의한 공정한 심사를 받아 위 기준에 부합되면, 특별한 사정이 없는 한 재임용되리라는 기대를 가지고 재임용 여부에 관하여 합리적인 기준에 의한 공정한 심사를 요구할 법규상 또는 조리상 신청권을 가진다고 할 것이니, 임용권자가 임용기간이 만료된 조교수에 대하여 재임용을 거부하는 취지로 한 임용기간 만료의 통지는, 위와 같은 대학교원의 법률관계에 영향을 주는 것으로서 행정소송의 대상이 되는 처분에 해당한다.[30)]

⑬ **재임용계약의 불성립으로 인한 퇴직처리통보** : 기간을 정하여 임용된 사립대학 교원은 교원으로서의 능력과 자질에 관하여 합리적인 기준에 의한 공정한 심사를 받아 위 기준에 부합하면 특별한 사정이 없는 한 재임용되리라는 기대를 가지고 재임용 여부에 관하여 합리적인 기준에 의한 공정한 심사를 요구할 권리가 있다. 한편 재임용 심사를 거친 사립대학 교원과 학교법인 사이의 재임용계약 체결이 서로 간의 계약 내용에 관한 의사의 불일치로 말미암아 무산되었더라도, 교원이 재임용을 원하고 있었던 이상 이러한 재임용계약의 무산은 실질적으로 학교법인의 재임용거부처분에 해당한다고 보아야 한다.[31)]

---

28) 대판 1991.2.12. 90누5825
29) 대판 1996.6.11. 95누12460
30) 대판 2004.4.22. 2000두7735[전합]
31) 대판 2024.6.17. 2021두49772

⑭ **공유수면매립면허 취소신청 거부** : 구체적인 공유수면매립면허에 의하여 매립사업이 진행되는 과정에서 환경 및 생태계 또는 경제성에 예상하지 못한 변화가 발생하였다면, 처분청은 매립기본계획의 타당성을 검토하여야 함이 공유수면매립법의 취지에 부합하는 점, 공유수면매립면허에 의하여 환경영향평가 대상지역 안에 거주하는 주민이 수인할 수 없는 환경침해를 받거나 받을 우려가 있어 개별적・구체적 환경이익을 침해당하였다면, 그 이익침해의 배제를 위하여 면허의 취소・변경 등을 요구할 위치에 있다고 봄이 상당한 점, 환경영향평가 대상지역 안에 있어 환경상 이익을 침해당한 개인이 공유수면매립면허가 취소되거나 변경됨으로써 그 이익을 회복하거나 침해를 줄일 수 있다고 주장하면서, 그 주장의 당부를 판단하여 주도록 요구하는 재판청구에 대하여 소송요건심리에서 이를 배척할 것이 아니라, 그 본안에 나아가 판단함이 개인의 권리구제를 본질로 하는 사법국가원리에도 부합하는 점 등을 종합하면, 환경영향평가 대상지역 안에 거주하는 주민에게는 공유수면매립면허의 처분청에게 공유수면매립법 제32조에서 정한 취소・변경 등의 사유가 있음을 내세워 면허의 취소・변경을 요구할 조리상 신청권이 있다고 보아야 함이 상당하다.[32)]

⑮ **토지소유자의 건축허가 철회신청 거부** : 건축허가는 대물적 성질을 가지는 것이어서 행정청으로서는 허가를 할 경우, 건축주 또는 토지소유자가 누구인지 등 인적 요소에 관하여는 형식적 심사만 한다. 건축주가 토지소유자로부터 토지사용승낙서를 받아 그 토지 위에 건축물을 건축하는 대물적 성질의 건축허가를 받았다가, 착공에 앞서 건축주의 귀책사유로 인하여 해당 토지를 사용할 권리를 상실한 경우, 건축허가의 존재로 말미암아 토지에 대한 소유권 행사에 지장을 받을 수 있는 토지소유자로서는, 건축허가의 철회를 신청할 수 있다고 보아야 한다. 따라서 토지소유자의 위와 같은 신청을 거부한 행위는 항고소송의 대상이 된다.[33)]

⑯ **유상사용허가신청 거부** : [1] 2004.7.12.자 관리위탁 또는 유상사용허가 신청 거부처분의 취소 및 부작위의 위법확인 청구 부분

㉠ 행정청에 대한 신청의 의사표시는 명시적이고 확정적인 것이어야 하고 문서로 이루어짐이 원칙이라 할 것인데(행정절차법 제17조 제1항), 사인(私人)이 행정청에 대하여 어떠한 처분을 구하는 문서상의 의사표시가 이러한 신청행위에 해당하는지 여부는 그 문서의 내용과 작성 및 제출의 경위와 시점, 취지 등 여러 사정을 종합하여 판단해야 할 것이다. 한편, 행정재산의 사용・수익허가처분의 성질상 국민에게는 행정재산의 사용・수익허가를 신청할 법규상 또는 조리상의 권리가 있으므로, 이러한 법규상 또는 조리상의 권리에 기한 사인의 적법한 신청에 대하여 행정청이 정당한 이유 없이 그 신청에 따르는 행위를 거부하거나 상당한 기간 내에 일정한 처분을 하지 아니하는 것은 위법하다 할 것인데, 행정청의 어떠한 조치가 이와 같이 신청에 대한 거부처분에 해당한다고 보기 위해서는 행정청의 종국적이고 실질적인 거부의 의사결정이 권한 있는 기관에 의하여 외부로 표시되어 신청인이 이를 알 수 있는 상태에 다다른 것으로 볼 수 있어야 한다.

---

32) 서울고판 2005.12.21. 2005누4412 ; 대판 2006.3.16. 2006두330[전합]
33) 대판 2017.3.15. 2014두41190

ⓛ 이 부분 원심판결 이유에 의하면, 원심은 제1심판결을 일부 인용하여 그 판시와 같은 사정을 들어, 원고의 2004.3.9.자 이 사건 제안서 제출행위는 행정청인 피고에 대하여 이 사건 1차 시설의 유상사용허가를 구하는 명시적이고 확정적인 의사표시로서 '신청'에 해당하고, 공유재산의 사용·수익허가처분의 성질 및 이 사건 1985.11.28.자 피고의 원고에 대한 회신의 경위와 내용, 원고가 설치하여 피고에게 기부채납한 위 1차 시설에 대한 이 사건 대부계약 제9조의 내용 등에 비추어 이 사건 대부계약에 기한 위 1차 시설에 대한 1988.5.11.부터 2004.7.10.까지 16년 2개월의 무상사용기간이 종료된 후 피고에게 유상사용허가를 신청할 법률상 혹은 조리상의 권리를 가지는 원고의 위 제안서 제출형식의 신청행위에 대하여 피고가 아직 어떠한 거부처분을 한 사실이 없고 2004.7.12.자 및 2005.7.11.자로 각 최대 1년의 임시사용허가처분을 한 것은 원고의 위 신청에 대한 검토를 마칠 때까지의 임시적인 작위처분에 불과하여 이를 거부처분으로 볼 수는 없어 이 사건 항고소송으로 취소를 구할 거부처분은 존재하지 아니하고, 다만 원고의 2004.3.9.자 신청에 대해 상당한 기간이 지난 원심 변론 종결 시까지 아무런 처분을 하지 아니한 것은 법률상의 응답의무를 위반한 위법한 부작위에 해당하여 원고에게는 그 확인을 구할 이익이 있다고 판단하였다.

ⓒ 앞서 본 법리와 기록에 비추어 살펴보면, 2004.7.12.자 관리위탁 또는 유상사용허가 신청 거부처분의 취소 및 부작위의 위법확인 청구에 대한 원심의 위와 같은 판단은 정당한 것으로 수긍할 수 있다. 이 부분 원심판결에는 원고 및 피고의 각 상고이유에서 주장하는 바와 같이 판결 결과에 영향을 미친 위법이 없다.

[2] 2005.7.11.자 관리위탁 또는 유상사용허가 신청 거부처분의 취소 및 부작위의 위법확인 청구 부분

㉠ 기록에 의하면, 원고의 2004.3.9.자 신청에 대한 피고의 2004.7.12.자 임시사용허가처분이 사실상 신청에 대한 거부처분에 해당한다는 이유로 원고가 그 취소 등을 구하는 이 사건 소송을 제기하여 제1심 소송 계속중에 위 임시사용허가기간(2004.7.11.~2005.7.10.)의 만료에 대비하여 2005.3.30.자 및 2005.6.29.자로 위 1차 시설에 대하여 피고가 무상사용기간 만료 후 10년의 유상사용을 확약하였다는 이유로 10년의 유상사용허가를 구하는 확정적인 취지의 신청서를 피고에게 제출하였으나, 이에 대하여 피고가 관계 법령상 원고가 구하는 10년의 유상사용허가는 허용되지 아니한다는 이유로 위 신청서를 반려하고 대신 직권으로 새로운 사업자가 결정되면 종료한다는 조건부로 2005.7.11.부터 2006.7.10.까지 1년의 임시사용허가처분을 통보하자 이에 원고가 위 임시사용허가처분이 위 2005.3.30.자 및 2005.6.29.자 신청에 대한 사실상의 거부처분에 해당한다고 주장하면서 그 취소 등을 구하는 제1심의 병합소송을 제기한 사실, 위 각 소송의 병합을 전후하여 원고가 주장하는 위 확약에 근거한 10년의 유상사용허가의 신청에 대해 피고는 일관되게 관련 법령상 허용되지 아니한다는 등의 이유로 이를 허용하지 않는다는 취지의 처분을 하였다고 주장하여 왔고, 원고 및 피고 모두 각 상고이유에서 같은 취지의 주장을 하고 있는 사실 등이 인정된다.

ⓛ 위 인정 사실과 앞서 본 신청 및 거부처분의 해석에 관한 법리에 의하면, 원고의 위 2005년도 제2차 신청은 이 사건 무상사용기간의 만료에 즈음하여 원고 참여하의 새로운 민자사업방식에 의한 50년 내지 100년의 장기간 유상사용방안을 제안하면서 그에 대한 피고의 의사를 타진하는 포괄적이고 일반적인 취지의 신청에 불과한 2004년도 제1차 신청과 달리 그 주장의 확약사실에 기한 10년의 유상사용 등을 구하는 확정적인 취지의 신청이라 할 것이고, 이에 대해 피고 또한 종국적이고 명시적인 거부의사를 밝힌 것으로 보아야 할 것이다.

㉢ 그럼에도 불구하고, 원심이 위와 같은 내용의 제2차 신청에 대해서까지 피고의 거부처분 등 응답이 없었다는 이유로 위 거부처분의 취소를 구하는 주위적 청구를 각하하고 그 부작위의 위법확인을 구하는 예비적 청구에 대해서만 판단한 것은 원고의 제2차 신청의 취지를 오해하고 행정청에 대한 신청 및 거부처분에 관한 법리를 오해하여 판결 결과에 영향을 미친 위법이 있다 할 것이다.[34]

⑰ **토지매수신청 거부** : 금강수계 중 상수원 수질보전을 위하여 필요한 지역의 토지 등의 소유자가 국가에 그 토지 등을 매도하기 위하여 매수신청을 하였으나 유역환경청장 등이 매수거절의 결정을 한 사안에서, 위 매수거절을 항고소송의 대상이 되는 행정처분으로 보지 않는다면 토지 등의 소유자로서는 재산권의 제한에 대하여 달리 다툴 방법이 없게 되는 점 등에 비추어, 그 매수 거부행위가 공권력의 행사 또는 이에 준하는 행정작용으로서 항고소송의 대상이 되는 행정처분에 해당한다.[35]

2) 법규상·조리상 신청권을 부정한 사례

① **건축허가 취소신청 거부** : 구 건축법 및 기타 관계 법령에 국민이 행정청에 대하여 제3자에 대한 건축허가나 준공검사의 취소, 또는 제3자 소유의 건축물에 대한 철거 등의 조치를 요구할 수 있다는 취지의 규정이 없고, 같은 법 제69조 제1항 및 제70조 제1항은 각 조항 소정의 사유가 있는 경우, 시장·군수·구청장에게 건축허가 등의 취소나 건축물의 철거 등 필요한 조치를 명할 수 있는 권한 내지 권능을 부여한 것에 불과할 뿐, 시장·군수·구청장에게 그러한 의무가 있음을 규정한 것은 아니어서 위 조항들도 그 근거규정이 될 수 없으며, 그 밖에 조리상 이러한 권리가 인정된다고 볼 수도 없다.[36]

② **토지형질 변경신청 반려** : 도시계획법령이 토지형질 변경행위허가의 변경신청 및 변경허가에 관하여 아무런 규정을 두지 않고 있을 뿐 아니라, 처분청이 처분 후에 원래의 처분을 그대로 존속시킬 필요가 없게 된 사정변경이 생겼거나 중대한 공익상 필요가 발생한 경우에는, 별도의 법적 근거가 없어도 별개의 행정행위로 이를 철회변경할 수 있지만, 이는 그러한 철회변경의 권한을 처분청에게 부여하는 데 그치는 것일 뿐 상대방 등에게 그 철회변경을 요구할 신청권까지 부여한 것은 아니라 할 것이므로, 이와 같이 법규상 또는 조리상 신청권이 없이 한 국민들의 토지형질 변경행위의 변경허가신청을 반려한 당해 반려처분은, 항고소송의 대상이 되는 처분에 해당되지 않는다.[37]

③ **복구준공통보 취소신청 거부** : 산림법령에는 채석허가처분을 한 처분청이 산림을 복구한 자에 대하여 복구설계서승인 및 복구준공통보를 한 경우 그 취소신청과 관련하여 아무런 규정을 두고 있지 않고, 원래 행정처분을 한 처분청은 그 처분에 하자가 있는 경우에는 원칙적으로 별도의 법적 근거가 없더라도 스스로 이를 직권으로 취소할 수 있지만, 그와 같이 직권 취소를 할 수 있다는 사정만으로 이해관계인에게 처분청에 대하여 그 취소를 요구할 신청권이 부여된 것으로 볼 수는 없으므로, 처분청이 위와 같이 법규상 또는 조리상 신청권이 없이 한 이해관계인의 복구준공통보 등의 취소신청을 거부하더라도, 그 거부행위는 항고소송의 대상이 되는 처분에 해당하지 않는다.[38]

34) 대판 2008.10.23. 2007두6212
35) 대판 2009.9.10. 2007두20638
36) 대판 1999.12.7. 97누17568
37) 대판 1997.9.12. 96누6219
38) 대판 2006.6.30. 2004두701

④ **사업주 변경신청 거부** : 업무상 재해를 당한 갑의 요양급여신청에 대하여 근로복지공단이 요양승인처분을 하면서 사업주를 을 주식회사로 보아 요양승인사실을 통지하자, 을 주식회사가 갑이 자신의 근로자가 아니라고 주장하면서 사업주 변경신청을 하였으나 근로복지공단이 거부통지를 한 경우, 산업재해보상보험법과 고용보험 및 산업재해보상보험의 보험료징수 등에 관한 법률 등 관련 법령은, 사업주가 이미 발생한 업무상 재해와 관련하여 당시 재해근로자의 사용자가 자신이 아닌 제3자임을 근거로 사업주 변경신청을 할 수 있도록 하는 규정을 두고 있지 아니하여 법규상 신청권이 인정된다고 볼 수 없고, 산업재해보상보험상 보험가입자인 사업주와 보험급여를 받을 근로자에 해당하는지는 해당 사실의 실질에 의하여 결정되는 것일 뿐, 근로복지공단의 결정에 따라 보험가입자(당연가입자)의 지위가 발생하는 것은 아닌 점 등을 종합하면, 사업주 변경신청과 같은 내용의 조리상 신청권이 인정된다고 볼 수도 없어 근로복지공단이 신청을 거부하였더라도, 을 회사의 권리나 법적 이익에 어떤 영향을 미치는 것은 아니므로, 위 통지는 항고소송의 대상이 되는 행정처분이 되지 않는다.[39]

6. 그 밖에 이에 준하는 행정작용

그 밖에 이에 준하는 행정작용이란 공권력 행사작용, 또는 거부처분은 아니라 하더라도 행정청의 대외적 작용으로서 개인의 권익에 구체적으로 영향을 미치는 작용을 말한다. 종래 그 밖에 이에 준하는 행정작용에 대한 견해의 대립은 전술한 처분 개념의 논쟁에서의 논의가 그대로 적용된다. 생각건대 우리 행정소송법상 처분 개념을 확대하여 국민의 권리구제 기회를 확대할 필요가 있다는 점에서, 쟁송법상 처분 개념이 타당하다고 판단된다.

Ⅲ 처분 해당 여부의 구체적 검토

1. 의회의 의결

의회의 의결은 단순히 국가 또는 지방공공단체의 내부적 의사결정에 불과하므로 행정처분이라고 할 수 없으나, 의회의 의결이 집행기관의 개입 없이 직접 사인의 법률상 지위에 영향을 미치는 경우에는, 취소소송의 대상이 될 수 있다.

2. 법령 · 조례 · 고시

일반적 · 추상적인 법령이나 조례 · 고시의 경우에도 그 시행을 위하여 구체적인 집행행위를 예정하고 있기 때문에 원칙적으로 처분성을 가지지 아니한다. 그러나 법령이나 조례 · 고시 그 자체가 어떤 사람의 권리나 의무에 영향을 미치는 처분적 법령이나 조례 · 고시인 경우에는 취소소송의 대상이 된다. 판례도 지방분교의 폐지와 관련하여 지방자치단체의 조례에 대한 처분성을 인정한 바 있다.[40]

---

39) 대판 2016.7.14. 2014두47426
40) 대판 1996.9.20. 95누8003

핵심판례

1. 보건복지부 고시인 약제급여 · 비급여목록 및 급여상한금액표의 처분성

[1] 어떠한 고시가 일반적 · 추상적 성격을 가질 경우에는 법규명령 또는 행정규칙에 해당할 것이지만, 다른 집행행위의 매개 없이 그 자체로서 직접 국민의 구체적인 권리 · 의무나 법률관계를 규율하는 성격을 가질 경우에는 행정처분에 해당한다.

[2] 보건복지부 고시인 약제급여 · 비급여목록 및 급여상한금액표는 다른 집행행위의 매개 없이 그 자체로서 국민건강보험가입자, 국민건강보험공단, 요양기관 등의 법률관계를 직접 규율하는 성격을 가지므로, 항고소송의 대상이 되는 행정처분에 해당한다.[41]

2. 조례의 처분성

[1] 조례가 집행행위의 개입 없이도 그 자체로 직접 국민의 구체적인 권리 · 의무나 법적 이익에 영향을 미치는 등의 법률상 효과를 발생하는 경우 그 조례는 항고소송의 대상이 되는 행정처분에 해당하고, 이러한 조례에 대한 무효확인소송을 제기함에 있어 행정소송법 제38조 제1항, 제13조에 의하여 피고적격이 있는 처분 등을 한 행정청은, 행정주체인 지방자치단체 또는 지방자치단체의 내부적 의결기관으로서 지방자치단체의 의사를 외부에 표시한 권한이 없는 지방의회가 아니라, 구 지방자치법 제19조 제2항 제92조에 의하여 지방자치단체의 집행기관으로서 조례의 효력을 발생시키는 공포권이 있는 지방자치단체의 장이다.

[2] 구 지방교육자치에 관한 법률 제14조 제5항 제25조에 의하면 시 · 도의 교육 · 학예에 관한 사무의 집행기관은 시 · 도 교육감이고, 시 · 도 교육감에게 지방교육에 관한 조례안의 공포권이 있다고 규정되어 있으므로, 교육에 관한 조례의 무효확인소송을 제기함에 있어서는 그 집행기관인 시 · 도 교육감을 피고로 하여야 한다.[42]

3. 요양급여 인정기준에 관한 보건복지부고시의 처분성

[1] 어떠한 고시가 일반적 · 추상적 성격을 가질 경우에는 법규명령 또는 행정규칙에 해당할 것이지만, 다른 집행행위의 매개 없이 그 자체로서 직접 국민의 구체적인 권리 · 의무나 법률관계를 규율하는 성격을 가질 경우에는 항고소송의 대상이 되는 행정처분에 해당한다.

[2] 항정신병 치료제의 요양급여 인정기준에 관한 보건복지부 고시는 다른 집행행위의 매개 없이 그 자체로서 제약회사, 요양기관, 환자 및 국민건강보험공단 사이의 법률관계를 직접 규율한다는 이유로, 항고소송의 대상이 되는 행정처분에 해당한다.[43]

4. 학칙개정행위의 처분성

국립공주대학교 학칙의 [별표 2] 모집단위별 입학정원을 개정한 학칙개정행위는 처분이다.[44]

3. 중간행위

(1) 부분허가

부분허가는 부분적이기는 하지만 일정한 법적 효과를 발생시키므로, 항고소송의 대상이 되는 행정처분에 해당된다.

41) 대판 2006.9.22. 2005두2506
42) 대판 1996.9.20. 95누8003
43) 대결 2003.10.9. 2003무23
44) 대판 2009.1.30. 2008두19550

핵심판례

원자력법상 원자로시설부지 사전승인의 법적 성격

원자로시설부지 사전승인처분의 근거법률인 구 원자력법 제11조 제3항에 근거한 원자로 및 관계 시설의 부지 사전승인처분은, 원자로 등의 건설허가 전에 그 원자로 등의 건설예정지로 계획 중인 부지가 원자력법의 관계 규정에 비추어 적법성을 구비한 것인지 여부를 심사하기 위하여 행하는 사전적 부분 건설허가처분의 성격을 가지고 있으므로, 원자력법 제12조 제2호·제3호로 규정한 원자로 및 관계 시설의 허가기준에 관한 사항은 건설허가처분의 기준이 됨은 물론, 원자로시설부지 사전승인처분의 기준도 된다.[45)]

(2) 가행정행위

가행정행위는 본행정행위가 있기까지 잠정적으로 행정법상 권리와 의무를 확정하는 행정행위의 한 형식으로, 잠정적이기는 하지만 직접적인 법적 효력을 발생시킨다는 점에서 처분이라고 판단된다.

핵심판례

1. **선행처분의 취소를 구하는 소의 적법 여부**

   공정거래위원회가 부당한 공동행위를 행한 사업자로서 구 독점규제 및 공정거래에 관한 법률 제22조의2에서 정한 자진신고자나 조사협조자에 대하여 과징금 부과처분(이하 '선행처분')을 한 뒤, 구 독점규제 및 공정거래에 관한 법률 시행령 제35조 제3항에 따라 다시 자진신고자 등에 대한 사건을 분리하여 자진신고 등을 이유로 한 과징금 감면처분(이하 '후행처분')을 하였다면, 후행처분은 자진신고 감면까지 포함하여 처분 상대방이 실제로 납부하여야 할 최종적인 과징금액을 결정하는 종국적 처분이고, 선행처분은 이러한 종국적 처분을 예정하고 있는 일종의 잠정적 처분으로서 후행처분이 있을 경우 선행처분은 후행처분에 흡수되어 소멸한다. 따라서 위와 같은 경우에 선행처분의 취소를 구하는 소는 이미 효력을 잃은 처분의 취소를 구하는 것으로 부적법하다.[46)]

2. **추가된 청구취지에 대한 제소기간준수 여부**

   [1] 독점규제 및 공정거래에 관한 법률 제54조 제1항에 따르면, 위 법에 의한 공정거래위원회의 처분에 대하여 불복의 소를 제기하고자 할 때에는 처분의 통지를 받은 날 또는 이의신청에 대한 재결서의 정본을 송달받은 날부터 30일 이내에 소를 제기하여야 한다. 청구취지를 추가하는 경우, 청구취지가 추가된 때에 새로운 소를 제기한 것으로 보므로, 추가된 청구취지에 대한 제소기간 준수 등은 원칙적으로 청구취지의 추가·변경 신청이 있는 때를 기준으로 판단하여야 한다. 그러나 선행 처분의 취소를 구하는 소를 제기하였다가 이후 후행 처분의 취소를 구하는 청구취지를 추가한 경우에도, 선행 처분이 종국적 처분을 예정하고 있는 일종의 잠정적 처분으로서 후행 처분이 있을 경우 선행 처분은 후행 처분에 흡수되어 소멸되는 관계에 있고, 당초 선행 처분에 존재한다고 주장되는 위법사유가 후행 처분에도 마찬가지로 존재할 수 있는 관계여서 선행 처분의 취소를 구하는 소에 후행 처분의 취소를 구하는 취지도 포함되어 있다고 볼 수 있다면, 후행 처분의 취소를 구하는 소의 제소기간은 선행 처분의 취소를 구하는 최초의 소가 제기된 때를 기준으로 정하여야 한다.

45) 대판 1998.9.4. 97누19588

46) 대판 2015.2.12. 2013두987

[2] 원심판결 이유에 따르면, 다음과 같은 사실을 알 수 있다.
① 피고는 2014.9.15. 원고에게 과징금 44억 9,100만원을 부과하는 선행 과징금납부명령을 하였고, 이와 함께 같은 날 독점규제 및 공정거래에 관한 법률 시행령(이하 '공정거래법 시행령') 제35조 제3항 등에 따라 원고가 2순위 조사협조자에 해당함을 이유로 하여 과징금을 27억 4,400만원으로 감액하는 후행 과징금납부명령(이하 '이 사건 후행 처분')을 하였다.
② 원고는 위 각 과징금납부명령을 통지받은 날부터 30일 이내인 2014.10.17. 피고를 상대로 선행 과징금납부명령의 취소를 구하는 소를 제기하였다가 2015.6.8.에 이르러 주위적으로 이 사건 후행 처분의 무효확인을 구하고, 예비적으로 그 취소를 구하는 청구취지를 추가하였다.
[3] 원심은 위와 같은 사실관계를 전제로 하여, 선행 과징금납부명령은 잠정적 처분으로 이 사건 후행 처분에 흡수되어 소멸되었음을 전제로, 다음과 같은 이유 등을 들어 이 사건 후행 처분의 취소를 구하는 부분의 제소기간 준수 여부는 '이 사건 소 제기 시'를 기준으로 정하여야 한다고 보아, 이 사건 후행 처분의 취소소송은 제소기간 내에 적법하게 제기되었다고 판단하였다.
① 선행 과징금납부명령과 이 사건 후행 처분은 원고에 대한 최종적인 과징금을 결정하기 위한 일련의 절차를 통해 이루어졌다.
② 원고가 이 사건 소송을 통해 다투고자 하는 대상은 바로 이 사건 후행 처분에 의해 결정된 과징금 액수이다.
③ 원고는 이 사건 후행 처분의 취소를 구하는 청구취지를 추가한 이후에도 선행 과징금납부명령과 이 사건 후행 처분에 공통되는 위법사유를 계속하여 주장하였다.
④ 선행 과징금납부명령의 처분서에는 시정명령과 과징금납부명령의 내용이 구체적으로 명시되어 있는 반면, 이 사건 후행 처분의 처분서에는 "……원고에 대한 과징금을 44억 9,100만원에서 27억 4,400만원으로 변경한다." 정도만이 기재되어 있으므로, 원고로서는 이 사건 후행 처분이 종국적 처분으로서 소송의 대상이 된다는 점을 쉽게 알 수 없었을 것으로 보인다.
⑤ 따라서 선행 과징금납부명령의 취소를 구하는 소에 피고의 종국처분인 이 사건 후행 처분의 취소를 구하는 취지가 포함되어 있다고 봄이 타당하다.
앞서 본 법리와 기록에 따라 살펴보면, 원심의 이러한 판단은 정당하다. 거기에 제소기간에 관한 법리를 오해하는 등의 잘못이 없다.[47)]

(3) 사전결정

사전결정이란 최종적인 행정결정의 사전단계로, 전제요건이 되는 어떤 형식적 또는 실질적 요건의 심사에 대한 종국적 판단으로서의 결정을 의미한다. 사전결정은 그 자체로 허가요건의 일부에 대하여 미리 결정하는 것이므로, 독립적 행정행위이자 확인적 행정행위에 속한다.

(4) 확 약

확약은 행정청에 대하여 구속력을 가지므로 처분이라고 보는 견해도 있으나, 사정변경에 의하여 변경될 수 있다는 점에서 종국적 규율성을 갖지 못하므로 처분이 아니라고 보는 것이 타당하다고 판단된다. 판례도 확약의 처분성을 부정하고 있다.

47) 대판 2018.11.15. 2016두48737

핵심판례

어업권면허처분에 선행하는 우선순위결정의 법적 성격

어업권면허처분에 선행하는 우선순위결정은, 행정청이 우선권자로 결정된 자의 신청이 있을 시 어업권면허처분을 하겠다는 것을 약속하는 행위로, 강학상 확약에 불과할 뿐 행정처분은 아니어서 우선순위결정에 공정력이나 불가쟁력과 같은 효력은 인정되지 아니한다. 따라서 우선순위결정이 잘못되었다는 것을 이유로 종전의 어업권면허처분이 취소되면, 행정청은 종전의 우선순위결정을 무시하고 다시 우선순위를 결정한 후 새로운 우선순위결정에 기하여 어업권면허처분을 할 수 있다.[48]

4. 일반처분

불특정다수인에 대한 일반처분이나 물적 행정행위도 개별법령의 규정에 의하여 국민의 권리와 의무를 구체적으로 규율하는 효과가 있다면, 행정소송의 대상인 처분에 해당한다.

핵심판례

1. **불특정다수인에 대한 일반처분으로서의 청소년 유해매체물 결정・고시**

   구 청소년보호법에 따른 청소년 유해매체물 결정 및 고시처분은 당해 유해매체물의 소유자 등 특정인만을 대상으로 한 행정처분이 아니라, 일반 불특정다수인을 상대방으로 하여 일률적으로 표시의무, 포장의무, 청소년에 대한 판매・대여 등의 금지의무 등 각종 의무를 발생시키는 행정처분으로, 정보통신윤리위원회가 특정 인터넷 웹사이트를 청소년유해매체물로 결정하고, 청소년보호위원회가 효력발생시기를 명시하여 고시함으로써 그 명시된 시점에 효력이 발생하였다고 봄이 상당하고, 정보통신윤리위원회와 청소년보호위원회가 위 처분이 있었음을 위 웹사이트 운영자에게 제대로 통지하지 아니하였다고 하여, 그 효력 자체가 발생하지 아니한 것으로 볼 수는 없다.[49]

2. **물적 행정행위로서의 개별공시지가결정**

   시장・군수・구청장이 산정하여 한 개별토지가액의 결정은 토지초과이득세, 택지초과소유부담금 또는 개발부담금 산정 등의 기준이 되어 국민의 권리・의무 내지 법률상 이익에 직접적으로 관계된다고 할 것이고, 따라서 이는 행정소송법 제2조 제1항 제1호 소정의 행정청이 행하는 구체적 사실에 관한 법집행으로서의 공권력 행사이므로, 행정소송의 대상이 되는 행정처분으로 보아야 할 것이다.[50]

3. **물적 행정행위로서의 횡단보도의 설치행위**

   지방경찰청장이 도로교통법 제10조 제1항에 의하여 횡단보도를 설치한 경우 보행자는 횡단보도를 통해서만 도로를 횡단하여야 하고 차의 운전자는 횡단보도 앞에서 일시 정지하는 등으로 횡단보도를 통행하는 보행자를 보호할 의무가 있음을 규정하는 도로교통법 취지에 비추어 볼 때 지방경찰청장이 횡단보도를 설치하여 보행자의 통행방법 등을 규제하는 것은 행정청이 특정 사항에 대하여 의무의 부담을 명하는 행위이고 이는 국민의 권리의무에 직접 관계가 있는 행위로서 행정처분이라고 보아야 할 것이다.[51]

48) 대판 1995.1.20. 94누6529
49) 대판 2007.6.14. 2004두619
50) 대판 1993.1.15. 92누12407
51) 대판 2000.10.27. 98두8964

5. 행정계획

행정계획은 단순한 계획에 불과하므로 처분성을 인정할 수 없다는 것이 종래의 학설이나, 구속적 행정계획의 경우에는 국민의 권리나 의무에 직접적인 영향을 미치므로 처분성을 인정할 수 있다고 판단된다.

핵심판례

1. **도시계획결정**
구 도시계획법 제12조 소정에 고시된 도시계획결정은, 특정 개인의 권리 내지 법률상 이익을 개별적이고 구체적으로 규제하는 효과를 발생시키는 행정청의 처분이라 할 것이므로, 이는 행정소송의 대상이 된다.[52)]

2. **혁신도시입지 선정행위**
정부가 수도권 소재 공공기관의 지방이전시책을 추진하는 과정에서 도지사가 도 내 특정 시를 공공기관이 이전할 혁신도시의 최종입지로 선정한 행위는, 항고소송의 대상이 되는 행정처분이 아니다.[53)]

3. **4대강 살리기 마스터플랜**
국토해양부, 환경부, 문화체육관광부, 농림수산부 및 식품부가 합동으로 2009.6.8. 발표한 '4대강 살리기 마스터플랜' 등은 행정기관 내부에서 사업의 기본방향을 제시하는 계획일 뿐 국민의 권리·의무에 직접 영향을 미치지 아니하므로, 행정처분에 해당하지 않는다.[54)]

6. 사실행위

(1) 사실행위의 처분성

1) 학 설

처분의 쟁송법상 개념설에서 주장하는 견해로, 권력적 사실행위 및 사실상 강제력이 인정되는 비권력적 사실행위는 그 자체로 행정소송법과 행정심판법의 처분에 해당한다는 긍정설과, 처분의 실체법상 개념설에서 주장하는 견해로, 권력적 사실행위 그 자체가 아니라 권력적 사실행위에 결합되어 있는 행정행위인 수인하명이 행정쟁송의 대상이 된다는 수인하명설과, 사실행위의 행정행위 대상성을 부정하면서 권리구제는 당사자소송과 공법상 결과제거소송에 의할 것이라는 부정설이 주장되고 있다.

2) 판 례

판례는 단수처분[55)]과 교도소재소자 이송조치[56)] 등에 대하여 처분성을 인정하고 있다. 최근에는 교도소장이 수형자 갑을 접견내용 녹음·녹화 및 접견 시 교도관 참여대상자로 지정한 사안에서 동 지정행위는 권력적 사실행위로서 항고소송의 대상이 되는 처분에 해당한다고 판시하고 있다.[57)]

3) 검 토

금지소송이나 사실행위에 대한 이행소송이 당사자소송으로 인정되지 아니하는 현행법하에서는, 실효적인 권리구제를 위하여 일정한 경우 사실행위를 행정쟁송의 대상으로 인정하는 것이 타당하다고 판단된다.

---

52) 대판 1982.3.9. 80누105
53) 대판 2007.11.15. 2007두10198
54) 대결 2011.4.21. 2010무111[전합]
55) 대판 1979.12.28. 79누218
56) 대결 1992.8.7. 92두30
57) 대판 2014.2.13. 2013두20899

(2) 권고 등 비권력적 사실행위

일반적으로 권고 등 비권력적 사실행위의 처분성은 부정되나, 행정지도와 같은 비권력적 사실행위가 국민의 권리와 의무에 사실상 강제력을 미치고 있는 경우에는, 처분성을 인정할 수 있을 것이다.

핵심판례

국가인권위의 성희롱결정과 시정조치권고의 처분성

구 남녀차별 금지 및 구제에 관한 법률 제28조에 의하면 국가인권위원회의 성희롱결정과 이에 따른 시정조치권고는 불가분의 일체로 행하여지는 것인데, 국가인권위원회의 이러한 결정과 권고는 성희롱행위자로 결정된 자의 인격권에 영향을 미침과 동시에 공공기관의 장 또는 사용자에게 일정한 법률상 의무를 부담시키는 것이므로, 국가인권위원회의 성희롱결정 및 시정조치권고는 행정소송의 대상이 되는 행정처분에 해당한다고 보지 않을 수 없다.[58]

(3) 관념의 통지

사실행위인 단순한 관념의 통지는 처분이 아니다. 그러나 국민의 권리와 의무에 직접적인 변동을 일으키는 통지는 처분이라 하여야 한다고 판단된다.

핵심판례

1. 처분성을 인정한 사례

(1) 전교조 법외노조 통보

[사실관계]

원고는 교원의 노동조합 설립 및 운영 등에 관한 법률(이하 '교원노조법')에 따라 전국의 국·공립 및 사립학교 교원을 조합원으로 하여 설립된 노동조합으로서 2010.8.14. 규약을 개정하면서 부칙 제5조 제1항을 삭제하였고 부칙 제5조 제2항을 '부당 해고된 조합원은 규약 제6조 제1항(전국의 유치원 및 초·중·고등학교의 교원은 조합원이 될 수 있다. 단, 사용자를 위해 일하는 자는 조합원이 될 수 없다)의 규정에 불구하고 조합원 자격을 유지한다'라고 개정하였다(위와 같이 이 사건 규정이 2010.8.14. 개정되었으나 개정 이후의 규정도 부당 해고된 교원이 조합원이 될 수 있다는 내용이어서 이 사건 규정과 그 내용상 차이가 있다고 보기 어렵고 당사자들도 그 내용의 상이함을 다투고 있지 않으므로, 편의상 이 사건 규정과 2010.8.14. 개정된 규정을 구분하지 아니하고 모두 '이 사건 규정').

피고(노동부 장관)는 2012.9.17. 다시 원고에게 2010.3.31.자 시정명령과 같은 이유로 이 사건 규정을 2012.10.18.까지 시정할 것을 명하였다. 원고는 2012.10.12. 위 기한을 2013.3.15.까지 연장해 줄 것을 요청하였으나 피고는 2012.10.18. 원고의 요청을 받아들이지 않았다. 피고는 2013.9.23. 원고에게 다시 2010.3.31.자 시정명령과 같은 이유로 2013.10.23.까지 이 사건 규정을 시정하고 해직된 교원이 원고에 가입하여 활동하지 않도록 조치할 것을 명하였다(이하 '2013.9.23.자 시정명령'). 2013.9.23.자 시정명령에는 '위 시정 기한 내 시정 결과를 보고하지 않는 경우에는 교원노조법에 따른 노동조합으로 보지 않음을 알려드립니다'라고 기재되어 있었다. 그러나 원고는 2013.9.23.자 시정명령에 따른 이행을 하지 않았고, 이에 따라 피고는 2013.10.24. 교원노조법 제14조, 같은 법 시행령 제9조, 구 노동조합 및 노동관계조정법(2014.5.20. 법률 제12630호로 개정되기 전의 것, 이하 '노조법') 제2조 제4호 라목, 같은 법 시행령 제9조 제2항 등에 따라 원고가 2013.9.23.자 시정명령에 따른 이행을 하지 않았다는 이유로 원고를 교원노조법에 의한 노동조합으로 보지 아니한다고 통보하였다(이하 '이 사건 통보'). 이에 원고는 피고가 원고에 대하여 한 법외노조 통보처분의 취소를 구하는 소를 서울행정법원에 제기하였다.

---

58) 대판 2005.7.8. 2005두487

[판결요지]
[1] 헌법 제37조 제2항은 "국민의 모든 자유와 권리는 국가안전보장·질서유지 또는 공공복리를 위하여 필요한 경우에 한하여 법률로써 제한할 수 있으며, 제한하는 경우에도 자유와 권리의 본질적인 내용을 침해할 수 없다."라고 규정하고 있다. 헌법상 법치주의는 법률유보원칙, 즉 행정작용에는 국회가 제정한 형식적 법률의 근거가 요청된다는 원칙을 핵심적 내용으로 한다. 나아가 오늘날의 법률유보원칙은 단순히 행정작용이 법률에 근거를 두기만 하면 충분한 것이 아니라, 국가공동체와 그 구성원에게 기본적이고도 중요한 의미를 갖는 영역, 특히 국민의 기본권 실현에 관련된 영역에 있어서는 행정에 맡길 것이 아니고 국민의 대표자인 입법자 스스로 그 본질적 사항에 대하여 결정하여야 한다는 요구, 즉 의회유보원칙까지 내포하는 것으로 이해되고 있다. 여기서 어떠한 사안이 국회가 형식적 법률로 스스로 규정하여야 하는 본질적 사항에 해당되는지는, 구체적 사례에서 관련된 이익 내지 가치의 중요성, 규제 또는 침해의 정도와 방법 등을 고려하여 개별적으로 결정하여야 하지만, 규율대상이 국민의 기본권과 관련한 중요성을 가질수록 그리고 그에 관한 공개적 토론의 필요성 또는 상충하는 이익 사이의 조정 필요성이 클수록, 그것이 국회의 법률에 의하여 직접 규율될 필요성은 더 증대된다. 따라서 국민의 권리·의무에 관한 기본적이고 본질적인 사항은 국회가 정하여야 하고, 헌법상 보장된 국민의 자유나 권리를 제한할 때에는 적어도 그 제한의 본질적인 사항에 관하여 국회가 법률로써 스스로 규율하여야 한다.
[2] 헌법 제75조는 "대통령은 법률에서 구체적으로 범위를 정하여 위임받은 사항과 법률을 집행하기 위하여 필요한 사항에 관하여 대통령령을 발할 수 있다."라고 규정하고 있다. 따라서 대통령은 법률에서 구체적으로 범위를 정하여 위임받은 사항과 법률을 집행하기 위하여 필요한 사항에 관하여만 대통령령을 발할 수 있으므로, 법률의 시행령은 모법인 법률에 의하여 위임받은 사항이나 법률이 규정한 범위 내에서 법률을 현실적으로 집행하는 데 필요한 세부적인 사항만을 규정할 수 있을 뿐, 법률에 의한 위임이 없는 한 법률이 규정한 개인의 권리·의무에 관한 내용을 변경·보충하거나 법률에 규정되지 아니한 새로운 내용을 규정할 수는 없다.
[3] 법외노조 통보는 적법하게 설립된 노동조합의 법적 지위를 박탈하는 중대한 침익적 처분으로서 원칙적으로 국민의 대표자인 입법자가 스스로 형식적 법률로써 규정하여야 할 사항이고, 행정입법으로 이를 규정하기 위하여는 반드시 법률의 명시적이고 구체적인 위임이 있어야 한다. 그런데 노동조합 및 노동관계조정법 시행령(이하 '노동조합법 시행령') 제9조 제2항은 법률의 위임 없이 법률이 정하지 아니한 법외노조 통보에 관하여 규정함으로써 헌법상 노동3권을 본질적으로 제한하고 있으므로 그 자체로 무효이다.[59]

(2) 소득처분에 따른 소득금액 변동통지
과세관청의 소득처분과 그에 따른 소득금액 변동통지가 있는 경우 원천징수의무자인 법인은, 소득금액 변동통지서를 받은 날 그 통지서에 기재된 소득의 귀속자에게 당해 소득금액을 지급한 것으로 의제되어 그때 원천징수하는 소득세의 납세의무가 성립함과 동시에 확정되고, 원천징수의무자인 법인은 소득금액 변동통지서에 기재된 소득처분의 내용에 따라 원천징수세액을 그 다음달 10일까지 관할 세무서장 등에게 납부하여야 할 의무를 부담하며, 만일 이를 이행하지 아니하는 경우에는 가산세의 제재를 받게 됨은 물론이고 형사처벌까지 받도록 규정되어 있는 점에 비추어 보면, 소득금액 변동통지는 원천징수의무자인 법인의 납세의무에 직접 영향을 미치는 과세관청의 행위로서 항고소송의 대상이 되는 조세행정처분이라고 봄이 상당하다.[60]

59) 대판 2020.9.3. 2016두32992[전합]
60) 대판 2006.4.20. 2002두1878[전합]

2. 처분성을 부정한 사례

(1) 당연퇴직의 인사발령

국가공무원법 제69조에 의하면, 공무원이 제33조 각 호의 1에 해당할 경우에는 당연히 퇴직한다고 규정하고 있으므로, 국가공무원법상 당연퇴직은 결격사유가 있을 때에 법률상 당연히 퇴직하는 것이지 공무원관계를 소멸시키기 위한 별도의 행정처분을 요하는 것이 아니며, 당연퇴직의 인사발령은 법률상 당연히 발생하는 퇴직사유를 공적으로 확인하여 알려 주는 이른바 관념의 통지에 불과할 뿐 공무원의 신분을 상실시키는 새로운 형성적 행위가 아니므로, 행정소송의 대상이 되는 독립한 행정처분이라고 할 수 없다.[61]

(2) 공무원연금관리공단의 퇴직연금 중 일부금액 지급 거부표시

[1] 공무원으로 재직하다가 퇴직하여 구 공무원연금법에 따라 퇴직연금을 받고 있던 사람이 철차산업 직원으로 다시 임용되어 철차산업으로부터는 급여를 받고 공무원연금관리공단으로부터는 여전히 퇴직연금을 지급받고 있다가, 구 공무원연금법시행규칙이 개정되면서 철차산업이 구 공무원연금법 제47조 제2호 소정의 퇴직연금 중 일부의 금액에 대한 지급정지기관으로 지정된 경우, 공무원연금관리공단의 지급정지처분 여부에 관계없이 개정된 구 공무원연금법시행규칙이 시행된 때로부터 그 법 규정에 의하여 당연히 퇴직연금 중 일부 금액의 지급이 정지되는 것이므로, 공무원연금관리공단이 위와 같은 법령의 개정사실과 퇴직연금 수급자가 퇴직연금 중 일부 금액의 지급정지대상자가 되었다는 사실을 통보한 것은 단지 위와 같이 법령에서 정한 사유의 발생으로 퇴직연금 중 일부 금액의 지급이 정지된다는 점을 알려주는 관념의 통지에 불과하고, 그로 인하여 비로소 지급이 정지되는 것은 아니므로 항고소송의 대상이 되는 행정처분으로 볼 수 없다.
[2] 구 공무원연금법 소정의 퇴직연금 등의 급여는, 급여를 받을 권리를 가진 자가 당해 공무원이 소속하였던 기관장의 확인을 얻어 신청하는 바에 따라 공무원연금관리공단이 그 지급결정을 함으로써 그 구체적인 권리가 발생하는 것이므로, 공무원연금관리공단의 급여에 관한 결정은 국민의 권리에 직접 영향을 미치는 것이어서 행정처분에 해당할 것이지만, 공무원연금관리공단의 인정에 의하여 퇴직연금을 지급받아 오던 중 구 공무원연금법령의 개정 등으로 인하여 퇴직연금 중 일부 금액의 지급이 정지된 경우에는, 당연히 개정된 법령에 따라 퇴직연금이 확정되는 것이지 같은 법 제26조 제1항에 정해진 공무원연금관리공단의 퇴직연금결정·통지에 의하여 비로소 그 금액이 확정되는 것이 아니므로, 공무원연금관리공단이 퇴직연금 중 일부 금액에 대하여 지급 거부의 의사표시를 하였다 하더라도 그 의사표시는 퇴직연금청구권을 형성·확정하는 행정처분이 아니라, 공법상 법률관계의 한 쪽 당사자로서 그 지급의무의 존부 및 범위에 관하여 나름대로의 사실상·법률상 의견을 밝힌 것일 뿐이어서 이를 행정처분이라고 볼 수는 없고, 이 경우 미지급 퇴직연금에 대한 지급청구권은 공법상 권리로, 그의 지급을 구하는 소송은 공법상 법률관계에 관한 소송인 공법상 당사자소송에 해당한다.[62]

(3) 독립유공자서훈 취소결정통보

[1] 헌법 제11조 제3항과 구 상훈법 제2조, 제33조, 제34조, 제39조의 규정취지에 의하면, 서훈은 서훈대상자의 특별한 공적에 의하여 수여되는 고도의 일신전속적 성격을 가지는 것이다. 나아가 서훈은 단순히 서훈대상자 본인에 대한 수혜적 행위로서의 성격만을 가지는 것이 아니라, 국가에 뚜렷한 공적을 세운 사람에게 영예를 부여함으로써 국민 일반에 대하여 국가와 민족에 대한 자긍심을 높이고, 국가적 가치를 통합·제시하는 행위의 성격도 있다. 서훈의 이러한 특수성으로 말미암아 상훈법은 일반적인 행정행위와는 달리, 사망한 사람에 대하여도 그의 공적을 영예의 대상으로 삼아 서훈을 수여할 수 있도록 규정하고 있다. 그러나 그러한 경우에도 서훈은 어디까지나 서훈대상자 본인의 공적과 영예를 기리기 위한 것이어서 비록 유족이라 하더라도 제3자는 서훈수여처분의 상대방이 될 수 없고, 구 상훈법 제33조, 제34조 등에 따라 망인을 대신하여 단지 사실행위로서 훈장 등을 교부받거나 보관할 수 있는 지위에 있을 뿐이다. 이러한 서훈의 일신전속적 성격은

61) 대판 1995.11.14. 95누2036
62) 대판 2004.7.8. 2004두244

서훈 취소의 경우에도 마찬가지이므로, 망인에게 수여된 서훈의 취소에서도 유족은 그 처분의 상대방이 되는 것이 아니다. 이와 같이 망인에 대한 서훈 취소는 유족에 대한 것이 아니므로 유족에 대한 통지에 의하여만 성립하여 효력이 발생한다고 볼 수 없고, 그 결정이 처분권자의 의사에 따라 상당한 방법으로 대외적으로 표시됨으로써 행정행위로서 성립하여 효력이 발생한다고 봄이 타당하다.

[2] 국무회의에서 건국훈장 독립장이 수여된 망인에 대한 서훈 취소를 의결하고 대통령이 결재함으로써 서훈 취소가 결정된 후, 국가보훈처장이 망인의 유족 甲에게 '독립유공자서훈 취소결정통보'를 하자 甲이 국가보훈처장을 상대로 서훈 취소결정의 무효확인 등의 소를 제기한 경우, 甲이 서훈 취소처분을 행한 행정청(대통령)이 아니라 국가보훈처장을 상대로 제기한 위 소는 피고를 잘못 지정한 경우에 해당하므로, 법원으로서는 석명권을 행사하여 정당한 피고로 경정하게 한 후 소송을 진행하여야 함에도, 국가보훈처장이 서훈 취소처분을 한 것을 전제로 처분의 적법 여부를 판단한 원심판결에 법리오해 등의 잘못이 있다.[63]

(4) 직장가입자 자격상실 등 안내통보

[1] 항고소송의 대상이 되는 행정처분이란 행정청의 공법상 행위로서 특정사항에 대하여 법규에 의한 권리의 설정 또는 의무의 부담을 명하며 기타 법률상 효과를 발생하게 하는 등 국민의 구체적 권리의무에 직접적 변동을 초래하는 행위를 말하고, 행정청 내부에서의 행위나 알선, 권유, 사실상의 통지 등과 같이 상대방 또는 기타 관계자들의 법률상 지위에 직접적인 법률적 변동을 일으키지 아니하는 행위는 항고소송의 대상이 될 수 없다.

[2] 국민건강보험공단이 갑 등에게 '직장가입자 자격상실 및 자격변동 안내' 통보 및 '사업장 직권탈퇴에 따른 가입자 자격상실 안내' 통보를 한 사안에서, 국민건강보험 직장가입자 또는 지역가입자 자격 변동은 법령이 정하는 사유가 생기면 별도 처분 등의 개입 없이 사유가 발생한 날부터 변동의 효력이 당연히 발생하므로, 국민건강보험공단이 갑 등에 대하여 가입자 자격이 변동되었다는 취지의 '직장가입자 자격상실 및 자격변동 안내' 통보를 하였거나, 그로 인하여 사업장이 국민건강보험법상의 적용대상사업장에서 제외되었다는 취지의 '사업장 직권탈퇴에 따른 가입자 자격상실 안내' 통보를 하였더라도, 이는 갑 등의 가입자 자격의 변동 여부 및 시기를 확인하는 의미에서 한 사실상 통지행위에 불과할 뿐, 위 각 통보에 의하여 가입자 자격이 변동되는 효력이 발생한다고 볼 수 없고, 또한 위 각 통보로 갑 등에게 지역가입자로서의 건강보험료를 납부하여야 하는 의무가 발생함으로써 갑 등의 권리의무에 직접적 변동을 초래하는 것도 아니라는 이유로, 위 각 통보의 처분성이 인정되지 않는다고 보아 그 취소를 구하는 갑 등의 소를 모두 각하한 원심판단은 정당하다.[64]

7. 개별지가결정

판례는 표준공시지가결정과[65] 개별공시지가결정에[66] 대한 처분성을 인정하였다.

8. 반복된 행위

(1) 반복된 침해적 처분

침해적 처분이 내려진 후에 내려진 동일한 내용의 반복된 침해적 처분은, 처분이 아니라는 것이 판례의 태도이다.

63) 대판 2014.9.26. 2013두2518
64) 대판 2019.2.14. 2016두41729
65) 대판 1995.3.28. 94누12920
66) 대판 1993.1.15. 92누12407

핵심판례

1. **반복된 계고처분의 처분성을 부정한 사례**
   건물의 소유자에게 위법건축물을 일정 기간까지 철거할 것을 명함과 아울러, 불이행할 경우에는 대집행한다는 내용의 철거대집행계고처분을 고지한 후, 이에 불응하자 다시 제2차·제3차 계고서를 발송하여 일정 기간까지의 자진철거를 촉구하고, 불이행하면 대집행을 한다는 뜻을 고지하였다면, 행정대집행법상 건물철거의무는 제1차 철거명령 및 계고처분으로서 발생한 것이고, 제2차·제3차 계고처분은 새로운 철거의무를 부과한 것이 아닌, 다만 대집행기한의 연기통지에 불과하므로, 행정처분이 아니다.[67]

2. **반복된 공익근무요원 소집통지의 처분성을 부정한 사례**
   지방병무청장이 보충역편입처분을 받은 자에 대하여 복무기관을 정하여 공익근무요원 소집통지를 한 이상, 그것으로써 공익근무요원으로서의 복무를 명하는 병역법상 공익근무요원 소집처분이 있었다고 할 것이고, 그 후 지방병무청장이 공익근무요원 소집대상자의 원에 의하여 또는 직권으로 그 기일을 연기한 다음 다시 공익근무요원 소집통지를 하였다 하더라도, 이는 최초의 공익근무요원 소집통지에 관하여 다시 의무이행기일을 정하여 알려 주는 연기통지에 불과한 것이므로, 이는 항고소송의 대상이 되는 독립한 행정처분으로 볼 수 없다.[68]

(2) 반복된 거부처분

판례는 거부처분은 행정청이 국민의 처분신청에 대하여 거절의 의사표시를 함으로써 성립되고, 그 이후 동일한 내용의 새로운 신청에 대하여 그 신청의 제목 여하에 불구하고 그 내용이 새로운 신청을 하는 취지라면 관할 행정청이 이를 다시 거절의 의사표시를 한 경우에는 새로운 처분이 있는 것으로 보아야 할 것이며 이 경우 행정심판 및 행정소송의 제기기간은 각 처분을 기준으로 진행된다고 판시하고 있다.[69] 따라서 거부처분에 대한 제소기간이 경과한 뒤에도 동일한 내용의 신청을 다시 하여 그에 대하여 행정청의 거부처분이 행하여지면 당해 거부처분은 독립된 새로운 처분이므로 그 거부처분에 대하여 소를 제기할 수 있다. 이러한 법리는 어떠한 처분이 수익적 행정처분을 구하는 신청에 대한 거부처분이 아니라고 하더라도, 해당 처분에 대한 이의신청의 내용이 새로운 신청을 하는 취지로 볼 수 있는 경우에도 적용되므로, 그 이의신청에 대한 결정의 통보를 새로운 처분으로 볼 수 있다.[70]

핵심판례

1. **반복된 거부처분의 처분성을 인정한 사례**
   (1) 이주대책대상자 제외처분
   [사실관계]
   피고 한국토지주택공사(이하 '피고 공사')는 2006.10.27. 택지개발예정지구 지정 공람공고가 이루어진 인천검단지구 택지개발사업(이하 '이 사건 사업')의 사업시행자이고, 원고는 피고 공사에게 이 사건 사업에 관한 이주대책 대상자 선정 신청을 한 사람이다. 피고 공사는 2016.12.경 이 사건 사업의 이주대책을 수립하여 공고하였는데(이하 '이 사건 공고'), 원고는 이 사건 공고에 따라 2017.3.29. 피고 공사에게 이주자택지 공급대상자 선정 신청을 하였으나, 피고 공사는 2017.7.28. 원고에게 '기준일 이후 주택 취득'이라는 이유로 원고를 이주대책 대상에서 제외하는 결정을 통보하였는데(이하 '1차 결정'), 원고는 이에 2017.8.25. 피고 공사에게 이의신청을

67) 대판 1994.10.28. 94누5144
68) 대판 2005.10.28. 2003두14550
69) 대판 2019.4.3. 2017두52764
70) 대판 2022.3.17. 2021두53894

하자, 피고 공사는 2017.12.6. 원고에게 "부동산 공부에 등재되었던 소유자를 배제하고 사실판단에 기하여 과거 소유자를 인정할 수 없음"이라는 이유로 원고의 이의신청을 받아들이지 않고 여전히 원고를 이주대책 대상에서 제외한다는 결정을 통보하였다(이하 '2차 결정'). 원고는 2018.3.5. 피고 중앙행정심판위원회(이하 '피고 위원회')에 2차 결정의 취소를 구하는 행정심판을 청구하였는데, 피고 위원회는 2018.10.17. 2차 결정이 처분에 해당하지 않는다는 이유로 원고의 행정심판 청구를 각하하는 재결을 하였고(이하 '이 사건 재결'), 그 재결서가 2018.10.31. 원고에게 송달되었다. 이에 원고는 피고 공사를 상대로 2차 결정에 대한 취소와 피고 중앙행정심판위원회를 상대로 행정심판 각하 재결의 취소를 구하는 소를 법원에 제기하였다.

[판결요지]

수익적 행정처분을 구하는 신청에 대한 거부처분은 당사자의 신청에 대하여 관할 행정청이 이를 거절하는 의사를 대외적으로 명백히 표시함으로써 성립된다. 거부처분이 있은 후 당사자가 다시 신청을 한 경우에는 신청의 제목 여하에 불구하고 그 내용이 새로운 신청을 하는 취지라면 관할 행정청이 이를 다시 거절하는 것은 새로운 거부처분이라고 보아야 한다. 관계 법령이나 행정청이 사전에 공표한 처분기준에 신청기간을 제한하는 특별한 규정이 없는 이상 재신청을 불허할 법적 근거가 없으며, 설령 신청기간을 제한하는 특별한 규정이 있더라도 재신청이 신청기간을 도과하였는지는 본안에서 재신청에 대한 거부처분이 적법한가를 판단하는 단계에서 고려할 요소이지, 소송요건 심사단계에서 고려할 요소가 아니다.

[판결이유]

[1] 항고소송의 대상인 '처분'이란 "행정청이 행하는 구체적 사실에 관한 법집행으로서의 공권력의 행사 또는 그 거부와 그 밖에 이에 준하는 행정작용"(행정소송법 제2조 제1항 제1호)을 말한다. 행정청의 행위가 항고소송의 대상이 될 수 있는지는 추상적·일반적으로 결정할 수 없고, 구체적인 경우에 관련 법령의 내용과 취지, 그 행위의 주체·내용·형식·절차, 그 행위와 상대방 등 이해관계인이 입는 불이익 사이의 실질적 견련성, 법치행정의 원리와 그 행위에 관련된 행정청이나 이해관계인의 태도 등을 고려하여 개별적으로 결정하여야 한다. 행정청의 행위가 '처분'에 해당하는지가 불분명한 경우에는 그에 대한 불복방법 선택에 중대한 이해관계를 가지는 상대방의 인식가능성과 예측가능성을 중요하게 고려하여 규범적으로 판단하여야 한다.

[2] 이러한 법리에 비추어 이 사건 사실관계를 살펴보면, 2차 결정은 1차 결정과 별도로 행정쟁송의 대상이 되는 '처분'으로 봄이 타당하다. 구체적인 이유는 다음과 같다.

① 수익적 행정처분을 구하는 신청에 대한 거부처분은 당사자의 신청에 대하여 관할 행정청이 이를 거절하는 의사를 대외적으로 명백히 표시함으로써 성립된다. 거부처분이 있은 후 당사자가 다시 신청을 한 경우에는 신청의 제목 여하에 불구하고 그 내용이 새로운 신청을 하는 취지라면 관할 행정청이 이를 다시 거절하는 것은 새로운 거부처분이라고 보아야 한다. 관계법령이나 행정청이 사전에 공표한 처분기준에 신청기간을 제한하는 특별한 규정이 없는 이상 재신청을 불허할 법적 근거가 없으며, 설령 신청기간을 제한하는 특별한 규정이 있다 하더라도 재신청이 신청기간을 도과하였는지 여부는 본안에서 재신청에 대한 거부처분이 적법한가를 판단하는 단계에서 고려할 요소이지, 소송요건 심사단계에서 고려할 요소가 아니다.

② 행정절차법 제26조는 행정청이 처분을 할 때에는 당사자에게 그 처분에 관하여 행정심판 및 행정소송을 제기할 수 있는지 여부, 그 밖에 불복을 할 수 있는지 여부, 청구절차 및 청구기간, 그 밖에 필요한 사항을 알려야 한다고 규정하고 있다. 이 사건에서 피고 공사가 원고에게 2차 결정을 통보하면서 '2차 결정에 대하여 이의가 있는 경우 2차 결정 통보일부터 90일 이내에 행정심판이나 취소소송을 제기할 수 있다'는 취지의 불복방법 안내를 하였던 점을 보면, 피고 공사 스스로도 2차 결정이 행정절차법과 행정소송법이 적용되는 처분에 해당한다고 인식하고 있었음을 알 수 있고, 그 상대방인 원고로서도 2차 결정이 행정쟁송의 대상인 처분이라고 인식하였을 수밖에 없다고 보인다. 이와 같이 불복방법을 안내한 피고 공사가 이 사건 소가 제기되자 '처분성'이 인정되지 않는다고 본안전 항변을 하는 것은 신의성실원칙(행정절차법 제4조)에도 어긋난다.

[3] 그런데도 원심은, 2차 결정이 1차 결정과 별도로 행정쟁송의 대상이 되는 처분에 해당하지 않는다고 판단하였다. 이러한 원심 판단에는 행정소송의 대상인 처분에 관한 법리를 오해하여 판결에 영향을 미친 잘못이 있다. 이를 지적하는 상고이유 주장은 이유 있다.[71)]

(2) 예방접종피해보상거부

[사실관계]

원고는 2013.9.3. 16:00경 서울시 ○○구에 있는 ○○보건소에서 폐렴구균 예방접종을 받았다. 원고는 같은 날 저녁부터 발열증상을 느끼고 숙면을 취하지 못하였고, 좌측안면에 마비증상이 나타났다. 이에 원고는 2014.1.29. 예방접종 피해신청을 하였고, 피고는 2014.3.27. 피해보상 기각결정을 하였으며, 위 처분서는 2014.4.10.경 원고에게 송달되었다(이하 '제1차 거부통보'). 원고는 2014.7.17.경 피고가 내부적으로 정한 절차에 따라 이의신청을 하였고, 피고는 2014.9.29. 이의신청을 기각하였으며, 위 처분서는 2014.10.16.경 원고에게 송달되었다(이하 '제2차 거부통보'). 원고는 2014.12.23. 제2차 거부통보에 대하여 중앙행정심판위원회에 행정심판을 청구하였고, 2015.8.7. 기각재결을 송달받았다. 원고는 2015.10.8. 제2차 거부통보의 취소를 구하는 이 사건 소를 제기하였다.

[판결요지]

[1] 취소소송은 다른 법률에 특별한 규정이 없는 한 처분 등을 행한 행정청을 피고로 한다(행정소송법 제13조 제1항). 여기서 '행정청'이란 국가 또는 공공단체의 기관으로서 국가나 공공단체의 의견을 결정하여 외부에 표시할 수 있는 권한, 즉 처분 권한을 가진 기관을 말한다.

[2] 감염병의 예방 및 관리에 관한 법률에 따르면, 국가는 일정한 예방접종을 받은 사람이 그 예방접종으로 질병에 걸리거나 장애인이 되거나 사망하였을 때에는 대통령령으로 정하는 기준과 절차에 따라 보상을 하여야 하고(제71조), 법에 따른 보건복지부장관의 권한은 대통령령으로 정하는 바에 따라 일부를 질병관리본부장에게 위임할 수 있다(제76조 제1항). 그 위임에 따른 구 감염병의 예방 및 관리에 관한 법률 시행령에 따르면, 보건복지부장관은 예방접종피해보상 전문위원회의 의견을 들어 보상 여부를 결정하고(제31조 제3항), 보상을 하기로 결정한 사람에게 보상 기준에 따른 보상금을 지급하며(제31조 제4항), 이러한 예방접종피해보상 업무에 관한 보건복지부장관의 권한은 질병관리본부장에게 위임되어 있다(제32조 제1항 제20호). 위 규정에 따르면 법령상 보상금 지급에 대한 처분 권한은, 국가사무인 예방접종피해보상에 관한 보건복지부장관의 위임을 받아 보상금 지급 여부를 결정하고, 보상금을 지급함으로써 대외적으로 보상금 지급 여부에 관한 의사를 표시할 수 있는 질병관리본부장에게 있다.

[3] 행정소송법 제20조 제1항에 따르면, 취소소송은 처분 등이 있음을 안 날부터 90일 이내에 제기하여야 하는데, 행정심판청구를 할 수 있는 경우에 행정심판청구가 있은 때의 기간은 재결서 정본을 송달받은 날부터 기산한다. 이처럼 취소소송의 제소기간을 제한함으로써 처분 등을 둘러싼 법률관계의 안정과 신속한 확정을 도모하려는 입법 취지에 비추어 볼 때, 여기서 말하는 '행정심판'은 행정심판법에 따른 일반행정심판과 이에 대한 특례로서 다른 법률에서 사안의 전문성과 특수성을 살리기 위하여 특히 필요하여 일반행정심판을 갈음하는 특별한 행정불복절차를 정한 경우의 특별행정심판(행정심판법 제4조)을 뜻한다.

[4] 수익적 행정행위 신청에 대한 거부처분은 당사자의 신청에 대하여 관할 행정청이 거절하는 의사를 대외적으로 명백히 표시함으로써 성립되고, 거부처분이 있은 후 당사자가 다시 신청을 한 경우에는 신청의 제목 여하에 불구하고 그 내용이 새로운 신청을 하는 취지라면 관할 행정청이 이를 다시 거절하는 것은 새로운 거부처분으로 봄이 원칙이다.[72)]

71) 대판 2021.1.14. 2020두50324
72) 대판 2019.4.3. 2017두52764

2. 조정금의 수령 통지

[1] 수익적 행정처분을 구하는 신청에 대한 거부처분이 있은 후 당사자가 다시 신청을 한 경우에는 신청의 제목 여하에 불구하고 그 내용이 새로운 신청을 하는 취지라면 관할 행정청이 이를 다시 거절하는 것은 새로운 거부처분이라고 보아야 한다. 나아가 어떠한 처분이 수익적 행정처분을 구하는 신청에 대한 거부처분이 아니라고 하더라도, 해당 처분에 대한 이의신청의 내용이 새로운 신청을 하는 취지로 볼 수 있는 경우에는, 그 이의신청에 대한 결정의 통보를 새로운 처분으로 볼 수 있다.

[2] 갑 시장이 을 소유 토지의 경계확정으로 지적공부상 면적이 감소되었다는 이유로 지적재조사위원회의 의결을 거쳐 을에게 조정금 수령을 통지하자(1차 통지), 을이 구체적인 이의신청 사유와 소명자료를 첨부하여 이의를 신청하였으나, 갑 시장이 지적재조사위원회의 재산정 심의·의결을 거쳐 종전과 동일한 액수의 조정금 수령을 통지한(2차 통지) 사안에서, 구 지적재조사에 관한 특별법(2020.4.7. 법률 제17219호로 개정되기 전의 것) 제21조의2가 신설되면서 조정금에 대한 이의신청 절차가 법률상 절차로 변경되었으므로 그에 관한 절차적 권리는 법률상 권리로 볼 수 있는 점, 을이 이의신청을 하기 전에는 조정금 산정결과 및 수령을 통지한 1차 통지만 존재하였고 을은 신청 자체를 한 적이 없으므로 을의 이의신청은 새로운 신청으로 볼 수 있는 점, 2차 통지서의 문언상 종전 통지와 별도로 심의·의결하였다는 내용이 명백하고, 단순히 이의신청을 받아들이지 않는다는 내용에 그치는 것이 아니라 조정금에 대하여 다시 재산정, 심의·의결절차를 거친 결과, 그 조정금이 종전 금액과 동일하게 산정되었다는 내용을 알리는 것이므로, 2차 통지를 새로운 처분으로 볼 수 있는 점 등을 종합하면, 2차 통지는 1차 통지와 별도로 행정쟁송의 대상이 되는 처분으로 보는 것이 타당함에도 2차통지의 처분성을 부정한 원심판단에 법리오해의 잘못이 있다고 한 사례.[73)]

(3) 절차를 구비하여 행한 동일한 처분

핵심판례

절차를 구비하여 행한 동일한 처분의 처분성을 인정한 사례

절차상 또는 형식상 하자로 인하여 무효인 행정처분이 있은 후 행정청이 관계 법령에서 정한 절차 또는 형식을 갖추어 다시 동일한 행정처분을 하였다면, 당해 행정처분은 종전의 무효인 행정처분과 관계없이 새로운 행정처분이라고 보아야 한다. 원심은 그 채택증거를 종합하여 판시와 같은 사실을 인정한 다음, 이 사건 처분은 새로운 국방·군사시설사업 실시계획승인처분으로서의 요건을 갖춘 새로운 처분일 뿐, 종전처분과 동일성을 유지하되 종전처분의 내용을 일부 수정하거나 새로운 사항을 추가하는 것에 불과한 종전처분의 변경처분이 아니므로, 비록 종전처분에 하자가 있더라도 이 사건 처분이 관계 법령에 규정된 절차를 거쳐 그 요건을 구비한 이상 적법하다는 취지로 판단하였다. 원심판결의 이유를 위 법리 및 기록에 비추어 보면 원심의 이러한 판단은 정당하고, 거기에 상고이유의 주장과 같은 새로운 행정처분의 성립 여부에 관한 법리오해 등의 위법이 없다.[74)]

73) 대판 2022.3.17. 2021두53894
74) 대판 2014.3.13. 2012두1006

9. 조세경정처분

(1) 감액경정처분

1) 학 설

① 당초처분과 경정처분은 독립된 처분으로, 별개의 소송대상이라는 견해(병존설), ② 당초처분은 경정처분에 흡수되어 소멸하고, 경정처분만이 소송의 대상이 된다는 견해(흡수설), ③ 경정처분은 당초처분에 흡수되고, 경정처분에 의하여 수정된 당초처분이 소송의 대상이 된다는 견해(역흡수설) 등이 대립하고 있다.

2) 판 례

판례는 과세관청이 조세부과처분을 한 뒤에 그 불복절차과정에서 국세청장이나 국세심판소장으로부터 그 일부를 취소하도록 하는 결정을 받고, 이에 따라 당초 부과처분의 일부를 취소・감액하는 내용의 경정결정을 한 경우, 위 경정처분은 당초 부과처분과 별개・독립의 과세처분이 아니라 그 실질은 당초 부과처분의 변경이고, 그에 의하여 세액의 일부취소라는 납세자에게 유리한 효과를 발생시키는 처분이라 할 것이므로, 그 경정결정으로도 아직 취소되지 않고 남아 있는 부분이 위법하다고 하여 다투는 경우에는, 항고소송의 대상이 되는 것은 당초 부과처분 중 경정결정에 의하여 취소되지 않고 남은 부분이 된다 할 것이고, 경정결정이 항고소송의 대상이 되는 것은 아니라 할 것이므로, 이 경우 제소기간을 준수하였는지 여부도 당초처분을 기준으로 판단하여야 할 것이라고 판시하고 있다.75)

그 밖에 판례는 행정청이 산업재해보상보험법에 의한 보험급여수급자에 대하여 부당이득징수결정을 한 후, 징수결정의 하자를 이유로 징수금액수를 감액한 경우,76) 행정청이 과징금 부과처분을 하였다가 감액처분을 한 경우,77) 행정청이 제재처분을 한 후 영업자에게 유리하게 변경하는 처분을 한 경우에도78) 조세소송에서 감액경정처분이 있었던 경우와 같은 법리를 적용하여 판시하고 있다.

3) 검 토

감액경정처분의 실질은 당초 부과처분의 변경이고, 납세자에게 세액의 일부취소라는 유리한 효과를 발생시키므로, 항고소송의 대상은 당초처분이라고 판단된다.

(2) 증액경정처분

증액처분의 경우에는 당초처분이 증액처분에 흡수되어 소멸하므로, 증액처분이 항고소송의 대상이 된다.

핵심판례

증액경정처분의 처분성을 인정한 사례

국세기본법 제22조의2 시행 이후에도 증액경정처분이 있는 경우, 당초 신고나 결정은 증액경정처분에 흡수됨으로써 독립한 존재가치를 잃게 된다고 보아야 하므로, 원칙적으로는 당초 신고나 결정에 대한 불복기간의 경과 여부 등에 관계없이 증액경정처분만이 항고소송의 심판대상이 되고, 납세의무자는 그 항고소송에서 당초 신고나 결정에 대한 위법사유도 함께 주장할 수 있다고 해석함이 타당하다.79)

75) 대판 1991.9.13. 91누391
76) 대판 2012.9.27. 2011두27247
77) 대판 2008.2.25. 2006두3957
78) 대판 2007.4.27. 2004두9302
79) 대판 2009.5.14. 2006두17390

(3) 수차의 경정처분

핵심판례

[1] 과세처분이 있은 후 이를 증액하는 경정처분이 있으면 당초 처분은 경정처분에 흡수되어 독립된 존재가치를 상실하여 소멸하는 것이고, 그 후 다시 이를 감액하는 재경정처분이 있으면 재경정처분은 위 증액경정처분과는 별개인 독립의 과세처분이 아니라 그 실질은 위 증액경정처분의 변경이고 그에 의하여 세액의 일부 취소라는 납세의무자에게 유리한 효과를 가져오는 처분이라 할 것이므로, 그 감액하는 재경정결정으로도 아직 취소되지 않고 남아 있는 부분이 위법하다 하여 다투는 경우 항고소송의 대상은 그 증액경정처분 중 감액재경정결정에 의하여 취소되지 않고 남은 부분이고, 감액재경정결정이 항고소송의 대상이 되는 것은 아니다. 이러한 법리는 국세심판소가 심판청구를 일부 인용하면서 정당한 세액을 명시하여 취소하지 아니하고 경정기준을 제시하여 당해 행정청으로 하여금 구체적인 과세표준과 세액을 결정하도록 함에 따라, 당해 행정청이 감액경정결정을 함에 있어 심판결정의 취지에 어긋나게 결정하거나 혹은 그 결정 자체에 위법사유가 존재하여 그에 대하여 별도의 쟁송수단을 인정하여야 할 특별한 사정이 없는 한 마찬가지로 적용된다.
[2] 행정심판전치주의는 행정행위의 특수성, 전문성 등에 비추어 행정청으로 하여금 그 스스로의 재고, 시정의 기회를 부여함에 그 뜻이 있는 만큼, 법률에 특별한 규정이 없는 이상 그 필요를 넘어 국민에게 지나치게 엄격한 절차를 요구할 것은 아니고 비록 그것이 조세행정소송이라고 하더라도 다를 바 없다.
[3] 국세기본법 제80조 제2항 및 같은 법 시행규칙 제32조는 심판청구에 대한 결정이 있은 때에는 당해 행정청이 결정의 취지에 따라 즉시 필요한 처분을 하고 그 결과를 조세심판원장에게 보고하도록 규정하고 있으나 그 처분 및 보고기한에 관한 사항은 훈시규정에 불과하고 납세자에게 심판결정에 대한 불복의 기회가 주어진 이상, 위 행정심판전치주의의 적용원리를 충분히 고려한다고 하더라도, 과세관청이 그 제소기간 도과 후에 뒤늦게 한 감액경정결정을 새로운 부과처분이라고 보거나 혹은 제소기간 도과 이전에 결정한 경우와 비교하여 볼 때 심판결정에 대한 불복기회를 박탈하는 결과가 된다고 하여 이에 대하여 불복할 수 있는 기회를 주어야 한다고 할 수는 없다.80)

10. 변경처분

(1) 항고소송의 대상

기존의 행정처분을 변경하는 내용의 행정처분이 뒤따르는 경우, 후속처분이 종전처분을 완전히 대체하는 것이거나 주요 부분을 실질적으로 변경하는 내용인 경우에는, 특별한 사정이 없는 한 종전처분은 효력을 상실하고 후속처분만이 항고소송의 대상이 되지만, 후속처분의 내용이 종전처분의 유효를 전제로 내용 중 일부만을 추가·철회·변경하는 것이고, 추가·철회·변경된 부분이 내용과 성질상 나머지 부분과 불가분적인 것이 아닌 경우에는, 후속처분에도 불구하고 종전처분이 여전히 항고소송의 대상이 된다.81) 선행처분의 내용 중 일부만을 소폭 변경하는 후행처분이 있는 경우 선행처분도 후행처분에 의하여 변경되지 아니한 범위 내에서 존속하고, 후행처분은 선행처분의 내용 중 일부를 변경하는 범위 내에서 효력을 가지지만, 선행처분의 주요 부분을 실질적으로 변경하는 내용으로 후행처분을 한 경우에는 선행처분은 특별한 사정이 없는 한 그 효력을 상실한다.82)

(2) 대상처분의 확정

따라서 종전처분을 변경하는 내용의 후속처분이 있는 경우, 법원으로서는 후속처분의 내용이 종전처분 전체를 대체하거나 주요 부분을 실질적으로 변경하는 것인지, 후속처분에서 추가·철회·변경된 부분의 내용과 성질상 나머지 부분과 가분적인 것인지 등을 살펴, 항고소송의 대상이 되는 행정처분을 확정하여야 한다.83)

80) 대판 1996.7.30. 95누6328
81) 대판 2015.11.19. 2015두295[전합]
82) 대판 2022.7.28. 2021두60748
83) 대판 2015.11.19. 2015두295[전합]

핵심판례

1. 항고소송의 대상에 대한 사례

(1) 종전 처분을 항고소송의 대상으로 인정한 사례

[1] 기존의 행정처분을 변경하는 내용의 행정처분이 뒤따르는 경우, 후속처분이 종전 처분을 완전히 대체하는 것이거나 주요 부분을 실질적으로 변경하는 내용인 경우에는 특별한 사정이 없는 한 종전처분은 효력을 상실하고 후속처분만이 항고소송의 대상이 되지만, 후속처분의 내용이 종전처분의 유효를 전제로 내용 중 일부만을 추가・철회・변경하는 것이고 추가・철회・변경된 부분이 내용과 성질상 나머지 부분과 불가분적인 것이 아닌 경우에는, 후속처분에도 불구하고 종전처분이 여전히 항고소송의 대상이 된다. 따라서 종전처분을 변경하는 내용의 후속처분이 있는 경우 법원으로서는, 후속처분의 내용이 종전처분 전체를 대체하거나 주요 부분을 실질적으로 변경하는 것인지, 후속처분에서 추가・철회・변경된 부분의 내용과 성질상 나머지 부분과 가분적인지 등을 살펴 항고소송의 대상이 되는 행정처분을 확정하여야 한다.

[2] 원심판결 이유 및 기록에 의하면, 피고 동대문구청장은 2012.11.14. 원고 롯데쇼핑 주식회사, 주식회사 에브리데이리테일, 주식회사 이마트, 홈플러스 주식회사, 홈플러스스토어즈 주식회사(변경 전 상호 : 홈플러스테스코 주식회사)에 대하여 그들이 운영하는 서울특별시 동대문구 내 대형마트 및 준대규모점포의 영업제한 시간을 오전 0시부터 오전 8시까지로 정하고(이하 '영업시간 제한 부분') 매월 둘째 주와 넷째 주 일요일을 의무휴업일로 지정하는(이하 '의무휴업일 지정 부분')내용의 처분을 한 사실, 위 처분의 취소를 구하는 소송이 이 사건 원심에 계속 중이던 2014.8.25. 위 피고는 위 원고들을 상대로 영업시간 제한 부분의 시간을 '오전 0시부터 오전 10시'까지로 변경하되, 의무휴업일은 종전과 동일하게 유지하는 내용의 처분(이하 '2014.8.25.자 처분')을 한 사실을 알 수 있다. 이러한 사실관계를 앞서 본 법리에 비추어 보면, 2014.8.25.자 처분은 종전처분 전체를 대체하거나 그 주요 부분을 실질적으로 변경하는 내용이 아니라, 의무휴업일 지정 부분을 그대로 유지한 채 영업시간 제한 부분만을 일부 변경하는 것으로서, 2014.8.25.자 처분에 따라 추가된 영업시간 제한 부분은 그 성질상 종전처분과 가분적인 것으로 여겨진다. 따라서 2014.8.25.자 처분으로 종전처분이 소멸하였다고 볼 수는 없고, 종전처분과 그 유효를 전제로 한 2014.8.25.자 처분이 병존하면서 위 원고들에 대한 규제 내용을 형성한다고 할 것이다. 그러므로 이와 다른 전제에서 2014.8.25.자 처분에 따라 종전처분이 소멸하여 그 효력을 다툴 법률상 이익이 없게 되었다는 취지의 피고 동대문구청장의 이 부분 상고이유 주장은 이유 없다.[84)]

(2) 후속 처분을 항고소송의 대상으로 인정한 사례[85)]

[사실관계]

피고는 중소기업기술개발사업 제재조치위원회(이 사건 협약체결일은 2015.12.24.이므로 개정 전의 법령에 따르면 '지원사업 전문위원회'에 해당)를 개최하여 원고들에 대한 제재를 심의한 다음, 원고들이 연구개발 자료나 결과를 위조 또는 변조하거나 표절하는 등의 연구부정행위를 하였다는 이유로, 2019.7.2. 구 중소기업 기술혁신 촉진법(이하 '중소기업기술혁신법') 제31조 제1항, 제32조 제1항에 따라 원고들에 대하여는 각 3년간(2019.7.19.부터 2022.7.18.까지) 기술혁신 촉진 지원사업에의 참여를 제한하고, 원고 주식회사 삼보(이하 '원고 회사')에 대하여는 정부출연금을 전부 환수(납부기한 : 2019.8.2.까지)한다고 통지하였다(이하 '이 사건 1차 통지'). 위 통지서에는 "위 처분에 대하여 이의가 있는 경우, 귀하는 우리원 이의신청 절차에 따라 이의신청을

---

84) 대판 2015.11.19. 2015두295[전합]

85) 구 중소기업 기술혁신 촉진법 제31조 제1항, 제32조 제1항에 따라 정부출연금 전액환수 및 참여제한에 관한 1차 통지가 이루어진 뒤, 원고들의 이의신청에 따라 재심의를 거쳐 2차 통지가 이루어진 사안에서, 원심은 2차 통지가 1차 통지에 대한 원고들의 이의신청을 받아들이지 아니한다는 사실을 안내하는 취지로서, 1차 통지를 그대로 유지함을 전제로 피고의 업무처리 적정 및 원고들의 편의를 위한 조치에 불과하므로 원고들의 권리·의무에 직접적인 변동을 초래하지 않아 행정처분에 해당하지 않는다고 판단하였으나, 대법원은, 2차 통지가 이 사건 1차 통지의 주요 부분을 실질적으로 변경하는 새로운 처분으로 볼 수 있다고 판단하여 원심판결을 파기환송한 사례(대판 2022.7.28. 2021두60748)

할 수 있으며, 이의신청 시 명기된 제재기간은 변경될 수 있습니다. 이의신청 절차 이외에도 중앙행정심판위원회에 행정심판을, 관할법원에 행정소송을 제기할 수 있습니다. 행정심판 청구기간은 처분이 있음을 알게 된 날로부터 90일, 있은 날로부터 180일이며(행정심판법 제27조 제1항, 제3항), 행정소송 청구기간은 처분이 있음을 알게 된 날로부터 90일, 있은 날로부터 1년입니다(행정소송법 제20조 제1항, 제2항)."라는 내용이 기재되어 있다.

원고들은 2019.7.15.경 이 사건 1차 통지에 대하여 피고에게 이의를 신청하면서 이의신청서에 구체적인 이의신청사유를 기재하였고, 연구개발과정의 정당성을 소명하기 위한 자료 등을 제출하였다. 제재조치위원회는 원고들의 이의신청에 따라 원고들에 대한 제재를 다시 심의한 다음, 종전과 같이 원고들에 대하여 각 3년간 기술혁신 촉진 지원사업에의 참여를 제한하고 원고 회사에 대하여 정부출연금을 전부 환수함이 타당하다고 보았다.

피고는, 원고들이 연구개발 자료나 결과를 위조 또는 변조하거나 표절하는 등의 연구부정행위를 하였다는 이유로, 2019.10.18. 구 중소기업기술혁신법 제31조 제1항, 제32조 제1항에 따라 원고들에 대하여는 각 3년간(2019.11.8.부터 2022.11.7.까지) 기술혁신 촉진 지원사업에의 참여를 제한하고 원고 회사에 대하여는 정부출연금을 전부 환수(납부기한 : 2019.11.18.까지)한다고 통지하였다(이하 '이 사건 2차 통지'). 위 통지서에는 "이의신청 심의결과에 대하여 재이의신청을 할 수 없습니다. 행정심판 청구기간은 처분이 있음을 알게 된 날로부터 90일, 있은 날로부터 180일이며(행정심판법 제27조 제1항, 제3항), 행정소송 청구기간은 처분이 있음을 알게 된 날로부터 90일, 있은 날로부터 1년입니다(행정소송법 제20조 제1항, 제2항)."라는 내용이 기재되어 있다.

이에 원고들은 2019.12.27. 이 사건 2차 통지의 취소를 구하는 이 사건 소를 제기하였다.

[판결이유]

[1] 항고소송의 대상인 '처분'이란 행정청이 행하는 구체적 사실에 관한 법집행으로서의 공권력의 행사 또는 그 거부와 그 밖에 이에 준하는 행정작용(행정소송법 제2조 제1항 제1호)을 말한다. 행정청의 행위가 항고소송의 대상이 될 수 있는지는 추상적·일반적으로 결정할 수 없고, 구체적인 경우에 관련 법령의 내용과 취지, 그 행위의 주체·내용·형식·절차, 그 행위와 상대방 등 이해관계인이 입는 불이익 사이의 실질적 견련성, 법치행정의 원리와 그 행위에 관련된 행정청이나 이해관계인의 태도 등을 고려하여 개별적으로 결정하여야 한다. 행정청의 행위가 '처분'에 해당하는지가 불분명한 경우에는 그에 대한 불복방법 선택에 중대한 이해관계를 가지는 상대방의 인식가능성과 예측가능성을 중요하게 고려하여 규범적으로 판단하여야 한다. 한편, 선행처분의 내용 중 일부만을 소폭 변경하는 후행처분이 있는 경우 선행처분도 후행처분에 의하여 변경되지 아니한 범위 내에서 존속하고, 후행처분은 선행처분의 내용 중 일부를 변경하는 범위 내에서 효력을 가지지만, 선행처분의 주요 부분을 실질적으로 변경하는 내용으로 후행처분을 한 경우에는 선행처분은 특별한 사정이 없는 한 그 효력을 상실한다.

[2] 이러한 법리에 비추어 기록에 나타난 이 사건 사실관계를 살펴보면, 이 사건 2차 통지는 선행처분인 이 사건 1차 통지의 주요 부분을 실질적으로 변경한 새로운 처분으로서 항고소송의 대상이 된다고 봄이 타당하다. 구체적인 이유는 다음과 같다.

① 우선 이 사건 1차 통지는 제재적 행정처분이 가지는 외관을 모두 갖춘 것으로 국민의 권리·의무에 직접적으로 영향을 미치는 공권력의 행사로서 처분에 해당한다. 피고는 제재조치위원회를 개최하여 원고들에 대한 제재를 심의한 다음 2019.7.2. 원고들에게 '제재조치위원회 심의결과 안내'라는 제목으로 이 사건 1차 통지를 발송하였고, 위 문건에는 주관기관(원고 회사), 주관기관 대표자(원고 2), 주관기관 과제책임자(원고 3)에게 참여제한 3년(2019.7.19.부터 2022.7.18.까지)의 제재를 적용하며, 주관기관으로부터 정부출연금을 전부 환수한다는 내용이 기재되어 있다.

② 이 사건 2차 통지는 이 사건 1차 통지의 주요 부분을 실질적으로 변경하는 새로운 처분으로 볼 수 있고, 따라서 이 사건 2차 통지로 인하여 선행처분인 이 사건 1차 통지는 소멸하였다고 봄이 타당하다. 이 사건 1차 통지서에는 '이의신청 시 명기된 제재기간이 변경될 수 있습니다.'라고 기재되어 있고, 이 사건 2차 통지서에는 제재조치위원회에서 심의한 결과를 통지한다는 취지로 기재되어 있는데, 그 문언상 종전 통지와 별도로 심의·의결하였다는 내용임이 명백하다. 또한 이는 단순히 이의신청을 받아들이지 않는다는 내용에 그치는 것이 아니라, 이의신청의 내용을 기초로 원고들에 대한 제재사유의 존부 및 제재의 내용에 대하여 다시 심의한 결과에 따라 참여제한 및 환수처분을 한다는 내용을 알리는 것이므로, 새로운 제재조치의 통지에 해당한다고 볼 수 있다. 또한 참여제한기간이 '2019.7.19.부터 2022.7.18.까지'에서 '2019.11.8.부터 2022.11.7.까지'로, 환수금 납부기한이 '2019.8.2.까지'에서 '2019.11.18.까지'로 각 변경되었다.

③ 피고는 당초 원고들에게 이 사건 1차 통지를 하면서 위 처분에 이의가 있는 경우 이의신청을 할 수 있고 아울러 처분이 있음을 알게 된 날로부터 90일 이내에 행정심판 또는 행정소송을 제기할 수 있다는 등의 불복방법을 고지하였다. 그럼에도 피고는 이 사건 1차 통지일로부터 90일이 지난 시점에 원고들에게 이 사건 2차 통지를 하면서 다시 행정심판 또는 행정소송에 의한 불복방법을 고지하였다. 이에 비추어 보면, 피고도 이 사건 2차 통지가 항고소송의 대상이 되는 처분에 해당한다고 인식하고 있었다고 할 것이다.

④ 또한 위와 같이 이 사건 1차 통지와 이 사건 2차 통지 각각에 대하여 행정소송 등 불복방법에 관한 고지를 받은 당사자로서는 당초의 이 사건 1차 통지에 대해서는 이의신청을 하여 재심의를 받거나 곧바로 행정소송 등을 제기하는 방법 중에서 선택할 수 있다고 이해하게 될 것이고, 그중 이의신청을 한 당사자가 그에 따른 재심의 결과에 대하여 따로 행정소송 등을 제기하여 다툴 수 있을 것으로 기대한다고 하여 이를 잘못이라고 할 수는 없다. 그러므로 피고가 이 사건 2차 통지를 하면서 그에 대한 행정소송 등을 처분이 있음을 알게 된 날부터 90일 내에 제기할 수 있다고 명시적으로 안내한 것은 그 상대가 된 원고들에 대하여 신뢰의 대상이 되는 공적인 견해를 표명한 것에 해당한다 할 것인데, 원고들이 그 안내를 신뢰하고 90일의 기간 내에 이 사건 행정소송을 제기하였음에도 이 사건 2차 통지가 행정소송의 대상으로서의 처분성이 없다고 한다면, 원고들로서는 피고의 견해표명을 신뢰한 데 따른 이익을 침해받게 될 것임이 명백하다. 그러므로 행정상 법률관계에서의 신뢰보호의 원칙에 비추어 보더라도 이 사건 2차 통지는 항고소송의 대상이 되는 처분이라고 봄이 상당하다.[86]

2. 선행 처분의 효력 존속 여부와 후행처분에 관한 제소기간 준수 여부에 대한 사례

[1] 선행처분의 주요 부분을 실질적으로 변경하는 내용으로 후행처분을 한 경우에 선행처분은 특별한 사정이 없는 한 그 효력을 상실하지만, 후행처분이 있었다고 하여 일률적으로 선행처분이 존재하지 않게 되는 것은 아니고 선행처분의 내용 중 일부만을 소폭 변경하는 정도에 불과한 경우에는 선행처분이 소멸한다고 볼 수 없다.

[2] 선행처분이 후행처분에 의하여 변경되지 아니한 범위 내에서 존속하고 후행처분은 선행처분의 내용 중 일부를 변경하는 범위 내에서 효력을 가지는 경우에, 선행처분의 취소를 구하는 소를 제기한 후 후행처분의 취소를 구하는 청구를 추가하여 청구를 변경하였다면 후행처분에 관한 제소기간 준수 여부는 청구변경 당시를 기준으로 판단하여야 하나, 선행처분에만 존재하는 취소사유를 이유로 후행처분의 취소를 청구할 수는 없다.[87]

86) 대판 2022.7.28. 2021두60748
87) 대판 2012.12.13. 2010두20782

11. 내부적 행위

① 국민의 권리・의무에 직접적인 영향을 미치지 아니하는 내부적 의사결정에 불과한 내부적 행위에 대하여는, 처분성이 인정되지 아니한다.

핵심판례

1. 처분성을 인정한 사례

(1) 토지대장직권 말소행위

토지대장은 토지에 대한 공법상 규제, 개발부담금의 부과대상, 지방세의 과세대상, 공시지가의 산정 및 손실보상가액의 산정 등 토지행정의 기초자료로서 공법상 법률관계에 영향을 미칠 뿐만 아니라, 토지에 관한 소유권보존등기 또는 소유권이전등기를 신청하려면 이를 등기소에 제출하여야 하는 점 등을 종합하여 보면, 토지대장은 토지의 소유권을 제대로 행사하기 위한 전제요건으로서 토지소유자의 실체적 권리관계에 밀접하게 관련되어 있으므로, 이러한 토지대장을 직권으로 말소한 행위는 국민의 권리관계에 영향을 미치는 것으로서, 항고소송의 대상이 되는 행정처분에 해당한다.[88)]

(2) 건축물대장 작성신청 거부행위

건축물대장은 건축물에 대한 공법상 규제, 지방세의 과세대상 및 손실보상가액의 산정 등 건축행정의 기초자료로서 공법상 법률관계에 영향을 미칠 뿐만 아니라, 건축물에 관한 소유권보존등기 또는 소유권이전등기를 신청하려면 이를 등기소에 제출하여야 하는 점 등을 종합하여 보면, 건축물대장의 작성은 건축물의 소유권을 제대로 행사하기 위한 전제요건으로서 건축물소유자의 실체적 권리관계에 밀접하게 관련되어 있으므로, 건축물대장 소관청의 작성신청 반려행위는 국민의 권리관계에 영향을 미치는 것으로서, 항고소송의 대상이 되는 행정처분에 해당한다.[89)]

(3) 지목변경신청 반려행위

구 지적법 제20조, 제38조 제2항의 규정은 토지소유자에게 지목변경신청권과 지목정정신청권을 부여한 것이고, 한편 지목은 토지에 대한 공법상의 규제, 개발부담금의 부과대상, 지방세의 과세대상, 공시지가의 산정, 손실보상가액의 산정 등 토지행정의 기초로서 공법상의 법률관계에 영향을 미치고, 토지소유자는 지목을 토대로 토지의 사용・수익・처분에 일정한 제한을 받게 되는 점 등을 고려하면, 지목은 토지소유권을 제대로 행사하기 위한 전제요건으로서 토지소유자의 실체적 권리관계에 밀접하게 관련되어 있으므로 지적공부 소관청의 지목변경신청 반려행위는 국민의 권리관계에 영향을 미치는 것으로서 항고소송의 대상이 되는 행정처분에 해당한다.[90)]

(4) 기 타

건축물용도 변경신청 반려행위,[91)] 구분소유건축물을 하나의 건축물로 합병한 행위,[92)] 건축물대장을 직권말소한 행위[93)]의 처분성을 인정하였다.

---

88) 대판 2013.10.24. 2011두13286
89) 대판 2009.2.12. 2007두17359
90) 대판 2004.4.22. 2003두9015[전합]
91) 대판 2009.1.30. 2007두7277
92) 대판 2009.5.28. 2007두19775
93) 대판 2010.5.27. 2008두22655

2. 처분성을 부정한 사례

(1) 자동차운전면허대장 등재행위

자동차운전면허대장상 일정한 사항의 등재행위는 운전면허행정사무집행의 편의와 사실증명의 자료로 삼기 위한 것일 뿐, 그 등재행위로 인하여 당해 운전면허취득자에게 새로이 어떠한 권리가 부여되거나 변동 또는 상실되는 효력이 발생하는 것은 아니므로, 이는 행정소송의 대상이 되는 독립한 행정처분으로 볼 수 없고, 운전경력증명서상 기재행위 역시 당해 운전면허취득자에 대한 자동차운전면허대장상 기재사항을 옮겨 적는 것에 불과할 뿐이므로, 운전경력증명서에 한 등재의 말소를 구하는 소는 부적법하다 할 것이다.94)

(2) 공정거래위원회의 고발조치 · 의결

이른바 고발은 수사의 단서에 불과할 뿐 그 자체로서 국민의 권리 · 의무에 어떠한 영향을 미치는 것이 아니고, 특히 독점규제 및 공정거래에 관한 법률 제129조는 공정거래위원회의 고발을 위 법률위반죄의 소추요건으로 규정하고 있어, 공정거래위원회의 고발조치는 사직당국에 대하여 형벌권 행사를 요구하는 행정기관 상호 간의 행위에 불과하여 항고소송의 대상이 되는 행정처분이라 할 수 없으며, 더욱이 공정거래위원회의 고발의결은 행정청 내부의 의사결정에 불과할 뿐 최종적인 처분은 아니므로, 이 역시 항고소송의 대상이 되는 행정처분이 되지 못한다.95)

② 특별권력관계 내에서의 행위에 대하여도 마찬가지로 내부적 행위에 불과한 경우에는 처분성이 부정되나, 시민적 법질서에 영향을 미치는 경우에는 항고소송의 대상이 될 수 있다.

핵심판례

1. 불문경고조치

행정규칙에 의한 '불문경고조치'는 비록 법률상 징계처분은 아니지만, 위 처분을 받지 아니하였다면 차후 다른 징계처분이나 경고를 받게 될 경우 징계감경사유로 사용될 수 있었던 표창공적의 사용가능성을 소멸시키는 효과와, 1년 동안 인사기록카드에 등재됨으로써 그 동안은 장관표창이나 도지사표창대상자에서 제외시키는 효과 등이 있으므로, 항고소송의 대상이 되는 행정처분에 해당한다.96)

2. 명예전역거부

[1] 각 군 참모총장은 군인 명예전역수당 지급신청을 받아 이를 심사하고 수당지급대상자를 선정하여 국방부장관에게 추천하며, 국방부장관은 각 군 참모총장으로부터 수당지급대상자의 추천을 받아 수당지급대상자를 최종적으로 심사 · 결정하도록 규정되어 있다. 이 규정에 따라 각 군 참모총장이 수당지급대상자 결정절차에 대하여 수당지급대상자를 추천하거나 신청자 중 일부를 추천하지 아니하는 행위는 행정기관 상호간의 내부적인 의사결정과정의 하나일 뿐 그 자체만으로는 직접적으로 국민의 권리 · 의무가 설정, 변경, 박탈되거나 그 범위가 확정되는 등 기존의 권리상태에 어떤 변동을 가져오는 것이 아니므로 이를 항고소송의 대상이 되는 처분이라고 할 수는 없다.

[2] 국방부장관이 수당지급대상자로 결정하거나 배제하는 행위는 20년 이상 근속한 군인들 중 정년 전에 자진하여 전역하는 사람의 신청을 받아 심사한 후 그 지급대상자 및 지급액 등을 결정할 수 있는 재량행위에 해당한다고 보아야 한다.

[3] 군인사법 등 관련 법령이 각 군 참모총장의 추천에 따라 국방부장관이 최종적으로 군인 명예전역수당 지급대상자를 결정하도록 규정하고 있는 이상 각 군 참모총장의 추천거부행위에 실체상 · 절차상의 위법사유가 존재하는 경우 그 위법사유를 이유로 국방부장관의 거부처분의 취소를 구할 수 있다.97)

94) 대판 1991.9.24. 91누1400
95) 대판 1995.5.12. 94누13794
96) 대판 2002.7.26. 2001두3532
97) 대판 2009.12.10. 2009두14231

③ 처분의 준비행위나 기초가 되는 행위는 원칙적으로 처분성이 부정되나, 국민의 권익구제를 위하여 다툴 필요가 있는 경우에는 처분성을 인정하여야 한다.

핵심판례

세무조사결정

부과처분을 위한 과세관청의 질문조사권이 행하여지는 세무조사결정이 있는 경우, 납세의무자는 세무공무원의 과세자료 수집을 위한 질문에 대답하고 검사를 수인하여야 할 법적 의무를 부담하게 되는 점, 세무조사는 기본적으로 적정하고 공평한 과세의 실현을 위하여 필요한 최소한의 범위 안에서 행하여져야 하고, 더욱이 동일한 세목 및 과세기간에 대한 재조사는 납세자의 영업의 자유 등 권익을 심각하게 침해할 뿐만 아니라, 과세관청에 의한 자의적인 세무조사의 위험마저 있으므로, 조세공평의 원칙에 현저히 반하는 예외적인 경우를 제외하고는 금지될 필요가 있는 점, 납세의무자로 하여금 개개의 과태료처분에 대하여 불복하거나 조사 종료 후의 과세처분에 대하여만 다툴 수 있도록 하는 것보다는, 그에 앞서 세무조사결정에 대하여 다툼으로써 분쟁을 조기에 근본적으로 해결할 수 있는 점 등을 종합하면, 세무조사결정은 납세의무자의 권리·의무에 직접 영향을 미치는 공권력 행사에 따른 행정작용으로서 항고소송의 대상이 된다.[98)]

12. 사법(私法)행위와 처분

행정청의 일방적인 결정이 처분인지 사법행위인지 다투어지고 있다. 이는 공법행위와 사법행위와의 구별의 문제이기도 하다.

핵심판례

1. **입찰참가자격 제한처분의 처분성을 인정한 사례**

   [1] 공공기관의 운영에 관한 법률 제39조 제2항, 제3항에 따라 입찰참가자격 제한기준을 정하고 있는 구 공기업·준정부기관 계약사무규칙 제15조 제2항, 국가를 당사자로 하는 계약에 관한 법률 시행규칙 제76조 제1항 [별표 2], 제3항 등은 비록 부령의 형식으로 되어 있으나 규정의 성질과 내용이 공기업·준정부기관(이하 '행정청')이 행하는 입찰참가자격 제한처분에 관한 행정청 내부의 재량준칙을 정한 것에 지나지 아니하여 대외적으로 국민이나 법원을 기속하는 효력이 없으므로, 입찰참가자격 제한처분이 적법한지 여부는 이러한 규칙에서 정한 기준에 적합한지 여부만에 따라 판단할 것이 아니라 공공기관의 운영에 관한 법률상 입찰참가자격 제한처분에 관한 규정과 그 취지에 적합한지 여부에 따라 판단하여야 한다. 다만 그 재량준칙이 정한 바에 따라 되풀이 시행되어 행정관행이 이루어지게 되면 평등의 원칙이나 신뢰보호의 원칙에 따라 행정청은 상대방에 대한 관계에서 그 규칙에 따라야 할 자기구속을 받게 되므로, 이러한 경우에는 특별한 사정이 없는 한 그에 반하는 처분은 평등의 원칙이나 신뢰보호의 원칙에 어긋나 재량권을 일탈·남용한 위법한 처분이 된다.

   [2] 한국전력공사가, 甲 주식회사가 광섬유복합가공지선 구매입찰에서 담합행위(1차 위반행위)를 하였다는 이유로 6개월의 입찰참가자격 제한처분(1차 처분)을 한 다음, 1차 처분이 있기 전에 전력선 구매입찰에서 담합행위(2차 위반행위)를 하였다는 이유로 甲 회사에 다시 6개월의 입찰참가자격 제한처분(2차 처분)을 한 사안에서, 수 개의 위반행위에 대하여 그중 가장 무거운 제한기준에 의하여 제재처분을 하도록 규정한

98) 대판 2011.3.10. 2009두23617

'국가를 당사자로 하는 계약에 관한 법률 시행규칙' 제76조 제3항은, 규정의 취지 등을 고려할 때 공기업·준정부기관(이하 '행정청')이 입찰참가자격 제한처분을 한 후 그 처분 전의 위반행위를 알게 되어 다시 입찰참가자격 제한처분을 하는 경우에도 적용된다고 보아야 하고, 1차 위반행위와 2차 위반행위의 제한기준이 동일하며, 행정청 내부의 사무처리기준상 1차 처분 전의 2차 위반행위에 대하여는 추가로 제재할 수 없다는 이유로, 甲 회사에 대한 2차 처분은 재량권을 일탈·남용하여 위법하다고 한 사례.99)

2. 공사낙찰적격심사 감점처분 통지행위의 처분성을 부정한 사례

[1] 행정소송의 대상이 되는 행정처분은, 행정청 또는 그 소속기관이나 법령에 의하여 행정권한의 위임 또는 위탁을 받은 공공기관이 국민의 권리의무에 관계되는 사항에 관하여 공권력을 발동하여 행하는 공법상의 행위를 말하며, 그것이 상대방의 권리를 제한하는 행위라 하더라도 행정청 또는 그 소속기관이나 권한을 위임받은 공공기관의 행위가 아닌 한 이를 행정처분이라고 할 수 없다.

[2] 원심판결 이유와 기록에 의하면, 피고가 2008.12.31. 원고에 대하여 한 공사낙찰적격심사 감점처분(이하 '이 사건 감점조치')의 근거로 내세운 규정은 피고의 공사낙찰적격심사세부기준(이하 '이 사건 세부기준') 제4조 제2항인 사실, 이 사건 세부기준은 공공기관의 운영에 관한 법률 제39조 제1항, 제3항, 구 공기업·준정부기관 계약사무규칙 제12조에 근거하고 있으나, 이러한 규정은 공공기관이 사인과 사이의 계약관계를 공정하고 합리적·효율적으로 처리할 수 있도록 관계 공무원이 지켜야 할 계약사무처리에 관한 필요한 사항을 규정한 것으로서 공공기관의 내부규정에 불과하여 대외적 구속력이 없는 것임을 알 수 있다. 이러한 사실을 위 법리에 비추어 보면, 피고가 원고에 대하여 한 이 사건 감점조치는 행정청이나 그 소속 기관 또는 그 위임을 받은 공공단체의 공법상의 행위가 아니라 장차 그 대상자인 원고가 피고가 시행하는 입찰에 참가하는 경우에 그 낙찰적격자 심사 등 계약 사무를 처리함에 있어 피고 내부규정인 이 사건 세부기준에 의하여 종합취득점수의 10/100을 감점하게 된다는 뜻의 사법상의 효력을 가지는 통지행위에 불과하다 할 것이고, 또한 피고의 이와 같은 통지행위가 있다고 하여 원고에게 공공기관의 운영에 관한 법률 제39조 제2항, 제3항, 구 공기업·준정부기관 계약사무규칙 제15조에 의한 국가, 지방자치단체 또는 다른 공공기관에서 시행하는 모든 입찰에의 참가자격을 제한하는 효력이 발생한다고 볼 수도 없으므로, 피고의 이 사건 감점조치는 행정소송의 대상이 되는 행정처분이라고 할 수 없다.100)

13. 행정행위의 부관

(1) 부관의 의의

행정행위의 부관은 행정행위의 효과를 제한하거나 보충하기 위하여 행정기관에 의하여 주된 행정행위에 부과된 종된 규율을 의미한다.

(2) 부관의 종류

행정행위의 효과 발생과 소멸을 장래의 불확실한 사실의 성부에 의존시키는 부관을 조건이라 하고, 장래에 발생할 것이 확실한 사실에 의존시키는 부관을 기한이라 한다. 또한 행정행위의 주된 내용에 부가하여 그 행정행위의 상대방에게 작위, 부작위, 급부, 수인 등의 의무를 과하는 부관을 부담이라 하고, 일정한 경우 행정행위를 철회하여 그 효력을 소멸하게 할 수 있음을 정하는 부관을 철회권의 유보라 한다.

99) 대판 2014.11.27. 2013두18964

100) 대판 2014.12.24. 2010두6700

(3) 부관의 독립쟁송 가능성

1) 문제점

하자 있는 부관으로 인하여 권익이 침해된 경우 관련 당사자는 행정쟁송을 통하여 구제를 받게 되는데, 이때 하자 있는 부관만을 따로 떼어서 다툴 수 있는지 여부가 문제된다.

2) 학 설

처분성이 인정되는 부담만 독립적인 쟁송이 가능하다는 견해와, 부관이 주된 행정행위로부터 분리가능성이 있을 경우에는 부관만 독립하여 다툴 수 있다는 견해, 그리고 모든 부관에 대한 제소가능성을 열어 두고 소송형태는 항상 부진정일부취소소송이어야 한다는 견해가 대립하고 있다.

3) 판 례

판례는 부담과 그 외의 부관을 구분하여, 부담은 처분성이 인정되므로 주된 행정행위와 독립하여 취소소송의 대상이 되나, 그 외의 부관은 주된 행정행위의 불가분적 요소로서 독립적 처분이 아니므로, 그것만의 취소를 구하는 소송은 부정한다.[101] 즉 판례는 부담에 대하여는 진정일부취소소송을 인정하지만 기타 부관에 대하여는 독립쟁송 가능성을 인정하지 아니하고 부진정일부취소소송도 부정하는 입장이다.

4) 검 토

원칙적으로는 부관부 행정행위 전체를 하나의 행정행위로 보아 쟁송을 제기하여야 하나, 부담의 경우 그 자체가 하나의 독립된 행정행위이므로, 주된 행정행위와는 별도로 행정쟁송의 대상이 된다고 보는 판례의 태도가 타당하다고 판단된다.

(4) 부관의 독립취소 가능성

1) 문제점

부관이 위법한 경우 법원이 위법한 부관만을 취소할 수 있는지, 아니면 부관부 행정행위 전체를 취소하여야 하는지가 문제된다.

2) 학 설

부관이 주된 행정행위의 중요한 행위가 아닌 경우에만 부관의 취소를 인정할 수 있다는 견해와, 기속행위의 경우에만 부관의 취소를 인정할 수 있다는 견해, 그리고 부관의 위법성이 인정되면 제한 없이 부관의 취소를 인정할 수 있다는 견해가 대립하고 있다.

3) 판 례

판례는 부담만의 독립취소 가능성은 인정하나, 그 밖의 부관의 경우에는 독립취소 가능성을 인정하지 아니하는 견해를 취하고 있다.

4) 검 토

생각건대 어느 견해에 의하여도 일면 수긍할 점이 있으나 부담의 독립한 행정처분으로서의 성질과 국민의 권익보호 및 행정청의 재량권 등을 고려할 때 판례의 태도가 타당하다고 판단된다.

---

101) 대판 1992.1.21. 91누1264

14. 신 고

(1) 신고의 의의

1) 개 념

신고는 행정청에 일정한 사항을 알리는 행위로, 수리를 요하지 아니하는 자기완결적 신고와 수리를 요하는 행정요건적 신고로 나뉜다.

2) 법적 성격

신고는 사인의 공법행위에 해당하며, 견해의 대립은 있으나 사인의 공법상 준법률행위로 보는 것이 타당하다고 판단된다.

(2) 신고의 구별기준

행정요건적 신고는 행정청의 수리를 효력발생요건으로 한다는 점에서 신고 자체를 효력발생요건으로 하는 자기완결적 신고와 구별된다. 우선 관계 법령이 신고와 등록을 구분하여 규정한 경우에는 신고는 자기완결적 신고, 등록은 행정요건적 신고로 볼 수 있고, 신고요건으로 형식적 요건만을 요구하는 경우에는 자기완결적 신고, 실질적 요건까지도 요구하는 경우에는 행정요건적 신고로 볼 수 있다.

(3) 신고수리의 처분성 인정 여부

1) 자기완결적 신고

자기완결적 신고는 요건만 갖추어 신고하기만 하면 행정청에 도달한 때에 일정한 효과가 발생하므로, 신고의 수리는 문제되지 아니한다. 따라서 판례도 국민의 권리・의무에 대한 변동을 초래하지 아니한다고 하여 자기완결적 신고수리의 처분성을 부정하고 있다.

핵심판례

1. 착공계획서 수리

구 체육시설의 설치・이용에 관한 법률 제16조, 제34조, 같은 법 시행령 제16조의 규정을 종합하여 보면, 등록체육시설업에 대한 사업계획의 승인을 얻은 자는 규정된 기한 내에 사업시설의 착공계획서를 제출하고, 그 수리 여부에 상관없이 설치공사에 착수하면 되는 것이지, 착공계획서가 수리되어야만 비로소 공사에 착수할 수 있다거나, 그 밖에 착공계획서 제출 및 수리로 인하여 사업계획의 승인을 얻은 자에게 어떠한 권리를 설정하거나, 의무를 부담케 하는 법률효과가 발생하는 것이 아니므로, 행정청이 사업계획의 승인을 얻은 자의 착공계획서를 수리하고 이를 통보한 행위는 그 착공계획서 제출사실을 확인하는 행정행위에 불과할 뿐, 이를 항고소송이나 행정심판의 대상이 되는 행정처분으로 볼 수 없다.[102)]

2. 건축신고 수리

구 건축법 제9조 제1항에 의하여 신고를 함으로써 건축허가를 받은 것으로 간주되는 경우에는, 건축을 하고자 하는 자가 적법한 요건을 갖추어 신고만 하면 행정청의 수리행위 등 별다른 조치를 기다릴 필요 없이 건축을 할 수 있는 것이므로, 행정청이 위 신고를 수리한 행위가 건축주는 물론이고 제3자인 인근 토지소유자나 주민들의 구체적인 권리・의무에 직접 변동을 초래하는 행정처분이라 할 수 없다.[103)]

102) 대판 2001.5.29. 99두10292
103) 대판 1999.10.22. 98두18435

2) 행정요건적 신고

신고에 수리라는 개념을 상정하는 행정요건적 신고는 행정청이 수리함으로써 신고의 효과가 발생하므로, 수리행위는 당사자의 법적 지위에 변동을 가하는 행위로서 행정쟁송의 대상이 된다고 판단된다.

핵심판례

행정요건적 신고의 수리

구 장사 등에 관한 법률 제14조 제1항, 구 장사 등에 관한 법률 시행규칙 제7조 제1항 [별지 제7호 서식]을 종합하면, 납골당설치신고는 이른바 '수리를 요하는 신고'라 할 것이므로, 납골당설치신고가 구 장사법 관련 규정의 모든 요건에 맞는 신고라 하더라도 신고인은 곧바로 납골당을 설치할 수 없고, 이에 대한 행정청의 수리처분이 있어야만 신고한 대로 납골당을 설치할 수 있다.[104)]

(4) 신고 반려의 처분성 인정 여부

1) 자기완결적 신고

자기완결적 신고의 경우에는, 행정청의 수리 여부와 관계없이 신고행위 자체로 법적 효과가 발생하므로 수리거부행위에 법적 의미가 없는 것이 원칙이나, 최근 대법원은 일정한 경우 자기완결적 신고수리의 거부에 대한 처분성을 인정하고 있다.

핵심판례

1. **건축신고 반려행위**

   구 건축법 관련 규정의 내용 및 취지에 의하면, 행정청은 건축신고로써 건축허가가 의제되는 건축물의 경우에도 그 신고 없이 건축이 개시될 경우 건축주 등에 대하여 공사 중지·철거·사용금지 등의 시정명령을 할 수 있고(제69조 제1항), 그 시정명령을 받고 이행하지 않은 건축물에 대하여는 당해 건축물을 사용하여 행할 다른 법령에 의한 영업 기타 행위의 허가를 하지 않도록 요청할 수 있으며(제69조 제2항), 그 요청을 받은 자는 특별한 이유가 없는 한 이에 응하여야 하고(제69조 제3항), 나아가 행정청은 그 시정명령의 이행을 하지 아니한 건축주 등에 대하여는 이행강제금을 부과할 수 있으며(제69조의2 제1항 제1호), 또한 건축신고를 하지 않은 자는 200만원 이하의 벌금에 처해질 수 있다(제80조 제1호, 제9조). 이와 같이 건축주 등은 신고제하에서도 건축신고가 반려될 경우 당해 건축물의 건축을 개시하면 시정명령, 이행강제금 및 벌금의 대상이 되거나 당해 건축물을 사용하여 행할 행위의 허가가 거부될 우려가 있어 불안정한 지위에 놓이게 된다. 따라서 건축신고 반려행위가 이루어진 단계에서 당사자로 하여금 반려행위의 적법성을 다투어 그 법적 불안을 해소한 후 건축행위에 나아가도록 함으로써 장차 있을지도 모르는 위험에서 미리 벗어날 수 있도록 길을 열어 주고, 위법한 건축물의 양산과 그 철거를 둘러싼 분쟁을 조기에 근본적으로 해결할 수 있도록 하는 것이 법치행정의 원리에 부합한다. 그러므로 건축신고 반려행위는 항고소송의 대상이 된다고 보는 것이 옳다.[105)]

104) 대판 2011.9.8. 2009두6766
105) 대판 2010.11.18. 2008두167[전합]

2. 착공신고 반려행위

구 건축법의 관련 규정에 따르면, 행정청은 착공신고의 경우에도 신고 없이 착공이 개시될 경우 건축주 등에 대하여 공사 중지·철거·사용금지 등의 시정명령을 할 수 있고(제69조 제1항), 시정명령을 받고 이행하지 아니한 건축물에 대하여는 당해 건축물을 사용하여 행할 다른 법령에 의한 영업 기타 행위의 허가를 하지 않도록 요청할 수 있으며(제69조 제2항), 요청을 받은 자는 특별한 이유가 없는 한 이에 응하여야 하고(제69조 제3항), 나아가 행정청은 시정명령의 이행을 하지 아니한 건축주 등에 대하여는 이행강제금을 부과할 수 있으며(제69조의2 제1항 제1호), 또한 착공신고를 하지 아니한 자는 200만원 이하의 벌금에 처해질 수 있다(제80조 제1호, 제9조). 이와 같이 건축주 등으로서는 착공신고가 반려될 경우 당해 건축물의 착공을 개시하면 시정명령, 이행강제금 및 벌금의 대상이 되거나 당해 건축물을 사용하여 행할 행위의 허가가 거부될 우려가 있어 불안정한 지위에 놓이게 된다. 따라서 착공신고 반려행위가 이루어진 단계에서 당사자로 하여금 반려행위의 적법성을 다투어 법적 불안을 해소한 후 건축행위에 나아가도록 함으로써 장차 있을지도 모르는 위험에서 미리 벗어날 수 있도록 길을 열어 주고, 위법한 건축물의 양산과 철거를 둘러싼 분쟁을 조기에 근본적으로 해결할 수 있도록 하는 것이 법치행정의 원리에 부합한다. 그러므로 행정청의 착공신고 반려행위는 항고소송의 대상이 된다고 보는 것이 옳다.[106)]

2) 행정요건적 신고

행정요건적 신고의 경우에는, 그 수리 거부행위가 행정소송법상 처분 개념에 해당하여 행정쟁송을 제기할 수 있다는 것이 학설과 판례의 일관된 입장이다.

핵심판례

1. 건축주명의 변경신고 수리 거부행위

건축주명의 변경신고에 대한 수리 거부행위는, 행정청이 허가대상건축물 양수인의 건축주명의 변경신고라는 구체적인 사실에 관한 법집행으로서 그 신고를 수리하여야 할 법령상 의무를 지고 있음에도 불구하고, 그 신고의 수리를 거부함으로써 양수인이 건축공사를 계속하기 위하여, 또는 건축공사를 완료한 후 자신의 명의로 소유권보존등기를 하기 위하여 가지는 구체적인 법적 이익을 침해하는 결과가 되었다고 할 것이므로, 비록 건축허가가 대물적 허가로서 그 허가의 효과가 허가대상건축물에 대한 권리변동에 수반하여 이전된다 하더라도, 양수인의 권리의무에 직접 영향을 미치는 것으로서 취소소송의 대상이 되는 처분이라고 하지 않을 수 없다.[107)]

2. 주민등록전입신고 거부행위

주민들의 거주지 이동에 따른 주민등록전입신고에 대하여 행정청이 이를 심사하여 그 수리를 거부할 수 있다 하더라도, 그러한 행위는 자칫 헌법상 보장된 국민의 거주·이전의 자유를 침해하는 결과를 가져올 수 있으므로, 시장·군수 또는 구청장의 주민등록전입신고의 수리 여부에 대한 심사는 주민등록법의 입법목적의 범위 내에서 제한적으로 이루어져야 한다. 한편, 주민등록법의 입법목적에 관한 제1조 및 주민등록대상자에 관한 제6조의 규정을 고려하여 보면, 전입신고를 받은 시장·군수 또는 구청장의 심사대상은 전입신고자가 30일 이상 생활의 근거로서 거주할 목적으로 거주지를 옮기는지 여부만으로 제한된다고 보아야

106) 대판 2011.6.10. 2010두7321

107) 대판 1992.3.31. 91누4911

한다. 따라서 전입신고자가 거주의 목적 이외에 다른 이해관계에 관한 의도를 가지고 있는지 여부, 무허가 건축물의 관리, 전입신고를 수리함으로써 당해 지방자치단체에 미치는 영향 등과 같은 사유는 주민등록법이 아닌 다른 법률에 의하여 규율되어야 하고, 주민등록전입신고의 수리 여부를 심사하는 단계에서는 고려 대상이 될 수 없다.108)

15. 그 밖에 처분성이 문제되는 경우

(1) 처분성이 인정된 사례

1) 병무청장의 공개결정

[1] 병무청장이 병역법 제81조의2 제1항에 따라 병역의무 기피자의 인적사항 등을 인터넷 홈페이지에 게시하는 등의 방법으로 공개한 경우, 병무청장의 공개결정을 항고소송의 대상이 되는 행정처분으로 보아야 한다. 그 구체적인 이유는 다음과 같다.

① 병무청장이 하는 병역의무 기피자의 인적사항 등 공개는, 특정인을 병역의무 기피자로 판단하여 그 사실을 일반 대중에게 공표함으로써 그의 명예를 훼손하고 그에게 수치심을 느끼게 하여 병역의무 이행을 간접적으로 강제하려는 조치로서 병역법에 근거하여 이루어지는 공권력의 행사에 해당한다.

② 병무청장이 하는 병역의무 기피자의 인적사항 등 공개조치에는 특정인을 병역의무 기피자로 판단하여 그에게 불이익을 가한다는 행정결정이 전제되어 있고, 공개라는 사실행위는 행정결정의 집행행위라고 보아야 한다. 병무청장이 그러한 행정결정을 공개 대상자에게 미리 통보하지 않은 것이 적절한지는 본안에서 해당 처분이 적법한가를 판단하는 단계에서 고려할 요소이며, 병무청장이 그러한 행정결정을 공개 대상자에게 미리 통보하지 않았다거나 처분서를 작성·교부하지 않았다는 점만으로 항고소송의 대상적격을 부정하여서는 아니 된다.

③ 병무청 인터넷 홈페이지에 공개 대상자의 인적사항 등이 게시되는 경우 그의 명예가 훼손되므로, 공개 대상자는 자신에 대한 공개결정이 병역법령에서 정한 요건과 절차를 준수한 것인지를 다툴 법률상 이익이 있다. 병무청장이 인터넷 홈페이지 등에 게시하는 사실행위를 함으로써 공개 대상자의 인적사항 등이 이미 공개되었더라도, 재판에서 병무청장의 공개결정이 위법함이 확인되어 취소판결이 선고되는 경우, 병무청장은 취소판결의 기속력에 따라 위법한 결과를 제거하는 조치를 할 의무가 있으므로 공개 대상자의 실효적 권리구제를 위해 병무청장의 공개결정을 행정처분으로 인정할 필요성이 있다. 만약 병무청장의 공개결정을 항고소송의 대상이 되는 처분으로 보지 않는다면 국가배상청구 외에는 침해된 권리 또는 법률상 이익을 구제받을 적절한 방법이 없다.

④ 관할 지방병무청장의 공개 대상자 결정의 경우 상대방에게 통보하는 등 외부에 표시하는 절차가 관계 법령에 규정되어 있지 않아, 행정실무상으로도 상대방에게 통보되지 않는 경우가 많다. 또한 관할 지방병무청장이 위원회의 심의를 거쳐 공개 대상자를 1차로 결정하기는 하지만, 병무청장에게 최종적으로 공개 여부를 결정할 권한이 있으므로, 관할 지방병무청장의 공개 대상자 결정은 병무청장의 최종적인 결정에 앞서 이루어지는 행정기관 내부의 중간적 결정에 불과하다. 가까운 시일 내에 최종적인 결정과 외부적인 표시가 예정된 상황에서, 외부에 표시되지 않은 행정기관 내부의 결정을 항고소송의 대상인 처분으로

108) 대판 2009.6.18. 2008두10997[전합]

보아야 할 필요성은 크지 않다. 관할 지방병무청장이 1차로 공개 대상자 결정을 하고, 그에 따라 병무청장이같은 내용으로 최종적 공개결정을 하였다면, 공개 대상자는 병무청장의 최종적 공개결정만을 다투는 것으로 충분하고, 관할 지방병무청장의 공개 대상자 결정을 별도로 다툴 소의 이익은 없어진다.

[2] 행정처분의 무효확인 또는 취소를 구하는 소가 제소 당시에는 소의 이익이 있어 적법하였더라도, 소송계속 중 처분청이 다툼의 대상이 되는 행정처분을 직권으로 취소하면 그 처분은 효력을 상실하여 더 이상 존재하지 않는 것이므로, 존재하지 않는 그 처분을 대상으로 한 항고소송은 원칙적으로 소의 이익이 소멸하여 부적법하다. 다만 처분청의 직권취소에도 불구하고 완전한 원상회복이 이루어지지 않아 무효확인 또는 취소로써 회복할 수 있는 다른 권리나 이익이 남아 있거나 또는 동일한 소송 당사자 사이에서 그 행정처분과 동일한 사유로 위법한 처분이 반복될 위험성이 있어 행정처분의 위법성 확인 내지 불분명한 법률문제에 대한 해명이 필요한 경우 행정의 적법성 확보와 그에 대한 사법통제, 국민의 권리구제의 확대 등의 측면에서 예외적으로 그 처분의 취소를 구할 소의 이익을 인정할 수 있을 뿐이다.[109)]

2) 금융감독원장의 금융기관임원에 대한 문책경고

금융기관 검사 및 제재에 관한 규정(이하 '제재규정') 제22조는, 금융기관의 임원이 문책경고를 받은 경우에는 금융업 관련 법 및 당해 금융기관의 감독 관련 규정에서 정한 바에 따라 일정 기간 동안 임원선임의 자격제한을 받는다고 규정하고 있고, 구 은행법 제18조 제3항의 위임에 기한 구 은행업감독규정 제17조 제2호 다목, 제18조 제1호는 제재규정에 따라 문책경고를 받은 자로서 문책경고일로부터 3년이 경과하지 아니한 자는 은행장, 상근감사위원, 상임이사 및 외국은행지점 대표자가 될 수 없다고 규정하고 있으므로, 문책경고는 그 상대방에 대한 직업선택의 자유를 직접 제한하는 효과를 발생하게 하는 등 상대방의 권리・의무에 직접 영향을 미치는 행위로서 행정처분에 해당한다.[110)]

3) 노동조합규약의 변경보완을 명하는 시정명령

노동조합규약의 변경보완 시정명령은 조합규약의 내용이 노동조합법에 위반된다고 보아 구체적 사실에 관한 법집행으로서 같은 법 제21조 소정의 명령권을 발동하여, 조합규약의 해당 조항을 지적된 법률조항에 위반되지 않도록 적절히 변경보완할 것을 명하는 노동행정에 관한 행정관청의 의사를 조합에게 직접 표시한 것이므로, 행정소송법 제2조 제1항에서 규정하고 있는 행정처분에 해당된다.[111)]

4) 조치요구사항의 이행을 명하는 시정명령

사립유치원 설립자인 갑은 관할 교육청이 실시한 사립유치원 특정감사 결과에 대하여 조치요구사항이 기재되어 있고, 이의 제기 방법이 안내되어 있으나, 근거 법령에 유아교육법 제30조 제1항이 별도로 기재되어 있지 않은 통보서를 관할 교육지원청 교육장으로부터 받았는데, 관할 교육지원청 교육장은 갑이 조치요구사항을 이행하지 아니하였다는 이유로 '사립유치원 종합(특정)감사 결과 미이행에 따른 행정처분 통지'라는 제목으로 유아교육법 제30조 제1항에 따라 조치요구사항을 이행할 것을 명하는 시정명령을 갑에게 통지한 경우, 위 시정명령은 감사결과 통보와는 별도로 항고소송의 대상이 되는 처분으로 봄이 타당하다.[112)]

109) 대판 2019.6.27. 2018두49130
110) 대판 2005.2.17. 2003두14765
111) 대판 1993.5.11. 91누10787
112) 대판 2022.9.7. 2022두42365

5) 과세관청의 소득금액 변동통지

과세관청의 소득처분과 그에 따른 소득금액 변동통지가 있는 경우 원천징수의무자인 법인은, 소득금액 변동통지서를 받은 날 그 통지서에 기재된 소득의 귀속자에게 당해 소득금액을 지급한 것으로 의제되어 그때 원천징수하는 소득세의 납세의무가 성립함과 동시에 확정되고, 원천징수의무자인 법인은 소득금액 변동통지서에 기재된 소득처분의 내용에 따라 원천징수세액을 그 다음 달 10일까지 관할 세무서장 등에게 납부하여야 할 의무를 부담하며, 만일 이를 이행하지 아니하는 경우에는 가산세의 제재를 받게 됨은 물론이고 형사처벌까지 받도록 규정되어 있는 점에 비추어 보면, 소득금액 변동통지는 원천징수의무자인 법인의 납세의무에 직접 영향을 미치는 과세관청의 행위로서 항고소송의 대상이 되는 조세행정처분이라고 봄이 상당하다.[113)]

6) 근로복지공단의 사업종류 변경결정

항고소송의 대상인 처분에 관한 법리에 비추어 고용보험 및 산업재해보상보험의 보험료징수 등에 관한 법률(이하 '고용산재보험료징수법'), 고용보험 및 산업재해보상보험의 보험료징수 등에 관한 법률 시행령, 고용보험 및 산업재해보상보험의 보험료징수 등에 관한 법률 시행규칙 및 근로복지공단이 고용산재보험료징수법령 등에서 위임된 사항과 그 시행을 위하여 필요한 사항을 규정할 목적으로 제정한 '적용 및 부과업무 처리 규정' 등 관련 규정들의 내용과 체계 등을 살펴보면, 근로복지공단이 사업주에 대하여 하는 '개별 사업장의 사업종류 변경결정'은 행정청이 행하는 구체적 사실에 관한 법집행으로서의 공권력의 행사인 '처분'에 해당한다.[114)]

7) 친일반민족행위자 재산조사위원회의 재산조사개시결정

친일반민족행위자 재산조사위원회의 재산조사개시결정이 있는 경우, 조사대상자는 위 위원회의 보전처분신청을 통하여 재산권 행사에 실질적인 제한을 받게 되고, 위 위원회의 자료제출요구나 출석요구 등의 조사행위에 응하여야 하는 법적 의무를 부담하게 되는 점, '친일반민족행위자 재산의 국가귀속에 관한 특별법'에서 인정된 재산조사결정에 대한 이의신청절차만으로는 조사대상자에 대한 권리구제방법으로 충분치 아니한 점, 조사대상자로 하여금 개개의 과태료처분에 대하여 불복하거나 조사 종료 후의 국가귀속결정에 대하여만 다툴 수 있도록 하는 것보다는, 그에 앞서 재산조사개시결정에 대하여 다툼으로써 분쟁을 조기에 해결할 수 있는 점 등을 종합하면, 친일반민족행위자 재산조사위원회의 재산조사개시결정은 조사대상자의 권리·의무에 직접 영향을 미치는 독립한 행정처분으로서 항고소송의 대상이 된다고 봄이 상당하다.[115)]

8) 교도소장의 참여대상자 지정행위

행정청의 어떤 행위가 항고소송의 대상이 될 수 있는지의 문제는 추상적·일반적으로 결정할 수 없고, 구체적인 경우 행정처분은 행정청이 공권력의 주체로서 행하는 구체적 사실에 관한 법집행으로서 국민의 권리의무에 직접적으로 영향을 미치는 행위라는 점을 염두에 두고, 관련 법령의 내용과 취지, 그 행위의 주체·내용·형식·절차, 그 행위와 상대방 등 이해관계인이 입는 불이익과의 실질적 견련성, 그리고 법치행정의 원리와 당해 행위에 관련한 행정청 및 이해관계인의 태도 등을 참작하여 개별적으로 결정하여야 한다. 한편 「형의 집행 및 수용자의 처우에 관한 법률」(이하 '법') 제41조에 의하면, 수용자는 원칙적으로 외부의 사람과 접견을 할 수 있되(제1항), 교정시설의 장은 '범죄의 증거를 인멸하거나 형사 법령에 저촉되는 행위를 할 우려가 있는 때(제2항 제1호), 수형자의 교화 또는 건전한 사회복귀를 위하여 필요한 때(제2항 제2호), 시설의 안전과

113) 대판 2006.4.20. 2002두1878[전합]

114) 대판 2020.4.9. 2019두61137

115) 대판 2009.10.15. 2009두6513

질서유지를 위하여 필요한 때(제2항 제3호)'에 해당하는 사유가 있으면 교도관으로 하여금 수용자의 접견내용을 청취·기록·녹음 또는 녹화하게 할 수 있다. 원심은 그 채용 증거를 종합하여, 원고는 2009.5.28. 특정경제범죄 가중처벌 등에 관한 법률위반(횡령)죄 등으로 징역 7년, 공직선거법위반죄로 징역 1년을 선고받고 그 형이 확정되어 복역하다가 2011.7.14.부터는 천안교도소에 수용 중인 수형자인 사실, 피고[교도소장(註)]는 원고가 천안교도소에 수감된 무렵, 원고를 '접견내용 녹음·녹화 및 접견 시 교도관 참여대상자'로 지정한 사실, 이에 따라 원고의 첫 접견이 있었던 2011.7.16.부터 피고의 별도 지시 없이도 원고의 접견 시에 항상 교도관이 참여하여 그 접견내용을 청취·기록하고, 녹음·녹화한 사실 등을 인정하였다. 나아가 원심은, ① 피고가 위와 같은 지정행위를 함으로써 원고의 접견 시마다 사생활의 비밀 등 권리에 제한을 가하는 교도관의 참여, 접견내용의 청취·기록·녹음·녹화가 이루어졌으므로 이는 피고가 그 우월적 지위에서 수형자인 원고에게 일방적으로 강제하는 성격을 가진 공권력적 사실행위의 성격을 갖고 있는 점, ② 위 지정행위는 그 효과가 일회적인 것이 아니라 이 사건 제1심판결이 선고된 이후인 2013.2.13.까지 오랜 기간 동안 지속되어 왔으며, 원고로 하여금 이를 수인할 것을 강제하는 성격도 아울러 가지고 있는 점, ③ 위와 같이 계속성을 갖는 공권력적 사실행위를 취소할 경우 장래에 이루어질지도 모르는 기본권의 침해로부터 수형자들의 기본적 권리를 구제할 실익이 있는 것으로 보이는 점 등을 종합하면, 위와 같은 지정행위는 수형자의 구체적 권리의무에 직접적 변동을 초래하는 행정청의 공법상 행위로서 항고소송의 대상이 되는 '처분'에 해당한다고 판단하였다. 앞서 본 법리와 법 규정 및 기록에 비추어 살펴보면, 원심의 위와 같은 판단은 정당한 것으로 수긍이 가고, 거기에 상고이유로 주장하는 법리오해 등의 위법이 있다고 할 수 없다.[116]

9) 진실·화해를 위한 과거사정리위원회의 진실규명결정

진실·화해를 위한 과거사정리 기본법(이하 '법')과 구 과거사 관련 권고사항처리에 관한 규정의 목적, 내용 및 취지를 바탕으로, 피해자 등에게 명문으로 진실규명신청권, 진실규명결정 통지수령권 및 진실규명결정에 대한 이의신청권 등이 부여된 점, 진실규명결정이 이루어지면 그 결정에서 규명된 진실에 따라 국가가 피해자 등에 대하여 피해 및 명예회복조치를 취할 법률상 의무를 부담하게 되는 점, 진실·화해를 위한 과거사정리위원회가 위와 같은 법률상 의무를 부담하는 국가에 대하여 피해자 등의 피해 및 명예 회복을 위한 조치로 권고한 사항에 대한 이행의 실효성이 법적·제도적으로 확보되고 있는 점 등 여러 사정을 종합하여 보면, 법이 규정하는 진실규명결정은 국민의 권리·의무에 직접적으로 영향을 미치는 행위로서 항고소송의 대상이 되는 행정처분이라고 보는 것이 타당하다.[117]

10) 건축협의 취소

구 건축법 제29조 제1항·제2항, 제11조 제1항 등의 규정내용에 의하면, 건축협의의 실질은 지방자치단체 등에 대한 건축허가와 다르지 아니하므로, 지방자치단체 등이 건축물을 건축하려는 경우 등에는 미리 건축물의 소재지를 관할하는 허가권자인 지방자치단체의 장과 건축협의를 하지 않으면, 지방자치단체라 하더라도 건축물을 건축할 수 없다. 그리고 구 지방자치법 등 관련 법령을 살펴보아도, 지방자치단체의 장이 다른 지방자치단체를 상대로 한 건축협의 취소에 관하여 다툼이 있는 경우 법적 분쟁을 실효적으로 해결할 구제수단을 찾기도 어렵다. 따라서 건축협의 취소는 상대방이 다른 지방자치단체 등 행정주체라 하더라도, '행정청이 행하는 구체적 사실에 관한 법집행으로서의 공권력 행사'(행정소송법 제2조 제1항 제1호)로서 처분에 해당한다고 볼 수 있고, 지방자치단체인 원고가 이를 다툴 실효적 해결수단이 없는 이상, 원고는 건축물소재지 관할 허가권자인 지방자치단체의 장을 상대로 항고소송을 통하여 건축협의 취소의 취소를 구할 수 있다.[118]

116) 대판 2014.2.13. 2013두20899
117) 대판 2013.1.16. 2010두22856
118) 대판 2014.2.27. 2012두22980

11) 교육감의 승진임용제외행위

교육공무원법 제29조의2 제1항, 제13조, 제14조 제1항, 제2항, 교육공무원 승진규정 제1조, 제2조 제1항 제1호, 제40조 제1항, 교육공무원임용령 제14조 제1항, 제16조 제1항에 따르면, 임용권자는 3배수의 범위 안에 들어간 후보자들을 대상으로 승진임용 여부를 심사하여야 하고, 이에 따라 승진후보자명부에 포함된 후보자는 임용권자로부터 정당한 심사를 받게 될 것에 관한 절차적 기대를 하게 된다. 그런데 임용권자 등이 자의적인 이유로 승진후보자명부에 포함된 후보자를 승진임용에서 제외하는 처분을 한 경우 이러한 승진임용제외처분을 항고소송의 대상이 되는 처분으로 보지 않는다면, 달리 이에 대하여는 불복하여 침해된 권리 또는 법률상 이익을 구제받을 방법이 없다. 따라서 교육공무원법상 승진후보자명부에 의한 승진심사 방식으로 행하여지는 승진임용에서 승진후보자 명부에 포함되어 있던 후보자를 승진임용 인사발령에서 제외하는 행위는, 불이익처분으로서 항고소송의 대상인 처분에 해당한다고 보아야 한다.[119)]

12) 교육부장관의 임용제청제외행위

대학의 장 임용에 관하여 교육부장관의 임용제청권을 인정한 취지는 대학의 자율성과 대통령의 실질적인 임용권 행사를 조화시키기 위하여 대통령의 최종적인 임용권 행사에 앞서 대학의 추천을 받은 총장 후보자들의 적격성을 일차적으로 심사하여 대통령의 임용권 행사가 적정하게 이루어질 수 있도록 하기 위한 것이다. 대학의 추천을 받은 총장 후보자는 교육부장관으로부터 정당한 심사를 받을 것이라는 기대를 하게 된다. 만일 교육부장관이 자의적으로 대학에서 추천한 복수의 총장 후보자들 전부 또는 일부를 임용제청하지 않는다면 대통령으로부터 임용을 받을 기회를 박탈하는 효과가 있다. 이를 항고소송의 대상이 되는 처분으로 보지 않는다면, 침해된 권리 또는 법률상 이익을 구제받을 방법이 없다. 따라서 교육부장관이 대학에서 추천한 복수의 총장 후보자들 전부 또는 일부를 임용제청에서 제외하는 행위는 제외된 후보자들에 대한 불이익처분으로서 항고소송의 대상이 되는 처분에 해당한다고 보아야 한다. 다만 교육부장관이 특정 후보자를 임용제청에서 제외하고 다른 후보자를 임용제청함으로써 대통령이 임용제청된 다른 후보자를 총장으로 임용한 경우에는, 임용제청에서 제외된 후보자는 대통령이 자신에 대하여 총장 임용 제외처분을 한 것으로 보아 이를 다투어야 한다(대통령의 처분의 경우 소속 장관이 행정소송의 피고가 된다. 국가공무원법 제16조 제2항). 이러한 경우에는 교육부장관의 임용제청 제외처분을 별도로 다툴 소의 이익이 없어진다.[120)]

(2) 처분성이 부정된 사례

1) 공장입지기준확인

공업배치 및 공장설립에 관한 법률 제9조에 따라 시장・군수 또는 구청장이 토지소유자 기타 이해관계인의 신청이 있는 경우 그 관할구역 안의 토지에 대하여 지번별로 공장설립이 가능한지 여부를 확인하여 통지하는 공장입지기준확인은, 공장을 설립하고자 하는 사람이 공장설립승인신청 등 공장설립에 필요한 각종 절차를 밟기 전에 어느 토지 위에 공장설립이 가능한지 여부를 손쉽게 확인할 수 있도록 편의를 도모하기 위하여 마련된 절차로, 그 확인으로 인하여 신청인 등 이해관계인의 지위에 영향을 주는 법률상 효과가 발생하지 아니하므로, 공장입지기준확인 그 자체는 항고소송의 대상이 될 수 없다.[121)]

119) 대판 2018.3.27. 2015두47492
120) 대판 2018.6.15. 2016두57564
121) 대판 2003.2.11. 2002두10735

2) 분양대상자선정행위

시장・군수・구청장 등 관리기관이 농공단지 안에 있는 토지를 매각하는 경우 분양대상기업체의 선정순위, 분양의 시기・방법 및 조건, 분양가격의 결정 등에 관한 절차에 대하여 공업배치 및 공장설립에 관한 법률 등에서 일부 공법적인 규율을 하고 있다 하더라도, 그와 같은 사정만으로는 그 선정행위가 항고소송의 대상이 되는 행정처분에 해당한다고 할 수 없다.[122)]

3) 금융감독원장이 전 대표이사에게 문책경고장을 보낸 행위

금융감독원장이 종합금융주식회사의 전 대표이사에게 재직 중 위법・부당행위 사례를 첨부하여 금융 관련 법규를 위반하고, 신용질서를 심히 문란하게 한 사실이 있다는 내용으로 '문책경고장(상당)'을 보낸 행위는 어떠한 법적 근거에 기하여 발하여진 것이 아니고, 단지 종합금융회사의 업무와 재산상황에 대한 일반적인 검사권한을 가진 금융감독원장(피고)이 소외 주식회사에 대하여 검사를 실시한 결과, 원고가 소외 주식회사의 대표이사로 근무할 당시 행한 것으로 인정된 위법・부당행위사례에 관한 단순한 사실의 통지에 불과한 것으로서 항고소송의 대상이 되는 행정처분에 해당하지 아니한다.[123)]

4) 운전면허 행정처분대장상 벌점의 배점

운전면허 행정처분처리대장상 벌점의 배점은, 도로교통법규 위반행위를 단속하는 기관이 도로교통법 시행규칙 [별표 16]에서 정하는 바에 의하여 도로교통법규 위반의 경중, 피해의 정도 등에 따라 배정하는 점수를 말하는 것으로서 자동차운전면허의 취소, 정지처분의 기초자료로 제공하기 위한 것이고, 그 배점 자체만으로는 아직 국민에 대하여 구체적으로 어떤 권리를 제한하거나 의무를 명하는 등 법률적 규제를 하는 효과를 발생하는 요건을 갖춘 것이 아니어서 그 무효확인 또는 취소를 구하는 소송의 대상이 되는 행정처분이라고 할 수 없다.[124)]

5) 과태료 부과행위

수도조례 및 하수도사용조례에 기한 과태료의 부과 여부 및 그 당부는 최종적으로 질서위반행위규제법에 의한 절차에 의하여 판단되어야 한다고 할 것이므로, 그 과태료 부과처분은 행정청을 피고로 하는 행정소송의 대상이 되는 행정처분이라고 볼 수 없다.[125)]

6) 혁신도시최종입지선정행위

국가균형발전 특별법과 법 시행령 및 이 사건 지침에는 공공기관의 지방이전을 위한 정부 등의 조치와 공공기관이 이전할 혁신도시입지선정을 위한 사항 등을 규정하고 있을 뿐, 혁신도시입지후보지에 관련된 지역주민 등의 권리・의무에 직접 영향을 미치는 규정을 두고 있지 않으므로, 피고가 원주시를 혁신도시최종입지로 선정한 행위는 항고소송의 대상이 되는 행정처분으로 볼 수 없다.[126)]

---

122) 대판 2006.3.10. 2003두4751
123) 대판 2005.2.17. 2003두10312
124) 대판 1994.8.12. 94누2190
125) 대판 2012.10.11. 2011두19369
126) 대판 2007.11.15. 2007두10198

7) 민원사무처리법의 사전심사결과통보

구 민원사무처리에 관한 법률(이하 '구 민원사무처리법') 제19조 제1항・제3항, 구 민원사무처리에 관한 법률 시행령 제31조 제3항의 내용과 체계를 살피건대, 사전심사청구제도는 민원인이 대규모의 경제적 비용이 수반되는 민원사항에 대하여 간편한 절차로써 미리 행정청의 공적 견해를 받아볼 수 있도록 하여 민원행정의 예측가능성을 확보하게 하는 데에 취지가 있다고 보이고, 민원인이 희망하는 특정한 견해의 표명까지 요구할 수 있는 권리를 부여한 것으로 보기는 어려운 점, 행정청이 사전심사결과 가능하다고 통보를 하였더라도 구 민원사무처리법 제19조 제3항에 의한 제약이 따르기는 하나 반드시 민원사항을 인용하는 처분을 하여야 하는 것은 아닌 점, 행정청이 사전심사결과 불가능하다고 통보하였더라도 사전심사결과에 구애되지 않고 민원사항을 처리할 수 있으므로 불가능하다는 통보가 민원인의 권리・의무에 직접적인 영향을 미친다고 볼 수 없고, 통보로 인하여 민원인에게 어떠한 법적 불이익이 발생할 가능성도 없는 점 등 여러 사정을 종합하여 보면, 구 민원사무처리법이 규정하는 사전심사결과 통보는 항고소송의 대상이 되는 행정처분에 해당하지 아니한다.127)

제3절 재 결

I 재결의 의의

1. 개 념

재결이란 행정심판청구사건에서 행정심판위원회가 행하는 법적 판단을 의미한다(행심법 제2조 제3호). 재결도 행정청이 행하는 공권력적 행위라는 점에서 항고소송의 대상이 될 수 있고, 행정소송법 제19조는 재결도 처분과 함께 항고소송의 대상이 될 수 있다고 규정하고 있다.

2. 취소소송의 대상에 대한 입법주의

(1) 입법주의

원처분주의란 원처분과 재결에 대하여 항고소송의 대상으로서 모두 소송을 제기할 수 있는 제도를 말한다. 이 경우 원처분의 위법은 원처분에 대한 항고소송에서만 주장할 수 있고, 재결의 위법은 그 재결의 고유한 하자에 대한 항고소송에서만 주장할 수 있다. 재결주의란 재결만을 항고소송의 대상으로 하는 제도를 말한다. 이 경우 재결 자체의 위법뿐만 아니라 재결에 대한 항고소송에서 원처분의 위법도 주장할 수 있다.

(2) 원처분주의의 채택

우리 행정소송법은 취소소송의 대상을 처분 등으로 한다. 다만, 재결취소소송의 경우에는 재결 자체에 고유한 위법이 있음을 이유로 하는 경우에 한한다(행소법 제19조)라고 하여 원처분주의를 채택하고 있음을 명백히 하고 있다.

127) 대판 2014.4.24. 2013두7834

Ⅱ 원처분주의에 따라 재결이 취소소송의 대상이 되는 경우

행정심판의 재결이 취소소송의 대상이 되는 것은, 원처분의 위법에 속하지 아니한 재결 자체의 고유한 위법을 이유로 제소하는 경우이다. 여기에서 재결 자체의 위법이란, 일반적으로 재결도 하나의 행정처분이므로 주체, 내용, 절차 및 형식에 위법이 있는 경우를 의미한다.

1. 각하재결을 한 경우

행정심판청구가 부적법하지 아니함에도 불구하고 부적법 각하한 경우나 부적법 각하하여야 함에도 불구하고 그 청구를 인용한 경우에는, 재결 자체의 고유한 위법이 있음을 이유로 재결에 대한 취소소송이 가능하다.[128] 다만, 각하재결이 위법하더라도 원처분에 대한 취소소송이 보다 직접적인 권리구제수단이므로, 이와 같은 경우 원처분에 대한 취소소송을 제기하도록 유도하는 것이 실무상 관례이다.

2. 기각재결을 한 경우

원처분이 정당하다고 지지하는 기각재결은 원칙적으로 재결 자체의 내용상 위법을 인정할 수 없어 항고소송의 대상이 될 수 없다. 그러나 예외적으로 불고불리의 원칙(행심법 제47조 제1항)이나 불이익 변경금지의 원칙(행심법 제47조 제2항)에 반하여 심판청구의 대상이 되지 아니한 사항에 대하여 재결한 경우, 원처분보다 청구인에게 불리한 재결을 한 경우에는 재결 자체의 고유한 위법이 있으므로 그 취소를 구할 수 있다. 또한 심판청구가 이유 있음에도 불구하고 기각재결로서 사정재결을 한 경우에는, 원처분을 취소하더라도 현저히 공공복리에 반하지 아니하는 등의 이유를 들어 재결취소소송을 제기할 수 있을 것이다.

3. 취소심판에 대하여 인용재결을 한 경우

(1) 인용재결에 대한 처분청의 항고소송 제기 가부

판례는 행정심판의 인용재결은 피청구인인 행정청을 기속한다고 규정하고 있는 행정심판법 제49조 제1항에 근거하여, 처분청은 행정심판의 재결에 대하여 불복할 수 없다고 판시하고 있다.[129]

(2) 부적법한 인용재결의 경우

행정심판의 요건을 결여하였으나 각하하지 아니한 인용재결은 재결 자체에 고유한 위법이 있는 경우에 해당한다.

핵심판례

부적법한 인용재결에 대한 취소소송

[1] 구 체육시설의 설치·이용에 관한 법률 제16조, 제34조, 같은 법 시행령 제16조의 규정을 종합하여 보면, 등록체육시설업에 대한 사업계획의 승인을 얻은 자는 규정된 기한 내에 사업시설의 착공계획서를 제출하고, 그 수리 여부에 상관없이 설치공사에 착수하면 되는 것이지, 착공계획서가 수리되어야만 비로소 공사에 착수할 수 있다거나, 그 밖에 착공계획서 제출 및 수리로 인하여 사업계획의 승인을 얻은 자에게 어떠한 권리를 설정하거나, 의무를 부담케 하는 법률효과가 발생하는 것이 아니므로, 행정청이 사업계획의 승인을 얻은 자의 착공계획서를 수리하고 이를 통보한 행위는 그 착공계획서 제출사실을 확인하는 행정행위에 불과할 뿐, 이를 항고소송이나 행정심판의 대상이 되는 행정처분으로 볼 수 없다.

---

128) 대판 2001.7.27. 99두2970

129) 대판 1998.5.8. 97누15432

[2] 이른바 복효적 행정행위, 특히 제3자효를 수반하는 행정행위에 대한 행정심판을 청구함에 있어, 그 청구를 인용하는 내용의 재결로 인하여 비로소 권리이익을 침해받게 되는 자는, 그 인용재결에 대하여 다툴 필요가 있고 그 인용재결은 원처분과 내용을 달리하는 것이므로, 그 인용재결의 취소를 구하는 것은 원처분에는 없는 재결에 고유한 하자를 주장하는 셈이어서 당연히 항고소송의 대상이 된다.
[3] 행정청이 골프장 사업계획승인을 얻은 자의 사업시설착공계획서를 수리한 것에 대하여, 인근 주민들이 그 수리처분의 취소를 구하는 행정심판을 청구하자 재결청이 그 청구를 인용하여 수리처분을 취소하는 형성적 재결을 한 경우, 그 수리처분 취소심판청구는 행정심판의 대상이 되지 아니하여 부적법 각하하여야 함에도, 위 재결은 그 청구를 인용하여 수리처분을 취소하였으므로 재결 자체에 고유한 하자가 있다.[130]

(3) 제3자효 행정행위에 대한 취소재결

1) 행정심판위원회의 취소재결의 취소소송 대상 여부

제3자효를 수반하는 행정행위에 있어 그 인용재결로 불이익을 입은 자는 그 인용재결을 다툴 필요가 있고, 이때 인용재결의 취소를 주장하는 것은 재결 자체의 고유한 위법을 주장하는 것이므로 항고소송의 대상이 된다.

핵심판례

제3자효 행정행위에 대한 인용재결의 취소소송 대상 여부

[1] 이른바 복효적 행정행위, 특히 제3자효를 수반하는 행정행위에 대한 행정심판을 청구함에 있어, 그 청구를 인용하는 내용의 재결로 인하여 비로소 권리이익을 침해받게 되는 자(예컨대, 제3자가 행정심판청구인인 경우의 행정처분상대방 또는 행정처분상대방이 행정심판청구인인 경우의 제3자)는 재결의 당사자가 아니라 하더라도 그 인용재결의 취소를 구하는 소를 제기할 수 있으나, 그 인용재결로 인하여 새로이 어떠한 권리이익도 침해받지 아니하는 자인 경우에는 그 재결의 취소를 구할 소의 이익이 없다.
[2] 처분상대방이 아닌 제3자가 당초의 양식어업면허처분에 대하여는 아무런 불복조치를 취하지 않고 있다가, 도지사가 그 어업면허를 취소하여 처분상대방인 면허권자가 그 어업면허 취소처분의 취소를 구하는 행정심판을 제기하고, 이에 재결기관인 수산청장이 그 심판청구를 인용하는 재결을 하자 비로소 그 제3자가 행정소송으로 그 인용재결을 다투고 있는 경우, 수산청장의 그 인용재결은 도지사의 어업면허 취소로 인하여 상실된 면허권자의 어업면허권을 회복하여 주는 것에 불과할 뿐 인용재결로 인하여 제3자의 권리이익이 새로이 침해받는 것은 없고, 가령 그 인용재결로 인하여 그 면허권자의 어업면허가 회복됨으로써 그 제3자에 대하여 사실상 당초의 어업면허에 따른 효과와 같은 결과를 초래한다 하더라도, 이는 간접적이거나 사실적·경제적 이해관계에 불과하므로 그 제3자는 인용재결의 취소를 구할 소의 이익이 없다.[131]

2) 행정청의 취소처분의 취소소송 대상 여부

취소재결은 형성재결이므로 행정청의 별도의 이행행위가 필요 없어, 행정청의 취소처분은 당해 수익적 처분이 취소재결을 통해 소멸되었음을 알려 주는 단순한 사실의 통지에 불과하여, 당해 행정처분은 항고소송의 대상이 되는 처분이라고 할 수 없다.[132]

130) 대판 2001.5.29. 99두10292
131) 대판 1995.6.13. 94누15592
132) 대판 1998.4.24. 97누17131

(4) 일부취소재결 및 변경재결의 경우

1) 문제점

불이익처분에 대하여 취소심판을 제기하여 불이익처분의 일부를 취소하는 재결이나 보다 가벼운 처분으로 변경하는 재결의 경우, 재결 자체의 고유한 위법을 인정할 수 있는지가 문제된다.

2) 학 설

재결에 의하여 수정되고 남은 원처분을 대상으로 원처분청을 상대로 하여야 한다는 견해(변경된 원처분설)와, 수정재결을 대상으로 행정심판위원회를 상대로 하여야 한다는 견해(변경재결설)가 대립하고 있다.

3) 판 례

판례는 항고소송은 원칙적으로 당해 처분을 대상으로 하나, 당해 처분에 대한 재결 자체에 고유한 주체, 절차, 형식 및 내용상에 위법이 있는 경우에 한하여 그 재결을 대상으로 할 수 있다고 해석되므로, 징계혐의자에 대한 감봉 1월의 징계처분을 견책으로 변경한 소청결정 중 그를 견책에 처한 조치가 재량권의 남용 또는 일탈로서 위법하다는 사유는, 소청결정 자체에 고유한 위법을 주장하는 것으로 볼 수 없어 소청결정의 취소사유가 될 수 없다고 하여, 변경된 원처분이 취소소송의 대상이 됨을 판시하고 있다.[133]

4) 검 토

일부취소재결의 경우 원처분과 재결 사이에는 양적인 차이만 존재한다고 할 것이어서, 재결 자체의 고유한 위법을 인정하기 어렵다는 문제가 있으므로 변경된 원처분이 취소소송의 대상이 된다고 판단된다.

(5) 변경명령재결의 경우

1) 문제점

행정심판위원회의 변경명령재결에 따라 피청구인이 변경처분을 한 경우, 변경명령재결과 변경처분 그리고 변경된 원처분 중 어떤 것이 취소소송의 대상이 될 것인지가 문제된다.

2) 학 설

변경명령재결에 따른 행정청의 변경처분은 재결의 기속력에 의하여 변경처분을 하게 된 것이므로, 변경명령재결이 취소소송의 대상이 된다는 견해(변경명령재결설)와, 국민에 대한 구체적인 침해는 변경처분으로 현실화된다는 점을 강조하여 변경처분이 취소소송의 대상이 된다는 견해(변경처분설), 그리고 변경명령재결은 원처분의 강도를 변경한 것에 불과하다고 주장하면서 변경된 원처분이 취소소송의 대상이 된다는 견해(변경된 원처분설)가 대립하고 있다.

133) 대판 1993.8.24. 93누5673

3) 판 례

판례는 행정청이 식품위생법령에 따라 영업자에게 행정제재처분을 한 후 그 처분을 영업자에게 유리하게 변경하는 처분을 한 경우, 변경처분에 의하여 당초처분이 소멸하는 것이 아니고 당초부터 유리하게 변경된 내용의 처분으로 존재하는 것이므로, 변경처분에 의하여 유리하게 변경된 내용의 행정제재가 위법하다 하여 그 취소를 구하는 경우 그 취소소송의 대상은 변경된 당초처분이지 변경처분은 아니고, 제소기간의 준수 여부도 변경처분이 아닌 변경된 내용의 당초처분을 기준으로 판단하여야 한다고 판시하고 있다.[134]

4) 검 토

생각건대 변경명령재결도 일부취소재결의 경우와 마찬가지로 원처분의 강도를 감경한 것에 불과한 것이므로, 결국 변경된 원처분이 취소소송의 대상이 된다고 판단된다.

4. 의무이행심판에 대한 인용재결을 한 경우

(1) 형성재결의 경우

처분재결과 같은 형성재결의 경우에는 재결의 형성력에 의하여 법률관계가 변동되어 재결 자체의 고유한 하자가 인정되므로, 형성재결을 대상으로 취소소송을 제기하여야 한다.

(2) 이행재결의 경우

1) 문제점

처분명령재결과 같은 이행재결의 경우에는 재결 이외에 행정청의 처분도 존재하게 되므로, 이행재결과 처분 중 어느 것이 취소소송의 대상이 되는지가 문제된다.

2) 학 설

이행재결에 따른 처분이 소의 대상이 된다는 견해(이행처분설)와, 이행재결이 취소소송의 대상이 된다는 견해(이행재결설 또는 처분명령재결설), 양자 모두가 소의 대상이 된다는 견해(선택가능설)가 대립한다.

3) 판 례

종래 판례는 취소명령재결의 경우 선택가능설의 입장을 취한 바 있다.[135]

4) 검 토

생각건대 이행재결에 따른 행정청의 처분은 재결의 기속력에 의한 부차적 처분이라는 점과 국민에 대한 권리구제를 고려하면, 선택가능설이 타당하다고 판단된다.

134) 대판 2007.4.27. 2004두9302
135) 대판 1993.9.28. 92누15093

Ⅲ 행정소송법 제19조 단서에 위반한 경우의 처리

재결 자체에 고유한 위법이 없는데도 재결에 대한 취소소송을 제기한 경우 행정소송법 제19조 단서를 소극적 소송요건으로 보아 판결을 각하해야 한다는 견해가 있으나, 재결 자체의 고유한 위법 여부는 본안판단사항이기 때문에 판결을 기각해야 한다고 본다. 판례도 기각설의 입장을 취하고 있다.[136]

Ⅳ 예외적인 재결주의의 적용

1. 감사원의 재심의판정

원처분인 감사원의 변상판정처분에 대하여는 취소소송을 제기할 수 없고, 재결에 해당하는 감사원의 재심의판결에 대하여만 감사원을 피고로 하여 취소소송을 제기할 수 있다(감사원법 제40조 제2항).[137]

2. 중앙노동위원회의 재심판정

원처분인 지방노동위원회의 처분에 대하여는 취소소송을 제기할 수 없고, 재결에 해당하는 중앙노동위원회의 재심판정에 대하여만 중앙노동위원장을 피고로 하여 취소소송을 제기할 수 있다(노위법 제27조 제1항).[138]

핵심판례

구 노동위원회법 제19조의2 제1항의 규정은 행정처분의 성질을 가지는 지방노동위원회의 처분에 대하여 중앙노동위원장을 상대로 행정소송을 제기할 경우의 전치요건에 관한 규정이라 할 것이므로 당사자가 지방노동위원회의 처분에 대하여 불복하기 위하여는 처분 송달일로부터 10일 이내에 중앙노동위원회에 재심을 신청하고 중앙노동위원회의 재심판정서 송달일로부터 15일 이내에 중앙노동위원장을 피고로 하여 재심판정취소의 소를 제기하여야 할 것이다.[139]

3. 특허심판의 심결에 대한 재심판정

특허출원에 대한 심사관의 거절사정(원처분)에 대하여는 바로 행정소송을 제기할 수 없고, 특허심판원에 심판청구를 한 후 그 심결(재결)을 소송대상으로 하여 특허법원에 심결 취소를 요구하는 소를 제기하여야 한다(특허법 제186조, 제189조).

136) 대판 1994.1.25. 93누16901
137) 대판 1984.4.10. 84누91
138) 대판 1995.9.15. 95누6724
139) 대판 1995.9.15. 95누6724

02 취소소송의 대상적격

※ 기출문제해설의 답안은 참고용으로 활용하시기 바랍니다.

기출문제 Ⅰ 2024년 제33회 공인노무사시험

제3문

A시장은「감염병의 예방 및 관리에 관한 법률」에 근거한 집합금지명령을 2024.5.1. 공고하면서 관내 다중이용시설을 대상으로 2024.5.6.부터 매일 22시에서 다음 날 06시 사이의 영업을 제한하였는바, 그에 대하여 유흥주점 업주 甲은 2024.5.27. 취소소송을 제기하였고, 2024.9.5. 현재 소송계속 중이다. 한편, 예방조치에도 불구하고 감염병확산세가 급등하자 A시장은 2024.5.31.부터 관내 다중이용시설의 영업제한시간을 매일 20시에서 다음 날 07시까지로 늘리는 내용의 집합금지명령을 2024.5.29. 공고하였다. 음식점업주 乙은 해외에 체류하다가 귀국하여 2024.6.8. 자신의 업소에 부착된 공고문 및 안내문을 보고 비로소 그 명령을 알게 되었고, 2024.8.30. 그에 대하여 취소소송을 제기하였다. 甲의 소송이 대상적격을 갖춘 것인지와 乙의 소송이 적법한 기간 내 제소된 것인지를 검토하시오.(25점)

Ⅰ 목 차 Ⅰ

Ⅰ. 논점의 정리
Ⅱ. 甲이 제기한 취소소송의 대상적격성 인정 여부
1. 문제점
2. 2024.5.1. 집합금지명령의 처분성
   (1) 처분의 의의
   (2) 검 토
3. 2024.5.29. 집합금지명령으로 인해 2024.5.1. 집합금지명령의 취소소송의 대상적격 상실 여부
   (1) 판 례
   (2) 검 토
4. 사안의 경우

Ⅲ. 乙이 제기한 취소소송의 제소기간 준수 여부
1. 문제점
2. 취소소송의 제소기간
   (1) 행정심판을 거치지 아니한 경우 처분이 있음을 안 날로부터 90일(행소법 제20조 제1항)
   (2) 처분이 공고 또는 고시된 경우
3. 사안의 경우

Ⅳ. 사안의 적용
Ⅴ. 결 론

Ⅰ 논점의 정리

甲이 A시장이 2024.5.1. 공고한 집합금지명령을 대상으로 제기한 취소소송 계속 중 A시장이 영업시간제한을 확대하여 공고한 2024.5.29. 집합금지명령에도 불구하고 2024.5.1. 공고한 집합금지명령(이하 '2024.5.1. 집합금지명령')을 대상으로 한 취소소송의 대상적격이 여전히 유지되는지 여부 및 음식점업주 乙이 2024.8.30.에 A시장이 2024.5.29. 공고한 집합금지명령(이하 '2024.5.29. 집합금지명령')에 대하여 취소소송을 제기한 경우, 집합금지명령이 있음을 안 날로부터 90일 이내에 취소소송을 제기한 것인지 여부가 문제된다.

Ⅱ 甲이 제기한 취소소송의 대상적격성 인정 여부

1. 문제점

A시장이 2024.5.1. 공고한 집합금지명령이 처분에 해당하는지 여부와 이에 대한 취소소송 계속 중 영업시간제한을 확대한 2024.5.29. 집합금지명령에도 불구하고 2024.5.1. 집합금지명령이 취소소송의 대상적격을 유지하는지 여부가 문제된다.

2. 2024.5.1. 집합금지명령의 처분성

(1) 처분의 의의

행정청이 행하는 구체적 사실에 관한 법집행으로서의 공권력의 행사, 또는 그 거부와 그 밖에 이에 준하는 행정작용 및 행정심판에 대한 재결을 말한다(행소법 제2조 제1항 제1호). 판례는 행정처분이란 행정청의 공법상 행위로서 특정사항에 대하여 법규에 의한 권리의 설정 또는 의무의 부담을 명하거나 기타 법률상 효과를 발생하게 하는 등으로 일반국민의 권리의무에 직접 영향을 미치는 행위라고 한다.

(2) 검 토

사안의 경우 A시장이 2024.5.1. 공고한 집합금지명령은 A시장이 결정한 사항 및 기타 일정한 사항을 일반인에게 알리는 통지행위로서의 성질을 가지는데 공고가 일반적·구체적 규율의 성질을 가지면 일반처분으로서 처분에 해당하게 된다. 따라서 공고의 형식으로 발령된 2024.5.1. 집합금지명령은 A시의 관내 불특정다수의 다중이용시설을 대상으로 영업제한의무를 부과하는 것으로서 행소법상 처분에 해당한다.

3. 2024.5.29. 집합금지명령으로 인해 2024.5.1. 집합금지명령의 취소소송의 대상적격 상실 여부

(1) 판 례

판례는 기존의 행정처분을 변경하는 내용의 행정처분이 뒤따르는 경우, 후속처분이 종전 처분을 완전히 대체하는 것이거나 주요 부분을 실질적으로 변경하는 내용인 경우에는 특별한 사정이 없는 한 종전처분은 효력을 상실하고 후속처분만이 항고소송의 대상이 되지만, 후속처분의 내용이 종전처분의 유효를 전제로 내용 중 일부만을 추가·철회·변경하는 것이고 추가·철회·변경된 부분이 내용과 성질상 나머지 부분과 불가분적인 것이 아닌 경우에는, 후속처분에도 불구하고 종전처분이 여전히 항고소송의 대상이 되므로,

종전처분을 변경하는 내용의 후속처분이 있는 경우 법원으로서는, 후속처분의 내용이 종전처분 전체를 대체하거나 주요 부분을 실질적으로 변경하는 것인지, 후속처분에서 추가·철회·변경된 부분의 내용과 성질상 나머지 부분과 가분적인지 등을 살펴 항고소송의 대상이 되는 행정처분을 확정하여야 한다고 판시하고 있다.140)

(2) 검 토

후속처분인 2024.5.29. 집합금지명령은 2024.5.1. 집합금지명령의 유효함을 전제로 영업시간제한을 확대하여 종전처분의 내용을 추가한 것에 불과하고, 추가된 매일 3시간의 영업시간의 제한은 종전처분의 나머지 부분과 불가분적인 것이라고 볼 수 없으므로 종전처분인 2024.5.1. 집합금지명령은 여전히 취소소송의 대상이 된다고 볼 것이다.

4. 사안의 경우

A시장이 2024.5.1. 공고한 집합금지명령은 일반처분으로서 처분에 해당하고, 후속처분인 2024.5.29. 집합금지명령이 있더라도 종전처분인 2024.5.1. 집합금지명령은 甲의 취소소송의 대상적격을 유지한다고 보는 것이 타당하다.

Ⅲ 乙이 제기한 취소소송의 제소기간 준수 여부

1. 문제점

해외에 체류하다가 귀국한 음식점업주 乙이 2024.6.8. 공고문 및 안내문을 보고 비로소 그 명령을 알게 되어, 2024.8.30. 그에 대하여 취소소송을 제기한 경우, 집합금지명령이 있음을 안 날로부터 90일 이내에 취소소송을 제기한 것인지 여부가 문제된다.

2. 취소소송의 제소기간

(1) 행정심판을 거치지 아니한 경우 처분이 있음을 안 날로부터 90일(행소법 제20조 제1항)

처분이 있음을 안 날이란 송달, 공고 기타의 방법에 의하여 당해 처분이 있었다는 사실을 현실적으로 안 날을 의미하고 구체적으로 그 행정처분의 위법 여부를 판단한 날을 가리키는 것은 아니다. 따라서 처분의 구체적 내용이나 해당 처분의 위법 여부까지 알 필요는 없다.

(2) 처분이 공고 또는 고시된 경우

처분이 고시 또는 공고의 방법에 의하여 통지되는 경우에는, 원고가 실제로 고시 또는 공고를 보았으면 그날이 처분이 있음을 안 날이 될 것이다. 원고가 실제로 공고 또는 고시를 보지 못한 경우에 대하여 견해가 대립한다. 판례는 고시 또는 공고에 의하여 행정처분을 하는 경우에는, 고시 또는 공고의 효력발생일에 그 행정처분이 있음을 알았던 것으로 보아 기산하여야 한다고 보고 있다.141) 행정업무의 운영 및 혁신에 관한 규정에 의하면 공고문서에서 효력발생 시기를 구체적으로 밝히고 있지 않으면 그 고시 또는 공고 등이 있은 날부터 5일이 경과한 때에 효력이 발생한다(동 규정 제6조 제3항).142)

---

140) 대판 2015.11.19. 2015두295[전합]

141) 대판 1995.8.22. 94누5694[전합]

142) 행정업무의 운영 및 혁신에 관한 규정 제6조 제3항에 의하면 고시 또는 공고 등이 있은 날로부터 5일이 경과한 때에 효력이 발생한다.

3. 사안의 경우

A시장이 2024.5.29. 공고한 집합금지명령에는 행정업무의 운영 및 혁신에 관한 규정 제6조 제3항이 적용되어, 공고일 2024.5.29.부터 5일이 경과한 2024.6.4.에 집합금지명령의 효력이 발생하여 乙이 2024.6.4.에 집합금지명령이 있음을 알았다고 할 것이 아니라, 그 명령에서 2024.5.31.부터 영업제한시간을 확대하는 효력발생시기를 구체적으로 밝히고 있으므로 乙은 2024.5.31.에 A시장이 2024.5.29. 공고한 집합금지명령이 있음을 알았다고 할 것이다. 따라서 2024.5.31.부터 기산하여 90일을 도과한 2024.8.30.에 제기한 乙의 취소소송은 제소기간을 도과한 것으로 적법하다고 할 수 없다.

Ⅳ 사안의 적용

종전처분인 2024.5.1. 집합금지명령은 일반처분으로서 이를 대상으로 하는 甲의 취소소송은 그 대상적격을 유지한다고 보아야 하며, 2024.5.29. 집합금지명령에는 행정업무의 운영 및 혁신에 관한 규정 제6조 제3항이 적용되지 아니하여 乙은 2024.5.31.에 A시장이 2024.5.29. 공고한 집합금지명령이 있음을 알았다고 할 것이므로 2024.5.31.부터 기산하여 90일을 도과한 2024.8.30.에 제기한 乙의 취소소송은 제소기간을 도과한 것으로 적법하다고 할 수 없다.

Ⅴ 결 론

2024.5.1. 집합금지명령을 대상으로 하는 甲의 취소소송은 그 대상적격을 유지한다고 보아야 하며, 2024.5.31.부터 기산하여 90일을 도과한 2024.8.30.에 제기한 乙의 취소소송은 제소기간을 도과한 것으로 적법하다고 할 수 없다.

기출문제 Ⅰ **2023년 제32회 공인노무사시험**

제1문

A시는 택지개발예정지구 지정 공람공고가 이루어진 P사업지구에서 택지개발사업을 시행하고 있으며, 甲은 P사업지구에 주택을 소유하고 있는 자이다. A시는 택지개발사업과 관련한 이주대책을 수립・공고하였는데, 이에 의하면 이주대책 대상자 요건을 '택지개발예정지구 지정 공람공고일 1년 이전부터 보상계약체결일 또는 수용재결일까지 계속하여 P사업지구 내 주택을 소유하고 계속 거주한 자로, A시로부터 그 주택에 대한 보상을 받고 이주하는 자'로 정하고 있다. 甲은 A시에 이주대책 대상자 선정 신청을 하였으나, A시는 '기준일 이후 주택 취득'을 이유로 甲을 이주대책 대상에서 제외하는 결정을 하였고, 이 결정은 2023.6.28. 甲에게 통보되었다(이하 '1차 결정').

이에 甲은 A시에 이의신청을 하면서, 이의신청서에 이주대책 대상자 선정요건을 충족함을 증명할 수 있는 마을주민확인서, 수도개설 사용, 전력 개통사용자 확인 등 증빙서류를 새롭게 추가로 첨부하여 제출하였다. 그러나 A시는 추가된 증빙자료만으로 법적 소유관계를 확인할 수 없다는 이유로 甲의 이의신청을 기각하고 甲을 이주대책 대상에서 제외한다는 결정을 하였으며, 이 결정은 2023.8.31. 甲에게 통보되었다(이하 '2차 결정'). 다음 각 물음에 답하시오. (각 물음은 상호관련성이 없는 별개의 상황임) (50점)

물음 1

甲이 자신을 이주대책 대상에서 제외한 A시의 결정에 대해 취소소송으로 다투려는 경우, 소의 대상 및 제소기간의 기산점에 대해 설명하시오. (25점)

▎목 차▎

I. 논점의 정리

II. 취소소송의 대상적격

1. 처분의 의의
2. 취소소송의 대상인 거부처분의 요건
   (1) 요 건
   (2) 검 토
3. 반복된 이주대책대상 제외결정의 처분성 인정 여부
   (1) 판 례
   (2) 검 토
4. 사안의 경우

III. 취소소송의 제소기간

1. 행정심판을 거치지 아니한 경우
   (1) 처분이 있음을 안 날로부터 90일(행소법 제20조 제1항)
   (2) 처분이 있은 날로부터 1년(행소법 제20조 제2항)
2. 검 토

IV. 사안의 적용

V. 결 론

예시답안 Ⅰ 2023년 제32회 공인노무사시험

Ⅰ 논점의 정리

甲이 각 이주대책 대상제외 결정에 대하여 취소소송을 제기하려는 경우 1차 결정, 2차 결정의 처분성 인정 여부가 문제되고, 특히 A시의 2차 결정은 1차 결정의 반복으로 볼 수 있다는 점에서 독립적인 처분성을 인정할 수 있는지 여부가 문제된다. 각 결정의 처분성이 인정된다면 그에 따른 제소기간을 검토하여야 하므로 이하에서 차례로 살펴보기로 한다.

Ⅱ 취소소송의 대상적격

1. 처분의 의의

행정청이 행하는 구체적 사실에 관한 법집행으로서의 공권력의 행사, 또는 그 거부와 그 밖에 이에 준하는 행정작용 및 행정심판에 대한 재결을 말한다(행소법 제2조 제1항 제1호).

2. 취소소송의 대상인 거부처분의 요건

(1) 요 건

취소소송의 대상인 거부처분으로 인정되기 위해서는 ① 공권력 행사의 거부일 것, ② 거부행위가 신청인의 법률관계에 영향을 미칠 것, ③ 법규상·조리상 신청권의 존재 등의 요건을 구비하여야 한다.

(2) 검 토

법규상·조리상 신청권의 존재가 거부처분의 요건인지 여부에 대하여 다투어지고 있으나, 행소법은 신청권에 대응하는 처분의무를 부작위의 요소로 규정하고 있고(행소법 제2조 제1항 제2호), 거부처분 개념은 부작위 개념과도 연결되어 있으므로, 현행 행소법하에서는 신청권을 거부처분의 요건으로 보는 것이 타당하다.

3. 반복된 이주대책대상 제외결정의 처분성 인정 여부

(1) 판 례

판례는 수익적 행정처분을 구하는 신청에 대한 거부처분은 당사자의 신청에 대하여 관할 행정청이 이를 거절하는 의사를 대외적으로 명백히 표시함으로써 성립된다고 하면서, 거부처분이 있은 후 당사자가 다시 신청을 한 경우에는 신청의 제목 여하에 불구하고 그 내용이 새로운 신청을 하는 취지라면 관할 행정청이 이를 다시 거절하는 것은 새로운 거부처분이라고 보아야 한다고 판시하고 있다.

(2) 검 토

생각건대 판례의 태도에 따라 거부처분이 있은 후 행정청이 당사자의 신청을 다시 거절하는 것은 실질적으로 새로운 처분에 해당하여 독립한 거부처분으로 보는 것이 타당하다는 점에서 1차 결정뿐만 아니라 2차 결정도 처분성이 인정된다.

4. 사안의 경우

A시가 수익적 행정처분을 구하는 甲의 이주대책 대상자 선정 신청을 거부하였고 甲은 P사업지구에 주택을 소유하고 있는 자임에도 그 주택에 대한 보상을 받을 수 없게 되었으며 수익적 행정처분의 상대방으로서 거부처분의 취소를 구할 법적 이익이 있으므로 신청권이 인정된다는 점에서 1차 결정의 처분성이 인정된다고 보아야 한다. 2차 결정은 1차 결정에 대한 이의신청으로 甲이 이주대책 대상자 선정요건을 충족함을 증명할 수 있는 서면을 첨부・제출하였으나 A시는 다시 甲을 이주대책 대상에서 제외하였고, A시도 2차 결정이 행정절차법과 행소법이 적용되는 처분에 해당한다고 인식하고 있었다고 할 수 있으므로 2차 결정은 1차 결정과는 다른 별개의 새로운 결정이라고 보아 甲이 역시 취소소송으로 다툴 수 있는 처분이라고 보는 것이 타당하다.

Ⅲ 취소소송의 제소기간

1. 행정심판을 거치지 아니한 경우

(1) 처분이 있음을 안 날로부터 90일(행소법 제20조 제1항)

처분이 있음을 안 날이란 송달, 공고 기타의 방법에 의하여 당해 처분이 있었다는 사실을 현실적으로 안 날을 의미하고 구체적으로 그 행정처분의 위법 여부를 판단한 날을 가리키는 것은 아니다. 따라서 처분의 구체적 내용이나 해당 처분의 위법 여부까지 알 필요는 없다.

(2) 처분이 있은 날로부터 1년(행소법 제20조 제2항)

처분이 있은 날이란 처분이 대외적으로 표시되어 효력이 발생한 날을 의미한다. 처분은 송달을 통하여 송달받은 자에게 도달됨으로써 그 효력이 발생한다(행정절차법 제15조 제1항). 여기서 도달이란 상대방이 알 수 있는 상태에 놓이는 것을 의미한다. 다만, 정당한 사유가 있는 경우에는 1년이 경과하여도 제기할 수 있다(행소법 제20조 제2항 단서).

2. 검 토

생각건대 사안에서 甲이 행정심판을 거쳤다는 사정은 존재하지 아니하고, 1차 결정이 2023.6.28. 甲에게 통보되었으며, 2차 결정이 2023.8.31. 甲에게 통보되었다는 점을 고려할 때 각 통보일에 1차결정, 2차 결정에 대하여 甲이 당해 각 결정이 있었다는 사실을 현실적으로 알았고 각 결정이 대외적으로 표시되어 효력이 발생한 날이라고 할 수 있으므로, 甲은 1차 결정에 대한 취소소송의 제소기간은 2023.6.28., 2차 결정의 제소기간은 2023.8.31.을 기산점으로 하여 행소법 제20조의 기간 내에 취소소송을 제기할 수 있다.

Ⅳ 사안의 적용

수익적 행정처분을 구하는 甲의 이주대책 대상자 선정 신청을 거부한 A시의 1차 결정의 처분성은 인정된다고 보아야 하며, 2차 결정은 1차 결정과는 다른 별개의 새로운 결정이라고 보아 甲이 역시 취소소송으로 다툴 수 있는 처분이라고 보는 것이 타당하고 판단된다. 사안에서 甲이 행정심판을 거쳤다는 사정은 존재하지 아니하고, 1차 결정이 2023.6.28. 甲에게 통보되었으며, 2차 결정이 2023.8.31. 甲에게 통보되었다는 점을 고려할 때, 甲은 1차 결정에 대한 취소소송의 제소기간은 2023.6.28., 2차 결정의 제소기간은 2023.8.31.을 기산점으로 하여 행소법 제20조의 기간 내에 취소소송을 제기할 수 있다고 판단된다.

Ⅴ 결 론

1차 결정, 2차 결정 모두 처분성이 인정되므로 甲은 1차 결정에 대하여는 2023.6.28., 2차 결정에 대하여는 2023.8.31.을 기산점으로 하여 행소법 제20조의 기간 내에 각 취소소송을 제기할 수 있을 것으로 판단된다.

02 취소소송의 대상적격

※ 기출문제해설의 답안은 참고용으로 활용하시기 바랍니다.

기출문제 ▎ 2021년 제30회 공인노무사시험

제2문

X시장의 환지예정지지정처분(이하 '이 사건 처분')으로 불이익을 입은 甲은 이 사건 처분이 위법하다는 이유로 취소심판을 청구하였고 행정심판위원회는 처분의 위법을 인정하였다. 다만 행정심판위원회는 이사건 처분이 취소될 경우 다수의 이해관계인에 대한 환지예정지지정처분까지도 변경됨으로써 기존의 사실관계가 뒤집어지고 새로운 사실관계가 형성되는 혼란이 발생될 수 있다는 이유로 이 사건 처분을 취소하는 것이 공공복리에 크게 위배된다고 인정하여 위 심판청구를 기각하는 재결을 하였다. 甲이 이에 불복하여 취소소송을 제기할 경우 그 대상에 대하여 설명하시오. (25점)

예시답안 ▌ 2021년 제30회 공인노무사시험

Ⅰ 논점의 정리

X시장의 환지예정지지정처분에 대해 행정심판위원회는 처분의 위법을 인정하였으나 처분을 취소하는 것이 공공복리에 크게 위배된다고 인정하여 심판청구를 기각하는 사정재결을 한 경우, 甲이 환지예정지지정처분이나 재결자체의 고유한 위법이 인정됨을 이유로 기각재결에 대해 취소소송을 제기할 수 있는지 문제된다.

Ⅱ 취소소송의 대상적격

1. **입법주의 – 원처분주의와 재결주의**

   원처분주의란 원처분과 재결에 대하여 항고소송의 대상으로서 모두 소송을 제기할 수 있는 제도를 말한다. 이 경우 원처분의 위법은 원처분에 대한 항고소송에서만 주장할 수 있고, 재결의 위법은 그 재결의 고유한 하자에 대한 항고소송에서만 주장할 수 있다. 재결주의란 재결만을 항고소송의 대상으로 하는 제도로 재결 자체의 위법뿐만 아니라 재결에 대한 항고소송에서 원처분의 위법도 주장할 수 있다. 우리 행소법은 원처분주의를 채택하고 있음을 명백히 하고 있다(행소법 제19조).

2. **검 토**

   원처분주의에 의할 때 X시장의 환지예정지지정처분으로 불이익을 입은 甲은 원칙적으로 환지예정지지정처분에 대해 취소소송을 제기할 수 있다. 다만, 기각재결 자체의 위법이 있음을 주장하여 기각재결 취소소송을 제기할 수 있는지 여부는 이하에서 검토한다.

Ⅲ 기각재결 자체의 고유한 위법인정 여부

1. **재결 자체의 고유한 위법**

   행정심판의 재결이 취소소송의 대상이 되는 것은, 원처분의 위법에 속하지 아니한 재결 자체의 고유한 위법을 이유로 제소하는 경우이다. 여기에서 재결 자체의 위법이란, 일반적으로 재결도 하나의 행정처분이므로 주체, 내용, 절차 및 형식에 위법이 있는 경우를 의미한다.

2. **기각재결을 한 경우**

   원처분이 정당하다고 지지하는 기각재결은 원칙적으로 재결 자체의 내용상 위법을 인정할 수 없어 항고소송의 대상이 될 수 없다. 그러나 예외적으로 불고불리의 원칙(행심법 제47조 제1항)이나 불이익 변경금지의 원칙(행심법 제47조 제2항)에 반하여 심판청구의 대상이 되지 아니한 사항에 대하여 재결한 경우, 원처분보다 청구인에게 불리한 재결을 한 경우에는 재결 자체의 고유한 위법이 있으므로 그 취소를 구할 수 있다. 또한 심판청구가 이유 있음에도 불구하고 기각재결로서 사정재결을 한 경우에는, 원처분을 취소하더라도 현저히 공공복리에 반하지 아니하는 등의 이유를 들어 재결취소소송을 제기할 수 있을 것이다.

3. **검 토**

   기각재결은 원칙적으로 재결 자체에 고유한 위법은 없지만, 행정심판위원회가 공공복리에 대한 판단을 잘못하였다면 재결에 고유한 위법이 있을 수 있다.

Ⅳ 원처분주의의 위반과 판결

1. 판 례

재결 자체에 고유한 위법이 없는 경우에도 재결에 대한 취소소송을 제기한 경우에 소송상 처리에 대하여 판례는 "행정소송법이 '재결 자체에 고유한 위법이 있음을 이유로 하는 경우'에 한하여 행정심판의 재결도 취소소송의 대상으로 삼을 수 있도록 규정하고 있으므로 재결취소소송의 경우 재결 자체에 고유한 위법이 있는지 여부를 심리할 것이고, 재결 자체에 고유한 위법이 없는 경우에는 원처분의 당부와는 상관없이 당해 재결취소소송은 이를 기각하여야 한다"고 하여 기각판결설을 취하고 있다.

2. 검 토

생각건대 재결 자체의 고유한 위법 여부는 본안판단사항이기 때문에 판결을 기각해야 한다고 보는 것이 타당하다.

Ⅴ 사안의 적용

甲은 원처분인 환지예정지지정처분에 대한 취소소송 외에도 처분이 취소될 경우 다수의 이해관계인에 대한 환지예정지지정처분까지도 변경됨으로써 기존의 사실관계가 변경되어 새로운 사실관계가 형성되는 혼란이 발생될 수 있다는 기각재결의 판단에 잘못이 있다는 이유로 기각재결을 대상으로 취소소송을 제기할 수 있고, 행소법 제10조 제1항 제2호에 따라 관련청구소송으로 병합할 수도 있다. 한편, 법원이 심리한 결과 재결 자체에 고유한 위법이 없다고 판단하더라도 기각재결취소소송을 부적법 각하해서는 안 되고 원처분의 당부와는 상관없이 기각재결취소소송을 기각하여야 한다.

Ⅵ 결 론

甲은 원처분인 환지예정지지정처분에 대한 취소소송 외에도 기각재결에 대해 취소소송을 제기할 수 있고, 행소법 제10조 제1항 제2호에 따라 관련청구소송으로 병합할 수도 있다. 한편, 법원이 심리한 결과 재결 자체에 고유한 위법이 없다고 판단하더라도 기각재결취소소송을 부적법 각하해서는 안 되고 원처분의 당부와는 상관없이 기각재결취소소송을 기각하여야 한다.

기출문제 ‖ 2020년 제29회 공인노무사시험

제1문

甲은 2018.11.1.부터 A시 소재의 3층 건물의 1층에서 일반음식점을 운영해 왔는데, 관할 행정청인 A시의 시장 乙은 2019.12.26. 甲이 접대부를 고용하여 영업을 했다는 이유로 甲에 대하여 3월의 영업정지처분을 하였다. 이에 대하여 甲은 문제가 된 여성은 접대부가 아니라 일반종업원이라는 점을 주장하면서 3월의 영업정지처분의 취소를 구하는 행정심판을 청구했다. 관할 행정심판위원회는 2020.3.6. 甲에 대한 3월의 영업정지처분을 1월의 영업정지처분으로 변경하라는 일부인용재결을 하였고, 2020.3.10. 그 재결서 정본이 甲에게 도달하였다. 乙은 행정심판위원회의 재결내용에 따라 2020.3.17. 甲에 대하여 1월의 영업정지처분을 하였고, 향후 같은 위반사유로 제재처분을 받을 경우 식품위생법 시행규칙 별표의 행정처분기준에 따라 가중적 제재처분이 내려진다는 점까지 乙은 甲에게 안내했다. 행정심판을 통해서 구제를 받지 못했다고 생각한 甲은 2020.6.15. 취소소송을 제기하고자 한다. 다음 물음에 답하시오. (50점)

물음 1

甲이 제기하는 취소소송의 대상적격, 피고적격, 제소기간에 대하여 논하시오. (30점)

예시답안 Ⅰ 2020년 제29회 공인노무사시험

Ⅰ 논점의 정리

A시의 시장 乙이 甲에 대하여 3월의 영업정지처분을 하자 甲이 행정심판을 청구하여 관할 행정심판위원회가 일부인용재결을 한 경우, 甲이 2020.6.15. 취소소송을 제기하고자 한다면, 위 취소소송은 대상적격과 피고적격을 충족하였는지 그리고 제소기간을 준수하였는지 여부가 문제된다.

Ⅱ 취소소송의 대상적격

1. 취소소송의 대상인 처분

(1) 원처분주의와 재결주의

원처분주의란 원처분과 재결에 대하여 항고소송의 대상으로서 모두 소송을 제기할 수 있는 제도를 말한다. 이 경우 원처분의 위법은 원처분에 대한 항고소송에서만 주장할 수 있고, 재결의 위법은 그 재결의 고유한 하자에 대한 항고소송에서만 주장할 수 있다. 재결주의란 재결만을 항고소송의 대상으로 하는 제도를 말한다. 이 경우 재결 자체의 위법뿐만 아니라 재결에 대한 항고소송에서 원처분의 위법도 주장할 수 있다. 우리 행소법은 원처분주의를 채택하고 있음을 명백히 하고 있다(행소법 제19조).

(2) 변경명령재결의 경우

1) 학 설

변경명령재결에 따른 행정청의 변경처분은 재결의 기속력에 의하여 변경처분을 하게 된 것이므로, 변경명령재결이 취소소송의 대상이 된다는 견해(변경명령재결설)와, 국민에 대한 구체적인 침해는 변경처분으로 현실화된다는 점을 강조하여 변경처분이 취소소송의 대상이 된다는 견해(변경처분설), 그리고 변경명령재결은 원처분의 강도를 변경한 것에 불과하다고 주장하면서 변경된 원처분이 취소소송의 대상이 된다는 견해(변경된 원처분설)가 대립하고 있다.

2) 판 례

판례는 행정청이 식품위생법령에 따라 영업자에게 행정제재처분을 한 후 그 처분을 영업자에게 유리하게 변경하는 처분을 한 경우, 변경처분에 의하여 당초처분이 소멸하는 것이 아니고 당초부터 유리하게 변경된 내용의 처분으로 존재하는 것이므로, 변경처분에 의하여 유리하게 변경된 내용의 행정제재가 위법하다 하여 그 취소를 구하는 경우 그 취소소송의 대상은 변경된 당초처분이지 변경처분은 아니고, 제소기간의 준수 여부도 변경처분이 아닌 변경된 내용의 당초처분을 기준으로 판단하여야 한다고 판시하고 있다.[143)]

2. 검 토

생각건대 변경명령재결도 일부취소재결의 경우와 마찬가지로 원처분의 강도를 감경한 것에 불과한 것이므로, 결국 변경된 원처분이 취소소송의 대상이 된다고 판단된다. 따라서 취소소송의 대상인 처분은 1월의 영업정지처분으로 변경된 원처분이다.

---

143) 대판 2007.4.27. 2004두9302

Ⅲ 취소소송의 피고적격

1. 의 의

피고적격이란 소송을 수행하고 본안의 판결을 받을 수 있는 당사자의 자격으로, 취소소송의 피고는 처분등을 한 행정청이 된다(행소법 제13조).

2. 변경명령재결의 경우

재결 자체의 고유한 위법을 다투는 경우에는 행정심판위원회가, 재결 자체의 고유한 위법을 다투지 아니하는 경우에는 원처분청이 피고가 된다.

3. 검 토

사안의 경우, 甲이 재결 자체의 고유한 위법을 다투고 있지 아니하므로, 甲은 원처분청인 A시의 시장 乙을 상대로 취소소송을 제기하여야 한다.

Ⅳ 취소소송의 제소기간

1. 행정심판을 거친 경우

행정심판을 거쳐 취소소송을 제기하는 경우에는, 행정심판재결서의 정본을 송달받은 날로부터 90일 이내에 제기하여야 한다(행소법 제20조 제1항 단서).

2. 행정심판을 거치지 아니한 경우

(1) 처분이 있음을 안 날로부터 90일(행소법 제20조 제1항)

처분이 있음을 안 날이란 송달, 공고 기타의 방법에 의하여 당해 처분이 있었다는 사실을 현실적으로 안 날을 의미하고 구체적으로 그 행정처분의 위법 여부를 판단한 날을 가리키는 것은 아니다. 따라서 처분의 구체적 내용이나 해당 처분의 위법 여부까지 알 필요는 없다.

(2) 처분이 있은 날로부터 1년(행소법 제20조 제2항)

처분이 있은 날이란 처분이 대외적으로 표시되어 효력이 발생한 날을 의미한다. 처분은 송달을 통하여 송달받은 자에게 도달됨으로써 그 효력이 발생한다(행정절차법 제15조 제1항). 여기서 도달이란 상대방이 알 수 있는 상태에 놓이는 것을 의미한다. 다만, 정당한 사유가 있는 경우에는 1년이 경과하여도 제기할 수 있다(행소법 제20조 제2항 단서).

3. 처분이 있음을 안 경우와 알지 못한 경우의 관계

이 두 경우 중 어느 하나의 제소기간이 도과하면, 원칙상 취소소송을 제기할 수 없다.

4. 검 토

甲은 행정심판을 거친 경우에 해당하므로, 행소법 제20조 제1항 단서에 따라 재결서의 정본을 송달받은 날로부터 90일 이내, 즉 2020.3.10.부터 90일 이내에 취소소송을 제기하여야 한다. 따라서 甲이 2020.6.15. 취소소송을 제기하고자 한다면, 이는 제소기간을 도과한 것이 되어 부적법각하판결을 면하기 어려울 것이다.

V 사안의 적용

변경명령재결도 일부취소재결의 경우와 마찬가지로 원처분의 강도를 감경한 것에 불과한 것이므로, 甲은 1월의 영업정지처분으로 변경된 원처분에 대하여 원처분청인 A시의 시장 乙을 상대로, 행소법 제20조 제1항 단서에 따라 재결서의 정본을 송달받은 날(2020.3.10.)로부터 90일 이내에 소를 제기하여야 한다. 따라서 甲이 2020.6.15. 취소소송을 제기하고자 한다면 이는 제소기간을 도과한 것이 되어 부적법각하될 것이다.

VI 결 론

甲은 변경된 원처분인 1월의 영업정지처분에 대하여 원처분청인 A시의 시장 乙을 상대로, 2020.3.10.부터 90일 이내에 취소소송을 제기하여야 하나, 2020.6.15. 취소소송을 제기하고자 한다면, 이는 부적법각하될 것이다.

기출문제 ▌ 2017년 제26회 공인노무사시험

제3문

행정심판재결이 취소소송의 대상이 되는 경우를 설명하시오. (25점)

▌목차연습▌

예시답안 Ⅰ 2017년 제26회 공인노무사시험

Ⅰ 논점의 정리

행정심판재결이 취소소송의 대상이 될 수 있는 것과 관련하여 원처분주의와 재결주의에 대한 논의가 있다. 원처분주의란 원처분과 행정심판에 대한 재결을 모두 취소소송의 대상이 될 수 있도록 하되, 원처분의 위법은 취소소송에서만 주장할 수 있고, 재결에 대한 취소소송에서는 재결 자체의 고유한 위법에 대해서만 주장할 수 있는 제도이다. 재결주의란 행정심판에 대한 재결만이 취소소송의 대상이 될 수 있도록 하되, 재결 자체의 고유한 위법뿐만 아니라, 원처분의 위법도 주장할 수 있는 제도이다.

Ⅱ 행소법의 입장

행소법 제19조에 따라 원처분주의를 채택하고 있다. 다만, 다른 개별법률에서 재결주의를 규정하고 있는 경우에는, 행정심판을 거쳐 재결을 취소소송의 대상으로 하여야 한다.

Ⅲ 재결이 취소소송의 대상이 되는 경우

1. 재결 자체의 고유한 위법

(1) 각하재결을 한 경우

행정심판청구가 부적법하지 아니함에도 불구하고 부적법 각하한 경우나 부적법 각하하여야 함에도 불구하고 그 청구를 인용한 경우에는, 재결 자체의 고유한 위법이 있음을 이유로 재결에 대한 취소소송이 가능하다.

(2) 기각재결을 한 경우

원처분이 정당하다고 지지하는 기각재결은 원칙적으로 재결 자체의 내용상 위법을 인정할 수 없어 항고소송의 대상이 될 수 없다. 그러나 예외적으로 불고불리의 원칙(행심법 제47조 제1항)이나 불이익 변경금지의 원칙(행심법 제47조 제2항)에 반하여 심판청구의 대상이 되지 아니한 사항에 대하여 재결한 경우, 원처분보다 청구인에게 불리한 재결을 한 경우, 사정재결을 한 경우에는 원처분을 취소하더라도 현저히 공공복리에 반하지 아니하는 등의 이유를 들어 재결취소소송을 제기할 수 있을 것이다.

(3) 취소심판에 대하여 인용재결을 한 경우

행정심판의 요건을 결여하였으나 각하하지 아니한 인용재결을 한 경우, 제3자효를 수반하는 행정행위에 있어 그 인용재결로 불이익을 입은 자는 그 인용재결을 다툴 필요가 있고, 이때 인용재결의 취소를 주장하는 경우는 재결 자체의 고유한 위법을 주장하는 것이므로 항고소송의 대상이 된다. 한편, 일부취소재결이나 변경재결, 변경명령재결의 경우 취소소송의 대상이 무엇인지 견해가 대립하나, 변경된 원처분이 취소소송의 대상이 된다고 하는 것이 타당하다고 판단된다.

(4) 의무이행심판에 대하여 인용재결을 한 경우

처분재결과 같은 형성재결의 경우에는 재결의 형성력에 의하여 법률관계가 변동되어 재결 자체의 고유한 하자가 인정되므로, 형성재결을 대상으로 취소소송을 제기하여야 한다. 처분명령재결과 같은 이행재결의 경우에는 재결 이외에 행정청의 처분도 존재하게 되므로, 이행재결에 따른 행정청의 처분은 재결의 기속력에 의한 부차적 처분이라는 점과 국민에 대한 권리구제를 고려하면, 이행재결과 처분 모두 취소소송의 대상이 된다고 하는 것이 타당하다고 판단된다.

2. 재결 자체의 고유한 위법이 없음에도 재결취소소송을 제기한 경우

재결 자체의 고유한 위법이 없음에도 재결취소소송을 제기한 경우, 판례는 기각해야 한다고 판시하고 있다.

Ⅳ 재결만이 취소소송의 대상이 되는 경우

1. 내 용

행소법상 원처분주의에 대한 예외로서 개별법률이 재결주의를 채택하고 있는 경우에는, 행정심판에 대한 재결만이 취소소송의 대상이 된다.

2. 예외적인 재결주의의 적용

(1) 감사원의 재심의판정

원처분인 감사원의 변상판정처분에 대하여는 취소소송을 제기할 수 없고, 재결에 해당하는 감사원의 재심판정에 대하여만 감사원을 피고로 하여 취소소송을 제기할 수 있다(감사원법 제40조 제2항).

(2) 중앙노동위원회의 재심판정

원처분인 지방노동위원회의 처분에 대하여는 취소소송을 제기할 수 없고, 재결에 해당하는 중앙노동위원회의 재심판정에 대하여만 중앙노동위원장을 피고로 하여 취소소송을 제기할 수 있다(노위법 제27조 제1항).

(3) 특허심판의 심결에 대한 재심판정

특허출원에 대한 심사관의 거절사정(원처분)에 대하여는 바로 행정소송을 제기할 수 없고, 특허심판원에 심판청구를 한 후 그 심결(재결)을 소송대상으로 하여 특허법원에 심결취소를 요구하는 소를 제기하여야 한다(특허법 제186조, 제189조).

기출문제 ▎ **2016년 제25회 공인노무사시험**

제1문

다음 질문에 답하시오(단, 행정쟁송법과 무관한 노동법적인 쟁점에 대해서는 서술하지 말 것).

물음 2

취소소송의 인용판결확정으로 A회사 노동조합은 적법하게 설립신고를 완료하였다. 이후 A회사 사용자는 임금인상을 요구하는 근로자 丙에 대해 업무정지를 명하고, 수일 후에 해고를 명하였다. A회사 노동조합은 이에 대해 관할 지방노동위원회에 구제신청을 하였다. 관할 지방노동위원회는 A회사에게 "丙을 원직에 복직시키고, 업무정지 및 해고기간 동안 정상적으로 근무하였다면 받을 수 있었던 임금상당액을 지급하라"는 구제명령을 내렸다. A회사는 丙에 대한 업무정지 및 해고는 정당하고, 임금상당액도 지급할 의무가 없다는 취지로 중앙노동위원회에 재심을 신청하였다. 이에 대해 중앙노동위원회는 "해고는 부당노동행위에 해당하나 업무정지는 부당노동행위에 해당하지 않으며, A회사는 해고기간 동안의 임금상당액만을 지급하라"는 재심판정을 하였다. 이때 A회사가 취소소송을 제기하는 경우 취소소송의 대상은? (15점)

▎**목차연습** ▎

예시답안 ‖ 2016년 제25회 공인노무사시험

Ⅰ 논점의 정리

본 사안에서 지방노동위원회의 구제명령은 원처분에 해당하고, 중앙노동위원회의 재심판정은 행정심판의 재결에 해당한다. 행정심판에 대한 재결이 있은 후 A회사가 취소소송을 제기하는 경우, 무엇을 취소소송의 대상으로 하는지가 문제된다.

Ⅱ 취소소송의 대상적격

1. 입법주의

(1) 원처분주의

(2) 재결주의

재결주의란 재결만을 항고소송의 대상으로 하는 제도를 말한다. 이 경우 재결 자체의 위법뿐만 아니라 재결에 대한 소송에서 원처분의 위법도 주장할 수 있다.

2. 예외적인 재결주의의 적용

(1) 감사원의 재심의판정

원처분인 감사원의 변상판정처분에 대하여는 취소소송을 제기할 수 없고, 재결에 해당하는 감사원의 재심의 판결에 대하여만 감사원을 피고로 하여 취소소송을 제기할 수 있다(감사원법 제40조 제2항).[144]

(2) 중앙노동위원회의 재심판정

원처분인 지방노동위원회의 처분에 대하여는 취소소송을 제기할 수 없고, 재결에 해당하는 중앙노동위원회의 재심판정에 대하여만 중앙노동위원장을 피고로 하여 취소소송을 제기할 수 있다(노위법 제27조 제1항).[145]

(3) 특허심판의 심결에 대한 재심판정

특허출원에 대한 심사관의 거절사정(원처분)에 대하여는 바로 행정소송을 제기할 수 없고, 특허심판원에 심판청구를 한 후 그 심결(재결)을 소송대상으로 하여 특허법원에 심결 취소를 요구하는 소를 제기하여야 한다(특허법 제186조, 제189조).

Ⅲ 사안의 적용

사안에서 지방노동위원회의 구제명령은 취소소송의 대상이 될 수 없고, 중앙노동위원회의 재심판정만이 취소소송의 대상이 된다. 따라서 A회사는 중앙노동위원장을 피고로 하여 중앙노동위원회의 재심판정의 취소를 구하는 소송을 제기하여야 한다.

Ⅳ 결 론

---

144) 대판 1984.4.10. 84누91

145) 대판 1995.9.15. 95누6724

제1장 제2장 제3장 제4장 제5장 제6장 제7장 제8장 제9장 제10장 제11장 제12장 제13장

기출문제 ▌ 2021년 제10회 변호사시험

제2문

甲은 A시 보건소에서 의사 乙로부터 폐렴구균 예방접종을 받았는데, 예방접종을 받은 당일 저녁부터 발열증상과 함께 안면부의 마비증상을 느껴 병원에서 입원 치료를 받았다. 이에 甲은 「감염병의 예방 및 관리에 관한 법률」(이하 '감염병예방법') 제71조에 따라 진료비와 간병비에 대한 예방접종 피해보상을 청구하였는데, 질병관리청장 B는 2020.9.15. 이 사건 예방접종과 甲의 증상 사이에 인과관계가 불분명하다는 이유로 예방접종 피해보상 거부처분(이하 '제1처분')을 하였다. 그러나 甲은 이 사건 예방접종을 받기 이전에는 안면마비 증상이 없었는데 예방접종 당일 바로 발열과 함께 안면마비 증상이 나타났으며 위 증상은 乙의 과실에 따른 이 사건 예방접종에 의하여 발생한 것이라고 주장하면서 피해보상을 재신청하였고, B는 2020.11.10. 재신청에 대하여서도 거부처분을 하였다(이하 '제2처분'). 그리고 위 각 처분은 처분 다음 날 甲에게 적법하게 송달되었다.

한편 A시 보건소는 丙회사로부터 폐렴예방접종에 사용되는 의약품을 조달받아 왔다. 그런데 A시장은 丙회사가 위 의약품을 관리·조달하면서 조달계약을 부실하게 이행하였음을 이유로 丙회사에 의약품조달계약 해지를 통보하였다.

설문 1

甲이 2020.12.30. B가 행한 처분의 취소를 구하는 취소소송을 제기하는 경우, 취소소송의 대상과 제소기간의 준수 여부를 검토하시오. (20점)

▌목차연습▌

예시답안 Ⅰ 2021년 제10회 변호사시험

Ⅰ 논점의 정리

甲의 피해보상청구에 대하여 질병관리청장 B는 인과관계가 불분명하다는 이유로 제1처분을 하였고, 甲의 재신청에 대하여도 제2처분을 하였는데 甲이 B가 행한 처분의 취소를 구하는 취소소송을 제기하는 경우, 제1처분뿐만 아니라 제2처분에 대하여도 처분성이 인정되어 각 처분이 취소소송의 대상이 되는지 여부와 그렇다면 제소기간을 준수한 것인지 여부가 문제된다.

Ⅱ 취소소송의 대상적격

1. 처분의 의의

행정청이 행하는 구체적 사실에 관한 법집행으로서의 공권력의 행사, 또는 그 거부와 그 밖에 이에 준하는 행정작용 및 행정심판에 대한 재결을 말한다(행소법 제2조 제1항 제1호).

2. 취소소송의 대상인 거부처분의 요건

(1) 요 건

취소소송의 대상인 거부처분으로 인정되기 위해서는 ① 공권력 행사의 거부일 것, ② 거부행위가 신청인의 법률관계에 영향을 미칠 것, ③ 법규상・조리상 신청권의 존재 등의 요건을 구비하여야 한다.

(2) 검 토

법규상・조리상 신청권의 존재가 거부처분의 요건인지 여부에 대하여 다투어지고 있으나, 행소법은 신청권에 대응하는 처분의무를 부작위의 요소로 규정하고 있고(행소법 제2조 제1항 제2호), 거부처분 개념은 부작위 개념과도 연결되어 있으므로, 현행 행소법하에서는 신청권을 거부처분의 요건으로 보는 것이 타당하다.

3. 반복된 거부처분의 처분성 인정 여부

(1) 판 례

판례는 수익적 행정행위 신청에 대한 거부처분은 당사자의 신청에 대하여 관할 행정청이 거절하는 의사를 대외적으로 명백히 표시함으로써 성립되고, 거부처분이 있은 후 당사자가 다시 신청을 한 경우에는 신청의 제목 여하에 불구하고 그 내용이 새로운 신청을 하는 취지라면 관할 행정청이 이를 다시 거절하는 것은 새로운 거부처분이라고 보아야 한다고 판시하고 있다.[146]

(2) 검 토

생각건대 판례의 태도에 따라 거부처분이 있은 후 행정청이 당사자의 신청을 다시 거절하는 것은 실질적으로 새로운 처분에 해당하여 독립한 거부처분으로 보는 것이 타당하다는 점에서 제1처분뿐만 아니라 제2처분도 처분성이 인정된다.

146) 대판 2021.1.14. 2020두50324

4. **사안의 경우**

질병관리청장 B가 2020.9.15. 인과관계가 불분명하다는 이유로 제1처분을 한 경우, 甲은 감염병예방법 제71조에 따라 진료비와 간병비에 대한 예방접종 피해보상을 청구할 수 있기 때문에 제1처분의 취소를 구할 법규상 신청권이 인정되므로 제1처분은 처분성이 인정된다. 또한 甲이 이 사건 예방접종을 받기 이전에는 안면마비 증상이 없었는데 예방접종 당일 바로 발열과 함께 안면마비 증상이 나타났으며 이 증상은 乙의 과실에 따른 이 사건 예방접종에 의하여 발생한 것이라고 주장하면서 피해보상을 재신청을 하였다는 점에서 甲은 실질적으로 새로운 피해보상 결정을 신청한 것으로 볼 수 있으므로 2020.11.10. 제2처분의 결론이 2020.9.15. 제1처분의 결론과 동일하더라도 제2처분은 독립한 행정처분으로서 항고소송의 대상이 되므로 제1처분뿐만 아니라 제2처분도 취소소송의 대상이 된다고 판단된다.

Ⅲ 취소소송의 제소기간

1. **행정심판을 거치지 아니한 경우**

(1) 처분이 있음을 안 날로부터 90일(행소법 제20조 제1항)

처분이 있음을 안 날이란 송달, 공고 기타의 방법에 의하여 당해 처분이 있었다는 사실을 현실적으로 안 날을 의미하고 구체적으로 그 행정처분의 위법 여부를 판단한 날을 가리키는 것은 아니다. 따라서 처분의 구체적 내용이나 해당 처분의 위법 여부까지 알 필요는 없다.

(2) 처분이 있은 날로부터 1년(행소법 제20조 제2항)

처분이 있은 날이란 처분이 대외적으로 표시되어 효력이 발생한 날을 의미한다. 처분은 송달을 통하여 송달받은 자에게 도달됨으로써 그 효력이 발생한다(행정절차법 제15조 제1항). 여기서 도달이란 상대방이 알 수 있는 상태에 놓이는 것을 의미한다. 다만, 정당한 사유가 있는 경우에는 1년이 경과하여도 제기할 수 있다(행소법 제20조 제2항 단서).

2. **검 토**

사안에서 甲이 행정심판을 거쳤다는 사정은 존재하지 아니하고, 제1처분뿐만 아니라 제2처분도 각각 취소소송의 대상이 되어 각 처분의 제소기간의 준수 여부를 살피건대, 제1처분은 2020.9.16., 제2처분은 2020.11.11.에 각각 甲에게 송달되었으므로 이 날부터 기산하여 90일 이내에 각 취소소송을 제기하여야 하나, 甲이 2020.12.30. 질병관리청장 B가 행한 처분의 취소를 구하는 취소소송을 제기하였다면, 제1처분에 대하여는 제소기간을 도과하였고, 제2처분에 대하여는 제소기간을 준수한 것으로 보인다.

Ⅳ 사안의 적용

질병관리청장 B가 2020.9.15. 인과관계가 불분명하다는 이유로 제1처분을 하자, 甲이 새로운 사유를 주장하면서 피해보상을 재신청을 하였다는 점에서 甲은 실질적으로 새로운 피해보상 결정을 신청한 것으로 볼 수 있다. 따라서 제1처분뿐만 아니라 제2처분도 각각 취소소송의 대상이 되어 각 처분의 제소기간의 준수여부를 살피건대 제1처분은 2020.9.16., 제2처분은 2020.11.11.에 각각 甲에게 송달되었으므로 이 날부터 기산하여 90일 이내에 각 취소소송을 제기하여야 하나, 甲이 2020.12.30. 질병관리청장 B가 행한 처분의 취소를 구하는 취소소송을 제기하는 경우 제1처분에 대하여는 제소기간을 도과하였고, 제2처분에 대하여는 제소기간을 준수한 것으로 보인다.

Ⅴ 결 론

甲이 2020.12.30. 질병관리청장 B가 행한 각 제1처분, 제2처분의 취소를 구하는 취소소송을 제기하는 경우 제1처분에 대하여는 제소기간을 도과하였고, 제2처분에 대하여는 제소기간을 준수한 것으로 판단된다.

기출문제 | 2020년 제9회 변호사시험

제2문

경기도지사 乙은 2018.5.3. 관할 A군에 소재한 분묘가 조선 초 유명 화가의 묘로 구전되어 오는데다가 그 양식이 학술상 원형보존의 가치가 있다는 이유로 「문화재보호법」 제70조, 「경기도 문화재 보호 조례」 제11조에 따라 이를 도지정문화재로 지정・고시하였다. 또한 乙은 2018.6.8. 해당 분묘를 보호하기 위하여 분묘 경계선 바깥쪽 10m까지의 총 5필지 5,122m^{2}를 문화재보호구역으로 지정・고시하였다. 이에 해당 화가의 후손들로 이루어진 종중 B는 해당 화가의 진묘가 따로 존재한다고 주장하면서 乙에게 문화재지정처분을 취소 또는 해제하여 줄 것을 요청하는 청원서를 제출하였다. 이에 대해 乙은 문화재지정처분은 정당하여 그 취소 또는 해제가 불가하다는 회신을 하였다(이하 '불가회신'). 한편, 위 문화재보호구역 내에 위치한 일부 토지를 소유하고 있는 甲은 2019.3.14. 재산권 행사의 제한 등을 이유로 乙에게 자신의 소유 토지를 대상으로 한 문화재보호구역 지정을 해제해 달라는 신청을 하였다. 그러나 乙은 2019.6.5. 甲이 해제를 요구한 지역은 역사적・문화적으로 보존가치가 있을 뿐만 아니라 분묘의 보호를 위하여 문화재보호구역 지정해제가 불가함을 이유로 甲의 신청을 거부하는 회신을 하였다(이하 '거부회신').

설문 1

乙의 불가회신에 대하여 종중 B가 항고소송을 제기하고자 하며, 乙의 거부회신에 대하여 甲이 항고소송을 제기하고자 한다. 항고소송의 대상적격 여부를 각각 검토하시오. (15점)

※ 아래 법령은 현행 법령과 다를 수 있음.

「문화재보호법」

제27조(보호물 또는 보호구역의 지정)

① 문화재청장은 제23조・제25조 또는 제26조에 따른 지정을 할 때 문화재 보호를 위하여 특히 필요하면 이를 위한 보호물 또는 보호구역을 지정할 수 있다.

② 〈삭제〉

③ 문화재청장은 제1항 및 제2항에 따라 보호물 또는 보호구역을 지정하거나 조정한 때에는 지정 또는 조정 후 매 10년이 되는 날 이전에 다음 각 호의 사항을 고려하여 그 지정 및 조정의 적정성을 검토하여야 한다. 다만, 특별한 사정으로 인하여 적정성을 검토하여야 할 시기에 이를 할 수 없는 경우에는 대통령령으로 정하는 기간까지 그 검토시기를 연기할 수 있다.

1. 해당 문화재의 보존가치
2. 보호물 또는 보호구역의 지정이 재산권 행사에 미치는 영향
3. 보호물 또는 보호구역의 주변환경

제35조(허가사항)

① 국가지정문화재(국가무형문화재는 제외한다. 이하 이 조에서 같다)에 대하여 다음 각 호의 어느 하나에 해당하는 행위를 하려는 자는 대통령령으로 정하는 바에 따라 문화재청장의 허가를 받아야 하며, 허가사항을 변경하려는 경우에도 문화재청장의 허가를 받아야 한다. 다만, 국가지정문화재보호구역에 안내판 및 경고판을 설치하는 행위 등 대통령령으로 정하는 경미한 행위에 대해서는 특별자치시장, 특별자치도지사, 시장·군수 또는 구청장의 허가(변경허가를 포함한다)를 받아야 한다.

1. 국가지정문화재(보호물·보호구역과 천연기념물 중 죽은 것 및 제41조 제1항에 따라 수입·반입신고된 것을 포함한다)의 현상을 변경하는 행위로서 대통령령으로 정하는 행위

제70조(시·도지정문화재의 지정 및 시·도등록문화재의 등록 등)

① 시·도지사는 그 관할구역에 있는 문화재로서 국가지정문화재로 지정되지 아니한 문화재 중 보존가치가 있다고 인정되는 것을 시·도지정문화재로 지정할 수 있다.

②~⑤ 〈생략〉

⑥ 시·도지정문화재와 문화재자료의 지정 및 해제절차, 시·도등록문화재의 등록 및 말소절차, 시·도지정문화재, 문화재자료 및 시·도등록문화재의 관리, 보호·육성, 공개 등에 필요한 사항은 해당 지방자치단체의 조례로 정한다.

제74조(준용규정)

① 〈생략〉

② 시·도지정문화재와 문화재자료의 지정과 지정해제 및 관리 등에 관하여는 제27조, 제31조 제1항·제4항, 제32조부터 제34조까지, 제35조 제1항, 제36조, 제37조, 제40조, 제42조부터 제45조까지, 제48조, 제49조 및 제81조를 준용한다. 이 경우 "문화재청장"은 "시·도지사"로, "대통령령"은 "시·도조례"로, "국가"는 "지방자치단체"로 본다.

「문화재보호법 시행령」

제21조의2(국가지정문화재 등의 현상변경 등의 행위)

① 법 제35조 제1항 제1호에서 "대통령령으로 정하는 행위"란 다음 각 호의 행위를 말한다.

1.~2. 〈생략〉

3. 국가지정문화재, 보호물 또는 보호구역 안에서 하는 다음 각 목의 행위

가. 건축물 또는 도로·관로·전선·공작물·지하구조물 등 각종 시설물을 신축, 증축, 개축, 이축(移築) 또는 용도변경(지목변경의 경우는 제외한다)하는 행위

나. 〈생략〉

다. 토지 및 수면의 매립·간척·땅파기·구멍뚫기, 땅깎기, 흙쌓기 등 지형이나 지질의 변경을 가져오는 행위

「경기도문화재보호조례」

제11조(도지정문화재)

① 도지사는 법 제70조 제1항에 따라 도지정문화재(무형문화재를 제외한다. 이하 제3장에서 같다)를 지정하는 경우 유형문화재・기념물・민속문화재로 구분하여 문화재위원회의 심의를 거쳐 지정한다.

②~③ 〈생략〉

④ 도지정문화재의 지정에 필요한 기준 및 절차는 규칙으로 정한다.

제17조(지정의 해제)

① 도지사는 법 제74조 및 법 제31조 제1항에 따라 도지정문화재 및 문화재자료가 지정문화재로서의 가치를 상실하거나 가치평가를 통하여 지정을 해제할 필요가 있는 때에는 문화재위원회의 심의를 거쳐 그 지정을 해제할 수 있다. 다만, 도지정문화재가 국가지정문화재로 지정된 때에는 그 지정된 날에 도지정문화재에서 해제된 것으로 본다.

②~④ 〈생략〉

⑤ 도지사는 제1항에 따라 문화재의 지정을 해제한 때에는 그 취지를 도보에 고시하고, 해당 문화재의 소유자에게 통지하여야 한다. 이 경우 그 해제의 효력은 도보에 고시한 날로부터 발생한다.

⑥ 도가 지정한 문화재의 소유자가 제1항에 따른 해제통지를 받으면 그 통지를 받은 날부터 30일 이내에 지정서를 도지사에게 반납하여야 한다.

⑦ 도지사는 제13조 제3항에 따른 검토결과 보호물 또는 보호구역의 지정이 적정하지 아니하거나 그 밖에 특별한 사유가 있는 때에는 보호물 또는 보호구역의 지정을 해제하거나 그 지정범위를 조정하여야 한다.

⑧ 도지사는 도지정문화재의 지정이 해제된 때에는 지체 없이 해당 문화재의 보호물 또는 보호구역의 지정을 해제하여야 한다.

「관광진흥법」

제61조(수용 및 사용)

① 사업시행자는 제55조에 따른 조성사업의 시행에 필요한 토지와 다음 각 호의 물건 또는 권리를 수용하거나 사용할 수 있다. 다만, 농업용수권(用水權)이나 그 밖의 농지개량시설을 수용 또는 사용하려는 경우에는 미리 농림축산식품부장관의 승인을 받아야 한다.

1. 토지에 관한 소유권 외의 권리
2. 토지에 정착한 입목이나 건물, 그 밖의 물건과 이에 관한 소유권 외의 권리
3. 물의 사용에 관한 권리
4. 토지에 속한 토석 또는 모래와 조약돌

② 제1항에 따른 수용 또는 사용에 관한 협의가 성립되지 아니하거나 협의를 할 수 없는 경우에는 사업시행자는 「공익사업을 위한 토지 등의 취득 및 보상에 관한 법률」 제28조 제1항에도 불구하고 조성사업시행 기간에 재결(裁決)을 신청할 수 있다.

③ 제1항에 따른 수용 또는 사용의 절차, 그 보상 및 재결신청에 관하여는 이 법에 규정되어 있는 것 외에는 「공익사업을 위한 토지 등의 취득 및 보상에 관한 법률」을 적용한다.

예시답안 ▌ 2020년 제9회 변호사시험

Ⅰ 논점의 정리

종중 B에 대한 경기도지사 乙의 불가회신과 문화재보호구역 내에 위치한 일부 토지를 소유하고 있는 甲에 대한 乙의 거부회신이 거부처분에 해당되어 항고소송의 대상적격이 인정될 수 있는지 문제된다. 이는 종중 B는 문화재지정처분을 대상으로, 甲은 문화재보호구역 지정을 대상으로 하여 해제를 구할 법규상·조리상 신청권이 존재하는지 여부와 관련되므로, 이를 검토하기로 한다.

Ⅱ 항고소송의 대상인 거부처분의 요건

1. **공권력 행사의 거부일 것**
2. **거부행위가 신청인의 법률관계에 영향을 미칠 것**
3. **법규상·조리상 신청권의 존재**

(1) 학설 – 본안요건설과 소송요건설

(2) 판 례

판례는 신청권을 거부처분취소소송의 소송요건으로 해석하여 법규상·조리상 신청권이 없는 경우에는, 거부행위의 처분성을 인정하지 아니하는 경향을 보이고 있다.[147)]

(3) 검 토

행소법은 신청권에 대응하는 처분의무를 부작위의 요소로 규정하고 있고(행소법 제2조 제1항 제2호), 거부처분 개념은 부작위 개념과도 연결되어 있으므로, 현행 행소법하에서는 신청권을 거부처분의 요건으로 보는 것이 타당하다고 판단된다.

Ⅲ B에 대한 乙의 불가회신의 대상적격 인정 여부

1. **판 례**

판례에 의하면 구 문화재보호법 제55조 제5항의 위임에 기하여 도지정문화재의 지정해제에 관한 사항을 정하고 있는 구 경상남도문화재보호조례 제15조는, 도지사는 도지정문화재가 문화재로서의 가치를 상실하거나 기타 특별한 사유가 있는 때에 위원회의 심의를 거쳐 그 지정을 해제한다고 규정하고 있을 뿐이고, 같은 법과 같은 조례에서 개인이 도지사에 대하여 그 지정의 취소 또는 해제를 신청할 수 있다는 근거규정을 별도로 두고 있지 아니하므로, 법규상으로 개인에게 그러한 신청권이 있다고 할 수 없고, 같은 법과 같은 조례가 이와 같이 개인에게 그러한 신청권을 부여하고 있지 아니한 취지는, 도지사로 하여금 개인의 신청에 구애됨이 없이 문화재의 보존이라는 공익적인 견지에서 객관적으로 지정해제사유 해당 여부를 판정하도록 함에 있다고 할 것이므로, 어느 개인이 문화재지정처분으로 인하여 불이익을 입거나 입을 우려가 있다고 하더라도, 그러한 개인적인 사정만을 이유로 그에게 문화재지정처분의 취소 또는 해제를 요구할 수 있는 조리상의 신청권이 있다고도 할 수 없다고 한다.[148)]

147) 대판 2009.9.10. 2007두20638

148) 대판 2001.9.28. 99두8565

2. 검 토

문화재보호법 제74조에 의하여 준용되는 동법 제70조의 위임에 의한 경기도문화재보호조례 제17조 제1항은, 도지사는 동법 제74조 및 동법 제31조 제1항에 따라 도지정문화재 및 문화재자료가 지정문화재로서의 가치를 상실하거나 가치평가를 통하여 지정을 해제할 필요가 있는 때에는 문화재위원회의 심의를 거쳐 그 지정을 해제할 수 있다고 규정하고 있을 뿐이므로, 종중 B에게 도지정문화재의 지정해제를 구할 법규상 신청권은 없다고 보이고, 해당 화가의 진묘가 따로 존재한다는 사정이 있다고 하더라도 종중 B의 개인적인 사정에 불과하다고 할 것이므로, 도지정문화재의 지정해제를 구할 조리상의 신청권이 있다고도 할 수 없다. 따라서 B에 대한 乙의 불가회신은 항고소송의 대상적격이 인정되지 아니한다.

Ⅳ 甲에 대한 乙의 거부회신의 대상적격 인정 여부

1. 판 례

판례에 의하면 문화재보호법은 문화재를 보존하여 이를 활용함으로써 국민의 문화적 생활의 향상을 도모함과 아울러 인류문화의 발전에 기여함을 목적으로 하면서도, 문화재보호구역의 지정에 따른 재산권 행사의 제한을 줄이기 위하여, 행정청에게 보호구역을 지정한 경우에 일정한 기간마다 적정성 여부를 검토할 의무를 부과하고, 그 검토사항 등에 관한 사항은 문화관광부령으로 정하도록 위임하였으며, 검토 결과 보호구역의 지정이 적정하지 아니하거나 기타 특별한 사유가 있는 때에는 보호구역의 지정을 해제하거나 그 범위를 조정하여야 한다고 규정하고 있는 점, 같은 법 제8조 제3항의 위임에 의한 같은 법 시행규칙 제3조의2 제1항은 그 적정성 여부의 검토에 있어서 당해 문화재의 보존가치 외에도 보호구역의 지정이 재산권 행사에 미치는 영향 등을 고려하도록 규정하고 있는 점 등과 헌법상 개인의 재산권 보장의 취지에 비추어 보면, 문화재보호구역 내에 있는 토지소유자 등으로서는 위 보호구역의 지정해제를 요구할 수 있는 법규상 또는 조리상의 신청권이 있다고 할 것이고, 이러한 신청에 대한 거부행위는 항고소송의 대상이 되는 행정처분에 해당한다고 판시하고 있다.[149)]

2. 검 토

문화재보호법 제74조에 의하여 준용되는 동법 제27조는, 동법 제27조 제3항 제2호의 보호물 또는 보호구역의 지정이 재산권 행사에 미치는 영향 등을 고려하여 그 지정 및 조정의 적정성을 검토하여야 한다고 규정하고 있는 점과 헌법상 개인의 재산권 보장의 취지에 비추어 보면, 문화재보호구역 내에 위치한 일부 토지를 소유하고 있는 甲에게는 경기도지사 乙에게 자신의 소유 토지를 대상으로 한 문화재보호구역의 지정해제를 요구할 수 있는 법규상 또는 조리상의 신청권이 있다고 할 것이다. 따라서 甲에 대한 乙의 거부회신은 항고소송의 대상적격이 인정된다고 보는 것이 타당하다.

149) 대판 2004.4.27. 2003두8821

V 사안의 적용

항고소송의 대상인 거부처분이 되기 위하여 필요한 법규상·조리상 신청권은 소송요건으로 보는 것이 타당하다. 생각건대 문화재보호법 제74조에 의하여 준용되는 동법 제70조의 위임에 의한 경기도문화재보호조례 제17조 제1항을 고려하면, 종중 B에게 도지정문화재의 지정해제를 구할 법규상 신청권은 없다고 보이고, 해당 화가의 진묘가 따로 존재한다는 사정은 종중 B의 개인적인 사정에 불과하다고 할 것이므로, 도지정문화재의 지정해제를 구할 조리상의 신청권이 있다고도 할 수 없다. 따라서 B에 대한 乙의 불가회신은 항고소송의 대상적격이 인정되지 아니한다. 한편, 문화재보호법 제74조에 의하여 준용되는 동법 제27조의 규정과 헌법상 개인의 재산권 보장의 취지에 비추어 보면, 甲에게는 경기도지사 乙에게 자신의 소유 토지를 대상으로 한 문화재보호구역의 지정해제를 요구할 수 있는 법규상 또는 조리상의 신청권이 있다고 할 것이므로 甲에 대한 乙의 거부회신은 항고소송의 대상적격이 인정된다고 보는 것이 타당하다.

VI 결 론

제2문

2017.12.20. 보건복지부령 제377호로 개정된 「국민건강보험 요양급여의 기준에 관한 규칙」(이하 '요양급여 규칙')은 비용 대비 효과가 우수한 것으로 인정된 약제에 대하여만 보험급여를 인정하여서, 보험재정의 안정을 꾀하고 의약품의 적정한 사용을 유도하고자 기존의 보험 적용 약제 중 청구실적이 없는 미청구약제에 대한 삭제제도를 도입하였다. 개정 전의 요양급여규칙은 품목허가를 받은 모든 약제에 대하여 보험급여를 인정하였으나, 개정된 요양급여규칙에 따르면 최근 2년간 보험급여청구실적이 없는 약제에 대하여 요양급여 대상 여부에 대한 조정을 할 수 있다.

보건복지부장관은 위와 같이 개정된 요양급여규칙의 위임에 따라 사단법인 대한제약회사협회 등 의약 관련 단체의 의견을 받아 보건복지부 고시인 '약제급여목록 및 급여상한금액표'를 개정하여 2018.9.23. 고시하면서, 기존에 요양급여대상으로 등재되어 있던 제약회사 甲(이하 '甲')의 A약품(1998.2.1. 등재)이 2016.1.1.부터 2017.12.31.까지의 2년간 보험급여청구실적이 없는 약제에 해당한다는 이유로, 위 고시 별지 4 '약제급여목록 및 급여상한금액표 중 삭제품목'란(이하 '이 사건 고시')에 아래와 같이 A약품을 등재하였다. 요양급여대상에서 삭제되면 국민건강보험의 요양급여를 받을 수 없어 해당 약제를 구입할 경우 전액 자기부담으로 구입하여야 하고, 해당 약제에 대해 요양급여를 청구하여도 요양급여청구가 거부되므로 해당 약제의 판매저하가 우려된다.

> 보건복지부 고시 제2018-○○호(2018.9.23.)
>
> **약제급여목록 및 급여상한금액표**
>
> **제1조(목적)** 이 표는 국민건강보험법 … 및 국민건강보험요양급여의 기준에 관한 규칙 …의 규정에 의하여 약제의 요양급여대상기준 및 상한금액을 정함을 목적으로 한다.
>
> **제2조(약제급여목록 및 상한금액 등)** 약제급여목록 및 상한금액은 [별표 1]과 같다.
>
> [별표 1]
> 별지 4 삭제품목
> 연번 17. 제조사 甲, 품목 A약품, 상한액 120원/1정

제약회사들을 회원으로 하여 설립된 사단법인 대한제약회사협회와 甲은 이 사건 고시가 있은 지 1개월 후에야 고시가 있었음을 알았다고 주장하며, 이 사건 고시가 있은 날로부터 94일째인 2018.12.26. 이 사건 고시에 대한 취소소송을 제기하였다.

설문 1

보건복지부 고시인 '약제급여목록 및 급여상한금액표'의 법적 성질과 이 사건 고시의 취소소송의 대상 여부를 논하시오. (30점)

※ 아래 법령은 현행 법령과 다를 수 있음.

「국민건강보험법」

제41조(요양급여)

① 가입자와 피부양자의 질병, 부상, 출산 등에 대하여 다음 각 호의 요양급여를 실시한다.

1. 진찰·검사
2. 약제·치료재료의 지급
3. 〈이하 생략〉

② 제1항에 따른 요양급여의 방법·절차·범위·상한 등의 기준은 보건복지부령으로 정한다.

「국민건강보험 요양급여의 기준에 관한 규칙」 (보건복지부령 제377호, 2017.12.20. 공포)

제8조(요양급여의 범위 등)

① 법 제41조 제2항에 따른 요양급여의 범위는 다음 각 호와 같다.

1. 법 제41조 제1항의 각 호의 요양급여(약제를 제외한다) : 제9조에 따른 비급여대상을 제외한 것
2. 법 제41조 제1항의 제2호의 요양급여(약제에 한한다) : 제11조의2, 제12조 및 제13조에 따라 요양급여대상으로 결정 또는 조정되어 고시된 것

② 보건복지부장관은 제1항의 규정에 의한 요양급여대상을 급여목록표로 정하여 고시하되, 법 제41조 제1항의 각 호에 규정된 요양급여행위, 약제 및 치료재료(법 제41조 제1항 제2호의 규정에 의하여 지급되는 약제 및 치료재료를 말한다)로 구분하여 고시한다.

제13조(직권결정 및 조정)

④ 보건복지부장관은 다음 각 호에 해당하면 이미 고시된 약제의 요양급여대상 여부 및 상한금액을 조정하여 고시할 수 있다.

1.~5. 〈생략〉

6. 최근 2년간 보험급여청구실적이 없는 약제 또는 약사법령에 따른 생산실적 또는 수입실적이 2년간 보고되지 아니한 약제

부 칙

이 규칙은 공포한 날로부터 시행한다.

예시답안 ‖ 2019년 제8회 변호사시험

Ⅰ 논점의 정리

보건복지부장관은 국민건강보험법 제41조 제2항, 같은 법 시행규칙 제8조 제2항 및 제13조 제4항의 위임을 받아 국민의 권리·의무에 영향을 미치는 국민건강보험 요양급여의 기준에 관한 규칙(이하 '요양급여규칙')을 제정하였으므로, 요양급여규칙의 법적 성질이 법령보충적 행정규칙인지 여부가 문제되고, 나아가 처분적 고시로서 처분성이 인정되어 취소소송의 대상이 될 수 있는지가 문제된다.

Ⅱ 보건복지부 고시 약제급여목록 및 급여상한금액표의 법적 성질

1. 법령보충적 행정규칙인지 여부

약제급여목록 및 급여상한금액표는 헌법이 예시한 법규명령이 아닌 행정규칙의 형식이나, 그 내용은 상위법령의 위임을 받아 요양급여대상 여부 및 상한금액에 관한 국민의 권리의무를 규율하는 법규적 사항을 규율하고 있으므로, 법령보충적 행정규칙에 해당한다.

2. 법령보충적 행정규칙의 법적 성질

(1) 학 설

(2) 판 례

3. 검 토

헌법상 위임입법의 형식은 예시적이고, 법령보충적 행정규칙의 현실적 필요성을 고려하면, 수권법령과 결합하여 법규명령의 효력을 가진다는 견해가 타당하다고 판단된다. 따라서 이 사건 요양급여규칙은 상위법령과 결합하여 대외적인 구속력이 발생하는 법규명령의 효력이 있다.

Ⅲ 이 사건 고시의 취소소송의 대상성

1. 처분의 의의

2. 이 사건 고시의 처분성

(1) 고시의 의의

(2) 고시의 법적 성질

판례는 어떠한 고시가 일반적·추상적 성격을 가질 경우에는 법규명령 또는 행정규칙에 해당할 것이지만, 다른 집행행위의 매개 없이 그 자체로서 직접 국민의 구체적인 권리·의무나 법률관계를 규율하는 성격을 가질 경우에는 행정처분에 해당한다고 판시하고 있고, 항정신병 치료제의 요양급여에 관한 보건복지부 고시,[150] 보건복지부 고시인 약제급여·비급여목록 및 급여상한금액표의[151] 처분성을 인정하고 있다.

---

150) 대결 2003.10.9. 2003무23
151) 대판 2006.9.22. 2005두2506

3. 검 토

이 사건 고시에 의하여 요양급여대상에서 삭제되면 국민건강보험의 요양급여를 받을 수 없어 해당 약제를 구입할 경우 전액 자기부담으로 구입하여야 하고, 해당 약제에 대해 요양급여를 청구하여도 요양급여청구가 거부되어 해당 약제의 판매가 저하될 수 있으므로 이 사건 고시는 다른 집행행위의 매개 없이 그 자체로서 직접 국민의 권리·의무나 법률관계를 규율하는 성격을 가지므로, 취소소송의 대상이 되는 행정처분에 해당한다.

Ⅳ 결 론

약제급여목록 및 급여상한금액표는 법령보충적 행정규칙으로서 법규명령의 효력이 있고, 이 사건 고시는 제조사 甲 등의 권리·의무를 직접 규율하므로, 취소소송의 대상이 된다.

기출문제 Ⅰ 2018년 제7회 변호사시험

제2문

법무법인 甲, 乙 및 丙은 2015.3.3. 정기세무조사의 대상이 되어 2014 사업연도의 법인세신고 및 납부내역에 대한 세무조사를 받았다. 정기세무조사는 매년 무작위로 대상자를 추출하여 조사하는 것으로, 세무조사로 인한 부담을 덜어 주기 위하여 동일한 과세기간에 대하여는 원칙적으로 재조사를 금지하고 있다. 그러나 관할 세무서장은 甲, 乙 및 丙의 같은 세목 및 같은 과세기간에 대하여 재조사 결정 및 이에 따른 통지 후 2016.5.20. 재조사를 실시하면서, 재조사 이유에 대해 과거 위 각 법인에서 근무하던 직원들의 제보를 받아 법인세 탈루혐의를 입증할 자료가 확보되었기 때문이라고 밝혔다. 관할 세무서장은 재조사 결과 甲, 乙 및 丙의 법인세 탈루사실이 인정된다고 보아 甲과 乙에 대해서는 2017.1.10., 丙에 대해서는 2017.11.3. 증액경정된 조세부과처분을 각각 발령하였다. 한편, 甲, 乙 및 丙은 세무조사로서의 재조사에 대하여 제소기간 내에 취소소송을 제기하였다.

설문 1

甲의 취소소송의 대상적격은 인정되는가? (15점)

※ 아래의 법령은 가상의 것임을 전제로 하며, 헌법재판소에서 해당 조항의 위헌 여부에 대하여 판단한 바 없다.

「국세기본법」

제81조의4(세무조사권 남용 금지)

① 세무공무원은 적정하고 공평한 과세를 실현하기 위하여 필요한 최소한의 범위에서 세무조사를 하여야 하며, 다른 목적 등을 위하여 조사권을 남용해서는 아니 된다.

② 세무공무원은 다음 각 호의 어느 하나에 해당하는 경우가 아니면 같은 세목 및 같은 과세기간에 대하여 재조사를 할 수 없다.

1. 조세 탈루의 혐의가 인정되거나 의심되는 자료가 있는 경우

2.~6. 〈생략〉

7. 그 밖에 제1호부터 제6호까지와 유사한 경우로서 대통령령으로 정하는 경우

제81조의7(세무조사의 통지와 연기신청)

② 사전통지를 받은 납세자가 천재지변이나 그 밖에 대통령령으로 정하는 사유로 조사를 받기 곤란한 경우에는, 대통령령으로 정하는 바에 따라 관할 세무관서의 장에게 조사를 연기해 줄 것을 신청할 수 있다.

제81조의17(납세자의 협력의무)

납세자는 세무공무원의 적법한 질문・조사, 제출명령에 대하여 성실하게 협력하여야 한다.

「구 조세범 처벌법」

제17조(명령사항 위반 등에 대한 과태료 부과)

관할 세무서장은 다음 각 호의 어느 하나에 해당하는 자에게는 2,000만원 이하의 과태료를 부과한다.

1.~4. 〈생략〉

5. 「소득세법」·「법인세법」 등 세법의 질문·조사권 규정에 따른 세무공무원의 질문에 대하여 거짓으로 진술을 하거나 그 직무집행을 거부 또는 기피한 자

▌목차연습▐

예시답안 ▌ 2018년 제7회 변호사시험

Ⅰ 논점의 정리

관할 세무서장은 국세기본법 제81조의4에 근거하여 적정하고 공평한 과세를 실현하기 위하여 필요한 최소한의 범위에서 세무조사를 하여야 하고, 구 조세범 처벌법에 의하면 세무공무원의 질문에 대하여 거짓으로 진술을 하거나 그 직무집행을 거부 또는 기피한 자에게 과태료를 부과할 수 있도록 규정하고 있으므로, 사안에서 관할 세무서장이 국세기본법 등에 근거하여 행한 재조사가 취소소송의 대상인 처분에 해당하는지가 문제된다.

Ⅱ 세무조사의 처분성

1. 처분의 의의

2. 처분의 요건

(1) 행정청의 행위일 것

(2) 구체적 사실에 관한 행위일 것

(3) 법집행의 행위일 것

(4) 공권력의 행사 또는 그 거부와 이에 준하는 행정작용일 것

Ⅲ 사안의 적용

관할 세무서장의 재조사행위는 국세기본법의 집행행위로서 우월적 지위에서 행한 권력적 사실행위에 해당한다. 또한 구 조세범 처벌법에 의하면 세무공무원의 질문에 대하여 거짓으로 진술을 하거나 그 직무집행을 거부 또는 기피한 자에게 과태료를 부과할 수 있도록 규정하고 있으므로, 조사대상자에게 조사에 응할 의무를 명령한다는 점에서 재조사행위는 법적인 행위이며, 취소소송의 대상이 되는 행정처분이라고 보는 것이 타당하다.

Ⅳ 결 론

기출문제 Ⅰ 2017년 제6회 변호사시험

제1문

甲과 乙은 A시에서 甲의료기, 乙의료기라는 상호로 의료기기 판매업을 하는 자들이다. 甲은 전립선 자극기 'J2V'를 공급받아 판매하기 위하여 "전립선에 특수한 효능, 효과로 남자의 자신감이 달라집니다"라는 문구를 사용하여 인터넷 광고를 하였다. 甲의 위 광고에 대하여 A시장은 2016.7.1. 甲에게 「의료기기에 관한 법률」(이하 '의료기기법') 제24조 위반을 이유로 3개월 업무정지처분을 하였다. 甲은 2016.7.11. 위 업무정지처분에 대하여 관할 행정심판위원회에 행정심판을 청구하였고, 동 위원회는 2016.8.25. 3개월 업무정지처분을 과징금 500만원 부과처분으로 변경할 것을 명령하는 재결을 하였으며, 위 재결서의 정본은 2016.8.29. 甲에게 송달되었다. 그러자 A시장은 2016.9.12. 甲에 대한 3개월 업무정지처분을 과징금 500만원 부과처분으로 변경하였다. 또한, 甲은 2016.9.1. 의료기기법 제52조를 근거로 벌금 300만원의 약식명령을 고지받자 정식재판을 청구하였다.

한편, 甲의 경쟁업체인 乙은 2016.11.10. 전립선 자극기 'U2V'의 인터넷 광고를 하려던 차에 甲이 위 형사처벌을 받은 사실을 알게 되었다. 이에 乙은 변호사 丙을 대리인으로 선임하여, 2016.12.15. 사전심의를 거치지 않은 의료기기 광고를 금지하고 이를 어기면 처벌하는 의료기기법 제24조 및 제52조가 자신의 표현의 자유를 침해한다고 주장하면서, 헌법재판소에 「헌법재판소법」 제68조 제1항에 의한 헌법소원심판을 청구하였다.

설문 3

甲은 2016.12.5. 관할 행정심판위원회를 피고로 하여 과징금 500만원 부과처분에 대하여 관할법원에 취소소송을 제기하였다. 이 소송은 적법한가? (20점)

※ 유의사항

1. 아래 법령은 가상의 것으로, 이와 다른 내용의 현행 법령이 있다면 제시된 법령이 현행 법령에 우선하는 것으로 할 것
2. 아래 법령 중 「의료기기에 관한 법률」은 '의료기기법'으로, 「의료기기 광고 사전심의규정」은 '심의규정'으로 약칭할 수 있음

「의료기기에 관한 법률」 (법률 제10000호)

제2조(정의)

① 이 법에서 "의료기기"란 사람이나 동물에게 단독 또는 조합하여 사용되는 기구·기계·장치·재료 또는 이와 유사한 제품으로, 다음 각 호의 어느 하나에 해당하는 제품을 말한다.

1. 질병을 진단·치료·경감·처치 또는 예방할 목적으로 사용되는 제품
6. 상해 또는 장애를 진단·치료·경감 또는 보정할 목적으로 사용되는 제품

② 이 법에서 "의료기기 취급자"란 의료기기를 업무상 취급하는 자로서 의료기기 제조업자, 의료기기 수입업자, 의료기기 수리업자, 의료기기 판매업자와 의료기기 임대업자를 말한다.

제20조(의료기기 관련 단체)

의료기기 취급자는 의료기기 관련 단체를 설립할 수 있다.

제24조(광고의 금지)

누구든지 제25조에 따른 심의를 받지 아니하거나 심의받은 내용과 다른 내용의 의료기기의 광고를 하여서는 아니 된다.

제25조(광고의 심의)

① 의료기기를 광고하려는 자는 미리 식품의약품안전처장의 심의를 받아야 한다.

② 식품의약품안전처장은 제1항에 따른 심의에 관한 업무를 제20조에 따라 설립된 의료기기 관련 단체에 위탁할 수 있다.

③ 제1항에 따른 심의기준, 방법 및 절차와 제2항에 따른 심의업무의 위탁 등 의료기기 광고의 심의에 필요한 사항은 식품의약품안전처장이 정한다.

제36조(허가 등의 취소와 업무의 정지 등)

① 의료기기 취급자가 제24조를 위반하여 의료기기를 광고한 경우 의료기기의 제조업자·수입업자 및 수리업자에 대하여는 식품의약품안전처장이, 판매업자 및 임대업자에 대하여는 시장·군수 또는 구청장이 허가 또는 인증의 취소, 영업소의 폐쇄, 품목류 또는 품목의 제조·수입·판매의 금지 또는 1년의 범위에서 그 업무의 전부 또는 일부의 정지를 명할 수 있다.

② 식품의약품안전처장, 시장·군수 또는 구청장은 의료기기 취급자가 제1항의 규정에 해당하는 경우로서 업무정지처분이 의료기기를 이용하는 자에게 심한 불편을 주거나 그 밖에 특별한 사유가 인정되는 때에는, 국민건강에 해를 끼치지 아니하는 범위 안에서 업무정지처분에 갈음하여 5천만원 이하의 과징금을 부과할 수 있다.

제42조(경비 보조)

식품의약품안전처장, 시장·군수 또는 구청장은 국민보건 향상을 위하여 필요하다고 인정될 때에는, 제20조에 따라 설립된 의료기기 관련 단체에 대하여 시설, 운영경비, 조사·연구 비용의 전부 또는 일부를 보조할 수 있다.

제52조(벌칙)

제24조를 위반한 자는 3년 이하의 징역 또는 3천만원 이하의 벌금에 처한다.

부 칙

이 법은 2016년 1월 1일부터 시행한다.

「의료기기 광고 사전심의규정」(식품의약품안전처고시 제2016-1000호)

제1조(목적)

이 규정은「의료기기에 관한 법률」제25조 제3항에서 위임된 사항을 규정함을 목적으로 한다.

제5조(심의신청)

신청인은 별지 제1호 서식의 의료기기 광고심의신청서(전자문서로 된 신청서를 포함한다)에 다음 각 호의 서류를 첨부하여 법 제25조 제2항에 따라 의료기기 광고 심의업무를 위탁받은 기관(이하 '심의기관')에 제출하여야 한다.

1. 의료기기 광고내용 1부
2. 제품설명서(필요한 경우에 한함)

제10조(심의위원회의 구성 및 운영 등)

① 심의기관은 의료기기 광고를 심의하기 위하여 심의위원회를 설치・운영한다.

② 심의위원회는 위원장과 부위원장을 포함하여 10인 이상 20인 이내로 구성하며, 위원은 다음 각 호의 1에 해당하는 자 중에서 심의기관의 장이 식품의약품안전처장과 협의하여 위촉한다.

1. 언론, 법률, 의료, 의료기기 및 광고와 관련한 학식과 경험이 풍부한 자
2. 시민단체나 의료기기 관련 학회 또는 단체의 장이 추천한 자

③ 위원의 임기는 1년으로 하되, 2회까지 연임할 수 있다.

④ 심의위원회에 출석한 위원에게는 심의기관이 정하는 바에 의하여 수당과 여비를 지급할 수 있다.

제12조(보고사항)

① 심의기관의 장은 매년 광고심의와 관련된 사업계획을 연도 개시 1월 전까지 식품의약품안전처장에게 보고하여야 한다.

② 심의기관의 장은 매 심의결과를 식품의약품안전처장과 관할 영업허가 또는 신고기관에 문서(전자문서를 포함한다)로 보고하여야 한다.

부 칙

이 고시는 2016년 1월 1일부터 시행한다.

예시답안 ▌ 2017년 제6회 변호사시험

Ⅰ 논점의 정리

甲은 과징금 부과처분에 대하여 관할법원에 취소소송을 제기하였으므로, 사안의 경우 원고적격과 관할법원은 특별히 문제되지 아니하는 것으로 보인다. 다만, 행정심판위원회의 변경명령재결에 따라 A시장이 甲에 대한 3개월 업무정지처분을 과징금 500만원 부과처분으로 변경하자, 甲이 관할 행정심판위원회를 피고로 하여 과징금 500만원 부과처분에 대하여 관할법원에 취소소송을 제기한 경우이므로, 이 취소소송의 대상적격과 피고적격의 충족 여부 그리고 제소기간의 준수 여부가 문제된다.

Ⅱ 과징금 부과처분에 대한 취소소송의 적법성

1. 취소소송의 대상인 처분

(1) 입법주의 - 원처분주의와 재결주의

(2) 변경명령재결의 경우

1) 학설 - 변경명령재결설, 변경처분설 및 변경된 원처분설

2) 판 례

판례는 행정청이 식품위생법령에 따라 영업자에게 행정제재처분을 한 후 그 처분을 영업자에게 유리하게 변경하는 처분을 한 경우, 변경처분에 의하여 당초처분이 소멸하는 것이 아니고 당초부터 유리하게 변경된 내용의 처분으로 존재하는 것이므로, 변경처분에 의하여 유리하게 변경된 내용의 행정제재가 위법하다 하여 그 취소를 구하는 경우 그 취소소송의 대상은 변경된 당초처분이지 변경처분은 아니고, 제소기간의 준수 여부도 변경처분이 아닌 변경된 내용의 당초처분을 기준으로 판단하여야 한다고 판시하고 있다.[152]

(3) 검 토

생각건대 변경명령재결도 일부취소재결의 경우와 마찬가지로 원처분의 강도를 감경한 것에 불과한 것으로, 결국 변경된 원처분이 취소소송의 대상이 된다고 판단된다. 따라서 취소소송의 대상인 처분은 과징금 500만원으로 내용이 변경된 원처분이다.

2. 피고적격

(1) 의 의

(2) 검 토

피고적격은 원처분청인 A시장에게 있으므로, 관할 행정심판위원회를 피고로 한 甲의 취소소송은 부적법하다.

152) 대판 2007.4.27. 2004두9302

3. 제소기간

(1) 행정심판을 거친 경우

행정심판을 거쳐 취소소송을 제기하는 경우에는, 행정심판재결서의 정본을 송달받은 날로부터 90일 이내에 제기하여야 한다(행소법 제20조 제1항 단서).

(2) 행정심판을 거치지 않은 경우

(3) 처분이 있음을 안 경우와 알지 못한 경우의 관계

(4) 검 토

甲은 행정심판을 거친 경우에 해당하므로, 행소법 제20조 제1항 단서에 따라 재결서의 정본을 송달받은 날(2016.8.29.)로부터 90일 이내에 소를 제기하여야 하나, 2016.12.5.에 취소소송을 제기하였으므로 甲의 취소소송은 제소기간을 도과하였다.

Ⅲ 사안의 적용

생각건대 변경된 원처분이 취소소송의 대상이 된다고 할 것이므로, 취소소송의 대상인 처분은 과징금 500만원으로 내용이 변경된 원처분이다. 따라서 이를 기준으로 제소기간 도과 여부를 판단하건대, 사안의 경우 甲은 행소법 제20조 제1항 단서에 따라 재결서의 정본을 송달받은 날(2016.8.29.)로부터 90일 이내에 소를 제기해야 하나, 2016.12.5.에 취소소송을 제기하였으므로 제소기간을 도과하였다는 점과 피고적격은 원처분청인 A시장에게 있으나 관할 행정심판위원회를 피고로 취소소송을 제기하였다는 점에서 甲의 취소소송은 부적법하다고 판단된다.

Ⅳ 결 론

甲의 취소소송은 제소기간을 도과하였고, 관할 행정심판위원회를 피고로 하고 있으므로 부적법하다.

CHAPTER ☑ 주요논점 ☐ 최신 기출문제해설 ☐ 주요 기출문제해설

03 취소소송의 당사자적격

제1절 원고적격

I 원고적격의 의의

1. 개 념

원고적격이란 구체적인 소송에서 원고로서 소송을 수행하여 본안판결을 받을 수 있는 자격을 말한다.

2. 법적 성격

취소소송에서 원고적격을 요구하는 이유는, 소송으로 다툴 만한 사건이 못 되는 것을 미리 걸러 내어 남소를 방지하는 데 있다. 원고적격은 법원의 직권조사사항으로, 이를 충족하지 못하는 경우에는 법원은 소각하판결을 하여야 한다.

II 원고적격의 범위

1. 법률상 이익의 의미

(1) 문제점

행정소송법 제12조 제1문은, 취소를 구할 법률상 이익이 있는 자가 취소소송을 제기할 수 있다고 규정하고 있으나, 그 의미에 대한 명시적 규정이 없어 견해가 대립한다.

(2) 학 설

1) 권리구제설

처분 등으로 인하여 권리가 침해된 자만이 항고소송을 제기할 수 있는 원고적격을 가진다는 견해이다. 항고소송의 목적을 위법한 처분에 의하여 침해된 권리의 회복에 있다고 보기 때문에, 원고적격을 인정하는 범위가 가장 좁다.

2) 법적 이익구제설

보호규범이론에 근거하여, 위법한 처분에 의하여 침해되고 있는 이익이 근거법률에 의하여 보호되고 있는 이익인 경우에는, 그러한 이익이 침해된 자에게도 처분의 취소를 구할 원고적격이 인정된다고 보는 견해이다. 권리구제설보다 원고적격이 확대된다.

3) 보호가치 있는 이익구제설

소송법적 관점에서 재판에 의하여 보호할 만한 가치가 있는 이익이 침해된 자는, 항고소송의 원고적격이 있다고 보는 견해이다.

4) 적법성 보장설

항고소송의 주된 기능을 행정통제에서 찾고, 처분의 위법성을 다툴 적합한 이익을 가지는 자에게 원고적격을 인정하는 견해이다.

(3) 판 례

판례는 일반적으로 법적 이익구제설을 따르고 있다. 여기서 법률상 이익이란 당해 처분의 근거법률에 의하여 보호되는 개별적・직접적・구체적 이익이 있는 경우를 말하고, 다만 공익보호의 결과로 국민일반이 공통적으로 가지는 추상적・평균적・일반적 이익과 같이 간접적이거나 사실적・경제적 이해관계를 가지는 데 불과한 경우에는, 여기에 포함되지 않는다고 판시하고 있다.[153)]

(4) 검 토

현행 행정소송법의 해석상 항고소송의 주된 기능을 권익구제로 이해하고, 항고소송이 주관적 소송임을 고려하면, 법적 이익구제설이 타당하다고 판단된다.

핵심판례

1. 지방법무사회의 채용승인 거부처분 또는 취소처분에 대한 제3자의 원고적격을 인정한 사례

[1] 불이익처분의 상대방은 직접 개인적 이익의 침해를 받은 자로서 원고적격이 인정된다. 행정처분의 직접 상대방이 아닌 자라 하더라도 행정처분의 근거 법규 또는 관련 법규에 의하여 개별적・직접적・구체적으로 보호되는 이익이 있는 경우 처분의 취소를 구할 원고적격이 인정된다.

[2] 행정소송법상 항고소송으로 제기하여야 할 사건을 민사소송으로 잘못 제기한 경우에 수소법원이 항고소송에 대한 관할도 동시에 가지고 있다면, 전심절차를 거치지 않았거나 제소기간을 도과하는 등 항고소송으로서의 소송요건을 갖추지 못했음이 명백하여 항고소송으로 제기되었더라도 어차피 부적법하게 되는 경우가 아닌 이상, 원고로 하여금 항고소송으로 소 변경을 하도록 석명권을 행사하여 행정소송법이 정하는 절차에 따라 심리・판단하여야 한다.

[3] 법무사의 사무원 채용승인 신청에 대하여 소속 지방법무사회가 '채용승인을 거부'하는 조치 또는 일단 채용승인을 하였으나 법무사규칙 제37조 제6항을 근거로 '채용승인을 취소'하는 조치는 공법인인 지방법무사회가 행하는 구체적 사실에 관한 법집행으로서 공권력의 행사 또는 그 거부에 해당하므로 항고소송의 대상인 '처분'이라고 보아야 한다. 구체적인 이유는 다음과 같다.

법무사가 사무원을 채용하기 위하여 지방법무사회의 승인을 받도록 한 것은, 그 사람이 법무사법 제23조 제2항 각 호에서 정한 결격사유에 해당하는지 여부를 미리 심사함으로써 법무사 사무원의 비리를 예방하고 법무사 직역에 대한 일반 국민의 신뢰를 확보하기 위함이다. 법무사 사무원 채용승인은 본래 법무사에 대한 감독권한을 가지는 소관 지방법원장에 의한 국가사무였다가 지방법무사회로 이관되었으나, 이후에도 소관 지방법원장은 지방법무사회로부터 채용승인 사실의 보고를 받고 이의신청을 직접 처리하는 등 지방법무사회의 업무수행 적정성에 대한 감독을 하고 있다. 또한 법무사가 사무원 채용에 관하여 법무사법이나 법무사

---

153) 대판 2004.8.16. 2003두2175

규칙을 위반하는 경우에는 소관 지방법원장으로부터 징계를 받을 수 있으므로, 법무사에 대하여 지방법무사회로부터 채용승인을 얻어 사무원을 채용할 의무는 법무사법에 의하여 강제되는 공법적 의무이다. 이러한 법무사 사무원 채용승인 제도의 법적 성질 및 연혁, 사무원 채용승인 거부에 대한 불복절차로서 소관 지방법원장에게 이의신청을 하도록 제도를 규정한 점 등에 비추어 보면, 지방법무사회의 법무사 사무원 채용승인은 단순히 지방법무사회와 소속 법무사 사이의 내부 법률문제라거나 지방법무사회의 고유사무라고 볼 수 없고, 법무사 감독이라는 국가사무를 위임받아 수행하는 것이라고 보아야 한다. 따라서 지방법무사회는 법무사 감독 사무를 수행하기 위하여 법률에 의하여 설립과 법무사의 회원 가입이 강제된 공법인으로서 법무사 사무원 채용승인에 관한 한 공권력 행사의 주체라고 보아야 한다.

[4] 지방법무사회가 법무사의 사무원 채용승인 신청을 거부하거나 채용승인을 얻어 채용 중인 사람에 대한 채용승인을 취소하면, 상대방인 법무사로서도 그 사람을 사무원으로 채용할 수 없게 되는 불이익을 입게 될 뿐만 아니라, 그 사람도 법무사 사무원으로 채용되어 근무할 수 없게 되는 불이익을 입게 된다. 법무사규칙 제37조 제4항이 이의신청 절차를 규정한 것은 채용승인을 신청한 법무사뿐만 아니라 사무원이 되려는 사람의 이익도 보호하려는 취지로 볼 수 있다. 따라서 지방법무사회의 사무원 채용승인 거부처분 또는 채용승인 취소처분에 대해서는 처분 상대방인 법무사뿐만 아니라 그 때문에 사무원이 될 수 없게 된 사람도 이를 다툴 원고적격이 인정되어야 한다.[154)]

2. 임시이사 해임 및 이사 선임에 대한 학교법인의 원고적격을 부정한 사례

[1] 사립학교 운영의 자유가 헌법 제10조, 제31조 제1항, 제4항에서 도출되는 기본권이기는 하나, 사립학교도 공교육의 일익을 담당한다는 점에서 국·공립학교와 본질적인 차이가 있을 수 없다. 따라서 공적인 학교제도를 보장하여야 할 책무를 진 국가가 일정한 범위 안에서 사립학교의 운영을 감독·통제할 권한과 책임을 지는 것은 당연한바, 그 규율의 정도는 시대적 상황과 각급 학교의 형편에 따라 다를 수밖에 없는 것이므로, 교육의 본질을 침해하지 않는 한 궁극적으로는 입법자의 형성의 자유에 속한다. 그런 점에서, 임시이사가 선임된 학교법인의 정상화를 위한 이사 선임에 관하여 사학분쟁조정위원회에 주도권을 부여한 사립학교법 제24조의2 제2항 제3호, 제4항 본문, 제25조의3 제1항은, 사학분쟁조정위원회가 인적 구성과 기능에서 공정성 및 전문성을 갖추고 있고, 학교법인의 정체성은 설립목적 및 그것이 화체된 정관을 통하여 기능적으로 유지·계승되며, 사학분쟁조정위원회는 정상화 심의과정에서 종전이사 등 이해관계인의 의견을 청취할 수 있는 점 등을 고려할 때 학교법인과 종전이사 등의 사학의 자유를 침해한다고 볼 수 없다. 한편 사립학교를 위하여 출연된 재산에 대한 소유권은 학교법인에 있고, 설립자는 학교법인이 설립됨으로써, 그리고 종전이사는 퇴임함으로써 각각 학교운영의 주체인 학교법인과 더 이상 구체적인 법률관계가 지속되지 않게 되므로, 설립자나 종전이사가 사립학교 운영에 대하여 가지는 재산적 이해관계는 법률적인 것이 아니라 사실상의 것에 불과하다.

[2] 甲 학교법인의 정상화 과정에서 서울특별시교육감이 임시이사들을 해임하고 정이사를 선임한 사안에서, 乙 학교법인을 그로부터 분리되어 나온 甲 법인의 설립자로 볼 수 없을 뿐 아니라, 사립학교법 제25조의3 제1항이 학교법인을 정상화하기 위하여 임시이사를 해임하고 이사를 선임하는 절차에서 이해관계인에게 어떠한 청구권 또는 의견진술권을 부여하고 있지 않으므로, 설령 乙 법인이 甲 법인의 설립자로서 사립학교법 제25조 제1항에 따라 임시이사 선임을 청구할 수 있는 '이해관계인'에 해당한다고 보더라도, 임시이사 해임 및 이사 선임에 관하여 사립학교법에 의해 보호받는 법률상 이익이 없다고 본 원심판단을 수긍한 사례.[155)]

154) 대판 2020.4.9. 2015다34444
155) 대판 2014.1.23. 2012두6629

2. 보호규범의 범위

(1) 문제점

판례에 따라 법률상 이익을 법적 이익구제설에 의하여 파악할 경우, 법률의 범위를 어떻게 볼 것인가에 대하여 견해가 대립한다.

(2) 학 설

처분의 직접적 근거법규에 의하여 보호되는 이익이라고 보는 근거법규설과, 절차법규 및 관계법규에 의하여 보호되는 이익이라고 보는 관계법규설, 그리고 헌법상 기본권 및 원리까지 포함된다고 보는 헌법상 기본권고려설 등이 대립하고 있다.

(3) 판 례

판례는 기본적으로 처분의 근거법규에 의하여 보호되는 이익만을 법률상 이익으로 본다. 최근에는 폐기물처리시설입지 결정사건에서 처분의 근거법규뿐만 아니라, 관계법규에 의하여 보호되는 이익까지 고려하여 법률상 이익을 판단하고 있다.[156] 헌법재판소는 더 나아가 헌법상 기본권에 의한 법률상 이익을 인정하고 있으나, 대법원은 추상적 기본권인 환경권의 침해만으로는 원고적격을 인정할 수 없다는 입장이다.[157]

(4) 검 토

국민의 기본권 보장과 원고적격의 확대화 경향에 따라, 헌법상 기본권 및 원리까지 고려하여 보호규범의 범위를 판단하는 것이 타당하다고 판단된다.

Ⅲ 판례에서의 원고적격 인정 요건

판례는 원고적격의 인정 요건으로 법률에 의하여 보호되는 개별적·직접적·구체적 이익의 침해를 요구하고 있다.

1. 법적 이익(법률상 보호되는 이익)

처분의 근거 법규 또는 관련법규에 의해 보호되는 이익의 침해가 있어야 하고, 사실상 이익 내지 반사적 이익의 침해만으로는 원고적격이 인정되지 아니한다.

핵심판례

1. 원고적격이 인정된 사례

(1) 납골당설치허가처분의 무효확인이나 취소를 구할 원고적격

납골당설치허가처분의 허가조건을 성취하거나 그 처분의 목적을 달성하기 위한 산림형질변경허가와 환경영향평가의 근거 법규는 납골당설치허가처분에 대한 관련 처분들의 근거 법규이고, 그 환경영향평가대상지역 안에 거주하는 주민들은 위 처분의 무효확인이나 취소를 구할 원고적격이 있다.[158]

156) 대판 2005.5.12. 2004두14229
157) 대판 2006.3.16. 2006두330[전합]
158) 대판 2004.12.9. 2003두12073

(2) 국가연구개발사업의 참여제한 통보 취소를 구할 원고적격

[1] 재단법인 한국연구재단이 甲 대학교 총장에게 연구개발비의 부당집행을 이유로 '해양생물유래 고부가식품·향장·한약 기초소재 개발 인력양성사업에 대한 2단계 두뇌한국(BK)21 사업' 협약을 해지하고 연구팀장 乙에 대한 국가연구개발사업의 3년간 참여제한 등을 명하는 통보를 하자 乙이 통보의 취소를 청구한 사안에서, 학술진흥 및 학자금대출 신용보증 등에 관한 법률 등의 입법 취지 및 규정 내용 등과 아울러 위 법 등 해석상 국가가 두뇌한국(BK)21 사업의 주관연구기관인 대학에 연구개발비를 출연하는 것은 '연구 중심 대학'의 육성은 물론 그와 별도로 대학에 소속된 연구인력의 역량 강화에도 목적이 있다고 보이는 점, 기본적으로 국가연구개발사업에 대한 연구개발비의 지원은 대학에 소속된 일정한 연구단위별로 신청한 연구개발과제에 대한 것이지, 그 소속 대학을 기준으로 한 것은 아닌 점 등 제반 사정에 비추어 보면, 乙은 위 사업에 관한 협약의 해지 통보의 효력을 다툴 법률상 이익이 있다고 한 사례.

[2] 재단법인 한국연구재단이 甲 대학교 총장에게 연구개발비의 부당집행을 이유로 '해양생물유래 고부가식품·향장·한약 기초소재 개발 인력양성사업에 대한 2단계 두뇌한국(BK)21 사업' 협약을 해지하고 연구팀장 乙에 대한 대학자체 징계 요구 등을 통보한 사안에서, 재단법인 한국연구재단이 甲 대학교 총장에게 乙에 대한 대학 자체징계를 요구한 것은 법률상 구속력이 없는 권유 또는 사실상의 통지로서 乙의 권리, 의무 등 법률상 지위에 직접적인 법률적 변동을 일으키지 않는 행위에 해당하므로, 항고소송의 대상인 행정처분에 해당하지 않는다고 본 원심판단을 정당하다고 한 사례.[159)]

2. 원고적격이 부정된 사례

(1) 절대보전지역변경처분 무효확인을 구할 원고적격

국방부 민·군 복합형 관광미항(제주해군기지) 사업시행을 위한 해군본부의 요청에 따라 제주특별자치도지사가 절대보존지역이던 서귀포시 강정동 해안변지역에 관하여 절대보존지역을 변경(축소)하고 고시한 사안에서, 절대보존지역의 유지로 지역주민회와 주민들이 가지는 주거 및 생활환경상 이익은 지역의 경관 등이 보호됨으로써 반사적으로 누리는 것일 뿐 근거 법규 또는 관련 법규에 의하여 보호되는 개별적·직접적·구체적 이익이라고 할 수 없다는 이유로, 지역주민회 등은 위 처분을 다툴 원고적격이 없다고 본 원심판단을 정당하다고 한 사례[160)]

(2) 생태·자연도 등급조정처분 무효확인을 구할 원고적격

환경부장관이 생태·자연도 1등급으로 지정되었던 지역을 2등급 또는 3등급으로 변경하는 내용의 생태·자연도 수정·보완을 고시하자, 인근 주민 甲이 생태·자연도 등급변경처분의 무효 확인을 청구한 사안에서, 생태·자연도의 작성 및 등급변경의 근거가 되는 구 자연환경보전법 제34조 제1항 및 그 시행령 제27조 제1항, 제2항에 의하면, 생태·자연도는 토지이용 및 개발계획의 수립이나 시행에 활용하여 자연환경을 체계적으로 보전·관리하기 위한 것일 뿐, 1등급 권역의 인근 주민들이 가지는 생활상 이익을 직접적이고 구체적으로 보호하기 위한 것이 아님이 명백하고, 1등급 권역의 인근 주민들이 가지는 이익은 환경보호라는 공공의 이익이 달성됨에 따라 반사적으로 얻게 되는 이익에 불과하므로, 인근 주민에 불과한 甲은 생태·자연도 등급권역을 1등급에서 일부는 2등급으로, 일부는 3등급으로 변경한 결정의 무효 확인을 구할 원고적격이 없다고 본 원심판단을 수긍한 사례.[161)]

159) 대판 2014.12.11. 2012두28704
160) 대판 2012.7.5. 2011두13187
161) 대판 2014.2.21. 2011두29052

2. 개인적 이익(사적 이익)

법에 의해 보호되는 개인적 이익이 있는 자만이 항고소송을 제기할 원고적격이 있고, 공익의 침해만으로는 원고적격은 인정될 수 없다.

핵심판례

1. 원고적격이 인정된 사례
제약회사(이하 '원고')는 자신이 제조·공급하는 이 사건 약제에 대하여 국민건강보험법령 등 약제상한금액 고시의 근거 법령에 의하여 보호되는 직접적이고 구체적인 이익을 향유한다고 할 것이고, 원고는 이 사건 고시로 인하여 이 사건 약제의 상한금액이 인하됨에 따라 위와 같이 근거 법령에 의하여 보호되는 법률상 이익을 침해당하였다고 할 것이므로, 이 사건 고시 중 이 사건 약제의 상한금액 인하 부분에 대하여 그 취소를 구할 원고적격이 있다고 할 것이다.[162)]

2. 원고적격이 부정된 사례
교육부장관이 사학분쟁조정위원회의 심의를 거쳐 갑 대학교를 설치·운영하는 을 학교법인의 이사 8인과 임시이사 1인을 선임한 데 대하여 갑 대학교 교수협의회와 총학생회 등이 이사선임처분의 취소를 구하는 소송을 제기한 사안에서, 임시이사제도의 취지, 교직원·학생 등의 학교운영에 참여할 기회를 부여하기 위한 개방이사 제도에 관한 법령의 규정 내용과 입법 취지 등을 종합하여 보면, 구 사립학교법과 구 사립학교법 시행령 및 을 법인 정관 규정은 헌법 제31조 제4항에 정한 교육의 자주성과 대학의 자율성에 근거한 갑 대학교 교수협의회와 총학생회의 학교운영참여권을 구체화하여 이를 보호하고 있다고 해석되므로, 갑 대학교 교수협의회와 총학생회는 이사선임처분을 다툴 법률상 이익을 가지지만, 고등교육법령은 교육받을 권리나 학문의 자유를 실현하는 수단으로서 학생회와 교수회와는 달리 학교의 직원으로 구성된 노동조합의 성립을 예정하고 있지 아니하고, 노동조합은 근로자가 주체가 되어 자주적으로 단결하여 근로조건의 유지·개선 기타 근로자의 경제적·사회적 지위의 향상을 도모하기 위하여 조직된 단체인 점 등을 고려할 때, 학교의 직원으로 구성된 노동조합이 교육받을 권리나 학문의 자유를 실현하는 수단으로서 직접 기능한다고 볼 수는 없으므로, 개방이사에 관한 구 사립학교법과 구 사립학교법 시행령 및 을 법인 정관 규정이 학교직원들로 구성된 전국대학노동조합 을 대학교지부의 법률상 이익까지 보호하고 있는 것으로 해석할 수는 없다고 한 사례.[163)]

3. 개별적·직접적·구체적 이익

처분 등에 의해 침해되는 법적 이익은 개별적·직접적·구체적 이익이어야 하며 간접적이거나 추상적인 이익이 침해된 자에게는 원고적격이 인정되지 아니한다.

핵심판례

1. 원고적격이 인정된 사례
(1) 분양전환승인처분 취소소송에서의 원고적격
구 임대주택법 제21조 제5항, 제9항, 제34조, 제35조 규정의 내용과 입법 경위 및 취지 등에 비추어 보면, 임차인대표회의도 당해 주택에 거주하는 임차인과 마찬가지로 임대주택의 분양전환과 관련하여 그 승인의 근거 법률인 구 임대주택법에 의하여 보호되는 구체적이고 직접적인 이익이 있다고 봄이 상당하다. 따라서

162) 대판 2006.12.21. 2005두16161
163) 대판 2015.7.23. 2012두19496

임차인대표회의는 행정청의 분양전환승인처분이 승인의 요건을 갖추지 못하였음을 주장하여 그 취소소송을 제기할 원고적격이 있다고 보아야 한다.[164)]

(2) 관리처분계획 취소소송에서의 원고적격

도시환경정비사업에 대한 사업시행계획에 당연무효인 하자가 있는 경우에는 도시환경정비사업조합은 사업시행계획을 새로이 수립하여 관할관청에게서 인가를 받은 후 다시 분양신청을 받아 관리처분계획을 수립하여야 한다. 따라서 분양신청기간 내에 분양신청을 하지 않거나 분양신청을 철회함으로 인해 도시 및 주거환경정비법 제47조 및 조합 정관 규정에 의하여 조합원의 지위를 상실한 토지 등 소유자도 그때 분양신청을 함으로써 건축물 등을 분양받을 수 있으므로 관리처분계획의 무효확인 또는 취소를 구할 법률상 이익이 있다.[165)]

2. 원고적격이 부정된 사례

(1) 건강보험요양급여행위등처분 취소소송에서의 원고적격

사단법인 대한의사협회는 의료법에 의하여 의사들을 회원으로 하여 설립된 사단법인으로서, 국민건강보험법상 요양급여행위, 요양급여비용의 청구 및 지급과 관련하여 직접적인 법률관계를 갖지 않고 있으므로, 보건복지부 고시인 '건강보험요양급여행위 및 그 상대가치점수 개정'으로 인하여 자신의 법률상 이익을 침해당하였다고 할 수 없다는 이유로 위 고시의 취소를 구할 원고적격이 없다.[166)]

(2) 시공업체선정처분 취소소송에서의 원고적격

[사실관계]

담양군수(이하 '피고')는 전라남도 담양군의 '2019년도 원예·특작·과수분야 지원사업'(이하 '이 사건 사업')의 시행과 관련하여 우수하고 건실한 시공업체들을 미리 선정함으로써 부실시공을 방지하고 예산을 절감하여 수혜농가를 확대하고자 하는 목적에서 사업대상자들이 피고가 선정한 업체들과 시공계약을 체결하여 시공한 경우에만 보조금을 지급하기로 하고, 2019.2.1. 시공업체 선정을 위하여 '2019년 원예·특작·과수분야 시공업체 공모 계획'을 공고하였고, 원고들을 비롯한 20개 업체가 응모하였다. 이 사건 사업은 6개 분야로 구분되어 있는데, 원고들은 그중 농업에너지절감시설(다겹보온커튼)사업 분야의 시공업체 선정공모에 응모하였다. 피고는 서류심사와 방문심사를 거쳐 전체 20개 업체 중 평가점수 70점 이상인 16개 업체를 시공업체로 선정하고, 평가점수 70점 미만인 4개 업체는 선정에서 제외하는 결정을 하고, 2019.2.25. 그 결과를 공고하였다(이하 '이 사건 선정결과 공고'). 원고들은 평가점수가 70점 미만이라는 이유로 선정제외결정을 받자, 이 사건 선정결과 공고는 법률의 근거 없이 업체들의 계약체결의 자유와 영업의 자유를 실질적으로 제한하는 것이어서 위법하다고 주장하면서, 주위적으로 이 사건 선정결과 공고 전부의 취소를 구하고, 예비적으로 그중 원고들에 대한 선정제외결정 부분의 취소를 구하는 이 사건 소송을 제기하였다.

[판결이유]

[1] 이 사건 선정결과 공고의 처분성 인정 여부

① 항고소송의 대상인 '처분'이란 '행정청이 행하는 구체적 사실에 관한 법집행으로서의 공권력의 행사 또는 그 거부와 그 밖에 이에 준하는 행정작용'을 말한다(행정소송법 제2조 제1항 제1호). 행정청의 행위가 항고소송의 대상이 될 수 있는지는 추상적·일반적으로 결정할 수 없고, 구체적인 경우에 관련 법령의 내용과 취지, 그 행위의 주체·내용·형식·절차, 그 행위와 상대방 등 이해관계인이 입는 불이익 사이의 실질적 견련성, 법치행정의 원리와 그 행위에 관련된 행정청이나 이해관계인의 태도 등을 고려하여 개별적으로

164) 대판 2010.5.13. 2009두19168

165) 대판 2011.12.8. 2008두18342

166) 대판 2006.5.25. 2003두11988

결정하여야 한다. 어떠한 처분에 법령상 근거가 있는지, 행정절차법에서 정한 처분 절차를 준수하였는지는 본안에서 해당 처분이 적법한가를 판단하는 단계에서 고려할 요소이지, 소송요건 심사단계에서 고려할 요소가 아니다.

② 원심은, 피고가 선정한 시공업체들과 시공계약을 체결할 것을 이 사건 사업의 사업대상자(농가)에 대한 보조금 교부조건으로 정함으로써, 원고들을 포함한 업체들은 공모공고에 따라 응모를 하여 피고의 일정한 심사를 받아 시공업체로 선정되는 경우에만 사업대상자(농가)와 시공계약을 체결할 가능성이 발생하고, 그렇지 않은 경우에는 사업대상자(농가)가 보조금 수령을 포기하지 않는 한 해당 사업대상자(농가)와 시공계약을 체결할 가능성이 제한되는 효과가 있으며, 만약 이 사건 선정결과 공고를 항고소송의 대상인 '처분'으로 보지 않는다면 이에 대하여 불복하여 침해된 권리 또는 이익을 구제받을 방법이 없는 불합리한 결과가 발생한다는 등의 이유로, 이 사건 선정결과 공고는 항고소송의 대상인 '처분'이라고 보는 것이 타당하다고 판단하였다.

③ 원심판결 이유를 앞서 본 법리와 관련 규정에 비추어 살펴보면, 이러한 원심 판단에 상고이유 주장과 같이 항고소송의 대상인 '처분'에 관한 법리를 오해한 잘못이 없다. 다만, 응모한 각 업체별로 별도의 심사와 판단이 이루어지는 것이므로, 엄밀하게 말하면 이 사건 선정결과 공고를 통해 대외적으로 표시된 16개 업체에 대한 각각의 선정결정과 4개 업체에 대한 각각의 선정제외결정이 각각의 '처분'에 해당하고, 이 사건 선정결과 공고는 위와 같은 20개 결정을 한꺼번에 대외적으로 표시하는 행위형식으로서 20개 결정을 일괄 지칭하는 표현에 불과하다. 이 사건 예비적 청구는 주위적 청구를 수량적으로 일부 감축한 것에 지나지 아니할 뿐, 주위적 청구와 양립불가능한 관계가 아니므로 소송상 예비적 청구라고 할 수 없고, 따라서 법원은 이 사건 예비적 청구에 대하여 따로 판단하여서는 아니됨을 지적하여 둔다.

[2] 이 사건 선정 결과 20개 결정 전부의 취소를 구할 법률상 이익이 인정되는지 여부

① 불이익처분의 상대방은 직접 개인적 이익의 침해를 받은 자로서 원고적격이 인정된다. 처분의 직접 상대방이 아닌 제3자라 하더라도 이른바 '경원자 관계'나 '경업자 관계'와 같이 처분의 근거 법규 또는 관련 법규에 의하여 개별적·직접적·구체적으로 보호되는 이익이 있는 경우에는 처분의 취소를 구할 원고적격이 인정되지만, 제3자가 해당 처분과 간접적·사실적·경제적인 이해관계를 가지는 데 불과한 경우에는 처분의 취소를 구할 원고적격이 인정되지 않는다.

② 앞서 본 사실관계를 이러한 법리와 관련 규정에 비추어 살펴보면, 이 사건 선정결과 공고 중 원고들에 대한 선정제외결정 부분은 불이익처분의 직접 상대방으로서 그 취소를 구할 원고적격이 인정되지만, 나머지 16개 업체에 대한 선정결정, 2개 업체에 대한 선정제외결정 부분은 그 취소를 구할 원고적격이 인정되지 않는다고 보아야 한다. 그 이유는 다음과 같다.

㉠ 피고는 응모한 20개 업체에 대하여 절대평가제를 적용하여 평가점수 70점을 기준으로 선정 여부를 결정하였을 뿐이고, 응모한 업체들은 선정에 관한 상호 경쟁관계 또는 경원자 관계가 아니었다.

㉡ 16개 업체에 대한 선정결정으로 인하여 원고들의 계약체결의 자유와 영업의 자유가 직접적으로 제한된다고 볼 수 없다. 선정된 16개 업체가 사업대상자(농가)들과 시공계약을 체결할 가능성이 높아지고, 그로 인하여 원고들의 영업기회가 줄어들 수 있을 터이지만 이는 간접적·사실적·경제적 불이익에 불과하다. 또한 원고들은 이 사건 사업의 6개 분야 중 농업에너지절감시설(다겹보온커튼)사업 분야에 응모하였을 뿐이므로, 이와 무관한 5개 분야에서의 시공업체 선정을 다툴 이유도 없다.

㉢ 다른 2개 업체에 대한 선정제외결정도 원고들과는 직접 관련이 없으며, 설령 이를 취소한다고 하더라도 원고들의 불이익이 회복되지도 않는다.

③ 그런데도 원심은, 원고들이 20개 결정 모두의 취소를 구할 원고적격이 인정된다고 판단하였다. 이러한 원심 판단에는 항고소송의 원고적격에 관한 법리를 오해하여 판결 결과에 영향을 미친 잘못이 있다.[167]

167) 대판 2021.2.4. 2020두48772

4. 법률상 이익이 침해되거나 침해될 우려가 있을 것

처분 등에 의해 법률상 이익이 현실적으로 침해된 경우뿐만 아니라 침해가 우려되는 경우에도 원고적격이 인정된다. 법률상 이익의 침해 또는 침해의 우려는 원칙적으로 원고가 입증하여야 한다. 다만, 환경영향평가 대상지역 또는 영향권 내의 주민 등에 대하여는 특단의 사정이 없는 한 환경상 이익에 대한 침해 또는 침해의 우려가 있는 것으로 사실상 추정되므로 법률상 이익의 침해 또는 침해의 우려가 없음을 피고가 입증하여야 한다.

핵심판례

1. 원고적격이 인정된 사례

[1] 공장설립승인처분의 근거 법규 및 관련 법규인 구 산업집적활성화 및 공장설립에 관한 법률 제8조 제4호가 산업자원부장관으로 하여금 관계 중앙행정기관의 장과 협의하여 '환경오염을 일으킬 수 있는 공장의 입지제한에 관한 사항'을 정하여 고시하도록 규정하고 있고, 이에 따른 산업자원부 장관의 공장입지기준고시가 '상수원 등 용수이용에 현저한 영향을 미치는 지역의 상류'를 환경오염을 일으킬 수 있는 공장의 입지제한지역으로 정할 수 있다고 규정하고, 국토의 계획 및 이용에 관한 법률 제58조 제3항의 위임에 따른 구 국토의 계획 및 이용에 관한 법률 시행령 제56조 제1항 [별표 1] 제1호 (라)목 (2)가 '개발행위로 인하여 당해 지역 및 그 주변 지역에 수질오염에 의한 환경오염이 발생할 우려가 없을 것'을 개발사업의 허가기준으로 규정하고 있는 취지는, 공장설립승인처분과 그 후속절차에 따라 공장이 설립되어 가동됨으로써 그 배출수 등으로 인한 수질오염 등으로 직접적이고도 중대한 환경상 피해를 입을 것으로 예상되는 주민들이 환경상 침해를 받지 아니한 채 물을 마시거나 용수를 이용하며 쾌적하고 안전하게 생활할 수 있는 개별적 이익까지도 구체적 · 직접적으로 보호하려는 데 있다. 따라서 수돗물을 공급받아 이를 마시거나 이용하는 주민들로서는 위 근거 법규 및 관련 법규가 환경상 이익의 침해를 받지 않은 채 깨끗한 수돗물을 마시거나 이용할 수 있는 자신들의 생활환경상의 개별적 이익을 직접적 · 구체적으로 보호하고 있음을 증명하여 원고적격을 인정받을 수 있다.

[2] 김해시장이 소감천을 통해 낙동강에 합류하는 하천수 주변의 토지에 구 산업집적활성화 및 공장설립에 관한 법률 제13조에 따라 공장설립을 승인하는 처분을 한 사안에서, 상수원인 물금취수장이 소감천이 흘러내려 낙동강 본류와 합류하는 지점 근처에 위치하고 있는 점, 수돗물은 수도관 등 급수시설에 의해 공급되는 것이어서 거주지역이 물금취수장으로부터 다소 떨어진 곳이라고 하더라도 수돗물의 수질악화 등으로 주민들이 갖게 되는 환경상 이익의 침해나 그 우려는 그 수돗물을 공급하는 취수시설이 입게 되는 수질오염 등의 피해나 그 우려와 동일하게 평가될 수 있는 점 등에 비추어, 공장설립으로 수질오염 등이 발생할 우려가 있는 물금취수장에서 취수된 물을 공급받는 부산광역시 또는 양산시에 거주하는 주민들도 위 처분의 근거 법규 및 관련 법규에 의하여 개별적 · 구체적 · 직접적으로 보호되는 환경상 이익, 즉 법률상 보호되는 이익이 침해되거나 침해될 우려가 있는 주민으로서 원고적격이 인정된다고 한 사례.[168)]

2. 원고적격이 부정된 사례

[1] 민간투자사업시행자지정처분 자체로 제3자의 재산권이 침해되지 않고 구 민간투자법 제18조에 의한 타인의 토지출입 등, 제20조에 의한 토지 등의 수용 · 사용은 사업실시계획의 승인을 받은 후에야 가능하다. 그러므로 원고(서울-춘천고속도로건설사업시행지 토지소유자)들의 재산권은 사업실시계획의 승인단계에서 보호되는 법률상 이익이라고 할 것이므로 그 이전인 사업시행자지정처분 단계에서는 원고들의 재산권 침해를 이유로 그 취소를 구할 수 없다.

168) 대판 2010.4.15. 2007두16127

[2] 이 사건 사업에 대한 사전환경성검토협의나 환경영향평가협의는 모두 이 사건 사업시행자지정처분 이후에 이루어져도 적법하고 반드시 이 사건 사업시행자지정처분 전에 사전환경성검토협의나 환경영향평가협의 절차를 거칠 필요 없다. 그러므로 환경정책기본법이나 환경·교통·재해 등에 관한 영향평가법에 의해 보호되는 원고(인근주민)들의 환경이익은 이 사건 사업시행자지정처분의 단계에서는 아직 법률에 의하여 보호되는 이익이라고 할 수 없다.169)

Ⅳ 원고적격 인정 여부의 유형별 검토

1. 처분의 상대방

(1) 침익적 처분의 상대방

불이익처분의 상대방의 경우에는 처분의 근거법률의 사익보호 여부와 상관없이 원고적격이 긍정된다.

(2) 거부처분의 상대방

거부처분의 대상적격 판단단계에서 신청권의 존재를 요구하는 판례에 따르면, 신청권이 인정되어 대상적격을 충족하는 경우에는 원고의 법률상 이익이 이미 인정되므로, 원고적격의 문제는 별도로 검토할 필요가 없다.

2. 공법인과 국가기관

(1) 국가의 원고적격

국가는 공법인으로서 법 주체에 해당하므로 법률상 이익이 있는 자로서 항고소송의 원고적격이 인정된다. 다만, 국가는 지방자치단체의 자치사무나 단체위임사무에 대하여는 시정명령 및 취소·정지를 통해서(지방자치법 제188조), 기관위임사무에 대하여는 직무이행명령과 대집행(동법 제189조) 등을 통해서 감독권을 행사할 수 있으므로, 항고소송을 제기할 필요가 없는 경우가 많을 것이다.

핵심판례

국가의 원고적격을 부정한 사례

건설교통부장관은 지방자치단체의 장이 기관위임사무인 국토이용계획의 사무를 처리함에 있어 자신과 의견이 다를 경우, 행정협의조정위원회에 협의·조정신청을 하여 그 협의·조정결정에 따라 의견불일치를 해소할 수 있고, 법원에 의한 판결을 받지 않고서도 행정권한의 위임 및 위탁에 관한 규정이나, 구 지방자치법에서 정하고 있는 지도·감독을 통하여 직접 지방자치단체의 장의 사무처리에 대하여 시정명령을 발하고, 그 사무처리를 취소 또는 정지할 수 있으며, 지방자치단체의 장에게 기간을 정하여 직무이행명령을 하고, 지방자치단체의 장이 이를 이행하지 아니할 경우에는 직접 필요한 조치를 할 수도 있으므로, 국가가 국토이용계획과 관련한 지방자치단체의 장의 기관위임사무의 처리에 관하여, 지방자치단체의 장을 상대로 취소소송을 제기하는 것은 허용되지 않는다.170)

169) 대판 2009.4.23. 2008두242
170) 대판 2007.9.20. 2005두6935

(2) 지방자치단체의 원고적격

지방자치단체는 공법인에 해당하므로(지방자치법 제3조 제1항), 법률상 이익이 있는 자로서 항고소송의 원고적격이 인정된다.

핵심판례

지방자치단체의 원고적격을 인정한 사례

구 건축법 제29조 제1항・제2항, 제11조 제1항 등의 규정내용에 의하면, 건축협의의 실질은 지방자치단체 등에 대한 건축허가와 다르지 않으므로, … 따라서 건축협의 취소는 상대방이 다른 지방자치단체 등 행정주체라 하더라도, '행정청이 행하는 구체적 사실에 관한 법집행으로서의 공권력 행사'(행정소송법 제2조 제1항 제1호)로서 처분에 해당한다고 볼 수 있고, 지방자치단체인 원고가 이를 다툴 실효적 해결수단이 없는 이상, 원고는 건축물소재지 관할 허가권자인 지방자치단체의 장을 상대로 항고소송을 통하여 건축협의 취소의 취소를 구할 수 있다.171)

(3) 국가기관의 원고적격

독립된 법인격이 없는 국가기관은 국가의 산하기관에 불과할 뿐 법률관계의 주체가 아니므로, 항고소송의 원고적격을 인정받을 수 없는 것이 원칙이다. 그러나 최근 판례는 경기도선거관리위원회 위원장이 국민권익위원회의 조치요구의 취소를 구하는 항고소송을 제기한 사건에서, 경기도선거관리위원회 위원장의 원고적격을 인정하였고,172) 소방청장이 국민권익위원회 조치요구의 취소를 구하는 소송을 제기한 사건에서, 처분성이 인정되는 국민권익위원회의 조치요구에 불복하고자 하는 소방청장으로서는 조치요구의 취소를 구하는 항고소송을 제기하는 것이 유효・적절한 수단으로 볼 수 있으므로 소방청장이 예외적으로 당사자능력과 원고적격을 가진다고 판시하고 있다.173)

핵심판례

1. 국가기관의 원고적격을 인정한 사례(1)

甲(乙시・도 선거관리위원회 소속 직원)이 국민권익위원회에 부패방지 및 국민권익위원회의 설치와 운영에 관한 법률(이하 '국민권익위원회법')에 따른 신고와 신분보장조치를 요구하였고, 국민권익위원회가 甲의 소속 기관장인 乙시・도선거관리위원회 위원장에게 '甲에 대한 중징계요구를 취소하고, 향후 신고로 인한 신분상 불이익처분 및 근무조건상 차별을 하지 말 것을 요구'하는 내용의 조치요구를 한 경우, 국가기관 일방의 조치요구에 불응한 상대방 국가기관에 국민권익위원회법상 제재규정과 같은 중대한 불이익을 직접적으로 규정한 다른 법령의 사례를 찾아보기 어려운 점, 그럼에도 乙이 국민권익위원회의 조치요구를 다툴 별다른 방법이 없는 점 등에 비추어 보면, 처분성이 인정되는 위 조치요구에 불복하고자 하는 乙로서는 조치요구의 취소를 구하는 항고소송을 제기하는 것이 유효・적절한 수단이므로, 비록 乙이 국가기관이더라도 당사자능력 및 원고적격을 가진다.174)

---

171) 대판 2014.2.27. 2012두22980
172) 대판 2013.7.25. 2011두1214
173) 대판 2018.8.1. 2014두35379
174) 대판 2013.7.25. 2011두1214

2. 국가기관의 원고적격을 인정한 사례(2)

[1] 국가기관 등 행정기관(이하 '행정기관 등') 사이에 권한의 존부와 범위에 관하여 다툼이 있는 경우에 이는 통상 내부적 분쟁이라는 성격을 띠고 있어 상급관청의 결정에 따라 해결되거나 법령이 정하는 바에 따라 '기관소송'이나 '권한쟁의심판'으로 다루어진다. 그런데 법령이 특정한 행정기관 등으로 하여금 다른 행정기관을 상대로 제재적 조치를 취할 수 있도록 하면서, 그에 따르지 않으면 그 행정기관에 대하여 과태료를 부과하거나 형사처벌을 할 수 있도록 정하는 경우가 있다. 이러한 경우에는 단순히 국가기관이나 행정기관의 내부적 문제라거나 권한 분장에 관한 분쟁으로만 볼 수 없다. 행정기관의 제재적 조치의 내용에 따라 '구체적 사실에 대한 법집행으로서 공권력의 행사'에 해당할 수 있고, 그러한 조치의 상대방인 행정기관이 입게 될 불이익도 명확하다. 그런데도 그러한 제재적 조치를 기관소송이나 권한쟁의심판을 통하여 다툴 수 없다면, 제재적 조치는 그 성격상 단순히 행정기관 등 내부의 권한 행사에 머무는 것이 아니라 상대방에 대한 공권력 행사로서 항고소송을 통한 주관적 구제대상이 될 수 있다고 보아야 한다. 기관소송 법정주의를 취하면서 제한적으로만 이를 인정하고 있는 현행 법령의 체계에 비추어 보면, 이 경우 항고소송을 통한 구제의 길을 열어주는 것이 법치국가 원리에도 부합한다. 따라서 이러한 권리구제나 권리보호의 필요성이 인정된다면 예외적으로 그 제재적 조치의 상대방인 행정기관 등에게 항고소송 원고로서의 당사자능력과 원고적격을 인정할 수 있다.

[2] 국민권익위원회가 소방청장에게 인사와 관련하여 부당한 지시를 한 사실이 인정된다며 이를 취소할 것을 요구하기로 의결하고 그 내용을 통지하자 소방청장이 국민권익위원회 조치요구의 취소를 구하는 소송을 제기한 사안에서, 행정기관인 국민권익위원회가 행정기관의 장에게 일정한 의무를 부과하는 내용의 조치요구를 한 것에 대하여 그 조치요구의 상대방인 행정기관의 장이 다투고자 할 경우에 법률에서 행정기관 사이의 기관소송을 허용하는 규정을 두고 있지 않으므로 이러한 조치요구를 이행할 의무를 부담하는 행정기관의 장으로서는 기관소송으로 조치요구를 다툴 수 없고, 위 조치요구에 관하여 정부 조직 내에서 그 처분의 당부에 대한 심사·조정을 할 수 있는 다른 방도도 없으며, 국민권익위원회는 헌법 제111조 제1항 제4호에서 정한 '헌법에 의하여 설치된 국가기관'이라고 할 수 없으므로 그에 관한 권한쟁의심판도 할 수 없고, 별도의 법인격이 인정되는 국가기관이 아닌 소방청장은 질서위반행위규제법에 따른 구제를 받을 수도 없는 점, 부패방지 및 국민권익위원회의 설치와 운영에 관한 법률은 소방청장에게 국민권익위원회의 조치요구에 따라야 할 의무를 부담시키는 외에 별도로 그 의무를 이행하지 않을 경우 과태료나 형사처벌까지 정하고 있으므로 위와 같은 조치요구에 불복하고자 하는 '소속기관 등의 장'에게는 조치요구를 다툴 수 있는 소송상의 지위를 인정할 필요가 있는 점에 비추어, 처분성이 인정되는 국민권익위원회의 조치요구에 불복하고자 하는 소방청장으로서는 조치요구의 취소를 구하는 항고소송을 제기하는 것이 유효·적절한 수단으로 볼 수 있으므로 소방청장은 예외적으로 당사자능력과 원고적격을 가진다고 한 사례.[175)]

175) 대판 2018.8.1. 2014두35379

3. 법인 및 단체의 구성원

법인의 주주나 임원이 법인 또는 단체에 대한 침익적 행정처분을 다투는 경우에는, 직접적이고 구체적인 법률상 이해관계를 가지는 자에 해당하지 아니하여 원고적격이 부정되는 것이 원칙이다. 그러나 법인 또는 단체에 대한 처분이 법인의 존속 자체를 좌우하는 처분이거나, 주주의 지위에 중대한 영향을 초래함에도 구성원이 스스로 그의 지위를 보호할 수 있는 방법이 없는 경우에는, 구성원에게 예외적으로 원고적격이 인정된다.

핵심판례

1. 주주나 임원의 원고적격 인정 여부와 관련된 사례(1)

법인의 주주는 원칙적으로 법인에 대한 처분의 취소를 구할 원고적격이 인정되지 않으나, 주주의 지위를 구제할 방법이 달리 없을 경우에는 원고적격이 인정된다. 일반적으로 법인의 주주는 당해 법인에 대한 행정처분에 관하여 사실상이나 간접적인 이해관계를 가질 뿐, 스스로 그 처분의 취소를 구할 원고적격이 없는 것이 원칙이라고 할 것이지만, 그 처분으로 인하여 궁극적으로 주식이 소각되거나 주주의 법인에 대한 권리가 소멸하는 등 주주의 지위에 중대한 영향을 초래하게 되는데도, 그 처분의 성질상 당해 법인이 이를 다툴 것을 기대할 수 없고 달리 주주의 지위를 보전할 구제방법이 없는 경우에는, 주주도 그 처분에 관하여 직접적이고 구체적인 법률상 이해관계를 가진다고 보이므로, 그 취소를 구할 원고적격이 있다.[176)]

2. 주주나 임원의 원고적격 인정 여부와 관련된 사례(2)

[1] 일반적으로 법인의 주주나 임원은 당해 법인에 대한 행정처분에 관하여 사실상이나 간접적인 경제적 이해관계를 가질 뿐, 스스로 그 처분의 취소를 구할 원고적격이 없다.

[2] 상호신용금고회사들의 계약 전부를 다른 금고회사로 이전하는 재정경제원장관의 당해 계약이전결정은 위 회사들의 계약 전부를 이전하는 처분으로, 그 처분이 있으면 구 상호신용금고법 제23조의9의 규정에 의하여 계약 전부가 이전되고, 동시에 같은 법 제21조 제3호의 규정에 의하여 위 회사들이 해산되는 결과를 가져오는 것인바, 이와 같이 법인에 대한 행정처분이 당해 법인의 존속 자체를 직접 좌우하는 처분인 경우에는, 그 주주나 임원이라 할지라도 당해 처분에 관하여 직접적이고 구체적인 법률상 이해관계를 가진다고 할 것이므로, 그 취소를 구할 원고적격이 있다.[177)]

4. 제3자효 행정행위에서의 원고적격

(1) 제3자의 원고적격

불이익처분의 상대방은 직접 개인적 이익의 침해를 받은 자로서 원고적격이 인정된다. 그러나 행정처분의 상대방이 아닌 제3자라고 하더라도 그 처분 등으로 인하여 법률상 보호되는 이익을 침해당한 경우에는 취소소송을 제기하여 그 당부의 판단을 받을 자격이 있다.

176) 대판 2004.12.23. 2000두2648
177) 대판 1997.12.12. 96누4602

핵심판례

1. 제3자의 원고적격을 인정한 사례

[1] 이 사건 각 명령(강원도교육감이 2020.9.2. 원고들이 소속된 학교법인의 이사장 및 학교장에 대하여, 정정된 호봉으로 호봉 재획정 처리를 하고, 그 조치결과를 2020.9.7.까지 제출하라고 발한 명령-註)은 행정청이 각 사립학교 법인의 이사장 및 학교장들에 대하여 급여환수 및 호봉정정을 권고하는 데에 그치지 않고, 이를 이행하지 않는 학교법인에 대하여 보조금 지급 중단이라는 조치까지 예정하고 있는 법적 구속력이 있는 행정처분에 해당한다.

[2] 이 사건 각 명령의 근거 법령 중 구 사립학교법(2020.12.22. 법률 제17659호로 개정되기 전의 것) 제43조 제2항 제2호는 지방자치단체로부터 보조금을 교부받거나 지원을 받은 학교법인의 예산이 지원 목적에 비추어 부적당하다고 인정할 때 그 예산에 대하여 필요한 변경조치를 권고할 수 있다는 취지로 규정하고 있고, 이는 보조금을 교부받는 등 재정적 지원을 받는 학교법인 예산의 적정성을 확보하고자 하는 취지에서 마련된 것이므로, 위 규정만으로는 사립학교 직원들인 원고들의 직접적・구체적 이익을 보호하고 있다고 보기 어려울 수 있다. 그러나 이 사건 각 명령은 원고들의 호봉이 과다 산정되었음을 이유로 한 것이므로, 학교법인 사무직원의 호봉산정이나 보수에 관하여 규정하고 있는 구 사립학교법 제70조의2 제1항, 각 사립학교법인의 정관 및 「지방공무원 보수규정」 역시 이 사건 각 명령의 근거 법규 내지 관련 법규에 해당한다고 보아야 한다. 구 사립학교법 제70조의2 제1항은 학교법인 소속 사무직원의 보수에 관하여 학교법인의 정관으로 정하도록 정하고 있고, 그 위임에 따라 원고들이 소속된 각 학교법인의 정관에는 사무직원의 보수에 관하여 지방공무원의 보수규정을 준용하거나(상지문학원 정관 제86조, 진광학원 정관 제81조) 공무원(일반직 등 공무원)의 보수규정 및 수당 규정을 준용한다고 정하고 있다(전인학원 정관 제85조). 그리고 「지방공무원 보수규정」 제8조 제2항은 공무원의 초임호봉을 [별표 1]에 따라 획정하도록 정하고 있고, 위 [별표 1]은 개별 공무원에게 임용 전에 [별표 2]에서 정한 공무원경력 및 유사경력이 있는 경우 이를 어떤 방식으로 초임호봉에 반영할 것인지에 관하여 구체적으로 정하고 있다. 이와 같이 <u>구 사립학교법이 사립학교 직원들의 보수를 정관으로 정하도록 하고, 원고들이 소속된 각 학교법인의 정관이 그 직원들의 보수를 공무원의 예에 따르도록 한 것은, 사립학교 소속 사무직원들의 보수의 안정성 및 예측가능성을 담보하여 사립학교 교육이 공공의 목적에 부합하는 방향으로 원활하게 수행될 수 있도록 하는 한편, 그 사무직원의 경제적 생활안정과 복리향상을 보장하고자 함에 있으므로, 사립학교사무직원의 이익을 개별적・직접적・구체적으로 보호하고 있는 규정으로 볼 수 있다.</u>

[3] <u>나아가 이 사건 각 명령은 학교법인들에 대하여 그 사무직원들의 호봉을 재획정하고, 그에 따라 초과 지급된 급여를 5년 범위 내에서 환수하도록 명하고 있는데, 이로 인하여 원고들은 급여가 실질적으로 삭감되거나 기지급된 급여를 반환하여야 하는 직접적이고 구체적인 손해를 입게 되므로, 원고들은 이 사건 각 명령을 다툴 개별적・직접적・구체적 이해관계가 있다고 볼 수 있다.</u>[178)]

2. 제3자의 원고적격을 부정한 사례

[1] 임대사업자는 승인된 분양전환가격을 상한으로 하여 분양대금을 정하여 임차인과 분양계약을 체결하여야 하므로, 분양전환승인 중 분양전환가격에 대한 부분은 임대사업자뿐만 아니라 임차인의 법률적 지위에도 구체적이고 직접적인 영향을 미친다. 따라서 분양전환승인 중 분양전환가격을 승인하는 부분은 단순히 분양계약의 효력을 보충하여 그 효력을 완성시켜주는 강학상 '인가'에 해당한다고 볼 수 없고, 임차인들에게는 분양계약을 체결한 이후 분양대금이 강행규정인 임대주택법령에서 정한 산정기준에 의한 분양전환가격을 초과하였음을 이유로 부당이득반환을 구하는 민사소송을 제기하는 것과 별개로, 분양계약을 체결하기 전 또는 체결한 이후라도 항고소송을 통하여 분양전환승인의 효력을 다툴 법률상 이익(원고적격)이 있다고 보아야 한다.

---

178) 대판 2023.1.12. 2022두56630

[2] 구 임대주택법의 임대사업자가 여러 세대의 임대주택에 대해 분양전환승인신청을 하여 외형상 하나의 행정처분으로 그 승인을 받았다고 하더라도 이는 승인된 개개 세대에 대한 처분으로 구성되고 각 세대별로 가분될 수 있으므로 임대주택에 대한 분양전환승인처분 중 일부 세대에 대한 부분만 취소하는 것이 가능하다. 따라서 우선 분양전환 대상자인 임차인들이 분양전환승인처분의 취소를 구하는 경우, 특별한 사정이 없는 한 그 취소를 구하는 임차인이 분양전환 받을 세대가 아닌 다른 세대에 대한 부분까지 취소를 구할 법률상 이익(원고적격)은 인정되지 않는다.

[3] 분양전환승인처분은 분양전환의 요건을 심사하여 임대주택의 매각을 허용하는 부분과 분양전환가격을 심사하여 이를 승인하는 부분으로 구분하는 것이 가능하다. 행정청은 분양전환승인처분 중 '분양전환가격의 산정 부분'에만 위법이 있을 경우, '분양 전환을 허용하는 부분'의 효력은 그대로 둔 채 '분양전환가격 부분'의 위법을 시정하여 변경하는 처분을 하는 것도 가능하다. 따라서 분양전환승인처분 전부에 대하여 취소소송을 제기한 임차인이 해당 임대주택에 관하여 분양전환 요건이 충족되었다는 점 자체는 다투지 않으면서 다만 분양전환가격 산정에 관해서만 다투는 경우에는 분양전환승인처분 중 임대주택의 매각을 허용하는 부분은 실질적인 불복이 없어 그 취소를 구할 법률상 이익(협의의 소의 이익)이 없다고 보아야 한다.

[4] 분양전환승인처분 이후 진행된 분양전환절차에서 분양계약을 체결하지 아니한 채 임대주택에서 퇴거한 임차인은, 분양전환승인처분에 관하여 효력정지결정이 이루어져 임대사업자가 제3자에게 해당 임대주택을 매각하지 않았다는 등의 특별한 사정이 없는 한, 분양전환승인처분의 취소를 구할 법률상 이익(협의의 소의 이익)이 인정되지 않는다고 보아야 한다.

[5] 우선분양전환권을 가진 임차인들이 분양전환가격 산정의 위법을 이유로 해당 임대주택 전체 세대에 대한 분양전환승인처분의 취소를 구한 사안에서 원고들에게 항고소송을 통하여 분양전환받을 세대가 아닌 다른 세대에 대한 부분 및 분양전환승인처분 중 임대주책의 매각을 허용하는 부분의 취소를 구할 법률상 이익이 없고, 분양전환승인처분에 관하여 효력정지결정이 이루어져 임대사업자가 제3자에게 해당 임대주택을 매각하지 않겠다는 등의 특별한 사정이 없는 한 분양전환승인처분의 취소를 구할 법률상의 이익이 인정되지 아니한다고 한 사례.[179)]

(2) 경원자소송

1) 의 의

경원자소송이란 수인의 신청을 받아 일부에 대하여만 인・허가 등의 수익적 행정처분을 할 수 있는 경우, 인・허가 등을 받지 못한 자가 타인이 받은 인・허가처분에 대하여 제기하는 소송을 말한다.

2) 원고적격 인정 여부

경원자소송이 전제로 하는 경원관계는 수량이 한정된 재화의 배분을 결정하는 행정청의 처분을 대상으로 하고, 이는 그 자체로 독립적・법적 이익을 확정하는 것으로, 일반적으로 경원관계에서 수익처분을 받지 못한 제3자는 원고적격이 인정된다. 한편, 판례는 경원관계에서 경원자에 대한 수익적 처분의 취소를 구하지 않고, 자신에 대한 거부처분의 취소를 구하는 것도 허용된다고 한다.[180)]

---

179) 대판 2020.7.23. 2015두48129
180) 대판 2015.10.29. 2013두27517

핵심판례

1. **액화석유가스사업허가를 받지 못한 자의 원고적격**

   액화석유가스충전사업의 허가기준을 정한 전라남도 고시에 의하여, 고흥군 내에는 당시 1개소에 한하여 LPG충전사업의 신규허가가 가능하였으므로 원고와 참가인들은 경원관계에 있다 할 것이고, 원고에게는 이 사건 처분의 취소를 구할 당사자적격이 있다고 하여야 함은 물론, 나아가 이 사건 처분이 취소되면 원고가 허가를 받을 수 있는 지위에 있음에 비추어, 처분의 취소를 구할 정당한 이익도 있다고 하여야 할 것이다.[181)]

2. **처분을 받지 못한 자의 자신에 대한 거부처분취소소송에서의 원고적격**

   [1] 위법한 행정처분의 취소를 구하는 소는 위법한 처분에 의하여 발생한 위법상태를 배제하여 원상으로 회복시키고 그 처분으로 침해되거나 방해받은 권리와 이익을 보호・구제하고자 하는 소송이므로, 비록 그 위법한 처분을 취소하더라도 원상회복이나 권리구제가 불가능한 경우에는 그 취소를 구할 이익이 없다고 할 것이지만, 그 취소판결로 인한 권리구제의 가능성이 확실한 경우에만 소의 이익이 인정된다고 볼 것은 아니다. 인가・허가 등 수익적 행정처분을 신청한 여러 사람이 서로 경원관계에 있어서 한 사람에 대한 허가 등 처분이 다른 사람에 대한 불허가 등으로 귀결될 수밖에 없을 때 허가 등 처분을 받지 못한 사람은 그 신청에 대한 거부처분의 직접 상대방으로서 원칙적으로 자신에 대한 거부처분의 취소를 구할 원고적격이 있고, 그 취소판결이 확정되는 경우 그 판결의 직접적인 효과로 경원자에 대한 허가 등 처분이 취소되거나 그 효력이 소멸되는 것은 아니더라도 행정청은 취소판결의 기속력에 따라 그 판결에서 확인된 위법사유를 배제한 상태에서 취소판결의 원고와 경원자의 각 신청에 관하여 처분요건의 구비 여부와 우열을 다시 심사하여야 할 의무가 있으며, 그 재심사 결과 경원자에 대한 수익적 처분이 직권취소되고 취소판결의 원고에게 수익적 처분이 이루어질 가능성을 완전히 배제할 수는 없으므로, 특별한 사정이 없는 한 경원관계에서 허가 등 처분을 받지 못한 사람은 자신에 대한 거부처분의 취소를 구할 소의 이익이 있다고 보아야 할 것이다.

   [2] 원심판결 이유와 기록에 의하면, 원심은 ① 피고가 2012.4.3. 부산 강서구 봉림동 봉림지하차도와 김해시 장유면 화목교(시 경계) 사이에 주유소 2개소(좌측 1개소, 우측 1개소)를 추가로 설치하는 내용으로 개발제한구역 안 주유소배치계획을 변경한 후 이를 공고하였고, 같은 날 변경공고에 따라 주유소 운영사업자를 모집한다는 내용의 이 사건 모집공고를 한 사실, ② 원고와 소외인이 피고에게 도로 좌측에 설치될 주유소에 관한 운영사업자 선정신청을 하였는데, 피고는 2012.8.22. 원고에게 '개발제한구역 밖으로 전출한 사실이 있어 모집공고에서 정한 신청조건에 적합하지 아니하다'는 이유로 주유소 운영사업자 불선정처분(이하 '이 사건 거부처분')을 함과 아울러 경원자인 소외인에게 주유소 운영사업자 선정처분을 한 사실 등을 인정한 다음, 원고에 대한 이 사건 거부처분이 취소되더라도 경원관계에 있는 소외인에 대한 주유소 운영사업자 선정처분이 취소되지 아니하는 이상 원고가 주유소 운영사업자로 선정될 수 없으므로 원고는 이 사건 거부처분의 취소를 구할 이익이 없다고 판단하였다. 그러나 앞서 본 법리에 비추어 보면, 이 사건 거부처분에 대한 취소판결이 확정되면 그 판결의 취지에 따른 피고의 재심사 결과 원고가 주유소 운영사업자로 선정될 가능성이 아주 없다고 할 수는 없으므로, 원심 판단에는 경원자소송에서의 소의 이익에 관한 법리를 오해하여 판결에 영향을 미친 위법이 있다. 이 점을 지적하는 상고이유의 주장은 이유 있다.[182)]

181) 대판 1992.5.8. 91누13274
182) 대판 2015.10.29. 2013두27517

(3) 경업자소송

1) 의 의

경업자소송이란 동종의 여러 영업자가 경쟁관계에 있는 경우, 기존업자가 신규업자의 신규허가에 대하여 제기하는 소송을 말한다.

2) 원고적격 인정 여부

① 판례는 일반적으로, 기존업자가 특허기업인 경우에는 그 기존업자가 그 특허로 인하여 받는 영업상 이익은 법률상 이익이라고 보아 원고적격을 인정하고, 기존업자가 허가기업인 경우에는 그 기존업자가 그 허가로 인하여 받는 영업상 이익은 반사적 이익 내지 사실상 이익에 불과한 것으로 보아 원고적격을 부정하는 경향이 있다. 즉, 특허는 공익을 위하여 특정인에게 새로운 권리를 설정하여 주는 설권적 행위이므로, 기존업자의 독점적 이익을 법으로 보호할 필요가 있다고 판단하는 것이다. 다만, 허가의 경우에도 허가의 요건규정이 공익뿐만 아니라 기존업자 개인의 이익도 보호하는 것으로 해석되는 경우에는, 기존 허가권자의 원고적격을 인정할 수 있다고 한다.[183]

② 최근 판례는 허가와 특허의 구별 없이, 처분의 근거가 되는 법률이 해당 업자들 사이의 과당경쟁으로 인한 경영의 불합리를 방지하는 것도 그 목적으로 하고 있는 경우에는, 취소를 구할 원고적격을 인정하고 있다.[184]

핵심판례

기존업자의 경업자에 대한 원고적격

[1] 면허나 인·허가 등의 수익적 행정처분의 근거가 되는 법률이 해당 업자들 사이의 과당경쟁으로 인한 경영의 불합리를 방지하는 것도 목적으로 하고 있는 경우, 기존의 업자가 경업자에 대하여 이루어진 면허나 인·허가 등 행정처분의 취소를 구할 당사자적격이 있는지 여부(적극) : 일반적으로 면허나 인·허가 등의 수익적 행정처분의 근거가 되는 법률이 해당 업자들 사이의 과당경쟁으로 인한 경영의 불합리를 방지하는 것도 그 목적으로 하고 있는 경우, 다른 업자에 대한 면허나 인·허가 등의 수익적 행정처분에 대하여 미리 같은 종류의 면허나 인·허가 등의 수익적 행정처분을 받아 영업을 하고 있는 기존의 업자는 경업자에 대하여 이루어진 면허나 인·허가 등 행정처분의 상대방이 아니라 하더라도 당해 행정처분의 취소를 구할 당사자적격이 있다.

[2] 기존의 고속형 시외버스운송사업자에게 직행형 시외버스운송사업자에 대한 사업계획변경인가처분의 취소를 구할 법률상의 이익이 있는지 여부(적극) : 한편, 구 여객자동차 운수사업법 제5조 제1항 제1호에서 '사업계획이 해당 노선이나 사업구역의 수송수요와 수송력 공급에 적합할 것'을 여객자동차운송사업의 면허기준으로 정한 것은 여객자동차운송사업에 관한 질서를 확립하고 여객자동차운송사업의 종합적인 발달을 도모하여 공공의 복리를 증진함과 동시에 업자 간의 경쟁으로 인한 경영의 불합리를 미리 방지하자는 데 그 목적이 있다 할 것이고, 법과 시행령 등의 각 규정을 종합하여 보면, 고속형 시외버스운송사업과 직행형 시외버스운송사업은 다 같이 운행계통을 정하고 여객을 운송하는 노선여객자동차운송사업 중 시외버스운송사업에 속하므로, 위 두 운송사업이 사용버스의 종류, 운행거리, 운행구간, 중간정차 여부 등에서 달리 규율된다는 사정만으로 본질적인 차이가 있다고 할 수 없으며, 직행형 시외버스운송사업자에 대한 사업계획변경인가처분으로 인하여 기존의 고속형 시외버스운송사업자의 노선 및 운행계통과 직행형 시외버스운송사업자들의 그것들이 일부 중복되게 되고 기존업자의 수익감소가 예상된다면, 기존의 고속형 시외버스운송사업자와 직행형 시외버스운송사업자들은 경업관계에 있는 것으로 봄이 상당하므로, 기존의 고속형 시외버스운송사업자에게 직행형 시외버스운송사업자에 대한 사업계획변경인가처분의 취소를 구할 법률상의 이익이 있다고 할 것이다.

183) 대판 1988.6.14. 87누873
184) 대판 2010.11.11. 2010두4179

[3] 개별 시 · 도지사가 관할 지역의 운송업체에 대하여 직행형 시외버스운송사업의 면허를 부여한 후 실질적으로 고속형 시외버스운송사업에 해당하는 운송사업을 할 수 있도록 사업계획변경을 인가하는 것이 위법한 처분인지 여부(적극) : 관계 법령의 규정을 종합하면, 여객자동차운수사업의 하나인 여객자동차운송사업은 노선여객자동차운송사업과 구역여객자동차운송사업으로 구분되고, 노선여객자동차운송사업은 시내버스운송사업, 농어촌버스운송사업, 시외버스운송사업 등으로 구분되며, 시외버스운송사업은 다시 고속형, 직행형, 일반형 등으로 구분되는데, 고속형 시외버스운송사업은 시외고속버스 또는 시외우등고속버스를 사용하여 운행거리가 100㎞ 이상이고, 운행구간의 60% 이상을 고속국도로 운행하며, 기점과 종점의 중간에서 정차하지 아니하는 운행형태인 반면, 직행형 시외버스운송사업은 시외직행버스를 사용하여 50㎞를 기준으로 하는 운행거리마다 있는 정류소에 정차하면서 운행하는 형태의 운행으로서, 양자는 사용버스의 종류, 운행거리, 운행구간, 중간정차 여부 등에 의하여 구분되고, 고속형 시외버스운송사업의 면허에 관한 권한과 운행시간 · 영업소 · 정류소 및 운송부대시설의 변경을 넘는 사업계획변경인가에 관한 권한은 국토해양부장관에게 유보되어 있는 반면, 고속형 시외버스운송사업을 제외한 나머지 시외버스운송사업의 면허 및 사업계획변경인가에 관한 권한은 모두 시 · 도지사에게 위임되어 있다. 이와 같이 고속형 시외버스운송사업에 대한 면허 및 사업계획변경인가 등에 관한 권한을 국토해양부장관으로 하여금 행사하게 하는 이유는, 고속형 시외버스운송사업의 경우 그 운행거리가 100㎞ 이상으로서 여러 시 · 도를 관통하여 운행하고 운행구간의 60% 이상을 고속국도로 운행하므로, 전국적으로 통일적인 규율을 함으로써 국가적 차원에서 고속형 시외버스운송사업의 운송질서를 확립하고 운송망을 효율적으로 관리하기 위한 것이다. 따라서 개별 시 · 도지사가 관할 지역의 운송업체에 대하여 직행형 시외버스운송사업의 면허를 부여한 후 실질적으로 고속형 시외버스운송사업에 해당하는 운송사업을 할 수 있도록 사업계획변경을 인가하는 것은 시 · 도지사의 권한을 넘은 위법한 처분으로 봄이 상당하다.185)

3) 특허기업 또는 허가기업의 원고적격 인정 여부에 대한 사례

핵심판례

1. **특허기업의 원고적격**

[1] 면허나 인 · 허가 등의 수익적 행정처분의 근거가 되는 법률이 해당 업자들 사이의 과당경쟁으로 인한 경영의 불합리를 방지하는 것도 그 목적으로 하고 있는 경우, 다른 업자에 대한 면허나 인 · 허가 등의 수익적 행정처분에 대하여 미리 같은 종류의 면허나 인 · 허가 등의 처분을 받아 영업을 하고 있는 기존의 업자는 경업자에 대하여 이루어진 면허나 인 · 허가 등 행정처분의 상대방이 아니라 하더라도 당해 행정처분의 취소를 구할 원고적격이 있다.

[2] 甲 회사의 시외버스운송사업과 乙 회사의 시외버스운송사업이 다 같이 운행계통을 정하여 여객을 운송하는 노선여객자동차 운송사업에 속하고, 甲 회사에 대한 시외버스운송사업계획변경인가 처분으로 기존의 시외버스운송사업자인 乙 회사의 노선 및 운행계통과 甲 회사의 노선 및 운행계통이 일부 같고, 기점 혹은 종점이 같거나 인근에 위치한 乙 회사의 수익감소가 예상되므로, 기존의 시외버스운송사업자인 乙 회사에 위 처분의 취소를 구할 법률상의 이익이 있다.

[3] 노선버스운송사업계획변경 중 기존노선 및 운행계통의 중간 어느 지점에서 다른 방향으로 연장하는 형태의 '단축연장'의 경우, 구 여객자동차 운수사업법 시행규칙 제31조 제2항 제2호에서 정한 연장거리 제한의 기준이 되는 기존운행계통은 '기존 노선 및 운행계통 중 폐지 또는 단축하고 남은 거리'가 아니라 '폐지 또는 단축하기 전의 기존 노선 및 운행계통 총 거리(기존 노선 총 거리)'로 보아야 하므로, 행정청이 변경되는 노선의 연장거리가 기존 노선 총 거리의 약 45.2%로서 위 시행규칙 제31조 제2항 제2호에서 요구하고 있는 기존 운행계통의 50%를 넘지 않는 시외버스운송사업계획변경을 인가한 처분은 적법하다.186)

185) 대판 2010.11.11. 2010두4179

186) 대판 2010.6.10. 2009두10512

2. 허가기업의 원고적격

(1) 원 칙

석탄수급조정에 관한 임시조치법 소정의 석탄가공업에 관한 허가는 사업경영의 권리를 설정하는 형성적 행정행위가 아니라 질서유지와 공공복리를 위한 금지를 해제하는 명령적 행정행위여서 그 허가를 받은 자는 영업자유를 회복하는데 불과하고 독점적 영업권을 부여받은 것이 아니기 때문에 기존허가를 받은 원고들이 신규허가로 인하여 영업상 이익이 감소된다 하더라도 이는 원고들의 반사적 이익을 침해하는 것에 지나지 아니하므로 원고들은 신규허가 처분에 대하여 행정소송을 제기할 법률상 이익이 없다.[187]

(2) 거리제한규정을 두고 있는 경우

담배 일반소매인의 지정기준으로써 일반소매인의 영업소 간에 일정한 거리제한을 두고 있는 것은, 공익목적의 달성과 동시에 일반소매인 간의 과당경쟁으로 인한 불합리한 경영을 방지함으로써 일반소매인의 경영상 이익을보호하는 데에도 그 목적이 있다고 보이므로, 일반소매인으로 지정되어 영업을 하고 있는 기존업자의 신규일반소매인에 대한 이익은 단순한 사실상 반사적 이익이 아니라 법률상 보호되는 이익이라고 해석함이 상당하다.[188][189]

(3) 영업허가지역이 있는 경우

갑이 적법한 약종상허가를 받아 허가지역내에서 약종상영업을 경영하고 있음에도 불구하고 행정관청이 구 약사법 시행규칙을 위배하여 같은 약종상인 을에게 을의 영업허가지역이 아닌 갑의 영업허가지역내로 영업소를 이전하도록 허가하였다면 갑으로서는 이로 인하여 기존업자로서의 법률상 이익을 침해받았음이 분명하므로 갑에게는 행정관청의 영업소이전허가처분의 취소를 구할 법률상 이익이 있다.[190]

(4) 인인소송(인근주민소송)

1) 의 의

인인소송이란 어떠한 시설의 설치를 허가하는 처분에 대하여, 당해 시설의 인근주민이 다투는 소송을 말한다.

---

187) 대판 1980.7.22. 80누33

188) 대판 2008.3.27. 2007두23811

189) 다음의 판례와 구별하여야 한다.

한편 구내소매인과 일반소매인 사이에서는 구내소매인의 영업소와 일반소매인의 영업소 간에 거리제한을 두지 아니할 뿐 아니라 건축물 또는 시설물의 구조·상주인원 및 이용인원 등을 고려하여 동일 시설물 내 2개소 이상의 장소에 구내소매인을 지정할 수 있으며, 이 경우 일반소매인이 지정된 장소가 구내소매인 지정대상이 된 때에는 동일 건축물 또는 시설물 안에 지정된 일반소매인은 구내소매인으로 보고, 구내소매인이 지정된 건축물 등에는 일반소매인을 지정할 수 없으며, 구내소매인은 담배진열장 및 담배소매점 표시판을 건물 또는 시설물의 외부에 설치하여서는 아니된다고 규정하는 등 일반소매인의 입장에서 구내소매인과의 과당경쟁으로 인한 경영의 불합리를 방지하는 것을 그 목적으로 할 수 있다고 보기 어려우므로, 일반소매인으로 지정되어 영업을 하고 있는 기존업자의 신규 구내소매인에 대한 이익은 법률상 보호되는 이익이 아니라 단순한 사실상의 반사적 이익이라고 해석함이 상당하므로, 기존 일반소매인은 신규 구내소매인 지정처분의 취소를 구할 원고적격이 없다(대판 2008.4.10. 2008두402).

190) 대판 1988.6.14. 87누873

2) 원고적격 인정 여부

판례에 따르면 인근주민에게 시설설치허가를 다툴 원고적격이 있는지는, 당해 허가처분의 근거법규 및 관계법규의 개인적 이익의 보호 인정 여부에 따라 결정된다. 즉, 당해 처분의 근거법규 및 관계법규가 공익뿐만 아니라 인근주민의 개인적 이익도 보호하고 있다고 해석되는 경우에는, 인근주민에게 원고적격이 인정된다.[191)192)]

3) 허가요건규정의 해석과 관련된 사례

핵심판례

1. 원고적격이 인정된 사례

(1) 상수원보호구역 변경처분등의 취소를 구할 인근 주민의 원고적격

구 도시계획법 제12조 제3항의 위임에 따라 제정된 도시계획시설기준에 관한 규칙 제125조 제1항이 화장장의 구조 및 설치에 관하여는 매장 및 묘지 등에 관한 법률이 정하는 바에 의한다고 규정하고 있으므로, 도시계획의 내용이 화장장의 설치에 관한 것일 경우에는 구 도시계획법 제12조뿐만 아니라 구 매장 및 묘지 등에 관한 법률 및 같은 법 시행령 역시 그 근거법률이 된다고 보아야 할 것이다. 따라서 같은 법 시행령 제4조 제2호가 공설화장장은 20호 이상의 인가가 밀집한 지역, 학교 또는 공중이 수시로 집합하는 시설 또는 장소로부터 1,000m 이상 떨어진 곳에 설치하도록 제한을 가하고, 같은 법 시행령 제9조가 국민보건상 위해를 끼칠 우려가 있는 지역, 도시계획법 제17조의 규정에 의한 주거지역, 상업지역, 공업지역 및 녹지지역 안의 풍치지구 등에의 공설화장장 설치를 금지함으로써 보호되는 인근주민들의 이익은, 위 도시계획결정처분의 근거법률에 의하여 보호되는 법률상 이익이다.[193)]

(2) 사유림 내 토사채취허가처분의 취소를 구할 인근 주민의 원고적격

[1] 행정처분의 직접 상대방이 아닌 제3자라도 당해 행정처분의 취소를 구할 법률상의 이익이 있는 경우에는 원고적격이 인정되는데, 여기서 말하는 법률상의 이익은 당해 처분의 근거 법률에 의하여 보호되는 직접적이고 구체적인 이익이 있는 경우를 말하고, 다만 공익보호의 결과로 국민 일반이 공통적으로 가지는 추상적, 평균적, 일반적인 이익과 같이 간접적이나 사실적, 경제적, 이해관계를 가지는 데 불과한 경우는 여기에 포함되지 않는다. 구 산림법 및 그 시행령, 시행규칙들의 규정 취지는 산림의 보호·육성, 임업생산력의 향상 및 산림의 공익기능의 증진을 도모함으로써 그와 관련된 공익을 보호하려는 데에 그치는 것이 아니라 그로 인하여 직접적이고 중대한 생활환경의 피해를 입으리라고 예상되는 토사채취 허가 등 인근 지역의 주민들이 주거·생활환경을 유지할 수 있는 개별적 이익까지도 보호하고 있다고 할 것이므로, 인근 주민들이 토사채취허가와 관련하여 가지게 되는 이익은 위와 같은 추상적, 평균적, 일반적인 이익에 그치는 것이 아니라 처분의 근거법규 등에 의하여 보호되는 직접적·구체적인 법률상 이익이라고 할 것이다. 위 법리 및 기록에 비추어 보면, 원심이 이 사건 토사채취 허가지의 인근 주민들 및 사찰인 원고들에게 이 사건 처분의 취소를 구할 법률상의 이익이 있다고 판단한 조치는 정당하고, 거기에 상고이유 주장과 같은 채증법칙 위반 및 법리오해 등의 위법이 없다.

---

191) 대판 2014.11.13. 2013두6824

192) 그러나 판례는 국방부 민·군 복합형 관광미항(제주해군기지) 사업시행을 위한 해군본부의 요청에 따라 제주특별자치도지사가 절대보존지역이던 서귀포시 강정동 해안변지역에 관하여 절대보존지역을 변경(축소)하고 고시한 사안에서, 절대보존지역의 유지로 지역주민회와 주민들이 가지는 주거 및 생활환경상 이익은 지역의 경관 등이 보호됨으로써 반사적으로 누리는 것일 뿐 근거 법규 또는 관련 법규에 의하여 보호되는 개별적·직접적·구체적 이익이라고 할 수 없다는 이유로, 지역주민회 등은 위 처분을 다툴 원고적격이 없다고 판시하고 있다(대판 2012.7.5. 2011두13187).

193) 대판 1995.9.26. 94누14544

[2] 산림 내에서의 토사채취는 국토 및 자연의 유지와 환경의 보전에 직접적으로 영향을 미치는 행위이므로 법령이 규정하는 토사채취의 제한지역에 해당하는 경우는 물론이거니와 그러한 제한지역에 해당하지 않더라도 허가관청은 토사채취허가신청 대상 토지의 형상과 위치 및 그 주위의 상황 등을 고려하여 국토 및 자연의 유지와 환경보전 등 중대한 공익상 필요가 있다고 인정될 때에는 그 허가를 거부할 수 있다.[194)]

(3) 국방・군사시설사업실시계획승인처분 무효확인을 구할 환경영향평가대상지역 안 주민의 원고적격

[1] 구 환경영향평가법 제1조, 제3조, 제9조, 제16조, 제17조, 제27조 등의 규정 취지는 환경영향평가를 실시하여야 할 사업(이하 '대상사업')이 환경을 해치지 아니하는 방법으로 시행되도록 함으로써 당해 사업과 관련된 환경공익을 보호하려는 데 그치는 것이 아니라, 당해 사업으로 인하여 직접적이고 중대한 환경피해를 입으리라고 예상되는 환경영향평가대상지역 안의 주민들이 전과 비교하여 수인한도를 넘는 환경침해를 받지 아니하고 쾌적한 환경에서 생활할 수 있는 개별적 이익까지도 보호하려는 데에 있는 것이다. 그런데 환경영향평가를 거쳐야 할 대상사업에 대하여 환경영향평가를 거치지 아니하였음에도 불구하고 승인 등 처분이 이루어진다면, 사전에 환경영향평가를 함에 있어 평가대상지역 주민들의 의견을 수렴하고 그 결과를 토대로 하여 환경부장관과의 협의내용을 사업계획에 미리 반영시키는 것 자체가 원천적으로 봉쇄되는 바, 이렇게 되면 환경파괴를 미연에 방지하고 쾌적한 환경을 유지・조성하기 위하여 환경영향평가제도를 둔 입법 취지를 달성할 수 없게 되는 결과를 초래할 뿐만 아니라 환경영향평가대상지역 안의 주민들의 직접적이고 개별적인 이익을 근본적으로 침해하게 되므로, 이러한 행정처분의 하자는 법규의 중요한 부분을 위반한 중대한 것이고 객관적으로도 명백한 것이라고 하지 않을 수 없어, 이와 같은 행정처분은 당연무효이다.

[2] 국방・군사시설 사업에 관한 법률 및 구 산림법에서 보전임지를 다른 용도로 이용하기 위한 사업에 대하여 승인 등 처분을 하기 전에 미리 산림청장과 협의를 하라고 규정한 의미는 그의 자문을 구하라는 것이지 그 의견을 따라 처분을 하라는 의미는 아니라 할 것이므로, 이러한 협의를 거치지 아니하였다고 하더라도 이는 당해 승인처분을 취소할 수 있는 원인이 되는 하자 정도에 불과하고 그 승인처분이 당연무효가 되는 하자에 해당하는 것은 아니라고 봄이 상당하다.[195)]

2. 원고적격이 부정된 사례

(1) 국유도로의 공용폐지처분 무효확인등을 구할 일반 국민의 원고적격

[1] 일반적으로 도로는 국가나 지방자치단체가 직접 공중의 통행에 제공하는 것으로, 일반 국민이 이를 자유로이 이용할 수 있다 하더라도, 그 이용관계로부터 당연히 그 도로에 관하여 특정한 권리나 법령에 의하여 보호되는 이익이 개인에게 부여되는 것이라고는 말할 수 없으므로, 일반적인 시민생활에 있어 도로를 이용만 하는 사람은 그 용도폐지를 다툴 법률상 이익이 있다고 말할 수 없지만, 공공용 재산이라고 하여도 당해 공공용 재산의 성질상 특정개인의 생활에 개별성이 강한 직접적이고 구체적인 이익을 부여하고 있어, 그에게 그로 인한 이익을 가지게 하는 것이 법률적인 관점으로도 이유가 있다고 인정되는 특별한 사정이 있는 경우에는, 그와 같은 이익은 법률상 보호되어야 할 것이다. 따라서 도로의 용도폐지처분에 관하여 이러한 직접적인 이해관계를 가지는 사람이 그와 같은 이익을 현실적으로 침해당한 경우에는, 그 취소를 구할 법률상 이익이 있다.

[2] 행정처분의 직접 상대방이 아닌 제3자라도 당해 행정처분의 취소를 구할 법률상 이익이 있는 경우에는 원고적격이 할 것이나, 여기서 말하는 법률상 이익은 당해 처분의 근거법률 등에 의하여 보호되는 직접적이고 구체적인 이익이 있는 경우를 말하고, 간접적이거나 사실적・경제적 이해관계를 가지는 데 불과한 경우에는, 여기에 포함되지 아니한다 할 것이다.

---

194) 대판 2007.6.15. 2005두9736

195) 대판 2006.6.30. 2005두14363

[3] 문화재는 문화재나 그 보호구역으로 지정됨으로써 보존·관리 등이 법적으로 확보되어 지역주민이나 국민 일반, 학술연구자가 이를 활용하고 그로 인한 이익을 얻는 것인바, 그 지정은 문화재를 보존하여 이를 활용함으로써 국민의 문화적 향상을 도모함과 아울러 인류문화의 발전에 기여하기 위하여 행하여지는 것이므로, 그 이익이 일반 국민이나 인근주민의 문화재를 향유할 구체적이고도 법률적인 이익이라고 할 수는 없다.[196)]

(2) 공유수면 점용·사용허가처분의 취소 또는 무효확인을 구할 인접 토지소유자의 원고적격

[1] 공유수면법 제12조 및 공유수면법 시행령 제12조 제1항, 제4항의 취지는 공유수면 점용·사용허가로 인하여 인접한 토지를 적정하게 이용할 수 없게 되는 등의 피해를 받을 우려가 있는 인접 토지 소유자 등의 개별적·직접적·구체적 이익까지도 보호하려는 것이라고 할 수 있고, 따라서 공유수면 점용·사용허가로 인하여 인접한 토지를 적정하게 이용할 수 없게 되는 등의 피해를 받을 우려가 있는 인접 토지 소유자 등은 공유수면 점용·사용허가처분의 취소 또는 무효확인을 구할 원고적격이 인정된다. 그리고 공유수면 점용·사용허가로 인하여 인접 토지 소유자 등에게 인접한 토지를 적정하게 이용할 수 없게 되는 등의 피해를 받을 우려가 있는지 여부는, 공유수면법 시행령 제12조 제4항 각 호에서 정한 기준과 아울러 인접 토지 소유자 등이 토지나 인공구조물을 소유 또는 점유하게 된 경위와 그 이용 상황, 공유수면 점용·사용의 기간과 목적, 공유수면 점용·사용이 인접 토지나 인공구조물의 이용에 미치는 영향의 내용과 정도 등을 종합적으로 고려하여 판단해야 한다.

[2] 원심은 제1심판결을 인용하여, 원고가 이 사건 공유수면에 인접한 토지·인공구조물의 소유자 또는 점유자에는 해당하나, 이 사건 공유수면 상의 원고 소유 건물이 무허가로 원상회복의 대상에 불과한 점, 원고 소유 토지를 임차한 효명개발 주식회사가 이 사건 공유수면 중 일부에 대해 이미 점용·사용허가를 받아 진출입로를 확보하고 있는 점, 주식회사 흥명환경(이하 '흥명환경')에 대한 허가처분으로 인하여 원고에게 어떠한 피해를 방지하는 시설의 설치와 같은 조치가 필요한 것으로 보이지 아니한 점 등에 비추어 보면, 원고는 흥명환경에 대한 허가처분으로 인하여 피해를 받을 우려가 있는 권리를 보유한 자에는 해당하지 않으므로, 이 사건 소 중 흥명환경에 대한 허가처분 취소청구 부분은 원고적격이 없는 자가 제기한 것으로 부적법하다고 판단하였다. 앞에서 본 법리 및 기록에 비추어 살펴보면, 원심의 위와 같은 판단은 정당하고, 상고이유 주장과 같은 원고적격에 관한 법리오해의 위법이 없으며, 흥명환경에 대한 허가처분의 위법성 여부에 대하여 나아가 판단하지 않았다고 하여 심리미진으로 인한 판단 유탈의 위법이 없다.[197)]

4) 환경영향평가와 관련된 사례

핵심판례

1. **환경영향평가 대상지역 안 주민의 원고적격**

   공유수면매립과 농지개량사업의 시행으로 인하여 직접적이고 중대한 환경피해를 입으리라고 예상되는 환경영향평가 대상지역 안의 주민들이 전과 비교하여 수인한도를 넘는 환경침해를 받지 아니하고, 쾌적한 환경에서 생활할 수 있는 개별적 이익까지도 이를 보호하려는 데에 있다고 할 것이므로, 위 주민들이 공유수면매립면허처분 등과 관련하여 갖고 있는 위와 같은 환경상 이익은 주민 개개인에 대하여 개별적으로 보호되는 직접적·구체적 이익으로, 그들에 대하여는 특단의 사정이 없는 한 환경상 이익에 대한 침해 또는 침해우려가 있다고 사실상 추정되어, 공유수면매립면허처분 등의 무효확인을 구할 원고적격이 인정된다. 한편, 환경영향평가 대상지역 밖의 주민이라 할지라도, 공유수면매립면허처분 등으로 인하여 그 처분 전과 비교하여 수인한도를 넘는 환경피해를 받거나 받을 우려가 있는 경우, 공유수면매립면허처분 등으로 인하여 환경상 이익에 대한 침해 또는 침해우려가 있다는 것을 입증함으로써 그 처분 등의 무효확인을 구할 원고적격을 인정받을 수 있다.[198)]

196) 대판 1992.9.22. 91누13212
197) 대판 2014.9.4. 2014두2164
198) 대판 2006.3.16. 2006두330[전합]

2. **환경영향평가 대상지역 밖 주민의 원고적격**

광업권설정허가처분과 그에 따른 광산 개발로 인하여 재산상・환경상 이익의 침해를 받거나 받을 우려가 있는 토지나 건축물의 소유자와 점유자 또는 이해관계인 및 주민들은, 그 처분 전과 비교하여 수인한도를 넘는 재산상・환경상 이익의 침해를 받거나 받을 우려가 있다는 것을 증명함으로써 그 처분의 취소를 구할 원고적격을 인정받을 수 있다.[199)]

3. **환경상 침해의 영향권 범위 내외 주민의 원고적격**

[1] 행정처분의 근거 법규 또는 관련 법규에 그 처분으로써 이루어지는 행위 등 사업으로 인하여 환경상 침해를 받으리라고 예상되는 영향권의 범위가 구체적으로 규정되어 있는 경우에는, 그 영향권 내의 주민들에 대하여는 당해 처분으로 인하여 직접적이고 중대한 환경피해를 입으리라고 예상할 수 있고, 이와 같은 환경상의 이익은 주민 개개인에 대하여 개별적으로 보호되는 직접적・구체적 이익으로서 그들에 대하여는 특단의 사정이 없는 한 환경상 이익에 대한 침해 또는 침해 우려가 있는 것으로 사실상 추정되어 법률상 보호되는 이익으로 인정됨으로써 원고적격이 인정되며, 그 영향권 밖의 주민들은 당해 처분으로 인하여 그 처분 전과 비교하여 수인한도를 넘는 환경피해를 받거나 받을 우려가 있다는 자신의 환경상 이익에 대한 침해 또는 침해 우려가 있음을 증명하여야만 법률상 보호되는 이익으로 인정되어 원고적격이 인정된다.

[2] 공장설립승인처분의 근거 법규 및 관련 법규인 구 산업집적활성화 및 공장설립에 관한 법률 제8조 제4호가 산업자원부장관으로 하여금 관계 중앙행정기관의 장과 협의하여 '환경오염을 일으킬 수 있는 공장의 입지제한에 관한 사항'을 정하여 고시하도록 규정하고 있고, 이에 따른 산업자원부 장관의 공장입지기준고시(제2004-98호) 제5조 제1호가 '상수원 등 용수이용에 현저한 영향을 미치는 지역의 상류'를 환경오염을 일으킬 수 있는 공장의 입지제한지역으로 정할 수 있다고 규정하고, 국토의 계획 및 이용에 관한 법률 제58조 제3항의 위임에 따른 구 국토의 계획 및 이용에 관한 법률 시행령 제56조 제1항 [별표 1] 제1호 (라)목 (2)가 '개발행위로 인하여 당해 지역 및 그 주변 지역에 수질오염에 의한 환경오염이 발생할 우려가 없을 것'을 개발사업의 허가기준으로 규정하고 있는 취지는, 공장설립승인처분과 그 후속절차에 따라 공장이 설립되어 가동됨으로써 그 배출수 등으로 인한 수질오염 등으로 직접적이고도 중대한 환경상 피해를 입을 것으로 예상되는 주민들이 환경상 침해를 받지 아니한 채 물을 마시거나 용수를 이용하며 쾌적하고 안전하게 생활할 수 있는 개별적 이익까지도 구체적・직접적으로 보호하려는 데 있다. 따라서 수돗물을 공급받아 이를 마시거나 이용하는 주민들로서는 위 근거 법규 및 관련 법규가 환경상 이익의 침해를 받지 않은 채 깨끗한 수돗물을 마시거나 이용할 수 있는 자신들의 생활환경상의 개별적 이익을 직접적・구체적으로 보호하고 있음을 증명하여 원고적격을 인정받을 수 있다.

[3] 김해시장이 소감천을 통해 낙동강에 합류하는 하천수 주변의 토지에 구 산업집적활성화 및 공장설립에 관한 법률 제13조에 따라 공장설립을 승인하는 처분을 한 경우, 상수원인 물금취수장이 소감천이 흘러 내려 낙동강 본류와 합류하는 지점 근처에 위치하고 있는 점, 수돗물은 수도관 등 급수시설에 의해 공급되는 것이어서 거주지역이 물금취수장으로부터 다소 떨어진 곳이라고 하더라도 수돗물의 수질악화 등으로 주민들이 갖게 되는 환경상 이익의 침해나 그 우려는 그 수돗물을 공급하는 취수시설이 입게 되는 수질오염 등의 피해나 그 우려와 동일하게 평가될 수 있는 점 등에 비추어, 공장설립으로 수질오염 등이 발생할 우려가 있는 물금취수장에서 취수된 물을 공급받는 부산광역시 또는 양산시에 거주하는 주민들도 위 처분의 근거 법규 및 관련 법규에 의하여 개별적・구체적・직접적으로 보호되는 환경상 이익, 즉 법률상 보호되는 이익이 침해되거나 침해될 우려가 있는 주민으로서 원고적격이 인정된다.[200)]

---

199) 대판 2008.9.11. 2006두7577

200) 대판 2010.4.15. 2007두16127

4. **환경상 침해의 영향권 범위 내에 거주하여 원고적격이 인정되는 주민의 범위**
환경상 이익에 대한 침해 또는 침해 우려가 있는 것으로 사실상 추정되어 원고적격이 인정되는 사람에는 환경상 침해를 받으리라고 예상되는 영향권 내의 주민들을 비롯하여 그 영향권 내에서 농작물을 경작하는 등 현실적으로 환경상 이익을 향유하는 사람도 포함된다. 그러나 단지 그 영향권 내의 건물·토지를 소유하거나 환경상 이익을 일시적으로 향유하는 데 그치는 사람은 포함되지 않는다.[201)]

5) 거리제한규정이 있는 경우 인근 주민의 원고적격

핵심판례

1. **납골당설치 신고 수리처분의 취소를 구할 인근 주민의 원고적격**
구 장사 등에 관한 법률 제14조 제3항, 구 장사 등에 관한 법률 시행령 제13조 제1항 [별표 3]에서 납골묘, 납골탑, 가족 또는 종중·문중 납골당 등 사설납골시설의 설치장소에 제한을 둔 것은, 이러한 사설납골시설을 인가가 밀집한 지역 인근에 설치하지 못하게 함으로써 주민들의 쾌적한 주거, 경관, 보건위생 등 생활환경상의 개별적 이익을 직접적·구체적으로 보호하려는 데 취지가 있으므로, 이러한 납골시설 설치장소에서 500m 내에 20호 이상의 인가가 밀집한 지역에 거주하는 주민들은 납골당 설치에 대하여 환경상 이익 침해를 받거나 받을 우려가 있는 것으로 사실상 추정된다. 다만 사설납골시설 중 종교단체 및 재단법인이 설치하는 납골당에 대하여는 그와 같은 설치 장소를 제한하는 규정을 명시적으로 두고 있지 않지만, 종교단체나 재단법인이 설치한 납골당이라 하여 납골당으로서 성질이 가족 또는 종중, 문중 납골당과 다르다고 할 수 없고, 인근 주민들이 납골당에 대하여 가지는 쾌적한 주거, 경관, 보건위생 등 생활환경상의 이익에 차이가 난다고 볼 수 없다. 따라서 납골당 설치장소에서 500m 내에 20호 이상의 인가가 밀집한 지역에 거주하는 주민들에게는 납골당이 누구에 의하여 설치되는지를 따질 필요 없이 납골당 설치에 대하여 환경 이익 침해 또는 침해 우려가 있는 것으로 사실상 추정되어 원고적격이 인정된다고 보는 것이 타당하다.[202)]

2. **폐기물처리시설 주변영향지역결정고시처분의 취소를 구할 인근 주민의 원고적격**
[1] 폐기물처리시설 설치촉진 및 주변지역지원 등에 관한 법률 시행령 제18조 제1항 [별표 2] 제2호 나.목은 '주변영향지역이 결정·고시되지 아니한 경우'에 '폐기물매립시설의 부지 경계선으로부터 2킬로미터 이내, 폐기물소각시설의 부지 경계선으로부터 300미터 이내에 거주하는 지역주민으로서 해당 특별자치도·시·군·구의회에서 추천한 읍·면·동별 주민대표'로 지원협의체를 구성하도록 규정하고 있다. 위와 같은 규정의 취지는, 폐기물매립시설의 부지 경계선으로부터 2킬로미터 이내, 폐기물소각시설의 부지 경계선으로부터 300미터 이내에는 폐기물처리시설의 설치·운영으로 환경상 영향을 미칠 가능성이 있으므로, 그 범위 안에서 거주하는 주민들 중에서 선정한 주민대표로 하여금 지원협의체의 구성원이 되어 환경상 영향조사, 주변영향지역 결정, 주민지원사업의 결정에 참여할 수 있도록 함으로써, 그 주민들이 폐기물처리시설 설치·운영으로 인한 환경상 불이익을 보상받을 수 있도록 하려는 데 있다. 위 범위 안에서 거주하는 주민들이 폐기물처리시설의 주변영향지역 결정과 관련하여 갖는 이익은 주민 개개인에 대하여 개별적으로 보호되는 직접적·구체적 이익으로서 그들에 대하여는 특단의 사정이 없는 한 환경상 이익에 대한 침해 또는 침해 우려가 있는 것으로 사실상 추정되어 원고적격이 인정된다.
[2] 원심은, 원고들이 이 사건 시설의 부지 경계선으로부터 2킬로미터 이내에서 거주하고 있으므로, 이 사건 결정의 취소를 구한 법률상 이익이 있다고 판단하였다. 이러한 원심의 판단은 앞서 본 법리에 기초한 것으로서 정당하고, 거기에 상고이유 주장과 같은 원고적격에 관한 법리를 오해한 위법이 없다.[203)]

201) 대판 2009.9.24. 2009두2825
202) 대판 2011.9.8. 2009두6766
203) 대판 2018.8.1. 2014두42520

V 그 밖에 원고적격 인정 여부가 문제되는 경우

1. 원고적격을 인정한 사례

(1) 수허가자지위양수인의 채석허가 취소처분에 대한 취소소송에서의 원고적격

구 산림법 제90조의2 제1항, 제118조 제1항, 같은 법 시행규칙 제95조의2 등 산림법령이 수허가자의 명의변경제도를 두고 있는 취지는, 채석허가가 일반적·상대적 금지를 해제하여 줌으로써 채석행위를 자유롭게 할 수 있는 자유를 회복시켜 주는 것일 뿐, 권리를 설정하는 것은 아니어서 관할 행정청과의 관계에서 수허가자의 지위승계를 직접 주장할 수는 없다 하더라도, 채석허가가 대물적 허가의 성질을 아울러 가지고 있고 수허가자의 지위가 사실상 양도·양수되는 점을 고려하면, 수허가자의 지위를 사실상 양수한 양수인의 이익을 보호하고자 하는 데 있는 것으로 해석되므로, 수허가자의 지위를 양수받아 명의변경신고를 할 수 있는 양수인의 지위는 단순한 반사적 이익이나 사실상 이익이 아니라, 산림법령에 의하여 보호되는 직접적이고 구체적인 이익으로서 법률상 이익이라고 할 것이고, 채석허가가 유효하게 존속하고 있다는 것이 양수인의 명의변경신고의 전제가 된다는 의미에서 관할 행정청이 양도인에 대하여 채석허가를 취소하는 처분을 하였다면, 이는 양수인의 지위에 대한 직접적 침해가 된다고 할 것이므로, 양수인은 채석허가를 취소하는 처분의 취소를 구할 법률상 이익을 가진다.[204)]

(2) 임원으로 선임된 자의 임원취임승인신청 반려처분취소소송에서의 원고적격

관할청이 학교법인의 임원취임승인신청에 대하여 이를 반려하거나 거부하는 경우, 학교법인에 의하여 임원으로 선임된 사람은 학교법인의 임원으로 취임할 수 없게 되는 불이익을 입게 되는 바, 학교법인에 의하여 임원으로 선임된 사람에게는 관할청의 임원취임승인신청 반려처분을 다툴 수 있는 원고적격이 있다.[205)]

(3) 소유자의 설립승인처분의 취소소송을 제기할 원고적격

도시 및 주거환경정비법의 각 규정의 설립추진위원회 구성에 동의하지 아니한 정비구역 내의 토지 등 소유자도, 조합 설립추진위원회 설립승인처분에 대하여 같은 법에 의하여 보호되는 직접적이고 구체적인 이익을 향유하므로, 그 설립승인처분의 취소소송을 제기할 원고적격이 있다.[206)]

2. 원고적격을 부정한 사례

(1) 공유수면매립목적 변경승인처분의 무효확인을 구하는 수녀원의 원고적격

재단법인 甲 수녀원이 매립목적을 택지조성에서 조선시설용지로 변경하는 내용의 공유수면매립목적 변경승인처분으로 인하여, 법률상 보호되는 환경상 이익을 침해받았다면서 행정청을 상대로 처분의 무효확인을 구하는 소송을 제기한 경우, 공유수면매립목적 변경승인처분으로 甲 수녀원에 소속된 수녀 등이 쾌적한 환경에서 생활할 수 있는 환경상 이익을 침해받는다 하더라도, 이를 가리켜 곧바로 甲 수녀원의 법률상 이익이 침해된다고 볼 수 없고, 자연인이 아닌 甲 수녀원은 쾌적한 환경에서 생활할 수 있는 이익을 향수할 수 있는 주체가 아니므로, 위 처분으로 위와 같은 생활상 이익이 직접적으로 침해되는 관계에 있다고 볼 수도 없으며,

204) 대판 2003.7.11. 2001두6289
205) 대판 2007.12.27. 2005두9651
206) 대판 2007.1.25. 2006두12289

위 처분으로 환경에 영향을 주어 甲 수녀원이 운영하는 잼공장에 직접적이고 구체적인 재산적 피해가 발생한다거나, 甲 수녀원이 폐쇄되고 이전하여야 하는 등의 피해를 받거나 받을 우려가 있다는 점 등에 관한 증명도 부족하다는 이유로, 甲 수녀원은 처분의 무효확인을 구할 원고적격이 없다.[207)]

(2) 사용자의 노동조합 설립신고증 교부처분 취소소송에서의 원고적격

노동조합의 설립에 관한 구 노동조합법의 규정이 기본적으로 노동조합의 설립의 자유를 보장하면서, 위와 같은 노동정책적 목적을 달성하기 위하여 설립신고주의를 택하고, 조합이 자주성과 민주성을 갖추도록 행정관청으로 하여금 지도·감독하게 함으로써, 사용자가 무자격조합이 생기지 않는다는 이익을 받고 있다고 볼 수 있을지라도, 그러한 이익이 노동조합의 설립에 관한 구 노동조합법 규정에 의하여 직접적이고 구체적으로 보호되는 이익이라고 볼 수는 없고, 노동조합 설립신고의 수리 그 자체에 의하여 사용자에게 어떤 공적 의무가 부과되는 것도 아니라고 할 것이어서, 당해 사안에서 지방자치단체장이 노동조합의 설립신고를 수리한 것만으로는 당해 회사의 어떤 법률상 이익이 침해되었다고 할 수 없으므로, 당해 회사는 신고증을 교부받은 노동조합이 부당노동행위 구제신청을 하는 등 법이 허용하는 절차에 구체적으로 참가한 경우, 그 절차에서 노동조합의 무자격을 주장하여 다툴 수 있을 뿐 노동조합 설립신고의 수리처분 그 자체만을 다툴 당사자적격은 없다.[208)]

(3) 운전기사의 당해 과징금 부과처분의 취소소송에서의 원고적격

노사 간에 임금협정을 체결함에 있어 운전기사의 합승행위 등으로 회사에 대하여 과징금이 부과되면, 당해 운전기사에 대한 상여금 지급 시 그 금액 상당을 공제하기로 함으로써 과징금의 부담을 당해 운전기사에게 전가하도록 규정하고 있고, 이에 따라 당해 운전기사의 합승행위를 이유로 회사에 대하여 한 과징금 부과처분으로 말미암아 당해 운전기사의 상여금 지급이 제한되었다 하더라도, 과징금 부과처분의 직접 당사자 아닌 당해 운전기사로서는 그 처분의 취소를 구할 직접적이고 구체적인 이익이 있다고 볼 수 없다.[209)]

제2절 피고적격

I 피고적격의 의의

1. 개 념

피고적격이란 소송을 수행하고 본안의 판결을 받을 수 있는 당사자의 자격으로, 취소소송의 피고는 처분 등을 한 행정청이 된다(행소법 제13조). 그러나 처분 등을 한 행정청이 아니면서 피고적격을 가지는 예외적인 경우도 있는데, 당사자소송이나 손해배상청구소송, 부당이득 반환청구소송의 피고는 행정청이 아닌 행정주체이다.

207) 대판 2012.6.28. 2010두2005
208) 대판 1997.10.14. 96누9829
209) 대판 1994.4.12. 93누24247

2. 취 지

행정청은 국가나 지방자치단체의 기관으로서의 지위를 가지므로, 처분 등의 효과가 귀속되는 권리주체인 국가나 지방자치단체가 피고가 되는 것이 원칙이나, 국민의 피고선택의 곤란 회피와 행정소송수행의 편의를 고려하여 행정청을 피고로 정하고 있다.

Ⅱ 행정청

1. 처분청

(1) 처분 등을 한 행정청

처분 등을 한 행정청이란 원처분을 행한 행정청과 행정심판위원회를 의미한다. 국가에 있어서는 통상 장관, 청장, 특별지방행정기관(지방국토관리청, 지방환경관리청, 시・도경찰청, 경찰서, 세관 등)의 장, 공정거래위원회 및 금융감독위원회 등이 행정청이 되고, 지방자치단체에 있어서는 지방자치단체의 장이 행정청이 된다. 재결에 대한 취소소송은 재결 자체에 고유한 위법이 있음을 이유로 하는 경우에만 가능하며, 행정심판위원회가 피고가 된다.

(2) 처분청과 통지한 행정청이 다른 경우

처분청과 통지한 행정청이 다른 경우 처분청이 피고가 된다.

핵심판례

서훈 취소결정통보의 경우 대통령의 피고적격

국무회의에서 건국훈장 독립장이 수여된 망인에 대한 서훈 취소를 의결하고 대통령이 결재함으로써 서훈 취소가 결정된 후, 국가보훈처장이 망인의 유족 甲에게 독립유공자 서훈 취소결정통보를 한 경우, 甲은 국가보훈처장이 아닌 서훈 취소처분을 행한 행정청(대통령)을 상대로 서훈 취소결정의 무효확인 등의 소를 제기하여야 한다.[210)]

2. 권한승계와 권한폐지

처분 등이 있은 뒤에 그 처분 등에 관계되는 권한이 다른 행정청에 승계된 경우에는, 이를 승계한 행정청을 피고로 한다(행소법 제13조 제1항 단서). 다만, 그 승계가 취소소송이 제기된 이후에 발생한 경우에는, 법원은 당사자의 신청이나 직권에 의하여 피고를 바꾼다. 처분이나 재결을 한 행정청이 없게 된 경우에는, 그 처분 등에 관한 사무가 귀속되는 국가 또는 공공단체를 피고로 한다(행소법 제13조 제2항). 다만, 이러한 사유가 취소소송이 제기된 이후에 발생한 경우에는, 법원은 당사자의 신청이나 직권에 의하여 피고를 바꾼다.

210) 대판 2014.9.26. 2013두2518

Ⅲ 피고적격 인정 여부의 유형별 검토

1. 권한의 위임 · 위탁

행정권한의 위임이나 위탁이 있는 경우에는, 수임청 또는 수탁청에게 권한이 넘어가기 때문에 이들이 피고가 된다. 아울러 사인도 행정권한이 위탁된 공무수탁사인의 경우에는 행정청이 된다.

핵심판례

1. 공매대행한 성업공사의 피고적격
   성업공사에 의한 공매대행은 세무서장의 공매권한의 위임으로 보아야 하고, 따라서 성업공사는 공매권한의 위임에 의하여 압류재산을 공매하는 것이므로, 성업공사가 공매를 한 경우 그 공매처분에 대한 취소 또는 무효확인 등의 항고소송을 함에 있어서는, 수임청으로서 실제로 공매를 행한 성업공사를 피고로 하여야 하고, 위임청인 세무서장은 피고적격이 없다.[211)]

2. 통행료부과처분 무효확인소송에서의 한국도로공사의 피고적격
   한국도로공사(이하 '피고 공사')는 국가로부터 유료도로 통행료 징수권이 포함된 유료도로관리권을 출자받아 이 사건 구간의 통행료 징수권을 행사할 권한을 적법하게 가지게 되었고, 이에 따라 피고 공사가 이 사건 처분을 한 것이지, 피고 건설교통부장관(이하 '피고 장관')이 이 사건 처분을 하였다고 볼 수 없으므로 이 사건 소 중 피고 장관을 상대로 한 부분은 부적법하고, 한편 이 사건 처분의 통지서 명의자가 피고 공사가 아닌 피고 공사의 중부지역본부장으로 되어 있지만, 피고 공사의 중부지역본부장은 한국도로공사법 제11조에 의한 피고 공사의 대리인으로서 이 사건 처분은 피고 공사의 중부지역본부장이 피고 공사를 대리하여 적법하게 행한 것이라고 할 것이다.[212)]

3. 이주대책대상 부적격처분 취소소송에서의 에스에이치공사의 피고적격
   에스에이치공사가 택지개발사업 시행자인 서울특별시장으로부터 이주대책 수립권한을 포함한 택지개발사업에 따른 권한을 위임 또는 위탁받은 경우, 이주대책 대상자들이 에스에이치공사 명의로 이루어진 이주대책에 관한 처분에 대한 취소소송을 제기함에 있어 정당한 피고는 에스에이치공사가 된다.[213)]

2. 권한의 내부위임

조직 내부에서 수임자가 위임자의 권한을 위임자의 명의와 책임으로 행사하는 내부위임의 경우에는, 권한이 이양되는 것이 아니기 때문에 위임기관이 피고가 된다. 다만, 판례는 위임과 내부위임의 실제 구별이 어려우므로, 그 처분명의를 기준으로 피고를 정하고 있다. 즉, 수임기관의 명의로 처분을 한 경우에는 수임기관이, 위임기관의 명의로 한 경우에는 위임기관이 피고가 된다는 입장이다.[214)]

211) 대판 1996.9.6. 95누12026
212) 대판 2005.6.24. 2003두6641
213) 대판 2007.8.23. 2005두3776
214) 대판 1989.11.14. 89누4765

핵심판례

내부위임받은 북구청장의 폐쇄명령

피고인 인천직할시 북구청장이 인천직할시장으로부터 환경보전법상 위법시설에 대한 폐쇄 등 명령권한의 사무처리에 관한 내부위임을 받은 후, 인천직할시장 명의의 폐쇄명령서를 발부받아 "환경보전법 위반사업장 고발 및 폐쇄명령"이란 제목으로 위 폐쇄명령서를 첨부하여 위 무허가배출시설에 대한 폐쇄명령통지를 하였다면, 위 폐쇄명령처분을 한 행정청은 어디까지나 인천직할시장이고, 피고는 인천직할시장의 위 폐쇄명령처분에 관한 사무처리를 대행하면서 이를 통지하였음에 지나지 않으며, 위 폐쇄명령서나 그 통지서가 정부공문서규정이 정하는 문서양식에 맞지 않는다는 이유만으로 피고를 처분청으로 볼 수는 없으므로, 피고를 위 폐쇄명령처분을 한 행정청으로 보고 제기한 이 사건 소는, 피고적격이 없는 자를 상대로 한 것이어서 부적법하다.[215)]

3. 권한대리

권한대리의 경우에는 내부위임과 마찬가지로, 권한의 귀속 자체가 변경되는 것은 아니라는 점에서 원칙적으로 피대리관청이 피고가 되고, 예외적으로 대리관청이 대리관계를 밝힘 없이 자신의 명의로 처분을 행하였다면, 대리관청이 피고가 된다.[216)]

핵심판례

1. **대리기관이 대리관계를 표시하고 피대리 행정청을 대리하여 행정처분을 한 사례**

   피고 농림축산식품부장관이 2016.5.12. 원고에 대하여 농지보전부담금 부과처분을 한다는 의사표시가 담긴 2016.6.20.자 납부통지서를 수납업무 대행자인 피고 한국농어촌공사가 원고에게 전달함으로써, 이 사건 농지보전부담금 부과처분은 성립요건과 효력 발생요건을 모두 갖추게 되었다. 나아가 피고 한국농어촌공사가 '피고 농림축산식품부장관의 대행자' 지위에서 위와 같은 납부통지를 하였음을 분명하게 밝힌 이상, 피고 농림축산식품부장관이 이 사건 농지보전부담금 부과처분을 외부적으로 자신의 명의로 행한 행정청으로서 항고소송의 피고가 되어야 하고, 단순한 대행자에 불과한 피고 한국농어촌공사를 피고로 삼을 수는 없다.[217)]

2. **대리기관이 현명 없이 자신 명의로 행정처분을 한 사례**

   [1] 대리권을 수여받은 데 불과하여 그 자신의 명의로는 행정처분을 할 권한이 없는 행정청의 경우 대리관계를 밝힘이 없이 그 자신의 명의로 행정처분을 하였다면 그에 대하여는 처분명의자인 당해 행정청이 항고소송의 피고가 되어야 하는 것이 원칙이지만, 비록 대리관계를 명시적으로 밝히지는 아니하였다 하더라도 처분명의자가 피대리 행정청 산하의 행정기관으로서 실제로 피대리 행정청으로부터 대리권한을 수여받아 피대리 행정청을 대리한다는 의사로 행정처분을 하였고 처분명의자는 물론 그 상대방도 그 행정처분이 피대리 행정청을 대리하여 한 것임을 알고서 이를 받아들인 예외적인 경우에는 피대리 행정청이 피고가 되어야 한다.
   [2] 근로복지공단의 이사장으로부터 보험료의 부과 등에 관한 대리권을 수여받은 지역본부장이 대리의 취지를 명시적으로 표시하지 않고서 산재보험료 부과처분을 한 경우, 그러한 관행이 약 10년간 계속되어 왔고, 실무상 근로복지공단을 상대로 산재보험료 부과처분에 대한 항고소송을 제기하여 온 점 등에 비추어 지역본부장은 물론 그 상대방 등도 근로복지공단과 지역본부장의 대리관계를 알고 받아들였다는 이유로, 위 부과처분에 대한 항고소송의 피고적격이 근로복지공단에 있다고 한 사례.[218)]

215) 대판 1990.4.27. 90누233
216) 대판 1994.6.14. 94누1197
217) 대판 2018.10.25. 2018두43095
218) 대결 2006.2.23. 2005부4

4. 합의제 행정기관

법령에 의하여 합의제 행정기관의 이름으로 처분을 할 수 있는 권한이 주어진 경우에는, 당해 합의제 행정기관이 피고가 된다. 다만, 중앙노동위원회의 경우에는 그 장이 피고가 된다(노위법 제27조).

5. 지방의회와 지방자치단체의 장

(1) 지방의회

지방의회는 의결기관에 불과하므로 원칙적으로 행정청이 될 수 없으나, 그 소속 의원에 대한 징계의결,[219] 지방의회 의장의 선임의결,[220] 지방의회 의장에 대한 불신임의결[221] 등의 취소소송에서는 지방의회가 행정청으로서 피고가 된다.

(2) 지방자치단체의 장

조례에 대한 무효확인소송의 경우에는 의결기관인 지방의회가 아니라, 조례를 공포한 지방자치단체의 장이 피고가 된다. 교육・학예에 관한 조례의 경우에는 시・도 교육감이 피고가 된다.[222]

핵심판례

교육 관련 조례의 경우 시・도 교육감의 피고적격

조례가 집행행위의 개입 없이도 그 자체로서 직접 국민의 구체적인 권리・의무나 법적 이익에 영향을 미치는 등 법률상 효과를 발생하는 경우 그 조례는 항고소송의 대상이 되는 행정처분에 해당하고, 이러한 조례에 대한 무효확인소송을 제기함에 있어 행정소송법 제38조 제1항, 제13조에 의하여 피고적격이 있는 처분 등을 한 행정청은, 행정주체인 지방자치단체 또는 지방자치단체의 내부적 의결기관으로서 지방자치단체의 의사를 외부에 표시할 권한이 없는 지방의회가 아니라, 구 지방자치법 제19조 제2항, 제92조에 의하여 지방자치단체의 집행기관으로서 조례의 효력을 발생시키는 공포권이 있는 지방자치단체의 장이다. (중략) 교육에 관한 조례의 무효확인소송을 제기함에 있어서는 그 집행기관인 시・도 교육감을 피고로 하여야 한다.[223]

6. 공법인의 경우

공법인으로서 공공조합이나 공법상 재단법인, 영조물법인 등이 법령에 의하여 위탁받아 제3자에게 행정권을 행사하는 경우에는, 법주체인 동시에 행정청으로서의 지위를 가진다(행소법 제2조 제2항).

7. 다른 법률에 특별규정이 있는 경우

국가공무원법 등 각종 공무원법에서는 공무원에 대한 징계, 기타 불이익처분의 처분청이 대통령・국회의장 또는 중앙선거관리위원회위원장인 경우, 피고적격에 대한 특례를 인정하고 있다. 즉, 처분청이 대통령인 경우에는 소속 장관, 국회의장인 경우에는 국회규칙이 정하는 소속 기관장, 중앙선거관리위원장인 경우에는 사무총장이 피고가 되도록 하고 있다.

---

219) 대판 1993.11.26. 93누7341
220) 대판 1995.1.12. 94누2602
221) 대결 1994.10.11. 94두23
222) 대판 1996.9.20. 95누8003
223) 대판 1996.9.20. 95누8003

Ⅳ 피고경정

1. 피고경정의 의의

(1) 개 념

피고경정이란 소송이 계속되는 경우 피고로 지정된 자를 다른 자로 변경하는 것을 말한다.

(2) 취 지

피고의 경정을 인정하는 이유는, 행정소송은 올바른 피고를 상대방으로 하여 제기하여야 하지만, 행정법규는 수시로 변경되는 경향이 있어 피고적격을 가지는 처분행정청을 파악하기가 쉽지 아니하기 때문이다.

2. 피고경정이 허용되는 경우

행정소송법상 피고경정이 가능한 경우에는, 원고가 피고를 잘못 지정한 경우(행소법 제14조 제1항), 권한승계 및 기관폐지의 경우(행소법 제14조 제6항), 소의 변경이 있는 경우(행소법 제21조 제4항) 등이 있다.

3. 피고경정의 요건

(1) 원고가 피고를 잘못 지정한 경우의 피고경정

원고가 처분 등을 한 행정청이 아닌 다른 행정기관을 상대로 취소소송을 제기한 경우에는, 피고경정의 사유가 된다. 피고를 잘못 지정한 원고의 고의・과실 유무는 불문하고, 피고를 잘못 지정한 경우의 판단은 제소시를 기준으로 한다. 원고가 피고를 잘못 지정하였다면, 법원으로서는 당연히 석명권을 행사하여 원고로 하여금 피고를 경정하게 한 후 소송을 진행케 하였어야 할 것이고, 그렇지 않고 피고의 지정이 잘못되었다는 이유로 소를 각하한 것은 위법하다.[224)]

(2) 권한승계 및 기관폐지의 경우의 피고경정

처분 등이 있은 뒤에 권한이 다른 행정청에 승계된 경우에는 이를 승계한 행정청으로(행소법 제13조 제1항 제2문), 처분 등을 한 행정청이 없게 된 경우에는 그 처분 등에 관한 사무가 귀속되는 국가 또는 공공단체로(행소법 제13조 제2항) 피고를 경정한다.

(3) 소의 변경이 있는 경우의 피고경정

항고소송과 당사자소송 간 소의 변경이 있는 경우에는 피고의 변경을 수반하므로, 법원은 새로이 피고가 될 자의 의견을 들어 피고를 경정할 수 있다(행소법 제21조 제2항).

4. 피고경정의 절차 및 효력

(1) 절 차

피고를 잘못 지정한 경우의 피고경정은 원고의 신청에 의하여 법원의 결정으로써 행한다(행소법 제14조 제1항). 반면, 소 제기 후의 권한승계 및 기관폐지, 소의 변경이 있는 경우 피고경정은 원고의 신청 또는 법원의 직권에 의하여 가능하다(행소법 제14조 제6항). 법원이 피고경정을 결정하는 경우 결정서의 정본을 새로운 피고에게 송달하여야 하며(행소법 제14조 제2항), 피고경정을 각하하는 결정에 대하여는 즉시항고를 할 수 있다(행소법 제14조 제3항). 원고가 피고를 잘못 지정한 경우의 피고경정(행소법 제14조, 행소규칙 제6조)이나, 소의 변경이 있는 경우의 피고경정(행소법 제22조)은 사실심변론 종결시까지만 가능하다.[225)]

---

224) 대판 2004.7.8. 2002두7852

225) 대결 2006.2.23. 2005부4

(2) 효 력

피고경정에 대한 허가결정이 내려진 경우 새로운 피고에 대한 소송은, 처음에 소를 제기한 때에 제기된 것으로 본다(행소법 제14조 제4항). 따라서 허가결정 당시에 이미 제소기간이 경과하고 있는 경우에도 제소기간이 준수된 것이 된다. 피고경정이 있으면 종전의 피고에 대한 소송은 취하된 것으로 본다(행소법 제14조 제5항).

제3절 권리보호의 필요(협의의 소의 이익)

I 소의 이익의 의의

1. 개 념

협의의 소의 이익이라 함은, 원고가 소송상 청구에 대하여 본안판결을 구하는 것을 정당화시킬 수 있는 현실적 이익 내지 필요성을 말한다. 이를 권리보호의 필요라고도 한다.

2. 법적 근거

학설은 협의의 소의 이익에 대한 근거를, 행정소송법 제12조 제2문의 처분효과가 소멸된 뒤에도 처분의 취소로 인하여 회복되는 법률상 이익이 있는 경우에는, 취소소송을 제기할 수 있다는 규정에서 찾고 있다.

3. 행정소송법 제12조 제2문의 법적 성질

(1) 학 설

행정소송법 제12조 제1문과 제2문을 모두 원고적격에 관한 규정으로 이해하는 원고적격설(입법비과오설)과, 행정소송법 제12조 제1문은 원고적격에 관한 조항이고, 제2문은 권리보호의 필요, 즉 협의의 소의 이익에 관한 규정으로 보는 협의의 소익설(입법과오설)이 대립한다.

(2) 검 토

행정소송법 제12조 제2문은 행정소송을 포함한 소송사건 전반의 일반적 소송요건으로서의 협의의 소의 이익을 규정한 것이므로, 이를 원고적격과 함께 규정한 것은 입법의 과오라고 보는 견해가 타당하다고 판단된다.

4. 회복되는 법률상 이익의 범위

(1) 문제점

행정소송법 제12조 제2문의 회복되는 법률상 이익이 구체적으로 무엇을 의미하는지에 대하여 견해가 대립하고 있다. 문제는 회복되는 법률상 이익과 관련하여 명예·신용 등의 인격적 이익, 장래의 불이익 등이 포함되는지 여부이다.

(2) 학 설

1) 재산상 이익설

행정소송법 제12조 제2문의 법률상 이익의 범위를 행정소송법 제12조 제1문과 동일하게 파악하여, 처분의 근거법률에 의하여 보호되는 개별적·직접적·구체적 이익으로 보는 입장이다.

2) 명예·신용상 이익설

명예·신용 등의 인격적 이익, 보수청구와 같은 재산적 이익 및 불이익 제거와 같은 사회적 이익도 인정될 수 있다는 견해이다.

3) 정당한 이익설

처분의 효력이 소멸한 경우에는 취소가 불가능하므로 행정소송법 제12조 제2문의 소송을 위법확인소송으로 보고, 법률상 이익의 범위를 원고의 정치적·경제적·사회적·문화적·종교적 이익까지도 포함하는 것으로 이해하는 견해이다.

(3) 판 례

판례는 행정소송법 제12조 제2문의 소송을 취소소송으로 보고, 법률상 이익의 개념을 동조 전문과 동일하게 보고 있다. 즉, 법률상 이익이란 처분의 근거법률에 의하여 보호되는 개별적·직접적·구체적 이익을 의미한다고 한다.

(4) 검 토

행소법 제12조 제2문은 법문의 규정형식에도 불구하고 협의의 소의 이익을 규정한 것으로 보아야 하고, 행소법 제12조 제2문의 소송은 국민의 권리구제의 실효성을 확보하기 위하여 위법확인소송으로 보아야 한다. 따라서 회복되는 법률상 이익에는 개별적·직접적·구체적 이익뿐만 아니라, 위법확인의 정당한 이익도 포함된다고 보는 것이 타당하다고 판단된다.

핵심판례

1. 협의의 소의 이익이 인정되는 사례

(1) 개발제한구역 행위(건축)허가처분 취소소송의 소의 이익

[1] 구체적인 사안에서 권리보호의 필요성 유무를 판단할 때에는 국민의 재판청구권을 보장한 헌법 제27조 제1항의 취지와 행정처분으로 인한 권익침해를 효과적으로 구제하려는 행정소송법의 목적 등에 비추어 행정처분의 존재로 인하여 국민의 권익이 실제로 침해되고 있는 경우는 물론이고 권익침해의 구체적·현실적 위험이 있는 경우에도 이를 구제하는 소송이 허용되어야 한다는 요청을 고려하여야 한다. 따라서 처분이 유효하게 존속하는 경우에는 특별한 사정이 없는 한 그 처분의 존재로 인하여 실제로 침해되고 있거나 침해될 수 있는 현실적인 위험을 제거하기 위해 취소소송을 제기할 권리보호의 필요성이 인정된다고 보아야 한다.

[2] 구 산업집적활성화 및 공장설립에 관한 법률 제13조 제1항, 제13조의2 제1항 제16호, 제14조, 제50조, 제13조의5 제4호의 규정을 종합하면, 공장설립승인처분이 있고 난 뒤에 또는 그와 동시에 공장건축허가처분을 하는 것이 허용되므로, 공장설립승인처분이 취소된 경우에는 그 승인처분을 기초로 한 공장건축허가처분 역시 취소되어야 하고, 공장설립승인처분에 근거하여 토지의 형질변경이 이루어진 경우에는 원상회복을 해야 함이 원칙이다. 따라서 개발제한구역 안에서의 공장설립을 승인한 처분이 위법하다는 이유로 쟁송취소되었다고 하더라도 그 승인처분에 기초한 공장건축허가처분이 잔존하는 이상, 공장설립승인처분이 취소되었다는 사정만으로 인근 주민들의 환경상 이익이 침해되는 상태나 침해될 위험이 종료되었다거나 이를 시정할 수 있는 단계가 지나버렸다고 단정할 수는 없고, 인근 주민들은 여전히 공장건축허가처분의 취소를 구할 법률상 이익이 있다고 보아야 한다.[226)]

226) 대판 2018.7.12. 2015두3485

(2) 경원자소송에서의 소의 이익

[1] 인가·허가 등 수익적 행정처분을 신청한 여러 사람이 서로 경원관계에 있어서 한 사람에 대한 허가 등 처분이 다른 사람에 대한 불허가 등으로 귀결될 수밖에 없을 때 허가 등 처분을 받지 못한 사람은 신청에 대한 거부처분의 직접 상대방으로서 원칙적으로 자신에 대한 거부처분의 취소를 구할 원고적격이 있고, 취소판결이 확정되는 경우 판결의 직접적인 효과로 경원자에 대한 허가 등 처분이 취소되거나 효력이 소멸되는 것은 아니더라도 행정청은 취소판결의 기속력에 따라 판결에서 확인된 위법사유를 배제한 상태에서 취소판결의 원고와 경원자의 각 신청에 관하여 처분요건의 구비 여부와 우열을 다시 심사하여야 할 의무가 있으며, 재심사 결과 경원자에 대한 수익적 처분이 직권취소되고 취소판결의 원고에게 수익적 처분이 이루어질 가능성을 완전히 배제할 수는 없으므로, 특별한 사정이 없는 한 경원관계에서 허가 등 처분을 받지 못한 사람은 자신에 대한 거부처분의 취소를 구할 소의 이익이 있다.

[2] 원심판결 이유와 기록에 의하면, 원심은 ① 피고가 2012.4.3. 부산 강서구 봉림동 봉림지하차도와 김해시 장유면 화목교(시 경계) 사이에 주유소 2개소(좌측 1개소, 우측 1개소)를 추가로 설치하는 내용으로 개발제한구역 안 주유소배치계획을 변경한 후 이를 공고하였고, 같은 날 변경공고에 따라 주유소 운영사업자를 모집한다는 내용의 이 사건 모집공고를 한 사실, ② 원고와 소외인이 피고에게 도로 좌측에 설치될 주유소에 관한 운영사업자 선정신청을 하였는데, 피고는 2012.8.22. 원고에게 '개발제한구역 밖으로 전출한 사실이 있어 모집공고에서 정한 신청조건에 적합하지 아니하다'는 이유로 주유소 운영사업자 불선정처분(이하 '이 사건 거부처분')을 함과 아울러 경원자인 소외인에게 주유소 운영사업자 선정처분을 한 사실 등을 인정한 다음, 원고에 대한 이 사건 거부처분이 취소되더라도 경원관계에 있는 소외인에 대한 주유소 운영사업자 선정처분이 취소되지 아니하는 이상 원고가 주유소 운영사업자로 선정될 수 없으므로 원고는 이 사건 거부처분의 취소를 구할 이익이 없다고 판단하였다. 그러나 앞서 본 법리에 비추어 보면, 이 사건 거부처분에 대한 취소판결이 확정되면 그 판결의 취지에 따른 피고의 재심사 결과 원고가 주유소 운영사업자로 선정될 가능성이 아주 없다고 할 수는 없으므로, 원심 판단에는 경원자소송에서의 소의 이익에 관한 법리를 오해하여 판결에 영향을 미친 위법이 있다. 이 점을 지적하는 상고이유의 주장은 이유 있다.[227)]

2. 협의의 소의 이익이 부정되는 사례

(1) 도선사업 면허변경처분 취소소송의 소의 이익

[1] 일반적으로 면허나 인·허가 등의 수익적 행정처분의 근거가 되는 법률이 해당 업자들 사이의 과당경쟁으로 인한 경영의 불합리를 방지하는 것도 그 목적으로 하고 있는 경우, 다른 업자에 대한 면허나 인·허가 등의 수익적 행정처분에 대하여 미리 같은 종류의 면허나 인·허가 등의 수익적 행정처분을 받아 영업을 하고 있는 기존의 업자는 경업자에 대하여 이루어진 면허나 인·허가 등 행정처분의 상대방이 아니라고 하더라도 당해 행정처분의 무효확인 또는 취소를 구할 이익이 있다. 그러나 경업자에 대한 행정처분이 경업자에게 불리한 내용이라면 그와 경쟁관계에 있는 기존의 업자에게는 특별한 사정이 없는 한 유리할 것이므로 기존의 업자가 그 행정처분의 무효확인 또는 취소를 구할 이익은 없다고 보아야 한다.

[2] 2차 변경처분은 1차 변경처분을 완전히 대체하거나 그 주요 부분을 실질적으로 변경하는 것이 아니라, 다만 ◎◎◎호의 정원 부분만 일부 감축하는 것에 불과하다. ◎◎◎호의 정원 부분은 성질상 1차 변경처분의 나머지 부분과 불가분적인 것이 아니므로, 1차 변경처분 중 2차 변경처분에 의하여 취소되지 않고 남아 있는 부분은 여전히 항고소송의 대상이 된다. 2차 변경처분은 피고가 1차 변경처분 중 ◎◎◎호의 정원 중 일부를

227) 대판 2015.10.29. 2013두27517

직권으로 취소하는 처분이므로 항고소송의 대상에는 해당한다. 그러나 1차 변경처분 중 정원 부분은 이 사건 항로에서 운항하는 도선의 정원을 종전 394명에서 504명으로 증가시키는 내용이어서 경쟁사업자인 원고에게 불리하지만, 2차 변경처분은 1차 변경처분에서 정한 ◎◎◎호의 정원 504명을 1차 변경처분이 있기 전의 종전 도선의 정원 394명보다 적은 393명으로 감축하는 내용이므로, 도선의 정원에 관한 한 2차 변경처분은 원고에게 유리하다. 따라서 원고는 2차 변경처분의 무효확인이나 취소를 구할 소의 이익이 없다. 그런데도 원심은, 원고가 2차 변경처분의 무효확인이나 취소를 구할 소의 이익이 있다는 전제에서, 2차 변경처분에 대한 주위적 무효확인 청구 부분에 관하여 본안판단으로 나아가 이 부분 청구를 기각하였다. 이러한 원심 판단에는 항고소송의 소의 이익에 관한 법리를 오해하여 판결에 영향을 미친 잘못이 있다. 이 점을 지적하는 원고의 상고이유 주장은 이유 있다.[228]

(2) 조합설립추진위원회 설립승인 무효확인소송에서의 소의 이익
구 도시 및 주거환경정비법(이하 '구 도시정비법') 제13조 제1항, 제2항, 제14조 제1항, 제15조 제4항, 제5항 등 관계 법령의 내용, 형식, 체제 등에 비추어 보면, 조합설립추진위원회(이하 '추진위원회') 구성승인처분은 조합의 설립을 위한 주체인 추진위원회의 구성행위를 보충하여 그 효력을 부여하는 처분으로서 조합설립이라는 종국적 목적을 달성하기 위한 중간단계의 처분에 해당하지만, 그 법률요건이나 효과가 조합설립인가처분의 그것과는 다른 독립적인 처분이기 때문에, 추진위원회 구성승인처분에 대한 취소 또는 무효확인 판결의 확정만으로는 이미 조합설립인가를 받은 조합에 의한 정비사업의 진행을 저지할 수 없다. 따라서 추진위원회 구성승인처분을 다투는 소송 계속 중에 조합설립인가처분이 이루어진 경우에는, 추진위원회 구성승인처분에 위법이 존재하여 조합설립인가 신청행위가 무효라는 점 등을 들어 직접 조합설립인가처분을 다툼으로써 정비사업의 진행을 저지하여야 하고, 이와는 별도로 추진위원회 구성승인처분에 대하여 취소 또는 무효확인을 구할 법률상의 이익은 없다고 보아야 한다.[229]

Ⅱ 소의 이익의 일반적 판단기준

1. 판단기준

협의의 소의 이익은 대상적격과 원고적격이 인정되는 한 충족된 것으로 보는 것이 일반적이다. 다만, 처분의 효력이 소멸한 경우, 처분 후의 사정변경에 의하여 권리침해상태가 해소된 경우, 원상회복이 불가능한 경우, 보다 실효적인 권리구제절차가 있는 경우, 위법한 처분의 반복가능성이 있는 경우, 단계적 행정결정의 경우, 원고의 청구가 이론적 의미만 있을 뿐 실제적 효용이 없는 경우 등의 특별한 사정이 있는 경우에는 소의 이익이 부정되나, 이 경우에도 처분의 취소로 인하여 회복되는 이익이 법률상 이익인 경우에는, 예외적으로 소의 이익을 인정할 수 있다(행소법 제12조 제2문).

2. 소의 이익범위의 확장

최근 판례는 '반복될 위험성이 있어 행정처분의 위법성 확인이 필요하다고 판단되는 경우' 또는 '신분과 명예가 회복될 수 있는 경우' 등에는 효력이 소멸된 처분에 대한 소의 이익을 긍정하고 있어, 소의 이익의 범위를 넓히고 있다.

228) 대판 2020.4.9. 2019두49953
229) 대판 2013.1.31. 2011두11112

Ⅲ 소의 이익의 인정 여부의 유형별 검토

1. 처분의 효력이 소멸한 경우

(1) 원칙적 소의 이익 부정

처분의 효력이 소멸한 경우에는 원칙적으로 취소소송을 제기할 소의 이익이 없다. 즉, 취소소송 중 처분이 취소·철회된 경우,[230] 다른 처분으로 대체되어 처분이 소멸한 경우,[231] 기간의 경과 등으로 처분이 실효된 경우에는[232] 소의 이익이 없다는 것이 판례의 태도이다. 판례는 행정청이 과징금 부과처분을 한 후 부과처분의 하자를 이유로 감액처분을 한 경우, 감액된 부분에 대한 부과처분 취소청구가 적법한지 여부에 대해 행정처분을 한 처분청은 처분에 하자가 있는 경우에는 별도의 법적 근거가 없더라도 스스로 이를 취소하거나 변경할 수 있는 바, 과징금 부과처분에서 행정청이 납부의무자에 대하여 부과처분을 한 후 부과처분의 하자를 이유로 과징금의 액수를 감액하는 경우에 감액처분은 감액된 과징금 부분에 관하여만 법적 효과가 미치는 것으로서 당초 부과처분과 별개 독립의 과징금 부과처분이 아니라 실질은 당초 부과처분의 변경이고, 그에 의하여 과징금의 일부취소라는 납부의무자에게 유리한 결과를 가져오는 처분으로 당초 부과처분이 전부 실효되는 것은 아니므로 감액처분에 의하여 감액된 부분에 대한 부과처분 취소청구는 이미 소멸하고 없는 부분에 대한 것으로서 소의 이익이 없어 부적법하다고 한다.[233]

(2) 예외적 소의 이익 인정

1) 가중적 제재처분이 있는 경우

① 법률 또는 법규명령에 규정되어 있는 경우 : 판례는 영업정지처분이나 업무정지처분의 존재가 장래 불이익하게 취급되는 것으로 법령에 규정되어 있는 경우에는, 이들 처분의 효력이 소멸된 후에도 협의의 소의 이익을 인정한다. 그러나 이 경우에도 기간의 경과로 인하여 실제로 가중적 제재처분의 요건을 충족시킬 가능성이 해소된 경우에는, 이들 처분의 취소를 구할 협의의 소의 이익이 인정되지 아니한다고 보고 있다.[234]

② 법규명령형식의 행정규칙에 규정되어 있는 경우

㉠ 학설 : 이에 대하여 학설은 법규명령형식의 행정규칙의 법규성 여하에 따라 판단되어야 한다는 견해와, 법규명령형식의 행정규칙의 법규성 여하와는 관계없이, 현실적으로 장래에 불이익한 가중적 제재처분을 받을 위험만 존재한다면 소의 이익을 인정하여야 한다는 견해로 나누어져 있다.

㉡ 판 례

㉮ 다수의견 : 제재적 행정처분이 그 처분에서 정한 제재기간의 경과로 인하여 그 효과가 소멸되었으나, 부령인 시행규칙 또는 지방자치단체의 규칙(이하 '규칙')의 형식으로 정한 처분기준에서 제재적 행정처분(이하 '선행처분')을 받은 것을 가중사유나 전제요건으로 삼아 장래의 제재적 행정처분(이하 '후행처분')을 하도록 정하고 있는 경우, 제재적 행정처분의 가중사유나 전제요건에 관한 규정이 법령이 아니라 규칙의 형식으로 되어 있다 하더라도, 그러한 규칙이 법령에 근거를 두고 있는 이상 그 법적 성질이 대외적·일반적 구속력을 가지는 법규명령인지 여부와는 상관없이,

---

230) 대판 1997.5.30. 96누18632
231) 대판 1998.9.4. 97누19588
232) 대판 2002.7.26. 2000두7254
233) 대판 2017.1.12. 2015두2352
234) 대판 2000.4.21. 98두10080

관할 행정청이나 담당공무원은 이를 준수할 의무가 있으므로 이들이 그 규칙에 정해진 바에 따라 행정작용을 할 것이 당연히 예견되고, 그 결과 행정작용의 상대방인 국민으로서는 그 규칙의 영향을 받을 수밖에 없다. 따라서 그러한 규칙이 정한 바에 따라 선행처분을 받은 상대방이 그 처분의 존재로 인하여 장래에 받을 불이익, 즉 후행처분의 위험은 구체적이고 현실적인 것이므로, 상대방에게는 선행처분의 취소소송을 통하여 그 불이익을 제거할 필요가 있다. 또한 나중에 후행처분에 대한 취소소송에서 선행처분의 사실관계나 위법 등을 다툴 수 있는 여지가 남아 있다 하더라도, 이러한 사정은 후행처분이 이루어지기 전에 이를 방지하기 위하여 직접 선행처분의 위법을 다투는 취소소송을 제기할 필요성을 부정할 이유가 되지 못하는데, 그러한 쟁송방법을 막는 것은 여러 가지 불합리한 결과를 초래하여 권리구제의 실효성을 저해할 수 있기 때문이다. 오히려 앞서 본 바와 같이 행정청으로서는 선행처분이 적법함을 전제로 후행처분을 할 것이 당연히 예견되므로, 이러한 선행처분으로 인한 불이익을 선행처분 자체에 대한 소송에서 사전에 제거할 수 있도록 해 주는 것이 상대방의 법률상 지위에 대한 불안을 해소하는 데 가장 유효적절한 수단이 된다고 할 것이고, 또한 그 소송을 통하여 선행처분의 사실관계 및 위법 여부가 조속히 확정됨으로써 이와 관련된 장래의 행정작용의 적법성을 보장함과 동시에 국민생활의 안정을 도모할 수 있다. 이상의 여러 사정과 아울러, 국민의 재판청구권을 보장한 헌법 제27조 제1항의 취지와 행정처분으로 인한 권익침해를 효과적으로 구제하려는 행정소송법의 목적 등에 비추어, 행정처분의 존재로 인하여 국민의 권익이 실제로 침해되고 있는 경우는 물론이고 권익침해의 구체적・현실적 위험이 있는 경우에도 이를 구제하는 소송이 허용되어야 한다는 요청을 고려하면, 규칙이 정한 바에 따라 선행처분을 가중사유 또는 전제요건으로 하는 후행처분을 받을 우려가 현실적으로 존재하는 경우에는, 선행처분을 받은 상대방은 비록 그 처분에서 정한 제재기간이 경과하였다 하더라도 그 처분의 취소소송을 통하여 그러한 불이익을 제거할 권리보호의 필요성이 충분히 인정된다고 할 것이므로, 선행처분의 취소를 구할 법률상 이익이 있다고 보아야 한다.[235)]

㉯ 별개의견 : 다수의견은, 제재적 행정처분의 기준을 정한 부령인 시행규칙의 법적 성질에 대하여는 구체적인 논급을 하지 않은 채, 시행규칙에서 선행처분을 받은 것을 가중사유나 전제요건으로 하여 장래 후행처분을 하도록 규정하고 있는 경우, 선행처분의 상대방이 그 처분의 존재로 인하여 장래에 받을 불이익은 구체적이고 현실적이라는 이유로, 선행처분에서 정한 제재기간이 경과한 후에도 그 처분의 취소를 구할 법률상 이익이 있다고 보고 있는 바, 다수의견이 위와 같은 경우 선행처분의 취소를 구할 법률상 이익을 긍정하는 결론에는 찬성하지만, 그 이유에 있어서는 부령인 제재적 처분기준의 법규성을 인정하는 이론적 기초 위에서 그 법률상 이익을 긍정하는 것이 법리적으로는 더욱 합당하다고 생각한다. 상위법령의 위임에 따라 제재적 처분기준을 정한 부령인 시행규칙은 헌법 제95조에서 규정하고 있는 위임명령에 해당하고, 그 내용도 실질적으로 국민의 권리・의무에 직접 영향을 미치는 사항에 관한 것이므로, 단순히 행정기관 내부의 사무처리준칙에 지나지 않는 것이 아니라 대외적으로 국민이나 법원을 구속하는 법규명령에 해당한다고 보아야 한다.

ⓒ 검토 : 행정소송법 제12조 제2문의 입법취지와 국민의 권리구제의 실효성을 고려하면, 법규명령의 형식 여하와는 관계없이 소의 이익을 인정하는 것이 타당하다고 판단된다.

235) 대판 2006.6.22. 2003두1684[전합]

2) 집행정지결정이 있는 경우

핵심판례

집행정지기간 중 영업정지기간 도과

영업정지처분에 대하여 그 효력정지결정이 있으면 그 처분의 집행 자체 또는 그 효력의 발생이 정지되고, 그 효력정지결정이 취소되거나 실효되면 그때부터 다시 영업정지기간이 진행되는 것이므로, 영업정지처분이 그 효력정지결정으로 인하여 효력이 정지되어 있을 동안에 영업정지기간이 경과되었다고 하여도, 그 처분의 취소를 구할 소송상 이익이 있다.[236)]

3) 임금상당액을 지급받을 수 있는 경우

핵심판례

중노위재심판정 취소소송 계속 중 정년의 도래

[1] 부당해고 구제명령제도에 관한 근로기준법의 규정 내용과 목적 및 취지, 임금 상당액 구제명령의 의의 및 법적 효과 등을 종합적으로 고려하면, 근로자가 부당해고 구제신청을 하여 해고의 효력을 다투던 중 정년에 이르거나 근로계약기간이 만료하는 등의 사유로 원직에 복직하는 것이 불가능하게 된 경우에도 해고기간 중의 임금 상당액을 지급받을 필요가 있다면 임금 상당액 지급의 구제명령을 받을 이익이 유지되므로 구제신청을 기각한 중앙노동위원회의 재심판정을 다툴 소의 이익이 있다고 보아야 한다. 상세한 이유는 다음과 같다.

① 부당해고 구제명령제도는 부당한 해고를 당한 근로자에 대한 원상회복, 즉 근로자가 부당해고를 당하지 않았다면 향유할 법적 지위와 이익의 회복을 위해 도입된 제도로서, 근로자 지위의 회복만을 목적으로 하는 것이 아니다. 해고를 당한 근로자가 원직에 복직하는 것이 불가능하더라도, 부당한 해고라는 사실을 확인하여 해고기간 중의 임금 상당액을 지급받도록 하는 것도 부당해고 구제명령제도의 목적에 포함된다.

② 부당한 해고를 당한 근로자를 원직에 복직하도록 하는 것과, 해고기간 중의 임금 상당액을 지급받도록 하는 것 중 어느 것이 더 우월한 구제방법이라고 말할 수 없다. 근로자를 원직에 복직하도록 하는 것은 장래의 근로관계에 대한 조치이고, 해고기간 중의 임금 상당액을 지급받도록 하는 것은 근로자가 부당한 해고의 효력을 다투고 있던 기간 중의 근로관계의 불확실성에 따른 법률관계를 정리하기 위한 것으로 서로 목적과 효과가 다르기 때문에 원직복직이 가능한 근로자에 한정하여 임금 상당액을 지급받도록 할 것은 아니다.

③ 근로자가 구제명령을 통해 유효한 집행권원을 획득하는 것은 아니지만, 해고기간 중의 미지급 임금과 관련하여 강제력 있는 구제명령을 얻을 이익이 있으므로 이를 위해 재심판정의 취소를 구할 이익도 인정된다고 봄이 타당하다.

④ 해고기간 중의 임금 상당액을 지급받기 위하여 민사소송을 제기할 수 있다는 사정이 소의 이익을 부정할 이유가 되지는 않는다.

⑤ 종래 대법원이 근로자가 구제명령을 얻는다고 하더라도 객관적으로 보아 원직에 복직하는 것이 불가능하고, 해고기간에 지급받지 못한 임금을 지급받기 위한 필요가 있더라도 민사소송절차를 통하여 해결할 수 있다는 등의 이유를 들어 소의 이익을 부정하여 왔던 판결들은 금품지급명령을 도입한 근로기준법 개정 취지에 맞지 않고, 기간제근로자의 실효적이고 직접적인 권리구제를 사실상 부정하는 결과가 되어 부당하다.

[2] 위와 같은 법리는 근로자가 근로기준법 제30조 제3항에 따라 금품지급명령을 신청한 경우에도 마찬가지로 적용된다.[237)238)]

---

236) 대판 1982.6.22. 81누375

237) 대판 2020.2.20. 2019두52386[전합]

238) 다음의 판례와 구별하여야 한다. 판결요지를 살펴본다.
근로자가 부당해고 구제신청을 할 당시 이미 정년에 이르거나 근로계약기간 만료, 폐업 등의 사유로 근로계약관계가 종료하여 근로자의 지위에서 벗어난 경우에는 노동위원회의 구제명령을 받을 이익이 소멸하였다고 보는 것이 타당하다(대판 2022.7.14. 2020두54852).

4) 변경처분이 있는 경우

일부 직권취소 등으로 처분의 효력이 일부만 소멸한 경우에는 취소되고 남은 처분의 취소를 구할 소의 이익이 있다. 예를 들면 금전부과처분을 감액하는 처분을 한 경우에는 감액되고 남은 부분에 대한 처분(당초처분)은 효력을 유지하므로 취소를 구할 소의 이익이 있다. 당초처분에 대한 취소소송에 계속 중 일부변경처분이 있는 경우에는 계쟁 당초처분은 일부변경된 채로 효력을 유지하므로 계쟁처분의 취소를 구할 소의 이익이 있다.

핵심판례

1. **조합설립인가 무효확인소송의 소의 이익**

[1] 재건축조합설립인가신청에 대한 행정청의 조합설립인가처분은 법령상 일정한 요건을 갖출 경우 주택재건축사업의 추진위원회에게 행정주체로서의 지위를 부여하는 일종의 설권적 처분의 성격을 가지고 있고, 구 도시 및 주거환경정비법 제16조 제2항은 조합설립인가처분의 내용을 변경하는 변경인가처분을 할 때에는 조합설립인가처분과 동일한 요건과 절차를 거칠 것을 요구하고 있다. 그런데 조합설립인가처분과 동일한 요건과 절차가 요구되지 않는 구 도시 및 주거환경정비법 시행령 제27조 각 호에서 정하는 경미한 사항의 변경에 대하여 행정청이 조합설립의 변경인가라는 형식으로 처분을 하였다고 하더라도, 그 성질은 당초의 조합설립인가처분과는 별개로 위 조항에서 정한 경미한 사항의 변경에 대한 신고를 수리하는 의미에 불과한 것으로 보아야 하므로, 경미한 사항의 변경에 대한 신고를 수리하는 의미에 불과한 변경인가처분이 있다고 하더라도 설권적 처분인 조합설립인가처분을 다툴 소의 이익이 소멸된다고 볼 수는 없다.

[2] 주택재건축사업조합이 새로 조합설립인가처분을 받는 것과 동일한 요건과 절차를 거쳐 조합설립변경인가처분을 받는 경우 당초 조합설립인가처분의 유효를 전제로 당해 주택재건축사업조합이 매도청구권 행사, 시공자 선정에 관한 총회 결의, 사업시행계획의 수립, 관리처분계획의 수립 등과 같은 후속 행위를 하였다면 당초 조합설립인가처분이 무효로 확인되거나 취소될 경우 그것이 유효하게 존재하는 것을 전제로 이루어진 위와 같은 후속 행위 역시 소급하여 효력을 상실하게 되므로, 특별한 사정이 없으면 위와 같은 형태의 조합설립변경인가가 있다고 하여 당초 조합설립인가처분의 무효확인을 구할 소의 이익이 소멸된다고 볼 수는 없다.

[3] 관할 행정청이 구 도시 및 주거환경정비법(이하 '개정 전 도시정비법') 제16조 제3항에서 정한 동의요건 중 '토지 또는 건축물 소유자의 5분의 4 이상'을 '토지 소유자의 5분의 4 이상' 또는 '건축물 소유자의 5분의 4 이상' 중 어느 하나의 요건만 충족하면 된다고 잘못 해석하여 요건을 충족하지 못한 주택재건축사업 추진위원회의 조합설립인가신청에 대하여 조합설립인가처분을 한 사안에서, 위 처분은 개정 전 도시정비법 제16조 제3항에서 정한 동의요건을 충족하지 못하여 위법할 뿐만 아니라 하자가 중대하다고 볼 수 있으나, '토지 또는 건축물 소유자의 5분의 4 이상'의 문언적 의미가 명확한 것은 아니고 다의적으로 해석될 여지가 충분히 있는 점 등을 종합하면, 조합설립인가처분 당시 주택단지가 전혀 포함되어 있지 않은 정비구역에 대한 재건축사업조합의 설립인가처분을 하기 위해서는 '토지 및 건축물 소유자, 토지 소유자, 건축물 소유자' 모두의 5분의 4 이상의 동의를 얻어야 한다는 점이 객관적으로 명백하였다고 할 수 없어 위 조합설립인가처분이 당연무효라고 볼 수는 없다는 이유로, 이와 달리 본 원심판결에 법리오해의 위법이 있다고 한 사례.[239)]

239) 대판 2012.10.25. 2010두25107

2. **조합설립변경인가 취소소송의 소의 이익**

[1] 주택재개발사업조합이 당초 조합설립변경인가 이후 적법한 절차를 거쳐 당초 변경인가를 받은 내용을 모두 포함하여 이를 변경하는 취지의 조합설립변경인가를 받은 경우, 당초 조합설립변경인가는 취소·철회되고 변경된 조합설립변경인가가 새로운 조합설립변경인가가 된다. 이 경우 당초 조합설립변경인가는 더 이상 존재하지 않는 처분이거나 과거의 법률관계가 되므로 특별한 사정이 없는 한 그 취소를 구할 소의 이익이 없다. 다만 당해 주택재개발사업조합이 당초 조합설립변경인가에 기초하여 사업시행계획의 수립 등의 후속 행위를 하였다면 당초 조합설립변경인가가 무효로 확인되거나 취소될 경우 그 유효를 전제로 이루어진 후속 행위 역시 소급하여 효력을 상실하게 되므로, 위와 같은 형태의 변경된 조합설립변경인가가 있다고 하여 당초 조합설립변경인가의 취소를 구할 소의 이익이 소멸된다고 볼 수는 없다.

[2] 구 도시 및 주거환경정비법 제16조 제1항은 조합설립인가의 내용을 변경할 때 구 도시 및 주거환경정비법 시행령 제27조 각 호에서 정하는 사항의 변경은 신고절차, 그 외 사항의 변경은 변경인가절차를 거치도록 함으로써 '조합설립인가의 변경에 있어서 신고사항'과 '변경인가사항'을 구분하고 있다. 행정청이 위 신고사항을 변경하면서 신고절차가 아닌 변경인가 형식으로 처분을 한 경우, 그 성질은 위 신고사항을 변경하는 내용의 신고를 수리하는 의미에 불과한 것으로 보아야 하므로, 그 적법 여부 역시 변경인가의 절차 및 요건의 구비 여부가 아니라 신고 수리에 필요한 절차 및 요건을 구비하였는지 여부에 따라 판단해야 한다.

[3] 구 도시 및 주거환경정비법령이 조합설립인가와 조합설립변경인가는 동의서에 동의를 받도록 하고, 정관의 확정·변경, 사업시행계획서의 수립·변경, 관리처분계획의 수립·변경 등은 총회 의결에 따라 동의를 받도록 하여 동의서 방식과 총회 의결 방식을 준별하고 있고, 총회 의결의 경우 조합원의 100분의 10 이상이 직접 출석하도록 하여[구 도시 및 주거환경정비법 제24조 제5항] 총회 의결의 실질화를 꾀하고 있으므로, '조합설립인가의 변경에서 신고사항'을 변경하면서 변경인가 형식으로 처분을 한 경우 변경인가 절차에 따른 조합원 4분의 3 이상의 동의서를 받았다고 하더라도 이로써 총회 의결에 의한 동의에 갈음할 수는 없다.[240]

5) 차별적 처우의 시정을 구할 이익이 인정되는 경우

핵심판례

차별적 처우에 대한 노동위의 시정절차 진행 중 근로계약기간의 만료

기간제 및 단시간근로자 보호 등에 관한 법률(이하 '기간제법') 제9조 제1항, 제12조 제1항에 의하면, 기간제근로자가 차별적 처우를 받은 경우에 그 차별적 처우가 있은 날(계속되는 차별적 처우는 그 종료일)부터 6개월 이내에 노동위원회에 시정을 신청할 수 있고, 노동위원회는 그 신청에 따라 조사·심문을 거쳐 차별적 처우에 해당한다고 판정한 때에는 사용자에게 시정명령을 발한다. 이러한 시정절차는 사용자의 차별적 처우로 말미암아 기간제근로자에게 발생한 불이익을 해소하여 차별적 처우가 없었더라면 존재하였을 상태로 개선함으로써 기간제근로자에 대한 불합리한 차별을 바로잡고 근로조건 보호를 강화하려는 데에 그 주된 목적이 있으며, 기간제근로자 지위를 회복하거나 근로계약기간 자체를 보장하기 위한 것은 아니므로, 근로계약기간의 만료 여부는 차별적 처우의 시정과는 직접적인 관련이 없는 사정이라고 할 수 있다. 그리고 구 기간제법 제13조 및 위 법률로 개정된 기간제법 제13조 제1항에서 차별적 처우의 시정신청에 따라 발하는 노동위원회의 시정명령 내용 중 하나로 들고 있는 금전보상명령 또는 배상명령은 과거에 있었던 차별적 처우의 결과로 남아 있는 불이익을 금전적으로 전보하기 위한 것으로서, 그 성질상 근로계약기간이 만료한 경우에도 발할 수 있다고

240) 대판 2013.10.24. 2012두12853

해석된다. 아울러 차별적 처우를 받은 기간제근로자의 근로계약기간이 만료하였다고 하여 기간제법 제15조의2에서 정한 고용노동부장관의 직권에 의한 사용자에 대한 시정요구나 고용노동부장관의 통보에 따른 노동위원회의 시정절차 진행이 불가능하게 된다고 보기도 어렵다. 나아가 기간제법 제13조 제2항은 사용자의 명백한 고의가 있거나 반복적인 차별적 처우에 대하여 기간제근로자에게 발생한 손해액을 기준으로 3배를 넘지 아니하는 범위에서 배상을 명령할 수 있는 권한을 노동위원회에 부여하고 있으며, 제15조의3은 시정명령이 확정된 경우에 그 효력 확대 차원에서 고용노동부장관이 직권으로 다른 기간제근로자에 대한 차별적 처우를 조사하여 사용자에게 시정을 요구하고 노동위원회에 통보하여 시정절차를 진행할 수 있도록 규정하고 있다. 이에 따라 시정명령의 내용 중에서 배상명령은 제재 수단으로서 독자성을 인정할 필요가 있고 중요한 의미를 가진다고 할 것이며, 또한 시정명령의 효력 확대를 위한 전제로서 시정절차를 개시·유지할 필요도 있게 되었다. 위와 같은 시정절차 관련 규정의 내용과 그 입법목적, 시정절차의 기능, 시정명령의 내용 등을 종합하여 보면, 시정신청 당시에 혹은 시정절차 진행 도중에 근로계약기간이 만료하였다는 이유만으로 기간제근로자가 차별적 처우의 시정을 구할 시정이익이 소멸하지는 아니한다고 보아야 한다.[241]

6) 기 타

핵심판례

부당해고구제재심판정 중 직위해제부분 취소소송의 소의 이익

[1] 직위해제처분은 근로자로서의 지위를 그대로 존속시키면서 다만 그 직위만을 부여하지 아니하는 처분이므로 만일 어떤 사유에 기하여 근로자를 직위해제한 후 그 직위해제 사유와 동일한 사유를 이유로 징계처분을 하였다면 뒤에 이루어진 징계처분에 의하여 그전에 있었던 직위해제처분은 그 효력을 상실한다. 여기서 직위해제처분이 효력을 상실한다는 것은 직위해제처분이 소급적으로 소멸하여 처음부터 직위해제처분이 없었던 것과 같은 상태로 되는 것이 아니라 사후적으로 그 효력이 소멸한다는 의미이다. 따라서 직위해제처분에 기하여 발생한 효과는 당해 직위해제처분이 실효되더라도 소급하여 소멸하는 것이 아니므로, 인사규정 등에서 직위해제처분에 따른 효과로 승진·승급에 제한을 가하는 등의 법률상 불이익을 규정하고 있는 경우에는 직위해제처분을 받은 근로자는 이러한 법률상 불이익을 제거하기 위하여 그 실효된 직위해제처분에 대한 구제를 신청할 이익이 있다.

[2] 노동조합 인터넷 게시판에 국민건강보험공단 이사장을 모욕하는 내용의 글을 게시한 근로자에 대하여 인사규정상 직원의 의무를 위반하고 품위를 손상하였다는 사유로 직위해제처분을 한 후 동일한 사유로 해임처분을 한 사안에서, 근로자는 위 직위해제처분으로 인하여 승진·승급에 제한을 받고 보수가 감액되는 등의 인사상·급여상 불이익을 입게 되었고, 위 해임처분의 효력을 둘러싸고 다툼이 있어 그 효력 여하가 확정되지 아니한 이상 근로자의 신분을 상실한다고 볼 수 없어 여전히 인사상 불이익을 받는 상태에 있으므로, 비록 직위해제처분이 해임처분에 의하여 효력을 상실하였다고 하더라도 근로자에게 위 직위해제처분에 대한 구제를 신청할 이익이 있음에도, 이와 다르게 본 원심판결에 법리오해의 위법이 있다고 한 사례.[242]

241) 대판 2016.12.1. 2014두43288
242) 대판 2010.7.29. 2007두18406

2. 처분 후의 사정변경에 의하여 권리침해상태가 해소된 경우

(1) 원칙적 소의 이익 부정

처분 후의 사정에 의하여 권리와 이익의 침해 등이 해소된 경우에는 그 처분의 취소를 구할 소의 이익이 없다.

핵심판례

1. 사법시험 불합격처분 취소소송의 소의 이익
사법시험 제2차 시험 불합격처분 이후 새로 실시된 사법시험에서 합격하였을 경우에는, 더 이상 불합격처분의 취소를 구할 소의 이익이 없다. 사법시험 제2차 시험에 관한 불합격처분 이후에 새로이 실시된 제2차 및 제3차 시험에 합격하였을 경우에는, 더 이상 위 불합격처분의 취소를 구할 법률상 이익이 없다고 보아야 할 것이다.[243)]

2. 공익근무요원 소집해제신청 거부처분 취소소송의 소의 이익
공익근무요원 소집해제신청을 거부한 후에 원고가 계속하여 공익근무요원으로 복무함에 따라 복무기간 만료를 이유로 소집해제처분을 한 경우, 원고가 입게 되는 권리와 이익의 침해는 소집해제처분으로 해소되었으므로 위 거부처분의 취소를 구할 소의 이익이 없다.[244)]

(2) 예외적 소의 이익 인정

그러나 처분 후에 사정변경에 있더라도 권익침해가 해소되지 아니한 경우에는 소의 이익이 인정될 수 있다.

핵심판례

검정고시 합격의 경우 고등학교 퇴학처분의 소의 이익
고등학교에서 퇴학처분을 받은 후 고등학교졸업 학력검정고시에 합격한 경우, … 고등학교졸업 학력검정고시에 합격하였다 하여 고등학교학생으로서의 신분과 명예가 회복되는 것은 아니므로, 퇴학처분을 받은 자로서는 퇴학처분의 위법을 주장하여 그 취소를 구할 소송상 이익이 있다.[245)]

3. 원상회복이 불가능한 경우

(1) 원칙적 소의 이익 부정

행정처분의 무효확인 또는 취소를 구하는 소에서 비록 행정처분의 위법을 이유로 무효확인 또는 취소 판결을 받더라도 처분에 의하여 발생한 위법상태를 원상으로 회복시키는 것이 불가능한 경우에는 원칙적으로 무효확인 또는 취소를 구할 소의 이익이 없다.

---

243) 대판 2007.9.21. 2007두12057
244) 대판 2005.5.13. 2004두4369
245) 대판 1992.7.14. 91누4737

핵심판례

1. **건축허가처분 취소소송의 소의 이익**
건축허가가 건축법 소정의 이격거리를 두지 아니하고 건축물을 건축하도록 되어 있어 위법하다 하더라도, 그 건축허가에 기하여 건축공사가 완료되었다면, 원고로서는 위 처분의 취소를 구할 법률상 이익이 없다.[246)]

2. **지방의료원 폐업처분 취소소송의 소의 이익**
甲 도지사의 폐업결정은 행정청이 행하는 구체적 사실에 관한 법집행으로서의 공권력 행사로, 입원환자들과 소속 직원들의 권리·의무에 직접 영향을 미치는 것이므로 항고소송의 대상에 해당하지만, 폐업결정 후 乙 지방의료원을 해산한다는 내용의 조례가 제정·시행되었고, 조례가 무효라고 볼 사정도 없어 乙 지방의료원을 폐업 전의 상태로 되돌리는 원상회복은 불가능하므로, 법원이 폐업결정을 취소하더라도 단지 폐업결정이 위법함을 확인하는 의미밖에 없고, 폐업결정의 취소로 회복할 수 있는 다른 권리나 이익이 남아 있다고 보기도 어려우므로, 甲 도지사의 폐업결정이 법적으로 권한 없는 자에 의하여 이루어진 것으로서 위법하더라도, 취소를 구할 소의 이익을 인정하기 어렵다.[247)]

3. **보충역편입처분취소처분 취소소송의 소의 이익**
[1] 원심은, 원고에 대한 보충역편입처분 및 그 취소처분은 후행처분인 현역병입영대상편입처분에 따라 역종이 변경됨으로써 이미 실효되었으므로 이 사건 소 중 보충역편입처분취소처분의 취소를 구하는 부분은 부적법하다는 피고의 본안전 항변에 대하여, 원고에 대한 보충역편입처분은 2001.3.19.자 보충역편입처분취소처분에 의하여 실효된 것이지 그 후속처분으로서 보충역의 지위를 잃게 된 원고에게 새로 역종을 부과하는 처분인 현역병입영대상편입처분으로 실효된 것은 아니라 할 것이어서, 종전의 보충역 지위를 회복하려는 원고로서는 현역병입영대상편입처분의 취소와 함께 보충역편입처분취소처분의 취소를 구할 소의 이익이 있다는 이유로, 피고의 위 항변을 배척하였다. 직권으로 살피건대, 이 사건 현역병입영대상편입처분은 보충역편입처분취소처분과는 별개의 법률효과를 발생시키는 독립된 행정처분으로서 제소기간이 경과하여 처분의 위법성을 다툴 수 없게 되었을 뿐 아니라 당연 무효라고 볼 수도 없는 이상, 이 사건 보충역편입처분취소처분이 취소되어 확정된다고 하더라도 원고로서는 현역병입영대상편입처분에 터잡은 현역병입영통지처분에 따라 현역병으로 복무하는 것을 피할 수 없고, 따라서 이 사건 보충역편입처분취소처분의 취소를 구할 법률상의 이익이 있다고 할 수 없다.
[2] 그럼에도 불구하고, 원심이 이와는 달리 그 판시와 같은 이유로 이 사건 보충역처분취소처분의 취소를 구할 법률상의 이익이 있는 것으로 보고 본안에 들어가 판단하였으니, 거기에는 취소소송에 있어서의 법률상의 이익에 관한 법리를 오해하여 판결에 영향을 미친 위법이 있다고 할 것이다.[248)]

4. **조정반지정 거부처분 취소소송의 소의 이익**
[1] 행정처분의 무효확인 또는 취소를 구하는 소에서, 비록 행정처분의 위법을 이유로 무효확인 또는 취소 판결을 받더라도 그 처분으로 발생한 위법상태를 원상으로 회복시킬 수 없는 경우에는 원칙적으로 무효확인 또는 취소를 구할 법률상 이익이 없다. 다만 원상회복이 불가능하더라도 무효확인 또는 취소로써 회복할 수 있는 다른 권리나 이익이 남아 있거나, 동일한 소송 당사자 사이에서 동일한 사유로 위법한 처분이 반복될 위험이 있어 행정처분의 위법성 확인 또는 불분명한 법률문제에 대한 해명이 필요하다고 판단되는 경우 등에는 행정의 적법성 확보와 그에 대한 사법통제, 국민의 권리구제 확대 등의 측면에서 예외적으로 처분의 취소를 구할 소의 이익을 인정할 수 있다.

---

246) 대판 1992.4.24. 91누11131
247) 대판 2016.8.30. 2015두60617
248) 대판 2004.12.10. 2003두12257

[2] 세무사 자격 보유 변호사 갑이 관할 지방국세청장에게 조정반 지정 신청을 하였으나 지방국세청장이 '갑의 경우 세무사등록부에 등록되지 않았기 때문에 2015년도 조정반 구성원으로 지정할 수 없다'는 이유로 거부처분을 하자, 갑이 거부처분의 취소를 구하는 소를 제기한 사안에서, 2015년도 조정반 지정의 효력기간이 지났으므로 거부처분을 취소하더라도 갑이 2015년도 조정반으로 지정되고자 하는 목적을 달성할 수 없고 장래의 조정반 지정 신청에 대하여 동일한 사유로 위법한 처분이 반복될 위험성이 있다거나 행정처분의 위법성 확인 또는 불분명한 법률문제에 대한 해명이 필요한 경우도 아니어서 소의 이익을 예외적으로 인정할 필요도 없으므로, 위 소는 부적법함에도 본안판단으로 나아가 청구를 인용한 원심판단에 법리를 오해한 잘못이 있다고 한 사례.[249)]

(2) 예외적 소의 이익 인정

그러나 ① 원상회복이 불가능하더라도 무효확인 또는 취소로써 회복되는 권리나 이익이 남아 있는 경우[250)], ② 동일한 소송당사자 사이에서 그 행정처분과 동일한 사유로 위법한 처분이 반복될 위험성이 있어 행정처분의 위법성 확인 내지 불분명한 법률문제에 대한 해명이 필요한 경우[251)] 등에는 처분의 취소를 구할 소의 이익이 있다는 것이 판례이다.

핵심판례

1. 개발제한구역 행위(건축)허가처분 취소소송의 소의 이익

구 산업집적활성화 및 공장설립에 관한 법률 제13조 제1항, 제13조의2 제1항 제16호, 제14조, 제50조, 제13조의5 제4호의 규정을 종합하면, 공장설립승인처분이 있고 난 뒤에 또는 그와 동시에 공장건축허가처분을 하는 것이 허용되므로, 공장설립승인처분이 취소된 경우에는 그 승인처분을 기초로 한 공장건축허가처분 역시 취소되어야 하고, 공장설립승인처분에 근거하여 토지의 형질변경이 이루어진 경우에는 원상회복을 해야 함이 원칙이다. 따라서 개발제한구역 안에서의 공장설립을 승인한 처분이 위법하다는 이유로 쟁송취소되었다고 하더라도 그 승인처분에 기초한 공장건축허가처분이 잔존하는 이상, 공장설립승인처분이 취소되었다는 사정만으로 인근 주민들의 환경상 이익이 침해되는 상태나 침해될 위험이 종료되었다거나 이를 시정할 수 있는 단계가 지나버렸다고 단정할 수는 없고, 인근 주민들은 여전히 공장건축허가처분의 취소를 구할 법률상 이익이 있다고 보아야 한다.[252)]

2. 현역병입영통지처분 취소소송의 소의 이익

현역입영대상자로서는 현실적으로 입영을 하였다고 하더라도, 입영 이후의 법률관계에 영향을 미치고 있는 현역병입영통지처분 등을 한 관할지방병무청장을 상대로 위법을 주장하여 그 취소를 구할 소송상의 이익이 있다.[253)]

---

249) 대판 2020.2.27. 2018두67152
250) 대판 2016.6.10. 2013두1638
251) 대판 2019.5.10. 2015두46987
252) 대판 2018.7.12. 2015두3485
253) 대판 2003.12.26. 2003두1875

3. 임기 만료된 지방의회의원에 대한 제명의결 취소소송의 소의 이익

원고가 이 사건 제명의결 취소소송 계속 중 임기가 만료되어, 제명의결의 취소로써 지방의회 의원으로서의 지위를 회복할 수는 없다 할지라도, 그 취소로 인하여 최소한 제명의결 시부터 임기만료 시까지의 기간에 대한 월정수당의 지급을 구할 수 있는 등, 여전히 그 제명의결의 취소를 구할 법률상 이익은 남아 있다고 보아야 한다.[254)]

4. 공장등록취소등처분 취소소송의 소의 이익

[1] 일반적으로 공장등록이 취소된 후 그 공장 시설물이 어떠한 경위로든 철거되어 다시 복구 등을 통하여 공장을 운영할 수 없는 상태라면 이는 공장등록의 대상이 되지 아니하므로 외형상 공장등록취소행위가 잔존하고 있다고 하여도 그 처분의 취소를 구할 법률상의 이익이 없다 할 것이나, 위와 같은 경우에도 유효한 공장등록으로 인하여 공장등록에 관한 당해 법률이나 다른 법률에 의하여 보호되는 직접적·구체적 이익이 있다면, 당사자로서는 공장건물의 멸실 여부에 불구하고 그 공장등록취소처분의 취소를 구할 법률상의 이익이 있다.

[2] 공장등록이 취소된 후 그 공장시설물이 철거되었다 하더라도 대도시 안의 공장을 지방으로 이전할 경우 조세특례제한법상의 세액공제 및 소득세 등의 감면혜택이 있고, 공업배치 및 공장설립에 관한 법률상의 간이한 이전절차 및 우선 입주의 혜택이 있는 경우, 그 공장등록취소처분의 취소를 구할 법률상의 이익이 있다고 한 사례.[255)]

5. 경쟁입찰참여자격 제한처분 등 취소소송의 소의 이익

[1] 행정처분의 취소를 구하는 소는 그 처분에 의하여 발생한 위법상태를 배제하여 원상으로 회복시키고 그 처분으로 침해되거나 방해받은 권리와 이익을 보호·구제하고자 하는 소송이므로, 비록 처분을 취소한다 하더라도 원상회복이 불가능한 경우에는 그 처분의 취소를 구할 이익이 없는 것이 원칙이다. 그러나 원상회복이 불가능하게 보이는 경우라 하더라도, 동일한 소송 당사자 사이에서 그 행정처분과 동일한 사유로 위법한 처분이 반복될 위험성이 있어 행정처분의 위법성 확인 내지 불분명한 법률문제에 대한 해명이 필요하다고 판단되는 경우 등에는 행정의 적법성 확보와 그에 대한 사법통제, 국민의 권리구제의 확대 등의 측면에서 여전히 그 처분의 취소를 구할 이익이 있다고 보아야 한다.

[2] 이 사건 확인처분[256)]에 있어 중소기업 확인서의 유효기간은 2014.3.31.까지로 이미 그 유효기간이 경과하였다. 그러나 원고들은 위 유효기간 경과 후에도 공공기관이 발주하는 중소기업자 간 경쟁입찰에 참여하려면 항상 피고 중소기업청장으로부터 중소기업 확인서를 발급받아야 하고, 원고들의 발행주식총수 또는 출자총액과 대기업으로부터 임차한 자산가치가 변동되어 전자가 후자 이상이 되지 않는 한 피고 중소기업청장은 원고들의 중소기업 확인서 발급 신청에 대하여 동일한 처분을 반복할 가능성이 높다. 따라서 이 사건 확인처분의 위법성 확인 내지 불분명한 법률문제에 대한 해명이 필요하므로 원고들은 여전히 위 처분의 취소를 구할 법률상 이익이 있다.

254) 대판 2009.1.30. 2007두13487

255) 대판 2002.1.11. 2000두3306

256) 피고 중소기업청장은 2014.1.부터 2. 사이에 원고들에게 "판로지원법 제8조의2에 따라 중소기업자 간 경쟁입찰에 대한 참여제한 대상기업임을 유의하여 주시기 바랍니다."라는 '참여제한 문구'가 기재된 중소기업 확인서(유효기간 2014.3.31.까지)를 각 발행하였다(이하 '이 사건 확인처분')(판결이유).

[3] 이 사건 통보[257] 당시 이 사건 계약의 계약기간은 이미 만료되었다. 그러나 피고 조달청장은 앞으로도 원고들에게 이 사건 시행령 조항을 적용하여 종전과 동일한 사유로 처분을 반복할 위험성이 있으므로, 행정처분의 위법성 확인 내지 불분명한 법률문제에 대한 해명이 필요한 경우에 해당한다. 따라서 원고들은 여전히 이 사건 통보의 취소를 구할 법률상 이익이 있다. 원고 광양레미콘이 이 사건 입찰 당시 전남 동부 레미콘사업 협동조합의 조합원사로 참여하지 않았다 하더라도, 피고 조달청장이 원고 광양레미콘에게 이 사건 통보를 함으로써 원고 광양레미콘은 피고 조달청장이 시행하는 경쟁입찰에 참여할 수 없음이 확정되어 원고 광양레미콘의 권리·의무에 구체적이고 직접적인 영향을 미치게 되었다. 나아가 앞으로도 피고 조달청장은 원고 광양레미콘에게 이 사건 시행령 조항을 적용하여 종전과 동일한 사유로 처분을 반복할 위험성이 있다. 따라서 원고 광양레미콘 역시 위 통보의 취소를 구할 법률상 이익이 있다.[258]

4. 보다 실효적인 권리구제절차가 있는 경우

사업양도에 따른 지위승계신고수리처분의 무효확인을 구하는 민사소송을 제기하는 것이 가능하더라도 사업양도양수신고의 수리를 취소하거나 무효확인을 받으면 영업허가자의 지위를 유지하는 현실적인 이익이 있으므로 사업양도계약의 무효를 이유로 사업양도양수신고수리처분의 취소나 무효확인을 구할 소의 이익이 있다고 해야 한다. 그러나 거부처분 취소재결에 따른 후속처분이 아니라 거부처분 취소재결의 취소를 구하는 것은 실효적이고 직접적인 권리구제수단이라고 할 수 없으므로 소의 이익이 없고, 기본행위의 하자를 이유로 인가처분의 취소 또는 무효확인을 구할 소의 이익은 없다는 것이 판례이다.

핵심판례

1. 소의 이익이 인정되는 사례

(1) 채석허가수허가자 변경신고수리처분 취소소송의 소의 이익

[1] 사업양도·양수에 따른 허가관청의 지위승계신고의 수리는 적법한 사업의 양도·양수가 있었음을 전제로 하는 것이므로 그 수리대상인 사업양도·양수가 존재하지 아니하거나 무효인 때에는 수리를 하였다 하더라도 그 수리는 유효한 대상이 없는 것으로서 당연히 무효라 할 것이고, 사업의 양도행위가 무효라고 주장하는 양도자는 민사쟁송으로 양도·양수행위의 무효를 구함이 없이 막바로 허가관청을 상대로 하여 행정소송으로 위 신고수리처분의 무효확인을 구할 법률상 이익이 있다.

[2] 하자 있는 행정처분을 놓고 이를 무효로 볼 것인지 아니면 단순히 취소할 수 있는 처분으로 볼 것인지는 동일한 사실관계를 토대로 한 법률적 평가의 문제에 불과하고, 행정처분의 무효확인을 구하는 소에는 특단의 사정이 없는 한 그 취소를 구하는 취지도 포함되어 있다고 보아야 하는 점 등에 비추어 볼 때, 동일한 행정처분에 대하여 무효확인의 소를 제기하였다가 그 후 그 처분의 취소를 구하는 소를 추가적으로 병합한 경우, 주된 청구인 무효확인의 소가 적법한 제소기간 내에 제기되었다면 추가로 병합된 취소청구의 소도 적법하게 제기된 것으로 봄이 상당하다.[259]

---

257) 피고 조달청장은 원고들로부터 중소기업 확인서를 제출받고서 2014.2.4. 원고들에게 '원고들이 제출한 중소기업 확인서에 참여제한 문구가 명기되어 있다. 원고들이 현재와 같이 중소기업자 간 경쟁입찰 참여제한 대상기업에 해당하는 경우에는 추가특수조건에 따라 관급레미콘 물량 배정을 중지할 수밖에 없음을 알려드린다.'는 내용의 통보를 하였다(이하 '이 사건 통보')(판결이유).

258) 대판 2019.5.10. 2015두46987

259) 대판 2005.12.23. 2005두3554

2. 소의 이익이 부정되는 사례

(1) 주택건설사업계획 변경승인신청 반려처분 취소재결 취소소송의 소의 이익

행정청이 한 처분 등의 취소를 구하는 소송은 처분에 의하여 발생한 위법 상태를 배제하여 원래 상태로 회복시키고 처분으로 침해된 권리나 이익을 구제하고자 하는 것이다. 따라서 해당 처분 등의 취소를 구하는 것보다 실효적이고 직접적인 구제수단이 있음에도 처분 등의 취소를 구하는 것은 특별한 사정이 없는 한 분쟁해결의 유효적절한 수단이라고 할 수 없어 법률상 이익이 있다고 할 수 없다. 그런데 당사자의 신청을 받아들이지 않은 거부처분이 재결에서 취소된 경우에 행정청은 종전 거부처분 또는 재결 후에 발생한 새로운 사유를 내세워 다시 거부처분을 할 수 있다. 그 재결의 취지에 따라 이전의 신청에 대하여 다시 어떠한 처분을 하여야 할지는 처분을 할 때의 법령과 사실을 기준으로 판단하여야 하기 때문이다. 또한 행정청이 재결에 따라 이전의 신청을 받아들이는 후속처분을 하였더라도 후속처분이 위법한 경우에는 재결에 대한 취소소송을 제기하지 않고도 곧바로 후속처분에 대한 항고소송을 제기하여 다툴 수 있다. 나아가 거부처분을 취소하는 재결이 있더라도 그에 따른 후속처분이 있기까지는 제3자의 권리나 이익에 변동이 있다고 볼 수 없고 후속처분 시에 비로소 제3자의 권리나 이익에 변동이 발생하며, 재결에 대한 항고소송을 제기하여 재결을 취소하는 판결이 확정되더라도 그와 별도로 후속처분이 취소되지 않는 이상 후속처분으로 인한 제3자의 권리나 이익에 대한 침해 상태는 여전히 유지된다. 이러한 점들을 종합하면, 거부처분이 재결에서 취소된 경우 재결에 따른 후속처분이 아니라 그 재결의 취소를 구하는 것은 실효적이고 직접적인 권리구제수단이 될 수 없어 분쟁해결의 유효적절한 수단이라고 할 수 없으므로 법률상 이익이 없다.[260)]

(2) 조합설립결의 무효확인을 구할 소의 이익

조합설립결의에 하자가 있다면, 그 하자를 이유로 직접 항고소송의 방법으로 조합설립 인가처분의 취소 또는 무효의 확인을 구하여야 하고, 이와는 별도로 조합설립결의 부분만을 따로 떼어내어 그 효력 유무를 다투는 확인의 소를 제기하는 것은, 원고의 권리 또는 법률상 지위에 현존하는 불안위험을 제거하는 데 가장 유효·적절한 수단이라 할 수 없으므로, 특별한 사정이 없는 한 확인의 이익은 인정되지 아니한다.[261)]

(3) 취임승인처분의 취소 또는 무효확인을 구할 소의 이익

사립학교법 제20조 제2항에 의한 학교법인의 임원에 대한 감독청의 취임승인은 학교법인의 임원선임행위를 보충하여 그 법률상의 효력을 완성케 하는 보충적 행정행위로서 그 자체만으로는 법률상 아무런 효력도 발생할 수 없는 것인바, 기본행위인 사법상의 임원선임행위에 하자가 있다는 이유로 그 선임행위의 효력에 관하여 다툼이 있는 경우에는 민사쟁송으로 그 선임행위의 무효확인을 구하는 등의 방법으로 분쟁을 해결할 것이지 보충적 행위로서 그 자체만으로는 아무런 효력이 없는 승인처분만의 취소 또는 무효확인을 구하는 것은 특단의 사정이 없는 한 분쟁해결의 유효적절한 수단이라 할 수 없어 소구할 법률상의 이익이 없다고 할 것이다. 같은 취지에서, 이 사건 각 임원의 취·해임에 대한 승인처분의 취소를 구하는 원고의 소가 부적법하다고 본 원심의 조치는 정당하고, 거기에 상고이유로 주장하는 바와 같은 소의 이익에 관한 법리오해 등의 위법이 없다.[262)]

---

260) 대판 2017.10.31. 2015두45045

261) 대판 2009.9.24. 2008다60568

262) 대판 2005.12.23. 2005두4823

5. 위법한 처분의 반복가능성이 있는 경우

핵심판례

1. 소의 이익이 인정된 사례

(1) 임시이사 선임처분 취소소송에서의 소의 이익

제소 당시에는 권리보호의 이익을 갖추었는데, 제소 후 취소대상 행정처분이 기간의 경과 등으로 인하여 그 효과가 소멸한 경우, 동일한 소송당사자 사이에 동일한 처분이 반복될 위험성이 있어 행정처분의 위법성 확인 내지 불분명한 법률문제에 대한 해명이 필요하다고 판단되는 경우, 그리고 선행처분과 후행처분이 단계적인 일련의 절차로 연속하여 행하여져 후행처분이 선행처분의 적법함을 전제로 이루어짐에 따라, 선행처분의 하자가 후행처분에 승계된다고 볼 수 있어 이미 소를 제기하여 다투고 있는 선행처분의 위법성을 확인하여 줄 필요가 있는 경우 등에는, 행정의 적법성 확보와 그에 대한 사법통제, 국민의 권리구제의 확대 등의 측면에서 여전히 그 처분의 취소를 구할 법률상 이익이 있다.[263)]

(2) 업무정지처분 취소소송에서의 소의 이익

[1] 행정소송법 제12조는 "취소소송은 처분등의 취소를 구할 법률상 이익이 있는 자가 제기할 수 있다. 처분등의 효과가 기간의 경과, 처분등의 집행 그 밖의 사유로 인하여 소멸된 뒤에도 그 처분등의 취소로 인하여 회복되는 법률상 이익이 있는 자의 경우에는 또한 같다."라고 규정하고 있다. 행정소송법 제12조 제2문에서 정한 법률상 이익, 즉 행정처분을 다툴 협의의 소의 이익은 개별·구체적 사정을 고려하여 판단하여야 한다. 행정처분의 무효확인 또는 취소를 구하는 소가 제소 당시에는 소의 이익이 있어 적법하였는데, 소송 계속 중 해당 행정처분이 기간의 경과 등으로 그 효과가 소멸한 때에 그 처분이 취소되어도 원상회복이 불가능하다고 보이는 경우라 하더라도, 무효확인 또는 취소로써 회복할 수 있는 다른 권리나 이익이 남아 있거나 또는 그 행정처분과 동일한 사유로 위법한 처분이 반복될 위험성이 있어 행정처분의 위법성 확인 내지 불분명한 법률문제에 대한 해명이 필요한 경우에는 행정의 적법성 확보와 그에 대한 사법통제, 국민의 권리구제의 확대 등의 측면에서 예외적으로 그 처분의 취소를 구할 소의 이익을 인정할 수 있다. 여기에서 '그 행정처분과 동일한 사유로 위법한 처분이 반복될 위험성이 있는 경우'란 불분명한 법률문제에 대한 해명이 필요한 상황에 대한 대표적인 예시일 뿐이며, 반드시 '해당 사건의 동일한 소송 당사자 사이에서' 반복될 위험이 있는 경우만을 의미하는 것은 아니다.

[2] 먼저 이 사건 감사팀의 회계감사기준 위반행위가 인정되고 원고 또한 이를 다투는 것은 아니라고 하더라도, ① 그것을 이유로 이 사건 감사팀이 속한 회계법인 전체에 대하여 업무정지 처분을 하는 것이 근거 법률인 공인회계사법 제39조 제1항 제5호 및 관련 하위 규정들의 해석상 허용되는지 여부에 관하여는 법원의 분명한 판례가 없고 ② 처분사유가 인정되는 경우에도 이 사건 감사팀이 행한 위반행위의 내용과 정도, 이에 대한 원고의 관여 정도, 이 사건 감사팀이 회계법인 내에서 차지하는 비중 등 여러 사정들을 고려하였을 때 과연 이 사건 업무정지 처분이 비례의 원칙을 위반한 과중한 처분인지 여부 또한 다툼의 여지가 있어 보인다. 따라서 만약 이 사건에서 법원이 본안 판단을 하지 않는다면 피고가 이 사건 업무정지 처분을 하면서 채택·적용한 법령해석에 관한 의견이나 처분의 기준을 앞으로도 그대로 반복·적용할 것이 예상된다. 그렇다면 이 사건 업무정지 처분에 따른 업무정지기간이 만료되었다고 하더라도, 이 사건 업무정지 처분의 위법성 확인 내지 불분명한 법률문제의 해명은 여전히 필요하다고 할 것이므로 이 사건 업무정지 처분의 취소를 구할 소의 이익을 인정하는 것이 앞서 본 법리에 부합하여 타당하다.[264)]

263) 대판 2007.7.19. 2006두19297[전합]
264) 대판 2020.12.24. 2020두30450

(3) 교원노동관계중재재정 취소소송의 소의 이익

[1] 행정처분의 무효확인 또는 취소를 구하는 소가 제소 당시에는 소의 이익이 있어 적법했는데, 소송계속 중 해당 행정처분이 기간의 경과 등으로 그 효과가 소멸한 때에 처분이 취소되어도 원상회복이 불가능하다고 보이는 경우라도, 무효확인 또는 취소로써 회복할 수 있는 다른 권리나 이익이 남아 있거나 또는 그 행정처분과 동일한 사유로 위법한 처분이 반복될 위험성이 있어 행정처분의 위법성 확인 내지 불분명한 법률문제에 대한 해명이 필요한 경우에는 행정의 적법성 확보와 그에 대한 사법통제, 국민의 권리구제 확대 등의 측면에서 예외적으로 그 처분의 취소를 구할 소의 이익을 인정할 수 있다. 여기에서 '그 행정처분과 동일한 사유로 위법한 처분이 반복될 위험성이 있는 경우'란 불분명한 법률문제에 대한 해명이 필요한 상황에 관한 대표적인 예시일 뿐이며, 반드시 '해당 사건의 동일한 소송 당사자 사이에서' 반복될 위험이 있는 경우만을 의미하는 것은 아니다. 이러한 법리는 행정처분의 일종인 중재재정에 대한 무효확인 또는 취소를 구하는 소의 경우에도 마찬가지로 적용된다.

[2] 교원의 노동조합 설립 및 운영 등에 관한 법률(이하 '교원노조법')은 교원노동조합과 사용자가 단체교섭을 통해 합의를 위한 노력을 계속하여도 자주적 교섭에 의한 합의의 여지가 없는 경우 이를 해결하기 위한 절차로서 중앙노동위원회에 의한 노동쟁의의 조정과 중재 제도를 마련하면서(동법 제9조 내지 제11조) 관계 당사자는 중앙노동위원회의 중재재정이 위법하거나 월권에 의한 것이라고 인정하는 경우에 행정소송을 제기할 수 있다고 규정하고 있다(동법 제12조 제1항). 여기에서 '위법' 또는 '월권'이란 중재재정의 절차가 위법하거나 그 내용이 교원노조법, 근로기준법 위반 등으로 위법한 경우 또는 당사자 사이에 분쟁의 대상이 되어 있지 않는 사항이나 정당한 이유 없이 당사자 간의 분쟁범위를 벗어나는 부분에 대하여 월권으로 중재재정을 한 경우를 말하고, 중재재정이 단순히 어느 노사 일방에 불리하거나 불합리한 내용이라는 사유만으로는 불복이 허용되지 않는다.

[3] 교원의 노동조합 설립 및 운영 등에 관한 법률(이하 '교원노조법') 제7조 제1항은 '단체협약의 내용 중 법령·조례 및 예산에 의하여 규정되는 내용과 법령 또는 조례에 의하여 위임을 받아 규정되는 내용'(이하 '비효력 사항')은 단체협약으로서의 효력을 가지지 않는다고 규정하면서도 같은 조 제2항은 비효력 사항에 대하여도 사용자 측에 그 내용이 이행될 수 있도록 성실하게 노력할 의무를 부과하고 있고, 교원의 노동조합 설립 및 운영 등에 관한 법률 시행령 제5조는 사용자가 비효력 사항에 대한 이행 결과를 다음 교섭 시까지 교섭노동조합에 서면으로 알리도록 규정하고 있다. 이처럼 교원노조법령이 비효력 사항에 대하여도 사용자에게 노력의무 등 일정한 의무를 부과하고 있고, 중재재정이 단체협약과 동일한 효력을 가지는 점(교원노조법 제12조 제5항) 등에 비추어 보면, 비효력 사항도 중재재정의 대상이 될 수 있고, 다만 그 중재재정 조항의 효력이 위와 같이 제한될 뿐이라고 보아야 한다. 따라서 중재재정이 비효력 사항에 관하여 정하였다는 이유만으로 위법하다고 볼 수 없다.

[4] 교원의 노동조합 설립 및 운영 등에 관한 법률(이하 '교원노조법')은 공무원의 노동조합 설립 및 운영 등에 관한 법률 제8조 제1항 단서("다만 법령 등에 따라 국가나 지방자치단체가 그 권한으로 행하는 정책결정에 관한 사항, 임용권의 행사 등 그 기관의 관리·운영에 관한 사항으로서 근무조건과 직접 관련되지 아니하는 사항은 교섭의 대상이 될 수 없다.")와 같은 비교섭 사항을 규정하고 있지 않으므로, 교원노동조합의 단체교섭에는 위 비교섭 사항에 관한 규정이 적용되지 않는다. 그러나 헌법과 법률이 교원의 지위를 보장하면서 노동3권을 일정 부분 제한하고 있는 취지에 비추어 보면, 근로조건에 관한 사항이라도 교육과정 등 정책결정에 관한 사항이나 교육기관 및 교육행정기관의 관리·운영에 관한 사항으로서 국민의 교육받을 권리 보장을 위한 교육기관 및 교육행정기관의 본질적·근본적 권한을 침해·제한하는 내용을 정한 중재재정은 위법하다고 보아야 한다.

어떠한 사항이 교육기관 및 교육행정기관의 본질적·근본적 권한을 침해하거나 제한하는지는 해당 근로조건의 내용과 성격, 국민의 교육을 받을 권리에 미치는 영향, 사용자 측에게 부과하는 부담의 정도 등을 종합하여 판단하되, 교원노조법이 교원노동조합과 그 조합원의 쟁의행위를 전면적으로 금지함으로 인하여(동법 제8조) 노동조합이 자신의 요구를 관철할 수단이 없기 때문에 중앙노동위원회가 교원의 근로조건의 실태와 단체교섭의 경과 등을 참작하여 적정한 근로조건을 설정해 줄 필요가 크다는 점을 충분히 고려해야 한다.[265)]

2. 소의 이익이 부정된 사례

[1] 행정처분의 무효확인 또는 취소를 구하는 소가 제소 당시에는 소의 이익이 있어 적법하였더라도, 소송계속 중 처분청이 다툼의 대상이 되는 행정처분을 직권으로 취소하면 그 처분은 효력을 상실하여 더 이상 존재하지 않는 것이므로, 존재하지 않는 그 처분을 대상으로 한 항고소송은 원칙적으로 소의 이익이 소멸하여 부적법하다. 다만 처분청의 직권취소에도 불구하고 완전한 원상회복이 이루어지지 않아 무효확인 또는 취소로써 회복할 수 있는 다른 권리나 이익이 남아 있거나 또는 동일한 소송 당사자 사이에서 그 행정처분과 동일한 사유로 위법한 처분이 반복될 위험성이 있어 행정처분의 위법성 확인 내지 불분명한 법률문제에 대한 해명이 필요한 경우 행정의 적법성 확보와 그에 대한 사법통제, 국민의 권리구제의 확대 등의 측면에서 예외적으로 그 처분의 취소를 구할 소의 이익을 인정할 수 있을 뿐이다.

[2] 대법원이 이른바 양심적 병역거부가 병역법 제88조 제1항에서 정한 병역의무 불이행의 '정당한 사유'에 해당할 수 있다는 취지로 판례를 변경하자, 피고는 위 대법원 판례변경의 취지를 존중하여 이 사건 상고심 계속 중인 2018.11.15.경 원고들에 대한 공개결정을 직권으로 취소한 다음, 그 사실을 원고들에게 개별적으로 통보하고 병무청 인터넷 홈페이지에서 게시물을 삭제한 사실을 인정할 수 있다. 따라서 이 사건 소는 이미 소멸하고 없는 처분의 무효확인 또는 취소를 구하는 것으로서 원칙적으로 소의 이익이 소멸하였다고 보아야 한다. 또한, 피고가 양심적 병역 거부자인 '여호와의 증인' 신도들에 대하여 대법원의 판례변경의 취지를 존중하여 당초 처분을 직권취소한 것이므로, 동일한 소송 당사자 사이에서 당초 처분과 동일한 사유로 위법한 처분이 반복될 위험성이 있어 행정처분의 위법성 확인이나 불분명한 법률문제에 대한 해명이 필요한 경우도 아니어서, 소의 이익을 예외적으로 인정할 필요도 없다. 결국 이 사건 소는 부적법하다고 판단된다.[266)]

265) 피고 보조참가인(전국교직원노동조합)은 원고 교육감과 단체교섭을 진행하였으나 합의에 이르지 못하여 중앙노동위원회에 교원노조법에 따른 노동쟁의 조정신청을 하였고, 중앙노동위원회는 중재재정(31개 조항)을 하였는데, 그 사용자를 원고 교육청으로 기재함. 이에 원고들이 피고 중앙노동위원회위원장을 상대로, ① 주위적으로 당사자적격이 없는 원고 교육청을 교섭당사자로 한 이 사건 중재재정은 절차상 중대·명백한 하자가 있다는 이유로 무효확인을 구하고, ② 예비적으로 이 사건 중재재정 각 조항이 교섭대상에 해당하지 않고 위법하거나 월권에 의한 것이라는 이유로 취소를 구한 사안에서, 원심은, 이 사건 중재재정의 당사자로 표시된 원고 교육청은 원고 교육감의 오기에 불과하다는 이유로 원고들의 주위적 무효 주장을 배척하고, 교원노조법 중재재정에 대하여도 비교섭 사항을 단체교섭 대상에서 제외한 공무원노조법 제8조 제1항 단서와 그 법리가 그대로 적용되어야 한다고 전제한 후 이 사건 중재재정 중 13개 조항이 비교섭 사항에 대한 것으로 위법하다고 판단하였으나, 대법원은 위와 같은 법리를 최초로 설시하면서, 비록 원심판결 선고 후 이 사건 중재재정의 유효기간이 경과하였으나 예외적으로 소의 이익이 있다고 인정하고, 이 사건 중재재정의 당사자 표시가 오기라고 보아 원고들의 주위적 무효확인 청구를 배척한 원심판단을 수긍함. 그러나 원심이 공무원노조법의 비교섭 사항에 관한 규정과 법리가 적용됨을 전제로 위법하다고 본 5개 조항은 교육과정 등 정책결정에 관한 사항이나 교육기관 및 교육행정기관의 본질적·근본적 권한을 침해·제한하는 내용이 아니어서 적법하다고 보아, 이와 달리 본 원심을 일부 파기·환송한 사례(대판 2024.4.16. 2022두57138)

266) 대판 2019.6.27. 2018두49130

6. 단계적 행정결정의 경우

핵심판례

1. **임시이사 선임처분 취소소송에서의 소의 이익**
   제소 당시에는 권리보호의 이익을 갖추었는데, 제소 후 취소대상 행정처분이 기간의 경과 등으로 인하여 그 효과가 소멸한 경우, 동일한 소송당사자 사이에 동일한 사유로 위법한 처분이 반복될 위험성이 있어 행정처분의 위법성 확인 내지 불분명한 법률문제에 대한 해명이 필요하다고 판단되는 경우, 그리고 선행처분과 후행처분이 단계적인 일련의 절차로 연속하여 행하여져 후행처분이 선행처분의 적법함을 전제로 이루어짐에 따라, 선행처분의 하자가 후행처분에 승계된다고 볼 수 있어 이미 소를 제기하여 다투고 있는 선행처분의 위법성을 확인하여 줄 필요가 있는 경우 등에는, 행정의 적법성 확보와 그에 대한 사법통제, 국민의 권리구제의 확대 등의 측면에서 여전히 그 처분의 취소를 구할 법률상 이익이 있다.[267)]

2. **조합설립추진위원회 구성승인처분에 대한 취소 또는 무효확인을 구할 소의 이익**
   구 도시 및 주거환경정비법(이하 '구 도시정비법') 제13조 제1항, 제2항, 제14조 제1항, 제15조 제4항, 제5항 등 관계 법령의 내용, 형식, 체제 등에 비추어 보면, 조합설립추진위원회(이하 '추진위원회') 구성승인처분은 조합의 설립을 위한 주체인 추진위원회의 구성행위를 보충하여 그 효력을 부여하는 처분으로서 조합설립이라는 종국적 목적을 달성하기 위한 중간단계의 처분에 해당하지만, 그 법률요건이나 효과가 조합설립인가처분의 그것과는 다른 독립적인 처분이기 때문에, 추진위원회 구성승인처분에 대한 취소 또는 무효확인 판결의 확정만으로는 이미 조합설립인가를 받은 조합에 의한 정비사업의 진행을 저지할 수 없다. 따라서 추진위원회 구성승인처분을 다투는 소송 계속 중에 조합설립인가처분이 이루어진 경우에는, 추진위원회 구성승인처분에 위법이 존재하여 조합설립인가 신청행위가 무효라는 점 등을 들어 직접 조합설립인가처분을 다툼으로써 정비사업의 진행을 저지하여야 하고, 이와는 별도로 추진위원회 구성승인처분에 대하여 취소 또는 무효확인을 구할 법률상의 이익은 없다고 보아야 한다.[268)]

7. 원고의 청구가 이론적 의미만 있을 뿐 실제적 효용이 없는 경우

핵심판례

법학전문대학원 예비인가처분 취소소송의 소의 이익
인·허가 등 수익적 행정처분을 신청한 수인이 서로 경쟁관계에 있어, 일방에 대한 허가 등 처분이 타방에 대한 불허가 등으로 귀결될 수밖에 없는 경우, 허가 등의 처분을 받지 못한 자는 비록 경원자에 대하여 이루어진 허가 등 처분의 상대방이 아니라 하더라도, 당해 처분의 취소를 구할 원고적격이 있다. 다만, 명백한 법적 장애로 인하여 원고 자신의 신청이 인용될 가능성이 처음부터 배제되어 있는 경우에는, 당해 처분의 취소를 구할 정당한 이익이 없다.[269)]

---

267) 대판 2007.7.19. 2006두19297[전합]
268) 대판 2013.1.31. 2011두11112
269) 대판 2009.12.10. 2009두8359

제4절 소송참가

I 소송참가의 의의

1. 개 념

소송참가라 함은, 현재 계속 중인 타인 간의 소송에 제3자가 자기의 이익을 옹호하기 위하여 참가하는 것을 말한다.

2. 필요성

행정소송, 특히 항고소송에는 그 소송의 대상인 처분 등이 다수인의 권익에 관계되는 일이 많을 뿐만 아니라, 처분의 상대방 이외에 제3자의 권익에 영향을 미치는 경우가 있으므로, 소송참가의 필요성이 있다.

3. 참가형태

행정소송법은 제3자의 소송참가(행소법 제16조)와 행정청의 소송참가(행소법 제17조)를 규정하고 있다. 행정소송법은 취소소송에 이를 규정하고 있고, 무효등확인소송(행소법 제38조 제1항)이나 부작위위법확인소송(행소법 제38조 제2항), 당사자소송(행소법 제44조)에 준용하고 있으며, 민중소송이나 기관소송에는 그 성질에 반하지 아니하는 한 준용되는 것으로 규정(행소법 제46조 제1항)하고 있다.

II 제3자의 소송참가

1. 의 의

소송의 결과에 따라 권리 또는 이익의 침해를 받을 제3자가 있는 경우, 당사자나 제3자의 신청 또는 직권에 의한 결정으로써 그 제3자를 소송에 참가시키는 제도를 말한다(행소법 제16조).

2. 참가의 요건

(1) 타인 간의 적법한 취소소송 등의 계속

소송이 어떠한 심급에 있는가는 묻지 않고, 소송참가를 위해서는 타인 간의 소송이 적법하게 계속되고 있어야 한다.

(2) 소송의 결과에 의하여 권리 또는 이익의 침해를 받을 제3자

권리 또는 이익의 침해에서의 이익은 법률상 이익을 말하고, 단순한 사실상 이익 내지 경제상 이익은 포함되지 않는다.[270] 소송의 결과에 의하여 권리 또는 이익을 침해받는다는 것은 판결의 형성력에 의하여 권리 또는 이익을 박탈당하는 경우뿐만 아니라, 판결의 행정청에 대한 기속력에 따른 행정청의 새로운 처분에 의하여 권리 또는 이익을 침해받는 경우를 포함한다.

270) 대판 2008.5.29. 2007두23873

3. 참가의 절차

제3자의 소송참가는 당사자나 제3자의 신청 또는 직권에 의한 결정으로써 행한다. 법원이 직권으로 참가결정을 하고자 할 경우에는, 미리 당사자 및 제3자의 의견을 들어야 한다(행소법 제16조).

4. 참가인의 지위

(1) 공동소송적 보조참가인

소송참가인에 대하여는 민사소송법 제67조가 준용되어(행소법 제16조 제4항), 참가인은 피참가인과의 관계에 있어 필수적 공동소송의 공동소송인에 준한 지위에 서게 되나, 당사자에 대하여 독자적인 청구를 하는 것은 아니므로, 강학상 공동소송적 보조참가인의 지위와 유사한 것으로 보는 것이 일반적 견해이다.

(2) 참가인이 피참가인의 행위와 어긋나는 행위를 할 수 있는지 여부

제3자의 소송참가의 경우 민사소송법 제67조의 규정이 준용되므로, 참가인은 자신에게 유리한 한도 내에서 피참가인의 행위와 어긋나는 행위를 할 수 있다. 따라서 참가인이 상소를 제기한 경우 피참가인이 상소권 포기나 상소 취하를 하여도 상소의 효력은 지속된다.

5. 불 복

신청을 한 제3자는 신청을 각하하는 결정에 대하여 즉시항고를 할 수 있다(행소법 제16조 제3항).

Ⅲ 행정청의 소송참가

1. 의 의

(1) 개 념

행정청의 소송참가라 함은, 관계행정청이 행정소송에 참가하는 것을 말한다(행소법 제17조).

(2) 필요성

공공성과 관련되는 취소소송의 적정한 심리와 재판을 도모하기 위하여, 관계행정청으로 하여금 직접 소송에 참여하여 공격·방어방법을 제출할 있도록 이를 명문화한 것이다.

2. 참가의 요건

(1) 타인 간의 취소소송 등이 계속되고 있을 것

소송이 어떠한 심급에 있는가는 묻지 않고, 소송참가를 위해서는 타인 간의 소송이 적법하게 계속되고 있어야 한다.

(2) 다른 행정청일 것

피고인 행정청 이외의 행정청으로서 당해 처분이나 재결에 관계 있는 행정청이어야 한다.

(3) 참가시킬 필요성이 있을 것

법원이 적정한 심리·판결을 위하여 참가시킬 필요성이 있는 것을 말한다.

3. 참가의 절차

행정청의 소송참가는 당사자 또는 당해 행정청의 신청 또는 직권에 의한 결정으로써 행한다. 행정청의 소송참가를 결정하고자 할 경우에는, 미리 당사자 및 당해 행정청의 의견을 들어야 한다(행소법 제17조).

4. 참가행정청의 지위

참가행정청에 대하여는 민사소송법 제76조의 규정이 준용되므로, 참가행정청은 보조참가인에 준하는 지위에서 소송을 수행한다. 참가행정청은 소송에 관하여 공격, 방어, 이의, 상소, 기타 일체의 소송행위를 할 수 있지만, 피참가인의 소송행위와 저촉되는 소송행위는 할 수 없다.

5. 불 복

참가 허부의 결정에 대하여는 모두 불복할 수 없다. 행정소송법 제17조는 제16조와는 달리, 참가 허부결정에 대한 불복규정을 두지 아니하고 있다.

Ⅳ 민사소송법상 보조참가

1. 허용 여부

행정소송법 제8조 제2항에 비추어, 행정소송법에 민사소송법의 규정을 배제하는 특별한 규정이 없는 경우에는, 행정소송의 특수성에 어긋나지 않는 범위 내에서 민사소송법의 규정을 준용할 수 있으므로, 일정한 경우 민사소송법에 의한 소송참가가 가능하다.

2. 허용 범위

행정소송 사건에서 민사소송법상 보조참가의 요건을 갖춘 경우 민사소송법상 보조참가가 허용되고 그 성격은 공동소송적 보조참가라는 것이 판례이다.

핵심판례

1. **민사소송법상 보조참가를 인정한 사례(1)**
   [1] 행정소송 사건에서 참가인이 한 보조참가가 행정소송법 제16조가 규정한 제3자의 소송참가에 해당하지 않는 경우에도, 판결의 효력이 참가인에게까지 미치는 점 등 행정소송의 성질에 비추어 보면 그 참가는 민사소송법 제78조에 규정된 공동소송적 보조참가이다.
   [2] 공동소송적 보조참가는 그 성질상 필수적 공동소송 중에서는 이른바 유사필수적 공동소송에 준한다 할 것인데, 유사필수적 공동소송에서는 원고들 중 일부가 소를 취하하는 경우에 다른 공동소송인의 동의를 받을 필요가 없다. 또한 소취하는 판결이 확정될 때까지 할 수 있고 취하된 부분에 대해서는 소가 처음부터 계속되지 아니한 것으로 간주되며(민사소송법 제267조), 본안에 관한 종국판결이 선고된 경우에도 그 판결 역시 처음부터 존재하지 아니한 것으로 간주되므로, 이는 재판의 효력과는 직접적인 관련이 없는 소송행위로서 공동소송적 보조참가인에게 불이익이 된다고 할 것도 아니다. 따라서 피참가인이 공동소송적 보조참가인의 동의 없이 소를 취하하였다 하더라도 이는 유효하다. 그리고 이러한 법리는 행정소송법 제16조에 의한 제3자 참가가 아니라 민사소송법의 준용에 의하여 보조참가를 한 경우에도 마찬가지로 적용된다.[271]

---

271) 대판 2013.3.28. 2011두13729

2. **민사소송법상 보조참가를 인정한 사례(2)**

공정거래위원회가 명한 시정조치에 대하여 그 취소 등을 구하는 행정소송에서 당해 시정조치가 사업자의 상대방에 대한 특정행위를 중지·금지시키는 것을 내용으로 하는 경우, 당해 소송의 판결 결과에 따라 해당 사업자가 특정행위를 계속하거나 또는 그 행위를 할 수 없게 되고, 따라서 그 행위의 상대방은 그 판결로 법률상 지위가 결정된다고 볼 수 있으므로 그는 위 행정소송에서 공정거래위원회를 보조하기 위하여 보조참가를 할 수 있다.[272)]

272) 대결 2013.7.12. 2012무84

03 취소소송의 당사자적격

※ 기출문제해설의 답안은 참고용으로 활용하시기 바랍니다.

제1장 제2장 제3장 제4장 제5장 제6장 제7장 제8장 제9장 제10장 제11장 · 제12장 제13장

기출문제 ▌ 2023년 제32회 공인노무사시험

제2문

A시에서 여객자동차운송사업을 하고 있는 甲은 운송사업 중 일부 노선을 같은 지역 여객자동차운송사업자인 乙에게 양도하였고, A시의 시장 X는 위 양도·양수를 인가하였다. 이 노선에는 甲이외에도 여객자동차운송사업자 丙이 일부 중복된 구간을 운영하고 있으며, 위 인가처분으로 해당구간의 사업자는 甲, 乙, 丙으로 증가한다. 이에 丙은 기존의 경쟁 사업자 외에 乙이 동일한 운행경로를 포함한 운행계통을 가지게 되어 그 중복운행 구간의 연고 있는 사업자 수가 증가하고, 그 결과 향후 운행횟수 증회, 운행계통 신설 및 변경 등에 있어 장래 기대이익이 줄어들 것을 우려한다.

그런데 위 인가처분으로 인해 甲이 운행하던 일부 노선에 관한 운행계통, 차량 및 부대시설 등이 일체로 乙에게 양도된 것이어서, 이로 인하여 종전노선 및 운행계통이나 그에 따른 차량수 및 운행횟수 등에 변동이 있는 것은 아니다. 丙이 위 인가처분의 취소를 구하는 소송을 제기할 경우, 원고적격이 인정되는가? (25점)

▌목 차▌

예시답안 ▎ 2023년 제32회 공인노무사시험

Ⅰ 논점의 정리

甲이 자신의 운송사업의 일부 노선을 乙에게 양도하여 A시의 시장이 여객자동차운송사업 양도·양수인가처분을 하므로 丙이 양도·양수인가처분 취소소송을 제기한 경우, 처분의 상대방이 아닌 제3자에 해당하는 丙의 원고적격의 인정 여부는 丙이 운송사업을 수행하는 노선에 대한 향후 운행횟수 증회, 운행계통 신설 및 변경에 의한 기대이익이 법률상 보호되는 직접적이고 구체적인 이익이라고 볼 수 있는지 여부와 관련되므로 이를 중심으로 검토하기로 한다.

Ⅱ 丙의 여객자동차운송사업 양도·양수인가처분 취소소송에서의 원고적격

1. 의 의

원고적격이란 구체적인 소송에서 원고로서 소송을 수행하여 본안판결을 받을 수 있는 자격을 말한다.

2. 인정범위

(1) 법률상 이익의 의미

1) 견해의 대립

행소법 제12조 제1문은, 취소를 구할 법률상 이익이 있는 자가 취소소송을 제기할 수 있다고 규정하고 있으나 그 의미에 대한 명시적 규정이 없어, 견해의 대립하고 있는데 학설은 권리구제설, 법적 이익구제설, 보호가치 있는 이익구제설, 적법성 보장설 등이 주장되고 있으나 판례는 법적 이익구제설에 따라 법률상 보호되는 이익이라 함은, 당해 처분의 근거법규에 의하여 보호되는 개별적·직접적·구체적 이익이 있는 경우를 말한다고 판시하고 있으며 최근에는 법률상 이익의 범위를 점차 넓혀 가는 경향이 있다.

2) 검 토

현행 행소법의 해석상 항고소송의 주된 기능을 권익구제로 이해하고, 항고소송이 주관적 소송임을 고려하면, 법적 이익구제설이 타당하다.

(2) 보호규범의 범위

1) 견해의 대립

판례에 따라 법률상 이익을 법적 이익구제설에 의하여 파악할 경우, 법률의 범위를 어떻게 볼 것인가에 대하여 학설은 처근거법규설, 관계법규설, 기본권고려설 등이 대립하고 있다. 판례는 기본적으로 처분의 근거법규에 의하여 보호되는 이익만을 법률상 이익으로 본다. 최근에는 폐기물처리시설입지결정사건에서 처분의 근거법규뿐만 아니라, 관계법규에 의하여 보호되는 이익까지 고려하여 법률상 이익을 판단하고 있다.

2) 검 토

국민의 기본권 보장과 원고적격의 확대화 경향에 따라, 헌법상 기본권 및 원리까지 고려하여 보호규범의 범위를 판단하는 것이 타당하다.

(3) 사안의 경우

현행 행소법의 해석상 항고소송의 주된 기능을 권익구제로 이해하고, 항고소송이 주관적 소송임을 고려하면, 법적 이익구제설을 원칙으로 하되, 법률상 이익에는 처분의 근거법규 및 관계법규뿐만 아니라, 헌법상 기본권에 의하여 인정되는 법률상 이익도 포함된다고 보는 것이 타당하다.

3. **경업자소송의 원고적격**

(1) 경업자소송의 의의

경업자소송이란 동종의 여러 영업자가 경쟁관계에 있는 경우, 기존업자가 신규업자의 신규허가에 대하여 제기하는 소송을 말한다.

(2) 원고적격 인정 여부

판례는 일반적으로, 기존업자가 특허기업인 경우에는 원고적격을 인정하고, 기존업자가 허가기업인 경우에는 원고적격을 부정하는 경향이 있다. 한편 판례는 사안과 유사한 사례에서 자동차운수사업인·면허사무처리요령은 행정조직 내부에 있어서의 행정명령의 성격을 지닐 뿐 대외적으로 국민이나 법원을 구속하는 힘이 없다고 할 것이므로 사무처리요령에서 당해 운행계통에 대한 연고 등에 따라 운행횟수 증회, 운행계통 신설, 변경 등에 관한 인가나 면허를 하도록 규정하고 있다 하더라도 기존의 자동차운송사업자가 장래 운행횟수의 증회, 운행계통의 신설, 변경 등에 관하여 얻을 수 있는 기대이익은 법률상 보호되는 직접적이고 구체적인 이익이라고 볼 수 없다고 하여 경업자의 원고적격을 부정하는 판시를 한바 있다.

(3) 검 토

생각건대 乙이 甲이 사업을 행하던 노선의 일부를 양수하여 해당구간의 사업자가 甲, 乙, 丙으로 증가한다고 하더라도, 乙과 동일한 운행경로를 가진 丙이 운행횟수 증회, 운행계통 신설 및 변경 등에 의해 장래 얻을 것으로 예상할 수 있는 기대이익에 관하여는 乙에 대한 인가처분에 대하여 직접적이거나 사실적, 경제적 이해관계를 가지는 데 불과하므로 장래 기대이익은 법률상 보호되는 간접적이고 구체적인 이익이라고 볼 수 없다고 보는 것이 타당하다고 판단된다. 이는 양도·양수 인가처분으로 甲이 운행하던 일부 노선에 관한 운행계통, 차량 및 부대시설 등이 일체로 乙에게 양도되었기 때문에 종전노선 및 운행계통이나 그에 따른 차량수 및 운행횟수 등에 변동이 있는 것은 아니라는 점에서도 그러하다.

Ⅲ 사안의 적용

현행 행소법의 해석상 법적 이익구제설을 원칙으로 하되, 법률상 이익에는 처분의 근거법규 및 관계법규뿐만 아니라, 헌법상 기본권에 의하여 인정되는 법률상 이익도 포함된다고 보는 것이 타당하다고 판단된다. 이에 의하여 판단하건대 丙이 장래 얻을 것으로 예상할 수 있는 기대이익에 관하여는 乙에 대한 인가처분에 대하여 간접적이거나 사실적, 경제적 이해관계를 가지는 데 불과하다고 보이고, 丙의 종전노선 및 운행계통이나 그에 따른 차량수 및 운행횟수 등에 변동이 있는 것은 아니라는 점을 고려하면 丙에게 법률상 보호되는 직접적이고 구체적인 이익이 인정되지 아니하므로 丙의 여객자동차운송사업 양도·양수인가처분 취소소송에서의 원고적격은 인정되지 아니한다고 판단된다.

Ⅳ 결 론

丙의 여객자동차운송사업 양도·양수인가처분 취소소송에서의 원고적격은 인정되지 아니한다.

제1문

채석업자 丙은 P 산지(山地)에서 토석채취를 하기 위하여 관할 행정청인 군수 乙에게 토석채취허가신청을 하였다. 乙은 丙의 신청서류를 검토한 후 적정하다고 판단하여 토석채취허가 (이하 '이 사건 처분')를 하였다. 한편, P 산지 내에는 과수원을 운영하여 거기에서 재배된 과일로 만든 잼 등을 제조・판매하는 영농법인 甲이 있는데, 그곳에서 제조하는 잼 등은 청정지역에서 재배하여 품질 좋은 제품이라는 명성을 얻어 인기리에 판매되고 있다. 그런데, 甲은 과수원 인근에서 토석채취가 이루어지면 비산먼지 등으로 인하여 과수원에 악영향을 미친다고 판단하여, 이 사건 처분의 취소를 구하는 소를 제기하였다. 다음 물음에 답하시오. (50점)

물음 1

위 취소소송에서 甲의 원고적격은 인정될 수 있는가? (20점)

▌목 차▌

Ⅰ. 논점의 정리
Ⅱ. 甲의 토석채취허가 취소소송에서의 원고적격
　1. 원고적격의 의의
　2. 인정범위
　　(1) 법률상 이익의 의미
　　(2) 보호규범의 범위
　　(3) 검 토
　3. 인인소송의 원고적격
　　(1) 인인소송의 의의
　　(2) 원고적격 인정 여부
　　(3) 검 토
Ⅲ. 사안의 적용
Ⅳ. 결 론

예시답안 ▌ 2022년 제31회 공인노무사시험

Ⅰ 논점의 정리

군수 乙이 채석업자 丙에게 토석채취허가를 하자 P산지 내에서 과수원을 운영하는 영농법인 甲이 처분의 취소를 구하는 소를 제기한 경우, 甲과 같은 법인에 제기한 인인소송에서의 원고적격 인정 여부는 토석채취허가 처분의 근거법령의 개인적 이익보호의 인정 여부와 관련되므로 처분의 근거법령이 비산먼지 등으로 인한 재산상 피해와 같은 이익도 보호하는 것인지 여부를 검토하기로 한다.

Ⅱ 甲의 토석채취허가 취소소송에서의 원고적격

1. 원고적격의 의의

원고적격이란 구체적인 소송에서 원고로서 소송을 수행하여 본안판결을 받을 수 있는 자격을 말한다.

2. 인정범위

(1) 법률상 이익의 의미

1) 견해의 대립

행소법 제12조 제1문은, 취소를 구할 법률상 이익이 있는 자가 취소소송을 제기할 수 있다고 규정하고 있으나 그 의미에 대한 명시적 규정이 없어, 견해의 대립하고 있는데 학설은 권리구제설, 법적 이익구제설, 보호가치 있는 이익구제설, 적법성 보장설 등이 주장되고 있으나 판례는 법적 이익구제설에 따라 법률상 보호되는 이익이라 함은, 당해 처분의 근거법규에 의하여 보호되는 개별적·직접적·구체적 이익이 있는 경우를 말한다고 판시하고 있으며 최근에는 법률상 이익의 범위를 점차 넓혀 가는 경향이 있다.

2) 검 토

현행 행소법의 해석상 항고소송의 주된 기능을 권익구제로 이해하고, 항고소송이 주관적 소송임을 고려하면, 법적 이익구제설이 타당하다고 판단된다.

(2) 보호규범의 범위

1) 견해의 대립

판례에 따라 법률상 이익을 법적 이익구제설에 의하여 파악할 경우, 법률의 범위를 어떻게 볼 것인가에 대하여 학설은 처근거법규설, 관계법규설, 기본권고려설 등이 대립하고 있다. 판례는 기본적으로 처분의 근거법규에 의하여 보호되는 이익만을 법률상 이익으로 본다. 최근에는 폐기물처리시설입지결정사건에서 처분의 근거법규뿐만 아니라, 관계법규에 의하여 보호되는 이익까지 고려하여 법률상 이익을 판단하고 있다.

2) 검 토

국민의 기본권 보장과 원고적격의 확대화 경향에 따라, 헌법상 기본권 및 원리까지 고려하여 보호규범의 범위를 판단하는 것이 타당하다고 판단된다.

(3) 검 토

현행 행소법의 해석상 항고소송의 주된 기능을 권익구제로 이해하고, 항고소송이 주관적 소송임을 고려하면, 법적 이익구제설을 원칙으로 하되, 법률상 이익에는 처분의 근거법규 및 관계법규뿐만 아니라, 헌법상 기본권에 의하여 인정되는 법률상 이익도 포함된다고 보는 것이 타당하다고 판단된다.

3. 인인소송의 원고적격

(1) 인인소송의 의의

인인소송이란 어떠한 시설의 설치를 허가하는 처분에 대하여, 당해 시설의 인근주민이 다투는 소송을 말한다.

(2) 원고적격 인정 여부

인인소송에서 원고적격의 인정여부에 대한 판단기준은 근거법률의 개인적 이익보호의 인정 여부이다. 판례는 사안과 유사한 사례(공유수면 매립승인처분 사건)에서, 자연인이 아닌 원고 수녀원(법인)은 쾌적한 환경에서 생활할 수 있는 이익을 향수할 수 있는 주체도 아니므로 처분으로 인하여 생활상의 이익이 직접적으로 침해되는 관계에 있다고 볼 수도 없고, 수녀원이 운영하는 잼 공장에 직접적이고 구체적인 재산적 피해가 발생한다거나 원고 수녀원이 폐쇄되고 이전해야 하는 등의 피해를 받거나 받을 우려가 있다는 점 등에 관한 증명도 부족하므로 처분의 무효확인을 구할 원고적격이 없다고 판시한바 있다. 다른 판례에서는 구 산림법 및 그 시행령, 시행규칙들의 규정 취지는 산림의 보호·육성, 임업생산력의 향상 및 산림의 공익기능의 증진을 도모함으로써 그와 관련된 공익을 보호하려는 데에 그치는 것이 아니라 그로 인하여 직접적이고 중대한 생활환경의 피해를 입으리라고 예상되는 토사채취 허가 등 인근 지역의 주민들이 주거·생활환경을 유지할 수 있는 개별적 이익까지도 보호하고 있다고 할 것이므로, 인근주민들이 토사채취허가와 관련하여 가지게 되는 이익은 위와 같은 추상적, 평균적, 일반적인 이익에 그치는 것이 아니라 처분의 근거법규 등에 의하여 보호되는 직접적·구체적인 법률상 이익이라고 할 것이라고 하여 인근 사찰에 토사채취허가처분을 다툴 원고적격을 인정한 경우가 있다.

(3) 검 토

법인은 일반적으로 쾌적한 환경에서 생활할 수 있는 이익을 향유할 권리가 인정되지 아니하나, 토석채취허가 처분의 근거법령이 산지의 보전이라는 공익뿐 아니라 토석채취허가 처분이 취소됨에 따라 甲처럼 인접한 과수원을 경영하는 영농법인이 비산먼지 등으로 인한 재산상 피해를 입을 우려에서 벗어나는 것과 같은 개인적 이익도 직접적이고 구체적으로 보호하는 취지를 포함한다면 원고적격이 인정될 수도 있을 것이다.

Ⅲ 사안의 적용

현행 행소법의 해석상 법적 이익구제설을 원칙으로 하되, 법률상 이익에는 처분의 근거법규 및 관계법규뿐만 아니라, 헌법상 기본권에 의하여 인정되는 법률상 이익도 포함된다고 보는 것이 타당하다고 판단된다. 법인은 일반적으로 쾌적한 환경에서 생활할 수 있는 이익을 향유할 권리가 인정되지 아니하나, 토석채취허가 처분의 근거법령이 甲처럼 인접한 과수원을 경영하는 영농법인이 비산먼지 등으로 인한 재산상 피해를 입을 우려에서 벗어나는 것과 같은 개인적 이익도 직접적이고 구체적으로 보호하는 취지를 포함한다면 甲에게 토석채취허가 취소소송에서의 원고적격이 인정될 수도 있을 것이다.

Ⅳ 결 론

토석채취허가 처분의 근거법령이 영농법인 甲이 비산먼지 등으로 인한 재산상 피해를 입을 우려에서 벗어나는 것과 같은 개인적 이익도 직접적이고 구체적으로 보호하는 취지를 포함한다면 甲에게 원고적격이 인정될 수도 있을 것이다.

03 취소소송의 당사자적격

※ 기출문제해설의 답안은 참고용으로 활용하시기 바랍니다.

기출문제 ▎ 2022년 제31회 공인노무사시험

제2문

甲은 교육사업을 영위하는 회사 乙과 기간의 정함이 없는 근로계약을 체결하고 근무하던 중 乙로부터 해고를 통보받았다. 이에 대해 甲은 서울지방노동위원회에 부당해고 구제를 신청하였고, 이후 원직에 복직하는 대신 금전보상명령을 구하는 것으로 신청취지를 변경하였다. 그러나 서울지방노동위원회에의 구제신청과 이어진 중앙노동위원회에의 재심신청이 각각 기각됨에 따라, 甲은 2022.7.22. 서울행정법원에 재심판정의 취소를 구하는 소를 제기하였다. 한편, 乙은 2022.7.19. 정당한 절차에 의해 취업규칙을 개정하였고, 이 규칙은 이 사건 소가 계속 중이던 2022.81.부터 시행되었다. 종전 취업규칙에는 정년에 관한 규정이 없었으나 '개정 취업규칙'에는 근로자가 만 60세에 도달하는 날을 정년으로 정하고 있으며, 甲은 이미 2022.4.15. 만 60세에 도달하였다. 甲이 중앙노동위원회의 재심판정을 다툴 협의의 소의 이익의 인정되는지를 설명하시오. (25점)

▎목차연습 ▎

제1장 제2장 제3장 제4장 제5장 제6장 제7장 제8장 제9장 제10장 제11장 제12장 제13장

예시답안 ‖ 2022년 제31회 공인노무사시험

Ⅰ 논점의 정리

甲이 부당해고재심판정 취소소송으로 해고의 효력을 다투던 중 정년의 도래로 근로관계가 종료되어 원직복직이 불가능하게 된 경우에도 구제신청을 기각한 중앙노동위원회의 재심판정을 다툴 소의 이익이 인정되는지 여부가 문제된다.

Ⅱ 취소소송에서의 협의의 소의 이익

1. 협의의 소의 이익의 의의

협의의 소의 이익이라 함은, 원고가 소송상 청구에 대하여 본안판결을 구하는 것을 정당화시킬 수 있는 현실적 이익 내지 필요성을 말한다. 이를 권리보호의 필요라고도 한다.

2. 행소법 제12조 제2문의 법적 성질

(1) 학 설

행소법 제12조 제1문과 제2문을 모두 원고적격에 관한 규정으로 이해하는 원고적격설(입법비과오설)과, 행소법 제12조 제1문은 원고적격에 관한 조항이고, 제2문은 권리보호의 필요, 즉 협의의 소의 이익에 관한 규정으로 보는 협의의 소익설(입법과오설)이 대립한다.

(2) 검 토

행소법 제12조 제2문은 행정소송을 포함한 소송사건 전반의 일반적 소송요건으로서의 협의의 소의 이익을 규정한 것이므로, 이를 원고적격과 함께 규정한 것은 입법의 과오라고 보는 견해가 타당하다고 판단된다.

3. 회복되는 법률상 이익의 범위

(1) 문제점

행소법 제12조 제2문의 회복되는 법률상 이익이 구체적으로 무엇을 의미하는지에 대하여 견해가 대립하고 있다. 문제는 회복되는 법률상 이익에 명예·신용 등의 인격적 이익이나 장래의 불이익 등이 포함되는지 여부이다.

(2) 견해의 대립

학설은 재산적 이익설, 명예·신용상 이익설, 정당한 이익설이 대립하고 있고, 판례는 행소법 제12조 제2문의 소송을 취소소송으로 보고, 법률상 이익의 개념을 동조 전문과 동일하게 보고 있다. 즉, 법률상 이익이란 처분의 근거법률에 의하여 보호되는 개별적·직접적·구체적 이익을 의미한다고 한다.

(3) 검 토

행소법 제12조 제2문은 법문의 규정형식에도 불구하고 협의의 소의 이익을 규정한 것으로 보아야 하고, 행소법 제12조 제2문의 소송은 국민의 권리구제의 실효성을 확보하기 위하여 위법확인소송으로 보아야 한다. 따라서 회복되는 법률상 이익에는 개별적·직접적·구체적 이익뿐만 아니라, 위법확인의 정당한 이익도 포함된다고 보는 정당한 이익설이 타당하다고 판단된다.

Ⅲ 부당해고재심판정 취소소송에서의 협의의 소의 이익

1. 문제점

근로자 甲이 중앙노동위원회 위원장을 피고로 부당해고재심판정 취소소송을 제기하여 소송계속 중 회사 乙의 개정 취업규칙에 의하여 甲의 정년이 제소 전에 도달된 것으로 보이는 경우, 중앙노동위원회는 甲의 원직복직이 불가능한 경우에도 근기법 제30조 제4항에 의하여 회사 乙에게 甲이 근로를 제공하였다면 받을 수 있었던 임금상당액에 해당하는 금품에 대한 지급명령을 할 수 있다는 점에서 甲이 해고기간 중의 임금 상당액을 지급받을 필요가 있다면 회복되는 법률상 이익이 있으므로 협의의 소의 이익이 인정되는 것은 아닌지 문제된다.

2. 협의의 소의 이익 인정 여부

(1) 종전 판례

종전 판례는 근로자가 부당해고 구제신청을 하여 해고의 효력을 다투던 중 근로계약기간의 만료로 근로관계가 종료하였다면, 근로자로서는 비록 이미 지급받은 해고기간 중의 임금을 부당이득으로 반환하여야 하는 의무를 면하기 위한 필요가 있거나, 퇴직금 산정 시 재직기간에 해고기간을 합산할 실익이 있다고 하여도, 그러한 이익은 민사소송절차를 통하여 해결될 수 있어 더 이상 구제절차를 유지할 필요가 없게 되었으므로, 구제이익은 소멸한다고 보아야 한다고 판시하였다.

(2) 전합 판례

최근 전합 판례는 부당해고 구제명령제도에 관한 근기법의 규정 내용과 목적 및 취지, 임금 상당액 구제명령의 의의 및 법적 효과 등을 종합적으로 고려하면, 근로자가 부당해고 구제신청을 하여 해고의 효력을 다투던 중 정년에 이르거나 근로계약기간이 만료하는 등의 사유로 원직에 복직하는 것이 불가능하게 된 경우에도 해고기간 중의 임금 상당액을 지급받을 필요가 있다면 임금 상당액 지급의 구제명령을 받을 이익이 유지되므로 구제신청을 기각한 중앙노동위원회의 재심판정을 다툴 소의 이익이 있다고 보아야 한다고 판시하고 있다.[273]

(3) 검 토

근로자가 부당해고 구제신청을 하여 해고의 효력을 다투던 중 정년의 도래로 근로관계가 종료하였더라도 부당해고 구제명령제도의 목적과 금품지급명령을 도입한 근기법 제30조 제4항의 개정 취지를 고려할 때 해고기간 중의 미지급 임금과 관련하여 강제력 있는 구제명령을 얻을 이익이 있다는 전합판례가 타당하다고 판단된다. 따라서 중앙노동위원회는 회사 乙에게 甲의 정년의 도래로 원직복직이 불가능한 경우에도 근기법 제30조 제4항에 의하여 甲이 근로를 제공하였다면 받을 수 있었던 임금상당액에 해당하는 금품에 대한 지급명령을 할 수 있다는 점에서 甲이 해고기간 중의 임금 상당액을 지급받을 필요가 있다면 임금 상당액에 해당하는 금품의 지급에 대한 구제명령을 받을 이익이 유지되어 회복되는 법률상 이익이 있으므로 협의의 소의 이익이 인정된다고 보는 것이 타당하다.

273) 대판 2020.2.20. 2019두52386[전합]

Ⅳ 사안의 적용

행소법 제12조 제2문의 회복되는 법률상 이익에는 개별적·직접적·구체적 이익뿐만 아니라, 위법확인의 정당한 이익도 포함된다고 보는 것이 타당하다고 판단된다. 甲이 부당해고재심판정 취소소송으로 해고의 효력을 다투던 중 정년의 도래로 근로관계가 종료되어 원직복직이 불가능하게 된 경우에도 해고기간 중의 임금 상당액을 지급받을 필요가 있다면 임금 상당액 지급의 구제명령을 받을 이익이 유지되므로 구제신청을 기각한 중앙노동위원회의 재심판정을 다툴 소의 이익이 인정된다고 보는 것이 타당하다.

Ⅴ 결 론

甲이 부당해고재심판정 취소소송으로 해고의 효력을 다투던 중 정년의 도래로 근로관계가 종료되어 원직복직이 불가능하게 된 경우에도 구제신청을 기각한 중앙노동위원회의 재심판정을 다툴 소의 이익이 인정된다.

기출문제 ▌ 2020년 제29회 공인노무사시험

제1문

甲은 2018.11.1.부터 A시 소재의 3층 건물의 1층에서 일반음식점을 운영해 왔는데, 관할 행정청인 A시의 시장 乙은 2019.12.26. 甲이 접대부를 고용하여 영업을 했다는 이유로 甲에 대하여 3월의 영업정지처분을 하였다. 이에 대하여 甲은 문제가 된 여성은 접대부가 아니라 일반종업원이라는 점을 주장하면서 3월의 영업정지처분의 취소를 구하는 행정심판을 청구했다. 관할 행정심판위원회는 2020.3.6. 甲에 대한 3월의 영업정지처분을 1월의 영업정지처분으로 변경하라는 일부인용재결을 하였고, 2020.3.10. 그 재결서 정본이 甲에게 도달하였다. 乙은 행정심판위원회의 재결내용에 따라 2020.3.17. 甲에 대하여 1월의 영업정지처분을 하였고, 향후 같은 위반사유로 제재처분을 받을 경우 식품위생법 시행규칙 별표의 행정처분기준에 따라 가중적 제재처분이 내려진다는 점까지 乙은 甲에게 안내했다. 행정심판을 통해서 구제를 받지 못했다고 생각한 甲은 2020.6.15. 취소소송을 제기하고자 한다. 다음 물음에 답하시오. (50점)

물음 2

甲은 乙의 영업정지처분 1월이 경과한 후에도 그 처분의 취소를 구할 소의 이익이 있는지 논하시오. (20점)

▌목차연습▌

예시답안 Ⅰ 2020년 제29회 공인노무사시험

Ⅰ 논점의 정리

관할 행정심판위원회의 일부인용재결에 따라 시장 乙이 1월의 영업정지처분으로 변경한 당초처분이 취소소송의 대상이 되고, 법규명령형식의 행정규칙에 해당하는 식품위생법 시행규칙 별표에 가중적 제재처분의 요건규정이 존재하는 경우, 영업정지처분기간 1월이 경과한 후에도 협의의 소의 이익이 인정될 수 있는지 여부가 문제된다.

Ⅱ 취소소송에서의 협의의 소의 이익

1. 협의의 소의 이익의 의의

협의의 소의 이익이라 함은, 원고가 소송상 청구에 대하여 본안판결을 구하는 것을 정당화시킬 수 있는 현실적 이익 내지 필요성을 말한다. 이를 권리보호의 필요라고도 한다.

2. 행소법 제12조 제2문의 법적 성질

(1) 학 설

행소법 제12조 제1문과 제2문을 모두 원고적격에 관한 규정으로 이해하는 원고적격설(입법비과오설)과, 행소법 제12조 제1문은 원고적격에 관한 조항이고, 제2문은 권리보호의 필요, 즉 협의의 소의 이익에 관한 규정으로 보는 협의의 소익설(입법과오설)이 대립한다.

(2) 검 토

행소법 제12조 제2문은 행정소송을 포함한 소송사건 전반의 일반적 소송요건으로서의 협의의 소의 이익을 규정한 것이므로, 이를 원고적격과 함께 규정한 것은 입법의 과오라고 보는 견해가 타당하다고 판단된다.

3. 회복되는 법률상 이익의 범위

(1) 문제점

행소법 제12조 제2문의 회복되는 법률상 이익이 구체적으로 무엇을 의미하는지에 대하여 견해가 대립하고 있다. 문제는 회복되는 법률상 이익에 명예・신용 등의 인격적 이익이나 장래의 불이익 등이 포함되는지 여부이다.

(2) 학 설

처분의 근거법률에 의하여 보호되는 개별적・직접적・구체적 이익으로 보는 재산적 이익설, 명예・신용 등의 인격적 이익, 보수청구와 같은 재산적 이익 및 불이익 제거와 같은 사회적 이익도 인정될 수 있다는 명예・신용상 이익설, 처분의 효력이 소멸한 경우에는 취소가 불가능하므로, 행소법 제12조 제2문의 소송을 위법확인소송으로 보아 법률상 이익의 범위를 원고의 정치적・경제적・사회적・문화적・종교적 이익까지도 포함하는 것으로 이해하는 정당한 이익설이 대립하고 있다.

(3) 판 례

판례는 행소법 제12조 제2문의 소송을 취소소송으로 보고, 법률상 이익의 개념을 동조 전문과 동일하게 보고 있다. 즉, 법률상 이익이란 처분의 근거법률에 의하여 보호되는 개별적 · 직접적 · 구체적 이익을 의미한다고 한다.

(4) 검 토

행소법 제12조 제2문은 법문의 규정형식에도 불구하고 협의의 소의 이익을 규정한 것으로 보아야 하고, 행소법 제12조 제2문의 소송은 국민의 권리구제의 실효성을 확보하기 위하여 위법확인소송으로 보아야 한다. 따라서 회복되는 법률상 이익에는 개별적 · 직접적 · 구체적 이익뿐만 아니라, 위법확인의 정당한 이익도 포함된다고 보는 것이 타당하다고 판단된다.

Ⅲ 실효한 영업정지처분에 대한 취소소송의 협의의 소의 이익

1. 문제점

처분의 효력이 소멸한 경우에는 원칙적으로 취소소송을 제기할 소의 이익이 없다. 즉, 취소소송 중 처분이 취소 · 철회되었거나, 다른 처분으로 대체되어 처분이 소멸하였거나, 기간의 경과 등으로 처분이 실효되었다면, 소의 이익이 없다는 것이 판례의 태도이다. 다만, 가중적 제재규정이 있는 경우에는 예외적으로 소의 이익이 인정될 수 있으나, 규정형식이 무엇인가에 따라 소의 이익 유무가 달라질 수 있으므로, 이에 대한 검토를 요한다.

2. 가중적 제재처분이 법률 또는 법규명령에 규정되어 있는 경우

판례는 영업정지처분이나 업무정지처분의 존재가 장래 불이익하게 취급되는 것으로 법령에 규정되어 있는 경우에는, 이들 처분의 효력이 소멸된 후에도 협의의 소의 이익을 인정하고 있다.

3. 가중적 제재처분이 법규명령형식의 행정규칙에 규정되어 있는 경우

(1) 학 설

이에 대하여 학설은 법규명령형식의 행정규칙의 법규성 여하에 따라 판단되어야 한다는 견해와, 법규명령형식의 행정규칙의 법규성 여하와는 관계없이 현실적으로 장래에 불이익한 가중적 제재처분을 받을 위험만 존재한다면, 소의 이익을 인정하여야 한다는 견해로 나누어져 있다.

(2) 판 례

1) 다수의견

제재적 행정처분이 그 처분에서 정한 제재기간의 경과로 인하여 그 효과가 소멸되었으나, 부령인 시행규칙 또는 지방자치단체의 규칙(이하 '규칙')의 형식으로 정한 처분기준에서 제재적 행정처분(이하 '선행처분')을 받은 것을 가중사유나 전제요건으로 삼아 장래의 제재적 행정처분(이하 '후행처분')을 하도록 정하고 있는 경우, 제재적 행정처분의 가중사유나 전제요건에 관한 규정이 법령이 아니라 규칙의 형식으로 되어 있다 하더라도, 규칙이 정한 바에 따라 선행처분을 가중사유 또는 전제요건으로 하는 후행처분을 받을 우려가 현실적으로 존재하는 경우에는, 선행처분을 받은 상대방은 비록 그 처분에서 정한 제재기간이 경과하였다 하더라도 그 처분의 취소소송을 통하여 그러한 불이익을 제거할 권리보호의 필요성이 충분히 인정된다고 할 것이므로, 선행처분의 취소를 구할 법률상 이익이 있다고 보아야 한다.

2) 별개의견

다수의견은, 제재적 행정처분의 기준을 정한 부령인 시행규칙의 법적 성질에 대하여는 구체적인 논급을 하지 않은 채, 시행규칙에서 선행처분을 받은 것을 가중사유나 전제요건으로 하여 장래 후행처분을 하도록 규정하고 있는 경우, 다수의견이 위와 같은 경우 선행처분의 취소를 구할 법률상 이익을 긍정하는 결론에는 찬성하지만, 그 이유에 있어서는 부령인 제재적 처분기준의 법규성을 인정하는 이론적 기초 위에서 그 법률상 이익을 긍정하는 것이 법리적으로는 더욱 합당하다고 생각한다.

(3) 검 토

행소법 제12조 제2문의 입법취지와 국민의 권리구제의 실효성을 고려하면, 법규명령형식의 행정규칙의 법규성 여하와는 관계없이 실효한 영업정지처분에 대한 취소소송의 소의 이익을 인정하는 것이 타당하다고 판단된다. 따라서 관할 행정심판위원회의 일부인용재결에 따라 시장 乙이 1월의 영업정지처분으로 변경한 당초처분이 취소소송의 대상이 되고, 영업정지처분기간 1월이 경과하더라도, 甲이 향후 같은 위반사유로 제재처분을 받을 경우 식품위생법 시행규칙 별표의 행정처분기준에 따라 가중적 제재처분이 내려진다는 점을 고려하면, 법규명령형식의 행정규칙의 법규성 여하와는 관계없이 甲의 1월의 영업정지처분에 대한 취소소송의 소의 이익은 인정된다고 보는 것이 타당하다고 판단된다.

Ⅳ 사안의 적용

영업정지처분기간 1월이 경과하더라도 甲에게 식품위생법 시행규칙 별표의 행정처분기준에 따라 가중적 제재처분이 내려진다는 점을 고려하면, 법규명령형식의 행정규칙의 법규성 여하와는 관계없이 甲의 1월의 영업정지처분에 대한 취소소송의 소의 이익은 인정된다고 보는 것이 타당하다고 판단된다.

Ⅴ 결 론

甲의 1월의 영업정지처분에 대한 취소소송의 소의 이익은 인정된다고 보는 것이 타당하다.

기출문제 ▌ 2017년 제26회 공인노무사시험

제1문

건설회사에 근무하는 甲은 건설현장 불법행위 단속을 나온 공무원 乙의 중과실로 인하여 공사현장에서 업무 중 골절 등 산재사고로 인한 상해를 입었고, 이를 이유로 2014년 2월경 근로복지공단으로부터 휴업급여와 장해급여 등을 지급받았다. 그런데 이후 甲이 회사가 가입하고 있던 보험회사로부터 별도로 장해보상금을 지급받자, 근로복지공단은 甲이 이중으로 보상받았음을 이유로 2016년 3월경 이미 지급된 급여의 일부에 대한 징수결정을 하고, 이를 甲에게 고지하였다. 그러나 甲이 이같은 징수결정에 대해서 민원을 제기하자, 2016년 11월경 당초의 징수결정금액의 일부를 감액하는 처분을 하였는데, 그 처분고지서에는 "이의가 있는 경우 행정심판법 제27조의 규정에 의한 기간 내에 행정심판을 청구하거나, 행정소송법 제20조의 규정에 의한 기간 내에 행정소송을 제기할 수 있습니다"라고 기재되어 있었다.

한편, 공무원 乙은 공직기강확립 감찰기간 중 중과실로 甲에 대한 산재사고를 야기하였음을 이유로 해임처분을 받자, 이에 대해서 소청심사를 거쳐 취소소송을 제기하였다. 다음 물음에 답하시오.

물음 2

해임처분 취소소송의 계속 중 乙이 정년에 이르게 된 경우, 乙에게 해임처분의 취소를 구할 법률상 이익이 인정되는지 여부를 검토하시오. (25점)

▌목차연습▌

예시답안 Ⅰ 2017년 제26회 공인노무사시험

Ⅰ 논점의 정리

해임처분 취소소송의 계속 중 乙이 정년에 이르게 된 경우, 원칙적으로 소송을 통해 분쟁을 해결할 만한 구체적인 이익이 없으므로 각하되어야 한다. 다만, 그러하더라도 협의의 소의 이익이 인정될 수 있는 예외가 있으므로, 사안의 경우가 이에 해당하는지가 문제된다.

Ⅱ 행소법 제12조 제1문의 법률상 이익 인정여부

1. 원고적격의 의의

원고적격이란 구체적인 소송에서 원고로서 소송을 수행하여 본안판결을 받을 수 있는 자격을 말한다.

2. 검 토

공무원 乙은 해임처분이라는 침익적 처분의 직접 상대방으로, 원고적격이 인정된다.

Ⅲ 행소법 제12조 제2문의 법률상 이익 인정여부

1. 협의의 소의 이익의 의의

협의의 소의 이익이라 함은, 원고가 소송상 청구에 대하여 본안판결을 구하는 것을 정당화시킬 수 있는 현실적 이익 내지 필요성을 말한다. 이를 권리보호의 필요라고도 한다.

2. 행소법 제12조 제2문의 법적 성질

(1) 학 설

행소법 제12조 제1문과 제2문을 모두 원고적격에 관한 규정으로 이해하는 원고적격설(입법비과오설)과, 행소법 제12조 제1문은 원고적격에 관한 조항이고, 제2문은 권리보호의 필요, 즉 협의의 소의 이익에 관한 규정으로 보는 협의의 소익설(입법과오설)이 대립한다.

(2) 검 토

행소법 제12조 제2문은 행정소송을 포함한 소송사건 전반의 일반적 소송요건으로서의 협의의 소의 이익을 규정한 것이므로, 이를 원고적격과 함께 규정한 것은 입법의 과오라고 보는 견해가 타당하다고 판단된다.

3. 회복되는 법률상 이익의 범위

(1) 문제점

행소법 제12조 제2문의 회복되는 법률상 이익이 구체적으로 무엇을 의미하는지에 대하여 견해가 대립하고 있다. 문제는 회복되는 법률상 이익과 관련하여 명예・신용 등의 인격적 이익, 장래의 불이익 등이 포함되는지 여부이다.

(2) 학 설

1) 재산상 이익설

행소법 제12조 제2문의 법률상 이익의 범위를 행소법 제12조 제1문과 동일하게 파악하여, 처분의 근거법률에 의하여 보호되는 개별적·직접적·구체적 이익으로 보는 입장이다.

2) 명예·신용상 이익설

명예·신용 등의 인격적 이익, 보수청구와 같은 재산적 이익 및 불이익 제거와 같은 사회적 이익도 인정될 수 있다는 견해이다.

3) 정당한 이익설

처분의 효력이 소멸한 경우에는 취소가 불가능하므로 행소법 제12조 제2문의 소송을 위법확인소송으로 보고, 법률상 이익의 범위를 원고의 정치적·경제적·사회적·문화적·종교적 이익까지도 포함하는 것으로 이해하는 견해이다.

(3) 판 례

판례는 행소법 제12조 제2문의 소송을 취소소송으로 보고, 법률상 이익의 개념을 동조 전문과 동일하게 보고 있다. 즉, 법률상 이익이란 처분의 근거법률에 의하여 보호되는 개별적·직접적·구체적 이익을 의미한다고 한다.

(4) 검 토

행소법 제12조 제2문은 법문의 규정형식에도 불구하고 협의의 소의 이익을 규정한 것으로 보아야 하고, 행소법 제12조 제2문의 소송은 국민의 권리구제의 실효성을 확보하기 위하여 위법확인소송으로 보아야 한다. 따라서 회복되는 법률상 이익에는 개별적·직접적·구체적 이익뿐만 아니라, 위법확인의 정당한 이익도 포함된다고 보는 것이 타당하다고 판단된다.

Ⅳ 사안의 적용

乙은 해임처분에 대한 취소소송 중 정년에 이르러 처분의 효력이 소멸한 경우에 해당되므로, 공무원의 지위를 회복하기 위하여 해임처분을 다툴 협의의 소의 이익은 없으나, 해임처분 시부터 정년 시까지 받을 수 있었던 보수 및 연금 등의 부수적 이익이 있으므로, 해임처분의 취소를 구할 법률상 이익이 인정된다.

Ⅴ 결 론

乙은 해임처분 시부터 정년 시까지 받을 수 있었던 보수 및 연금 등의 부수적 이익이 있으므로, 해임처분의 취소를 구할 법률상 이익이 인정된다.

기출문제 ▌ **2016년 제25회 공인노무사시험**

제3문

취소소송에서 원고적격의 확대와 관련하여, 이른바 제3자효 행정행위의 원고적격에 대해 설명하시오. (25점)

▌ 목차연습 ▌

예시답안 Ⅰ 2016년 제25회 공인노무사시험

Ⅰ 취소소송의 원고적격

1. **의 의**

원고적격이란 구체적인 소송에서 원고로서 소송을 수행하여 본안판결을 받을 수 있는 자격을 말한다.

2. **인정범위**

(1) 법률상 이익의 의미

1) 문제점

행소법 제12조 제1문은, 취소를 구할 법률상 이익이 있는 자가 취소소송을 제기할 수 있다고 규정하고 있으나, 그 의미에 대한 명시적 규정이 없어 견해가 대립한다.

2) 학 설

① 권리구제설 : 처분 등으로 인하여 권리가 침해된 자만이 항고소송을 제기할 수 있는 원고적격을 가진다는 견해이다. 항고소송의 목적을 위법한 처분에 의하여 침해된 권리의 회복에 있다고 보기 때문에, 원고적격을 인정하는 범위가 가장 좁다.

② 법적 이익구제설 : 보호규범이론에 근거하여, 위법한 처분에 의하여 침해되고 있는 이익이 근거법률에 의하여 보호되고 있는 이익인 경우에는, 그러한 이익이 침해된 자에게도 처분의 취소를 구할 원고적격이 인정된다고 보는 견해이다. 권리구제설보다 원고적격이 확대된다.

③ 보호가치가 있는 이익구제설 : 소송법적 관점에서 재판에 의하여 보호할 만한 가치가 있는 이익이 침해된 자는, 항고소송의 원고적격이 있다고 보는 견해이다.

④ 적법성 보장설 : 항고소송의 주된 기능을 행정통제에서 찾고, 처분의 위법성을 다툴 적합한 이익을 가지는 자에게 원고적격을 인정하는 견해이다.

3) 판 례

판례는 법적 이익구제설에 입각하고 있다. 따라서 법률상 보호되는 이익이라 함은, 당해 처분의 근거법규에 의하여 보호되는 개별적 · 직접적 · 구체적 이익이 있는 경우를 말하며, 최근에는 법률상 이익의 범위를 점차 넓혀 가는 경향이 있다.

4) 검 토

현행 행소법의 해석상 항고소송의 주된 기능을 권익구제로 이해하고, 항고소송이 주관적 소송임을 고려하면, 법적 이익구제설이 타당하다고 판단된다.

(2) 보호규범의 범위

1) 문제점

판례에 따라 법률상 이익을 법적 이익구제설에 의하여 파악할 경우, 법률의 범위를 어떻게 볼 것인가에 대하여 견해가 대립한다.

2) 학 설

처분의 직접적 근거법규에 의하여 보호되는 이익이라고 보는 근거법규설, 절차법규 및 관계법규에 의하여 보호되는 이익이라고 보는 관계법규설, 그리고 헌법상 기본권 및 원리까지 포함된다고 보는 헌법상 기본권고려설 등이 대립하고 있다.

3) 판 례

판례는 기본적으로 처분의 근거법규에 의하여 보호되는 이익만을 법률상 이익으로 본다. 최근에는 폐기물처리시설입지 결정사건에서 처분의 근거법규뿐만 아니라, 관계법규에 의하여 보호되는 이익까지 고려하여 법률상 이익을 판단하고 있다.

4) 검 토

국민의 기본권 보장과 원고적격의 확대화 경향에 따라, 헌법상 기본권 및 원리까지 고려하여 보호규범의 범위를 판단하는 것이 타당하다고 판단된다.

Ⅱ 제3자소송과 원고적격

1. 문제점

처분의 직접상대방은, 국가에게 자신의 자유를 적법하게 제한할 것을 요구할 수 있는 자유권이 헌법에 의하여 보장되므로 원고적격이 긍정되나, 제3자소송에서는 제3자의 원고적격 인정 여부가 문제된다.

2. 경업자소송

(1) 의 의

경업자소송이란 동종의 여러 영업자가 경쟁관계에 있는 경우, 기존업자가 신규업자의 신규허가에 대하여 제기하는 소송을 말한다.

(2) 원고적격

판례는 일반적으로, 기존업자가 특허기업인 경우에는 그 기존업자가 그 특허로 인하여 받은 영업상 이익은 법률상 이익이라고 보아 원고적격을 인정하고, 기존업자가 허가기업인 경우에는 그 기존업자가 그 허가로 인하여 받는 영업상 이익은 반사적 이익 내지 사실상 이익에 불과한 것으로 보아 원고적격을 부정하는 경향이 있다. 즉, 특허는 공익을 위하여 특정인에게 새로운 권리를 설정하여 주는 설권적 행위이므로, 기존업자의 독점적 이익을 법으로 보호할 필요가 있다고 판단하는 것이다. 다만, 허가의 경우에도 허가의 요건규정이 공익뿐만 아니라 기존업자 개인의 이익도 보호하는 것으로 해석되는 경우에는, 기존허가권자의 원고적격을 인정할 수 있다고 본다. 최근 판례는 허가와 특허의 구별 없이, 처분의 근거가 되는 법률이 해당 업자들 사이의 과당경쟁으로 인한 경영의 불합리를 방지하는 것도 그 목적으로 하고 있는 경우에는, 취소를 구할 원고적격을 인정하고 있다.

3. 경원자소송

(1) 의 의

경원자소송이란 수인의 신청을 받아 일부에 대하여만 인·허가 등의 수익적 행정처분을 할 수 있는 경우, 인·허가 등을 받지 못한 자가 타인이 받은 인·허가처분에 대하여 제기하는 항고소송을 말한다.

(2) 원고적격

판례는 인·허가 등 수익적 행정처분을 신청한 여러 사람이 서로 경쟁관계에 있어, 일방에 대한 허가 등 처분이 타방에 대한 불허가 등으로 귀결될 수밖에 없는 경우에는, 허가 등 처분을 받지 못한 사람은 처분의 상대방이 아니라 하더라도 당해 처분의 취소를 구할 원고적격이 있다고 한다.

4. 인인소송

(1) 의 의

인인소송이란 어떠한 시설의 설치를 허가하는 처분에 대하여, 당해 시설의 인근주민이 다투는 소송을 말한다.

(2) 원고적격

판례에 따르면 인근주민에게 시설설치허가를 다툴 원고적격이 있는지는, 당해 허가처분의 근거법규 및 관계법규의 개인적 이익보호의 인정 여부에 따라 결정된다. 즉, 당해 처분의 근거법규 및 관계법규가 공익뿐만 아니라 인근주민의 개인적 이익도 보호하고 있다고 해석되는 경우에는, 인근주민에게 원고적격이 인정된다. 또한 환경영향평가 대상지역 안의 주민의 경우에는, 특단의 사정이 없는 한 환경상 이익에 대한 침해 또는 침해우려가 있다고 사실상 추정되어 원고적격이 인정되나, 환경영향평가 대상지역 밖의 주민의 경우에는, 처분 등으로 인하여 그 처분 전과 비교하여 수인한도를 넘는 환경피해를 받거나 받을 우려가 있다는 것을 입증함으로써 원고적격을 인정받을 수 있다고 한다.

기출문제 Ⅰ 2023년 제12회 변호사시험

제2문

甲은 30년간의 공직생활을 마치고 정년퇴직을 한 뒤, 노후자금 및 대출금을 모아 A시에서 공중위생관리법에 의한 목욕장업을 시작하였다. 甲은 영업을 시작한 지 며칠 되지 않아 야간에 음주로 의심되는 손님 丙을 입장시켰는데 丙은 목욕장 내 발한실에서 심장마비로 사망하였다. 丙은 입장 당시 약간의 술 냄새를 풍기기는 하였으나 입장료를 지불하고 목욕용품을 구입하였으며 입장 과정에서도 정상적으로 보행을 하고 거스름돈을 확인하는 등 우려할 만한 특별한 문제점을 보이지 않았다. 丙은 무연고자로 판명되었으며, 부검 결과 사망 당일 소주 1병 상당의 음주를 한 것으로 확인되었다.

丙이 甲의 목욕장에서 사망한 사고가 다수의 언론에 보도되자 A시장은 甲에게 공중위생관리법 제4조 제1항, 제7항 및 같은 법 시행규칙 제7조 [별표 4] 제2호 라목의 (1) (다) 위반을 이유로, 같은 법 제11조 제1항 및 같은 법 시행규칙 제19조 [별표 7] Ⅱ. 제2호 라목의 라)에서 정하는 기준(이하 '이 사건 규정들')에 따라 2021.1.11. 영업정지 1월(2021.1.18.~2021.2.16.)의 제재처분(이하 '이 사건 처분')을 하였고, 같은 날 甲은 이를 통지받았다. 甲은 음주로 의심되는 丙을 입장시킨 점은 인정하나, 丙이 같은 법 시행규칙 제7조 [별표 4]의 '음주 등으로 목욕장의 정상적인 이용이 곤란하다고 인정되는 사람'으로 보이지는 않아 입장을 허용한 것이므로 이 사건 처분은 위법・부당하다고 생각한다. 이와 관련하여 아래 각 질문에 답하시오(단, 아래 각 문제는 독립적임).

설문 2

甲은 이 사건 처분에 대한 취소소송을 제기하면서 그 효력정지신청을 하여 수소법원으로부터 이 사건의 제1심 본안판결 선고 시까지 이 사건 처분의 효력을 정지한다는 결정을 2021.1.15. 받았다. 이후 2022.1.18. 승소판결이 선고되어 A시장이 이에 불복, 항소하였으나 추가로 이 사건 처분의 집행이나 효력이 정지된 바 없다. 2022.2.24. 현재 기준 소송이 계속 중이다. 甲은 취소소송을 계속할 수 있는가? (15점)

※ 유의 사항
아래 법령은 가상의 것으로, 이와 다른 내용의 현행 법령이 있다면 제시된 법령이 현행 법령에 우선하는 것으로 할 것

「공중위생관리법」

제1조(목적)

이 법은 공중이 이용하는 영업의 위생관리 등에 관한 사항을 규정함으로써 위생수준을 향상시켜 국민의 건강증진에 기여함을 목적으로 한다.

제2조(정의)

① 이 법에서 사용하는 용어의 정의는 다음과 같다.

1. "공중위생영업"이라 함은 다수인을 대상으로 위생관리서비스를 제공하는 영업으로서 숙박업・목욕장업・이용업・미용업・세탁업・건물위생관리업을 말한다.

3. "목욕장업"이라 함은 다음 각 목의 어느 하나에 해당하는 서비스를 손님에게 제공하는 영업을 말한다.

가. 물로 목욕을 할 수 있는 시설 및 설비 등의 서비스

나. 맥반석・황토・옥 등을 직접 또는 간접 가열하여 발생되는 열기 또는 원적외선 등을 이용하여 땀을 낼 수 있는 시설 및 설비 등의 서비스

제4조(공중위생영업자의 위생관리의무 등)

① 공중위생영업자는 그 이용자에게 건강상 위해요인이 발생하지 아니하도록 영업관련 시설 및 설비를 위생적이고 안전하게 관리하여야 한다.

⑦ 제1항 내지 제6항의 규정에 의하여 공중위생영업자가 준수하여야 할 위생관리기준 기타 위생관리서비스의 제공에 관하여 필요한 사항으로서 그 각항에 규정된 사항외의 사항 및 출입시켜서는 아니 되는 자의 범위와 목욕장내에 둘 수 있는 종사자의 범위 등 건전한 영업질서유지를 위하여 영업자가 준수하여야 할 사항은 보건복지부령으로 정한다.

제11조(공중위생영업소의 폐쇄 등)

① 시장・군수・구청장은 공중위생영업자가 다음 각 호의 어느 하나에 해당하면 6월 이내의 기간을 정하여 영업의 정지 또는 일부 시설의 사용중지를 명하거나 영업소폐쇄등을 명할 수 있다.

4. 제4조에 따른 공중위생영업자의 위생관리의무 등을 지키지 아니한 경우

「공중위생관리법 시행규칙(보건복지부령)」

제7조(공중위생영업자가 준수하여야 하는 위생관리기준 등)

법 제4조 제7항의 규정에 의하여 공중위생영업자가 건전한 영업질서유지를 위하여 준수하여야 하는 위생관리기준 등은 [별표 4]와 같다.

제19조(행정처분기준)

법 제11조 제1항의 규정에 따른 행정처분의 기준은 [별표 7]과 같다.

[별표 4] 공중위생영업자가 준수하여야 하는 위생관리기준 등(제7조 관련)

2. 목욕장업자

라. 그 밖의 준수사항

(1) 다음에 해당되는 자를 출입시켜서는 아니 된다.

(다) 음주 등으로 목욕장의 정상적인 이용이 곤란하다고 인정되는 사람

[별표 7] 행정처분기준(제19조 관련)

Ⅰ. 일반기준

3. 위반행위의 차수에 따른 행정처분기준은 최근 1년간 같은 위반행위로 행정처분을 받은 경우에 이를 적용한다. 이 경우 기간의 계산은 위반행위에 대하여 행정처분을 받은 날과 그 처분 후 다시 같은 위반행위를 하여 적발된 날을 기준으로 한다.

5. 행정처분권자는 위반사항의 내용으로 보아 그 위반정도가 경미하거나 해당위반사항에 관하여 검사로부터 기소유예의 처분을 받거나 법원으로부터 선고유예의 판결을 받은 때에는 II. 개별기준에 불구하고 그 처분기준을 다음을 고려하여 경감할 수 있다.

가) 위반행위가 고의나 중대한 과실이 아닌 사소한 부주의나 오류로 인한 것으로 인정되는 경우

나) 위반 행위자가 처음 해당 위반행위를 한 경우로서, 관련법령상 기타 의무위반을 한 전력이 없는 경우

Ⅱ. 개별기준

2. 목욕장업

위반행위	근거법 조문	행정처분 기준			
		1차 위반	2차 위반	3차 위반	4차이상 위반
라. 법 제4조에 따른 공중위생 영업자의 위생관리의무등을 지키지 않은 경우	법 제11조 제1항 제4호				
라) 음주 등으로 목욕장의 정상적인 이용이 곤란하다고 인정되는 사람을 출입시킨 경우		영업정지 1월	영업정지 2월	영업정지 3월	영업장 폐쇄명령

「시체해부 및 보존에 관한 법률(약칭 '시체해부법')」

제1조(목적)

이 법은 사인(死因)의 조사와 병리학적·해부학적 연구를 적정하게 함으로써 국민 보건을 향상시키고 의학(치과의학과 한의학을 포함한다. 이하 같다)의 교육 및 연구에 기여하기 위하여 시체(임신 4개월 이후에 죽은 태아를 포함한다. 이하 같다)의 해부 및 보존에 관한 사항을 정함을 목적으로 한다.

제4조(유족의 승낙)

① 시체를 해부하려면 그 유족의 승낙을 받아야 한다. 다만, 다음 각 호의 어느 하나에 해당할 때에는 그러하지 아니하다.

1. 시체의 해부에 관하여 민법 제1060조에 따른 유언이 있을 때

1의2. 본인의 시체 해부에 동의한다는 의사표시, 성명 및 연월일을 자서·날인한 문서에 의한 동의가 있을 때

2. 사망을 확인한 후 60일이 지나도 그 시체의 인수자가 없을 때. 다만, 사회복지시설 수용자는 제외한다.

제12조(인수자가 없는 시체의 제공 등)

① 특별자치시장·특별자치도지사·시장·군수·구청장은 인수자가 없는 시체가 발생하였을 때에는 지체 없이 그 시체의 부패 방지를 위하여 필요한 조치를 하고 의과대학의 장에게 통지하여야 하며, 의과대학의 장이 의학의 교육 또는 연구를 위하여 시체를 제공할 것을 요청할 때에는 특별한 사유가 없으면 그 요청에 따라야 한다.

「장기 등 이식에 관한 법률(약칭 '장기이식법')」

제12조(장기 등의 기증에 관한 동의)

① 이 법에 따른 장기 등 기증자·장기 등 기증 희망자 본인 및 가족·유족의 장기 등의 기증에 관한 동의는 다음 각 호에 따른 것이어야 한다.

1. 본인의 동의 : 본인이 서명한 문서에 의한 동의 또는 민법의 유언에 관한 규정에 따른 유언의 방식으로 한 동의
2. 가족 또는 유족의 동의 : 제4조 제6호 각 목에 따른 가족 또는 유족의 순서에 따른 선순위자 1명의 서면 동의

I 목차연습 I

예시답안 Ⅰ 2023년 제12회 변호사시험

Ⅰ 논점의 정리

이 사건 처분에 대한 효력정지결정 및 이사건 처분의 효력이 소멸하였다면 이 사건처분 취소소송을 유지하는 것이 적법한지 여부가 문제된다. 이는 취소소송에서의 협의의 소의 이익이 인정되는지 여부의 문제로 공중위생관리법 시행규칙 [별표 7]에서 가중적 제재처분을 규정한 경우 이 사건처분 취소소송에서의 협의의 소의 이익이 인정되는지 여부와 관련된 문제이다.

Ⅱ 이 사건 처분에 대한 효력정지결정 및 이사건 처분의 효력 소멸 여부

집행정지란 취소소송이 제기되어 처분 등이나, 그 집행 또는 절차의 속행으로 인하여 생길 회복하기 어려운 손해를 예방하기 위하여 긴급한 필요가 있다고 인정할 경우, 본안이 계속되고 있는 법원이 당사자의 신청 또는 직권에 의하여 처분 등의 효력이나, 그 집행 또는 절차의 속행 전부 또는 일부를 잠정적으로 정지하는 것으로(행소법 제23조 제2항), 처분의 효력정지결정은 결정주문에서 정한 시기까지 그 효력이 존속하고 그 시기의 도래와 함께 효력이 당연히 소멸한다. 사안에서 甲은 이 사건 처분에 대한 효력정지신청을 하여 제1심 본안판결 선고 시까지 이 사건 처분의 효력을 정지한다는 결정을 받았으므로 2022.1.18. 승소판결이 선고되어 이 사건 처분에 대한 효력정지결정의 효력은 소멸되었고 그때부터 영업정지 1월의 제재처분기간이 경과하여 현재 2022.2.24.라면 이 사건 처분의 효력도 소멸되었다고 보아야 한다.

Ⅲ 이 사건처분 취소소송에서의 협의의 소의 이익

1. 협의의 소의 이익의 의의

협의의 소의 이익이라 함은, 원고가 소송상 청구에 대하여 본안판결을 구하는 것을 정당화시킬 수 있는 현실적 이익 내지 필요성을 말한다. 이를 권리보호의 필요라고도 한다.

2. 행소법 제12조 제2문의 법적 성질

(1) 학 설

행소법 제12조 제1문과 제2문을 모두 원고적격에 관한 규정으로 이해하는 원고적격설(입법비과오설)과, 행소법 제12조 제1문은 원고적격에 관한 조항이고, 제2문은 권리보호의 필요, 즉 협의의 소의 이익에 관한 규정으로 보는 협의의 소익설(입법과오설)이 대립한다.

(2) 검 토

행소법 제12조 제2문은 행정소송을 포함한 소송사건 전반의 일반적 소송요건으로서의 협의의 소의 이익을 규정한 것이므로, 이를 원고적격과 함께 규정한 것은 입법의 과오라고 보는 견해가 타당하다.

3. 회복되는 법률상 이익의 범위

(1) 문제점

행소법 제12조 제2문의 회복되는 법률상 이익이 구체적으로 무엇을 의미하는지에 대하여 견해가 대립하고 있다. 문제는 회복되는 법률상 이익에 명예・신용 등의 인격적 이익이나 장래의 불이익 등이 포함되는지 여부이다.

(2) 견해의 대립

학설은 재산적 이익설, 명예·신용상 이익설, 정당한 이익설이 대립하고 있고, 판례는 행소법 제12조 제2문의 소송을 취소소송으로 보고, 법률상 이익의 개념을 동조 전문과 동일하게 보고 있다. 즉, 법률상 이익이란 처분의 근거법률에 의하여 보호되는 개별적·직접적·구체적 이익을 의미한다고 한다.

(3) 검 토

행소법 제12조 제2문은 법문의 규정형식에도 불구하고 협의의 소의 이익을 규정한 것으로 보아야 하고, 행소법 제12조 제2문의 소송은 국민의 권리구제의 실효성을 확보하기 위하여 위법확인소송으로 보아야 한다. 따라서 회복되는 법률상 이익에는 개별적·직접적·구체적 이익뿐만 아니라, 위법확인의 정당한 이익도 포함된다고 보는 정당한 이익설이 타당하다.

Ⅳ 이 사건처분 취소소송의 적법 여부

1. 문제점

처분의 효력이 소멸한 경우에는 원칙적으로 취소소송을 제기할 소의 이익이 없다. 즉, 취소소송 중 처분이 취소·철회되었거나, 다른 처분으로 대체되어 처분이 소멸하였거나, 기간의 경과 등으로 처분이 실효되었다면, 소의 이익이 없다는 것이 판례의 태도이다. 다만, 가중적 제재규정이 있는 경우에는 예외적으로 소의 이익이 인정될 수 있으나, 규정형식이 무엇인가에 따라 소의 이익 유무가 달라질 수 있으므로, 이에 대한 검토를 요한다.

2. 가중적 제재처분이 법률 또는 법규명령에 규정되어 있는 경우

판례는 영업정지처분이나 업무정지처분의 존재가 장래 불이익하게 취급되는 것으로 법령에 규정되어 있는 경우에는, 이들 처분의 효력이 소멸된 후에도 협의의 소의 이익을 인정하고 있다.

3. 가중적 제재처분이 법규명령형식의 행정규칙에 규정되어 있는 경우

(1) 학 설

이에 대하여 학설은 법규명령형식의 행정규칙의 법규성 여하에 따라 판단되어야 한다는 견해와, 법규명령형식의 행정규칙의 법규성 여하와는 관계없이 현실적으로 장래에 불이익한 가중적 제재처분을 받을 위험만 존재한다면, 소의 이익을 인정하여야 한다는 견해로 나누어져 있다.

(2) 판 례

1) 다수의견

제재적 행정처분이 그 처분에서 정한 제재기간의 경과로 인하여 그 효과가 소멸되었으나, 부령인 시행규칙 또는 지방자치단체의 규칙(이하 '규칙')의 형식으로 정한 처분기준에서 제재적 행정처분(이하 '선행처분')을 받은 것을 가중사유나 전제요건으로 삼아 장래의 제재적 행정처분(이하 '후행처분')을 하도록 정하고 있는 경우, 제재적 행정처분의 가중사유나 전제요건에 관한 규정이 법령이 아니라 규칙의 형식으로 되어 있다 하더라도, 규칙이 정한 바에 따라 선행처분을 가중사유 또는 전제요건으로 하는 후행처분을 받을 우려가 현실적으로 존재하는 경우에는, 선행처분을 받은 상대방은 비록 그 처분에서 정한 제재기간이 경과하였다 하더라도 그 처분의 취소소송을 통하여 그러한 불이익을 제거할 권리보호의 필요성이 충분히 인정된다고 할 것이므로, 선행처분의 취소를 구할 법률상 이익이 있다고 보아야 한다.[274)]

274) 대판 2006.6.22. 2003두1684[전합]

2) 별개의견

다수의견은, 제재적 행정처분의 기준을 정한 부령인 시행규칙의 법적 성질에 대하여는 구체적인 논급을 하지 않은 채, 시행규칙에서 선행처분을 받은 것을 가중사유나 전제요건으로 하여 장래 후행처분을 하도록 규정하고 있는 경우, 다수의견이 위와 같은 경우 선행처분의 취소를 구할 법률상 이익을 긍정하는 결론에는 찬성하지만, 그 이유에 있어서는 부령인 제재적 처분기준의 법규성을 인정하는 이론적 기초 위에서 그 법률상 이익을 긍정하는 것이 법리적으로는 더욱 합당하다고 생각한다.

(3) 검 토

행소법 제12조 제2문의 입법취지와 국민의 권리구제의 실효성을 고려하면, 법규명령형식의 행정규칙의 법규성 여하와는 관계없이 실효한 이 사건 처분에 대한 취소소송의 소의 이익을 인정하는 것이 타당하다고 판단된다. 이에 의할 때 2022.1.18. 승소판결이 선고되어 이 사건 처분에 대한 효력정지결정의 효력은 소멸되었고 그때부터 영업정지 1월의 제재처분기간이 경과하여 현재 2022.2.24.라면 이 사건 처분의 효력도 소멸되었으나, 甲이 향후 같은 위반사유로 제재처분을 받을 경우 공중위생관리법 시행규칙 [별표 7]의 행정처분기준에 의하여 위반행위의 횟수에 따라 영업정지 2월, 영업정지 3월, 영업장 폐쇄명령 등의 가중적 제재처분이 내려진다는 점을 고려하면, 법규명령형식의 행정규칙의 법규성 여하와는 관계없이 甲에 대한 이 사건처분 취소소송의 소의 이익은 인정된다고 보는 것이 타당하다고 판단된다. 따라서 甲이 제기한 이 사건처분 취소소송은 적법하므로 甲은 취소소송을 계속할 수 있을 것으로 보인다.

Ⅴ 사안의 적용

사안에서 이 사건 처분에 대한 효력정지결정의 효력은 소멸되었고 그때부터 영업정지 1월의 제재처분기간이 경과하여 현재 2022.2.24.라면 이 사건 처분의 효력도 소멸되었다고 보아야 하나, 甲이 향후 같은 위반사유로 제재처분을 받을 경우 공중위생관리법 시행규칙 [별표 7]의 행정처분기준에 의하여 위반행위의 횟수에 따라 가중적 제재처분이 내려진다는 점을 고려하면, 법규명령형식의 행정규칙의 법규성 여하와는 관계없이 甲에 대한 이 사건처분 취소소송의 소의 이익은 인정된다고 보는 것이 타당하다고 판단된다. 따라서 甲이 제기한 이 사건처분 취소소송은 적법하므로 甲은 취소소송을 계속할 수 있을 것으로 보인다.

Ⅵ 결 론

이 사건 처분의 효력은 소멸되었으나, 공중위생관리법 시행규칙 [별표 7]의 법규성 여하와는 관계없이 甲에 대한 이 사건처분 취소소송의 소의 이익은 인정된다고 보는 것이 타당하여, 甲이 제기한 이 사건처분 취소소송은 적법하므로 甲은 취소소송을 계속할 수 있을 것으로 판단된다.

기출문제 ▌ 2021년 제10회 변호사시험

제1문의2

甲은 2010.6. 실시된 지방선거에서부터 2018.6. 실시된 지방선거에서까지 세 차례 연속하여 A시의 시장으로 당선되어 2022.6.까지 12년간 연임하게 되었다. 그런데 甲은 시장 재임 중 지역개발사업 추진과 관련한 직권남용 혐의로 불구속 기소되었다. 甲은 자신의 결백을 주장하며 2022.6.에 실시될 지방선거에 A시장 후보로 출마하여 지역 유권자로부터 평가를 받으려고 한다. 하지만 지방자치단체장의 계속 재임을 3기로 제한하고 있는 「지방자치법」 제95조 후단(이하 '이 사건 연임제한규정')에 따르면 甲은 지방선거에 출마할 수가 없다. 이에 甲은 이 사건 연임제한규정이 자신의 기본권을 침해한다고 주장하며 2021.1.4. 이 사건 연임제한규정에 대해 「헌법재판소법」 제68조 제1항에 의한 헌법소원심판을 청구하였다.

한편, 甲의 후원회 회장은 자신이 운영하는 주유소 확장 공사를 위하여 보도의 상당 부분을 점하는 도로점용 허가를 신청하였고, 甲은 이를 허가하였다. A시의 주민 丙은 甲이 도로 본래의 기능과 목적을 침해하는 과도한 범위의 도로점용을 허가하였다고 주장하며, 이 도로점용허가(이하 '이 사건 허가')에 대하여 다투고자 한다.

설문 3

丙은 이 사건 허가에 대하여 취소소송을 제기하고자 한다. 丙의 원고적격을 검토하시오. (15점)

「지방자치법」(2007.5.11. 법률 제8423호로 개정되고, 같은 날부터 시행된 것)
제95조(지방자치단체의 장의 임기)
지방자치단체의 장의 임기는 4년으로 하며, 지방자치단체의 장의 계속 재임(在任)은 3기에 한한다.

「도로법」
제61조(도로의 점용 허가)
① 공작물·물건, 그 밖의 시설을 신설·개축·변경 또는 제거하거나 그 밖의 사유로 도로(도로구역을 포함한다. 이하 이 장에서 같다)를 점용하려는 자는 도로관리청의 허가를 받아야 한다. 허가받은 기간을 연장하거나 허가받은 사항을 변경(허가받은 사항 외에 도로 구조나 교통안전에 위험이 되는 물건을 새로 설치하는 행위를 포함한다)하려는 때에도 같다.
② 제1항에 따라 허가를 받아 도로를 점용할 수 있는 공작물·물건, 그 밖의 시설의 종류와 허가의 기준 등에 관하여 필요한 사항은 대통령령으로 정한다.

③ 도로관리청은 같은 도로(토지를 점용하는 경우로 한정하며, 입체적 도로구역을 포함한다)에 제1항에 따른 허가를 신청한 자가 둘 이상인 경우에는 일반경쟁에 부치는 방식으로 도로의 점용 허가를 받을 자를 선정할 수 있다.
④ 제3항에 따라 일반경쟁에 부치는 방식으로 도로점용허가를 받을 자를 선정할 수 있는 경우의 기준, 도로의 점용 허가를 받을 자의 선정 절차 등에 관하여 필요한 사항은 대통령령으로 정한다.

❙ 목차연습 ❙

예시답안 Ⅰ 2021년 제10회 변호사시험

Ⅰ 논점의 정리

A시의 시장인 甲은 자기의 후원회 회장이 주유소 확장 공사를 위하여 보도의 상당 부분을 점하는 도로점용허가를 신청하자 이를 허가하였는데, 허가의 직접 상대방이 아닌 주민 丙에게 인인소송에서의 원고적격 인정여부가 이 사건 허가에 대해 취소소송을 제기할 수 있는 원고적격이 인정되는지 여부와 관련하여 문제된다.

Ⅱ 丙의 도로점용허가 취소소송에서의 원고적격

1. 의 의

2. 인정범위

(1) 학 설

(2) 판 례

판례는 일반적으로 법적 이익구제설을 따르고 있으며, 여기서 법률상 이익이란 당해 처분의 근거법규뿐만 아니라, 관계법규에 의하여 보호되는 개별적・직접적・구체적 이익이 있는 경우를 말하고, 공익보호의 결과로 국민일반이 공통적으로 가지는 추상적・평균적・일반적 이익과 같이 간접적이거나 사실적・경제적 이해관계를 가지는 데 불과한 경우에는, 여기에 포함되지 않는다고 판시하고 있다.[275] 헌법재판소는 더 나아가 헌법상 기본권에 의한 법률상 이익을 인정하고 있다.[276]

(3) 검 토

현행 행소법의 해석상 항고소송의 주된 기능을 권익구제로 이해하고, 항고소송이 주관적 소송임을 고려하면, 법적 이익구제설을 원칙으로 하되, 법률상 이익에는 처분의 근거법규 및 관계법규뿐만 아니라, 헌법상 기본권에 의하여 인정되는 법률상 이익도 포함된다고 보는 것이 타당하다고 판단된다.

3. 인인소송의 원고적격

(1) 인인소송의 의의

(2) 원고적격 인정 여부

판례는 일반적으로 도로는 국가나 지방자치단체가 직접 공중의 통행에 제공하는 것으로, 일반 국민이 이를 자유로이 이용할 수 있다 하더라도, 그 이용관계로부터 당연히 그 도로에 관하여 특정한 권리나 법령에 의하여 보호되는 이익이 개인에게 부여되는 것이라고는 말할 수 없으므로, 일반적인 시민생활에 있어 도로를 이용만 하는 사람은 그 용도폐지를 다툴 법률상 이익이 있다고 말할 수 없지만, 공공용 재산이라고 하여도 당해 공공용 재산의 성질상 특정개인의 생활에 개별성이 강한 직접적이고 구체적인 이익을 부여하고 있어, 그에게 그로 인한 이익을 가지게 하는 것이 법률적인 관점으로도 이유가 있다고 인정되는 특별한 사정이 있는 경우에는, 그와 같은 이익은 법률상 보호되어야 할 것이다. 따라서 도로의 용도폐지처분에 관하여 이러한 직접적인 이해관계를 가지는 사람이 그와 같은 이익을 현실적으로 침해당한 경우에는, 그 취소를 구할 법률상 이익이 있다고 한다.[277]

---

275) 대판 2004.8.16. 2003두2175

276) 헌재 1998.4.30. 97헌마141

277) 대판 1992.9.22. 91누13212

4. 검 토

법적 이익구제설을 기준으로 하여 법률상 이익에는 처분의 근거법규 및 관계법규뿐만 아니라, 헌법상 기본권에 의하여 인정되는 법률상 이익도 포함된다고 보는 것이 타당하다고 판단된다. 도로법 제61조가 주민 丙의 법률상 이익을 보호하고 있는지 여부는 명백하지 않다. 따라서 주민 丙이 단순히 A시에 거주하는 주민으로 도로의 일반사용자에 불과하고 주유소 확장공사를 위한 도로점용허가로 인하여 도로교통에 방해를 입은 바가 없다면 도로점용허가 취소소송에서의 원고적격은 인정되지 아니할 것으로 보인다. 다만, 甲이 자기의 후원회 회장에 대해 도로 본래의 기능과 목적을 침해하는 과도한 범위의 도로점용을 허가하여 주민 丙에게 인정되는 인접주민의 고양된 일반사용과 같은 개별성이 강한 직접적이고 구체적인 이익을 침해하는 경우에는 도로점용허가 취소소송을 제기할 원고적격이 인정된다고 판단된다.

Ⅲ 사안의 적용

주민 丙이 단순히 A시에 거주하는 주민으로 도로의 일반사용자에 불과하고 주유소 확장공사를 위한 도로점용허가로 인하여 도로교통에 방해를 입은 바가 없다면 도로점용허가 취소소송에서의 원고적격은 인정되지 아니할 것으로 보인다. 다만, 주민 丙에게 인정되는 인접주민의 고양된 일반사용과 같은 개별성이 강한 직접적이고 구체적인 이익이 침해되는 경우에는 도로점용허가 취소소송을 제기할 원고적격이 인정된다고 판단된다.

Ⅳ 결 론

주민 丙에게는 원칙적으로 원고적격은 인정되지 아니할 것으로 보이나, 도로점용허가로 인하여 인접주민의 고양된 일반사용과 같은 개별성이 강한 직접적이고 구체적인 이익이 침해되는 경우에는 도로점용허가 취소소송을 제기할 원고적격이 인정된다.

기출문제 I 2019년 제8회 변호사시험

제2문

2017.12.20. 보건복지부령 제377호로 개정된 「국민건강보험 요양급여의 기준에 관한 규칙」(이하 '요양급여규칙')은 비용 대비 효과가 우수한 것으로 인정된 약제에 대하여만 보험급여를 인정하여서, 보험재정의 안정을 꾀하고 의약품의 적정한 사용을 유도하고자 기존의 보험 적용 약제 중 청구실적이 없는 미청구약제에 대한 삭제제도를 도입하였다. 개정 전의 요양급여규칙은 품목허가를 받은 모든 약제에 대하여 보험급여를 인정하였으나, 개정된 요양급여규칙에 따르면 최근 2년간 보험급여청구실적이 없는 약제에 대하여 요양급여대상 여부에 대한 조정을 할 수 있다.

보건복지부장관은 위와 같이 개정된 요양급여규칙의 위임에 따라 사단법인 대한제약회사협회 등 의약 관련 단체의 의견을 받아 보건복지부 고시인 '약제급여목록 및 급여상한금액표'를 개정하여 2018.9.23. 고시하면서, 기존에 요양급여대상으로 등재되어 있던 제약회사 甲(이하 '甲')의 A약품(1998.2.1. 등재)이 2016.1.1.부터 2017.12.31.까지의 2년간 보험급여청구실적이 없는 약제에 해당한다는 이유로, 위 고시 별지 4 '약제급여목록 및 급여상한금액표 중 삭제품목'란(이하 '이 사건 고시')에 아래와 같이 A약품을 등재하였다. 요양급여대상에서 삭제되면 국민건강보험의 요양급여를 받을 수 없어 해당 약제를 구입할 경우 전액 자기부담으로 구입하여야 하고, 해당 약제에 대해 요양급여를 청구하여도 요양급여청구가 거부되므로 해당 약제의 판매저하가 우려된다.

> 보건복지부 고시 제2018-ㅇㅇ호(2018.9.23.)
>
> **약제급여목록 및 급여상한금액표**
>
> **제1조(목적)** 이 표는 국민건강보험법 … 및 국민건강보험요양급여의 기준에 관한 규칙 …의 규정에 의하여 약제의 요양급여대상기준 및 상한금액을 정함을 목적으로 한다.
>
> **제2조(약제급여목록 및 상한금액 등)** 약제급여목록 및 상한금액은 [별표 1]과 같다.
>
> **[별표 1]**
>
> 별지 4 삭제품목
>
> 연번 17. 제조사 甲, 품목 A약품, 상한액 120원/1정

제약회사들을 회원으로 하여 설립된 사단법인 대한제약회사협회와 甲은 이 사건 고시가 있은 지 1개월 후에야 고시가 있었음을 알았다고 주장하며, 이 사건 고시가 있은 날로부터 94일째인 2018.12.26. 이 사건 고시에 대한 취소소송을 제기하였다.

설문 2

사단법인 대한제약회사협회와 甲에게 원고적격이 있는지 여부를 논하시오. (20점)

※ 아래 법령은 현행 법령과 다를 수 있음.

「국민건강보험법」

제41조(요양급여)

① 가입자와 피부양자의 질병, 부상, 출산 등에 대하여 다음 각 호의 요양급여를 실시한다.

1. 진찰·검사
2. 약제·치료재료의 지급
3. 〈이하 생략〉

② 제1항에 따른 요양급여의 방법·절차·범위·상한 등의 기준은 보건복지부령으로 정한다.

「국민건강보험 요양급여의 기준에 관한 규칙」(보건복지부령 제377호, 2017.12.20. 공포)

제8조(요양급여의 범위 등)

① 법 제41조 제2항에 따른 요양급여의 범위는 다음 각 호와 같다.

1. 법 제41조 제1항의 각 호의 요양급여(약제를 제외한다) : 제9조에 따른 비급여대상을 제외한 것
2. 법 제41조 제1항의 제2호의 요양급여(약제에 한한다) : 제11조의2, 제12조 및 제13조에 따라 요양급여대상으로 결정 또는 조정되어 고시된 것

② 보건복지부장관은 제1항의 규정에 의한 요양급여대상을 급여목록표로 정하여 고시하되, 법 제41조 제1항의 각 호에 규정된 요양급여행위, 약제 및 치료재료(법 제41조 제1항 제2호의 규정에 의하여 지급되는 약제 및 치료재료를 말한다)로 구분하여 고시한다.

제13조(직권결정 및 조정)

④ 보건복지부장관은 다음 각 호에 해당하면 이미 고시된 약제의 요양급여대상 여부 및 상한금액을 조정하여 고시할 수 있다.

1.~5. 〈생략〉

6. 최근 2년간 보험급여청구실적이 없는 약제 또는 약사법령에 따른 생산실적 또는 수입실적이 2년간 보고되지 아니한 약제

부 칙

이 규칙은 공포한 날로부터 시행한다.

예시답안 Ⅰ 2019년 제8회 변호사시험

Ⅰ 논점의 정리

사단법인 대한제약회사협회가 국민건강보험법상 요양급여행위 등과 관련하여 직접적인 법률관계를 가짐으로써 원고적격이 인정되는지와, 제약회사 甲이 자신의 법률상 이익이 침해당하여 원고적격이 인정되는지가 문제된다.

Ⅱ 취소소송의 원고적격

1. 의 의

2. 인정범위

3. 검 토

현행 행소법의 해석상 항고소송의 주된 기능을 권익구제로 이해하고, 항고소송이 주관적 소송임을 고려하면, 법적 이익구제설을 원칙으로 하되, 법률상 이익에는 처분의 근거법규 및 관계법규뿐만 아니라, 헌법상 기본권에 의하여 인정되는 법률상 이익도 포함된다고 보는 것이 타당하다고 판단된다.

Ⅲ 사단법인 대한제약회사협회의 원고적격 인정 여부

1. 판 례

판례는 사단법인 대한의사회협회가 국민건강보험법상 요양급여와 관련한 보건복지부 고시로 인하여 자신의 법률상 이익을 침해당하였다고 볼 수 없으므로, 위 고시의 취소를 구할 원고적격이 없다고 판시하고 있다.[278)]

2. 검 토

사단법인 대한제약회사협회는 이 사건 고시로 인하여 자신의 법률상 이익을 침해당하였다고 볼 수 없으므로, 위 고시의 취소를 구할 원고적격이 없다.

278) 대판 2006.5.25. 2003두11988

Ⅳ 甲의 원고적격 인정 여부

1. **법률상 이익침해 여부**

제약회사 甲은 자신이 공급하는 A약품이 국민건강보험법, 같은 법 시행령 및 시행규칙 등 근거법령에 의하여 보호받는 직접적이고 구체적인 이익을 향유하는데, 보건복지부장관은 제약회사 甲의 A약품이 2016.1.1.부터 2017.12.31.까지의 2년간 보험급여청구실적이 없는 약제에 해당한다는 이유로, 이 사건 고시 [별표 1] 별지 4 삭제품목란에 A약품을 등재하여 이로 인해 A약품이 요양급여대상에서 삭제되면 국민건강보험의 요양급여를 받을 수 없어 해당 약제를 구입할 경우 전액 자기부담으로 구입하여야 하고, 해당 약제에 대해 요양급여를 청구하여도 요양급여청구가 거부되므로 해당 약제의 판매가 저하되어 재산상의 손해를 입을 수 있는 법률상 이익의 침해가 발생한다.

2. **검 토**

이 사건 고시의 [별표 1] 별지 4 삭제품목란에 자신이 공급하는 A약품이 등재된 제약회사 甲은, 이 사건 고시의 취소를 구할 원고적격이 있다.

Ⅴ 사안의 적용

사단법인 대한제약회사협회는 이 사건 고시로 인하여 자신의 법률상 이익을 침해당하였다고 볼 수 없으므로, 위 고시의 취소를 구할 원고적격이 없다. 제약회사 甲은 이 사건 고시의 취소를 구할 원고적격이 있다.

Ⅵ 결 론

기출문제 ▎ 2016년 제5회 변호사시험

제2문

甲은 서울에서 주유소를 운영하는 자로, 기존 주유소 진입도로 외에 주유소 인근 구미대교 남단 도로(이하 '이 사건 본선도로')에 인접한 도로부지(이하 '이 사건 도로')를 주유소 진・출입을 위한 가・감속차로 용도로 사용하고자, 관할 구청장 乙에게 도로점용허가를 신청하였다. 이 사건 본선도로는 편도 6차로 도로이고, 주행제한속도는 시속 70km이며, 이 사건 도로는 이 사건 본선도로의 바깥쪽을 포함하는 부분으로, 완만한 곡선구간의 중간 부분에 해당한다. 이 사건 본선도로 중 1・2・3차로는 구미대교 방향으로 가는 차량이, 4・5차로는 월드컵대로 방향으로 가는 차량이 이용하도록 되어 있다. 4・5차로를 이용하던 차량이 이 사건 본선도로 중 6차로 및 이 사건 도로 부분을 가・감속차로로 하여 주유소에 진입하였다가, 월드컵대로로 진입하는 데 별다른 어려움은 없다.

한편, 丙은 이 사건 도로상에서 적법한 도로점용허가를 받지 않고, 수년 전부터 포장마차를 설치하여 영업을 하고 있었다.

(이 사안과 장소는 모두 가상이며, 아래 지문은 각각 독립적이다.)

설문 2

乙이 甲에게 도로점용허가를 한 경우, 丙이 甲에 대한 乙의 도로점용허가를 다툴 수 있는 원고적격이 있는지를 논하시오. (20점)

※ 아래 법령은 각 처분 당시 적용된 것으로서 가상의 것이다.

「도로법」

제1조(목적)

이 법은 도로망의 계획 수립, 도로노선의 지정, 도로공사의 시행과 도로의 시설기준, 도로의 관리・보전 및 비용 부담 등에 관한 사항을 규정하여, 국민이 안전하고 편리하게 이용할 수 있는 도로의 건설과 공공복리의 향상에 이바지함을 목적으로 한다.

제2조(정의)

이 법에서 사용하는 용어의 뜻은 다음과 같다.

1. "도로"란 차도, 보도, 자전거도로, 측도, 터널, 교량, 육교 등 대통령령으로 정하는 시설로 구성된 것으로서 제10조에 열거된 것을 말하며, 도로의 부속물을 포함한다.

제40조(도로의 점용)

① 도로의 구역 안에서 공작물 · 물건 기타의 시설을 신설 · 개축 · 변경 또는 제거하거나, 기타의 목적으로 도로를 점용하고자 하는 자는 관리청의 허가를 받아야 한다.

② 제1항의 규정에 따라 허가를 받을 수 있는 공작물 · 물건, 그 밖의 시설의 종류와 도로점용허가의 기준 등에 관하여 필요한 사항은 대통령령으로 정한다.

「도로법 시행령」

제24조(점용의 허가신청)

⑤ 법 제40조 제2항의 규정에 의하여 도로의 점용허가(법 제8조의 규정에 의하여 다른 국가사업에 관계되는 점용인 경우에는 협의 또는 승인을 말한다)를 받을 수 있는 공작물 · 물건, 기타 시설의 종류는 다음 각 호와 같다.

4. 주유소 · 주차장 · 여객자동차터미널 · 화물터미널 · 자동차수리소 · 휴게소, 기타 이와 유사한 것

11. 제1호 내지 제10호 외에 관리청이 도로구조의 안전과 교통에 지장이 없다고 인정한 공작물 · 물건(식물을 포함한다) 및 시설로서 건설교통부령 또는 당해 관리청의 조례로 정한 것

「서울특별시 보도상 영업시설물 관리 등에 관한 조례」

제3조(점용허가)

② 시장은 점용허가를 받은 운영자에게 별지 제2호 서식에 의한 도로점용허가증을 교부한다. 이 경우 점용허가기간은 1년 이내로 한다.

④ 도로점용허가기한이 만료되는 운영자는 본인 및 배우자 소유의 부동산, 「국민기초생활보호법 시행규칙」 제3조 제1항 제1호 다목의 규정에 의한 임차보증금 및 같은 조 같은 항 제2호 규정에 의한 금융재산을 합하여 2억원 미만인 자에 한하여 1년의 범위 안에서 2회에 한하여 갱신허가하되, 이 경우 제3항에 의한 위원회를 거치지 아니한다.

제12조(사무의 위임)

이 조례에 의한 다음 각 호에 해당하는 시장의 사무는 시설물이 위치하는 지역을 관할하는 구청장에게 위임한다.

1. 제3조의 규정에 의한 도로점용허가

예시답안 Ⅰ 2016년 제5회 변호사시험

Ⅰ 논점의 정리

사안에서 도로점용허가의 상대방은 甲임에도 불구하고 丙이 甲에 대한 도로점용허가를 다투고자 하는 것은, 경업자소송에서의 원고적격 인정 여부의 문제라고 보인다. 이하에서는 丙이 도로법에 의하여 적법한 도로점용허가를 받지 아니한 것과 관련하여, 丙에게 원고적격을 인정할 수 있는지 여부를 검토하기로 한다.

Ⅱ 丙의 도로점용허가 취소소송에서의 원고적격

1. 의 의

2. 인정범위

(1) 학 설

(2) 판 례

판례는 일반적으로 법적 이익구제설을 따르고 있으며, 여기서 법률상 이익이란 당해 처분의 근거법규뿐만 아니라, 관계법규에 의하여 보호되는 개별적·직접적·구체적 이익이 있는 경우를 말하고, 공익보호의 결과로 국민일반이 공통적으로 가지는 추상적·평균적·일반적 이익과 같이 간접적이거나 사실적·경제적 이해관계를 가지는 데 불과한 경우에는, 여기에 포함되지 않는다고 판시하고 있다.[279] 헌법재판소는 더 나아가 헌법상 기본권에 의한 법률상 이익을 인정하고 있다.[280]

(3) 검 토

현행 행소법의 해석상 항고소송의 주된 기능을 권익구제로 이해하고, 항고소송이 주관적 소송임을 고려하면, 법적 이익구제설을 원칙으로 하되, 법률상 이익에는 처분의 근거법규 및 관계법규뿐만 아니라, 헌법상 기본권에 의하여 인정되는 법률상 이익도 포함된다고 보는 것이 타당하다고 판단된다.

3. 경업자소송의 원고적격

(1) 경업자소송의 의의

(2) 원고적격 인정 여부

판례는 일반적으로, 기존업자가 특허기업인 경우에는 그 기존업자가 그 특허로 인하여 받은 영업상 이익은 법률상 이익이라고 보아 원고적격을 인정하고, 기존업자가 허가기업인 경우에는 그 기존업자가 그 허가로 인하여 받는 영업상 이익은 반사적 이익 내지 사실상 이익에 불과한 것으로 보아 원고적격을 부정하는 경향이 있다. 즉, 특허는 공익을 위하여 특정인에게 새로운 권리를 설정하여 주는 설권적 행위이므로, 기존업자의 독점적 이익을 법으로 보호할 필요가 있다고 판단하는 것이다. 다만, 허가의 경우에도 허가의 요건규정이 공익뿐만 아니라 기존업자 개인의 이익도 보호하는 것으로 해석되는 경우에는, 기존허가권자의 원고적격을 인정할 수 있다고 본다. 최근 판례는 허가와 특허의 구별 없이, 처분의 근거가 되는 법률이 해당 업자들 사이의 과당경쟁으로 인한 경영의 불합리를 방지하는 것도 그 목적으로 하고 있는 경우에는, 취소를 구할 원고적격을 인정하고 있다.

279) 대판 2004.8.16. 2003두2175
280) 헌재 1998.4.30. 97헌마141

4. 검 토

생각건대 법적 이익구제설을 원칙으로 하되, 법률상 이익에는 처분의 근거법규 및 관계법규뿐만 아니라, 헌법상 기본권에 의하여 인정되는 법률상 이익도 포함된다고 보는 것이 타당하다고 판단된다. 丙이 이 사건 도로상에서 수년 전부터 포장마차를 설치하여 영업을 하였더라도, 도로법에 의하여 적법한 도로점용허가를 받지 아니하였으므로, 일반적인 시민생활에 있어 도로를 이용만 하는 사람인 丙에게는, 도로점용허가 취소소송의 원고적격이 인정되기 어렵다.

Ⅲ 사안의 적용

丙이 이 사건 도로상에서 수년 전부터 포장마차를 설치하여 영업을 하였더라도, 도로법에 의하여 적법한 도로점용허가를 받지 아니하였으므로, 일반적인 시민생활에 있어 도로를 이용만 하는 사람인 丙에게는, 도로점용허가 취소소송에서의 원고적격이 인정되기 어려울 것으로 보인다.

Ⅳ 결 론

기출문제 ‖ 2015년 제4회 변호사시험

제2문의1

甲은 'X가든'이라는 상호로 일반음식점을 운영하는 자로, 식품의약품안전처 고시인 「식품 등의 표시기준」에 따른 표시사항의 전부가 기재되지 아니한 'Y참기름'을 업소 내에서 보관·사용한 사실이 적발되었다. 관할 구청장 乙은 「식품위생법」 및 「동법 시행규칙」에 근거하여 甲에게 영업정지 1개월과 해당 제품의 폐기를 명하였다.

甲은 표시사항의 전부가 기재되지 않은 제품을 보관·사용한 것은 사실이나, 표시사항이 전부 기재되지 아니한 것은 납품업체의 기계작동상 오류에 의한 것으로서 자신은 그 사실을 알지 못하였고, 이전에 납품받은 제품에는 위 고시에 따른 표시사항이 전부 기재되어 있었던 점, 인근 일반음식점에 대한 동일한 적발사례에서는 15일 영업정지처분과 폐기명령이 내려진 점 등을 고려할 때, 위 처분은 지나치게 과중하다고 주장하면서, 관할 구청장 乙을 상대로 영업정지 1개월과 해당 제품 폐기명령의 취소를 구하는 소송을 제기하였다.

설문 2

위 취소소송 계속 중 해당 제품이 폐기되었고, 1개월의 영업정지처분 기간도 도과되었다면, 위 취소소송은 소의 이익이 있는가? (30점)

「식품위생법」

제10조(표시기준)

① 식품의약품안전처장은 국민보건을 위하여 필요하면 다음 각 호의 어느 하나에 해당하는 표시에 관한 기준을 정하여 고시할 수 있다.

1. 판매를 목적으로 하는 식품 또는 식품첨가물의 표시

② 제1항에 따라 표시에 관한 기준이 정하여진 식품 등은 그 기준에 맞는 표시가 없으면 판매하거나 판매할 목적으로 수입·진열·운반하거나 영업에 사용하여서는 아니 된다.

제72조(폐기처분 등)

① 식품의약품안전처장, 시·도지사 또는 시장·군수·구청장은 영업을 하는 자가 제4조부터 제6조까지, 제7조 제4항, 제8조, 제9조 제4항, 제10조 제2항, 제12조의2 제2항 또는 제13조를 위반한 경우에는, 관계 공무원에게 그 식품 등을 압류 또는 폐기하게 하거나 용도·처리방법 등을 정하여 영업자에게 위해를 없애는 조치를 하도록 명하여야 한다.

제75조(허가취소 등)

① 식품의약품안전처장 또는 특별자치도지사·시장·군수·구청장은 영업자가 다음 각 호의 어느 하나에 해당하는 경우에는, 대통령령으로 정하는 바에 따라 영업허가 또는 등록을 취소하거나 6개월 이내의 기간을 정하여 그 영업의 전부 또는 일부를 정지하거나 영업소 폐쇄(제37조 제4항에 따라 신고한 영업만 해당한다. 이하 이 조에서 같다)를 명할 수 있다.

④ 제1항 및 제2항에 따른 행정처분의 세부기준은 그 위반행위의 유형과 위반 정도 등을 고려하여 총리령으로 정한다.

「식품위생법 시행규칙」

제89조(행정처분의 기준)

법 제71조, 법 제72조, 법 제74조부터 법 제76조까지 및 법 제80조에 따른 행정처분의 기준은 [별표 23]과 같다.

[별표 23] 행정처분기준(제89조 관련)

Ⅱ. 개별기준

3. 식품접객업

위반사항	근거법령	행정처분기준		
		1차 위반	2차 위반	3차 위반
법 제10조 제2항을 위반하여 식품·식품첨가물의 표시사항 전부를 표시하지 아니한 것을 사용한 경우	법 제75조	영업정지 1개월과 해당 제품 폐기	영업정지 2개월과 해당 제품 폐기	영업정지 3개월과 해당 제품 폐기

「식품 등의 표시기준」(식품의약품안전처 고시)

제1조(목적)

이 고시는 식품위생법 제10조의 규정에 따라 식품, 식품첨가물, 기구 또는 용기·포장(이하 '식품 등')의 표시기준에 관한 사항 및 같은 법 제11조 제1항의 규정에 따른 영양성분 표시대상 식품에 대한 영양 표시에 관한 필요한 사항을 규정함으로써 식품 등의 위생적인 취급을 도모하고, 소비자에게 정확한 정보를 제공하며, 공정한 거래의 확보를 목적으로 한다.

제3조(표시대상)

표시대상 식품 등은 다음과 같다.

1. 식품 또는 식품첨가물

제4조(표시사항)

식품 등의 표시사항은 다음과 같다.

1. 제품명(기구 또는 용기·포장은 제외한다)
2. 식품의 유형(따로 정하는 제품에 한한다)

3.~8. 〈생략〉

9. 성분명 및 함량(성분 표시를 하고자 하는 식품 및 성분명을 제품명 또는 제품명의 일부로 사용하는 경우에 한한다)
10. 영양성분(따로 정하는 제품에 한한다)
11. 기타 식품 등의 세부표시기준에서 정하는 사항

예시답안 Ⅰ 2015년 제4회 변호사시험

Ⅰ 논점의 정리

甲이 취소소송을 제기하여 그 소송 계속 중 해당 제품이 폐기되었고, 1개월의 영업정지처분 기간도 도과되었다면, 원칙적으로 소의 이익은 부정된다. 다만, 행소법 제12조 제2문에 의하면, 회복되는 법률상 이익이 있는 경우에는 소의 이익이 인정될 수 있으므로, 우선 회복되는 법률상 이익의 범위를 검토할 필요가 있고, 취소소송 계속 중 해당 제품이 폐기된 경우 소의 이익을 인정할 수 있는지, 가중적 제재규정이 법규명령형식의 행정규칙에 규정되어 있는 경우 이를 인정할 수 있는지 검토하기로 한다.

Ⅱ 취소소송에서의 협의의 소의 이익

1. **협의의 소의 이익의 의의**
2. **행소법 제12조 제2문의 법적 성질**
3. **회복되는 법률상 이익의 범위**

Ⅲ 폐기명령취소소송의 협의의 소의 이익

1. **처분의 효력이 소멸한 경우 소의 이익**
   원칙적 소의 이익 부정
2. **검 토**
   취소소송 계속 중 해당 제품이 폐기되었으므로, 행소법 제12조 제2문에서 규정한 처분의 효력이 소멸된 경우에 해당한다. 다만, 처분을 받은 자가 후에 일반음식점을 영업하는 데 있어 동일 위반행위를 한 경우 가중적 제재처분을 받는 등의 사정이 있다면, 협의의 소의 이익이 인정될 수도 있다.

Ⅳ 영업정지처분취소소송의 협의의 소의 이익

1. **처분의 효력이 소멸한 경우 소의 이익**
   원칙적 소의 이익 부정
2. **가중적 제재규정이 있는 경우 소의 이익**

(1) 법령 또는 법규명령에 규정되어 있는 경우
판례는 영업정지처분이나 업무정지처분의 존재가 장래 불이익하게 취급되는 것으로 법령에 규정되어 있는 경우에는, 이들 처분의 효력이 소멸된 후에도 협의의 소의 이익을 인정한다.[281]

281) 대판 2000.4.21. 98두10080

(2) 법규명령형식의 행정규칙에 규정되어 있는 경우

1) 학 설

2) 판 례

① 다수의견 : 제재적 행정처분이 그 처분에서 정한 제재기간의 경과로 인하여 그 효과가 소멸되었으나, 부령인 시행규칙 또는 지방자치단체의 규칙(이하 '규칙')의 형식으로 정한 처분기준에서 제재적 행정처분(이하 '선행처분')을 받은 것을 가중사유나 전제요건으로 삼아 장래의 제재적 행정처분(이하 '후행처분')을 하도록 정하고 있는 경우, 제재적 행정처분의 가중사유나 전제요건에 관한 규정이 법령이 아니라 규칙의 형식으로 되어 있다 하더라도, 규칙이 정한 바에 따라 선행처분을 가중사유 또는 전제요건으로 하는 후행처분을 받을 우려가 현실적으로 존재하는 경우에는, 선행처분을 받은 상대방은 비록 그 처분에서 정한 제재기간이 경과하였다 하더라도 그 처분의 취소소송을 통하여 그러한 불이익을 제거할 권리보호의 필요성이 충분히 인정된다고 할 것이므로, 선행처분의 취소를 구할 법률상 이익이 있다고 보아야 한다.

② 별개의견 : 다수의견은, 제재적 행정처분의 기준을 정한 부령인 시행규칙의 법적 성질에 대하여는 구체적인 논급을 하지 않은 채, 시행규칙에서 선행처분을 받은 것을 가중사유나 전제요건으로 하여 장래 후행처분을 하도록 규정하고 있는 경우, 다수의견이 위와 같은 경우 선행처분의 취소를 구할 법률상 이익을 긍정하는 결론에는 찬성하지만, 그 이유에 있어서는 부령인 제재적 처분기준의 법규성을 인정하는 이론적 기초 위에서 그 법률상 이익을 긍정하는 것이 법리적으로는 더욱 합당하다고 생각한다.

3. **검 토**

행소법 제12조 제2문의 입법취지와 국민의 권리구제의 실효성을 고려하면, 법규명령의 형식 여하와는 관계없이 소의 이익을 인정하는 것이 타당하다고 판단된다. 사안의 경우 1개월의 영업정지처분 기간이 도과하였더라도, 甲이 후에 일반음식점을 영업하는 데 있어 동일 위반행위를 한 경우 가중적 제재처분을 받는 등의 위험이 현실적으로 존재하므로, 1개월의 영업정지처분의 취소로 인하여 회복되는 법률상 이익이 있다. 따라서 甲의 취소소송은 협의의 소의 이익이 인정된다.

V 사안의 적용

甲이 폐기명령취소소송을 제기하여 그 소송 계속 중 해당 제품이 폐기되었으므로 협의의 소의 이익이 없다고 보는 것이 원칙이나, 가중적 제재처분을 받는 등의 사정이 있다면 소의 이익이 인정될 수도 있다. 또한 1개월의 영업정지처분 기간이 도과하였더라도, 甲이 후에 일반음식점을 영업하는 데 있어 동일 위반행위를 한 경우 가중적 제재처분을 받는 등의 위험이 현실적으로 존재하므로, 甲의 영업정지처분취소소송은 협의의 소의 이익이 인정된다.

VI 결 론

CHAPTER

☑ 주요논점 ☐ 최신 기출문제해설 ☐ 주요 기출문제해설

04 취소소송의 기타 소송요건

제1절 행정심판전치주의

Ⅰ 행정심판전치주의의 의의

1. 개 념

행정심판전치주의라 함은, 사인이 행정소송의 제기에 앞서 행정청에 대하여 먼저 행정심판의 청구를 통하여 처분의 시정을 구하고, 그 시정에 불복이 있을 경우 소송을 제기하는 것을 말한다. 우리 행정소송법은 행정심판을 원칙상 임의적인 구제절차로 규정하고 있다. 취소소송은 법령의 규정에 의하여 당해 처분에 대한 행정심판을 청구할 수 있는 경우에도, 이를 거치지 아니하고 제기할 수 있다. 다만, 다른 법률에 당해 처분에 대한 행정심판의 재결을 거치지 아니하면 취소소송을 제기할 수 없다는 규정이 있는 경우에는, 그러하지 아니하다(행소법 제18조 제1항).

2. 현행제도

현행 행정소송법의 전심절차에 대한 태도는 원칙적으로 임의적 전치주의, 예외적으로 필요적 전치주의라고 할 수 있다.

Ⅱ 행정심판전치주의의 요건

1. 심판청구의 적법성

행정심판은 적법하게 제기되어 본안에 대하여 재결을 할 수 있어야 한다.

(1) 부적법한 심판청구를 각하하지 아니하고, 본안에 대하여 재결한 경우

이 경우에는, 전치의 요건을 충족하지 못한 것으로 보는 것이 학설과 판례의 일반적 태도이다.

(2) 적법한 심판청구가 부적법한 것으로 각하된 경우

이 경우에는, 행정심판전치주의의 근본취지가 행정청에게 자기반성의 기회를 제공하는 데 있음을 고려하면, 전치의 요건을 충족하였다고 보는 것이 타당하다.

2. 인적 관련성

원칙적으로 행정심판의 청구인과 행정소송의 원고는 동일인임을 요한다고 보는 것이 타당하다. 다만, 공동소송의 경우 공동소송인 중 1인이 행정심판을 거쳤다면 다른 공동소송인은 행정심판을 거치지 않고 행정소송을 제기할 수 있고,[282] 행정소송법 제18조 제3항 제1호에서 규정한 것처럼 동종사건에 관하여 이미 행정심판의 기각재결이 있은 때에도[283] 동일성의 요건은 완화되어 적용될 수 있다고 판단된다.

3. 사물적 관련성

행정심판의 대상으로서의 행정처분과, 행정소송의 대상으로서의 행정처분은 원칙적으로 동일하여야 한다.

4. 주장사유의 관련성

행정심판에서의 청구인의 주장사유와, 행정소송에서의 원고의 주장사유는 행정심판에서 주장하지 아니한 사항이라도 기본적인 점에서 부합되는 것이라면, 행정소송에서 주장할 수 있다는 것이 판례의 태도이다.

5. 전치요건의 충족시기

행정심판전치는 행정소송 제기 시에 충족되어야 하는 것이 원칙이나, 판례는 비록 행정소송을 제기한 당시에 전치요건을 충족하지 못하였더라도 사실심변론 종결 시까지 그 전치요건을 갖추었다면, 하자가 치유된다고 판시하고 있다.[284]

Ⅲ 행정심판전치주의의 적용범위

1. 항고소송의 종류와 적용범위

행정심판전치주의는 취소소송과 부작위위법확인소송에서 인정되며(행소법 제38조 제2항), 무효등확인소송에는 적용되지 않는다(행소법 제38조 제1항). 다만, 부작위위법확인소송에서 전치되는 행정심판의 유형은, 의무이행심판이 될 것이다.

2. 예외적인 개별법상 필요적 전치주의

국세기본법은 국세청장에 대한 심사청구와, 조세심판원에 대한 심판청구 둘 중 하나를 필요적으로 거치도록 규정(국세기본법 제56조 제2항)하고 있고, 국가공무원법은 공무원소청심사위원회를, 교육공무원법은 교원소청심사위원회를 필요적으로 거치도록 규정(국가공무원법 제16조 제1항, 교육공무원법 제53조 제1항)하고 있으며, 도로교통법은 면허취소 등의 처분에 대해서도 필요적 전치주의를 규정(도로교통법 제142조)하고 있다.

3. 무효확인을 구하는 취소소송

(1) 문제점

무효등확인소송에는 행정심판전치주의가 적용되지 않으나, 처분의 무효를 구하는 의미의 취소소송에 전치주의가 적용될 것인지에 대하여는 학설이 대립한다.

---

282) 대판 1986.10.14. 83누584
283) 대판 1993.9.28. 93누9132
284) 대판 1987.9.22. 87누176

(2) 학 설

1) 부정설

실질이 무효확인소송이므로, 행정심판전치주의가 적용될 필요가 없다는 견해이다.

2) 긍정설

무효를 구하는 의미의 취소소송을 제기하였더라도, 소송의 형식이 취소소송이면 취소소송에 해당하는 소송요건이 충족되어야 하므로, 행정심판전치주의가 적용된다는 견해이다.

(3) 판 례

판례는 행정처분의 당연무효를 선언하는 의미에서 그 취소를 구하는 행정소송을 제기하는 경우에는, 전치절차와 그 제소기간의 준수 등 취소소송의 제소요건을 갖추어야 한다고 판시하여, 긍정설의 입장이다.[285]

(4) 검 토

생각건대 소송의 형식이 취소소송이면 취소소송에 해당하는 소송요건이 충족되어야 하므로, 행정심판전치주의가 적용된다고 보는 것이 타당하다고 판단된다. 무효확인을 구하는 취소소송에서 행정심판전치주의의 요건을 충족하지 못한 경우에는 무효등확인소송으로 소의 변경이 가능하다.

4. 제3자효 행정행위

제3자가 취소소송을 제기하는 경우, 행정심판법에서 정한 제기기간 내에 행정심판을 청구하는 것이 어렵다는 점에서 판례는, 제3자가 제기하는 취소소송에서도 행정심판의 청구기간에 대하여만 특례를 인정하고, 행정심판전치주의가 적용된다는 입장이다.[286] 즉, 처분의 제3자는 행정심판의 청구기간을 도과하여 행정심판을 청구할 수는 있으나, 그렇다 하더라도 행정심판은 거쳐야 한다.

5. 2단계 이상의 행정심판절차가 규정되어 있는 경우

관계법령이 하나의 처분에 대하여 2단계 이상의 행정심판절차를 규정한 경우에는, 당해 절차를 모두 거치게 한다면 제소자에게 과도한 부담을 줄 수 있으므로, 명문의 규정이 없는 한 그중의 하나만 거치면 행정심판전치주의의 요건은 충족된 것으로 보는 것이 학설의 일반적 태도이다.

Ⅳ 행정심판전치주의의 적용 제외

1. 행정심판의 재결 없이 행정소송을 제기할 수 있는 경우(행소법 제18조 제2항)

① 행정심판청구가 있은 날로부터 60일이 지나도 재결이 없는 경우, ② 처분의 집행 또는 절차의 속행으로 생길 중대한 손해를 예방하여야 할 긴급한 필요가 있는 경우, ③ 법령의 규정에 의한 행정심판기관이 의결 또는 재결을 하지 못할 사유가 있는 경우, ④ 그 밖의 정당한 사유가 있는 경우

---

285) 대판 1993.3.12. 92누11039

286) 대판 1989.5.9. 88누5150

2. 행정심판의 청구 없이 행정소송을 제기할 수 있는 경우(행소법 제18조 제3항)

① 동종사건에 대하여 이미 행정심판의 기각재결이 있은 경우, ② 서로 내용상 관련되는 처분 또는 같은 목적을 위하여 단계적으로 진행되는 처분 중, 어느 하나가 이미 행정심판의 재결을 거친 경우, ③ 행정청이 사실심변론 종결 후 소송의 대상인 처분을 변경하여, 당해 변경된 처분에 관하여 소를 제기하는 경우, ④ 처분을 행한 행정청이 행정심판을 거칠 필요가 없다고 잘못 알린 경우

핵심판례

1. **동종사건에 대하여 이미 행정심판의 기각재결이 있은 사례**
   행정소송법 제18조 제3항 제1호 소정의 '동종사건'에는 당해 사건은 물론이고, 당해 사건과 기본적인 점에서 동질성이 인정되는 사건도 포함되는 것으로서, 당해 사건에 관하여 타인이 행정심판을 제기하여 그에 대한 기각재결이 있었다든지 당해 사건 자체는 아니더라도 그 사건과 기본적인 점에서 동질성을 인정할 수 있는 다른 사건에 대한 행정심판의 기각재결이 있을 때도 여기에 해당한다.[287]

2. **서로 내용상 관련되는 처분 또는 같은 목적을 위하여 단계적으로 진행되는 처분 중, 어느 하나가 이미 행정심판의 재결을 거친 사례**
   하천구역의 무단 점용을 이유로 부당이득금 부과처분과 가산금 징수처분을 받은 사람이 가산금 징수처분에 대하여 행정청이 안내한 전심절차를 밟지 않았다 하더라도 부당이득금 부과처분에 대하여 전심절차를 거친 이상 가산금 징수처분에 대하여도 부당이득금 부과처분과 함께 행정소송으로 다툴 수 있다.[288][289]

V 행정심판전치주의의 이행 여부의 판단

1. 적법한 행정심판청구

행정심판전치주의의 요건을 충족하기 위해서는 행정심판이 적법하여야 한다. 행정처분의 취소를 구하는 항고소송의 전심절차인 행정심판청구가 기간 도과로 인하여 부적법한 경우에는, 행정소송 역시 전치의 요건을 충족하지 못한 것이 되어 부적법각하를 면치 못하는 것이고, 이 점은 행정청이 행정심판의 청구기간을 도과한 부적법한 심판에 대하여, 그 부적법을 간과한 채 실질적 재결을 하였다 하더라도 달라지는 것이 아니다.

2. 직권조사사항

행정심판의 전치는 항고소송의 소송요건이므로, 법원의 직권조사사항에 속한다.

---

287) 대판 1993.9.28. 93누9132
288) 대판 2006.9.8. 2004두947
289) 다음의 판례의 구별하여야 한다. 판결요지를 살펴본다.
원고가 농지의보전및이용에관한법률에 의한 농지 일시전용 허가신청을 하였으나 도지사가 농촌근대화촉진법의 관점에서 이를 불허하자 원고가 소원을 제기하여 그 취소처분의 재결을 받은 후 다시 그 허가신청을 하였으나 도지사가 이번에는 농지의보전및이용에관한법률에 의한 관점에서 불허가하였다면 위 2개의 행정처분은 각 그 내용을 달리하는 것이고 후행정처분이 선행정처분의 필연적 결과로서 행해졌거나 기타 양 행정처분이 상호 일련의 상관관계가 있다고 할 수 없으므로 후의 행정처분에 대하여 행정소송을 제기하려면 선 행정처분에 대한 소원과는 별도의 전치절차를 밟아야 한다(대판 1981.1.27. 80누447[전합]).

3. 판단의 기준 시

행정심판전치주의의 요건을 충족하였는지 여부는, 사실심변론 종결 시를 기준으로 판단하여야 한다. 즉, 행정소송 제기 시 행정심판전치주의의 요건을 충족하지 못하였더라도, 사실심변론 종결 시까지 행정심판전치주의의 요건을 충족하면 된다.

제2절 제소기간

Ⅰ 제소기간의 의의

제소기간이란 행정소송의 제기가 허용되는 기간을 의미한다. 소송요건인 제소기간의 준수 여부는 법원의 직권조사사항으로서 취소소송의 대상이 되는 개개의 처분마다 독립적으로 판단하는 것이 원칙이다.[290)]

Ⅱ 행정심판을 거친 경우

1. 재결서의 정본을 송달받은 경우

적법한 행정심판을 거쳐 취소소송을 제기하는 경우에는, 행정심판재결서의 정본을 송달받은 날로부터 90일 이내에 제기하여야 한다(행소법 제20조 제1항). 이때 행정심판은 필요적 절차이든 임의적 절차이든 가리지 않는다. 다만, 행정청이 행정심판을 청구할 수 있다고 잘못 알려 행정심판청구절차를 거친 경우, 그 제소기간은 재결서의 정본을 송달받은 날로부터 기산한다(행소법 제20조 제1항 단서).

2. 재결서의 정본을 송달받지 못한 경우

재결서의 정본을 송달받지 못한 경우에는, 재결이 있은 날로부터 1년이 경과하면 취소소송을 제기할 수 없다. 다만, 재결이 있은 날은 재결의 효력이 발생한 날을 의미하는데, 재결의 효력은 재결서의 정본이 송달되어야 발생하는 것이므로, 통상의 경우 재결서의 정본을 송달받은 날로부터 90일만이 적용되고, 재결이 있은 날로부터 1년은 적용되지 않는다.

3. 제소기간의 준수 여부의 유형별 검토

(1) 부적법한 행정심판

취소소송 제기기간을 재결서 정본을 송달받은 날을 기준으로 기산하기 위해서는 행정심판의 청구가 적법해야 한다. 행정심판청구 자체가 행정심판 청구기간을 지나 청구되는 등 부적법한 경우에는 재결을 기준으로 제소기간을 기산할 수 없다. 법원은 행정심판청구의 적법 여부에 관하여 재결청의 의사에 구애되지 아니하고 독자적으로 판단하여야 한다.

---
290) 대판 2023.8.31. 2023두39939

(2) 불고지 · 오고지의 경우

행정소송법에는 행정심판법과 달리 불 · 오고지의 효과에 관한 규정이 없으므로, 행정심판법상 규정을 준용할 수 있는지에 대하여 견해가 대립하나, 판례는 부정하는 입장이다.

(3) 불가쟁력 발생 후 행정청이 심판청구를 할 수 있다고 잘못 알린 경우

이미 제소기간이 경과하여 불가쟁력이 발생한 후에 행정청이 행정심판 또는 행정소송을 청구할 수 있다고 잘못 알린 경우에도 그 안내에 따라 청구된 행정심판 재결서의 정본을 송달받은 날로부터 다시 취소소송의 제소기간이 기산되는 것은 아니다.

핵심판례

불가쟁력 발생 후 행정청이 심판청구를 할 수 있다고 잘못 알린 경우

[1] 행정청이 산업재해보상보험법에 의한 보험급여 수급자에 대하여 부당이득 징수결정을 한 후 징수결정의 하자를 이유로 징수금 액수를 감액하는 경우에 감액처분은 감액된 징수금 부분에 관해서만 법적 효과가 미치는 것으로서 당초 징수결정과 별개 독립의 징수금 결정처분이 아니라 그 실질은 처음 징수결정의 변경이고, 그에 의하여 징수금의 일부취소라는 징수의무자에게 유리한 결과를 가져오는 처분이므로 징수의무자에게는 그 취소를 구할 소의 이익이 없다. 이에 따라 감액처분으로도 아직 취소되지 않고 남아 있는 부분이 위법하다 하여 다투고자 하는 경우, 감액처분을 항고소송의 대상으로 할 수는 없고, 당초 징수결정 중 감액처분에 의하여 취소되지 않고 남은 부분을 항고소송의 대상으로 할 수 있을 뿐이며, 그 결과 제소기간의 준수 여부도 감액처분이 아닌 당초 처분을 기준으로 판단해야 한다.

[2] 행정소송법 제20조 제1항은 '취소소송은 처분 등이 있음을 안 날부터 90일 이내에 제기하여야 하나 행정청이 행정심판청구를 할 수 있다고 잘못 알린 경우에 행정심판청구가 있은 때의 기간은 재결서의 정본을 송달받은 날부터 기산한다'고 규정하고 있는데, 위 규정의 취지는 불가쟁력이 발생하지 않아 적법하게 불복청구를 할 수 있었던 처분 상대방에 대하여 행정청이 법령상 행정심판청구가 허용되지 않음에도 행정심판청구를 할 수 있다고 잘못 알린 경우에, 잘못된 안내를 신뢰하여 부적법한 행정심판을 거치느라 본래 제소기간 내에 취소소송을 제기하지 못한 자를 구제하려는 데에 있다. 이와 달리 이미 제소기간이 지남으로써 불가쟁력이 발생하여 불복청구를 할 수 없었던 경우라면 그 이후에 행정청이 행정심판청구를 할 수 있다고 잘못 알렸다고 하더라도 그 때문에 처분 상대방이 적법한 제소기간 내에 취소소송을 제기할 수 있는 기회를 상실하게 된 것은 아니므로 이러한 경우에 잘못된 안내에 따라 청구된 행정심판 재결서 정본을 송달받은 날부터 다시 취소소송의 제소기간이 기산되는 것은 아니다. 불가쟁력이 발생하여 더 이상 불복청구를 할 수 없는 처분에 대하여 행정청의 잘못된 안내가 있었다고 하여 처분 상대방의 불복청구 권리가 새로이 생겨나거나 부활한다고 볼 수는 없기 때문이다.[291]

Ⅲ 행정심판을 거치지 아니한 경우

1. 처분이 있음을 안 날로부터 90일(행소법 제20조 제1항)

처분이 있음을 안 날이란 송달, 공고 기타의 방법에 의하여 당해 처분이 있었다는 사실을 현실적으로 안 날을 의미하고, 구체적으로 그 행정처분의 위법 여부를 판단한 날을 가리키는 것은 아니다.[292] 따라서 처분의 구체적 내용이나 해당 처분의 위법 여부까지 알 필요는 없다.

291) 대판 2012.9.27. 2011두27247

292) 대판 1991.6.28. 90누6521

핵심판례

1. 처분서의 송달 전에 정보공개청구서를 통하여 처분서를 확인한 경우

[1] 처분이 있음을 안 날이라 함은, 당사자가 통지·공고, 기타의 방법에 의하여 고지받아, 당해 처분이 있었다는 사실을 현실적으로 안 날을 말한다. 즉, 행정처분은 상대방에게 고지되어야 효력을 발생하므로, 행정처분이 상대방에게 고지되어야 하고, 상대방은 이러한 사실을 인식함으로써 행정처분이 있다는 사실을 현실적으로 알았을 때에, 행정소송법 제20조 제1항이 정한 제소기간이 진행된다고 보아야 한다.[293]

[2] 지방보훈청장이 허혈성심장질환이 있는 甲에게 재심 서면판정 신체검사를 실시한 다음 종전과 동일하게 전(공)상군경 7급 국가유공자로 판정하는 '고엽제후유증전환 재심신체검사 무변동처분' 통보서를 송달하자 甲이 위 처분의 취소를 구한 사안에서, 위 처분이 甲에게 고지되어 처분이 있다는 사실을 현실적으로 알았을 때 행정소송법 제20조 제1항에서 정한 제소기간이 진행한다고 보아야 함에도, 甲이 통보서를 송달받기 전에 자신의 의무기록에 관한 정보공개를 청구하여 위 처분을 하는 내용의 통보서를 비롯한 일체의 서류를 교부받은 날부터 제소기간을 기산하여 위 소는 90일이 지난 후 제기한 것으로서 부적법하다고 본 원심판결에 법리를 오해한 위법이 있다고 한 사례.

2. 처분서가 송달되지는 아니하였으나 홈페이지에 접속하여 알게 된 경우

[판결요지]

[1] 상대방 있는 행정처분은 특별한 규정이 없는 한 의사표시에 관한 일반법리에 따라 상대방에게 고지되어야 효력이 발생하고, 상대방 있는 행정처분이 상대방에게 고지되지 아니한 경우에는 상대방이 다른 경로를 통해 행정처분의 내용을 알게 되었다고 하더라도 행정처분의 효력이 발생한다고 볼 수 없다.

[2] 취소소송의 제소기간 기산점으로 행정소송법 제20조 제1항이 정한 '처분 등이 있음을 안 날'은 유효한 행정처분이 있음을 안 날을, 같은 조 제2항이 정한 '처분 등이 있은 날'은 그 행정처분의 효력이 발생한 날을 각 의미한다. 이러한 법리는 행정심판의 청구기간에 관해서도 마찬가지로 적용된다.

[3] 구 공무원연금법 제80조에 의하면, 급여에 관한 결정 등에 관하여 이의가 있는 자는 급여에 관한 결정 등이 있었던 날부터 180일, 그 사실을 안 날부터 90일 이내에 '공무원연금급여 재심위원회'에 심사를 청구할 수 있을 뿐이고(제1항, 제2항), 행정심판법에 따른 행정심판을 청구할 수는 없다(제4항). 이와 같은 공무원연금급여 재심위원회에 대한 심사청구 제도의 입법 취지와 심사청구기간, 행정심판법에 따른 일반행정심판의 적용 배제, 구 공무원연금법 제80조 제3항의 위임에 따라 구 공무원연금법 시행령 제84조 내지 제95조의2에서 정한 공무원연금급여 재심위원회의 조직, 운영, 심사절차에 관한 사항 등을 종합하면, 구 공무원연금법상 공무원연금급여 재심위원회에 대한 심사청구 제도는 사안의 전문성과 특수성을 살리기 위하여 특히 필요하여 행정심판법에 따른 일반행정심판을 갈음하는 특별한 행정불복절차(행정심판법 제4조 제1항), 즉 특별행정심판에 해당한다.

[판결이유]

① 이 사건 처분은 상대방 있는 행정처분에 해당한다. 구 공무원연금법에서 급여에 관한 결정의 고지 방법을 따로 정하지 않았으므로, 이 사건 처분은 상대방인 원고에게 행정절차법 제14조에서 정한 바에 따라 송달하는 등의 방법으로 고지하여야 비로소 효력이 발생한다고 볼 수 있다.

293) 대판 2014.9.25. 2014두8254

② 기록에 의하면, 원고는 제1심에서부터 일관하여, 2017.7.10. 피고의 인터넷 홈페이지에 접속하여 피고가 게시해 둔 처분 내용을 알게 되었고, 그날을 행정심판청구서에 '처분이 있음을 안 날'로 기재하였을 뿐 피고로부터 처분서를 송달받지 못했다고 주장해 왔음을 알 수 있다. 그런데 피고가 인터넷 홈페이지에 이 사건 처분의 결정 내용을 게시한 것만으로는 행정절차법 제14조에서 정한 바에 따라 송달이 이루어졌다고 볼 수 없고, 원고가 그 홈페이지에 접속하여 결정 내용을 확인하여 알게 되었다고 하더라도 마찬가지이다. 또한 피고가 이 사건 처분서를 행정절차법 제14조 제1항에 따라 원고 또는 그 대리인의 주소・거소(居所)・영업소・사무소로 송달하였다거나 같은 조 제3항 또는 제4항에서 정한 요건을 갖추어 정보통신망을 이용하거나 혹은 관보, 공보, 게시판, 일간신문 중 하나 이상에 공고하고 인터넷에도 공고하는 방법으로 송달하였다는 점에 관한 주장・증명도 없다.

③ 따라서 이 사건 처분은 상대방인 원고에게 고지되어 효력이 발생하였다고 볼 수 없으므로, 이에 관하여 구 공무원연금법 제80조 제2항에서 정한 심사청구기간이나 행정소송법 제20조 제1항, 제2항에서 정한 취소소송의 제소기간이 진행한다고 볼 수 없다.

④ 그런데도 제1심과 원심은, 이 사건 처분에 관한 결정이 이루어진 날인 2017.6.29.이 구 공무원연금법 제80조 제2항에서 정한 '급여에 관한 결정이 있은 날'에, 원고가 행정심판청구서에 '처분이 있음을 안 날'로 기재한 2017.7.10.이 같은 항에서 정한 '급여에 관한 결정이 있음을 안 날'에 각 해당한다고 전제하고서, 이 사건 심사청구가 이 사건 처분이 있음을 안 날인 2017.7.10.부터 90일의 심사청구기간이 도과한 후에 제기된 것이어서 부적법하고, 이 사건 심사청구가 부적법한 이상 공무원급여 재심위원회의 결정서를 송달받은 날 또는 결정이 있은 날을 기준으로 취소소송의 제소기간을 기산할 수 없다고 보아 이 사건 소가 부적법하다고 판단하였다.

이러한 원심 판단에는 '상대방 있는 행정처분의 효력발생요건' 등에 관한 법리를 오해하여 판결에 영향을 미친 잘못이 있다. 이 점을 지적하는 상고이유 주장은 이유 있다.[294]

2. 처분이 있은 날로부터 1년(행소법 제20조 제2항)

처분이 있은 날이란 처분이 대외적으로 표시되어 효력이 발생한 날을 의미한다. 처분은 송달을 통하여 송달받은 자에게 도달됨으로써 그 효력이 발생한다(행정절차법 제15조 제1항). 여기서 도달이란 상대방이 알 수 있는 상태에 놓이는 것을 의미한다. 다만 정당한 사유가 있는 경우에는, 1년이 경과하여도 제기가 가능하다(행소법 제20조 제2항 단서). 여기서 정당한 사유란 불확정 개념으로서 그 존부는 사안에 따라 개별적, 구체적으로 판단하여야 하나 민사소송법 제173조의 당사자가 그 책임을 질 수 없는 사유나 행정심판법 제27조 제2항 소정의 천재지변, 전쟁, 사변 그 밖에 불가항력적인 사유보다는 넓은 개념이라고 풀이되므로, 제소기간도과의 원인 등 여러 사정을 종합하여 지연된 제소를 허용하는 것이 사회통념상 상당하다고 할 수 있는가에 의하여 판단하여야 한다.[295]

3. 처분이 있음을 안 경우와 알지 못한 경우의 관계

이 두 경우 중 어느 하나의 제소기간이 도과하면, 원칙상 취소소송을 제기할 수 없다.

294) 대판 2019.8.9. 2019두38656
295) 대판 1991.6.28. 90누6521

4. 제소기간의 준수 여부의 유형별 검토

(1) 처분이 송달된 경우

처분이 고시 또는 공고의 방법에 의하여 통지되는 경우에는, 원고가 실제로 고시 또는 공고를 보았으면 그날이 처분이 있음을 안 날이 될 것이다. 원고가 실제로 공고 또는 고시를 보지 못한 경우에 대하여 견해가 대립한다. 판례는 고시 또는 공고에 의하여 행정처분을 하는 경우에는, 고시 또는 공고의 효력발생일에 그 행정처분이 있음을 알았던 것으로 보아 기산하여야 한다고 보고 있다.[296] 개별법령에 효력발생일이 규정되어 있지 아니한 경우에는 고시 또는 공고 후 5일이 경과한 날에 행정처분이 있음을 알았다고 보아야 하고, 그때부터 제소기간을 기산한다.[297] 다만, 개별토지가격결정과 같이 처분의 효력이 각 상대방에 대하여 개별적으로 발생하는 경우에는, 처분이 있음을 알지 못한 경우의 불복제기기간이 적용되고, 행정심판법 제27조 제3항 단서의 정당한 사유가 된다.

(2) 처분이 공고 또는 고시된 경우

1) 불특정 다수인에 대한 처분의 경우

처분이 고시 또는 공고의 방법에 의하여 통지되는 경우에는, 원고가 실제로 고시 또는 공고를 보았으면 그날이 처분이 있음을 안 날이 될 것이다. 원고가 실제로 공고 또는 고시를 보지 못한 경우에 대하여 견해가 대립한다. 판례는 고시 또는 공고에 의하여 행정처분을 하는 경우에는, 고시 또는 공고의 효력발생일에 그 행정처분이 있음을 알았던 것으로 보아 기산하여야 한다고 보고 있다.[298] 개별법령에 효력발생일이 규정되어 있지 아니한 경우에는 고시 또는 공고 후 5일이 경과한 날에 행정처분이 있음을 알았다고 보아야 하고, 그때부터 제소기간을 기산한다.[299] 다만, 개별토지가격결정과 같이 처분의 효력이 각 상대방에 대하여 개별적으로 발생하는 경우에는, 처분이 있음을 알지 못한 경우의 불복제기기간이 적용되고, 행정심판법 제27조 제3항 단서의 정당한 사유가 된다.

핵심판례

1. 고시 등의 효력발생일에 행정처분이 있음을 안 것으로 의제되는 사례

[1] 취소소송은 행정소송법 제20조 제1항 단서에 규정된 경우를 제외하고는 취소 등의 원인이 있음을 안 날로부터 90일 이내에 제기하여야 하고(행정소송법 제20조 제1항 본문), 제소기간의 준수 여부는 소송요건으로서 법원의 직권조사사항이다. 한편 고시에 의한 행정처분에 이해관계를 갖는 자는 고시가 있었다는 사실을 현실적으로 알았는지 여부에 관계없이 고시가 효력을 발생한 날에 행정처분이 있음을 알았다고 보아야 하고, 고시·공고 등 행정기관이 일정한 사항을 일반에 알리기 위한 공고문서의 경우에는 그 문서에 특별한 규정이 있는 경우를 제외하고는 그 고시 또는 공고가 있은 후 5일이 경과한 날부터 효력을 발생한다(행정업무의 운영 및 혁신에 관한 규정 제4조 제3호, 제6조 제3항).

[2] 기록에 의하면, 피고는 2008.7.30. 골프장 설치를 내용으로 하는 도시관리계획결정을 하고 2008.7.31. 그 결정을 고시하였는데, 위 도시관리계획결정의 취소를 구하는 이 사건 소는 위 고시의 효력발생일로부터 90일이 경과한 2008.11.20. 제기된 사실을 알 수 있고, 달리 행정소송법 제20조 제1항 단서에 규정된 특별한 사정이 있음을 인정할 자료가 없으므로, 이 사건 소는 제소기간 도과로 부적법하다.[300]

---

296) 대판 1995.8.22. 94누5694[전합]

297) 행정업무의 운영 및 혁신에 관한 규정 제6조 제3항에 의하면 고시 또는 공고 등이 있은 날로부터 5일이 경과한 때에 효력이 발생한다.

298) 대판 1995.8.22. 94누5694[전합]

299) 행정효율과 협업촉진에 관한 규정 제6조 제3항에 의하면 고시 또는 공고 등이 있은 날로부터 5일이 경과한 때에 효력이 발생한다.

2. 고시 등의 효력발생일에 행정처분이 있음을 안 것으로 의제되지 아니하는 사례

개별토지가격결정에 있어서는 그 처분의 고지방법에 있어 개별토지가격합동조사지침(국무총리훈령 제248호)의 규정에 의하여 행정편의상 일단의 각 개별토지에 대한 가격결정을 일괄하여 읍・면・동의 게시판에 공고하는 것일 뿐 그 처분의 효력은 각각의 토지 또는 각각의 소유자에 대하여 각별로 효력을 발생하는 것이므로 개별토지가격결정의 공고는 공고일로부터 그 효력을 발생하지만 처분 상대방인 토지소유자 및 이해관계인이 공고일에 개별토지가격결정처분이 있음을 알았다고까지 의제할 수는 없어 결국 개별토지가격결정에 대한 재조사 또는 행정심판의 청구기간은 처분 상대방이 실제로 처분이 있음을 안 날로부터 기산하여야 할 것이나, 시장, 군수 또는 구청장이 개별토지가격결정을 처분 상대방에 대하여 별도의 고지절차를 취하지 않는 이상 토지소유자 및 이해관계인이 위 처분이 있음을 알았다고 볼 경우는 그리 흔치 않을 것이므로, 특별히 위 처분을 알았다고 볼만한 사정이 없는 한 개별토지가격결정에 대한 재조사청구 또는 행정심판청구는 행정심판법 제18조 제3항 소정의 처분이 있은 날로부터 180일 이내에 이를 제기하면 된다.[301]

2) 특정인에 대한 처분의 경우

특정인에 대한 행정처분을 주소불명 등을 이유로 송달할 수 없어 관보 등에 공고(행정절차법상 공고)한 경우에 상대방이 그 처분이 있음을 안 날은 상대방이 처분을 현실적으로 안 날을 의미한다.[302]

(3) 처분의 제3자가 제소하는 경우

행정처분의 직접상대방이 아닌 제3자는 행정처분이 있음을 곧 알 수 없는 처지이므로, 행정심판법 제18조 제3항 소정의 심판청구 제척기간 내에 처분이 있음을 알았다는 특별한 사정이 없는 한, 그 제척기간의 적용을 배제할 같은 조항 단서 소정의 정당한 사유가 있는 경우에 해당한다.[303] 따라서 처분이 있은 날로부터 1년이 경과한 뒤에도 취소소송을 제기할 수 있다고 보고 있다. 다만, 제3자가 어떠한 경위로든 처분이 있음을 알게 된다면, 처분이 있음을 안 날로부터 90일 이내에 취소소송을 제기하여야 한다.

Ⅳ 제소기간의 기산점

1. 소의 변경 일반 및 추가적 변경

(1) 소의 변경 일반

소의 종류를 변경하는 경우, 새로운 소가 제소기간을 준수하였는지는 처음의 소가 제기된 때를 기준으로 판단하여야 한다(행소법 제21조 제4항). 이는 무효확인소송을 제기하였다가 취소소송으로 변경하는 경우가 그러하며, 행정소송법 제22조(처분변경으로 인한 소의 변경)의 경우도 마찬가지이다. 청구취지의 교환적 변경(민사소송법 제262조)이 있는 경우에는 구소가 취하되고 새로운 소가 제기된 것으로 보기 때문에, 새로운 소에 대한 제소기간을 준수하였는지는 원칙적으로 소의 변경이 있은 때를 기준으로 판단하여야 한다.

---

300) 대판 2013.3.14. 2010두2623
301) 대판 1993.12.24. 92누17204
302) 대판 2006.4.28. 2005두14851
303) 대판 1989.5.9. 88누5150

핵심판례

1. **다시 선행처분의 취소를 구하는 소로 변경된 경우의 제소기간**
행정소송법상 취소소송은 처분 등이 있음을 안 날로부터 90일 이내에 제기하여야 하고, 처분 등이 있은 날로부터 1년을 경과하면 제기하지 못한다(행정소송법 제20조 제1항, 제2항). 한편, 청구취지를 교환적으로 변경하여 종전의 소가 취하되고 새로운 소가 제기된 것으로 보게 되는 경우, 새로운 소에 대한 제소기간의 준수 등은 원칙적으로 소의 변경이 있은 때를 기준으로 판단된다. 그러나 선행처분의 취소를 구하는 소가 그 후속처분의 취소를 구하는 소로 교환적으로 변경되었다가, 다시 선행처분의 취소를 구하는 소로 변경된 경우, 후속처분의 취소를 구하는 소에 선행처분의 취소를 구하는 취지가 그대로 남아 있었던 것으로 볼 수 있다면, 선행처분의 취소를 구하는 소의 제소기간은 처음의 소가 제기된 때를 기준으로 판단하여야 한다.[304)]

2. **직권취소된 선행처분과 밀접한 관련성이 있는 후행처분 취소소송의 제소기간**
행정소송법상 취소소송은 처분 등이 있음을 안 날부터 90일 이내에 제기하여야 하고, 처분 등이 있은 날부터 1년을 경과하면 제기하지 못한다(행정소송법 제20조 제1항, 제2항). 그리고 청구취지를 변경하여 구 소가 취하되고 새로운 소가 제기된 것으로 변경되었을 때에 새로운 소에 대한 제소기간의 준수 등은 원칙적으로 소의 변경이 있은 때를 기준으로 하여야 한다. 그러나 선행 처분에 대하여 제소기간 내에 취소소송이 적법하게 제기되어 계속 중에 행정청이 선행 처분서 문언에 일부 오기가 있어 이를 정정할 수 있음에도 선행 처분을 직권으로 취소하고 실질적으로 동일한 내용의 후행 처분을 함으로써 선행 처분과 후행 처분 사이에 밀접한 관련성이 있고 선행 처분에 존재한다고 주장되는 위법사유가 후행 처분에도 마찬가지로 존재할 수 있는 관계인 경우에는 후행 처분의 취소를 구하는 소변경의 제소기간 준수 여부는 따로 따질 필요가 없다.[305)]

(2) 관할위반으로 인한 이송과 소의 변경

핵심판례

수소법원이 항고소송에 대한 관할을 가지고 있지 아니한 경우의 제소기간
행정소송법 제8조 제2항은 "행정소송에 관하여 이 법에 특별한 규정이 없는 사항에 대하여는 법원조직법과 민사소송법 및 민사집행법의 규정을 준용한다."라고 규정하고 있고, 민사소송법 제40조 제1항은 "이송결정이 확정된 때에는 소송은 처음부터 이송받은 법원에 계속된 것으로 본다."라고 규정하고 있다. 한편 행정소송법 제21조 제1항, 제4항, 제37조, 제42조, 제14조 제4항은 행정소송 사이의 소 변경이 있는 경우 처음 소를 제기한 때에 변경된 청구에 관한 소송이 제기된 것으로 보도록 규정하고 있다. 이러한 규정 내용 및 취지 등에 비추어 보면, 원고가 행정소송법상 항고소송으로 제기해야 할 사건을 민사소송으로 잘못 제기한 경우에 수소법원이 그 항고소송에 대한 관할을 가지고 있지 아니하여 관할법원에 이송하는 결정을 하였고, 그 이송결정이 확정된 후 원고가 항고소송으로 소 변경을 하였다면, 그 항고소송에 대한 제소기간의 준수 여부는 원칙적으로 처음에 소를 제기한 때를 기준으로 판단하여야 한다.[306)]

---

304) 대판 2013.7.11. 2011두27544
305) 대판 2019.7.4. 2018두58431
306) 원고가 민사소송으로 잘못 제기하였다가, 이송결정에 따라 관할법원으로 이송된 뒤 항고소송으로 소 변경한 사안에서, 원고가 행정소송법상 항고소송으로 제기하여야 할 사건을 민사소송으로 잘못 제기하여 사건이 관할법원에 이송된 뒤 항고소송으로 소 변경을 한 경우, 항고소송에 대한 제소기간의 준수 여부는 원칙적으로 처음에 소를 제기한 때를 기준으로 하여야 한다고 보고, 이와 달리 원고의 소 변경 시를 기준으로 제소기간 준수 여부를 판단하여 이 사건 소 중 처분의 취소를 구하는 예비적 청구 부분이 제소기간 도과로 부적법하다고 본 원심판결을 파기·환송한 사례(대판 2022.11.17. 2021두44425)

(3) 추가적 변경

1) 원 칙

소를 추가적으로 변경하는 경우, 추가적으로 변경된 소의 제소기간은 추가적 변경 신청이 있은 때를 기준으로 판단하여야 한다.

2) 무효확인소송에 취소소송을 추가적으로 병합하는 경우

하자 있는 행정처분을 놓고 이를 무효로 볼 것인지 아니면 단순히 취소할 수 있는 처분으로 볼 것인지는, 동일한 사실관계를 토대로 한 법률적 평가의 문제에 불과하고, 행정처분의 무효확인을 구하는 소에는, 특단의 사정이 없는 한 그 취소를 구하는 취지도 포함되어 있다고 보아야 하는 점 등에 비추어 보면, 동일한 행정처분에 대하여 무효확인의 소를 제기하였다가 그 후 그 처분의 취소를 구하는 소를 추가적으로 병합한 경우, 주된 청구인 무효확인의 소가 적법한 제소기간 내에 제기되었다면, 추가로 병합된 취소청구의 소도 적법하게 제기된 것으로 봄이 상당하다.[307]

3) 후행 처분의 취소를 구하는 청구취지를 추가하는 경우

청구취지를 추가하는 경우, 청구취지가 추가된 때에 새로운 소를 제기한 것으로 보므로, 추가된 청구취지에 대한 제소기간 준수 등은 원칙적으로 청구취지의 추가·변경 신청이 있는 때를 기준으로 판단하여야 한다. 그러나 선행 처분의 취소를 구하는 소를 제기하였다가 이후 후행 처분의 취소를 구하는 청구취지를 추가한 경우에도, 선행 처분이 종국적 처분을 예정하고 있는 일종의 잠정적 처분으로서 후행 처분이 있을 경우 선행 처분은 후행 처분에 흡수되어 소멸되는 관계에 있고, 당초 선행 처분에 존재한다고 주장되는 위법사유가 후행 처분에도 마찬가지로 존재할 수 있는 관계여서 선행 처분의 취소를 구하는 소에 후행 처분의 취소를 구하는 취지도 포함되어 있다고 볼 수 있다면, 후행 처분의 취소를 구하는 소의 제소기간은 선행 처분의 취소를 구하는 최초의 소가 제기된 때를 기준으로 정하여야 한다.[308]

2. 이의신청을 거쳐 취소소송을 제기하는 경우

행정심판이 아닌 이의신청을 거쳐 취소소송을 제기하는 경우에는, 불복기간에 관한 명문의 규정이 없으므로, 불복기간은 처분이 있음을 안 날로부터 90일 또는 행정심판의 재결서의 정본을 송달받은 날로부터 90일 이내이다. 다만, 명문의 규정이 있는 경우에는 그에 따른다.

핵심판례

1. 이의신청 후 취소소송을 제기하는 경우의 제소기간

(1) 별도의 규정이 없는 경우의 제소기간의 기산점

[1] 행정소송법 제20조 제1항에 따르면, 취소소송은 처분 등이 있음을 안 날로부터 90일 이내에 제기하여야 하는데, 행정심판청구를 할 수 있는 경우 행정심판청구가 있은 때의 기간은, 재결서의 정본을 송달받은 날로부터 기산한다. 이와 같이 취소소송의 제소기간을 제한함으로써 처분 등을 둘러싼 법률관계의 안정과 신속한 확정을 도모하려는 입법취지에 비추어 보면, 여기서 말하는 '행정심판'이란 행정심판법에 따른 일반행정심판과, 이에 대한 특례로서 다른 법률에서 사안의 전문성과 특수성을 살리기 위하여 특히 필요하다고 인정되어, 일반행정심판을 갈음하는 특별한 행정 불복절차를 정한 경우의 특별행정심판(행정심판법 제4조)을 의미한다.

---

307) 대판 2005.12.23. 2005두3554

308) 대판 2018.11.15. 2016두48737

[2] 甲 광역시 교육감이 공공감사에 관한 법률(이하 '공공감사법') 등에 따라 乙 학교법인이 운영하는 丙 고등학교에 대한 특정감사를 실시한 후, 丙 학교의 학교장과 직원에 대하여 징계(해임)를 요구하는 처분을 하였는데, 乙 법인이 위 처분에 대한 이의신청을 하였다가 기각되자, 위 처분의 취소를 구하는 소를 제기한 경우, 공공감사법상 재심의신청 및 구 甲 광역시 교육청 행정감사규정상 이의신청은, 자체감사를 실시한 중앙행정기관 등의 장으로 하여금 감사결과나 그에 따른 요구사항의 적법·타당 여부를 스스로 다시 심사하도록 한 절차로, 행정심판을 거친 경우의 제소기간의 특례가 적용될 수 없다고 보이므로, 이의신청에 대한 결과통지일이 아니라 乙 법인이 위 처분이 있음을 알았다고 인정되는 날로부터 제소기간을 기산하여, 위 소가 제소기간의 도과로 부적법하다고 본 원심판단이 정당하다.[309)]

(2) 별도의 규정이 있는 경우의 제소기간의 기산점(1)

[1] 국가유공자 등 예우 및 지원에 관한 법률(이하 '국가유공자법') 제4조 제1항 제6호, 제6조 제3항, 제4항, 제74조의18의 문언·취지 등에 비추어 알 수 있는 다음과 같은 사정, 즉 국가유공자법 제74조의18 제1항이 정한 이의신청은, 국가유공자 요건에 해당하지 아니하는 등의 사유로 국가유공자 등록신청을 거부한 처분청인 국가보훈처장이 신청 대상자의 신청 사항을 다시 심사하여 잘못이 있는 경우 스스로 시정하도록 한 절차인 점, 이의신청을 받아들이는 것을 내용으로 하는 결정은 당초 국가유공자 등록신청을 받아들이는 새로운 처분으로 볼 수 있으나, 이와 달리 이의신청을 받아들이지 아니하는 내용의 결정은 종전의 결정 내용을 그대로 유지하는 것에 불과한 점, 보훈심사위원회의 심의·의결을 거치는 것도 최초의 국가유공자 등록신청에 대한 결정에서나 이의신청에 대한 결정에서 마찬가지로 거치도록 규정된 절차인 점, 이의신청은 원결정에 대한 행정심판이나 행정소송의 제기에도 영향을 주지 아니하는 점 등을 종합하면, 국가유공자법 제74조의18 제1항이 정한 이의신청을 받아들이지 아니하는 결정은 이의신청인의 권리·의무에 새로운 변동을 가져오는 공권력의 행사나 이에 준하는 행정작용이라고 할 수 없으므로 원결정과 별개로 항고소송의 대상이 되지는 않는다.

[2] 국가유공자 비해당결정 등 원결정에 대한 이의신청이 받아들여지지 아니한 경우에도 이의신청인으로서는 원결정을 대상으로 항고소송을 제기하여야 하고, 국가유공자 등 예우 및 지원에 관한 법률 제74조의18 제4항이 이의신청을 하여 그 결과를 통보받은 날부터 90일 이내에 행정심판법에 따른 행정심판의 청구를 허용하고 있고, 행정소송법 제18조 제1항 본문이 "취소소송은 법령의 규정에 의하여 당해 처분에 대한 행정심판을 제기할 수 있는 경우에도 이를 거치지 아니하고 제기할 수 있다."라고 규정하고 있는 점 등을 종합하면, 이의신청을 받아들이지 아니하는 결과를 통보받은 자는 통보받은 날부터 90일 이내에 행정심판법에 따른 행정심판 또는 행정소송법에 따른 취소소송을 제기할 수 있다.[310)]

(3) 별도의 규정이 있는 경우의 제소기간의 기산점(2)

[1] 정보공개법 제18조 제1항은 "청구인이 정보공개와 관련한 공공기관의 비공개결정 또는 부분 공개 결정에 대하여 불복이 있거나 정보공개 청구 후 20일이 경과하도록 정보공개 결정이 없는 때에는 공공기관으로부터 정보공개 여부의 결정 통지를 받은 날 또는 정보공개 청구 후 20일이 경과한 날부터 30일 이내에 해당 공공기관에 문서로 이의신청을 할 수 있다."라고 규정하고, 같은 조 제3항 본문은 "공공기관은 이의신청을 받은 날부터 7일 이내에 그 이의신청에 대하여 결정하고 그 결과를 청구인에게 지체 없이 문서로 통지하여야 한다."라고 규정하고 있으며, 같은 조 제4항은 "공공기관은 이의신청을 각하 또는 기각하는 결정을 한 경우에는 청구인에게 행정심판 또는 행정소송을 제기할 수 있다는 사실을 제3항에 따른 결과 통지와 함께 알려야 한다."라고

309) 대판 2014.4.24. 2013두10809
310) 대판 2016.7.27. 2015두45953

규정하고, 제20조 제1항은 "청구인이 정보공개와 관련한 공공기관의 결정에 대하여 불복이 있거나 정보공개 청구 후 20일이 경과하도록 정보공개 결정이 없는 때에는 「행정소송법」에서 정하는 바에 따라 행정소송을 제기할 수 있다."라고 규정하고 있다. 한편 행정소송법 제20조 제1항 본문은 "취소소송은 처분등이 있음을 안 날부터 90일 이내에 제기하여야 한다."라고 규정하고 있다. 위와 같은 관련 법령의 규정 내용과 그 취지 등을 종합하여 보면, 청구인이 공공기관의 비공개 결정 등에 대한 이의신청을 하여 공공기관으로부터 이의신청에 대한 결과를 통지받은 후 취소소송을 제기하는 경우 그 제소기간은 이의신청에 대한 결과를 통지받은 날부터 기산한다고 봄이 타당하다.

[2] 그런데도 원심은 원고가 피고로부터 이 사건 이의신청에 대한 결과를 통지받은 날인 2019.5.2.이 아닌 이 사건 처분이 있음을 안 날인 2019.4.22.부터 90일의 제소기간이 진행한다고 보아 2019.7.26. 제기된 이 사건 소는 제소기간을 경과하여 부적법하다고 판단하였다. 이러한 원심의 판단에는 정보공개법상 이의신청을 거쳐 행정소송을 제기한 경우 제소기간의 기산점에 관한 법리를 오해하여 판결에 영향을 미친 잘못이 있다.[311)]

2. 이의신청에서 재조사결정이 통보된 경우의 제소기간

[다수의견]

이의신청 등에 대한 결정의 한 유형으로서 실무상 행하여지고 있는 재조사결정은, 처분청으로 하여금 하나의 과세단위의 전부 또는 일부에 관하여 당해 결정에서 지적된 사항을 재조사하고, 그 결과에 따라 과세표준과 세액을 경정하거나 당초처분을 유지하는 등의 후속처분을 하도록 하는 형식을 취하고 있다. 이에 따라 재조사결정을 통지받은 이의신청인 등은, 그에 따른 후속처분의 통지를 받은 후에야 비로소 다음 단계의 쟁송절차에서 불복할 대상과 범위를 구체적으로 특정할 수 있게 된다. 이와 같은 재조사결정의 형식과 취지 그리고 행정심판제도의 자율적 행정통제기능 및 복잡하고 전문적·기술적 성격을 가지는 조세법률관계의 특수성 등을 감안하면, 재조사결정은 당해 결정에서 지적된 사항에 관한 처분청의 재조사결과에 따른 후속처분의 내용을, 이의신청 등에 대한 결정의 일부분으로 삼겠다는 의사가 내포된 변형결정에 해당한다고 볼 수밖에 없다. 그렇다면 재조사결정은 처분청의 후속처분에 의하여 그 내용이 보완됨으로써 이의신청 등에 대한 결정으로서의 효력이 발생한다 할 것이므로, 재조사결정에 따른 심사청구기간이나 심판청구기간 또는 행정소송의 제소기간은, 이의신청인 등이 후속처분의 통지를 받은 날로부터 기산된다고 봄이 타당하다.

[별개의견]

재조사결정은 단지 효율적인 사건의 심리를 위하여 처분청에 재조사를 지시하는 사실상 내부적 명령에 불과하다고 보아야 할 것이므로, 그로써 이의신청 등에 대한 결정이 있었다고 할 수 없고, 후속처분에 의하여 그 효력이 발생한다고 의제할 수도 없다. 따라서 이의신청인 등에게 재조사결정이나 후속처분이 통지되었다 하더라도, 그 후 다시 재결청이 국세기본법에 규정된 유형의 결정을 하여 이의신청인 등에게 이를 통지할 때까지는, 심사청구기간 등이 진행되지 않는다고 보아야 한다.[312)]

311) 대판 2023.7.27. 2022두52980

312) 대판 2010.6.25. 2007두12514[전합]

3. 변경명령재결의 경우

행정심판에서 변경명령재결이 있어 처분청이 변경처분을 한 경우, 취소소송의 대상은 변경된 내용의 당초처분이다.[313] 이 경우 제소기간은 재결서의 정본을 송달받은 날로부터 90일 이내이다.

핵심판례

변경처분이 있는 경우 제소기간의 기산점

[1] 행정청이 식품위생법령에 기하여 영업자에 대하여 행정제재처분을 한 후 그 처분을 영업자에게 유리하게 변경하는 처분을 한 경우(이하 처음의 처분을 '당초처분', 나중의 처분을 '변경처분'), 변경처분에 의하여 당초처분은 소멸하는 것이 아니고 당초부터 유리하게 변경된 내용의 처분으로 존재하는 것이므로, 변경처분에 의하여 유리하게 변경된 내용의 행정제재가 위법하다 하여 그 취소를 구하는 경우 그 취소소송의 대상은 변경된 내용의 당초처분이지 변경처분은 아니고, 제소기간의 준수 여부도 변경처분이 아닌 변경된 내용의 당초처분을 기준으로 판단하여야 한다.

[2] 원심이 확정한 사실관계 및 기록에 의하면, 피고는 2002.12.26. 원고에 대하여 3월의 영업정지처분이라는 이 사건 당초처분을 하였고, 이에 대하여 원고가 행정심판청구를 하자 재결청은 2003.3.6. "피고가 2002.12.26. 원고에 대하여 한 3월의 영업정지처분을 2월의 영업정지에 갈음하는 과징금부과처분으로 변경하라"는 일부기각(일부인용)의 이행재결을 하였으며, 2003.3.10. 그 재결서 정본이 원고에게 도달한 사실, 피고는 위 재결취지에 따라 2003.3.13.(원심은 2003.3.12.이라고 하고 있으나 이는 착오로 보인다) "3월의 영업정지처분을 과징금 560만원으로 변경한다"는 취지의 이 사건 후속 변경처분을 함으로써 이 사건 당초처분을 원고에게 유리하게 변경하는 처분을 하였으며, 원고는 2003.6.12. 이 사건 소를 제기하면서 청구취지로써 2003.3.13.자 과징금부과처분의 취소를 구하고 있음을 알 수 있다. 앞서 본 법리에 비추어 보면, 이 사건 후속 변경처분에 의하여 유리하게 변경된 내용의 행정제재인 과징금부과가 위법하다 하여 그 취소를 구하는 이 사건 소송에 있어서 위 청구취지는 이 사건 후속 변경처분에 의하여 당초부터 유리하게 변경되어 존속하는 2002.12.26.자 과징금부과처분의 취소를 구하고 있는 것으로 보아야 할 것이고, 일부기각(일부인용)의 이행재결에 따른 후속 변경처분에 의하여 변경된 내용의 당초처분의 취소를 구하는 이 사건 소 또한 행정심판재결서 정본을 송달받은 날로부터 90일 이내 제기되어야 하는데 원고가 위 재결서의 정본을 송달받은 날로부터 90일이 경과하여 이 사건 소를 제기하였다는 이유로 이 사건 소가 부적법하다고 판단한 원심판결은 정당하고, 상고이유는 받아들일 수 없다.[314]

4. 거부처분의 경우

거부처분이 반복되는 경우에는 매 거부처분 시마다 새로운 처분이 있는 것으로 보아야 하므로, 제소기간 역시 각 거부처분마다 별도로 진행된다.

313) 대판 2007.4.27. 2004두9302
314) 대판 2007.4.27. 2004두9302

5. 헌법재판소의 위헌결정으로 취소소송의 제기가 가능하게 된 경우

처분 당시에는 취소소송의 제기가 법령상 허용되지 않아 소송을 제기할 수 없다가, 위헌결정으로 인하여 비로소 취소소송을 제기할 수 있게 된 경우에는, 객관적으로는 위헌결정이 있은 날, 주관적으로는 위헌결정이 있음을 안 날 비로소 취소소송을 제기할 수 있게 되어, 이때를 제소기간의 기산점으로 삼아야 한다.[315]

6. 경정처분

(1) 감액경정처분의 경우

판례는 감액경정처분은 당초처분의 전부취소 이후 새로운 처분을 한 것이 아닌 당초처분의 일부취소에 불과하므로, 소송의 대상은 경정처분으로 인하여 감액되고 남은 당초처분이 된다고 하고 있으며, 제소기간의 준수 여부도 당초처분을 기준으로 판단하고 있다(역흡수설).[316]

(2) 증액경정처분의 경우

증액경정처분에서 당초처분은 증액경정처분에 흡수되어 소멸하고, 증액경정처분만이 소송의 대상이 된다. 제소기간의 준수 여부도 증액경정처분을 기준으로 판단한다(흡수설).[317]

제3절 관할법원

I 재판관할

1. 재판관할의 의의

행정소송의 관할이란 법원 간의 행정재판권의 분담을 의미한다.

2. 항고소송상 재판관할

(1) 심급관할

심급관할이란 하급법원과 상급법원 사이의 재판권의 배분관계를 의미한다. 행정소송법은 지방법원급인 행정법원을 1심 법원으로 하고 있고, 행정법원이 설치되지 아니한 지역에 대하여는 지방법원 본원 합의부를 1심 법원으로 하고 있다. 항소심은 고등법원이, 상고심은 대법원이 담당하는 3심제를 채택하고 있다(행소법 제9조 제1항, 법원조직법 제40조의4, 동법 제4765호 부칙 제2조).

(2) 사물관할

사물관할이란 제1심 소송사건을 지방법원 단독판사와 지방법원 합의부 사이에 어떻게 분담시킬 것인가를 정하는 것이다. 행정소송은 합의부의 관할이다(법원조직법 제7조 제3항).

---

315) 대판 2008.2.1. 2007두20997
316) 대판 2012.9.27. 2011두27247
317) 대판 2013.2.14. 2011두25005

(3) 토지관할

토지관할이란 소재지를 달리하는 동종의 법원 사이의 재판권의 배분관계를 의미한다.

1) 보통재판적

보통재판적이란 특정인에 대한 일체의 소송사건에 관하여 일반적으로 인정되는 토지관할을 의미한다. 행정소송법에서는 제1심 관할법원을 피고의 소재지를 관할하는 행정법원으로 규정하고 있다. 다만 중앙행정기관, 중앙행정기관의 부속기관과 합의제행정기관 또는 그 장이나 국가의 사무를 위임 또는 위탁받은 공공단체 또는 그 장이 피고인 경우의 관할법원은, 대법원 소재지의 행정법원으로 하도록 규정하고 있다(행소법 제9조 제1항 · 제2항).

2) 특별재판적

특별재판적이란 한정된 종류의 소송사건에 관하여 인정되는 토지관할을 의미한다. 토지의 수용, 기타 부동산 또는 특정의 장소에 관계되는 처분 등에 대한 취소소송은, 그 부동산 또는 장소의 소재지를 관할하는 행정법원에 이를 제기할 수 있다(행소법 제9조 제3항)고 하여 특별재판적에 관한 규정을 두고 있다.

3. 행정소송의 관할의 성격

행정소송의 관할은 행정법원의 전속관할이므로, 민사법원은 사건의 관할이 행정법원인 경우 사건을 행정법원으로 이송하여야 한다.

4. 관할위반으로 인한 이송

판례는 민사소송으로 지방법원에 제기할 것을, 당사자소송으로 서울행정법원에 제기하여 관할위반이 되었더라도, 피고가 관할위반이라고 항변하지 아니하고 본안에 대하여 변론을 한 경우에는, 법원에 변론관할이 생겼다고 이해한다.[318] 당사자소송으로 서울행정법원에 제기할 것을, 민사소송으로 지방법원에 제기하여 판결이 난 경우에는 전속관할위반이며, 당사자가 본안에 대하여 변론하였더라도 변론관할이 생겼다고 볼 수 없고, 원심판결을 취소하고 이송하여야 한다.[319]

5. 당사자소송상 재판관할

당사자소송의 관할법원은 취소소송의 경우와 같다. 다만, 국가 또는 공공단체가 피고인 경우에는, 관계 행정청의 소재지를 피고의 소재지로 본다(행소법 제40조).

6. 민중소송과 기관소송의 재판관할

(1) 민중소송

대통령, 국회의원 및 광역자치단체장의 선거무효소송 또는 당선무효소송은 대법원이 관할하고, 지방의회의원 또는 기초자체단체장의 선거무효소송 또는 당선무효소송은 고등법원이 관할하며(공직선거법 제222조, 제223조), 국민투표 무효소송은 대법원이 관할한다(국민투표법 제92조).

---

318) 대판 2013.2.28. 2010두22368

319) 대판 2018.7.26. 2015다221569

(2) 기관소송

지방의회나 교육·학예에 관한 시·도의회의 재의결 무효소송은 대법원이 관할한다(지방자치법 제120조, 제192조 ; 지방교육자치에 관한 법률 제28조).

7. 관할위반의 효과

민사소송법 제34조 제1항의 규정은, 원고의 고의 또는 중대한 과실 없이 행정소송이 심급을 달리하는 법원에 잘못 제기된 경우에도 적용한다(행소법 제7조). 현행 행정소송법은 종래 판례가 관할위반으로 인한 사건의 이송을 인정하지 아니함에 따라 선의의 제소자를 보호할 수 없는 문제점을 시정하고자, 이같은 관할이송을 인정한 것이다.

Ⅱ 소송의 이송

1. 의 의

소송의 이송이란 어느 법원에 일단 계속된 소송을, 그 법원의 재판에 의하여 다른 법원의 관할로 이전하는 것을 의미한다.

2. 관할위반으로 인한 이송

(1) 심급을 달리하는 법원에 제기한 경우(행소법 제7조)

민사소송법 제34조 제1항의 규정은, 원고의 고의 또는 중대한 과실 없이 행정소송이 심급을 달리하는 법원에 잘못 제기된 경우에도 적용한다.

(2) 행정사건을 민사사건으로 제기한 경우(행소법 제8조 제2항, 민소법 제34조)

원고가 고의 또는 중대한 과실 없이 행정소송으로 제기하여야 할 사건을 민사소송으로 잘못 제기한 경우, ① 수소법원으로서는 만약 그 행정소송에 대한 관할도 동시에 가지고 있다면, 이를 행정소송으로 심리·판단하여야 하고, ② 그 행정소송에 대한 관할을 가지고 있지 아니하다면, 당해 소송이 행정소송으로서의 소송요건을 결하고 있음이 명백하여 행정소송으로 제기되었더라도 어차피 부적법하게 되는 경우가 아닌 이상, 부적법한 소라고 하여 각하할 것이 아니라 관할법원에 이송하여야 한다.[320]

(3) 이송의 효력

이송결정이 확정되면, 민사소송법 제40조 제1항에 의하여 소 제기에 의한 시효 중단이나 법률상 기간 준수의 효력은 그대로 유지된다.

---

320) 대판 1997.5.30. 95다28960

핵심판례

1. 항고소송으로 제기하여야 할 사건을 민사소송으로 제기한 사례

(1) 수소법원이 항고소송에 대한 관할도 동시에 가지고 있는 경우

① [1] 행정소송법상 항고소송으로 제기하여야 할 사건을 민사소송으로 잘못 제기한 경우에 수소법원이 항고소송에 대한 관할도 동시에 가지고 있다면, 전심절차를 거치지 않았거나 제소기간을 도과하는 등 항고소송으로서의 소송요건을 갖추지 못했음이 명백하여 항고소송으로 제기되었더라도 어차피 부적법하게 되는 경우가 아닌 이상, 원고로 하여금 항고소송으로 소 변경을 하도록 석명권을 행사하여 행정소송법이 정하는 절차에 따라 심리·판단하여야 한다.

[2] 이 사건 채용승인취소[321]는 행정소송법상 항고소송의 대상인 '처분'에 해당하고, 원고는 이 사건 채용승인취소의 직접 상대방은 아니지만 그 때문에 법무사 김○○의 사무원으로 더 이상 채용될 수 없는 불이익이 발생하였으므로, 피고를 상대로 민사소송을 제기할 것이 아니라, 이 사건 채용승인취소의 취소나 무효확인을 구하는 행정소송법상 항고소송을 제기하였어야 한다. 이 사건 소가 행정소송법상 항고소송일 경우, 제1심법원인 부산지방법원 합의부와 원심법원인 부산고등법원 합의부는 제1심, 항소심 재판의 관할도 동시에 가지고 있으므로 관할위반의 문제는 발생하지 않는다. 또한 원고는 2014.6.2.자 이 사건 채용 승인취소를 그 무렵 통지받은 후 2014.6.24. 이 사건 소를 제기하였으므로 취소소송의 제소기간을 준수하였고, 취소소송의 그 밖의 소송요건을 갖추지 못했다고 볼만한 사정도 없다. 따라서 원심으로서는 원고에게 행정소송법상 취소소송으로 소 변경을 하도록 석명권을 행사하여 행정소송법이 정하는 절차에 따라 이 사건 채용승인취소가 적법한 처분인지 여부를 심리·판단하였어야 한다. 그런데도 원심은, 이 사건 채용승인취소가 항고소송의 대상인 처분에 해당한다는 점을 간과한 채, 이 사건 소가 민사소송에 해당한다는 전제에서 본안판단으로 나아가 이 사건 채용승인취소에 절차상·실체상 하자가 없다고 본 제1심의 판단을 그대로 유지하여 원고의 항소를 기각하였다. 이러한 원심의 판단에는 항고소송의 대상인 처분과 쟁송방법에 관한 법리 등을 오해하여 필요한 심리를 다하지 않아 판결에 영향을 미친 위법이 있다.[322]

② [1] 이 사건 용역계약에 따라 원고는 2016.8.경 기동형 취사장비 시제품을 개발하였고, 전력지원체계 시험평가를 거쳐 2016.10.14. 군사용 적합판정을 받았으며, 2016.11.15. 기동형 취사장비에 관한 국방규격(표준화)이 제정되었고, 2016.12.2. ○○참모총장으로부터 최종적으로 '기동형 취사장비의 정부투자연구개발사업이 종결되었음'을 통보받았다. 이후 원고는 ○○본부 △△△△△△사업단에 구 국방전력발전업무훈령 제114조의2 제1항에 의하여 이 사건 용역계약에 따라 개발된 기동형 취사장비에 관하여 연구개발확인서를 발급해 줄 것을 신청하였다. 이에 ○○본부 △△△△△△사업단장은 2018.5.18. '연구개발확인서의 발급은 행정처분에 해당하고, 기동형 취사장비에 관한 국방규격 제정 당시에 시행된 현행 국방전력발전업무훈령 제113조의5 제1항에 의하여 정부투자연구개발 방식으로 개발된 품목에 관해서는 연구개발확인서를 발급할 수 없다'는 이유로 이 사건 거부회신을 하였다. 원고는 2018.6.12. ○○본부 △△△△△△사업단장이 속한 법인격주체인 피고를 상대로 '피고는 원고에게 이 사건 용역계약에 따라 구 국방전력발전업무훈령 제114조의2 제1항에 의한 연구개발확인서의 발급절차를 이행하라'고 청구하는 이 사건 소를 대전지방법원에 제기하였다.

321) 원고가 법무사 김○○ 사무소에서 사무원으로서 계속 근무하자, 피고인 부산지방법무사회는 2014.6.2. 다시 징계위원회를 개최하여 '원고가 종사정지 3월의 징계처분에 불응하여 징계규정 제4조 제1, 2, 4호의 징계사유에 해당한다'는 이유로 법무사규칙 제37조 제6항에 근거하여 원고가 더 이상 법무사 김○○ 사무소에 채용되어 근무할 수 없도록 사무원 채용승인을 취소하는 결정을 한 것을 말한다(판결이유 중).

322) 대판 2020.4.9. 2015다34444

[2] 이 사건 거부회신은 '기동형 취사장비'의 개발업체인 원고의 연구개발확인서 발급 신청에 대한 거부처분에 해당하므로, 원고는 처분청이 속한 법인격주체인 피고를 상대로 연구개발확인서 발급의무의 이행을 구하는 민사소송이나 공법상 당사자소송을 제기할 것이 아니라, 처분청인 ○○본부 △△△△△△사업단장을 상대로 거부처분의 취소나 무효확인을 구하는 항고소송을 제기하였어야 한다. 이 사건 제1심법원인 대전지방법원 합의부와 원심법원인 대전고등법원 합의부는 이 사건 소가 행정소송법상 항고소송일 경우의 제1심, 항소심 재판의 관할도 동시에 가지고 있으므로 관할위반의 문제는 발생하지 아니한다. 또한 원고는 2018.5.18. 이 사건 거부회신을 받은 후 2018.6.12. 이 사건 소를 제기하였으므로 취소소송의 제소기간을 준수하였고, 취소소송의 그 밖의 소송요건을 갖추지 못했다고 볼만한 사정도 없다. 따라서 원심으로서는 원고로 하여금 행정소송법상 취소소송으로 소 변경을 하도록 석명권을 행사하여 행정소송법이 정하는 절차에 따라 이 사건 거부회신이 적법한 거부처분인지 여부를 심리・판단하였어야 한다. 그런데도 원심은, 이 사건 거부회신이 항고소송의 대상인 거부처분에 해당한다는 점을 간과한 채, 이 사건 소가 이 사건 용역계약에 따른 의무 이행을 청구하는 민사소송에 해당한다는 전제에서, 본안판단으로 나아가 구 국방전력발전업무훈령 제114조의2가 이 사건 용역계약의 내용으로 편입되지 않았기 때문에 피고에게 연구개발확인서 발급의무가 없다고 본 제1심의 판단을 그대로 유지하여 원고의 항소를 기각하였다. 이러한 원심 판단에는 항고소송의 대상인 처분과 쟁송 방식에 관한 법리 등을 오해하여 필요한 심리를 다하지 아니함으로써 판결에 영향을 미친 잘못이 있다.[323]

(2) 수소법원이 항고소송에 대한 관할을 가지고 있지 아니한 경우

행정소송법 제8조 제2항은 "행정소송에 관하여 이 법에 특별한 규정이 없는 사항에 대하여는 법원조직법과 민사소송법 및 민사집행법의 규정을 준용한다."라고 규정하고 있고, 민사소송법 제40조 제1항은 "이송결정이 확정된 때에는 소송은 처음부터 이송받은 법원에 계속된 것으로 본다."라고 규정하고 있다. 한편 행정소송법 제21조 제1항, 제4항, 제37조, 제42조, 제14조 제4항은 행정소송 사이의 소 변경이 있는 경우 처음 소를 제기한 때에 변경된 청구에 관한 소송이 제기된 것으로 보도록 규정하고 있다. 이러한 규정 내용 및 취지 등에 비추어 보면, 원고가 행정소송법상 항고소송으로 제기해야 할 사건을 민사소송으로 잘못 제기한 경우에 수소법원이 그 항고소송에 대한 관할을 가지고 있지 아니하여 관할법원에 이송하는 결정을 하였고, 그 이송결정이 확정된 후 원고가 항고소송으로 소 변경을 하였다면, 그 항고소송에 대한 제소기간의 준수 여부는 원칙적으로 처음에 소를 제기한 때를 기준으로 판단하여야 한다.[324]

(3) 행정소송의 소송요건을 결하고 있는 것이 명백한 경우

[1] 관계 법령의 해석상 급부를 받을 권리가 법령의 규정에 의하여 직접 발생하는 것이 아니라 급부를 받으려고 하는 자의 신청에 따라 관할 행정청이 지급결정을 함으로써 구체적인 권리가 발생하는 경우에는, 급부를 받으려고 하는 자는 우선 관계 법령에 따라 행정청에 급부지급을 신청하여 행정청이 이를 거부하거나 일부 금액만 인정하는 지급결정을 하는 경우 그 결정을 대상으로 항고소송을 제기하고, 취소・무효확인판결의 기속력에 따른 재처분을 통하여 구체적인 권리를 인정받은 다음 비로소 공법상 당사자소송으로 급부의 지급을 구하여야 하고, 구체적인 권리가 발생하지 않은 상태에서 곧바로 행정청이 속한 국가나 지방자치단체 등을 상대로 한 당사자소송이나 민사소송으로 급부의 지급을 소구하는 것은 허용되지 않는다.

---

323) 대판 2020.1.16. 2019다264700

324) 원고가 민사소송으로 잘못 제기하였다가, 이송결정에 따라 관할법원으로 이송된 뒤 항고소송으로 소 변경한 사안에서, 원고가 행정소송법상 항고소송으로 제기하여야 할 사건을 민사소송으로 잘못 제기하여 사건이 관할법원에 이송된 뒤 항고소송으로 소 변경을 한 경우, 항고소송에 대한 제소기간의 준수 여부는 원칙적으로 처음에 소를 제기한 때를 기준으로 하여야 한다고 보고, 이와 달리 원고의 소 변경 시를 기준으로 제소기간 준수 여부를 판단하여 이 사건 소 중 처분의 취소를 구하는 예비적 청구 부분이 제소기간 도과로 부적법하다고 본 원심판결을 파기・환송한 사례(대판 2022.11.17. 2021두44425)

[2] 원고가 고의 또는 중대한 과실 없이 행정소송으로 제기하여야 할 사건을 민사소송으로 잘못 제기한 경우, 수소법원으로서는 만약 그 행정소송에 대한 관할도 동시에 가지고 있다면 이를 행정소송으로 심리·판단하여야 하고, 그 행정소송에 대한 관할을 가지고 있지 아니하다면 관할법원에 이송하여야 한다. 다만 해당 소송이 이미 행정소송으로서의 전심절차 및 제소기간을 도과하였거나 행정소송의 대상이 되는 처분 등이 존재하지도 아니한 상태에 있는 등 행정소송으로서의 소송요건을 결하고 있음이 명백하여 행정소송으로 제기되었더라도 어차피 부적법하게 되는 경우에는 이송할 것이 아니라 각하하여야 한다.325)

2. 당사자소송으로 제기하여야 할 사건을 민사소송으로 제기한 사례

(1) 민사소송으로 관리처분계획안 총회결의 무효확인을 구하는 경우

주택재건축정비사업조합의 관리처분계획안에 대한 총회결의의 무효확인을 구하는 소를, 관할을 위반하여 민사소송으로 제기한 후 관할 행정청에 의하여 인가·고시된 경우에는, 따로 총회결의의 무효확인만을 구할 수는 없게 된다. 하지만 이송 후 행정법원의 허가를 얻어 관리처분계획에 대한 취소소송 등으로 변경될 수 있음을 고려하면, 그와 같은 사정만으로 이송 후 그 소가 부적법하게 되어 각하될 것이 명백한 경우에 해당한다고 보기 어려우므로, 위 소는 관할법원인 행정법원으로 이송함이 상당하다.326)

(2) 민사소송으로 조합설립 인가처분 후 조합설립결의 무효확인을 구하는 경우

도시 및 주거환경정비법상 주택재건축정비사업조합에 대한 행정청의 조합설립 인가처분이 있은 후, 조합설립결의의 하자를 이유로 그 결의의 무효 등 확인을 민사소송으로 제기한 경우, 재건축조합에 대한 조합설립 인가처분을 보충행위로 보았던 종래의 실무관행 등에 비추어 보면, 그 소의 실질이 조합설립 인가처분의 효력을 다투는 취지라고 못 볼 바 아니고, 여기에 소의 상대방이 행정주체로서의 지위를 가지는 재건축조합이라는 점을 고려하면, 그 소가 공법상 법률행위에 관한 것으로서 행정소송의 일종인 당사자소송으로 제기된 것으로 봄이 상당하고, 그 소는 이송 후 관할법원의 허가를 얻어 조합설립 인가처분에 대한 항고소송으로 변경될 수 있으므로, 관할법원인 행정법원으로 이송함이 마땅하다.327)

3. 심판편의에 의한 이송

(1) 관련 청구소송의 이송(행소법 제10조)

관련 청구소송의 이송이란 취소소송 등과 관련 청구소송이 각각 다른 법원에 계속되고 있는 경우, 관련 청구소송이 계속된 법원이 상당하다고 인정하는 때에 이를 취소소송이 계속된 법원으로 이송하는 것을 의미한다.

(2) 손해나 지연을 피하기 위한 이송(행소법 제8조 제2항, 민소법 제35조)

전속관할이 정하여진 소를 제외하고는, 법원은 소송에 대하여 관할권이 있는 경우라도 현저한 손해 또는 지연을 피하기 위하여 필요하면, 직권 또는 당사자의 신청에 따른 결정으로써 소송의 전부 또는 일부를 다른 법원에 이송할 수 있다.

325) 대판 2020.10.15. 2020다222382
326) 대판 2009.9.17. 2007다2428[전합]
327) 대판 2009.9.24. 2008다60568

04 취소소송의 기타 소송요건

※ 기출문제해설의 답안은 참고용으로 활용하시기 바랍니다.

기출문제 ▌ 2017년 제26회 공인노무사시험

제1문

건설회사에 근무하는 甲은 건설현장 불법행위 단속을 나온 공무원 乙의 중과실로 인하여 공사현장에서 업무 중 골절 등 산재사고로 인한 상해를 입었고, 이를 이유로 2014년 2월경 근로복지공단으로부터 휴업급여와 장해급여 등을 지급받았다. 그런데 이후 甲이 회사가 가입하고 있던 보험회사로부터 별도로 장해보상금을 지급받자, 근로복지공단은 甲이 이중으로 보상받았음을 이유로 2016년 3월경 이미 지급된 급여의 일부에 대한 징수결정을 하고, 이를 甲에게 고지하였다. 그러나 甲이 이같은 징수결정에 대해서 민원을 제기하자, 2016년 11월경 당초의 징수결정금액의 일부를 감액하는 처분을 하였는데, 그 처분고지서에는 "이의가 있는 경우 행정심판법 제27조의 규정에 의한 기간 내에 행정심판을 청구하거나, 행정소송법 제20조의 규정에 의한 기간 내에 행정소송을 제기할 수 있습니다"라고 기재되어 있었다. 한편, 공무원 乙은 공직기강확립 감찰기간 중 중과실로 甲에 대한 산재사고를 야기하였음을 이유로 해임처분을 받자, 이에 대해서 소청심사를 거쳐 취소소송을 제기하였다. 다음 물음에 답하시오.

물음 1

甲은 감액처분에 불복하여 행정심판을 청구하였고, 각하재결을 받은 후 재결서를 송달받은 즉시 2017년 5월경 근로복지공단을 상대로 위 감액처분의 취소를 구하는 행정소송을 제기하였다. 이 경우 당해 취소소송의 적법 여부를 검토하시오. (25점)

제1장
제2장
제3장
제4장
제5장
제6장
제7장
제8장
제9장
제10장
제11장
제12장
제13장

▌목 차▐

Ⅰ 논점의 정리

甲이 감액처분에 불복하여 제기한 취소소송의 적법 여부와 관련하여 원고적격, 피고적격 및 행정심판전치주의 등의 소송요건은 일단 충족된 것으로 보인다. 다만, 사안의 경우 대상적격과 제소기간의 충족 여부가 문제되므로, 이를 검토하기로 한다.

Ⅱ 대상적격

1. 의 의

행정청이 행하는 구체적 사실에 관한 법집행으로서의 공권력 행사, 또는 그 거부와 그 밖에 이에 준하는 행정작용(이하 '처분') 및 행정심판에 대한 재결을 말한다(행소법 제2조 제1항 제1호). 판례도 항고소송의 대상이 되는 행정청의 처분이라 함은, 원칙적으로 행정청의 공법상 행위로서 특정사항에 대하여 법규에 의한 권리의 설정 또는 의무의 부담을 명하거나, 기타 법률상 효과를 직접 발생하게 하는 등 국민의 권리・의무에 직접 관계가 있는 행위라고 판시하고 있다.

2. 처분요건

(1) 행정청의 행위일 것

행정청은 국가 또는 지방자치단체의 행정청 및 공공단체뿐만 아니라, 법령에 의하여 행정권한의 위임 또는 위탁을 받은 행정기관, 공공단체 및 그 기관 또는 사인을 포함한다.

(2) 구체적 사실에 관한 법집행의 행위일 것

법을 집행하여 개별적・구체적・직접적 영향을 미치는 행정작용을 의미한다. 따라서 일반적・평균적・추상적 규율인 행정입법이나, 행정기관의 내부적 행위와 사실행위도 원칙적으로 항고소송의 대상인 처분에 해당되지 않는다.

(3) 공권력 행사 또는 그 거부와 이에 준하는 행정작용일 것

공권력 행사란 행정청이 우월한 공권력의 주체로서 일방적으로 행하는 권력적 행위를 의미하고, 거부란 공권력 행사의 거부를 말한다. 판례는 행소법상 거부처분이 되기 위해서는 신청이 있어야 하고, 그 신청을 한 개인에게 공권력 행사를 신청할 법규상 또는 조리상 권리가 있어야 한다고 판시하고 있다.

3. 감액경정처분의 경우 소의 대상

(1) 문제점

행정청은 처분에 잘못이 있는 경우, 당초처분을 시정하기 위하여 경정처분을 할 수 있는데, 이와 같이 행정청의 하자 있는 당초처분을 시정하기 위하여 경정처분을 한 경우, 소송의 대상이 무엇인지가 문제된다.

(2) 학 설

1) 흡수설

당초처분은 경정처분에 흡수되어 소멸하고, 경정처분만이 소송의 대상이 된다는 견해이다.

2) 역흡수설

경정처분은 당초처분에 흡수되고, 경정처분에 의하여 수정된 당초처분이 소송의 대상이 된다는 견해이다.

3) 병존설

두 처분은 독립된 처분으로, 별개의 소송대상이라는 견해이다.

(3) 판 례

판례는 감액경정처분은 당초처분의 전부취소 이후 새로운 처분을 한 것이 아닌 당초처분의 일부취소에 불과하므로, 소송의 대상은 경정처분으로 인하여 감액되고 남은 당초처분이 된다고 판시하였으며, 제소기간의 준수 여부도 당초처분을 기준으로 판단하고 있다(역흡수설).

4. 검 토

근로복지공단은 2016.3.경 징수결정처분을 하였으나, 甲이 징수결정에 대하여 민원을 제기하자 2016.11.경 당초의 징수결정금액의 일부를 감액하는 처분을 하였는 바, 감액경정처분의 실질은 당초처분의 변경이므로, 소송의 대상은 당초처분이라고 하여야 한다. 따라서 감액경정처분의 경우, 당초처분은 감액처분이 아닌 감액된 원처분이므로, 소송의 대상은 원처분이 된다. 그러나 甲은 감액처분을 대상으로 취소소송을 제기하였으므로, 대상적격을 충족하지 못한 것으로 보인다.

Ⅲ 제소기간

1. 의 의

제소기간이란 행정소송의 제기가 허용되는 기간을 말한다(행소법 제20조).

2. 행정심판을 거친 경우

적법한 행정심판을 거쳐 취소소송을 제기하는 경우에는, 행정심판재결서의 정본을 송달받은 날로부터 90일 이내에 제기하여야 한다.

3. 경정처분의 경우

판례는 감액경정처분은 당초처분의 전부취소 이후 새로운 처분을 한 것이 아닌 당초처분의 일부취소에 불과하므로, 소송의 대상은 경정처분으로 인하여 감액되고 남은 당초처분이 된다고 판시하였으며, 제소기간의 준수 여부도 당초처분을 기준으로 판단하고 있다(역흡수설). 또한 당초처분을 기준으로 할 때 이미 제소기간이 지남으로써 불가쟁력이 발생하여 불복청구를 할 수 없었던 경우라면 그 이후에 행정청이 행정심판청구를 할 수 있다고 잘못 알렸다고 하더라도 그 때문에 처분 상대방이 적법한 제소기간 내에 취소소송을 제기할 수 있는 기회를 상실하게 된 것은 아니므로 이러한 경우에 잘못된 안내에 따라 청구된 행정심판 재결서 정본을 송달받은 날부터 다시 취소소송의 제소기간이 기산되는 것은 아니라고 판시하고 있다.

4. 검 토

사안에서 근로복지공단은 2016.3.경 당초처분을 하였고, 감액경정처분의 경우 당초처분의 일부취소에 불과하므로, 소송의 대상은 당초처분이며, 甲이 불복하여 행정심판을 청구한 2017.5.경은 처분을 안 날로부터 이미 90일이 지났으므로, 甲의 취소소송은 제소기간을 도과한 것으로 보인다.

Ⅳ 사안의 적용

감액경정처분의 실질은 당초처분의 변경이므로, 항고소송의 대상은 당초처분이라고 하여야 한다. 그러나 甲은 감액처분을 대상으로 취소소송을 제기하였으므로, 대상적격을 충족하지 못한 것으로 보인다. 사안에서 항고소송의 대상은 2016.3.경 근로복지공단이 행한 당초처분이며, 甲이 불복하여 행정심판을 청구한 2017.5.경은 처분을 안 날로부터 이미 90일이 지났으므로, 甲의 취소소송은 제소기간을 도과한 것으로 보인다.

Ⅴ 결 론

甲이 제기한 취소소송은 대상적격과 제소기간의 요건을 충족하지 못하여 부적법하므로, 관할법원은 각하판결을 하여야 한다.

04 취소소송의 기타 소송요건

※ 기출문제해설의 답안은 참고용으로 활용하시기 바랍니다.

기출문제 Ⅰ 2023년 제12회 변호사시험

제1문

변호사 甲과 국회의원 乙은 전동킥보드 동호회 회원들이다. 甲과 乙은 전동킥보드 신제품을 구매하려 하였으나, 전기용품 및 생활용품 안전관리법 제15조 제3항에 근거한 안전확인대상생활용품의 안전기준 제4조 제1호(이하 '이 사건 고시조항')에서 전동킥보드의 최고속도를 시속 25킬로미터로 제한함에 따라 종전과 달리 이러한 제한을 준수한 전동킥보드만 제조・수입되고 있어서, 신제품 전동킥보드는 최고속도를 초과하여 주행할 수 없음을 알게 되었다. 甲과 乙은 이러한 속도 제한으로 말미암아 전동킥보드 구매・이용을 통해서 기대되는 즐거움이나 효용의 핵심인 속도감과 민첩한 이동을 누릴 수 없게 되었고, 이로써 자신들의 신체의 자유, 거주・이전의 자유가 침해되고 있다고 주장하면서 이 사건 고시조항에 대하여 헌법소원심판을 청구하였다.

이후 甲과 乙은 동호회 모임에 참석하였다가 만취한 상태로 각자 전동킥보드를 타고 가던 중, 횡단보도를 건너던 보행자를 순차적으로 치어 크게 다치게 한 후 도주하였다. 甲과 乙은 각각 도로교통법에 따른 운전면허 취소처분을 받음과 아울러 특정범죄가중처벌 등에 관한 법률위반(도주치상)죄로 공소제기되었다.

법무부장관은 甲에 대하여 위 공소제기를 이유로 변호사법 제102조 제1항 본문 및 제2항(이하 '이 사건 법률조항')에 의거하여 업무정지명령을 하였다. 甲은 업무정지명령에 대하여 취소소송을 제기하면서 그 근거조항인 이 사건 법률조항의 위헌성을 다투고 있다. 한편, 국회는 그간 乙이 여러 차례 본회의에서 다른 사람의 사생활에 대한 폭로성 발언을 하였을 뿐만 아니라 위와 같이 공소제기됨으로써 국회의원의 품위를 손상시켰음을 사유로 하여, 윤리특별위원회의 심사를 거쳐 乙을 제명하였다. 乙은 국회의 제명처분에 대하여 헌법재판소에 제소하고자 한다.

설문 5

乙은 운전면허 취소처분에 대하여 그 취소를 구하는 행정심판을 적법하게 제기하였으나 기각재결을 받고 이어서 취소소송을 제기하였다. 한편 甲은 '도로교통법 제142조에도 불구하고 자신에 대한 운전면허 취소처분은 乙의 사건과 동종사건이므로 행정심판을 거칠 필요가 없다'고 판단하고 곧바로 취소소송을 제기하였는데, 결국 그 소송 계속 중에 행정심판 청구기간이 도과하였다. 행정심판전치주의와 관련하여 甲의 취소소송이 적법한지 판단하시오. (15점)

※ 유의 사항
아래 조문들의 일부는 가상의 것임

「전기용품 및 생활용품 안전관리법」

제15조(안전확인대상제품의 신고 등)

① 안전확인대상제품의 제조업자 또는 수입업자는 안전확인대상제품에 대하여 모델별로 안전확인시험기관으로부터 산업통상자원부령으로 정하는 바에 따라 안전확인시험을 받아, 해당 안전확인대상제품이 제3항에 따른 안전기준에 적합한 것임을 확인한 후 그 사실을 산업통상자원부장관에게 신고하여야 한다.

② 생략

③ 안전확인시험기관은 산업통상자원부장관이 정하여 고시하는 안전확인대상제품에 관한 안전기준을 적용하여 안전확인시험을 실시하여야 한다. 다만, 안전기준이 고시되지 아니하거나 고시된 안전기준을 적용할 수 없는 경우의 안전확인대상제품에 대해서는 산업통상자원부령으로 정하는 바에 따라 안전확인시험을 실시할 수 있다.

안전확인대상생활용품의 안전기준 (2022.5.15. 산업통상자원부 고시 제2022-187호)

제1조(목적)

이 고시는 전기용품 및 생활용품 안전관리법 제15조 제3항에 따른 안전확인대상생활용품의 안전기준(이하 '안전기준')을 규정함을 목적으로 한다.

제4조(최고속도)

안전확인대상생활용품의 최고속도 제한은 다음 각 호와 같다.

1. 전동킥보드는 25km/h를 넘지 않아야 한다.

(이하 생략)

「변호사법」

제102조(업무정지명령)

① 법무부장관은 변호사가 공소제기되거나 제97조에 따라 징계 절차가 개시되어 그 재판이나 징계 결정의 결과 등록취소, 영구제명 또는 제명에 이르게 될 가능성이 매우 크고, 그대로 두면 장차 의뢰인이나 공공의 이익을 해칠 구체적인 위험성이 있는 경우에는 법무부징계위원회에 그 변호사의 업무정지에 관한 결정을 청구할 수 있다. 다만, 약식명령이 청구된 경우와 과실범으로 공소제기된 경우에는 그러하지 아니하다.

② 법무부장관은 법무부징계위원회의 결정에 따라 해당 변호사에 대하여 업무정지를 명할 수 있다.

제103조(업무정지 결정기간 등)

① 생략

② 업무정지에 관하여는 제98조 제3항 및 제98조의2 제2항부터 제6항까지의 규정을 준용한다.

예시답안 Ⅰ 2023년 제12회 변호사시험

Ⅰ 논점의 정리

甲이 제기한 운전면허 취소처분 취소소송에는 도로교통법에서 정한 행정심판전치주의가 적용되나 乙이 청구한 운전면허 취소처분 취소심판에서 乙이 기각재결을 받았으므로 甲은 자기에 대한 처분이 행소법 제18조 제3항 제1호에서 정한 동종사건임을 주장하여 행정심판을 거치지 아니하고 운전면허 취소처분 취소소송을 제기할 수 있는지 여부가 문제된다. 甲이 제기한 취소소송의 적법 여부는 이와 관련된다.

Ⅱ 행정심판전치주의의 의의와 적용 여부

1. 행정심판전치주의의 의의

(1) 개 념

행정심판전치주의라 함은, 사인이 행정소송의 제기에 앞서 행정청에 대하여 먼저 행정심판의 청구를 통하여 처분의 시정을 구하고, 그 시정에 불복이 있을 경우 소송을 제기하는 것을 말한다.

(2) 현행법의 태도

현행 행정소송법의 전심절차에 대한 태도는 원칙적으로 임의적 전치주의, 예외적으로 필요적 전치주의라고 할 수 있다.

2. 행정심판전치주의의 적용 범위

행정심판전치주의는 취소소송과 부작위위법확인소송에서 인정되며(행소법 제38조 제2항), 무효등확인소송에는 적용되지 않는다(행소법 제38조 제1항). 다만, 부작위위법확인소송에서 전치되는 행정심판의 유형은, 의무이행심판이 될 것이다. 무효를 구하는 의미의 취소소송을 제기한 경우, 소송의 형식이 취소소송이면 취소소송에 해당하는 소송요건이 충족되어야 하므로, 행정심판전치주의가 적용된다. 개별법상으로는 국세기본법은 국세청장에 대한 심사청구와, 조세심판원에 대한 심판청구 둘 중 하나를 필요적으로 거치도록 규정(국세기본법 제56조 제2항)하고 있고, 국가공무원법은 공무원소청심사위원회를, 교육공무원법은 교원소청심사위원회를 필요적으로 거치도록 규정(국가공무원법 제16조 제1항, 교육공무원법 제53조 제1항)하고 있으며, 도로교통법은 면허취소 등의 처분에 대해서도 필요적 전치주의를 규정(도로교통법 제142조)하고 있다.

3. 행정심판전치주의의 적용 제외

행소법은 행정심판의 재결 없이 행정소송을 제기할 수 있는 경우(행소법 제18조 제2항), 행정심판의 청구 없이 행정소송을 제기할 수 있는 경우(행소법 제18조 제3항)를 규정하고 있고, 후자의 경우로 동종사건에 대하여 이미 행정심판의 기각재결이 있은 경우(행소법 제18조 제3항 제1호) 등을 들고 있다.

Ⅲ 甲의 운전면허 취소처분 취소소송의 적법 여부

1. 동종사건인지의 여부

행소법은 동종사건에 대하여 이미 행정심판의 기각재결이 있은 경우에는 행정심판전치주의의 적용 제외를 인정하고 있는데(행소법 제18조 제3항 제1호), 여기에서 동종사건이라 함은 당해 사건은 물론 당해 사건과 기본적인 점에서 동질성이 인정되는 사건을 말한다.[328] 예를 들면 동일한 행정처분에 의하여 여러 사람이 동일한 의무를 부담하는 경우 그중 한 사람이 행정심판을 제기하여 기각판결을 받은 경우를 들 수 있다.[329]

2. 검 토

도로교통법 제142조는 필요적 전치주의를 규정하고 있으나, 행소법은 행정소송에 관한 일반법으로 도로교통법이 규정하고 있지 아니한 사항에 대하여는 행소법이 적용된다고 보아야 하므로 행소법 제18조 제3항의 예외규정은 이 사안의 경우에도 적용된다. 판례에 의할 때 乙에 대한 운전면허 취소처분 사건은 甲에 대한 운전면허 취소처분 사건과 기본적인 점에서 동질성이 인정되므로 동종사건에 해당하는 것으로 보인다. 따라서 甲이 제기한 운전면허 취소처분 취소소송은 행정심판전치주의의 적용이 제외되는 경우에 해당하여 운전면허 취소처분 취소심판을 청구하지 아니하고 제기되었다고 하더라도 취소소송의 다른 소송요건이 구비되었다면 적법하다.

Ⅳ 사안의 적용

행정심판전치주의의 적용이 제외되는 경우에 해당하는지 여부를 살피건대, 판례에 의할 때 乙에 대한 운전면허 취소처분 사건은 甲에 대한 운전면허 취소처분 사건과 기본적인 점에서 동질성이 인정되어 동종사건에 해당하는 것으로 보이므로, 甲이 제기한 운전면허 취소처분 취소소송은 행정심판전치주의의 적용이 제외되는 경우에 해당하여 운전면허 취소처분 취소심판을 청구하지 아니하고 제기되었다고 하더라도 취소소송의 다른 소송요건이 구비되었다면 적법하다고 판단된다.

Ⅴ 결 론

甲이 제기한 운전면허 취소처분 취소소송은 행정심판전치주의의 적용이 제외되는 경우에 해당하여 취소소송의 다른 소송요건이 구비되었다면 적법하다.

328) 대판 1993.9.28. 93누9132
329) 대판 1988.2.23. 87누704

기출문제 ‖ **2019년 제8회 변호사시험**

제2문

2017.12.20. 보건복지부령 제377호로 개정된 「국민건강보험 요양급여의 기준에 관한 규칙」(이하 '요양급여규칙')은 비용 대비 효과가 우수한 것으로 인정된 약제에 대하여만 보험급여를 인정하여서, 보험재정의 안정을 꾀하고 의약품의 적정한 사용을 유도하고자 기존의 보험 적용 약제 중 청구실적이 없는 미청구약제에 대한 삭제제도를 도입하였다. 개정 전의 요양급여규칙은 품목허가를 받은 모든 약제에 대하여 보험급여를 인정하였으나, 개정된 요양급여규칙에 따르면 최근 2년간 보험급여청구실적이 없는 약제에 대하여 요양급여대상 여부에 대한 조정을 할 수 있다.

보건복지부장관은 위와 같이 개정된 요양급여규칙의 위임에 따라 사단법인 대한제약회사협회 등 의약 관련 단체의 의견을 받아 보건복지부 고시인 '약제급여목록 및 급여상한금액표'를 개정하여 2018.9.23. 고시하면서, 기존에 요양급여대상으로 등재되어 있던 제약회사 甲(이하 '甲')의 A약품(1998.2.1. 등재)이 2016.1.1.부터 2017.12.31.까지의 2년간 보험급여청구실적이 없는 약제에 해당한다는 이유로, 위 고시 별지 4 '약제급여목록 및 급여상한금액표 중 삭제품목'란(이하 '이 사건 고시')에 아래와 같이 A약품을 등재하였다. 요양급여대상에서 삭제되면 국민건강보험의 요양급여를 받을 수 없어 해당 약제를 구입할 경우 전액 자기부담으로 구입하여야 하고, 해당 약제에 대해 요양급여를 청구하여도 요양급여청구가 거부되므로 해당 약제의 판매저하가 우려된다.

> 보건복지부 고시 제2018-○○호(2018.9.23.)
>
> **약제급여목록 및 급여상한금액표**
>
> **제1조(목적)** 이 표는 국민건강보험법 … 및 국민건강보험요양급여의 기준에 관한 규칙 …의 규정에 의하여 약제의 요양급여대상기준 및 상한금액을 정함을 목적으로 한다.
> **제2조(약제급여목록 및 상한금액 등)** 약제급여목록 및 상한금액은 [별표 1]과 같다.
>
> **[별표 1]**
> 별지 4 삭제품목
> 연번 17. 제조사 甲, 품목 A약품, 상한액 120원/1정

제약회사들을 회원으로 하여 설립된 사단법인 대한제약회사협회와 甲은 이 사건 고시가 있은 지 1개월 후에야 고시가 있었음을 알았다고 주장하며, 이 사건 고시가 있은 날로부터 94일째인 2018.12.26. 이 사건 고시에 대한 취소소송을 제기하였다.

설문 3

사단법인 대한제약회사협회와 甲이 제기한 이 사건 소가 제소기간을 준수하였는지를 검토하시오. (20점)

※ 아래 법령은 현행 법령과 다를 수 있음.

「국민건강보험법」

제41조(요양급여)

① 가입자와 피부양자의 질병, 부상, 출산 등에 대하여 다음 각 호의 요양급여를 실시한다.

1. 진찰・검사
2. 약제・치료재료의 지급
3. 〈이하 생략〉

② 제1항에 따른 요양급여의 방법・절차・범위・상한 등의 기준은 보건복지부령으로 정한다.

「국민건강보험 요양급여의 기준에 관한 규칙」 (보건복지부령 제377호, 2017.12.20. 공포)

제8조(요양급여의 범위 등)

① 법 제41조 제2항에 따른 요양급여의 범위는 다음 각 호와 같다.

1. 법 제41조 제1항의 각 호의 요양급여(약제를 제외한다) : 제9조에 따른 비급여대상을 제외한 것
2. 법 제41조 제1항의 제2호의 요양급여(약제에 한한다) : 제11조의2, 제12조 및 제13조에 따라 요양급여대상으로 결정 또는 조정되어 고시된 것

② 보건복지부장관은 제1항의 규정에 의한 요양급여대상을 급여목록표로 정하여 고시하되, 법 제41조 제1항의 각 호에 규정된 요양급여행위, 약제 및 치료재료(법 제41조 제1항 제2호의 규정에 의하여 지급되는 약제 및 치료재료를 말한다)로 구분하여 고시한다.

제13조(직권결정 및 조정)

④ 보건복지부장관은 다음 각 호에 해당하면 이미 고시된 약제의 요양급여대상 여부 및 상한금액을 조정하여 고시할 수 있다.

1.~5. 〈생략〉

6. 최근 2년간 보험급여청구실적이 없는 약제 또는 약사법령에 따른 생산실적 또는 수입실적이 2년간 보고되지 아니한 약제

부 칙

이 규칙은 공포한 날로부터 시행한다.

예시답안 ‖ 2019년 제8회 변호사시험

Ⅰ 논점의 정리

사단법인 대한제약회사협회와 甲은 이 사건 고시가 있은 지 1개월 후에야 고시가 있었음을 알았다고 주장하며, 이 사건 고시가 있은 날로부터 94일째인 2018.12.26. 이 사건 고시에 대한 취소소송을 제기하였는데, 이 사건 고시의 효력발생시기와 관련하여 이들이 제기한 소의 제소기간의 준수 여부가 문제된다.

Ⅱ 이 사건 고시에 대한 취소소송의 제소기간의 준수 여부

1. 행정심판을 거치지 않은 경우

(1) 처분이 있음을 안 날로부터 90일(행소법 제20조 제1항)

(2) 처분이 있은 날로부터 1년(행소법 제20조 제2항)

(3) 처분이 있음을 안 경우와 알지 못한 경우의 관계

2. 처분이 공고 또는 고시된 경우

처분이 고시 또는 공고의 방법에 의하여 통지되는 경우에는, 원고가 실제로 고시 또는 공고를 보았으면 그날이 처분이 있음을 안 날이 될 것이다. 원고가 실제로 공고 또는 고시를 보지 못한 경우에 대하여 견해가 대립한다. 판례는 고시 또는 공고에 의하여 행정처분을 하는 경우에는, 고시 또는 공고의 효력발생일에 그 행정처분이 있음을 알았던 것으로 보아 기산하여야 한다고 보고 있다.[330] 개별법령에 효력발생일이 규정되어 있지 아니한 경우에는 고시 또는 공고 후 5일이 경과한 날에 행정처분이 있음을 알았다고 보아야 하고, 그때부터 제소기간을 기산한다.[331]

3. 검 토

이 사건 고시의 약제급여목록 및 급여상한금액표는 그 처분의 상대방이 불특정다수의 제약회사 등이므로, 고시의 효력이 발생하는 날 처분이 있음을 알았다고 보아야 한다. 이 사건 고시의 [별표 1] 별지 4 삭제품목, 연번 17. '제조사 甲의 A약품' 부분은 불특정 다수인에게 일률적으로 적용하기 위하여, 2018.9.23. 고시되었다면 그때부터 5일이 경과한 2018.9.29. 고시의 효력이 발생하였고, 사단법인 대한제약회사협회와 甲은 2018.9.29. 이 사건 고시가 있음을 알았다고 보아야 하므로, 제소기간 만료시점은 2018.12.28. 24:00이 된다. 따라서 사단법인 대한제약회사협회와 甲이 2018.12.26. 제기한 이 사건 고시에 대한 취소소송은, 제소기간을 준수하였다고 보는 것이 타당하다.

---

330) 대판 1995.8.22. 94누5694[전합]

331) 행정업무의 운영 및 혁신에 관한 규정 제6조 제3항에 의하면 고시 또는 공고 등이 있은 날로부터 5일이 경과한 때에 효력이 발생한다.

Ⅲ 사안의 적용

이 사건 고시는 고시가 있었던 2018.9.23.부터 5일이 경과한 2018.9.29. 고시의 효력이 발생하였고, 사단법인 대한제약회사협회와 甲은 2018.9.29. 이 사건 고시가 있음을 알았다고 보아야 하므로, 제소기간 만료시점은 2018.12.28. 24:00이 된다. 따라서 사단법인 대한제약회사협회와 甲이 2018.12.26. 제기한 이 사건 고시에 대한 취소소송은, 제소기간을 준수하였다고 보는 것이 타당하다.

Ⅳ 결 론

CHAPTER ☑ 주요논점 ☐ 최신 기출문제해설 ☐ 주요 기출문제해설

05 취소소송의 심리

제1절 심 리

I 심리의 의의

1. 개 념

소송의 심리라 함은, 소에 대한 판결을 하기 위하여 그 기초가 될 소송자료를 수집하는 절차를 말한다.

2. 행정소송법의 태도

행정소송의 심리는 민사소송에 준하여 변론주의가 심리의 기본이 되지만, 행정소송의 특성에 비추어 보충적으로 직권심리주의가 적용된다.

II 심리의 내용

1. 요건심리

요건심리는 당해 소가 소송요건을 갖춘 적법한 것인지 여부를 심리하는 것을 말한다. 요건심리의 결과 요건을 갖추지 못한 경우에는 보정을 명하고, 보정하지 아니하면 그 소는 부적법한 것으로 각하된다. 요건 구비 여부는 직권조사사항이다.

2. 본안심리

본안심리는 요건심리의 결과 소송요건이 구비된 경우, 그 소에 대한 청구를 인용할 것인지 또는 각하할 것인지를 판단하기 위하여 사건의 본안에 대하여 실체적으로 심리하는 것을 말한다.

Ⅲ 심리의 범위

1. 불고불리의 원칙

불고불리의 원칙이라 함은, 법원은 소송의 제기가 없으면 재판할 수 없고, 소송의 제기가 있는 경우에도 당사자가 신청한 사항의 범위 내에서 심리·판단하여야 한다는 원칙을 말한다. 다만, 행정소송법은 제26조에서 예외를 인정하여 법원이 필요하다고 인정할 경우에는, 당사자가 주장하지 아니한 사실에 대하여도 심리·판단할 수 있도록 하였다.

2. 재량문제의 심리

행정청의 재량행위도 행정소송의 대상이 되는데, 재량권의 일탈·남용이 있는 경우에는 위법하게 되지만, 법원은 재량권 행사가 부당한 것인지 여부는 심리·판단할 수 없다.

3. 법률문제 · 사실문제

법원은 소송의 대상이 된 처분 등의 모든 법률문제 및 사실문제에 대하여 처음부터 새롭게 다시 심리할 수 있다.

Ⅳ 심리의 절차

1. 심리에 관한 일반원칙

행정소송의 심리절차 진행에도 민사소송의 원칙인 공개심리주의, 구술심리주의, 쌍방심리주의, 처분권주의 및 변론주의가 적용된다.

(1) 처분권주의

처분권주의란 소송의 시작, 심리의 대상과 범위 및 소송의 종료 등에 대하여, 당사자가 처분권을 가지고 이들에 관하여 자유로이 결정할 수 있는 원칙을 의미한다.

(2) 변론주의

변론주의란 소송자료의 수집·제출의 책임을 당사자에게 맡기는 원칙으로, 법원은 당사자가 주장하지 않은 사실에 대하여 직권으로 판단할 수 없다는 주요 사실의 주장책임, 법원과 당사자는 자백에 구속된다는 자백의 구속력, 법원은 원칙적으로 당사자의 신청이 없으면 직권으로 증거를 채택하여 조사할 수 없다는 직권증거조사의 원칙적 금지 등을 의미한다.

2. 행정소송법상 특수한 소송절차

(1) 행정소송법 제26조

1) 문제점

행정소송법 제26조는 당사자가 주장한 사실에 대하여 법원이 직권으로 증거를 조사할 수 있을 뿐만 아니라, 더 나아가 당사자가 주장하지 않은 사실에 대한 직권탐지도 인정하고 있다. 직권탐지의 범위를 어느 정도까지 인정할 것인지에 대하여 학설이 대립한다.

2) 학 설

① 변론주의가 원칙이며, 직권탐지주의는 변론주의에 대한 예외로서 보충적으로 인정된다고 보는 견해인 변론주의보충설과, ② 법원은 당사자가 제출한 사실에 관한 보충적 증거조사를 할 수 있음에 그치지 않고, 당사자가 주장하지 아니한 사실에 대하여도 직권으로 이를 탐지할 수 있다고 보는 직권탐지주의설이 대립하고 있다.

3) 판 례

판례는 행정소송에서도 불고불리의 원칙이 적용되어 법원은 당사자가 청구한 범위를 넘어서까지 판결할 수는 없지만, 당사자의 청구의 범위 내에서 일건 기록상 현출되어 있는 사항에 관하여 직권으로 증거조사를 하고, 이를 기초로 하여 당사자가 주장하지 아니한 사실에 관하여도 판단할 수 있다고 한다.[332)]

4) 검 토

생각건대 행정소송법 제26조는, 당사자주의와 처분권주의를 그 원칙으로 하는 행정소송의 공익성을 고려한 보충규정으로 이해할 수 있다. 따라서 변론주의보충설이 타당하다고 판단된다.

핵심판례

1. **직권탐지주의의 한계를 벗어난 사례(1)**
   같은 국가유공자 비해당결정이라도 그 사유가 공무수행과 상이 사이에 인과관계가 없다는 것과 본인 과실이 경합되어 있어 지원대상자에 해당할 뿐이라는 것은 기본적 사실관계의 동일성이 없다고 보아야 한다. 따라서 처분청이 공무수행과 사이에 인과관계가 없다는 이유로 국가유공자 비해당결정을 한 데 대하여 법원이 그 인과관계의 존재는 인정하면서 직권으로 본인 과실이 경합된 사유가 있다는 이유로 그 처분이 정당하다고 판단하는 것은 행정소송법이 허용하는 직권심사주의의 한계를 벗어난 것으로서 위법하다.[333)]

2. **직권탐지주의의 한계를 벗어난 사례(2)**
   명의신탁등기 과징금과 장기미등기 과징금은 위반행위의 태양, 부과 요건, 근거 조항을 달리하므로, 각 과징금 부과처분의 사유는 상호 간에 기본적 사실관계의 동일성이 있다고 할 수 없으므로 그중 어느 하나의 처분사유에 의한 과징금 부과처분에 대하여 당해 처분사유가 아닌 다른 처분사유가 존재한다는 이유로 적법하다고 판단하는 것은 특별한 사정이 없는 한 행정소송법상 직권심사주의의 한계를 넘는 것으로서 허용될 수 없다.[334)]

332) 대판 1999.5.25. 99두1052
333) 대판 2013.8.22. 2011두26589
334) 대판 2017.5.17. 2016두53050

(2) 행정심판기록 제출명령

법원은 당사자의 신청이 있는 경우에는 결정으로써 재결을 행한 행정청에 대하여 행정심판에 관한 기록의 제출을 명할 수 있으며, 제출명령을 받은 행정청은 지체 없이 당해 행정심판에 관한 기록을 법원에 제출하여야 한다(행소법 제25조).

V 주장책임과 입증책임

1. 주장책임

변론주의하에서 당사자가 자기에게 유리한 사실을 주장하지 않으면, 그 사실은 없는 것으로 취급되어 불리한 법적 판단을 받게 되는데, 이때 당해 당사자가 받게 되는 불이익 또는 위험을 주장책임이라고 한다. 행정소송에서 특단의 사정이 있는 경우를 제외하면, 당해 행정처분의 적법성에 관하여는 당해 처분청이 이를 주장·입증하여야 하고, 직권주의가 가미되어 있다고 하여도 행정소송은 여전히 당사자주의와 변론주의를 기본구조로 하는 이상, 행정처분의 위법을 들어 그 취소를 청구함에 있어서는 그 취소를 구하는 자가 직권조사사항을 제외한 위법하고 구체적인 사항을 먼저 주장하여야 한다.[335)]

2. 입증책임

(1) 의 의

소송상 일정한 사실의 존부가 확정되지 아니한 경우, 이러한 사실이 존재하지 않는 것으로 취급되어 불리한 법적 판단을 받게 되는데, 이때 일방 당사자가 받게 되는 불이익 또는 위험을 입증책임이라고 한다.

(2) 문제점

행정소송법에는 입증책임에 관한 아무런 규정이 없으므로, 입증책임을 어떻게 분배할 것인지에 대하여 견해가 대립한다.

(3) 학 설

1) 원고부담설

행정행위의 공정력이 있다는 점을 논거로, 행정행위가 위법하다고 주장하는 원고에게 입증책임이 있다는 견해이다.

2) 법률요건분류설

자기에게 유리한 법규범의 모든 요건사실의 존재에 관하여 입증책임을 진다고 보는 견해이다.

3) 행정소송법 독자분배설

행정소송의 특수성을 감안하여 구체적 사안에 따라 입증책임을 결정하여야 한다고 주장하는 견해이다.

(4) 판 례

판례가 입증책임 분배에 관하여 어떠한 입장인지는 분명하지 않다. 행정소송에서의 입증책임도 원칙적으로 민사소송의 일반원칙(법률요건분류설)에 따라 당사자 간에 분배되어야 한다고 하면서도, 항고소송의 특성도 고려하여야 하는 것으로 이해한다.[336)]

---

335) 대판 1995.7.28. 94누12807
336) 대판 2017.6.15. 2015두2826

(5) 검 토

행정소송에서의 당사자지위도 민사소송과 마찬가지로 대등하다고 하여야 할 것이므로, 입증책임도 원칙적으로 민사소송의 일반원칙에 따라 분배하는 것이 바람직하다. 따라서 법률요건분류설이 타당하다고 판단된다.

(6) 구체적 사례

1) 소송요건

소송요건은 직권조사사항이지만, 존부가 불분명한 경우 원고가 불이익을 받게 되므로, 원고에게 입증책임이 있다.

2) 권한행사규정의 요건사실

처분의 적법성에 대한 입증책임은 피고에게 있다. 과세처분의 위법을 이유로 그 취소를 구하는 행정소송에서 처분의 적법성 및 과세요건사실의 존재에 관하여는, 원칙적으로 과세관청이 그 입증책임을 부담하나, 경험칙상 이례에 속하는 특별한 사정의 존재에 관하여는, 납세의무자에게 입증책임 내지는 입증의 필요가 돌아간다.[337]

3) 권한행사장애규정의 요건사실

과세대상이 된 토지가 비과세 혹은 면제대상이라는 점은, 이를 주장하는 납세의무자에게 입증책임이 있는 것이라고 판시하고 있다.

4) 재량행위의 경우

재량권 일탈·남용에 관하여는, 행정행위의 효력을 다투는 사람이 주장·증명책임을 부담한다.

핵심판례

행정청의 고도의 전문적·기술적인 판단의 신뢰성에 관한 증명책임

[1] 행정청이 관계 법령이 정하는 바에 따라 고도의 전문적이고 기술적인 사항에 관하여 전문적인 판단을 하였다면, 판단의 기초가 된 사실인정에 중대한 오류가 있거나 판단이 객관적으로 불합리하거나 부당하다는 등의 특별한 사정이 없는 한 존중되어야 한다. 환경오염물질의 배출허용기준이 법령에 정량적으로 규정되어 있는 경우 행정청이 채취한 시료를 전문연구기관에 의뢰하여 배출허용기준을 초과한다는 검사결과를 회신받아 제재처분을 한 경우, 이 역시 고도의 전문적이고 기술적인 사항에 관한 판단으로서 그 전제가 되는 실험결과의 신빙성을 의심할 만한 사정이 없는 한 존중되어야 함은 물론이다.

[2] 수질오염물질을 측정하는 경우 시료채취의 방법, 오염물질 측정의 방법 등을 정한 구 수질오염공정시험기준은 형식 및 내용에 비추어 행정기관 내부의 사무처리준칙에 불과하므로 일반 국민이나 법원을 구속하는 대외적 구속력은 없다. 따라서 시료채취의 방법 등이 위 고시에서 정한 절차에 위반된다고 하여 그러한 사정만으로 곧바로 그에 기초하여 내려진 행정처분이 위법하다고 볼 수는 없고, 관계 법령의 규정 내용과 취지 등에 비추어 절차상 하자가 채취된 시료를 객관적인 자료로 활용할 수 없을 정도로 중대한지에 따라 판단되어야 한다. 다만 이때에도 시료의 채취와 보존, 검사방법의 적법성 또는 적절성이 담보되어 시료를 객관적인 자료로 활용할 수 있고 그에 따른 실험결과를 믿을 수 있다는 사정은 행정청이 증명책임을 부담하는 것이 원칙이다.[338]

---

337) 대판 1996.4.26. 96누1627

338) 행정청이 원고의 공장 내 폐수배출시설에서 배출허용기준을 초과하는 중금속이 검출되었다는 이유로 원고에게 과징금 등을 부과한 사안에서, 수질오염공정시험기준은 시료 채취 후 일정량의 질산을 첨가하여 시료를 보존하도록 규정하고 있으나, 이 사건에서 피고(=행정청)는 위 보존방법을 위반하였음으로 인해 대법원은 피고가 오염도검사 과정에서 수질오염공정시험기준이 정한 절차를 위반하였고 그 절차상 하자는 채취된 시료를 객관적인 자료로 활용할 수 없을 정도로 중대하다고 볼 여지가 충분하여 오염도검사의 신빙성이 충분히 증명되었다고 보기 어려움에도, 이와 다른 전제에 선 원심의 판단에는 필요한 심리를 다하지 않음으로써 판결에 영향을 미친 위법이 있다고 판시한 사례(대판 2022.9.16. 2021두58912)

제2절 위법성 판단의 기준 시

I 문제점

처분은 그 당시의 사실상태 및 법률상태를 기초로 행하여진다. 그런데 처분 후 사실상태 또는 법률상태가 변경되는 경우, 법원이 본안심리의 결과 처분의 위법 여부를 판단함에 있어 어느 시점의 법률상태 및 사실상태를 기준으로 하여야 할 것인지에 대하여 문제가 제기된다.

II 취소소송에서의 위법성 판단의 기준 시

1. 학 설

(1) 처분시설

처분의 위법 여부의 판단은 처분 시 사실상태 및 법률상태를 기준으로 행하여야 한다는 견해이다. 처분시설의 주요 논거는 취소소송에서 법원의 역할은 처분의 사후심사이고, 법원이 처분 후 사정에 근거하여 처분의 적법 여부를 판단하는 것은, 행정청의 제1차적 판단권을 침해하는 것이 된다.

(2) 판결시설

처분의 위법 여부 판단은 판결 시 사실상태 및 법률상태를 기준으로 행하여야 한다는 견해이다. 판결시설의 주요 논거는, 취소소송의 본질은 처분으로 인하여 형성된 위법상태를 배제하는 데 있으므로, 원칙적으로 판결 시 사실상태 및 법률상태를 기준으로 판결하여야 한다고 본다.

(3) 절충설

절충설은 원칙상 처분시설이 타당하다고 하면서도, 예외적으로 계속적 효력을 가진 처분이나 미집행의 처분에 대한 소송에서는 판결시설을 취하는 것이 타당하다고 본다.

2. 판 례

판례는 행정처분에 대한 취소소송사건에서 행정처분의 위법 여부는 그 처분 당시의 사실상태 및 법률상태를 기준으로 판단하여야 하고, 처분청이 처분 이후 추가한 새로운 사유가 처분 당초의 흠을 치유시킬 수 없다고 판시하고 있다(처분시설).[339] 또한 판례는 행정처분의 위법 여부는 행정처분이 있을 때의 법령과 사실 상태를 기준으로 판단하여야 하지만, 법원은 행정처분 당시 행정청이 알고 있었던 자료뿐만 아니라 사실심 변론종결 당시까지 제출된 모든 자료를 종합하여 처분 당시 존재하였던 객관적 사실을 확정하고 그 사실에 기초하여 처분의 위법 여부를 판단할 수 있다고 한다.[340]

339) 대판 2005.4.15. 2004두10883
340) 대판 2019.7.25. 2017두55077

3. 검 토

취소소송은 행정청이 내린 처분을 다투어 취소를 구하는 소송이므로, 처분의 위법성 판단의 기준 시는 원칙적으로 처분 시로 보는 것이 타당하다. 한편 처분의 위법성 판단의 기준 시가 처분 시라는 의미는, 처분 이후 법령의 개폐나 사실상태의 변동에 영향을 받지 않는다는 뜻이지, 처분 당시 보유하였던 자료나 행정청에 제출하였던 자료만으로 위법 여부를 판단한다는 의미가 아니라는 것을 유의하여야 한다. 즉 처분 당시 존재하였던 사실에 대한 입증은 사실심 변론종결 당시까지 할 수 있는 것이고 법원은 처분 당시 행정청이 알고 있던 자료뿐만 아니라 사실심 변론종결 당시까지 제출된 모든 자료를 종합하여 처분 당시에 존재하였던 객관적 사실을 확정하고 그에 기초하여 처분의 적법 여부를 판단하여야 한다.

핵심판례

1. 개정된 고시에 따라 상당인과관계의 존부를 판단한 사례

[1] 항고소송에서 처분의 위법 여부는 특별한 사정이 없는 한 그 처분 당시의 법령을 기준으로 판단하여야 한다. 이는 신청에 따른 처분의 경우에도 마찬가지이다. 그러나 「뇌혈관 질병 또는 심장 질병 및 근골격계 질병의 업무상 질병 인정 여부 결정에 필요한 사항」(2013.6.28. 고용노동부 고시 제2013-32호, 이하 '개정 전 고시')은 대외적으로 국민과 법원을 구속하는 효력은 없으므로, 근로복지공단이 처분 당시에 시행된 '개정 전 고시'를 적용하여 산재요양 불승인처분을 한 경우라고 하더라도 해당 불승인처분에 대한 항고소송에서 법원은 '개정 전 고시'를 적용할 의무는 없고, 해당 불승인처분이 있은 후 개정된 「뇌혈관 질병 또는 심장 질병 및 근골격계 질병의 업무상 질병 인정 여부 결정에 필요한 사항」(2017.12.29. 고용노동부 고시 제2017-117호, 이하 '개정된 고시')의 규정 내용과 개정 취지를 참작하여 상당인과관계의 존부를 판단할 수 있다. 그 구체적인 이유는 다음과 같다.

① 산업재해보상보험법 제37조 제1항 제2호, 제5항, 같은 법 시행령 제34조 제3항 [별표 3]의 규정 내용과 형식, 입법 취지를 종합하면, 같은 법 시행령 [별표 3] '업무상 질병에 대한 구체적인 인정 기준'은 같은 법 제37조 제1항 제2호에서 규정하고 있는 '업무상 질병'에 해당하는 경우를 예시적으로 규정한 것이라고 보아야 하고, 그 기준에서 정한 것 외에 업무와 관련하여 발생한 질병을 모두 업무상 질병에서 배제하는 규정으로 볼 수는 없다.

② 산업재해보상보험법 시행령 [별표 3] '업무상 질병에 대한 구체적인 인정 기준'은 '뇌혈관 질병 또는 심장 질병', '근골격계 질병'의 업무상 질병 인정 여부 결정에 필요한 사항은 고용노동부장관이 정하여 고시하도록 위임하고 있다(제1호 다.목, 제2호 마.목). 위임근거인 산업재해보상보험법 시행령 [별표 3] '업무상 질병에 대한 구체적인 인정 기준'이 예시적 규정에 불과한 이상, 그 위임에 따른 고용노동부 고시가 대외적으로 국민과 법원을 구속하는 효력이 있는 규범이라고 볼 수는 없고, 상급행정기관이자 감독기관인 고용노동부장관이 그 지도·감독 아래 있는 근로복지공단에 대하여 행정내부적으로 업무처리지침이나 법령의 해석·적용 기준을 정해주는 '행정규칙'이라고 보아야 한다.

③ 개정 전 고시에 의하더라도, '만성적인 과중한 업무'에 해당하는지 여부는 업무의 양·시간·강도·책임, 휴일·휴가 등 휴무시간, 교대제 및 야간근로 등 근무형태, 정신적 긴장의 정도, 수면시간, 작업환경, 그 밖에 그 근로자의 연령, 성별, 건강상태 등을 종합하여 판단하여야 하며(I. 1. 다.목 후단), 업무시간은 업무상 과로 여부를 판단하는 데에서 하나의 고려요소일 뿐, 절대적인 판단기준은 될 수 없다.

④ 개정된 고시는, 개정 전 고시의 규정 내용이 지나치게 엄격하였다는 반성적 고려에서, 재해자의 기초질환을 업무관련성 판단의 고려사항으로 보지 않도록 종전에 규정되어 있던 '건강상태'를 삭제하였을 뿐 아니라(I. 1. 다.목 후단), 발병 전 12주 동안 1주 평균 업무시간이 52시간을 초과하는 경우에는 업무시간이 길어질수록 업무와 질병의 관련성이 증가하는 것으로 평가하고, 특히 근로일정 예측이 어려운 업무, 교대제 업무, 육체적 강도가 높은 업무 등의 경우에는 업무와 질병의 관련성이 강하다고 평가하도록 규정하고 있다[I. 1. 다.목 2)].

[2] 그런데도 원심은, 이 사건 상병 발병 전 12주 동안 망인의 업무시간이 '개정 전 고시'에서 정한 1주 평균 60시간 기준에 미달한다는 등의 사정만으로 망인의 업무와 이 사건 상병 사이에 상당인과관계를 인정하기 어렵다고 판단하였다. 이러한 원심 판단에는 업무상 재해의 상당인과관계에 관한 법리를 오해하고 필요한 심리를 다하지 않음으로써 판결에 영향을 미친 잘못이 있다.[341]

2. 노동위원회에서 주장하지 아니한 동일한 기초사실을 행정소송에서 주장한 사례

[1] 부당해고 구제신청에 관한 중앙노동위원회의 명령 또는 결정의 취소를 구하는 소송에서 그 명령 또는 결정이 적법한지 여부는 그 명령 또는 결정이 이루어진 시점을 기준으로 판단하여야 하고, 그 명령 또는 결정 후에 생긴 사유를 들어 적법 여부를 판단할 수는 없으나, 그 명령 또는 결정의 기초가 된 사실이 동일하다면 노동위원회에서 주장하지 아니한 사유도 행정소송에서 주장할 수 있다. 원심은 이 사건 해고가 통상해고로서 적법한 요건을 갖추었는지 여부는 해고라는 사실관계에 대한 규범적 판단에 해당할 뿐 재심판정 후에 발생한 새로운 사유라고 볼 수 없으므로 이 사건 해고가 통상해고로서 적법한 것인지 여부가 중앙노동위원회에서 주장 및 판단되지 않았더라도 원고로서는 이 소송에서 이 사건 해고가 통상해고라는 주장을 할 수 있고, 법원으로서도 그 주장의 당부에 관하여 판단할 수 있다고 보았다.

[2] 원심판결 이유를 앞에서 본 법리와 기록에 비추어 살펴보면, 위와 같은 원심의 판단에 부당해고구제 재심판정 취소소송의 소송물에 관한 법리를 오해한 잘못이 없다.[342]

Ⅲ 거부처분취소소송에서의 위법성 판단의 기준 시

1. 문제점

거부처분취소소송에서의 위법성 판단의 기준 시를 처분 시로 보게 되면 인용판결이 확정되어도 처분청이 개정된 법령에 따라 새로운 사유를 들어 다시 이전의 허가신청에 대해 거부처분을 하여도 재처분의무를 다한 것이 되므로, 인용판결이 권리구제에 도움을 주지 못하여 결국 판결에 대한 국민의 불신을 조장한다는 문제가 있어 취소소송에서와 마찬가지로 위법성 판단의 기준 시에 대해 견해의 대립이 있다.

2. 학 설

(1) 처분시설

취소소송에서의 위법성 판단의 기준 시에 관하여 처분시설을 취하고, 거부처분취소소송에서도 동일한 이유로 처분시설이 타당하다고 보는 견해이며, 판례의 입장이다.

(2) 위법성 판단 시·판결 시 구별설

소송경제와 신속한 권리구제를 도모하기 위하여 거부처분취소소송에서 거부처분의 위법은 처분 시를 기준으로 하되, 인용판결은 판결 시를 기준으로 하여야 한다는 견해이다.

(3) 판결시설

거부처분취소소송에서 인용판결은, 행정소송법 제30조 제2항과 결부하여 행정청에게 신청에 따른 처분의무를 부과한다는 점에서 실질적으로 의무이행소송과 유사한 성격을 가지므로, 이행소송의 일반적인 법리에 따라 거부처분의 위법성 판단의 기준 시를 판결 시로 하는 것이 타당하다는 견해이다.

341) 대판 2020.12.24. 2020두39297
342) 대판 2021.7.29. 2016두64876

3. 판 례

판례는 주택건설사업계획승인신청 반려처분취소소송과 관련하여, 무릇 행정처분의 취소를 구하는 항고소송에서 그 처분의 위법 여부는 처분 당시를 기준으로 판단하여야 한다고 판시함으로써 처분시설을 취하고 있다.

4. 검 토

입법적으로는 의무이행소송을 도입하여 해결하는 것이 바람직하나, 취소소송은 행정청이 내린 처분을 다투어 취소를 구하는 소송이므로, 취소소송에서의 위법성 판단의 기준 시에 관한 논의와 마찬가지로 거부처분의 위법성 판단의 기준 시는 원칙적으로 처분 시로 보는 것이 타당하다.

Ⅳ 관련 논점

1. 처분사유의 추가 · 변경의 기준시

(1) 처분시설을 취하는 경우

이 경우 위법판단은 처분시를 기준으로 하므로 추가사유나 변경사유는 처분시까지 객관적으로 존재하던 사유이어야 하며, 처분 이후에 발생한 새로운 사실적 · 법적 사유를 추가 · 변경할 수는 없다. 만약 처분 이후에 발생한 새로운 사실적 · 법적 사유가 있다면 처분청은 사정변경을 이유로 계쟁처분을 직권취소하고 이를 대체하는 처분을 할 수 있고, 이 경우 계쟁처분은 취소된 것이므로 당초의 처분에 대한 취소소송은 소의 이익을 상실하고 원고는 처분변경으로 인한 소의 변경을 신청할 수 있게 된다.

(2) 판결시설을 취하는 경우

위법판단의 기준시점으로 판결시설을 취하면 처분청은 소송계속 중 처분 이후에 발생한 새로운 사실적 · 법적 상황을 주장할 수 있게 된다. 이것은 엄밀한 의미의 처분사유의 추가 · 변경은 아니지만 처분의 정당화사유로 주장된다는 점에서 처분사유의 추가 · 변경과 유사하다.

2. 취소판결의 기속력의 시간적 범위

위법 판단의 기준시를 처분시로 이해한다면 기속력은 처분 당시까지 존재하던 사유에 대하여만 미치고 그 이후에 생긴 사유에는 미치지 아니한다. 따라서 처분시 이후에 생긴 새로운 처분사유(법령이나 사실상태의 변경)를 들어 행정청은 동일한 내용의 처분을 다시 할 수 없다.

제3절 처분사유의 추가 · 변경

I 처분사유의 추가 · 변경의 의의

1. 개 념

처분사유라 함은, 처분의 적법성을 유지하기 위하여 처분청에 의하여 주장되는 처분의 사실적 · 법적 근거를 말한다. 행정청이 다툼의 대상이 되는 처분을 행하면서 처분사유를 밝힌 후, 당해 처분에 대한 소송의 계속 중 당해 처분의 적법성을 유지하기 위하여, 처분 당시 제시된 처분사유를 변경하거나 다른 사유를 추가할 수 있는지가 문제되는데, 이를 처분사유의 추가 · 변경의 문제라고 한다. 추가 · 변경의 대상이 되는 처분사유는 처분 시 존재하던 사유이어야 한다.

2. 타 제도와의 구별

(1) 이유부기의 절차적 하자의 치유

처분사유의 추가 · 변경은 행정행위의 내용적 적법성에 관한 행정소송법적 문제인 반면, 이유부기상 하자의 치유는 행정행위의 형식적 하자의 치유에 관한 행정절차법적 문제로, 양자는 구별되어야 한다.

(2) 흠이 있는 행정행위의 전환

흠이 있는 행정행위를 흠이 없는 적법한 행정행위로 전환시켜 효력을 발생케 하는 행정행위의 전환은, 그 전환을 통하여 종전과는 다른 법적 규율이 가해지는 것이라는 점에서 처분의 동일성이 유지되지 못하는 반면, 처분사유의 추가 · 변경은 그 처분의 동일성이 유지된다는 점에서 양자가 구별된다.

II 처분사유의 추가 · 변경의 인정 여부

1. 문제점

행정소송법에 소송의 계속 중 처분사유의 추가 · 변경에 관한 명문의 규정은 없다. 그러나 처분사유의 변경으로 인한 소송물의 변경이 없는 한, 소송경제나 분쟁의 일회적 해결, 공익보장, 실체적 진실 발견을 위하여 처분사유의 변경을 인정할 것인지에 관한 견해가 나뉜다.

2. 학 설

(1) 기본적 사실관계의 동일성설

판례의 입장과 같이, 기본적 사실관계의 동일성이 유지되는 한도 내에서 처분사유의 추가 · 변경을 인정하는 견해이다.

(2) 소송물기준설

심판의 범위는 소송물에 한정되므로, 분쟁의 일회적 해결과 소송경제를 위하여 소송물의 변경이 없는 한 처분사유의 추가 · 변경을 인정하는 견해이다.

(3) 개별적 결정설

처분사유의 추가·변경의 인정필요성과 제한필요성은, 행위 및 소송의 유형에 따라 개별적으로 결정되어야 한다는 견해이다. 의무이행소송에서는 판결 시를 기준으로 처분사유의 추가·변경이 자유롭게 인정되어야 하고, 기속행위에서는 분쟁의 일회적 해결을 위하여 재량행위보다 처분사유의 추가·변경을 넓게 인정할 필요가 있다고 한다.

3. 판 례

판례는 행정처분의 취소를 구하는 항고소송에서 처분청은, 당초처분의 근거로 삼은 사유와 기본적 사실관계의 동일성이 인정되는 한도 내에서만 다른 사유를 추가하거나 변경할 수 있을 뿐, 기본적 사실관계의 동일성이 인정되지 않는 별개의 사실을 들어 처분사유로 주장함은 허용되지 아니한다고 판시하고 있다.[343]

4. 검 토

생각건대 계쟁처분의 동일성과 소송당사자의 공격·방어권을 동시에 고려하는, 기본적 사실관계의 동일성설이 타당하다고 판단된다. 최근 제정된 행정소송규칙도 같은 취지에서 행정청은 사실심 변론을 종결할 때까지 당초의 처분사유와 기본적 사실관계가 동일한 범위 내에서 처분사유를 추가 또는 변경할 수 있다고 규정하고 있다(행소규칙 제9조).

Ⅲ 처분사유의 추가·변경의 인정범위

1. 객관적 범위

(1) 기본적 사실관계의 동일성이 인정되는 범위 내

당초 처분사유와 기본적 사실관계의 동일성이 유지되는 범위 내에서 처분사유의 추가·변경이 인정된다(행소규칙 제9조). 처분사유의 추가·변경은 취소소송의 소송물의 범위 내, 즉 처분의 동일성을 해치지 않는 범위 내에서만 인정되므로, 처분사유의 추가·변경은 처분의 변경을 초래하지 않는다.

(2) 기본적 사실관계의 동일성 판단

판례에 의하면 기본적 사실관계의 동일성 유무는, 처분사유를 법률적으로 평가하기 이전의 구체적인 사실에 착안하여, 그 기초가 되는 사회적 사실관계가 기본적인 점에서 동일한지 여부에 따라 결정된다고 한다.[344] 기본적 사실관계가 동일한지 여부는, 시간적·장소적 근접성, 행위의 태양 및 결과 등의 제반 사실을 종합적으로 고려하여 판단한다. 추가 또는 변경된 사유가 당초처분 시 그 사유를 명기하지 않았을 뿐 처분 시 이미 존재하고 있었다거나, 당사자도 그 사실을 알고 있었다고 하여 당초 처분사유와의 동일성이 인정된다고 할 수는 없어, 처분사유로 추가·변경할 수 없다.[345] 그러나 최근 판례에 의하면 다소 불명확하게 기재하였던 당초 처분사유를 구체적으로 설명한 것에 불과한 경우이거나, 추가로 제시한 사유가 처분사유의 근거가 되는 기초 사실 내지 평가요소에 지나지 아니하는 경우에는 동일성을 요건으로 하는 처분사유의 추가·변경에 해당하지 아니하므로 행정청이 추가로 주장할 수 있다고 판시하고 있다.

343) 대판 1992.2.14. 91누3895
344) 대판 2001.9.28. 2000두8684
345) 대판 2003.12.11. 2003두8395

핵심판례

1. 당초 처분사유를 구체적으로 설명한 것에 불과한 사례

(1) 변경허가를 받지 않은 채 소각시설을 무단 증설하여 과다소각하였다는 한강유역환경청장의 주장

[1] 폐기물관리법 제25조 제1항, 제2항, 제3항, 제11항, 제27조 제2항 제10호, 제65조 제14호, 구 폐기물관리법 시행규칙(2018.12.31. 환경부령 제796호로 개정되기 전의 것, 이하 '구 시행규칙') 제29조 제1항 제2호 (마)목의 규정 문언과 내용, 체계 등을 관련 법리에 비추어 살펴보면, 구 시행규칙 제29조 제1항 제2호 (마)목에서 변경허가사항으로 정한 '처분용량의 변경'이란 폐기물 중간처분업(소각 전문)의 경우 소각시설을 물리적으로 증설하는 경우를 의미하고, 소각시설의 증설 없이 단순히 소각시설의 가동시간을 늘리는 등의 방법으로 소각량을 늘리는 행위는 이에 포함되지 않는다.

[2] 폐기물 중간처분업체인 갑 주식회사가 소각시설을 허가받은 내용과 달리 물리적으로 무단 증설하거나 물리적 증설 없이 1일 가동시간을 늘리는 등의 방법으로 허가받은 처분능력의 100분의 30을 초과하여 폐기물을 과다소각하였다는 이유로 한강유역환경청장으로부터 과징금 부과처분을 받았는데, 갑 회사가 이를 취소하는 소를 제기하여 처분이 과중하므로 재량권 일탈·남용에 해당한다고만 주장하다가 '소각시설의 물리적 증설 없이 과다소각한 경우는 폐기물관리법 제25조 제11항, 구 폐기물관리법 시행규칙 제29조 제1항 제2호 (마)목 위반에 해당하지 않는다'는 주장을 제기한 데 대하여 한강유역환경청장이 '① 소각시설의 물리적 증설 없이 과다소각한 경우도 위 법령 위반에 해당할 뿐만 아니라 ② 갑 회사는 변경허가를 받지 않은 채 소각시설을 무단 증설하여 과다소각하였으므로 위 법령 위반에 해당한다'고 주장하자 갑 회사가 ② 주장은 허용되지 않는 처분사유의 추가·변경에 해당한다고 주장한 사안에서, 한강유역환경청장이 위 처분을 하면서 처분서에 '과다소각'이라고만 기재하였을 뿐 어떤 방법으로 과다소각을 한 경우인지 구체적으로 기재하지는 않았으나, 관련 수사 결과와 이에 따른 한강유역환경청장의 사전통지 및 갑 회사가 제출한 의견서 내용 등을 종합하면, 한강유역환경청장은 '갑 회사가 소각시설을 허가받은 내용과 달리 설치하거나 증설하여 폐기물을 과다소각함으로써 위 법령을 위반하였다'는 점을 '당초 처분사유'로 삼아 위 처분을 한 것이고, 갑 회사도 이러한 '당초 처분사유'를 알면서도 이를 인정하고 처분양정이 과중하다는 의견만을 제시하였을 뿐이며, 처분서에 위반행위 방법을 구체적으로 기재하지 않았더라도 그에 불복하여 방어권을 행사하는 데 별다른 지장이 없었으므로, 한강유역환경청장이 갑 회사의 소송상 주장에 대응하여 변론과정에서 한 ② 주장은 소송에서 새로운 처분사유를 추가로 주장한 것이 아니라, 처분서에 다소 불명확하게 기재하였던 '당초 처분사유'를 좀 더 구체적으로 설명한 것인데도, 이와 달리 본 원심판단에 법리오해 등의 잘못이 있다고 한 사례346)

(2) 위반행위 기간 중 임시호스와 가지관을 설치하여 폐수를 무단 배출하였다는 주장

[1] 원심판결 이유와 원심이 일부 인용한 제1심판결 이유 등에 의하면, ① 원고는 2008.4.2. MBR 공법에 의한 폐수처리를 목적으로 피고의 허가를 받아 2계열의 폭기조에 가지관(이하 '기존 가지관')을 설치하였으나 위 공법에 의한 폐수처리를 하지 아니하기로 하고, 2010.4.8.경 피고로부터 위 공정을 폐쇄하고 2차 침전조를 변경하는 등의 내용으로 변경허가를 받은 사실, ② 원고가 정상적으로 폐수를 처리하는 과정은 폭기조에서 생물학적 처리를 거친 폐수를 침전조, 여과시설을 거쳐 최종방류구로 배출하는 것인 사실, ③ 원고는 2011.8.8. 경부터 기존 가지관을 통해 폐수를 곧바로 최종방류구로 무단 배출하다가 위 가지관의 관경이 협소한 탓에 2011.10.경부터 이동식 임시호스를 설치한 후 이를 통해 폐수를 무단 배출하였고, 다시 2011.11.17.경 이후에는 기존 가지관을 철거하고 그 대신 설치한 넓은 관경의 새로운 가지관을 통해 폐수를 무단 배출한 사실, ④ 피고는 '원고가 2011.8.8.부터 2011.11.24.까지 폐수처리에 필요하지 아니한 배관을 설치하여 배출허용기준을 초과한 수질오염물질을 배출하였다'는 사유(이하 '당초 처분사유')로 이 사건 영업정지처분을 한 사실, ⑤ 피고는 원심에 이르러, '원고가 위반행위 기간 중 폭기조에 새로 임시호스와 가지관을 설치하여 폐수를 무단 배출하였다'는

346) 대판 2020.6.11. 2019두49359

사유(이하 '추가된 처분사유')를 추가로 주장한 사실 등을 알 수 있다. 이러한 사실관계를 앞서 본 법리에 비추어 보면, 원고는 처분사유에 적시된 위반행위 기간 중 정상적인 폐수처리에 필요하지 아니한 배관을 통해 폐수를 무단 배출하였고, 무단 배출할 수 있는 폐수의 양을 증가시킬 의도로 배출의 통로를 변경·확장까지 한 사정을 알 수 있으므로, 원고의 행위는 구 수질수생태계법 제64조 제2항 제3호에 정한 '고의 또는 중대한 과실로 폐수처리영업을 부실하게 한 경우'에 해당한다고 볼 수 있다. 또한 당초 처분사유와 추가된 처분사유를 비교하여 보면, 추가된 처분사유 중 '새로 임시호스와 가지관을 설치하여'라는 부분은 당초 처분사유 중 '폐수처리에 필요하지 아니한 배관을 설치하여'라는 부분을 구체적으로 표시하는 것에 불과하고 당초의 처분사유와 기본적 사실관계와 동일성이 없는 별개의 또는 새로운 처분사유를 추가하는 것이라고 할 수 없다.

[2] 그럼에도 원심은, 이 사건 규칙 조항의 의미를 '설치 당시를 기준으로 폐수처리에 필요하지 아니한 배관을 설치한 경우'에 한정된다고 해석한 다음, 이 사건 규칙 조항에 해당하지 아니하는 행위는 구 수질수생태계법 제64조 제2항 제3호에 해당할 수 없음을 전제로 하여, 원고의 행위가 이 사건 규칙 조항의 요건에 해당하지 아니하고 추가된 처분사유는 당초 처분사유와 기본적 사실관계를 달리한다고 보아 이 사건 영업정지처분이 위법하다고 판단하고 말았으니, 이러한 원심판결에는 구 수질수생태계법 제64조 제2항 제3호의 해석·적용 및 처분사유의 추가·변경 등에 관한 법리를 오해하여 판결에 영향을 미친 위법이 있다.[347)]

2. **처분사유의 근거가 되는 기초 사실 내지 평가요소에 지나지 아니하는 사례**

[1] 구 국적법 제5조 각 호와 같이 귀화는 요건이 항목별로 구분되어 구체적으로 규정되어 있다. 그리고 성질상 행정절차를 거치기 곤란하거나 거칠 필요가 없다고 인정되어 처분의 이유제시 등을 규정한 행정절차법이 적용되지 않는다(제3조 제2항 제9호). 귀화의 이러한 특수성을 고려하면, 귀화의 요건인 구 국적법 제5조 각 호 사유 중 일부를 갖추지 못하였다는 이유로 행정청이 귀화 신청을 받아들이지 않는 처분을 한 경우에 '그 각 호 사유 중 일부를 갖추지 못하였다는 판단' 자체가 처분의 사유가 된다.

[2] 외국인 갑이 법무부장관에게 귀화신청을 하였으나 법무부장관이 심사를 거쳐 '품행 미단정'을 불허사유로 국적법상의 요건을 갖추지 못하였다며 신청을 받아들이지 않는 처분을 하였는데, 법무부장관이 갑을 '품행 미단정'이라고 판단한 이유에 대하여 제1심 변론절차에서 자동차관리법위반죄로 기소유예를 받은 전력 등을 고려하였다고 주장하였다가 원심 변론절차에서 불법 체류한 전력이 있다는 추가적인 사정까지 고려하였다고 주장한 사안에서, 법무부장관이 처분 당시 갑의 전력 등을 고려하여 갑이 구 국적법 제5조 제3호의 '품행단정' 요건을 갖추지 못하였다고 판단하여 처분을 하였고, 그 처분서에 처분사유로 '품행 미단정'이라고 기재하였으므로, '품행 미단정'이라는 판단 결과를 위 처분의 처분사유로 보아야 하는데, 법무부장관이 원심에서 추가로 제시한 불법 체류 전력 등의 제반 사정은 불허가처분의 처분사유 자체가 아니라 그 근거가 되는 기초 사실 내지 평가요소에 지나지 않으므로, 법무부장관이 이러한 사정을 추가로 주장할 수 있다고 한 사례.

[3] 귀화신청인이 구 국적법 제5조 각 호에서 정한 귀화요건을 갖추지 못한 경우 법무부장관은 귀화 허부에 관한 재량권을 행사할 여지없이 귀화불허처분을 하여야 한다.[348)]

2. 시간적 범위

취소소송의 위법성 판단의 기준 시를 처분 시로 보는 판례의 입장에 따르면, 추가·변경되는 처분사유는 처분 당시 존재하던 처분사유에 한정된다. 처분사유의 추가·변경은 사실심변론 종결 시까지만 가능하다(행소규칙 제9조).[349)]

347) 대판 2015.6.11. 2015두752
348) 대판 2018.12.13. 2016두31616
349) 대판 1999.2.9. 98두16675

Ⅳ 처분사유의 추가·변경의 인정 여부의 유형별 검토

1. 기본적 사실관계의 동일성을 인정한 사례

(1) 처분의 사실관계에 변경 없는 근거법령의 추가·변경

핵심판례

1. 처분 후에 근거법령을 추가한 사례

피고는 원고가 주취 중 운전으로 교통사고를 내어 개인택시운송사업면허의 기본요건인 원고의 자동차운전면허가 취소되었음을 이유로, 원고에 대한 이 사건 개인택시운송사업면허 취소처분을 하면서, 처음에는 그것이 구 자동차운수사업법 제31조 제1항 제3호 소정의 면허취소사유에 해당한다고 보아 같은 법조를 적용하였다가, 그 후 그 구체적 사실은 변경하지 아니한 채 적용법조로 같은 법 제31조와 같은 법 시행규칙 제15조를 추가하여 원고에게 통고한 사실이 인정되는 바, 사실이 위와 같다면 피고가 이 사건 운송사업면허의 취소사유로 삼은 것은 개인택시운송사업면허의 기본요건인 원고의 자동차운전면허가 취소되었다는 점이고, 피고가 처분 후에 적용법조를 추가하여 통고한 것은 단순한 법령 적용의 오류를 정정한 것일 뿐 그에 의하여 취소사유를 달리하는 것은 아니라 할 것이므로, 원심으로서는 처분 당시에 적시한 구체적 사실인 원고의 자동차운전면허가 취소된 점에 관하여, 피고가 처분 후에 추가로 통고한 근거법령을 적용하여 이 사건 취소처분의 적법 여부를 판단하여야 할 것이다.[350)]

2. 헌법재판소의 위헌결정 후 법률상 근거를 변경한 사례

원고의 택시 지입제 경영이 구 여객자동차운수사업법 제76조 제1항 단서 중 제8호(이하 '이 사건 법률조항')의 규정에 의한 명의이용금지를 위반한 경우에 해당한다는 이유로 1999.4.20. 자동차운송사업면허 취소처분(이하 '이 사건 처분')을 한 사실, 원고는 그 취소를 구하는 이 사건 소송의 계속 중 1999.6.15. 이 사건 법률조항에 대하여 위헌심판 제청신청을 하였고, 그 신청을 받아들인 법원의 위헌심판 제청에 대하여 헌법재판소가 2000.6.1. 이 사건 법률조항(제36조에서 준용하는 경우 제외)이 과잉금지의 원칙에 위반되어 위헌이라는 결정(99헌가11·12[병합])을 한 사실, 그 후 피고가 이 사건 소송에서 처분의 법률상 근거를 같은 법 제76조 제1항 본문 및 제8호로 변경한 사실을 알 수 있다. 그렇다면 위 위헌결정에 의하여 이 사건 처분의 당초 근거규정인 이 사건 법률조항은 그 효력을 상실하였으나, 피고는 명의이용금지 위반의 기본적 사실관계는 변경하지 아니한 채 효력이 유지되고 있는 같은 법 제76조 제1항 본문 및 제8호로 그 법률상 근거를 적법하게 변경하였으므로, 이 사건 처분이 법률의 근거가 없는 위법한 처분이라고 할 수는 없다고 할 것이다.[351)]

(2) 법령위반사유의 추가·변경

핵심판례

지입제 운영행위에 대한 당초사유에 면허조건 위반사유를 추가한 사례

지입제 운영행위에 대하여 자동차운송사업면허를 취소한 행정처분에서, 당초의 취소근거로 삼은 자동차운수사업법 제26조를 위반하였다는 사유와 직영으로 운영하도록 한 면허조건을 위반하였다는 사유는, 기본적 사실관계에서 동일하다.[352)]

---

350) 대판 1988.1.19. 87누603
351) 대판 2005.3.10. 2002두9285
352) 대판 1992.10.9. 92누213

(3) 거부처분사유의 추가 · 변경

핵심판례

1. 거부처분의 근거로 중대한 공익상 필요를 추가한 사례(1)

갑이 '사실상의 도로'로서 인근 주민들의 통행로로 이용되고 있는 토지를 매수한 다음 2층 규모의 주택을 신축하겠다는 내용의 건축신고서를 제출하였으나, 구청장이 '위 토지가 건축법상 도로에 해당하여 건축을 허용할 수 없다'는 사유로 건축신고수리 거부처분을 하자 갑이 처분에 대한 취소를 구하는 소송을 제기하였는데, 1심법원이 위 토지가 건축법상 도로에 해당하지 않는다는 이유로 갑의 청구를 인용하는 판결을 선고하자 구청장이 항소하여 '위 토지가 인근 주민들의 통행에 제공된 사실상의 도로인데, 주택을 건축하여 주민들의 통행을 막는 것은 사회공동체와 인근 주민들의 이익에 반하므로 갑의 주택 건축을 허용할 수 없다'는 주장을 추가한 사안에서, 당초 처분사유와 구청장이 원심에서 추가로 주장한 처분사유는 위 토지상의 사실상 도로의 법적 성질에 관한 평가를 다소 달리하는 것일 뿐, 모두 토지의 이용현황이 '도로'이므로 거기에 주택을 신축하는 것은 허용될 수 없다는 것이므로 기본적 사실관계의 동일성이 인정되고, 위 토지에 건물이 신축됨으로써 인근 주민들의 통행을 막지 않도록 하여야 할 중대한 공익상 필요가 인정되고 이러한 공익적 요청이 갑의 재산권 행사보다 훨씬 중요하므로, 구청장이 원심에서 추가한 처분사유는 정당하여 결과적으로 위 처분이 적법한 것으로 볼 여지가 있음에도 이와 달리 본 원심판단에 법리를 오해한 잘못이 있다고 한 사례.[353)]

2. 거부처분의 근거로 중대한 공익상 필요를 추가한 사례(2)

피고가 당초 이 사건 거부처분의 근거와 이유로 삼은 사유는, 이 사건 신청이 구 국토이용관리법 제15조 제1항 제4호 및 법시행령 제14조 제1항 제3의2호의 규정에 의한 준농림지역에서의 행위제한사항에 해당한다는 것이고, 피고가 이 사건 소송에서 추가로 주장한 사유는, 준농림지역의 경우 원칙적으로 일정 규모 이상의 토지이용행위를 제한하여 환경의 보전을 도모하는 지역으로서 부지면적 30,000m^2 미만의 개발은 허용된다 하더라도, 환경오염의 우려가 있거나 자연환경의 보전 및 토지의 합리적인 이용이라는 법의 입법취지에 부합하는 한도 내에서만 허용된다고 할 것인데, 원고들이 추진하고자 하는 사업은 비교적 대규모 전원주택의 부지조성사업으로서 위와 같은 법의 입법취지에 반하여 이를 허용할 수 없다는 것이므로, 그 내용이 모두 이 사건 임야가 준농림지역에 위치하고 있다는 점을 공통으로 하고 있을 뿐만 아니라, 그 취지 또한 자연환경의 보전을 위하여 개발행위를 제한할 필요가 있어서 산림형질 변경을 불허한다는 것으로, 기본적 사실관계의 동일성이 인정된다고 할 것이다.[354)]

3. 거부처분의 근거로 인근주민의 생활이나 농업활동에 피해예상을 추가한 사례

행정청이 폐기물처리사업계획 부적정통보처분을 하면서 그 처분사유로, 사업예정지에 폐기물처리시설을 설치하면 인근농지의 농업경영과 농어촌생활 유지에 피해를 줄 것이 예상되어 농지법에 의한 농지전용이 불가능하다는 사유 등을 내세웠다가, 위 행정처분의 취소소송에서 사업예정지에 폐기물처리시설을 설치하면 인근주민의 생활이나 주변 농업활동에 피해를 줄 것이 예상되어 폐기물처리시설부지로 적절하지 않다는 사유를 주장한 경우, 두 처분사유는 모두 인근주민의 생활이나 주변 농업활동의 피해를 문제 삼는 것이어서 기본적 사실관계가 동일하므로, 행정청은 위 행정처분의 취소소송에서 후자의 처분사유를 추가로 주장할 수 있다.[355)]

---

353) 대판 2019.10.31. 2017두74320
354) 대판 2004.11.26. 2004두4482
355) 대판 2006.6.30. 2005두364

2. 기본적 사실관계의 동일성을 부정한 사례

(1) 처분의 사실관계에 동일성이 인정되지 아니하는 근거법령의 추가·변경

핵심판례

1. 처분의 사실관계에 동일성이 인정되지 아니하는 근거법령으로 변경한 사례(1)

[1] 행정처분이 적법한지는 특별한 사정이 없는 한 처분 당시 사유를 기준으로 판단하면 되고, 처분청이 처분 당시 적시한 구체적 사실을 변경하지 아니하는 범위 내에서 단지 처분의 근거 법령만을 추가·변경하는 것은 새로운 처분사유의 추가라고 볼 수 없으므로 이와 같은 경우에는 처분청이 처분 당시 적시한 구체적 사실에 대하여 처분 후 추가·변경한 법령을 적용하여 처분의 적법 여부를 판단하여도 무방하다. 그러나 처분의 근거 법령을 변경하는 것이 종전 처분과 동일성을 인정할 수 없는 별개의 처분을 하는 것과 다름 없는 경우에는 허용될 수 없다.

[2] 행정청이 점용허가를 받지 않고 도로를 점용한 사람에 대하여 도로법 제94조에 의한 변상금 부과처분을 하였다가 처분에 대한 취소소송이 제기된 후 해당 도로가 도로법의 적용을 받는 도로에 해당하지 않을 경우를 대비하여 처분의 근거 법령을 도로의 소유자가 국가인 부분은 구 국유재산법 제51조와 그 시행령 등으로, 소유자가 서울특별시 종로구인 부분은 구 공유재산 및 물품관리법 제81조와 그 시행령 등으로 변경하여 주장한 사안에서, 도로법과 구 국유재산법령 및 구 공유재산 및 물품관리법령의 해당 규정은 별개 법령에 규정되어 입법 취지가 다르고, 해당 규정내용을 비교하여 보면 변상금의 징수목적, 산정 기준금액, 징수재량 유무, 징수절차 등이 서로 달라 위와 같이 근거 법령을 변경하는 것은 종전 도로법 제94조에 의한 변상금 부과처분과 동일성을 인정할 수 없는 별개의 처분을 하는 것과 다름 없어 허용될 수 없으므로, 이와 달리 판단한 원심판결에 법리를 오해한 위법이 있다고 한 사례.[356)]

2. 처분의 사실관계에 동일성이 인정되지 아니하는 근거법령을 추가한 사례(2)

시외버스(공항버스) 운송사업을 하는 갑 주식회사가 청소년요금 할인에 따른 결손 보조금의 지원 대상이 아님에도 청소년 할인 보조금을 지급받음으로써 여객자동차 운수사업법 제51조 제3항에서 정한 '부정한 방법으로 보조금을 지급받은 경우'에 해당한다는 이유로 관할 시장이 보조금을 환수하고 구 경기도 여객자동차 운수사업 관리 조례 제18조 제4항을 근거로 보조금 지원 대상 제외처분을 하였다가 처분에 대한 취소소송에서 구 지방재정법 제32조의8 제7항을 처분사유로 추가한 경우, 도 보조금 지원 대상에 관한 제외처분을 재량성의 유무 및 범위와 관련하여 위 조례 제18조 제4항은 기속행위로, 구 지방재정법 제32조의8 제7항은 재량행위로 각각 달리 규정하고 있는 점, 근거 법령의 추가를 통하여 위 제외처분의 성질이 기속행위에서 재량행위로 변경되고, 그로 인하여 위법사유와 당사자들의 공격방어방법 내용, 법원의 사법심사방식 등이 달라지며, 특히 종래의 법 위반 사실뿐만 아니라 처분의 적정성을 확보하기 위한 양정사실까지 새로 고려되어야 하므로, 당초 처분사유와 소송 과정에서 시장이 추가한 처분사유는 기초가 되는 사회적 사실관계의 동일성이 인정되지 않는 점, 시장이 소송 도중에 위와 같이 제외처분의 근거 법령으로 위 조례 제18조 제4항 외에 구 지방재정법 제32조의8 제7항을 추가하는 것은 갑 회사의 방어권을 침해하는 것으로 볼 수 있는 점을 종합하면, 관할 시장이 처분의 근거 법령을 추가한 것은 기본적 사실관계의 동일성이 인정되지 않는 별개의 사실을 들어 주장하는 것으로서 처분사유 추가·변경이 허용되지 않는데도, 이와 달리 본 원심판단에 법리오해의 잘못이 있다.[357)]

---

356) 대판 2011.5.26. 2010두28106

357) 대판 2023.11.30. 2019두38465

(2) 제재처분사유인 법령위반사유의 추가·변경

핵심판례

1. **보건복지부장관의 관계서류 제출명령에 대한 위반사유를 추가한 사례**
   의료보험요양기관 지정 취소처분의 당초 처분사유인 구 의료보험법 제33조 제1항이 정하는 본인부담금 수납대장을 비치하지 아니한 사실과, 항고소송에서 새로 주장한 처분사유인 같은 법 제33조 제2항이 정하는 보건복지부장관의 관계서류 제출명령에 위반하였다는 사실은, 기본적 사실관계의 동일성이 인정되지 아니한다.[358]

2. **가설건축물 축조신고 위반사유를 추가한 사례**
   [1] 건축법은 '건축물'의 건축허가(제11조 제1항)와 '가설건축물'의 축조신고(제20조 제3항)에 관하여 그 절차와 요건 등을 달리 정하고 있다. '건축물'은 토지에 정착하는 공작물 중 지붕과 기둥 또는 벽이 있는 것과 이에 딸린 고가(高架)의 공작물에 설치하는 사무소·공연장·점포·차고·창고, 그 밖에 대통령령으로 정하는 것을 말하는데(제2조 제1항 제2호), 이와 같은 건축물을 건축하려는 자는 건축법 제11조 제1항에 따른 허가를 받아야 한다. 반면 건축물의 요건 중 토지에 정착한다는 요소를 결하고 있어 건축법상 '건축물'에 해당하지 않는 가설건축물은 건축허가나 건축신고 없이 설치할 수 있는 것이 원칙이고, 다만 건축법 제20조 제3항은 건축물에 준하여 위험을 통제할 필요가 있는 일정한 가설건축물을 축조신고 대상으로 규율하고 있다. 위와 같은 건축법상 건축물·가설건축물의 구별, 건축허가와 축조신고의 절차·요건 등에서의 차이를 고려하여 보면, 이 사건 처분에 관한 당초의 처분사유와 원심에서 피고가 추가한 처분사유는 그 위반행위의 내용이 다르고, 그에 따라 위법 상태를 해소하기 위하여 거쳐야 하는 절차, 건축기준 및 허용가능성이 달라지므로 결국 그 기초인 사회적 사실관계가 동일하다고 볼 수 없다.
   [2] 컨테이너를 설치하여 사무실 등으로 사용하는 갑 등에게 관할 시장이 건축법 제2조 제1항 제2호의 건축물에 해당함에도 같은 법 제11조의 따른 건축허가를 받지 않고 건축하였다는 이유로 원상복구명령 및 계고처분을 하였다가 이에 대한 취소소송에서 같은 법 제20조 제3항 위반을 처분사유로 추가한 사안에서, 당초 처분사유인 '건축법 제11조 위반'과 추가한 추가사유인 '건축법 제20조 제3항 위반'은 위반행위의 내용이 다르고 위법상태를 해소하기 위하여 거쳐야 하는 절차, 건축기준 및 허용가능성이 달라지므로 그 기초인 사회적 사실관계가 동일하다고 볼 수 없어 처분사유의 추가·변경이 허용되지 않는다고 한 사례.[359]

(3) 거부처분사유의 추가·변경

핵심판례

1. **정보공개 거부처분사유를 추가한 사례**
   당초의 정보공개 거부처분사유인 구 공공기관의 정보공개에 관한 법률 제7조 제1항 제2호, 제4호, 제6호의 사유와 같은 항 제1호의 사유는, 기본적 사실관계의 동일성이 인정되지 않으므로, 정보비공개결정 취소소송에서 같은 항 제1호의 처분사유의 추가는 허용되지 않는다.[360]

358) 대판 2001.3.23. 99두6392
359) 대판 2021.7.29. 2021두34756
360) 대판 2006.1.13. 2004두12629

2. 충전소설치 허가신청에 대한 반려처분사유를 추가한 사례

원고의 충전소설치 허가신청에 대하여 처분청은 첫째로, 충전소설치예정지의 인근주민들이 충전소설치를 반대하고 둘째로, 위 전라남도 고시에 자연녹지의 경우 충전소의 외벽으로부터 100미터 내에 있는 건물주의 동의를 받도록 되어 있는데, 그 설치예정지로부터 80미터에 위치한 전주 이씨 제각 소유주의 동의가 없다는 이유로 이를 반려하였는데, 처분청이 상고심에서 충전소설치예정지의 인근도로가 낭떠러지에 접한 S자 커브의 언덕길이어서 교통사고로 인한 충전소폭발의 위험이 있어 허가하지 아니하였다는 것은, 피고가 당초 위 반려처분의 근거로 삼은 사유와는 그 기본적 사실관계에서 동일성이 인정되지 아니하는 별개의 사유라 할 것이므로, 이제 와서 이를 들어 원고의 신청이 허가요건을 구비하지 아니하였다고 내세울 수도 없는 것이다.361)

(4) 동일성이 인정되지 아니하는, 알고 있는 사유의 추가・변경

핵심판례

처분 시에 존재하고 있었고 당사자도 알고 있었던 사유를 추가한 사례

[1] 행정처분의 취소를 구하는 항고소송에 있어서, 처분청은 당초 처분의 근거로 삼은 사유와 기본적 사실관계가 동일성이 있다고 인정되는 한도 내에서만 다른 사유를 추가하거나 변경할 수 있고, 여기서 기본적 사실관계의 동일성 유무는 처분사유를 법률적으로 평가하기 이전의 구체적인 사실에 착안하여 그 기초인 사회적 사실관계가 기본적인 점에서 동일한지 여부에 따라 결정되며 이와 같이 기본적 사실관계와 동일성이 인정되지 않는 별개의 사실을 들어 처분사유로 주장하는 것이 허용되지 않는다고 해석하는 이유는 행정처분의 상대방의 방어권을 보장함으로써 실질적 법치주의를 구현하고 행정처분의 상대방에 대한 신뢰를 보호하고자 함에 그 취지가 있고, 추가 또는 변경된 사유가 당초의 처분 시 그 사유를 명기하지 않았을 뿐 처분 시에 이미 존재하고 있었고 당사자도 그 사실을 알고 있었다 하여 당초의 처분사유와 동일성이 있는 것이라 할 수 없다.

[2] 당초의 정보공개거부처분사유인 공공기관의 정보공개에 관한 법률 제7조 제1항 제4호 및 제6호의 사유는 새로이 추가된 같은 항 제5호의 사유와 기본적 사실관계의 동일성이 없다고 한 사례.362)

(5) 징계사유의 추가・변경

핵심판례

상사의 결재 없이 당구장 허가처분서류에 거리표시를 기입한 사유를 추가한 사례

구청위생과 직원인 원고가 이 사건 당구장이 정화구역 외인 것처럼 허위표시를 함으로써 정화위원회의 심의를 면제하여 허가처분하였다는 당초의 징계사유와, 정부문서규정에 위반하여 이미 결제된 당구장 허가처분서류의 도면에 상사의 결재를 받음이 없이 거리표시를 기입하였다는 원심인정의 비위사실은, 기본적 사실관계가 동일하지 아니하여 징계처분 취소소송에서 이를 징계사유로 추가 또는 변경할 수 없는 것이고, 원고에 대한 당초의 징계처분사유가 징계대상이 아니 된다고 인정되는 이상, 후자의 사실을 들어 원고에 대한 피고의 징계처분이 정당하다고 인정할 수는 없는 것이다.363)

---

361) 대판 1992.5.8. 91누13274

362) 대판 2003.12.11. 2001두8827

363) 대판 1983.10.25. 83누396

(6) 침해적 처분사유의 추가 · 변경

핵심판례

관계 공무원에게 뇌물을 준 사실을 추가한 사례

입찰참가자격을 제한시킨 당초 처분사유인 정당한 이유 없이 계약을 이행하지 않은 사실과, 항고소송에서 새로 주장한 계약의 이행과 관련하여 관계 공무원에게 뇌물을 준 사실은, 기본적 사실관계의 동일성이 인정되지 아니한다.[364)]

V 처분사유의 추가 · 변경의 효과

처분사유의 추가 · 변경이 인정되면 법원은 추가 · 변경된 사유를 근거로 심리할 수 있고, 인정되지 아니하면 법원은 당초 처분사유만을 근거로 심리하여야 한다.

364) 대판 1999.3.9. 98두18565

05 취소소송의 심리

※ 기출문제해설의 답안은 참고용으로 활용하시기 바랍니다.

기출문제 ▌ 2022년 제31회 공인노무사시험

제3문

甲은 산업입지 및 개발에 관한 법령 등에 따라 관할 행정청인 도지사 乙에 의해 지정된 산업단지 내에서 산업단지개발계획상 녹지용지로 되어있던 토지의 소유자이다. 甲은 해당 토지에서 폐기물처리사업을 하기 위하여 乙에게 사업부지에 관한 개발계획을 당초 녹지용지에서 폐기물처리시설용지로 변경해 달라는 내용의 신청을 하였다. 당시 위 법령에 따르면 폐기물처리시설용지로의 변경이 불가능하게 되어 있었다. 이에 따라 乙은 위 변경신청을 거부하는 처분을 하였고, 甲은 이에 대하여 취소소송을 제기하였다. 그런데 거부처분 이후 폐기물처리시설용지로의 변경이 가능하도록 법령의 개정이 있었다고 할 때, 법원이 어느 시점을 기준으로 위법성을 판단하여야 하는지에 관하여 설명하시오. (25점)

▌목 차▌

예시답안 Ⅰ **2022년 제31회 공인노무사시험**

Ⅰ 논점의 정리

처분은 그 당시의 사실상태 및 법률상태를 기초로 행하여진다. 그런데 처분 후 사실상태 또는 법률상태가 변경되는 경우, 법원이 본안심리의 결과 처분의 위법 여부를 판단함에 있어 어느 시점의 법률상태 및 사실상태를 기준으로 하여야 할 것인지에 대하여 문제가 제기된다.

Ⅱ 취소소송에서의 위법성 판단의 기준 시

1. 학 설

(1) 처분시설

처분의 위법 여부의 판단은 처분 시 사실상태 및 법률상태를 기준으로 행하여야 한다는 견해이다. 처분시설의 주요 논거는 취소소송에서 법원의 역할은 처분의 사후심사이고, 법원이 처분 후 사정에 근거하여 처분의 적법 여부를 판단하는 것은, 행정청의 제1차적 판단권을 침해하는 것이 된다.

(2) 판결시설

처분의 위법 여부 판단은 판결 시 사실상태 및 법률상태를 기준으로 행하여야 한다는 견해이다. 판결시설의 주요 논거는, 취소소송의 본질은 처분으로 인하여 형성된 위법상태를 배제하는 데 있으므로, 원칙적으로 판결 시 사실상태 및 법률상태를 기준으로 판결하여야 한다고 이해한다.

(3) 절충설

절충설은 원칙상 처분시설이 타당하다고 하면서도, 예외적으로 계속적 효력을 가진 처분이나 미집행의 처분에 대한 소송에서는 판결시설을 취하는 것이 타당하다고 본다.

2. 판 례

판례는 행정처분에 대한 취소소송사건에서 행정처분의 위법 여부는 그 처분 당시의 사실상태 및 법률상태를 기준으로 판단하여야 하고, 처분청이 처분 이후 추가한 새로운 사유가 처분 당초의 흠을 치유시킬 수 없다고 판시하고 있다.

3. 검 토

취소소송은 행정청이 내린 처분을 다투어 취소를 구하는 소송이므로, 처분의 위법성 판단의 기준 시는 원칙적으로 처분 시로 보는 것이 타당하다. 행정기본법 제14조 제2항도 당사자의 신청에 따른 처분은 법령등에 특별한 규정이 있거나 처분 당시의 법령등을 적용하기 곤란한 특별한 사정이 있는 경우를 제외하고는 처분 당시의 법령등에 따른다고 규정하고 있다. 처분의 위법성 판단의 기준 시가 처분 시라는 의미는, 처분 이후 법령의 개폐나 사실상태의 변동에 영향을 받지 않는다는 뜻이지, 처분 당시 보유하였던 자료나 행정청에 제출하였던 자료만으로 위법 여부를 판단한다는 의미는 아니다. 즉 행정처분의 위법 여부는 처분 시의 법령 및 사실상태를 기준으로 판단하지만 처분 시의 법령 및 사실상태, 사실상태에 대한 법령의 적용에 관한 판단자료는 판결 시를 기준으로 한다는 것을 유의하여야 한다.

Ⅲ 거부처분취소소송에서의 위법성 판단의 기준 시

1. 학 설

(1) 처분시설

취소소송에서의 위법성 판단의 기준 시에 관하여 처분시설을 취하고, 거부처분취소소송에서도 동일한 이유로 처분시설이 타당하다고 보는 견해이다.

(2) 위법성 판단 시 · 판결 시 구별설

소송경제와 신속한 권리구제를 도모하기 위하여 거부처분취소소송에서 거부처분의 위법은 처분 시를 기준으로 하되, 인용판결은 판결 시를 기준으로 하여야 한다는 견해이다.

(3) 판결시설

거부처분취소소송에서 인용판결은, 행소법 제30조 제2항과 결부하여 행정청에게 신청에 따른 처분의무를 부과한다는 점에서 실질적으로 의무이행소송과 유사한 성격을 가지므로, 이행소송의 일반적인 법리에 따라 거부처분의 위법성 판단의 기준 시를 판결 시로 하는 것이 타당하다는 견해이다.

2. 판 례

판례는 주택건설사업계획승인신청 반려처분취소소송과 관련하여, 무릇 행정처분의 취소를 구하는 항고소송에서 그 처분의 위법 여부는 처분 당시를 기준으로 판단하여야 한다고 판시함으로써 처분시설을 취하고 있다.

3. 검 토

입법적으로는 의무이행소송을 도입하여 해결하는 것이 바람직하나, 취소소송은 행정청이 내린 처분을 다투어 취소를 구하는 소송이므로, 취소소송에서의 위법성 판단의 기준 시에 관한 논의와 마찬가지로 거부처분의 위법성 판단의 기준 시는 원칙적으로 처분 시로 보는 것이 타당하다.

Ⅳ 사안의 적용

취소소송은 행정청이 내린 처분을 다투어 취소를 구하는 소송이므로, 처분의 위법성 판단의 기준 시는 원칙적으로 처분 시로 보는 것이 타당하다. 이러한 결론은 거부처분취소소송에서의 위법성 판단의 기준 시에서도 동일하므로 거부처분이 이루어진 당시의 법령 및 사실상태를 기준으로 거부처분의 위법성을 판단하여야 한다. 따라서 도지사 乙의 변경신청거부처분의 위법성 판단 기준시점을 거부처분 시로 본다면 법원은 거부처분을 할 당시의 법령 및 사실상태를 기준으로 변경요건을 판단해야 한다. 결국 법원은 거부처분취소소송 계속 중 폐기물처리시설용지로의 변경이 가능하도록 법령의 개정이 있었더라도 거부처분 시를 기준으로 거부처분의 위법성을 판단하여야 한다.

Ⅴ 결 론

취소소송에서 처분의 위법성 판단의 기준 시와 마찬가지로 거부처분취소소송에서의 거부처분의 위법성 판단의 기준 시도 처분 시로 이해하는 것이 타당하다. 따라서 법원은 거부처분취소소송 계속 중 폐기물처리시설용지로의 변경이 가능하도록 법령의 개정이 있었더라도 거부처분 시를 기준으로 거부처분의 위법성을 판단하여야 한다.

기출문제 ▌ 2021년 제30회 공인노무사시험

제3문

국가공무원 甲은 업무시간 중 민원인으로부터 골프접대 등의 뇌물을 수수하였다는 이유로 징계권자로부터 해임의 징계처분을 받고, 그 징계처분에 대하여 소청심사를 거쳐 취소소송을 제기하였다. 피고 행정청은 취소소송의 계속 중 甲이 뇌물수수뿐만 아니라 업무시간 중 골프접대를 받는 등 직무를 태만히 한 것도 징계사유의 하나라고 소송절차에서 주장하였다. 이러한 피고의 주장이 허용되는지 설명하시오. (25점)

「국가공무원법」

제78조(징계 사유)

① 공무원이 다음 각 호의 어느 하나에 해당하면 징계 의결을 요구하여야 하고 그 징계 의결의 결과에 따라 징계처분을 하여야 한다.

1. 이 법 및 이 법에 따른 명령을 위반한 경우
2. 직무상의 의무(다른 법령에서 공무원의 신분으로 인하여 부과된 의무를 포함한다)를 위반하거나 직무를 태만히 한 때
3. 직무의 내외를 불문하고 그 체면 또는 위신을 손상하는 행위를 한 때

▌목 차▌

Ⅰ 논점의 정리

국가공무원 甲은 업무시간 중 민원인으로부터 골프접대 등의 뇌물을 수수하였다는 이유로 해임의 징계처분을 받았으나, 취소소송 계속 중 피고가 甲이 업무시간 중 골프접대를 받는 등 직무를 태만히 한 것도 징계사유의 하나라고 주장한 것이 처분사유의 추가·변경에 해당하는지, 그러하다면 추가·변경의 인정범위에 속하여 이러한 피고의 주장이 허용되는지 문제되므로, 이와 관련한 판례의 태도를 고려하여 사안을 검토하기로 한다.

Ⅱ 행정청의 처분사유의 추가·변경

1. 처분사유의 추가·변경의 의의

(1) 개 념

행정청이 다툼의 대상이 되는 처분을 행하면서 처분사유를 밝힌 후, 당해 처분에 대한 소송의 계속 중 당해 처분의 적법성을 유지하기 위하여, 처분 당시 제시된 처분사유를 변경하거나 다른 사유를 추가할 수 있는지가 문제되는데, 이를 처분사유의 추가·변경의 문제라고 한다.

(2) 구별개념

1) 이유부기의 절차적 하자의 치유

처분사유의 추가·변경은 행정행위의 내용적 적법성에 관한 행소법적 문제인 반면, 이유부기상 하자의 치유는 행정행위의 형식적 하자의 치유에 관한 행정절차법적 문제로, 양자는 구별되어야 한다.

2) 흠이 있는 행정행위의 전환

흠이 있는 행정행위를 흠이 없는 적법한 행정행위로 전환시켜 효력을 발생케 하는 행정행위의 전환은, 그 전환을 통하여 종전과는 다른 법적 규율이 가해지는 것이라는 점에서 처분의 동일성이 유지되지 못하는 반면, 처분사유의 추가·변경은 그 처분의 동일성이 유지된다는 점에서 양자가 구별된다.

2. 처분사유의 추가·변경의 인정 여부

(1) 학 설

판례의 입장과 같이 기본적 사실관계의 동일성이 유지되는 한도 내에서 처뷰사유의 추가·변경을 인정하는 기본적 사실관계의 동일성설, 심판의 범위는 소송물에 한정되므로, 분쟁의 일회적 해결과 소송경제를 위하여 소송물의 변경이 없는 한 처분사유의 추가·변경을 인정하는 소송물기준설, 처분사유의 추가·변경의 인정필요성과 제한필요성은, 행위 및 소송의 유형에 따라 개별적으로 결정되어야 한다는 개별적 결정설이 대립하고 있다.

(2) 판 례

판례는 기본적 사실관계의 동일성이 인정되는 한도 내에서 처분사유의 추가·변경을 인정하고 있다.

(3) 검 토

생각건대 계쟁처분의 동일성과 소송당사자의 공격·방어권을 동시에 고려하는, 기본적 사실관계의 동일성설이 타당하다고 판단된다.

3. 처분사유의 추가·변경의 인정범위

(1) 객관적 범위

1) 소송물의 동일성

처분사유의 추가·변경은 취소소송의 소송물의 범위 내에서만 인정된다.

2) 기본적 사실관계의 동일성

판례에 의하면 기본적 사실관계의 동일성 유무는, 처분사유를 법률적으로 평가하기 이전의 구체적인 사실에 착안하여, 그 기초가 되는 사회적 사실관계가 기본적인 면에서 동일한지 여부에 따라 결정된다고 한다. 즉, 처분청이 처분 당시 적시한 구체적 사실을 변경하지 아니하는 범위 내에서, 그 처분의 근거법령만을 추가·변경하거나 당초 처분사유를 구체적으로 표시하는 것에 불과한 경우에는, 기본적 사실관계의 동일성을 인정하고 있다.

(2) 시간적 범위

1) 처분사유의 추가·변경의 가능시점

처분사유의 추가·변경은 사실심변론 종결 시까지만 가능하다.

2) 처분사유의 추가·변경의 위법성 판단의 기준시점

처분의 위법성 판단의 기준 시를 언제로 볼 것인지에 따라, 추가·변경할 수 있는 처분사유의 시간적 범위가 결정된다. 학설은 처분시설과 판결시설이 대립하는데, 판례는 행정처분의 위법 여부는 그 처분 당시의 사실상태 및 법률상태를 기준으로 판단하여야 하고, 행정청이 처분 당시 알고 있었던 자료에 국한되는 것은 아니며, 객관적으로 존재한 사실이면 족하다고 판시하여, 처분시설의 입장을 취하는 것으로 보인다. 취소소송은 과거에 행하여진 처분의 소극적 제거를 목적으로 하는 소송이라는 점에서, 처분시설이 타당하다고 판단된다.

4. 처분사유의 추가·변경의 효과

처분사유의 추가·변경이 인정되면 법원은 추가·변경된 사유를 근거로 심리할 수 있고, 인정되지 아니하면 법원은 당초 처분사유만을 근거로 심리하여야 한다.

5. 검 토

생각건대 甲이 업무시간 중 민원인으로부터 골프접대 등의 뇌물을 수수하였다는 사실과 업무시간 중 골프접대를 받는 등 직무를 태만히 하였다는 사실은 구체적인 사실에 있어서 사회적 사실관계가 기본적인 면에서 동일하다. 추가된 징계사유도 국가공무원법 제78조 제1항 제2호에 해당하여 근거법령이 추가된 경우에 해당하나 뇌물수수사실과 직무태만사실로 인한 징계사유는 동일한 근거법령에 기초하고 있으므로 기본적 사실관계의 동일성을 인정하는데 지장이 없을 것으로 보인다. 따라서 피고는 직무태만이라는 처분사유를 추가하여 주장할 수 있고 나아가 당초사유가 업무시간 중 민원인으로부터 골프접대 등의 뇌물을 수수하였다는 이유였고, 추가된 사유 역시 업무시간 중 골프접대를 받는 등 직무를 태만히 한 것이라는 점에서, 원고의 방어권 침해문제도 발생하지 아니하므로 피고가 이 사유를 추가로 주장하는 것은 허용된다고 판단된다.

Ⅲ 사안의 적용

甲이 업무시간 중 민원인으로부터 골프접대 등의 뇌물을 수수하였다는 사실과 업무시간 중 골프접대를 받는 등 직무를 태만히 하였다는 사실은 구체적인 사실에 있어서 사회적 사실관계가 기본적인 면에서 동일하다. 추가된 징계사유도 동일한 근거법령에 기초하고 있어 기본적 사실관계의 동일성을 인정하는데 지장이 없으므로 피고가 직무태만이라는 처분사유를 추가하여 주장하는 것은 허용된다고 판단된다.

Ⅳ 결 론

피고가 "甲이 업무시간 중 골프접대를 받는 등 직무를 태만히 한 것도 징계사유의 하나"라고 소송절차에서 주장하는 것은 허용된다.

05 취소소송의 심리

※ 기출문제해설의 답안은 참고용으로 활용하시기 바랍니다.

기출문제 Ⅰ 2019년 제28회 공인노무사시험

제1문

사용자인 乙주식회사는 소속 근로자인 甲에 대해 유인물 배포 등 행위와 성명서 발표 및 기사 게재로 인한 乙주식회사에 대한 명예훼손행위를 근거로, 감봉 3월의 징계처분을 하였다. 甲과 A노동조합은 2018.9.7. B지방노동위원회에 위 징계처분이 부당징계 및 부당노동행위에 해당한다고 주장하면서 구제신청을 하였다. 그러나 B지방노동위원회는 2018.11.6. 위 구제신청을 모두 기각하였다. 甲과 A노동조합은 B지방노동위원회의 기각결정에 불복하여 2018.12.20. 중앙노동위원회에 재심을 신청하였다. 중앙노동위원회는 2019.3.5. 유인물 배포 등 행위가 징계사유에 해당할 뿐만 아니라 징계양정이 적정하고, 노동조합 및 노동관계조정법 제81조 제1호의 부당노동행위에 해당하지 않는다는 이유로, 재심신청을 모두 기각하였다. 이에 甲은 중앙노동위원회의 재심에 불복하여 취소소송을 제기하려고 한다. 甲은 중앙노동위원회가 재심판정을 하면서 관계 법령상 개의 및 의결 정족수를 충족하지 않았다고 주장한다. 다음 물음에 답하시오(단, 행정쟁송법과 무관한 노동법적인 쟁점에 대해서는 서술하지 말 것).

물음 2

중앙노동위원회는 이 소송의 계속 중에 甲과 A노동조합의 유인물 배포행위가 정당하지 않은 노동조합행위에 해당하여 징계사유에 해당한다고 추가적으로 주장한다. 이러한 중앙노동위원회의 주장이 타당한지를 논하시오. (25점)

예시답안 I 2019년 제28회 공인노무사시험

I 논점의 정리

甲이 중앙노동위원회의 재심에 불복하여 제기한 취소소송 계속 중, 중앙노동위원회가 추가적으로 주장한 '甲과 A노동조합의 유인물 배포행위가 정당하지 않은 노동조합행위에 해당하여 징계사유에 해당한다'는 사유가 처분사유의 추가·변경에 해당하는지, 그러하다면 추가·변경의 인정범위에 속하는지가 문제되므로, 이와 관련한 판례의 태도를 고려하여 사안을 검토하기로 한다.

II 중앙노동위원회의 처분사유의 추가·변경

1. 처분사유의 추가·변경의 의의

(1) 개 념

처분사유라 함은 처분의 적법성을 유지하기 위하여 처분청에 의하여 주장되는 처분의 사실적·법적 근거를 말한다. 행정청이 다툼의 대상이 되는 처분을 행하면서 처분사유를 밝힌 후, 당해 처분에 대한 소송의 계속 중 당해 처분의 적법성을 유지하기 위하여, 처분 당시 제시된 처분사유를 변경하거나 다른 사유를 추가할 수 있는지가 문제되는데, 이를 처분사유의 추가·변경의 문제라고 한다.

(2) 구별개념

1) 이유부기의 절차적 하자의 치유

처분사유의 추가·변경은 행정행위의 내용적 적법성에 관한 행소법적 문제인 반면, 이유부기상 하자의 치유는 행정행위의 형식적 하자의 치유에 관한 행정절차법적 문제로, 양자는 구별되어야 한다.

2) 흠이 있는 행정행위의 전환

흠이 있는 행정행위를 흠이 없는 적법한 행정행위로 전환시켜 효력을 발생케 하는 행정행위의 전환은, 그 전환을 통하여 종전과는 다른 법적 규율이 가해지는 것이라는 점에서 처분의 동일성이 유지되지 못하는 반면, 처분사유의 추가·변경은 그 처분의 동일성이 유지된다는 점에서 양자가 구별된다.

2. 처분사유의 추가·변경의 인정 여부

(1) 학 설

판례의 입장과 같이 기본적 사실관계의 동일성이 유지되는 한도 내에서 처분사유의 추가·변경을 인정하는 기본적 사실관계의 동일성설, 심판의 범위는 소송물에 한정되므로, 분쟁의 일회적 해결과 소송경제를 위하여 소송물의 변경이 없는 한 처분사유의 추가·변경을 인정하는 소송물기준설, 처분사유의 추가·변경의 인정필요성과 제한필요성은, 행위 및 소송의 유형에 따라 개별적으로 결정되어야 한다는 개별적 결정설이 대립하고 있다.

(2) 판 례

판례는 기본적 사실관계의 동일성이 인정되는 한도 내에서 처분사유의 추가·변경을 인정하고 있다.

(3) 검 토

생각건대 계쟁처분의 동일성과 소송당사자의 공격·방어권을 동시에 고려하는, 기본적 사실관계의 동일성설이 타당하다고 판단된다.

3. 처분사유의 추가·변경의 인정범위

(1) 객관적 범위

1) 소송물의 동일성

처분사유의 추가·변경은 취소소송의 소송물의 범위 내에서만 인정된다.

2) 기본적 사실관계의 동일성

판례에 의하면 기본적 사실관계의 동일성 유무는, 처분사유를 법률적으로 평가하기 이전의 구체적인 사실에 착안하여, 그 기초가 되는 사회적 사실관계가 기본적인 면에서 동일한지 여부에 따라 결정된다고 한다. 즉, 처분청이 처분 당시 적시한 구체적 사실을 변경하지 아니하는 범위 내에서, 그 처분의 근거법령만을 추가·변경하거나 당초 처분사유를 구체적으로 표시하는 것에 불과한 경우에는, 기본적 사실관계의 동일성을 인정하고 있다.

(2) 시간적 범위

1) 처분사유의 추가·변경의 가능시점

처분사유의 추가·변경은 사실심변론 종결 시까지만 가능하다.

2) 처분사유의 추가·변경의 위법성 판단의 기준시점

처분의 위법성 판단의 기준 시를 언제로 볼 것인지에 따라, 추가·변경할 수 있는 처분사유의 시간적 범위가 결정된다. 학설은 처분시설과 판결시설이 대립하는데, 판례는 행정처분의 위법 여부는 그 처분 당시의 사실상태 및 법률상태를 기준으로 판단하여야 하고, 행정청이 처분 당시 알고 있었던 자료에 국한되는 것은 아니며, 객관적으로 존재한 사실이면 족하다고 판시하여, 처분시설의 입장을 취하는 것으로 보인다. 취소소송은 과거에 행하여진 처분의 소극적 제거를 목적으로 하는 소송이라는 점에서, 처분시설이 타당하다고 판단된다.

4. 처분사유의 추가·변경의 효과

처분사유의 추가·변경이 인정되면 법원은 추가·변경된 사유를 근거로 심리할 수 있고, 인정되지 아니하면 법원은 당초 처분사유만을 근거로 심리하여야 한다.

5. 검 토

중앙노동위원회는 처분 당시의 사실상태 및 법률상태를 기준으로 일정 사유를 추가적으로 주장하였으므로, 시간적 범위에는 문제가 없다. 그러나 기본적 사실관계의 동일성이 인정되는 범위 내에서만 처분사유의 추가·변경이 인정되는데, 중앙노동위원회가 추가적으로 주장한 '유인물 배포행위가 정당하지 않은 노동조합행위에 해당하여 징계사유에 해당한다'는 사유와, 당초 내세운 '유인물 배포 등 행위가 징계사유에 해당할 뿐만 아니라, 부당노동행위에 해당하지 아니한다'는 사유는, 해당 유인물 배포 등 행위가 정당한 노동조합행위인지, 아닌지를 심리하여 징계사유에 해당하는지 여부를 판단함에 있어 내용이 공동되거나 취지가 유사하므로, 기본적 사실관계가 동일하다고 생각된다. 따라서 피고 중앙노동위원회는 처분사유를 추가할 수 있고, 중앙노동위원회의 주장은 타당하다고 판단된다.

Ⅲ 사안의 적용

중앙노동위원회는 처분 당시의 사실상태 및 법률상태를 기준으로 일정 사유를 추가적으로 주장하였으므로, 시간적 범위에는 문제가 없다. 또한 추가된 처분사유와 당초사유는 기본적 사실관계가 동일하므로, 객관적 범위 내에 포함된다. 따라서 피고 중앙노동위원회는 처분사유를 추가할 수 있고, 중앙노동위원회의 주장은 타당하다고 판단된다.

Ⅳ 결 론

피고 중앙노동위원회는 처분사유를 추가할 수 있고, 중앙노동위원회의 주장은 타당하다.

기출문제 Ⅰ 2015년 제24회 공인노무사시험

제1문

甲은 2015.1.16. 주택 신축을 위하여 개발행위허가를 신청하였다. 이에 관할 행정청 乙은 「국토의 계획 및 이용에 관한 법률」의 규정에 의거하여 "해당 개발행위에 따른 기반시설의 설치나, 그에 필요한 용지의 확보 계획이 적절하지 않다"라는 사유로 2015.1.22. 개발행위 불허가처분을 하였고, 그 다음 날 甲은 그 사실을 알게 되었다.

그런데 乙은 위 불허가처분을 하면서 甲에게 그 처분에 대하여 행정심판을 청구할 수 있는지 여부와, 행정심판을 청구하는 경우의 심판청구절차 및 심판청구기간을 알리지 아니하였다. 甲은 개발행위 불허가처분에 불복하여 2015.5.7. 행정심판위원회에 취소심판을 청구하였다. 아울러 甲은 적법한 제소요건을 갖추어 취소소송도 제기하였다.

물음 2

乙은 취소소송의 계속 중 "국토 및 자연의 유지와 환경보전 등 중대한 공익상 필요가 있고, 주변 환경이나 경관과 조화를 이루지 못한다"라는 처분사유를 새로이 추가할 수 있는가? (30점)

Ⅰ 목차연습 Ⅰ

예시답안 Ⅰ 2015년 제24회 공인노무사시험

Ⅰ 논점의 정리

관할 행정청 乙은 「국토의 계획 및 이용에 관한 법률」의 규정에 의거하여 개발행위 불허가처분을 하였다가, 甲이 취소소송을 제기하자 乙은 취소소송의 계속 중, '국토 및 자연의 유지와 환경보전 등 중대한 공익상 필요가 있고, 주변 환경이나 경관과 조화를 이루지 못한다'라는 처분사유를 새로이 추가하였는데, 이와 관련하여 처분사유의 추가·변경의 인정 여부 및 범위가 문제된다.

Ⅱ 관할 행정청 乙의 처분사유의 추가·변경

1. 처분사유의 추가·변경의 의의

(1) 개 념

(2) 구별개념

2. 처분사유의 추가·변경의 인정 여부

(1) 학 설

(2) 판 례

판례는 기본적 사실관계의 동일성이 유지되는 한도 내에서 처분사유의 추가·변경을 인정하고 있다.[365)]

(3) 검 토

생각건대 계쟁처분의 동일성과 소송당사자의 공격·방어권을 동시에 고려하는, 기본적 사실관계의 동일성설이 타당하다고 판단된다.

3. 처분사유의 추가·변경의 인정범위

(1) 객관적 범위

1) 소송물의 동일성

처분사유의 추가·변경은 취소소송의 소송물의 범위 내에서만 인정된다.

2) 기본적 사실관계의 동일성

판례에 의하면 기본적 사실관계의 동일성 유무는, 처분사유를 법률적으로 평가하기 이전의 구체적인 사실에 착안하여, 그 기초가 되는 사회적 사실관계가 기본적인 면에서 동일한지 여부에 따라 결정된다고 한다.[366)] 즉, 처분청이 처분 당시 적시한 구체적 사실을 변경하지 아니하는 범위 내에서, 그 처분의 근거법령만을 추가·변경하거나 당초 처분사유를 구체적으로 표시하는 것에 불과한 경우에는, 기본적 사실관계의 동일성을 인정하고 있다.[367)]

365) 대판 1983.10.25. 83누396
366) 대판 2004.11.26. 2004두4482
367) 대판 2007.2.8. 2006두4899

(2) 시간적 범위

1) 처분사유의 추가·변경의 가능시점

사실심변론 종결 시까지만 허용된다.

2) 처분사유의 추가·변경의 위법성 판단의 기준시점

처분의 위법성 판단의 기준 시를 언제로 볼 것인지에 따라, 추가·변경할 수 있는 처분사유의 시간적 범위가 결정된다. 취소소송은 과거에 행하여진 처분의 소극적 제거를 목적으로 하는 소송이라는 점에서, 처분시설이 타당하다.

4. 처분사유의 추가·변경의 인정 여부의 유형별 검토

(1) 기본적 사실관계의 동일성을 인정한 사례

① 피고는 원고가 주취 중 운전으로 교통사고를 내어 개인택시운송사업면허의 기본요건인 원고의 자동차운전면허가 취소되었음을 이유로, 원고에 대한 이 사건 개인택시운송사업면허 취소처분을 하면서, 처음에는 그것이 구 자동차운수사업법 제31조 제1항 제3호 소정의 면허취소사유에 해당한다고 보아 같은 법조를 적용하였다가, 그 후 그 구체적 사실은 변경하지 아니한 채 적용법조로 같은 법 제31조와 같은 법 시행규칙 제15조를 추가하여 원고에게 통고하였다.[368]

② 행정청이 폐기물처리사업계획 부적합통보처분을 하면서 그 처분사유로, 사업예정지에 폐기물처리시설을 설치하면 인근농지의 농업경영과 농어촌생활 유지에 피해를 줄 것이 예상되어 농지법에 의한 농지전용이 불가능하다는 사유 등을 내세웠다가, 위 행정처분의 취소소송에서 사업예정지에 폐기물처리시설을 설치하면 인근주민의 생활이나 주변 농업활동에 피해를 줄 것이 예상되어 폐기물처리시설부지로 적절하지 않다는 사유를 주장한 경우, 두 처분사유는 모두 인근주민의 생활이나 주변 농업활동의 피해를 문제 삼는 것이어서 기본적 사실관계가 동일하므로, 행정청은 위 행정처분의 취소소송에서 후자의 처분사유를 추가로 주장할 수 있다.[369]

(2) 기본적 사실관계의 동일성을 부정한 사례

① 구청위생과 직원인 원고가 이 사건 당구장이 정화구역 외인 것처럼 허위표시를 함으로써 정화위원회의 심의를 면제하여 허가처분 하였다는 당초의 징계사유와, 정부문서규정에 위반하여 이미 결제된 당구장 허가처분서류의 도면에 상사의 결재를 받음이 없이 거리표시를 기입하였다는 원심인정의 비위사실은, 기본적 사실관계가 동일하지 아니하다.[370]

② 같은 국가유공자 비해당결정이라도, 공무수행과 상이 사이에 인과관계가 없다는 사유와, 본인 과실이 경합되어 있어 지원대상자에 해당할 뿐이라는 사유는, 기본적 사실관계의 동일성이 인정되지 아니한다고 보아야 한다.[371]

5. 처분사유의 추가·변경의 효과

처분사유의 추가·변경이 인정되면 법원은 추가·변경된 사유를 근거로 심리할 수 있고, 인정되지 아니하면 법원은 당초 처분사유만을 근거로 심리하여야 한다.

368) 대판 1988.1.19. 87누603
369) 대판 2006.6.30. 2005두364
370) 대판 1983.10.25. 83누396
371) 대판 2013.8.22. 2011두26589

Ⅲ 사안의 적용

관할 행정청 乙이 추가하려는 사유는 사정변경에 해당하지 아니하고, 처분 당시 존재하는 사유로 볼 수 있으므로, 시간적 범위는 만족한다. 다만, 당초 처분사유인 '해당 개발행위에 따른 기반시설의 설치나, 그에 필요한 용지의 확보계획이 적절하지 않다'라는 사유와, '국토 및 자연의 유지와 환경보전 등 중대한 공익상 필요가 있고, 주변 환경이나 경관과 조화를 이루지 못한다'라는 사유는, 그 기본적 사실관계의 동일성이 인정되지 아니한다고 보는 것이 타당하다. 따라서 乙은 처분사유를 새로이 추가할 수 없고, 수소법원은 당초 사유만으로 불허가처분의 위법성을 심리하여야 한다.

Ⅳ 결 론

기출문제 ▌ 2023년 제12회 변호사시험

제1문

변호사 甲과 국회의원 乙은 전동킥보드 동호회 회원들이다. 甲과 乙은 전동킥보드 신제품을 구매하려 하였으나, 전기용품 및 생활용품 안전관리법 제15조 제3항에 근거한 안전확인대상생활용품의 안전기준 제4조 제1호(이하 '이 사건 고시조항')에서 전동킥보드의 최고속도를 시속 25킬로미터로 제한함에 따라 종전과 달리 이러한 제한을 준수한 전동킥보드만 제조·수입되고 있어서, 신제품 전동킥보드는 최고속도를 초과하여 주행할 수 없음을 알게 되었다. 甲과 乙은 이러한 속도 제한으로 말미암아 전동킥보드 구매·이용을 통해서 기대되는 즐거움이나 효용의 핵심인 속도감과 민첩한 이동을 누릴 수 없게 되었고, 이로써 자신들의 신체의 자유, 거주·이전의 자유가 침해되고 있다고 주장하면서 이 사건 고시조항에 대하여 헌법소원심판을 청구하였다.

이후 甲과 乙은 동호회 모임에 참석하였다가 만취한 상태로 각자 전동킥보드를 타고 가던 중, 횡단보도를 건너던 보행자를 순차적으로 치어 크게 다치게 한 후 도주하였다. 甲과 乙은 각각 도로교통법에 따른 운전면허 취소처분을 받음과 아울러 특정범죄가중처벌 등에 관한 법률위반(도주치상)죄로 공소제기되었다.

법무부장관은 甲에 대하여 위 공소제기를 이유로 변호사법 제102조 제1항 본문 및 제2항(이하 '이 사건 법률조항')에 의거하여 업무정지명령을 하였다. 甲은 업무정지명령에 대하여 취소소송을 제기하면서 그 근거조항인 이 사건 법률조항의 위헌성을 다투고 있다. 한편, 국회는 그간 乙이 여러 차례 본회의에서 다른 사람의 사생활에 대한 폭로성 발언을 하였을 뿐만 아니라 위와 같이 공소제기됨으로써 국회의원의 품위를 손상시켰음을 사유로 하여, 윤리특별위원회의 심사를 거쳐 乙을 제명하였다. 乙은 국회의 제명처분에 대하여 헌법재판소에 제소하고자 한다.

설문 6

한편, 법무부장관이 甲에 대하여 업무정지명령을 할 당시 甲은 위 특정범죄가중처벌 등에 관한 법률위반(도주치상)죄뿐만 아니라 무고죄로도 공소제기되어 있었는데, 위 업무정지명령 처분서에는 특정범죄가중처벌 등에 관한 법률위반(도주치상)죄로 공소제기된 사실만 적시되어 있었다. 법무부장관은 甲이 제기한 업무정지명령에 대한 취소소송이 진행되던 중에 위 처분사유만으로는 부족하다고 판단하고, '甲이 현재 무고죄로 공소제기되어 있다'는 처분사유를 추가하고자 한다. 이러한 처분사유의 추가가 허용되는지 판단하시오. (15점)

※ 유의 사항
아래 조문들의 일부는 가상의 것임

「전기용품 및 생활용품 안전관리법」

제15조(안전확인대상제품의 신고 등)

① 안전확인대상제품의 제조업자 또는 수입업자는 안전확인대상제품에 대하여 모델별로 안전확인시험기관으로부터 산업통상자원부령으로 정하는 바에 따라 안전확인시험을 받아, 해당 안전확인대상제품이 제3항에 따른 안전기준에 적합한 것임을 확인한 후 그 사실을 산업통상자원부장관에게 신고하여야 한다.

② 생략

③ 안전확인시험기관은 산업통상자원부장관이 정하여 고시하는 안전확인대상제품에 관한 안전기준을 적용하여 안전확인시험을 실시하여야 한다. 다만, 안전기준이 고시되지 아니하거나 고시된 안전기준을 적용할 수 없는 경우의 안전확인대상제품에 대해서는 산업통상자원부령으로 정하는 바에 따라 안전확인시험을 실시할 수 있다.

안전확인대상생활용품의 안전기준 (2022.5.15. 산업통상자원부 고시 제2022-187호)

제1조(목적)

이 고시는 전기용품 및 생활용품 안전관리법 제15조 제3항에 따른 안전확인대상생활용품의 안전기준(이하 '안전기준')을 규정함을 목적으로 한다.

제4조(최고속도)

안전확인대상생활용품의 최고속도 제한은 다음 각 호와 같다.

1. 전동킥보드는 25km/h를 넘지 않아야 한다.

(이하 생략)

「변호사법」

제102조(업무정지명령)

① 법무부장관은 변호사가 공소제기되거나 제97조에 따라 징계 절차가 개시되어 그 재판이나 징계 결정의 결과 등록취소, 영구제명 또는 제명에 이르게 될 가능성이 매우 크고, 그대로 두면 장차 의뢰인이나 공공의 이익을 해칠 구체적인 위험성이 있는 경우에는 법무부징계위원회에 그 변호사의 업무정지에 관한 결정을 청구할 수 있다. 다만, 약식명령이 청구된 경우와 과실범으로 공소제기된 경우에는 그러하지 아니하다.

② 법무부장관은 법무부징계위원회의 결정에 따라 해당 변호사에 대하여 업무정지를 명할 수 있다.

제103조(업무정지 결정기간 등)

① 생략

② 업무정지에 관하여는 제98조 제3항 및 제98조의2 제2항부터 제6항까지의 규정을 준용한다.

예시답안 Ⅰ 2023년 제12회 변호사시험

Ⅰ 논점의 정리

법무부장관이 명한 甲에 대한 변호사 업무정지명령 처분서에는 특정범죄가중처벌 등에 관한 법률위반(도주치상)죄로 공소제기된 사실만 적시되어 있었는데, 법무부장관이 이에 '甲이 현재 무고죄로 공소제기되어 있다'는 처분사유를 추가하고자 하는 경우, 이와 관련하여 처분사유의 추가의 인정 여부와 범위가 문제된다.

Ⅱ 법무부장관의 처분사유의 추가 · 변경

1. 처분사유의 추가 · 변경의 의의

처분사유라 함은 처분의 적법성을 유지하기 위하여 처분청에 의하여 주장되는 처분의 사실적 · 법적 근거를 말한다. 행정청이 다툼의 대상이 되는 처분을 행하면서 처분사유를 밝힌 후, 당해 처분에 대한 소송의 계속 중 당해 처분의 적법성을 유지하기 위하여, 처분 당시 제시된 처분사유를 변경하거나 다른 사유를 추가할 수 있는지가 문제되는데, 이를 처분사유의 추가 · 변경의 문제라고 한다.

2. 처분사유의 추가 · 변경의 인정 여부

(1) 학 설

판례의 입장과 같이 기본적 사실관계의 동일성이 유지되는 한도 내에서 처분사유의 추가 · 변경을 인정하는 기본적 사실관계의 동일성설, 심판의 범위는 소송물에 한정되므로, 분쟁의 일회적 해결과 소송경제를 위하여 소송물의 변경이 없는 한 처분사유의 추가 · 변경을 인정하는 소송물기준설, 처분사유의 추가 · 변경의 인정필요성과 제한필요성은, 행위 및 소송의 유형에 따라 개별적으로 결정되어야 한다는 개별적 결정설이 대립하고 있다.

(2) 판 례

판례는 기본적 사실관계의 동일성이 인정되는 한도 내에서 처분사유의 추가 · 변경을 인정하고 있다.

(3) 검 토

생각건대 계쟁처분의 동일성과 소송당사자의 공격 · 방어권을 동시에 고려하는, 기본적 사실관계의 동일성설이 타당하다.

3. 처분사유의 추가 · 변경의 인정범위

(1) 객관적 범위

1) 소송물의 동일성

처분사유의 추가 · 변경은 취소소송의 소송물의 범위 내에서만 인정된다.

2) 기본적 사실관계의 동일성

판례에 의하면 기본적 사실관계의 동일성 유무는, 처분사유를 법률적으로 평가하기 이전의 구체적인 사실에 착안하여, 그 기초가 되는 사회적 사실관계가 기본적인 면에서 동일한지 여부에 따라 결정된다고 한다. 즉, 처분청이 처분 당시 적시한 구체적 사실을 변경하지 아니하는 범위 내에서, 그 처분의 근거법령만을 추가 · 변경하거나 당초 처분사유를 구체적으로 표시하는 것에 불과한 경우에는, 기본적 사실관계의 동일성을 인정하고 있다.

(2) 시간적 범위

1) 처분사유의 추가·변경의 가능시점

처분사유의 추가·변경은 사실심변론 종결 시까지만 가능하다.

2) 처분사유의 추가·변경의 위법성 판단의 기준시점

처분의 위법성 판단의 기준 시를 언제로 볼 것인지에 따라, 추가·변경할 수 있는 처분사유의 시간적 범위가 결정된다. 학설은 처분시설과 판결시설이 대립하는데, 판례는 행정처분의 위법 여부는 그 처분 당시의 사실상태 및 법률상태를 기준으로 판단하여야 하고, 행정청이 처분 당시 알고 있었던 자료에 국한되는 것은 아니며, 객관적으로 존재한 사실이면 족하다고 판시하여, 처분시설의 입장을 취하는 것으로 보인다. 취소소송은 과거에 행하여진 처분의 소극적 제거를 목적으로 하는 소송이라는 점에서, 처분시설이 타당하다.

4. 처분사유의 추가·변경의 효과

처분사유의 추가·변경이 인정되면 법원은 추가·변경된 사유를 근거로 심리할 수 있고, 인정되지 아니하면 법원은 당초 처분사유만을 근거로 심리하여야 한다.

5. 검 토

법무부장관이 甲에 대하여 업무정지명령을 할 당시에 존재하였던 사실상태 및 법률상태를 기준으로 '甲이 현재 무고죄로 공소제기되어 있다'는 처분사유를 추가하고자 하는 것이므로 시간적 범위에는 문제가 없다. 그러나 기본적 사실관계의 동일성이 인정되는 범위 내에서만 처분사유의 추가·변경이 허용된다는 판례를 따를 때, 업무정지명령 처분서에 기재된 특정범죄가중처벌 등에 관한 법률위반(도주치상)죄의 처분사유와 법무부장관이 새롭게 추가하려는 사유인 '甲이 현재 무고죄로 공소제기되어 있다'는 처분사유는 그 기초가 되는 사회적 사실관계가 기본적인 점에서 동일하다고 할 수 없다고 보인다. 따라서 이러한 처분사유의 추가는 허용되지 아니한다.

Ⅲ 사안의 적용

법무부장관이 甲에 대하여 업무정지명령을 할 당시에 존재하였던 사실상태 및 법률상태를 기준으로 '甲이 현재 무고죄로 공소제기되어 있다'는 처분사유를 추가하고자 하는 것이므로 시간적 범위에는 문제가 없다. 그러나 당초의 처분사유와 법무부장관이 새롭게 추가하려는 사유는 그 기초가 되는 사회적 사실관계가 기본적인 점에서 동일하다고 할 수 없으므로 이러한 처분사유의 추가는 허용되지 아니한다고 판단된다.

Ⅳ 결 론

당초의 처분사유와 법무부장관이 새롭게 추가하려는 사유는 그 기초가 되는 사회적 사실관계가 기본적인 점에서 동일하다고 할 수 없으므로 이러한 처분사유의 추가는 허용되지 아니한다.

기출문제 | 2020년 제9회 변호사시험

제1문의2

A국 국적의 외국인인 甲은 자국 정부로부터 정치적 박해를 받고 있었다. 甲은 2018.11.20. 인천국제공항에 도착하여 입국심사과정에서 난민신청의사를 밝히고 난민법상 출입국항에서의 난민인정신청을 하였다. 인천국제공항 출입국관리공무원은 2018.11.20. 甲에 대하여 입국목적이 사증에 부합함을 증명하지 못하였다는 이유로 입국불허결정을 하고, 甲이 타고 온 외국항공사에 대하여 甲을 국외로 송환하라는 송환지시서를 발부하였다. 이에 甲은 출입국 당국의 결정에 불만을 표시하며 자신을 난민으로 인정해 달라고 요청하였고, 당국은 甲에게 난민심사를 위하여 일단 인천공항 내 송환대기실에 대기할 것을 명하였다. 인천공항 송환대기실은 입국이 불허된 외국인들이 국외송환에 앞서 임시로 머무는 곳인데, 이곳은 외부와의 출입이 통제되는 곳으로 甲이 자신의 의사에 따라 대기실 밖으로 나갈 수 없는 구조로 되어 있었다. 출입국 당국은 2018.11.26. 甲에 대하여 난민인정거부처분을 하였고, 甲은 이에 불복하여 2018.11.28. 난민인정거부처분 취소의 소를 제기하는 한편, 2018.12.19. 자신에 대한 수용(收容)을 해제할 것을 요구하는 인신보호청구의 소를 제기하였다. 한편 난민전문 변호사로 활동하고 있는 乙은 甲의 변호인으로 선임된 후, 2019.4.1. 송환대기실에서 생활 중이던 甲에 대한 접견을 당국에 신청하였으나, 당국은 송환대기실 내 수용된 입국불허자에게 접견권을 인정할 법적 근거가 없다는 이유로 이를 거부하였다. 실제로 송환대기실 수용자의 접견에 관한 관련 법상 조항은 없다.

설문 3

위 난민인정거부처분 후 甲의 국적국인 A국의 정치적 상황이 변화하였다. 이와 같이 변화된 A국의 정치적 상황을 이유로 하여, 법원이 난민인정거부처분의 적법 여부를 달리 판단할 수 있는지에 대하여 검토하시오. (15점)

예시답안 I 2020년 제9회 변호사시험

I 논점의 정리

출입국 당국이 외국인 甲에 대하여 난민인정거부처분을 한 경우, 처분 당시에는 동 처분이 위법하였더라도 난민인정거부처분 후 甲의 국적국인 A국의 정치적 상황이 변화하였다면, 수소법원은 이를 반영하여 난민인정거부처분을 적법하다고 판단할 수 있는지 문제된다. 이는 난민인정거부처분취소소송에서의 위법성 판단의 기준 시와 관련된다.

II 난민인정거부처분취소소송에서의 위법성 판단의 기준 시

1. 문제점

2. 학 설

(1) 처분시설

취소소송에서의 위법성 판단의 기준 시에 관하여 처분시설을 취하고, 거부처분취소소송에서도 동일한 이유로 처분시설이 타당하다고 보는 견해이며, 판례의 입장이다.

(2) 위법성 판단 시·판결 시 구별설

소송경제와 신속한 권리구제를 도모하기 위하여 거부처분취소소송에서 거부처분의 위법은 처분 시를 기준으로 하되, 인용판결은 판결 시를 기준으로 하여야 한다는 견해이다.

(3) 판결시설

거부처분취소소송에서 인용판결은, 행소법 제30조 제2항과 결부하여 행정청에게 신청에 따른 처분의무를 부과한다는 점에서 실질적으로 의무이행소송과 유사한 성격을 가지므로, 이행소송의 일반적인 법리에 따라 거부처분의 위법성 판단의 기준 시를 판결 시로 하는 것이 타당하다는 견해이다.

3. 판 례

판례는 주택건설사업계획승인신청 반려처분취소소송과 관련하여, 무릇 행정처분의 취소를 구하는 항고소송에서 그 처분의 위법 여부는 처분 당시를 기준으로 판단하여야 한다고 판시함으로써,[372] 처분시설을 취하고 있다.

4. 검 토

입법적으로는 의무이행소송을 도입하여 해결하는 것이 바람직하나, 취소소송은 행정청이 내린 처분을 다투어 취소를 구하는 소송이므로, 취소소송에서의 위법성 판단의 기준 시에 관한 논의와 마찬가지로 거부처분의 위법성 판단의 기준 시는 원칙적으로 처분 시로 보는 것이 타당하다. 처분시설에 의하면, 수소법원은 출입국 당국의 난민인정거부처분 후 법적·사실적 상태를 고려하여 난민인정거부처분의 위법성을 판단하여서는 아니 된다. 따라서 A국의 정치적 상황이 변화하였다고 하더라도, 최초 거부처분 당시의 정치적 상황상 甲이 난민으로 인정되는 경우에는, 수소법원은 거부처분을 취소하는 인용결정을 선고하여야 한다.

372) 대판 2005.4.15. 2004두10883

Ⅲ 사안의 적용

거부처분의 위법성 판단의 기준 시는 원칙적으로 처분 시로 보는 것이 타당하다. 처분시설에 의하면, A국의 정치적 상황이 변화하였다고 하더라도, 최초 거부처분 당시의 정치적 상황상 甲이 난민으로 인정되는 경우에는, 수소법원은 거부처분을 취소하는 인용판결을 선고하여야 한다.

Ⅳ 결 론

CHAPTER ☑ 주요논점 ☐ 최신 기출문제해설 ☐ 주요 기출문제해설

06 취소소송의 종료

제1절 법원의 판결

I 의 의

법률상 쟁송을 해결하기 위하여 법원이 소송절차를 거쳐 내리는 결정을 말한다.

II 소송판결

소송요건을 흠결하여 부적법한 경우 본안심리를 거절하는 각하판결을 말한다.

III 본안판결

1. 의 의

본안심리의 결과, 청구의 전부 또는 일부를 인용하거나 기각하는 종국판결을 말한다.

2. 기각판결

본안심리의 결과, 원고의 취소청구가 이유 없다고 판단하여 청구를 배척하는 판결로, ① 계쟁처분이 적법하거나 위법하지 아니하고 단순한 부당에 그친 경우나 ② 사정판결을 할 경우에도 기각판결을 내린다.

3. 인용판결

(1) 의 의

원고의 청구가 이유가 있다고 인정하여 청구를 받아들이는 판결로, 당해 처분의 전부 또는 일부를 취소하는 판결을 말한다. 행정심판의 경우에는 위법한 처분뿐만 아니라 부당한 처분에 대하여도 인용재결을 하는 것과는 달리, 행정소송은 위법한 처분에 대하여만 인용판결을 하고, 부당한 처분에 대하여는 기각판결을 한다.

(2) 종 류

취소소송에서의 인용판결에는 처분이나 재결에 대한 취소판결, 무효선언을 하는 취소판결, 계쟁처분에 대한 전부취소판결과 일부취소판결 등이 있다.

(3) 일부취소판결

1) 문제점

원고의 청구 중 일부에 대하여만 이유가 있는 경우, 즉 처분의 일부만이 위법한 경우 법원이 그 일부에 대하여만 취소판결을 내릴 수 있는지 여부가 문제되는 바, 판례는 행정소송법 제4조 제1호의 변경을 소극적 변경(일부취소)으로 보고, 일정한 요건하에서의 일부취소판결을 인정하고 있다.

2) 일부취소판결이 가능한 경우

처분의 일부취소의 가능성은, 일부취소의 대상이 되는 부분의 분리취소가능성에 따라 판단된다. 외형상 하나의 처분이라도 가분성이 있거나 그 처분대상의 일부가 특정될 수 있다면, 그 일부만의 취소가 가능하다.

① 조세부과처분과 같은 금전부과처분이 기속행위이고 부과금액의 산정에 잘못이 있는 경우에는, 당사자가 제출한 자료에 의하여 정당한 부과금액을 산정할 수 있다면 부과처분 전체를 취소할 것이 아니라, 정당한 부과금액을 초과하는 부분만 일부취소를 하여야 한다.

핵심판례

1. **금전부과처분 취소소송에서의 일부취소의 원칙**
   일반적으로 금전 부과처분 취소소송에서 부과금액 산출과정의 잘못 때문에 부과처분이 위법한 것으로 판단되더라도 사실심 변론종결 시까지 제출된 자료에 의하여 적법하게 부과될 정당한 부과금액이 산출되는 때에는 부과처분 전부를 취소할 것이 아니라 정당한 부과금액을 초과하는 부분만 취소하여야 하지만, 처분청이 처분 시를 기준으로 정당한 부과금액이 얼마인지 주장·증명하지 않고 있는 경우에도 법원이 적극적으로 직권증거조사를 하거나 처분청에게 증명을 촉구하는 등의 방법으로 정당한 부과금액을 산출할 의무까지 부담하는 것은 아니다.373)

2. **과세처분 취소소송에서 일부취소를 인정한 사례**
   과세처분 취소소송에서 처분의 적법 여부는 과세액이 정당한 세액을 초과하는지 여부에 따라 판단되는 것으로, 당사자는 사실심변론 종결 시까지 객관적인 조세채무액을 뒷받침하는 주장과 자료를 제출할 수 있고, 이러한 자료에 의하여 적법하게 부과될 정당한 세액이 산출되는 경우에는, 그 정당한 세액을 초과하는 부분만 취소하여야 할 것이고, 전부를 취소할 것은 아니다.374)

3. **개발부담금부과처분 취소소송에서 일부취소를 인정한 사례**
   개발부담금부과처분 취소소송에 있어 당사자가 제출한 자료에 의하여 적법하게 부과될 정당한 부과금액이 산출할 수 없을 경우에는 부과처분 전부를 취소할 수밖에 없으나, 그렇지 않은 경우에는 그 정당한 금액을 초과하는 부분만 취소하여야 한다.375)

제1장 제2장 제3장 제4장 제5장 제6장 제7장 제8장 제9장 제10장 제11장 제12장 제13장

373) 대판 2016.7.14. 2015두4167
374) 대판 2000.6.13. 98두5811
375) 대판 2004.7.22. 2002두868

4. 유가보조금전액환수처분 취소소송에서 일부취소를 인정한 사례
마을버스 운수업자 甲이 유류사용량을 실제보다 부풀려 유가보조금을 과다 지급받은 데 대하여 관할 시장이 甲에게 부정수급기간 동안 지급된 유가보조금 전액을 회수하는 내용의 처분을 한 사안에서, 구 여객자동차 운수사업법(2012.2.1. 법률 제11295호로 개정되기 전의 것) 제51조 제3항에 따라 국토해양부장관 또는 시·도지사는 여객자동차 운수사업자가 '거짓이나 부정한 방법으로 지급받은 보조금'에 대하여 반환할 것을 명하여야 하고, 위 규정을 '정상적으로 지급받은 보조금'까지 반환하도록 명할 수 있는 것으로 해석하는 것은 문언의 범위를 넘어서는 것이며, 규정의 형식이나 체재 등에 비추어 보면, 위 환수처분은 국토해양부장관 또는 시·도지사가 지급받은 보조금을 반환할 것을 명하여야 하는 기속행위라고 본 원심판단을 정당하다고 한 사례.[376)]

② 여러 개의 운전면허를 가진 사람이 음주운전을 한 경우, 취소되는 운전면허는 음주운전 당시 운전한 차량의 종류에 따라 그 범위가 달라진다.[377)]

핵심판례

1. 운전면허취소처분 취소소송에서 일부취소를 인정한 사례
[1] 외형상 하나의 행정처분이라 하더라도 가분성이 있거나 그 처분대상의 일부가 특정될 수 있다면 그 일부만의 취소도 가능하고 그 일부의 취소는 당해 취소부분에 관하여 효력이 생긴다고 할 것인바, 이는 한 사람이 여러 종류의 자동차 운전면허를 취득한 경우 그 각 운전면허를 취소하거나 그 운전면허의 효력을 정지함에 있어서도 마찬가지이다.
[2] 제1종 보통, 대형 및 특수 면허를 가지고 있는 자가 레이카크레인을 음주운전한 행위는 제1종 특수면허의 취소사유에 해당될 뿐 제1종 보통 및 대형 면허의 취소사유는 아니므로, 3종의 면허를 모두 취소한 처분 중 제1종 보통 및 대형 면허에 대한 부분은 이를 이유로 취소하면 될 것이나, 제1종 특수면허에 대한 부분은 원고가 재량권의 일탈·남용하여 위법하다는 주장을 하고 있음에도, 원심이 그 점에 대하여 심리·판단하지 아니한 채 처분 전체를 취소한 조치는 위법하다고 하여 원심판결 중 제1종 특수면허에 대한 부분을 파기환송한 사례.[378)]

2. 운전면허취소처분 취소소송에서 일부취소를 부정한 사례
제1종 보통 운전면허와 제1종 대형 운전면허의 소지자가 제1종 보통 운전면허로 운전할 수 있는 승합차를 음주운전하다가 적발되어 두 종류의 운전면허를 모두 취소당한 사안에서, 그 취소처분으로 생업에 막대한 지장을 초래하게 되어 가족의 생계조차도 어려워질 수 있다는 당사자의 불이익보다는 교통법규의 준수 또는 주취운전으로 인한 사고의 예방이라는 공익목적 실현의 필요성이 더욱 크고, 당해 처분 중 제1종 대형 운전면허의 취소가 재량권을 일탈한 것으로 본다면 상대방은 그 운전면허로 다시 승용 및 승합자동차를 운전할 수 있게 되어 주취운전에도 불구하고 아무런 불이익을 받지 않게 되어 현저히 형평을 잃은 결과가 초래된다는 이유로, 이와 달리 제1종 대형 운전면허 부분에 대한 운전면허취소처분이 재량권의 한계를 넘는 위법한 처분이라고 본 원심판결을 파기한 사례.[379)]

---

376) 대판 2013.12.12. 2011두3388
377) 대판 2004.12.23. 2003두3017
378) 대판 1995.11.16. 95누8850[전합]
379) 대판 1997.3.11. 96누15176

③ 행정청이 여러 개의 위반행위에 대하여 하나의 제재처분을 하였으나, 위반행위별로 제재처분의 내용을 구분하는 것이 가능하고 여러 개의 위반행위 중 일부의 위반행위에 대한 제재처분 부분만이 위법하다면, 법원은 제재처분 중 위법성이 인정되는 부분만 취소하여야 하고 제재처분 전부를 취소하여서는 아니 된다.[380)]

핵심판례

제재처분인 영업정지처분의 일부취소를 인정한 사례

[1] 여러 처분사유에 관하여 하나의 제재처분을 하였을 때 그중 일부가 인정되지 않는다고 하더라도 나머지 처분사유들만으로도 처분의 정당성이 인정되는 경우에는 그 처분을 위법하다고 보아 취소하여서는 아니 된다. 행정청이 여러 개의 위반행위에 대하여 하나의 제재처분을 하였으나, 위반행위별로 제재처분의 내용을 구분하는 것이 가능하고 여러 개의 위반행위 중 일부의 위반행위에 대한 제재처분 부분만이 위법하다면, 법원은 제재처분 중 위법성이 인정되는 부분만 취소하여야 하고 제재처분 전부를 취소하여서는 아니 된다.

[2] 폐기물관리법 제60조의 위임에 따른 폐기물관리법 시행규칙 제83조 제1항 [별표 21] '행정처분기준'은 제1호 일반기준 가. 목에서 '위반행위가 둘 이상일 때에는 위반 사항에 따라 각각 처분한다'고 규정하고, 제2호 개별기준 다. 폐기물처리업자에 대한 행정처분기준에서 '폐기물관리법 제13조 또는 제13조의2를 위반하여 폐기물을 처리한 경우 중 그 밖의 재활용의 원칙 및 준수사항을 위반한 경우'[4) 바), 이 사건 처분 중 제1처분사유에 관한 개별처분기준에 해당한다], '폐기물관리법 제25조 제9항 제4호에 따른 폐기물처리업자의 준수사항 중 그 밖의 준수사항을 위반한 경우'[13) 다) (2), 이 사건 처분 중 제3처분사유에 관한 개별처분기준에 해당한다], '폐기물관리법 제25조 제11항에 따른 변경허가를 받거나 변경신고를 하지 아니하고 허가사항이나 신고사항을 변경한 경우 중 그 밖에 변경허가를 받지 아니하고 허가사항을 변경한 경우'[15) 나), 이 사건 처분 중 제2처분사유에 관한 개별처분기준에 해당한다]에 관하여 각각 1차 위반시 영업정지 1개월의 처분을 하도록 규정하고 있다.

기록에 의하면, 피고는 세 가지 처분사유에 관하여 각각 1개월의 영업정지를 결정한 다음 이를 합산하여 원고에 대하여 3개월의 영업정지를 명하는 이 사건 처분을 하였음을 알 수 있다. 따라서 설령 원심의 판단처럼 이 사건 처분 중 제2처분사유 및 제3처분사유는 인정되나 제1처분사유가 인정되지 않는다고 하더라도, 이 사건 처분 중 제1처분사유에 관한 1개월 영업정지 부분만 취소하여야 한다. 그런데도 원심은 이 사건 처분 중 제1처분사유가 인정되지 않는다는 이유만으로 이 사건 처분 전부를 취소하였다. 이러한 원심 판단에는 '행정처분의 일부 취소'에 관한 법리를 오해하여 판결에 영향을 미친 잘못도 있다.[381)]

④ 기타 주요한 일부취소 사례를 살펴본다.

핵심판례

1. 정보공개 거부처분 취소소송에서 일부취소를 인정한 사례

   법원이 행정기관의 정보공개 거부처분의 위법 여부를 심리한 결과, 공개를 거부한 정보에 비공개대상 정보에 해당하는 부분과 공개가 가능한 부분이 혼합되어 있고, 공개청구의 취지에 어긋나지 아니하는 범위 안에서 두 부분을 분리할 수 있음을 인정할 수 있는 경우에는, 청구취지의 변경이 없더라도 공개가 가능한 정보에 관한 부분만의 일부취소를 명할 수 있다 할 것이고, 공개청구의 취지에 어긋나지 아니하는 범위 안에서 두 부분을 분리할 수 있다고 함은, 이 두 부분이 물리적으로 분리 가능한 경우를 의미하는 것이 아닌, 그 나머지 정보만을 공개하는 것이 가능하고, 나머지 부분의 정보만으로도 공개의 가치가 있는 경우를 의미한다고 해석하여야 한다.[382)]

380) 대판 2020.5.14. 2019두63515
381) 대판 2020.5.14. 2019두63515
382) 대판 2003.10.10. 2003두7767

2. 국가유공자요건 비해당처분 취소소송에서 일부취소를 인정한 사례
「국가유공자 등 예우 및 지원에 관한 법률」 제4조 제1항 제6호 등 관련 법령의 내용, 형식 및 입법취지를 비롯하여 국가유공자등록신청 당시, 신청인이 여러 개의 상이를 주장함으로써 국가유공자요건의 관련 사실을 확인하는 과정에서 여러 개의 상이가 문제되는 경우, 각각의 상이별로 국가유공자요건에 해당하는지 여부에 대한 심사가 이루어지는 점, … 외형상 하나의 행정처분이라도 가분성이 있거나 그 처분대상의 일부가 특정될 수 있다면, 그 일부만의 취소가 가능하고, 그 일부의 취소는 당해 취소 부분에 관하여 효력이 생긴다고 할 것인 점 등을 종합하면, 여러 개의 상이에 대한 국가유공자요건 비해당처분에 대한 취소소송에서 그중 일부 상이가 국가유공자요건이 인정되는 상이에 해당하더라도, 나머지 상이에 대하여 위 요건이 인정되지 아니하는 경우에는, 국가유공자요건 비해당처분 중 위 요건이 인정되는 상이에 대한 부분만을 취소하여야 할 것이고, 그 비해당처분 전부를 취소할 수는 없다고 할 것이다.383)

3) 일부취소판결이 불가능한 경우

① 과징금 부과처분과 같이 재량행위인 경우에는 처분청의 재량권을 존중하여야 하고, 법원이 직접 처분을 하는 것은 인정되지 아니하므로, 처분청이 재량권을 행사하여 다시 적정한 처분을 할 수 있도록 전부취소를 하여야 한다. 재량행위의 일부취소는 행정청의 재량권을 침해하는 것이므로 인정될 수 없다.

② 금전부과처분에서 당사자가 제출한 자료에 의하여 적법하게 부과될 부과금액을 산출할 수 없는 경우에는, 동 금전부과처분이 기속행위일지라도 법원이 처분청의 역할을 할 수는 없으므로, 금전부과처분의 일부취소는 인정되지 아니한다.

핵심판례

1. 공정위의 과징금 납부명령에 대한 일부취소를 부정한 사례
처분을 할 것인지 여부와 처분의 정도에 관하여 재량권이 인정되는 과징금 납부명령에 대하여 그 명령이 재량권을 일탈하였을 경우, 법원으로서는 재량권의 일탈 여부만 판단할 수 있을 뿐 재량권의 범위 내에서 어느 정도가 적정한 것인지에 관하여는 판단할 수 없으므로, 그 전부를 취소할 수밖에 없다. 따라서 법원이 적정하다고 인정하는 부분을 초과한 부분만 취소할 수는 없다.384)

2. 영업정지처분의 일부취소를 부정한 사례
행정청이 영업정지처분을 함에 있어 그 정지기간을 어느 정도로 할 것인지는 행정청의 재량권에 속하는 사항이므로, 법원으로서는 영업정지처분이 재량권 남용이라고 판단될 경우에는 위법한 처분으로서 그 처분의 취소를 명할 수 있을 뿐이고, 재량권의 한계 내에서 어느 정도가 적정한 영업정지기간인지를 가리는 일은 사법심사의 범위를 벗어난다.385)

4) 부관의 일부취소 가능성

재량행위에 부가된 위법한 부관만의 일부취소가 가능한지에 대하여 견해가 대립한다. 판례는 부담의 독립취소 가능성은 인정하고 있으나, 그 밖에 기타 부관의 독립취소 가능성은 부정하는 입장이다. 따라서 전제취소소송을 제기하여야 한다.

5) 일부취소의무

일부취소가 가능한 경우에는 원칙상 전부취소를 하여서는 안 되고, 일부취소를 하여야 한다.

383) 대판 2012.3.29. 2011두9263
384) 대판 2009.6.23. 2007두18062
385) 대판 1982.9.28. 82누2

Ⅳ 사정판결

1. 의 의

사정판결은 취소소송에서 본안심리의 결과, 원고의 청구가 이유 있다고 인정되었음에도 공공복리를 위하여 원고의 청구를 기각하는 판결을 말한다(행소법 제28조).

2. 요 건

(1) 원고의 청구가 이유 있을 것

본안심리의 결과, 처분 등이 위법하여 원고의 청구가 이유 있다고 인정되어야 한다.

(2) 처분 등의 취소가 현저히 공공복리에 적합하지 않을 것

현저히 공공복리에 적합하지 아니한지 여부는 위법한 행정처분을 취소·변경하여야 할 필요와, 그 취소·변경으로 인하여 발생할 수 있는 공공복리에 반하는 사태 등을 비교·교량하여 판단하여야 한다.

핵심판례

1. 사정판결을 한 사례

(1) 기반시설부담계획 및 부담금 부과처분의 부분적·개별적인 하자로 위법한 사례

[1] 행정소송법 제28조에서 정한 사정판결은 행정처분이 위법함에도 불구하고 이를 취소·변경하게 되면 그것이 도리어 현저히 공공의 복리에 적합하지 않은 경우에 극히 예외적으로 할 수 있으므로, 그 요건에 해당하는지는 위법·부당한 행정처분을 취소·변경하여야 할 필요와 취소·변경으로 발생할 수 있는 공공복리에 반하는 사태 등을 비교·교량하여 엄격하게 판단하되, 처분에 이르기까지의 경과 및 처분 상대방의 관여 정도, 위법사유의 내용과 발생원인 및 전체 처분에서 위법사유가 관련된 부분이 차지하는 비중, 처분을 취소할 경우 예상되는 결과, 특히 처분을 기초로 새로운 법률관계나 사실상태가 형성되어 다수 이해관계인의 신뢰 보호 등 처분의 효력을 존속시킬 공익적 필요성이 있는지 여부 및 정도, 처분의 위법으로 인해 처분 상대방이 입게 된 손해 등 권익 침해의 내용, 행정청의 보완조치 등으로 위법상태의 해소 및 처분 상대방의 피해 전보가 가능한지 여부, 처분 이후 처분청이 위법상태의 해소를 위해 취한 조치 및 적극성의 정도와 처분 상대방의 태도 등 제반 사정을 종합적으로 고려하여야 한다.

나아가 사정판결은 처분이 위법하나 공익상 필요 등을 고려하여 취소하지 아니하는 것일 뿐 처분이 적법하다고 인정하는 것은 아니므로, 사정판결의 요건을 갖추었다고 판단되는 경우 법원으로서는 행정소송법 제28조 제2항에 따라 원고가 입게 될 손해의 정도와 배상방법, 그 밖의 사정에 관하여 심리하여야 하고, 이 경우 원고는 행정소송법 제28조 제3항에 따라 손해배상, 제해시설의 설치 그 밖에 적당한 구제방법의 청구를 병합하여 제기할 수 있으므로, 당사자가 이를 간과하였음이 분명하다면 적절하게 석명권을 행사하여 그에 관한 의견을 진술할 수 있는 기회를 주어야 한다.

[2] 기반시설부담계획의 부분적 위법사유를 이유로 그 전부를 취소하는 것은 현저히 공공복리에 적합하지 아니하여 사정판결을 할 사유가 있다고 볼 여지가 있다고 한 사례.[386)]

386) 대판 2016.7.14. 2015두4167

(2) 토지평가협의회의 심의를 거치지 아니한 절차의 하자로 위법한 사례

환지예정지지정처분의 기초가 된 가격평가의 내용이 일응 적정한 것으로 보일 뿐만 아니라 환지계획으로 인한 환지예정지지정처분을 받은 이해관계인들 중 원고를 제외하고는 아무도 위 처분에 관하여 불복하지 않고 있으므로 원고에 대한 환지예정지지정처분을 위법하다 하여 이를 취소하고 새로운 환지예정지를 지정하기 위하여 환지계획을 변경할 경우 위 처분에 불복하지 않고 기왕의 처분에 의하여 이미 사실관계를 형성하여 온 다수의 다른 이해관계인들에 대한 환지예정지지정처분까지도 변경되어 기존의 사실관계가 뒤엎어지고 새로운 사실관계가 형성되어 혼란이 생길 수도 있게 되는 반면 위 처분으로 원고는 이렇다 할 손해를 입었다고 볼만한 사정도 엿보이지 않고 가사 손해를 입었다 할지라도 청산금보상 등으로 전보될 수 있는 점 등에 비추어 보면, 위 처분이 토지평가협의회의 심의를 거치지 아니하고 결정된 토지 등의 가격평가에 터잡은 것으로 그 절차에 하자가 있다는 사유만으로 이를 취소하는 것은 현저히 공공복리에 적합하지 아니하다고 보여 사정판결을 할 사유가 있다고 한 사례.[387]

(3) 처분 당시의 법정요건을 구비하지 못하여 위법한 사례

재개발조합설립 및 사업시행인가처분이 처분 당시 법정요건인 토지 및 건축물 소유자 총수의 각 3분의 2 이상의 동의를 얻지 못하여 위법하나, 그 후 90% 이상의 소유자가 재개발사업의 속행을 바라고 있어 재개발사업의 공익목적에 비추어 그 처분을 취소하는 것은 현저히 공공복리에 적합하지 아니하다고 인정하여 사정판결을 한 사례.[388]

2. 사정판결을 하지 아니한 사례

(1) 검사에 대한 징계면직처분이 위법한 사례

이른바 '원고 사건'에서의 징계면직된 검사의 복직이 검찰조직의 안정과 인화를 저해할 우려가 있다는 등의 사정은 검찰 내부에서 조정·극복하여야 할 문제일 뿐이고 준사법기관인 검사에 대한 위법한 면직처분의 취소 필요성을 부정할 만큼 현저히 공공복리에 반하는 사유라고 볼 수 없다는 이유로, 사정판결을 할 경우에 해당하지 않는다고 한 사례.[389]

(2) 재의결을 거치지 아니한 관리처분계획이 위법한 사례

[1] 도시재개발법 제18조, 제34조 등이 관리처분계획의 인가신청에 앞서 조합원으로 구성되는 총회에서 관리처분계획에 관하여 결의를 거쳐야 한다고 규정하고 있는 것은 관리처분계획의 입안에 대하여 조합원의 의사를 반영하고 그들 상호 간의 이익을 합리적으로 조정하는 데 그 취지가 있는 것이므로, 총회에서 결의된 관리처분계획을 수정하여 인가신청을 하고자 할 경우에는 그전에 다시 수정된 내용에 대하여 총회의 결의를 거쳐야 한다고 봄이 위와 같은 제도의 취지에 부합한다.

[2] 관리처분계획의 수정을 위한 조합원총회의 재결의를 위하여 시간과 비용이 많이 소요된다는 등의 사정만으로는 재결의를 거치지 않음으로써 위법한 관리처분계획을 취소하는 것이 현저히 공공복리에 적합하지 아니하다고 볼 수 없다는 이유로 사정판결의 필요성을 부정한 사례.[390]

(3) 판단의 기준 시

사정판결의 경우 처분 등의 위법성은 처분 시를 기준으로 판단한다. 사정판결을 할 때 그 처분등을 취소하는 것이 현저히 공공복리에 적합하지 아니한지 여부는 사실심 변론을 종결할 때를 기준으로 판단한다(행소규칙 제14조).

387) 대판 1992.2.14. 90누9032
388) 대판 1995.7.28. 95누4629
389) 대판 2001.8.24. 2000두7704
390) 대판 2001.10.12. 2000두4279

(4) 법원의 직권에 의한 사정판결 가부

피고행정청의 주장이 있는 경우에는 사정판결이 가능하다. 그러나 법원이 직권으로 사정판결이 가능한지에 대하여 판례는, 법원이 사정판결을 할 필요가 있다고 인정하는 경우에는, 당사자의 명백한 주장이 없더라도 일건 기록에 나타난 사실에 기초하여 직권으로 사정판결을 할 수 있다고 판시한 바 있다.391)

(5) 입증책임

사정판결의 필요성에 대한 주장은 피고행정청이 부담하여야 한다.

3. 불 복

불복하는 원고는 상소를 제기할 수 있고, 피고 또한 처분의 위법 인정, 소송비용 부담 등에서 패소한 것이므로, 상소를 제기할 수 있다.

4. 효 과

(1) 청구기각판결

사정판결은 원고의 청구를 기각하는 판결이므로, 취소소송의 대상인 처분 등은 당해 처분이 위법함에도 그 효력이 유지된다.

(2) 판결주문에의 위법성 명시

법원은 사정판결의 주문에서 그 처분 등이 위법함을 명시하여야 한다. 처분 등이 위법하다는 점에서 기판력이 발생하도록 함으로써 국가배상을 인정하기 위함이다. 법원이 사정판결을 함에 있어서는 미리 원고가 그로 인하여 입게 될 손해의 정도와 배상방법, 그 밖의 사정을 조사하여야 한다. 또한 원고는 피고인 행정청이 속하는 국가 또는 공공단체를 상대로 손해배상, 제해시설의 설치, 그 밖에 적당한 구제방법 등의 청구를 당해 취소소송 등이 계속된 법원에 병합하여 제기할 수 있다.

(3) 피고의 소송비용 부담

사정판결의 경우에는 청구가 이유 있음에도 원고가 패소한 것이므로, 민사소송법상 소송비용 패소자부담의 일반원칙의 예외로, 승소자인 피고가 소송비용을 부담한다.

5. 무효등확인소송의 경우

판례는 당연무효의 행정처분이 소송의 목적인 행정소송에서는 존치시킬 효력이 있는 행정행위가 없으므로, 행정소송법 제28조 소정의 사정판결을 할 수 없다고 판시하고 있다.392)

6. 부작위위법확인소송의 경우

사정판결에 의하여 존치시킬 처분이 존재하지 아니하므로, 사정판결의 규정은 준용되지 않는다.

---

391) 대판 1992.2.14. 90누9032

392) 대판 1996.3.22. 95누5509

제2절 판결의 효력

Ⅰ 불가변력 - 선고법원에 대한 효력

행정소송에서도 판결이 일단 선고되면, 선고법원 자신도 이에 구속되어 스스로 판결을 철회하거나 변경하는 것이 허용되지 않는다.

Ⅱ 불가쟁력 - 소송당사자에 대한 효력

상소기간이 경과하거나 당사자가 상소를 포기한 경우 또는 모든 심급을 거친 경우에는, 당해 판결은 그 소송절차 내에서의 취소・변경가능성을 상실한다. 이때 판결은 형식적으로 확정되었다고 하며, 이러한 취소불가능성을 형식적 확정력 또는 판결의 불가쟁력이라 한다.

Ⅲ 기판력 - 후소의 당사자와 법원에 대한 효력

1. 의 의

재판이 확정되면 소송당사자는 동일한 소송물에 대하여는 다시 소를 제기할 수 없고, 설령 제기되어도 상대방은 기판력이 미치는 사항이라는 항변을 할 수 있으며, 법원도 일사부재리의 원칙에 따라 확정판결과 내용적으로 모순되는 판단을 하지 못하는 효력을 말한다.

2. 범 위

(1) 주관적 범위

취소소송의 기판력은 당사자나 이와 동일시할 수 있는 자에게만 미치며, 제3자에게는 미치지 아니한다. 소송참가를 한 제3자에게도 기판력은 미치지 아니한다.

(2) 객관적 범위

기판력은 판결의 주문에 포함된 것에 한하여 인정되며, 판결이유 부분은 해당되지 아니한다. 기판력은 해당 처분에 한하여 미치므로 동일한 처분에는 미치나, 새로운 처분에 대하여는 미치지 아니한다.

(3) 시간적 범위

기판력은 사실심변론 종결 시를 기준으로 한다.

3. 작 용

전소 확정판결의 기판력이 후소에 주관적・객관적・시적 범위에서 작용하면 기판력이 미친다. 기판력은 후소 청구가 전소의 기판력 있는 판결과 모순・저촉될 우려가 있는 경우에 작용한다. 즉 전소의 소송물과 동일한 후소의 제기는 물론, 전소의 소송물에 관한 판단이 후소의 선결문제가 될 경우, 모순관계에 있는 경우에 후소에서 전소의 판단과 다른 주장을 하는 경우에 작용한다.

(1) 취소소송의 기각판결이 확정된 후 무효확인소송을 제기하는 경우 전소확정판결의 기판력이 후소에 미치는지 여부

처분의 취소소송의 기각판결이 확정된 경우에는 그 기판력은 다시 그 처분의 무효확인을 구하는 소송에도 미치고 처분의 무효확인청구가 기판력에 저촉되는 경우에는 법원은 당사자의 주장이 없더라도 직권으로 이를 심리판단하여 청구를 기각하여야 한다.[393] 이에 반하여 무효확인소송에서 기각판결이 확정된 경우에도 그 기판력은 취소소송이나 국가배상청구소송에는 미치지 아니하므로 당사자는 무효확인소송의 대상이 된 처분의 위법을 주장하면서 취소소송이나 국가배상청구소송을 제기할 수 있다.

(2) 취소소송의 인용판결이 확정된 후 국가배상청구소송을 제기하는 경우 전소확정판결의 기판력이 후소에 미치는지 여부

1) 문제점

취소소송의 확정판결이 내려진 후 국가배상청구소송을 제기하였을 경우, 확정판결의 기판력이 국가배상청구소송에 미치는지에 대하여 견해의 대립이 있다.

2) 학 설

① **전부기판력긍정설(협의의 행위불법설)** : 취소소송에서의 위법과 국가배상청구소송에서의 위법이 동일한 개념이라고 보는 견해에 의하면, 취소판결 및 기각판결의 기판력은 국가배상청구소송에 미친다고 본다.

② **전부기판력부정설(상대적 위법성설·결과불법설)** : 국가배상청구소송의 위법을 취소소송의 위법과 상이한 개념으로 보는 견해에 의하면, 취소판결의 기판력은 국가배상청구소송에 미치지 아니한다고 본다.

③ **제한적 기판력긍정설(광의의 행위불법설)** : 국가배상청구소송의 위법 개념을 취소소송의 위법 개념보다 넓은 개념으로 보는 견해에 의하면, 인용판결의 기판력은 국가배상청구소송에 미치지만, 기각판결의 기판력은 국가배상청구소송에 미치지 않는다고 본다.

3) 판 례

판례는 전부기판력부정설의 입장에서 어떠한 행정처분이 항고소송에서 취소되었다고 할지라도 그 기판력으로 곧바로 국가배상책임이 인정될 수는 없고, '공무원이 직무를 집행하면서 고의 또는 과실로 법령을 위반하여 타인에게 손해를 입힌 때'라고 하는 국가배상법 제2조 제1항의 요건이 충족되어야 한다고 판시하고 있다.[394]

4) 검 토

분쟁의 일회적인 해결이라는 이념과 국민의 권리구제의 실효성을 고려하면, 제한적 기판력긍정설을 따르는 것이 타당하다고 판단된다.

(3) 국가배상청구소송의 인용판결이 확정된 후 취소소송을 제기하는 경우 전소확정판결의 기판력이 후소에 미치는지 여부

국가배상청구소송의 소송물은 국가배상청구권의 존부이고 취소소송의 소송물은 처분의 위법성 일반이라는 점에서 소송물이 동일하지 아니하고 취소소송의 소송물이 국가배상청구소송의 소송물을 선결문제로 하거나 모순관계에 있는 것도 아니므로 국가배상청구소송의 인용판결의 기판력은 취소소송에는 미치지 아니하여 취소소송의 수소법원은 국가배상청구소송의 수소법원과 다른 판단을 내릴 수 있다.

393) 대판 1992.12.8. 92누6891
394) 대판 2022.4.28. 2017다233061

Ⅳ 형성력 - 소송당사자와 제3자에 대한 효력

1. 의 의

취소판결이 확정되면 처분청의 별도의 행위를 기다릴 것 없이, 당연히 처분 등의 효력이 소급하여 소멸하는 판결의 효력을 말한다.

2. 내 용

(1) 형성효

형성효라 함은, 계쟁처분의 효력을 상실시키는 효력을 말한다.

(2) 소급효

취소판결의 취소의 효력은 처분 시에 소급하는데, 이를 취소판결의 소급효라고 한다.

(3) 제3자효(대세효)

1) 의 의

취소판결의 취소의 효력은 소송에 관여하지 않은 제3자에 대하여도 미치는데, 이를 취소의 대세적 효력이라고 한다. 행정소송법 제29조 제1항은 이를 명문으로 규정하고 있다. 취소판결의 효력이 제3자에게도 미침으로 인하여 제3자가 불측의 손해를 입을 수 있으므로, 행정소송법은 제3자의 권리를 보호하기 위하여 제3자의 소송참가제도(행소법 제16조)와 제3자의 재심청구제도(행소법 제31조)를 인정하고 있다.

2) 제3자의 범위

행정상 법률관계를 통일적으로 규율하고자 하는 대세효 인정의 취지에 비추어 보면, 취소판결의 효력이 미치는 제3자는 모든 제3자를 의미한다.

3) 원고와 상반된 법적 지위를 가지는 자

취소소송에서 원고와 대립되는 제3자는, 이러한 제3자의 범위에 포함된다고 보는 것이 일반적이다.

4) 공유의 이익을 가지는 제3자(일반처분의 경우)

① 문제점 : 일반처분이나 처분적 법령의 적용대상인 일부의 자가 취소소송을 제기하여 취소판결을 받은 이후, 소송을 제기하지 않은 제3자가 당해 취소판결을 원용함으로써 일반처분이나 처분적 법령의 구속으로부터 벗어날 수 있는지가 문제된다.

② 학설 : 주관소송인 취소소송의 판결의 효력은 원칙적으로 당사자 사이에서만 미치므로, 명시적 규정이 없음에도 제3자가 판결의 효력을 얻는 것은 무리라는 견해(상대적 대세효설)와, 일반처분의 대상이 불특정다수인이라는 점과 공법관계의 획일성이 강하게 요청된다는 점을 들어, 제3자에게도 판결의 효력이 미친다는 견해(절대적 대세효설)가 있다.

③ 검토 : 일반처분은 본질상 불특정다수인을 획일적으로 규율하기 위한 것으로, 그 취소의 효력도 획일적으로 발생한다고 하는 것이 바람직하므로, 절대적 대세효설이 타당하다고 판단된다.

핵심판례

조합설립인가처분 취소판결의 형성력

[1] 도시 및 주거환경정비법(이하 '도시정비법')상 주택재개발사업조합의 조합설립인가처분이 법원의 재판에 의하여 취소된 경우 그 조합설립인가처분은 소급하여 효력을 상실하고, 이에 따라 당해 주택재개발사업조합 역시 조합설립인가처분 당시로 소급하여 도시정비법상 주택재개발사업을 시행할 수 있는 행정주체인 공법인으로서의 지위를 상실하므로, 당해 주택재개발사업조합이 조합설립인가처분 취소 전에 도시정비법상 적법한 행정주체 또는 사업시행자로서 한 결의 등 처분은 달리 특별한 사정이 없는 한 소급하여 효력을 상실한다고 보아야 한다. 다만 그 효력 상실로 인한 잔존사무의 처리와 같은 업무는 여전히 수행되어야 하므로, 종전에 결의 등 처분의 법률효과를 다투는 소송에서의 당사자지위까지 함께 소멸한다고 할 수는 없다.

[2] 甲 주택재개발정비사업조합설립 추진위원회가 주민총회를 개최하여 주택재개발정비사업의 시공자로 乙 주식회사를 선정하는 결의(이하 '제1결의')를 하였고, 조합설립인가처분 후 甲 주택재개발정비사업조합이 조합총회를 개최하여 乙 회사를 시공자로 선정(추인)하는 결의(이하 '제2결의')를 하였는데, 위 각 결의의 무효확인을 구하는 소송 계속 중에 甲 조합에 대한 조합설립인가처분을 취소하는 내용의 대법원판결이 선고된 사안에서, 甲 조합에 대한 조합설립인가처분은 법원의 재판에 의한 취소로 소급하여 효력을 상실하였고, 甲 조합 역시 조합설립인가처분 당시로 소급하여 도시 및 주거환경정비법(이하 '도시정비법')상 주택재개발사업을 시행할 수 있는 행정주체인 공법인으로서 지위를 상실하였으므로, 甲 조합이 조합설립인가처분 취소 전에 도시정비법상 적법한 사업시행자임을 전제로 개최한 조합총회에서 이루어진 제2결의는 소급하여 효력을 상실하였고, 한편 시공자 선정은 추진위원회 또는 추진위원회가 개최한 주민총회의 권한범위에 속하는 사항이 아니라 조합총회의 고유권한이므로, 추진위원회가 개최한 주민총회에서 주택재개발사업의 시공자를 선정한 제1결의도 무효라고 보아, 원심판결을 파기하고 자판한 사례.[395]

3. 제3자의 보호

(1) 제3자의 소송참가

법원은 소송의 결과에 따라 권리 또는 이익의 침해를 받을 제3자가 있는 경우에는, 당사자 및 제3자의 신청 또는 직권에 의한 결정으로써 그 제3자를 소송에 참가시킬 수 있다(행소법 제16조 제1항).

(2) 재심청구

1) 의 의

재심이란 확정된 종국판결에 재심사유에 해당하는 하자가 있는 경우, 판결을 한 법원에 대하여 그 판결의 취소와 사건의 재심판을 구하는 비상의 불복수단을 의미한다(행소법 제31조).

2) 요 건

① **자기에게 책임 없는 사유로 소송에 참가하지 못한 경우** : 통상인으로서 일반적인 주의의무를 다하였음에도 불구하고 당해 소송의 계속을 알지 못하였거나, 그 소송에 참가하지 못한 특별한 사정이 있었던 경우로, 이에 대한 입증책임은 제3자에게 있다.

② **판결에 영향을 미칠 공격·방어방법을 제출하지 못한 경우** : 공격·방어방법은 확정판결을 번복시키는 재심의 취지상, 확정판결의 사실심변론 종결 시까지 소송참가에 의하여 제출할 수 있었던 것에 한한다.

3) 청구기간

제3자의 재심청구는 확정판결이 있음을 안 날로부터 30일, 판결이 확정된 날로부터 1년 이내에 제기하여야 하며, 이 기간은 불변기간이다.

395) 대판 2012.3.29. 2008다95885

4) 효 과

재심청구가 적법요건과 재심요건을 갖춘 경우, 수소법원은 재심개시결정에 의하여 당해 사건을 다시 심리·판결한다.

V 기속력 – 행정기관에 대한 효력

1. 의 의

기속력이라 함은, 행정청에 대하여 판결의 취지에 따라 행동하도록 당사자인 행정청과 그 밖의 관계 행정청을 구속하는 효력을 말한다(행소법 제30조 제1항).

2. 기속력의 성질과 기판력

(1) 학 설

1) 기판력설

행정소송법상 기속력에 관한 규정은, 기판력과 동일하게 판결 자체의 효력으로서 당연한 것으로 보는 견해이다.

2) 특수효력설

기속력은 판결의 실효성을 확보하기 위하여 판결의 취지에 따라 행동하도록 관계 행정청을 구속하는 실체법상의 효력으로, 법적 안정성을 위하여 후소의 재판을 구속하여 모순된 재판을 금하는 소송법상 효력인 기판력과는, 그 본질을 달리한다고 보는 견해이다.

(2) 판 례

판례는 특수효력설을 취하고 있는 것으로 보인다. 판례[396]는 취소 확정판결의 기속력을 취소 청구가 인용된 판결에서 인정되는 것으로서 당사자인 행정청과 그 밖의 관계행정청에게 확정판결의 취지에 따라 행동하여야 할 의무를 지우는 작용을 하는 것으로 이해하여 기판력과 구별하고 있다.

(3) 검 토

기속력은 인용판결의 경우에만 인정되는 것이므로, 기각판결의 경우에도 인정되는 기판력과 동일하다고는 할 수는 없다. 따라서 특수효력설이 타당하다고 판단된다.

3. 범 위

(1) 주관적 범위

기속력은 당사자인 행정청과 그 밖의 관계 행정청을 기속한다(행소법 제30조 제1항). 여기서 관계 행정청이란 취소된 처분 등을 기초로 하여 그와 관련된 처분이나 부수행위를 할 수 있는 행정청을 총칭하므로, 처분청과 다른 조직에 속하는 행정청이라도 이에 해당될 수 있다.

---

396) 대판 2016.3.24. 2015두48235

(2) 객관적 범위

취소판결의 기속력은, 처분이 위법이라는 것을 인정하는 판결주문과 판결이유 중 설시된 개개의 위법사유에 미치게 된다. 기속력은 그 사건에 한하여 발생하므로, 사건이 다른 경우에는 기속력이 미치지 아니한다. 사건의 동일성 여부는 기본적 사실관계의 동일성 여부로 판단되므로, 기본적 사실관계가 다른 경우에는 기속력이 미치지 아니한다.

(3) 시간적 범위

처분의 위법 여부의 판단시점은 처분 시이므로, 기속력은 처분 당시까지 존재하던 사유에 대하여만 미치고, 그 이후에 생긴 사유에는 미치지 아니한다. 따라서 처분 이후에 생긴 새로운 처분사유를 들어 동일한 내용의 처분을 다시 하는 것은, 기속력에 반하지 아니한다. 다만, 개정법령에서 종전의 규정에 따른다는 경과규정을 두고 있는 경우에는, 종전의 규정에 따른 재처분이 이루어져야 하므로, 개정법령에 따른 재처분은 기속력에 반한다.[397)]

핵심판례

종전처분과 명의이용기간을 달리하는 이 사건 처분(감차명령)의 기속력 저촉 여부

[1] ① 행정소송법 제30조 제1항은 "처분 등을 취소하는 확정판결은 그 사건에 관하여 당사자인 행정청과 그 밖의 관계행정청을 기속한다."라고 규정하고 있다. 이러한 취소 확정판결의 '기속력'은 취소 청구가 인용된 판결에서 인정되는 것으로서 당사자인 행정청과 그 밖의 관계행정청에게 확정판결의 취지에 따라 행동하여야 할 의무를 지우는 작용을 하는 것이다. 이에 비하여 행정소송법 제8조 제2항에 의하여 행정소송에 준용되는 민사소송법 제216조, 제218조가 규정하고 있는 '기판력'이란 기판력 있는 전소 판결의 소송물과 동일한 후소를 허용하지 않음과 동시에, 후소의 소송물이 전소의 소송물과 동일하지는 않다고 하더라도 전소의 소송물에 관한 판단이 후소의 선결문제가 되거나 모순관계에 있을 때에는 후소에서 전소 판결의 판단과 다른 주장을 하는 것을 허용하지 않는 작용을 하는 것이다.

② 취소 확정판결의 기속력은 그 판결의 주문 및 전제가 되는 처분 등의 구체적 위법사유에 관한 판단에도 미치나, 종전 처분이 판결에 의하여 취소되었다 하더라도 종전 처분과 다른 사유를 들어서 새로이 처분을 하는 것은 기속력에 저촉되지 않는다. 여기에서 동일 사유인지 다른 사유인지는 확정판결에서 위법한 것으로 판단된 종전 처분사유와 기본적 사실관계에 있어 동일성이 인정되는지 여부에 따라 판단되어야 하고, 기본적 사실관계의 동일성 유무는 처분사유를 법률적으로 평가하기 이전의 구체적인 사실에 착안하여 그 기초인 사회적 사실관계가 기본적인 점에서 동일한지에 따라 결정된다. 또한 행정처분의 위법 여부는 행정처분이 행하여진 때의 법령과 사실을 기준으로 판단하므로, 확정판결의 당사자인 처분 행정청은 종전 처분 후에 발생한 새로운 사유를 내세워 다시 처분을 할 수 있음은 물론이고, 새로운 처분의 처분사유가 종전 처분의 처분사유와 기본적 사실관계에서 동일하지 않은 다른 사유에 해당하는 이상, 해당 처분사유가 종전 처분 당시 이미 존재하고 있었고 당사자가 이를 알고 있었다 하더라도 이를 내세워 새로이 처분을 하는 것은 확정판결의 기속력에 저촉되지 않는다.

③ 한편 취소 확정판결의 기판력은 그 판결의 주문에만 미치고, 또한 소송물인 행정처분의 위법성 존부에 관한 판단 그 자체에만 미치는 것이므로 전소와 후소가 그 소송물을 달리하는 경우에는 전소 확정판결의 기판력이 후소에 미치지 아니한다.

397) 대판 2002.12.11. 2002무22

[2] 원심판결 이유 및 원심이 채택한 증거들에 의하면, 다음과 같은 사실을 알 수 있다.

① 원고 신미운수 주식회사(이하 '원고 신미운수')는 별지 1 목록 기재 차량 70대를 포함하여 101대의 택시를, 원고 주호교통 주식회사(이하 '원고 주호교통')는 별지 2 목록 기재 차량 23대를 포함하여 101대의 택시를 각 보유하여 일반택시운송사업을 하고 있다.

② 피고는 2008.5.22. '원고들이 2007.11. 합계 48대(원고 신미운수 25대, 원고 주호교통 23대)의 택시를 도급제 형태로 운영하여 다른 사람으로 하여금 여객자동차 운송사업을 경영하게 하였다'는 사유로, 원고들에게 구 여객자동차 운수사업법(2008.3.21. 법률 제8980호로 전부 개정되기 전의 것) 제13조 제1항, 제76조 제1항 제13호 등에 의해 위 각 택시에 대하여 감차명령(이하 '종전 처분')을 하였다.

③ 원고들은 서울행정법원 2008구합22549호로 종전 처분의 취소를 구하는 소를 제기하였고, 위 법원은 2009.7.9. 원고들의 택시 48대 운영행위가 명의이용행위에 해당한다고 보기 어렵다는 사유로 종전 처분을 취소하는 내용의 원고들 승소판결을 선고하였다. 이에 피고가 불복하여 서울고등법원 2009누22623호로 항소하였으나, 항소심 법원은 2010.1.27. 그 변론을 종결하여 같은 해 2.10. 항소기각 판결을 선고하였다. 피고가 이에 상고하였으나 2010.5.27. 상고기각되어 그 무렵 위 원고들 승소판결이 확정되었다(이하 확정된 위 원고들 승소판결을 '이 사건 확정판결').

④ 그 후 피고는 2013.3.22. 원고들에 대하여 "원고들이 2006.7.3.부터 2010.9.14.까지 소외 1에게 차량 1대당 일정 임대료를 매월 지급받는 방법으로 총 263회에 걸쳐 원고들의 차량을 임대하고, 원고 신미운수는 같은 방법으로 2007.3.경부터 2010.9.30.까지 소외 2에게 총 233회, 2007.4.경부터 2010.9.30.까지 소외 3에게 총 294회, 2007.7.경부터 2008.12.31.까지 소외 4에게 79회에 걸쳐 원고 신미운수의 차량을 임대하여 소외 1과 소외 2, 소외 3, 소외 4(이하 '소외 2 등')로 하여금 여객자동차 운송사업을 경영하게 하였다"는 이유로, 여객자동차 운수사업법 제12조 제1항, 제85조 제1항 제13호 등에 의하여 별지 1, 2 목록 기재 각 차량에 대하여 감차명령(이하 '이 사건 처분')을 하였다.

[3] 원심은 위와 같은 사실관계를 토대로, ① 기판력이 미치는 동일한 소송물인지 여부는 제재처분의 대상이 된 위반사실의 기본적 사실관계를 기본으로 하되 규범적 요소도 아울러 고려하여 판단해야 하고, 기판력의 시적 범위는 행정소송의 사실심 변론종결 시로 보아야 한다고 전제한 후, ② 여객자동차 운수사업법 제12조 제1항에서 금지된 명의이용행위는 그 구성요건의 성질상 동종행위의 반복이 예상되는 이상, 운송사업자가 일정 기간 동일 차량에 관하여 계속적으로 명의이용행위를 하게 한 경우 이는 포괄적으로 1개의 위반행위를 구성하므로, 종전 처분과 이 사건 처분 중 동일한 차량에 관한 명의이용행위를 사유로 한 부분은 그 기본적 사실관계가 동일하다고 보아야 하는데, ③ 별지 3 목록 1, 2항 기재 각 차량(이하 '이 사건 중복차량')은 종전 처분에서도 감차대상이었고, 이 사건 처분에서 이 사건 확정판결의 항소심 변론종결 시인 2010.1.27. 이전의 명의이용행위를 처분사유로 하고 있으므로, 이 사건 처분 중 이 사건 중복차량 관련 부분은 이 사건 확정판결의 기속력이나 기판력에 저촉되어 위법하다고 판단하였다.

[4] 그러나 앞서 본 법리 및 원심판결 이유와 원심이 인용한 제1심판결 이유에 의하여 알 수 있는 다음과 같은 사정에 비추어 볼 때, 원심의 판단은 이를 그대로 수긍할 수 없다.

① 피고는 이 사건 처분 당시 이 사건 중복차량에 관하여 별지 3 목록 제1, 2항의 해당 차량별 '명의이용기간'란 기재와 같이 위반행위 기간을 특정하였다. 그런데 해당 차량 중 별지 3 목록 제1항 순번 2, 4, 7, 9번 및 제2항 순번 3, 5, 6, 7번 기재 차량의 경우 그 처분의 대상인 위반행위에 종전 처분의 대상인 2007.11.에 있었던 명의이용행위도 포함되어 있고, 이 사건 처분사유 가운데 종전 처분의 대상이었던 이 사건 중복차량 중 일부 차량의 위 기간 동안의 명의이용행위 부분은 종전 처분사유와 그 기본적 사실관계가 동일하다고 보아야 하므로, 피고가 이 사건 처분을 하면서 이 부분까지도 위반행위에 포함시킨 것은 이 사건 확정판결의 기속력에 저촉된다 할 것이다.

② 그러나 이 사건 처분사유 가운데 종전 처분의 대상이었던 위 기간 동안의 명의이용행위를 제외한 나머지 부분은 법률적으로 평가하기 이전의 구체적인 사실에 착안하여 볼 때, 종전 처분사유와 그 기간을 달리함으로써 기본적 사실관계에 있어 동일성이 인정되지 않는다고 봄이 타당하므로, 피고가 위 부분 위반행위를 이 사건 처분의 처분사유로 삼았다 하더라도 이 사건 확정판결의 기속력에 저촉되는 것은 아니다.

③ 그리고 이 사건 확정판결의 기판력은 그 소송물이었던 종전 처분의 위법성 존부에 관한 판단 그 자체에만 미치는 것이고, 이 사건 처분을 대상으로 하여 그 소송물을 달리하는 이 사건 소에는 미치지 않는다.

[5] 그럼에도 원심은 이와 달리, 여객자동차 운수사업법 제12조 제1항에서 금지된 명의이용행위의 경우 그 행위의 반복이 예상된다는 법률적·규범적 요소를 위주로 기본적 사실관계에 있어 동일성 여부를 판단하여야 한다는 등 그 판시와 같은 이유로 이 사건 처분 중 이 사건 중복차량에 관한 부분 전부가 이 사건 확정판결의 기속력 내지 기판력에 위배되어 위법하다고 판단하였다. 이러한 원심판결에는 확정판결의 기속력 내지 기판력에 관한 법리를 오해하여 판결 결과에 영향을 미친 잘못이 있다. 이를 지적하는 피고의 이 부분 상고이유는 이유 있다.398)

4. 내 용

(1) 반복금지의무

취소판결 등 원고의 청구를 인용하는 판결이 확정되면, 행정청과 관계 행정청은 동일한 법적·사실적 관계하에서 동일한 당사자에 대하여 동일한 내용의 처분 등을 반복하여서는 아니 된다는 구속력을 의미한다. 기본적 사실관계의 동일성이 없는 다른 처분사유를 들어 동일한 내용의 처분을 하여도, 이는 동일한 처분이 아니므로 기속력에 반하지 아니한다.

1) 동일한 처분인 경우

동일한 처분이라 함은, 취소소송에서 인용판결이 확정된 후, 당사자인 행정청과 관계 행정청이 동일한 사실관계하에서 동일한 당사자에 대하여 동일한 내용의 처분 등을 반복하는 것을 말한다. 따라서 기본적 사실관계의 동일성이 없는 다른 처분사유를 들어 동일한 내용의 처분을 하여도, 기속력에 반하지 아니한다.

2) 동일한 처분이 아닌 경우

동일한 처분이 아닌 경우에도 기속력에 반하는 경우가 있다. 즉 기속력은 판결의 이유에 제시된 위법사유에도 미치므로, 판결의 이유에 제시된 위법사유를 다시 반복하는 것은 동일한 처분이 아니더라도, 동일한 과오를 반복하는 것으로서 기속력에 반한다.

(2) 재처분의무

1) 원 칙

행정청의 재처분은 신청에 따른 인용처분이 되어야 한다. 다만, 행정청은 판결의 취지를 존중하면 되는 것이지, 반드시 신청한 내용대로 처분하여야만 하는 것은 아니므로, 기본적 사실관계의 동일성이 없는 다른 이유를 들어 다시 거부처분을 할 수 있다.

2) 거부처분 취소에 따른 재처분의무

판결에 의하여 취소되는 처분이 당사자의 신청을 거부하는 것을 내용으로 하는 경우에는, 그 처분을 한 행정청은 판결의 취지에 따라 다시 이전의 신청에 대한 처분을 하여야 한다(행소법 제30조 제2항).

398) 대판 2016.3.24. 2015두48235

① 거부처분이 형식상 위법을 이유로 취소된 경우 : 이 경우에는, 적법한 절차를 거치는 등 적법한 형식을 갖추어 신청에 따른 가부 간의 처분을 하여야 한다. 행정청은 실체적 요건을 심사하여 신청된 대로 처분을 할 수 있고, 형식상 요건을 갖추어 다시 거부처분을 할 수도 있다.

② 거부처분이 실체상 위법을 이유로 취소된 경우 : 이 경우에는, 판례와 같이 위법성 판단의 기준 시로 처분시설을 취하는 경우, 거부처분 이후의 사유(법령이나 사실상태의 변경)를 이유로 다시 거부처분을 하는 것은, 원칙적으로 재처분의무를 이행한 것이 된다. 또한, 위법성 판단의 기준 시에 관하여 어떤 견해를 취하든지, 사실심변론 종결 이후에 발생한 새로운 사유를 근거로 다시 이전의 신청에 대하여 거부처분을 할 수 있다. 거부처분 이전에 존재하던 다른 사유를 근거로 다시 거부처분을 할 수 있는지가 문제되나, 거부처분사유가 달라지면 거부처분의 동일성이 달라지고, 기본적 사실관계의 동일성이 인정되는 한도 내에서만 거부처분사유의 추가・변경이 인정된다는 판례의 입장을 취하면, 거부처분 이전에 존재하던 다른 사유를 근거로 다시 거부처분을 하는 것이 가능하다. 그러나 개정법령에서 "이미 허가를 신청중인 경우에는 종전규정에 따른다"는 취지의 경과규정을 둔 경우에는 종전 규정에 따른 재처분을 하여야 하고, 개정법령을 적용하여 거부처분하는 것은 기속력에 저촉된다.

핵심판례

1. 기속력에 반하는 사례

(1) 경과규정을 따르지 아니하고 새로운 개정법령에 따라 거부처분을 한 경우

[1] 거부처분에 대한 취소의 확정판결이 있음에도 행정청이 아무런 재처분을 하지 아니하거나, 재처분을 하였다 하더라도 그것이 종전 거부처분에 대한 취소의 확정판결의 기속력에 반하는 등으로 당연무효라면 이는 아무런 재처분을 하지 아니한 때와 마찬가지라 할 것이므로 이러한 경우에는 행정소송법 제30조 제2항, 제34조 제1항 등에 의한 간접강제신청에 필요한 요건을 갖춘 것으로 보아야 한다.

[2] 주택건설사업 승인신청 거부처분의 취소를 명하는 판결이 확정되었음에도 행정청이 그에 따른 재처분을 하지 않은 채 위 취소소송 계속중에 도시계획법령이 개정되었다는 이유를 들어 다시 거부처분을 한 경우, 개정된 도시계획법령에 그 시행 당시 이미 개발행위허가를 신청중인 경우에는 종전 규정에 따른다는 경과규정을 두고 있으므로 위 사업승인신청에 대하여는 종전 규정에 따른 재처분을 하여야 함에도 불구하고 개정 법령을 적용하여 새로운 거부처분을 한 것은 확정된 종전 거부처분 취소판결의 기속력에 저촉되어 당연무효라고 보아야 한다.[399]

2. 기속력에 반하지 아니하는 사례

(1) 기본적 사실관계의 동일성이 인정되지 아니하는 경우

[1] 행정소송법 제30조 제2항에 의하면, 행정청의 거부처분을 취소하는 판결이 확정된 경우에는 처분을 행한 행정청이 판결의 취지에 따라 이전 신청에 대하여 재처분을 할 의무가 있다. 행정처분의 적법 여부는 행정처분이 행하여진 때의 법령과 사실을 기준으로 판단하는 것이므로 확정판결의 당사자인 처분 행정청은 종전 처분 후에 발생한 새로운 사유를 내세워 다시 거부처분을 할 수 있고, 그러한 처분도 위 조항에 규정된 재처분에 해당한다. 여기에서 '새로운 사유'인지는 종전 처분에 관하여 위법한 것으로 판결에서 판단된 사유와 기본적 사실관계의 동일성이 인정되는 사유인지에 따라 판단되어야 하고, 기본적 사실관계의 동일성 유무는 처분사유를 법률적으로 평가하기 이전의 구체적인 사실에 착안하여 그 기초인 사회적 사실관계가 기본적인 점에서 동일한지에 따라 결정되며, 추가 또는 변경된 사유가 처분 당시에 그 사유를 명기하지 않았을 뿐 이미 존재하고 있었고 당사자도 그 사실을 알고 있었다고 하여 당초 처분사유와 동일성이 있는 것이라고 할 수는 없다.

399) 대결 2002.12.11. 2002무22

(2) 거부처분 이후의 새로운 이익 형량을 한 결과로 다시 거부처분을 한 경우

[1] 취소 확정판결의 기속력의 범위에 관한 법리 및 도시관리계획의 입안・결정에 관하여 행정청에게 부여된 재량을 고려하면, 주민 등의 도시관리계획 입안 제안을 거부한 처분을 이익형량에 하자가 있어 위법하다고 판단하여 취소하는 판결이 확정되었더라도 행정청에게 그 입안 제안을 그대로 수용하는 내용의 도시관리계획을 수립할 의무가 있다고는 볼 수 없고, 행정청이 다시 새로운 이익형량을 하여 적극적으로 도시관리계획을 수립하였다면 취소판결의 기속력에 따른 재처분의무를 이행한 것이라고 보아야 한다. 다만 취소판결의 기속력 위배 여부와 계획재량의 한계 일탈 여부는 별개의 문제이므로, 행정청이 적극적으로 수립한 도시관리계획의 내용이 취소판결의 기속력에 위배되지는 않는다고 하더라도 계획재량의 한계를 일탈한 것인지의 여부는 별도로 심리・판단하여야 한다.

[2] 종전 거부처분을 취소하는 선행판결이 확정된 후 피고가 종전 거부처분 당시에는 고려되지 않았던 새로운 사정을 추가적으로 고려하여 새로운 이익 형량을 한 결과로서 적극적으로 도시관리계획을 수립하는 내용의 이 사건 결정을 하였고, 이 사건 결정에는 선행판결에서 종전 거부처분의 이익형량에 하자가 있다고 지적한 '공공기여 25% 반영 요구' 부분이나 '옥외골프연습장 불허용도 포함 요구' 부분이 그대로 포함되어 있지도 않으므로, 이 사건 결정이 선행판결의 기속력에 위배된다고 볼 수는 없다. 그런데도 원심은 그 판시와 같은 사정만으로 이 사건 결정이 선행판결의 기속력에 위배된다고 판단하였다. 이러한 원심 판단에는 계획재량과 취소판결의 기속력에 관한 법리 등을 오해한 잘못이 있다.[400)]

(3) 거부처분 이후의 법령개정에 따라 다시 거부처분을 한 경우

[1] 행정처분의 적법 여부는 그 행정처분이 행하여 진 때의 법령과 사실을 기준으로 하여 판단하는 것이므로 거부처분 후에 법령이 개정・시행된 경우에는 개정된 법령 및 허가기준을 새로운 사유로 들어 다시 이전의 신청에 대한 거부처분을 할 수 있으며 그러한 처분도 행정소송법 제30조 제2항에 규정된 재처분에 해당된다.

[2] 건축불허가처분을 취소하는 판결이 확정된 후 구 국토이용관리법 시행령이 준농림지역 안에서의 행위제한에 관하여 지방자치단체의 조례로써 일정 지역에서 숙박업을 영위하기 위한 시설의 설치를 제한할 수 있도록 개정된 경우, 당해 지방자치 단체장이 위 처분 후에 개정된 신법령에서 정한 사유를 들어 새로운 거부처분을 한 것이 행정소송법 제30조 제2항 소정의 확정판결의 취지에 따라 이전의 신청에 대한 처분을 한 경우에 해당한다.[401)]

(4) 사실심 변론종결 이후에 발생한 새로운 사유로 다시 거부처분을 한 경우

[1] 행정행위의 취소라 함은 일단 유효하게 성립한 행정처분이 위법 또는 부당함을 이유로 소급하여 그 효력을 소멸시키는 별도의 행정처분을 말하고, 행정청은 종전 처분과 양립할 수 없는 처분을 함으로써 묵시적으로 종전 처분을 취소할 수도 있으나, 행정행위 중 당사자의 신청에 의하여 인・허가 또는 면허 등 이익을 주거나 그 신청을 거부하는 처분을 하는 것을 내용으로 하는 이른바 신청에 의한 처분의 경우에는 신청에 대하여 일단 거부처분이 행해지면 그 거부처분이 적법한 절차에 의하여 취소되지 않는 한, 사유를 추가하여 거부처분을 반복하는 것은 존재하지도 않는 신청에 대한 거부처분으로서 당연무효이다.

[2] 행정소송법 제30조 제2항에 의하면, 행정청의 거부처분을 취소하는 판결이 확정된 경우에는 그 처분을 행한 행정청은 판결의 취지에 따라 이전의 신청에 대하여 재처분할 의무가 있고, 이 경우 확정판결의 당사자인 처분 행정청은 그 행정소송의 사실심 변론종결 이후 발생한 새로운 사유를 내세워 다시 이전의 신청에 대하여 거부처분을 할 수 있으며, 그러한 처분도 이 조항에 규정된 재처분에 해당한다.[402)]

400) 대판 2020.6.25. 2019두56135

401) 대결 1998.1.7. 97두22

402) 대판 1999.12.28. 98두1895

3) 제3자효 행정행위가 절차상의 하자로 취소된 경우의 재처분의무

신청에 따른 처분이 절차의 위법을 이유로 취소된 경우에도, 행정청에 재처분의무가 부과된다. 행정소송법 제30조 제3항은 신청에 따른 처분이 절차의 위법을 이유로 취소된 경우에는, 거부처분 취소판결에서의 재처분의무에 관한 제30조 제2항의 규정을 준용하고 있다. 여기서 신청에 따른 처분이란 신청에 따른 인용처분을 의미한다. 절차상의 하자는 실체법상(내용상)의 위법에 대응하는 넓은 의미의 형식상의 위법을 말하며 협의의 절차의 위법뿐만 아니라 권한·형식의 위법을 포함하는 것으로 해석하여야 한다.

핵심판례

환경영향평가를 거쳐 새로운 국방·군사시설사업 실시계획 승인처분을 한 경우

[1] 절차상 또는 형식상 하자로 인하여 무효인 행정처분이 있은 후 행정청이 관계 법령에서 정한 절차 또는 형식을 갖추어 다시 동일한 행정처분을 하였다면 당해 행정처분은 종전의 무효인 행정처분과 관계없이 새로운 행정처분이라고 보아야 한다.

[2] 원심은 그 채택 증거를 종합하여 판시와 같은 사실을 인정한 다음, 이 사건 처분은 새로운 국방·군사시설사업 실시계획 승인처분으로서의 요건을 갖춘 새로운 처분일 뿐, 종전처분과 동일성을 유지하되 종전처분의 내용을 일부 수정하거나 새로운 사항을 추가하는 것에 불과한 종전처분의 변경처분이 아니므로, 비록 종전처분에 하자가 있더라도 이 사건 처분이 관계 법령에 규정된 절차를 거쳐 그 요건을 구비한 이상 적법하다는 취지로 판단하였다. 원심판결 이유를 위 법리 및 기록에 비추어 보면, 원심의 이러한 판단은 정당하고, 거기에 상고이유 주장과 같은 새로운 행정처분의 성립 여부에 관한 법리오해 등의 위법이 없다.[403)]

(3) 결과제거의무(원상회복의무)

취소판결의 기속력에 결과제거의무가 포함되는지에 관하여 명문의 규정은 없지만, 행정소송법 제30조 제1항에 근거하여 인정하는 것이 일반적인 견해이다.

5. 간접강제

(1) 의 의

1) 개 념

행정청이 거부처분 취소에 따른 재처분의무를 이행하지 아니하는 경우에는, 제1심 수소법원이 당사자의 신청에 의한 결정으로써 상당한 기간을 정하고, 행정청이 그 기간 내에 이행하지 아니하면 그 지연기간에 따라 일정한 배상을 하도록 명하거나, 즉시 손해배상을 할 것을 명할 수 있는데(행소법 제34조), 이를 간접강제결정이라고 한다.

2) 취 지

취소판결의 기속력으로 재처분의무의 실효성을 담보하기 위한 제도이다.

(2) 인정범위

간접강제제도는 부작위위법확인소송에 준용되고 있으나(행소법 제38조 제2항), 무효등확인소송에는 준용규정이 없어 견해가 대립한다. 판례는 행정소송법 제38조 제1항이 무효확인판결에 대하여 취소판결에 관한 규정을 준용함에 있어 같은 법 제30조 제2항을 준용한다고 규정하면서도, 같은 법 제34조는 이를 준용한다는 규정을

---

403) 대판 2014.3.13. 2012두1006

두지 않고 있으므로, 행정처분에 대하여 무효확인판결이 내려진 경우에는, 그 행정처분이 거부처분일지라도 판결의 취지에 따른 행정청의 재처분의무가 인정될 뿐, 그에 대하여 간접강제까지 허용되는 것은 아니라고 하여 준용부정설의 입장을 취하고 있다.404)

(3) 요 건

1) 거부처분 취소 등의 판결이 확정될 것

거부처분 취소판결이나 부작위위법 확인판결이 확정되어야 한다.

2) 상당한 기간 내 판결의 취지에 따른 처분이 없을 것

판결 확정 시부터 새로운 처분을 하는 데 필요한 상당한 기간 내에 새로운 처분을 하여야 할 것이고, 그 기간 내에 처분이 없을 경우 간접강제가 가능하다. 행정청이 재처분을 하지 아니한 경우뿐만 아니라, 재처분을 하였다 하더라도 취소판결의 기속력에 반하는 등으로 당연무효인 경우에는 재처분을 하지 않은 경우와 마찬가지이므로, 요건을 갖춘 것으로 본다.405) 원거부처분사유와 다른 사유에 의하거나, 위법사유를 시정하여 다시 거부처분을 하는 것은 처분의 동일성이 인정되지 않으므로, 기속력에 반하지 아니한다. 거부처분의 위법성 판단의 기준 시는 처분 시이므로, 취소된 거부처분 이후에 새로운 법령이나 새로운 사실관계에 근거하여 다시 거부처분을 하는 것은 기속력에 반하지 아니한 바, 이러한 경우에는 재처분의무를 이행한 것이 되어 간접강제가 허용되지 아니한다.

(4) 절 차

행정청이 취소판결의 취지에 따른 처분을 하지 아니하면 당사자는 제1심 수소법원에 간접강제를 신청할 수 있고, 제1심 수소법원은 행정청이 상당한 기간 내에 처분을 이행하지 아니하면 간접강제를 결정한다.

(5) 내 용

제1심 수소법원은 당사자의 신청에 의한 결정으로써 상당한 기간을 정하고, 행정청이 그 기간 내에 이행하지 아니하면 그 지연기간에 따라 일정한 배상을 하도록 명하거나, 즉시 손해배상을 할 것을 명할 수 있다.

(6) 효 력

1) 상당한 기간 내에 재처분을 하지 않는 경우

간접강제결정이 있은 후 의무행정청이 그 결정에서 정한 상당한 기간 내에 확정된 판결의 취지에 따른 처분을 하지 않은 경우에는, 신청인은 그 결정을 집행권원으로 하여 집행문을 부여받아 강제집행을 할 수 있다.

2) 배상금의 추심

판례는 배상금은 재처분의 지연에 따른 제재나 손해배상이 아닌 재처분의 이행을 확보하기 위한 심리적 강제수단에 불과하므로, 이행기간이 경과한 이후라도 재처분의 이행이 있으면 심리적 강제를 꾀할 목적이 달성되었다고 볼 수 있으므로, 배상금을 추심하는 것은 더 이상 허용되지 않는다고 한다.406)

6. 기속력의 취지에 따른 그 밖의 구제수단

행정청의 계쟁처분에 의해 신청의 기회가 박탈된 경우에 계쟁처분이 소급적으로 취소되면 그 수익적 행정처분의 신청의 기회를 인정하는 것이 취소판결의 기속력의 취지와 법치행정의 원리에 부합하며 그 신청에 대해 취소된 계쟁처분의 효력을 주장하여 거부하는 것은 신의성실의 원칙에 반한다.407)

---

404) 대판 1998.12.24. 98무37
405) 대결 2002.12.11. 2002무22
406) 대판 2004.1.15. 2002두2444
407) 대판 2019.1.31. 2016두52019

핵심판례

계쟁처분이 소급적으로 취소된 경우 수익적 행정처분의 신청기회를 인정한 사례

[1] 직업능력개발훈련과정 인정제한처분에 대한 쟁송절차에서 해당 제한처분이 위법한 것으로 판단되어 취소되거나 당연무효로 확인된 경우, 사업주가 해당 제한처분 때문에 관계 법령이 정한 기한 내에 하지 못했던 훈련과정 인정신청과 훈련비용 지원신청을 사후적으로 할 수 있는 기회를 주어야 하는지 여부(적극) : 직업능력개발훈련과정 인정을 받은 사업주가 거짓이나 그 밖의 부정한 방법으로 훈련비용을 지원받은 경우에는 해당 훈련과정의 인정을 취소할 수 있고, 인정이 취소된 사업주에 대하여는 인정취소일부터 5년의 범위에서 구 근로자직업능력개발법(이하 '직업능력개발법') 제24조 제1항에 의한 직업능력개발훈련과정 인정을 하지 않을 수 있으며, 1년간 직업능력개발훈련 비용을 지원하지 않을 수 있다[직업능력개발법 제24조 제2항 제2호, 제3항, 제55조 제2항 제1호, 구 근로자직업능력 개발법 시행규칙 제22조 [별표 6의2]].

관할관청이 직업능력개발훈련과정 인정을 받은 사업주에 대하여 거짓이나 그 밖의 부정한 방법으로 훈련비용을 지원받았다고 판단하여 위 규정들에 따라 일정 기간의 훈련과정 인정제한처분과 훈련비용 지원제한처분을 하였다면, 사업주는 제한처분 때문에 해당 제한 기간에는 실시예정인 훈련과정의 인정을 신청할 수 없고, 이미 실시한 훈련과정의 비용지원도 신청할 수 없게 된다(설령 사업주가 신청을 하더라도, 관할관청은 제한처분이 있음을 이유로 훈련과정 인정이나 훈련비용 지원을 거부할 것임이 분명하다). 그런데 그 제한처분에 대한 쟁송절차에서 해당 제한처분이 위법한 것으로 판단되어 취소되거나 당연무효로 확인된 경우에는, 예외적으로 사업주가 해당 제한처분 때문에 관계 법령이 정한 기한 내에 하지 못했던 훈련과정 인정신청과 훈련비용 지원신청을 사후적으로 할 수 있는 기회를 주는 것이 취소판결과 무효확인판결의 기속력을 규정한 행정소송법 제30조 제1항, 제2항, 제38조 제1항의 입법 취지와 법치행정 원리에 부합한다.

[2] 사업주에 대한 직업능력개발훈련과정 인정제한처분과 훈련비용 지원제한처분이 쟁송절차에서 위법한 것으로 판단되어 취소되거나 당연무효로 확인된 후에 사업주가 그 인정제한 기간에 실제로 실시한 직업능력개발훈련과정의 비용에 대하여 사후적으로 지원신청을 하는 경우, 관할관청이 사업주가 해당 훈련과정에 대하여 미리 훈련과정 인정을 받아 두지 않았다는 형식적인 이유만으로 훈련비용 지원을 거부할 수 있는지 여부(소극) 및 이때 관할관청이 취할 조치 : 관할관청이 위법한 직업능력개발훈련과정 인정제한처분을 하여 사업주로 하여금 제때 훈련과정 인정신청을 할 수 없도록 하였음에도, 인정제한처분에 대한 취소판결 확정 후 사업주가 인정제한 기간 내에 실제로 실시하였던 훈련에 관하여 비용지원신청을 한 경우에, 관할관청은 단지 해당 훈련과정에 관하여 사전에 훈련과정 인정을 받지 않았다는 이유만을 들어 훈련비용 지원을 거부할 수는 없음이 원칙이다. 이러한 거부행위는 위법한 훈련과정 인정제한처분을 함으로써 사업주로 하여금 제때 훈련과정 인정신청을 할 수 없게 한 장애사유를 만든 행정청이 사업주에 대하여 사전에 훈련과정 인정신청을 하지 않았음을 탓하는 것과 다름없으므로 신의성실의 원칙에 반하여 허용될 수 없다. 따라서 사업주에 대한 훈련과정 인정제한처분과 훈련비용 지원제한처분이 쟁송절차에서 위법한 것으로 판단되어 취소되거나 당연무효로 확인된 후에 사업주가 인정제한 기간에 실제로 실시한 직업능력개발훈련과정의 비용에 대하여 사후적으로 지원신청을 하는 경우, 관할관청으로서는 사업주가 해당 훈련과정에 대하여 미리 훈련과정 인정을 받아 두지 않았다는 형식적인 이유만으로 훈련비용 지원을 거부하여서는 아니 된다. 관할관청은 사업주가 인정제한 기간에 실제로 실시한 직업능력개발훈련과정이 구 근로자직업능력 개발법 시행령 제22조 제1항에서 정한 훈련과정 인정의 실체적 요건들을 모두 충족하였는지, 각 훈련생이 구 사업주에 대한 직업능력개발훈련 지원규정 제8조 제1항에서 정한 지원금 지급을 위한 수료기준을 충족하였는지 등을 심사하여 훈련비용 지원 여부와 지원금액의 규모를 결정하여야 한다. 나아가 관할관청은 사업주가 사후적인 훈련비용 지원신청서에 위와 같은 심사에 필요한 서류를 제대로 첨부하지 아니한 경우에는 사업주에게 상당한 기간을 정하여 보완을 요구하여야 한다(행정절차법 제17조 제5항).408)

408) 훈련과정 인정신청 등에 관한 장애사유를 만든 피고가, 해당 훈련과정에 관하여 미리 훈련과정 신청을 하지 않았다는 등의 이유만을 들어 훈련비용 지원을 거부하는 것은 신의성실의 원칙에 반한다고 하여, 원고가 임시적 권리구제절차를 거치지 않은 이상 훈련비용 지원요건을 갖추지 못하였다고 판단한 원심 판결을 파기한 사례(대판 2019.1.31. 2016두52019)

7. 기속력 위반의 효과

기속력에 반하는 행정청의 행위는 그 하자가 중대하고 명백한 경우 무효사유에 해당한다.

제3절 재 심

Ⅰ 민사소송법에 의한 재심청구

재심이란 확정된 종국판결에 재심사유에 해당하는 하자가 있는 경우, 그 판결의 취소와 사건의 재심판을 구하는 불복신청방법이다. 행정소송의 경우에도 민사소송의 예에 따른 재심청구가 일반적으로 인정된다.

Ⅱ 제3자의 재심청구

1. 의 의

소송에 참가한 제3자는 확정된 종국판결에 대하여 재심청구를 할 수 없다. 다만, 제3자가 자기에게 책임 없는 사유로 소송에 참가하지 못하고 확정판결이 내려진 경우에는, 재심청구를 할 수 있다(행소법 제31조).

2. 인정필요성

원칙적으로 재판이 확정되면 법적안정성 확보 차원에서 재판의 취소를 인정하지 아니하나, 복효적 행정행위로 인하여 침익적 효과를 받는 처분의 제3자는 취소판결의 제3자효에 의하여 권리가 침해될 수 있으므로, 이러한 제3자를 보호하기 위하여 인정된다.

3. 요 건

(1) 재심원고

소송의 제3자로서 판결에 의하여 자신의 법률상 이익이 침해된 자이다. 소송참가를 한 자는 소송참가로써 보조참가인의 지위에서 공격·방어방법을 제출하였다고 볼 수 있으므로, 소송참가를 한 자는 재심신청을 할 수 없다.

(2) 재심피고

확정판결의 원고와 피고 모두이다.

(3) 재심사유

1) 자기에게 책임 없는 사유로 소송에 참가하지 못한 경우

통상인으로서 일반적인 주의의무를 다하였음에도 불구하고 당해 소송의 계속을 알지 못하였거나, 그 소송에 참가하지 못한 특별한 사정이 있었던 경우로, 그 입증책임은 원고가 진다.

2) 판결에 영향을 미칠 공격·방어방법을 제출하지 못하였을 것

제3자에게 유리하게 작용하여 판결에 영향을 미칠 가능성이 있는 것으로, 확정판결의 사실심변론 종결 시까지 소송참가에 의하여 제출할 수 있었던 것에 한한다.

(4) 제소기간

확정된 종국판결이 있음을 안 날로부터 30일, 판결이 확정된 날로부터 1년 이내이며, 이 기간은 불변기간이다.

(5) 재판관할

확정된 종국판결을 한 법원의 전속관할이다.

06 취소소송의 종료

※ 기출문제해설의 답안은 참고용으로 활용하시기 바랍니다.

제1장 제2장 제3장 제4장 제5장 제6장 제7장 제8장 제9장 제10장 제11장 제12장 제13장

기출문제 ‖ 2024년 제33회 공인노무사시험

제1문

甲은 X주식회사에 근무하던 중 2021.12.1. 자녀를 출산하여 2022.1.1.부터 12개월 동안 육아휴직을 하였다. 甲은 2024.7.1. 위 휴직기간에 대한 육아휴직급여를 Y지방고용노동청 Z지청장(이하 'A'라고한다)에게 신청하였으나, A는 2024.7.15. 甲이 「고용보험법」 제70조 제2항에서 정한 '육아휴직이 끝난 날 이후 12개월'이 지나 신청을 하였다는 이유로 그 지급을거부하였다. 그리고 甲의 배우자 乙은 Y광역시의 경력직공무원으로서, 2024.1.1.부터 같은 해 6.30.까지에 해당하는 「지방공무원 수당 등에 관한 규정」 제15조에 따른 시간외근무수당을 예산이 부족하다는 이유로 시간외근무시간에 미치지 못하는 금액으로 지급받았다. (50점)

물음 2

甲은 소송의 계속 중에 조정이 성립하여 소를 취하하고 육아휴직급여의 전액을 지급받았다. 이후 甲이 육아휴직기간 중 8개월 동안 해외에서 체류하여 해당 영유아와 동거하지 아니한 사실(이는 「남녀고용평등과 일·가정양립지원에 관한 법률 시행령」 제14조에서 정하는 육아휴직종료사유이다)이 적발되었다. A는 甲에게 8개월에 해당하는 육아휴직급여의 반환명령 및 그 100/100에 해당하는 추가징수를 처분하였다. 甲이 추가징수처분이 생계를 현저히 곤란하게 하므로 위법하다는 이유로 그 취소를 구하는 행정소송을 제기하는 경우 법원이 처분의 일부를 취소할 수 있는지를 설명하시오. (20점)

> 「지방공무원법」
> **제20조의2(행정소송과의 관계)**
> 제67조에 따른 처분, 그 밖에 본인의 의사에 반한 불리한 처분이나 부작위에 관한 행정소송은 심사위원회의 심사결정을 거치지 아니하면 제기할 수 없다.

「지방공무원 수당 등에 관한 규정 」

제15조(시간외근무수당)

① 근무명령에 의하여 규정된 근무시간 외에 근무한 자에 대하여는 예산의 범위 안에서 시간외근무수당을 지급한다.

②~⑨ 생략.

「고용보험법 시행규칙」

제105조(부정행위에 따른 추가징수등)

① 법 제62조 제2항에 따른 추가징수액은 거짓이나 그 밖의 부정한 방법으로 지급받은 구직급여액에 다음 표의 구분에 따른 비율을 곱한 금액으로 한다.

구 분		비 율
거짓이나 그 밖의 부정한 방법으로 구직급여를 받거나 받으려고 한 사람이 그 구직급여를 받은 날 또는 법 제44조 제2항에 따른 실업인정에 관한 신고를 한 날부터 소급하여10년 동안 법 제61조 제1항 본문에 따라 구직급여의 지급제한을 받은 횟수	3회 미만	100분의 100
	3회 이상 5회 미만	100분의 150
	5회 이상	100분의 200

②~③ 생략.

④ 제1항부터 제3항까지의 규정에도 불구하고 다음 각 호의 어느 하나에 해당하는 사람에 대하여는 추가징수를 면제할 수 있다.

1.~2. 생략.

3. 직업안정기관의 장이 생계가 현저히 곤란하다고 인정하는 사람

제119조(육아휴직급여의 부정행위에 따른 추가징수등)

법 제62조 제1항 및 제74조에 따른 육아휴직등급여의 부정수급으로 인한 추가징수에 관하여는 제105조를 준용하되, 같은 조 제3항 제1호 및 제4항 제2호는 제외한다. 이 경우 "구직급여액"은 "육아휴직등급여액"으로 본다.

▌목 차▐

예시답안 Ⅰ 2024년 제33회 공인노무사시험

Ⅰ 논점의 정리

甲이 추가징수처분이 생계를 현저히 곤란하게 하므로 위법하다는 이유로 그 취소를 구하는 행정소송을 제기하는 경우, 육아휴직급여 추가징수처분의 일부취소의 근거규정 및 추가징수처분의 법적 성질에 따른 일부취소의 가부가 문제된다.

Ⅱ 행소법 제4조 제1호의 변경의 의미

1. 견해의 대립

행소법 제4조 제1호에서는 취소소송을 행정청의 위법한 처분 등을 취소 또는 변경하는 소송으로 정의하고 있는데, 여기의 변경이 적극적 변경을 의미한다는 견해와 소극적 변경(일부취소)을 의미한다는 견해가 대립하고 있다. 판례는 '변경'은 소극적 변경, 즉 일부취소를 의미하는 것으로 보고 있다.

2. 검 토

의무이행소송이 인정되지 아니하고, 권력분립의 원칙상 처분에 관한 한 행정청에게 제1차적 판단권이 있다는 점에서 소극적 변경설과 판례가 타당하다. 따라서 행소법 제4조 제1호의 변경이 일부취소판결의 근거가 된다.

Ⅲ 추가징수처분의 일부를 취소할 수 있는지 여부

1. 일부취소의 일반적 판단기준

처분의 일부취소의 가능성은, 일부취소의 대상이 되는 부분의 분리취소가능성에 따라 판단된다. 외형상 하나의 처분이라도 가분성이 있거나 그 처분대상의 일부가 특정될 수 있다면, 그 일부만의 취소가 가능하다. 예를 들어 조세부과처분과 같은 금전부과처분이 기속행위이고 부과금액의 산정에 잘못이 있는 경우에는, 당사자가 제출한 자료에 의하여 정당한 부과금액을 산정할 수 있다면 부과처분 전체를 취소할 것이 아니라, 정당한 부과금액을 초과하는 부분만 일부취소를 하여야 한다.

2. 재량행위에서의 일부취소의 가부

판례에 의하면 과징금 부과처분과 같이 재량행위인 경우에는 처분청의 재량권을 존중하여야 하고, 법원이 직접 처분을 하는 것은 인정되지 아니하므로, 처분청이 재량권을 행사하여 다시 적정한 처분을 할 수 있도록 전부취소를 하여야 한다. 재량행위의 일부취소는 행정청의 재량권을 침해하는 것이므로 인정될 수 없다.[409] 또한 금전부과처분에서 당사자가 제출한 자료에 의하여 적법하게 부과될 부과금액을 산출할 수 없는 경우에는, 동 금전부과처분이 기속행위일지라도 법원이 처분청의 역할을 할 수는 없으므로, 금전부과처분의 일부취소는 인정되지 아니한다고 한다.[410]

---

409) 대판 1982.9.28. 82누2
410) 대판 2004.7.22. 2002두868

3. 사안의 경우

어떤 행위가 기속행위인지 재량행위인지는 당해 행위의 근거가 된 법규의 체제·형식·그 문언, 당해 행위가 행해진 행정 분야의 주된 목적과 특성, 당해 행위의 개별적 성질과 유형 등을 모두 고려하여 판단하여야 한다. 추가징수처분의 근거가 된 법규의 문언을 살펴보면, 고용보험법 제74조, 제62조는 직업안정기관의 장은 거짓이나 그 밖의 부정한 방법으로 육아휴직급여를 지급받은 사람에게 고용노동부령으로 정하는 바에 따라 지급받은 육아휴직급여의 전부 또는 일부의 반환을 명할 수 있고, 직업안정기관의 장은 반환을 명하는 경우에 고용노동부령으로 정하는 바에 따라 거짓이나 그 밖의 부정한 방법으로 지급받은 육아휴직급여액의 2배 이하의 금액을 추가로 징수할 수 있다고 규정하고 있다. 동법 시행규칙 제119조, 제105조 제4항도 추가징수를 재량행위로 규정하고 있으므로, 육아휴직급여의 추가징수처분은 재량행위로 판단된다. 따라서 법원은 추가징수처분이 생계를 현저히 곤란하게 하므로 위법하다는 甲의 주장을 인정하더라도 추가징수처분에 대한 일부취소를 할 수 없고 육아휴직급여의 추가징수처분 전체를 취소하여야 한다.

Ⅳ 사안의 적용

행소법 제4조 제1호의 변경에 근거한 일부취소 가부를 살피건대, 추가징수처분의 근거가 된 법규의 문언인 고용보험법 제74조, 제62조, 동법 시행규칙 제119조, 제105조 제4항을 살펴보면, 육아휴직급여의 추가징수처분은 재량행위로 판단되므로 법원은 재량행위인 육아휴직급여의 추가징수처분에 대한 일부취소를 할 수 없고 육아휴직급여의 추가징수처분 전체를 취소하여야 한다.

Ⅴ 결 론

법원은 재량행위인 육아휴직급여의 추가징수처분에 대한 일부취소를 할 수 없고 추가징수처분 전체를 취소하여야 한다.

제1문

사용자인 乙주식회사는 소속 근로자인 甲에 대해 유인물 배포 등 행위와 성명서 발표 및 기사 게재로 인한 乙주식회사에 대한 명예훼손행위를 근거로, 감봉 3월의 징계처분을 하였다. 甲과 A노동조합은 2018.9.7. B지방노동위원회에 위 징계처분이 부당징계 및 부당노동행위에 해당한다고 주장하면서 구제신청을 하였다. 그러나 B지방노동위원회는 2018.11.6. 위 구제신청을 모두 기각하였다. 甲과 A노동조합은 B지방노동위원회의 기각결정에 불복하여 2018.12.20. 중앙노동위원회에 재심을 신청하였다. 중앙노동위원회는 2019.3.5. 유인물 배포 등 행위가 징계사유에 해당할 뿐만 아니라 징계양정이 적정하고, 노동조합 및 노동관계조정법 제81조 제1호의 부당노동행위에 해당하지 않는다는 이유로, 재심신청을 모두 기각하였다. 이에 甲은 중앙노동위원회의 재심에 불복하여 취소소송을 제기하려고 한다. 甲은 중앙노동위원회가 재심판정을 하면서 관계 법령상 개의 및 의결 정족수를 충족하지 않았다고 주장한다. 다음 물음에 답하시오(단, 행정쟁송법과 무관한 노동법적인 쟁점에 대해서는 서술하지 말 것).

물음 1

중앙노동위원회의 재심판정에 절차상 하자가 있음을 이유로, 이를 취소하는 판결이 확정되었다. 중앙노동위원회가 이러한 확정판결에 기속되는 경우, 어떠한 의무를 부담하는지를 논하시오. (25점)

제1장 제2장 제3장 제4장 제5장 제6장 제7장 제8장 제9장 제10장 제11장 제12장 제13장

❙목 차❙

예시답안 ▌ 2019년 제28회 공인노무사시험

Ⅰ 논점의 정리

甲이 중앙노동위원회의 재심에 불복하여 제기한 취소소송에서, 중앙노동위원회의 재심판정에 절차상 하자가 있음을 이유로, 이를 취소하는 판결이 확정되어 중앙노동위원회에게 행소법 제30조에 의한 기속력이 미치게 된다면, 중앙노동위원회가 어떤 의무를 부담하게 되는지가 문제된다.

Ⅱ 취소판결의 기속력의 의의

1. 개 념

기속력이라 함은, 행정청에 대하여 판결의 취지에 따라 행동하도록 당사자인 행정청과 그 밖의 관계 행정청을 구속하는 효력을 말한다(행소법 제30조 제1항).

2. 기속력의 법적 성질

(1) 학 설

행소법상 기속력에 관한 규정은, 기판력과 동일하게 판결 자체의 효력으로서 당연한 것으로 보는 기판력설과, 기속력은 법적 안정성을 위하여 후소의 재판을 구속하여 모순된 재판을 금하는 소송법상 효력인 기판력과는, 그 본질을 달리한다고 보는 특수효력설이 대립하고 있다.

(2) 판 례

판례는 기판력이라는 용어와 기속력이라는 용어를 혼용하여 사용하고 있다.

(3) 검 토

기속력은 인용판결의 경우에만 인정되는 것이므로, 기각판결의 경우에도 인정되는 기판력과 동일하다고는 할 수 없다. 따라서 특수효력설이 타당하다고 판단된다.

Ⅲ 취소판결의 기속력의 범위

1. 주관적 범위

기속력은 당사자인 행정청과 그 밖의 관계 행정청을 기속한다(행소법 제30조 제1항).

2. 객관적 범위

취소판결의 기속력은, 위법이라는 것을 인정하는 판결주문과 판결이유 중 설시된 개개의 위법사유에 미치게 된다. 기속력은 그 사건에 한하여 발생하므로, 사건이 다른 경우에는 기속력이 미치지 아니한다. 사건의 동일성 여부는 기본적 사실관계의 동일성 여부로 판단되므로, 기본적 사실관계가 다른 경우에는 기속력이 미치지 아니한다.

3. 시간적 범위

처분의 위법 여부의 판단시점은 처분 시이므로, 기속력은 처분 당시까지 존재하던 사유에 대하여만 미치고, 그 이후에 생긴 사유에는 미치지 아니한다. 따라서 처분 이후에 생긴 새로운 처분사유를 들어 동일한 내용의 처분을 다시 하는 것은, 기속력에 반하지 아니한다.

Ⅳ 취소판결의 기속력의 내용(효과)

1. 반복금지의무

취소판결 등 원고의 청구를 인용하는 판결이 확정되면, 관계 행정청은 동일한 법적·사실적 관계하에서 동일한 당사자에 대하여 동일한 내용의 처분 등을 반복하여서는 아니 된다는 구속력을 의미한다. 기본적 사실관계의 동일성이 없는 다른 처분사유를 들어 동일한 내용의 처분을 하여도, 이는 동일한 처분이 아니므로 기속력에 반하지 아니한다.

2. 재처분의무

행정청의 재처분은 신청에 따른 인용처분이 되어야 한다. 다만, 행정청은 판결의 취지를 존중하면 되는 것이지, 반드시 신청한 내용대로 처분하여야만 하는 것은 아니므로, 기본적 사실관계의 동일성이 없는 다른 이유를 들어 다시 거부처분을 할 수 있다. 제3자효 행정행위가 절차상의 하자로 취소된 경우에도, 행정청에 재처분의무가 부과된다. 행소법 제30조 제3항은 신청에 따른 처분이 절차의 위법을 이유로 취소된 경우에는, 거부처분 취소판결에서의 재처분의무에 관한 제30조 제2항의 규정을 준용하고 있다. 여기서 신청에 따른 처분이란 신청에 따른 인용처분을 의미한다.

3. 결과제거의무(원상회복의무)

취소판결의 기속력에 결과제거의무가 포함되는지에 관하여 명문의 규정이 없지만, 행소법 제30조 제1항에 근거하여 인정하는 것이 일반적인 견해이다.

Ⅴ 사안의 적용

행정청은 중앙노동위원회로 동일하므로, 기속력의 주관적 범위는 문제되지 아니한다. 중앙노동위원회는 재심판정을 하면서 관계 법령상 개의 및 의결 정족수를 충족하지 아니한 절차상 위법이 있으므로, 시간적 범위도 만족한다. 사안의 경우 기속력의 객관적 범위와 관련하여, 기속력은 재심판정이 위법이라는 것을 인정하는 판결주문과 판결이유 중 설시된 개개의 위법사유에 미치게 되므로, 확정판결 이후 행정청이 판결에 적시된 절차나 형식의 위법사유를 보완하여 다시 동일한 내용의 처분을 하더라도, 기속력에 반하지 아니한다. 따라서 중앙노동위원회가 재심판정에 절차상 하자를 보완하여 다시 기각재결을 하더라도, 확정판결의 기속력에 반하지 아니한다.

Ⅵ 결 론

중앙노동위원회가 재심판정에 절차상 하자를 보완하여 다시 기각재결을 하더라도, 재처분의무를 다하는 것이 되어 확정판결의 기속력에 반하지 아니한다.

06 취소소송의 종료

※ 기출문제해설의 답안은 참고용으로 활용하시기 바랍니다.

제1장 제2장 제3장 제4장 제5장 제6장 제7장 제8장 제9장 제10장 제11장 제12장 제13장

기출문제 I 2018년 제27회 공인노무사시험

제1문

甲은 A국 국적으로, 대한민국에서 취업하고자 관련 법령에 따라 2009년 4월경 취업비자를 받아 대한민국에 입국하였고, 2010년 4월 체류기간이 만료되었다. 乙은 같은 A국 출신으로, 대한민국 국적 남성과 혼인하고 2015년 12월 귀화하였으나, 2016년 10월 협의이혼하였다. 이후 甲은 2017년 7월 乙과 혼인신고를 하고, 2017년 8월 관할 행정청인 X에게 대한민국 국민의 배우자(F-6-1)자격으로 체류자격 변경허가신청을 하였다. 그러나 甲은 당시 7년여의 '불법체류'를 하고 있음이 적발되었고, 이는 관련 법령 및 사무처리지침(이하 '지침 등')상 허가요건 중 하나인 '국내합법체류자'요건을 결여하게 되어 X는 2017년 8월 甲의 신청을 반려하는 처분을 하였다. 한편, 甲과 乙은 최근 자녀를 출산하였다. 甲은 위 허가를 받지 못하면 당장 A국으로 출국하여야 하고, 자녀 양육에 어려움을 겪는 등 가정이 파탄될 위험이 생기므로, 위 반려처분은 위법하다고 주장한다.

물음 2

위 반려처분에 대하여 甲이 취소소송을 제기하여 승소판결이 확정되었다. 그러나 X는 위 '지침 등'에 따른 체류자격 변경허가를 위한 또 다른 요건 중 하나인 '배우자가 국적을 취득한 후 3년 이상일 것'을 충족하지 못한다는 것을 이유로, 다시 체류자격 변경허가를 거부하고자 한다. 이 거부처분이 적법한지에 관하여 논하시오. (30점)

예시답안 Ⅰ 2018년 제27회 공인노무사시험

Ⅰ 논점의 정리

甲이 반려처분취소소송을 제기하여 승소판결이 확정된 이후, 관할 행정청 X가 체류자격 변경허가를 위한 또 다른 요건 중 하나인 '배우자가 국적을 취득한 후 3년 이상일 것'을 충족하지 못한다는 것을 이유로, 재차 거부처분을 할 수 있는지 여부가 판결의 기속력과 관련하여 검토를 요한다.

Ⅱ 취소판결의 기속력의 의의

1. 개 념

2. 법적 성질

(1) 학 설

(2) 판 례

판례는 기판력이라는 용어와 기속력이라는 용어를 혼용하여 사용하고 있다.

(3) 검 토

기판력은 소송법적 효력으로서 모든 소송의 본안판결에 인정되나, 기속력은 실체법적 효력으로서 행정소송의 인용판결에만 인정된다는 점에서 특수효력설이 타당하다고 판단된다.

Ⅲ 취소판결의 기속력의 범위

1. 주관적 범위

2. 객관적 범위

3. 시간적 범위

Ⅳ 취소판결의 기속력의 내용(효과)

1. 반복금지의무

2. 재처분의무

3. 결과제거의무(원상회복의무)

Ⅴ 사안의 적용

1. 기속력의 주관적 범위와 관련하여,

거부처분의 주체가 관할 행정청 X로 동일하므로, 주관적 범위는 문제되지 아니한다.

2. 기속력의 객관적 범위와 관련하여,

관할 행정청이 당초 거부처분한 '국내합법체류자요건을 결하였다'는 사유와, 다시 거부처분하려는 '배우자가 국적을 취득한 후 3년 이상일 것을 충족하지 못한다'는 사유는, 내용이 공통적이거나 취지가 유사하지 않으므로, 기본적 사실관계의 동일성이 없다.

3. 기속력의 시간적 범위와 관련하여,

배우자가 국적을 취득한 후 3년 이상일 것의 요건불비사유는 2017.8. 거부처분 당시 존재하였던 사유이므로, 기속력에 반하지 아니한다. 따라서 관할 행정청 X는 다시 '배우자가 국적을 취득한 후 3년 이상일 것을 충족하지 못한다'는 사유로 거부처분을 할 수 있다. 다만, 乙이 국적을 취득한 2015.12.부터 3년이 경과한 시점은 2018.12.이므로, 명시되지 않았으나 관할 행정청의 재거부처분이 2018.12. 이후에 행하여졌다면, 위 재거부처분은 위법한 것이 된다.

Ⅵ 결 론

관할 행정청 X가 다른 사유로 거부처분을 하는 것은, 기속력에 반하지 않는 적법한 처분이다. 다만, 행정청의 재거부처분이 배우자가 국적을 취득한 후 3년이 경과한 2018.12. 이후에 행하여졌다면, 위 재거부처분은 위법한 것이 된다.

기출문제 ▌ **2016년 제25회 공인노무사시험**

제2문

甲회사는 대형 할인점 건물을 신축하기 위한 건축허가신청을 하였다가, 행정청으로부터 거부처분을 받자 그 거부처분의 취소를 구하는 소송을 제기하여 승소하고, 그 판결이 확정되었다. 그 이후 甲회사의 대형 할인점 건물부지의 인근에서 고등학교를 운영하는 학교법인 乙이, 위 판결에 대하여 재심을 청구하였다. 이 청구는 적법한가? (25점)

▌목차연습 ▌

예시답안 Ⅰ 2016년 제25회 공인노무사시험

Ⅰ 논점의 정리

甲회사가 제기한 취소소송에서 승소하고 그 판결이 확정된 경우, 소송에 참가하지 않은 제3자에게도 그 판결의 효력이 미치므로, 제3자의 대응방법으로서 제3자 재심청구가 인정되는지, 그러하다면 학교법인 乙이 제기한 재심청구가 적법한지 여부를 검토할 필요가 있다.

Ⅱ 학교법인 乙의 재심청구의 적법성

1. **의의**(행소법 제31조)

2. **인정필요성**

   복효적 행정행위의 상대방(제3자) 보호

3. **요 건**

(1) 재심원고

소송의 제3자로서 판결에 의하여 자신의 법률상 이익이 침해된 자이다. 소송참가를 한 자는 소송참가로써 보조참가인의 지위에서 공격・방어방법을 제출하였다고 볼 수 있으므로, 소송참가를 한 자는 재심신청을 할 수 없다.

(2) 재심피고

확정판결의 원고와 피고 모두이다.

(3) 재심사유

1) 자기에게 책임 없는 사유로 소송에 참가하지 못한 경우

통상인으로서 일반적인 주의의무를 다하였음에도 불구하고 당해 소송의 계속을 알지 못하였거나, 그 소송에 참가하지 못한 특별한 사정이 있었던 경우로, 그 입증책임은 원고에게 있다.

2) 판결에 영향을 미칠 공격・방어방법을 제출하지 못하였을 것

제3자에게 유리하게 작용하여 판결에 영향을 미칠 가능성이 있는 것으로, 확정판결의 사실심변론종결 시까지 소송참가에 의하여 제출할 수 있었던 것에 한한다.

(4) 제소기간

(5) 재판관할

4. **판 례**

   판례는 甲 회사가 대형 할인점 건물을 신축하기 위한 건축허가신청을 하였으나, 행정청이 재래시장 및 지역경제를 보호할 중대한 공익상 목적을 이유로 건축허가신청을 거부하는 처분을 하자, 그 거부처분의 취소를 구하는 소송을 제기하여 승소하고 그 판결이 확정된 사건에 대하여, 사업부지의 인근에서 중・고등학교를 설치・운영하는 학교법인 乙이, 위 건축허가를 하게 되면 학교의 보건・위생 및 교육환경을 보호받을 권리 또는 이익이 침해될 수밖에 없는데, 소송이 계속 중인 사실을 알지 못하여 위 소송에

참가하지 못함으로써 판결에 영향을 미칠 공격·방어방법을 제출하지 못하였으므로, 행정소송법 제31조에서 정한 제3자로서 재심청구를 한 사안에서, 위 건축으로 인하여 이익의 침해를 받거나 받을 우려가 있는 학교법인 乙은 재심청구를 할 수 있는 제3자에 해당하지만, 해당 사업부지가 乙이 운영하는 중·고등학교로부터 10여m밖에 떨어져 있지 않은 점 등을 종합하면, 乙은 위 소송이 계속 중인 사실을 알고 있었다고 보는 것이 타당하므로, 학교법인 乙이 자기에게 책임 없는 사유로 소송에 참가하지 못한 경우에 해당한다고 보기 어렵다고 보아 위 재심의 소는 부적법하다고 판시하고 있다.[411]

5. **검 토**

학교법인 乙은 소송상 제3자에 해당하므로, 요건을 충족하면 재심청구를 할 수 있다. 제소기간의 준수 여부와 자기의 책임 없는 사유로 알지 못했는지 여부는 명시되지 않았으므로 논외로 하고, 판결에 의하여 자신의 법률상 이익이 침해됐는지 여부와 관련하여, 대형 할인점 건물이 들어섬으로써 고등학교학생들의 학습 및 보건위생에 나쁜 영향을 미친다고는 할 수 없다. 따라서 학교법인 乙의 재심청구는 법률상 이익이 있다고 볼 수 없으므로, 적법하지 아니하다.

Ⅲ 사안의 적용

학교법인 乙은 소송상 제3자에 해당하므로, 요건을 충족하면 재심청구를 할 수 있다. 생각건대 대형 할인점 건물이 들어섬으로써 고등학교학생들의 학습 및 보건위생에 나쁜 영향을 미친다고는 할 수 없어 학교법인 乙의 재심청구는 법률상 이익이 있다고 볼 수 없으므로, 적법하지 아니하다.

Ⅳ 결 론

411) 광주고판 2011.3.18. 2010재누21

기출문제 ▌ 2023년 제12회 변호사시험

제2문

甲은 30년간의 공직생활을 마치고 정년퇴직을 한 뒤, 노후자금 및 대출금을 모아 A시에서 공중위생관리법에 의한 목욕장업을 시작하였다. 甲은 영업을 시작한 지 며칠 되지 않아 야간에 음주로 의심되는 손님 丙을 입장시켰는데 丙은 목욕장 내 발한실에서 심장마비로 사망하였다. 丙은 입장 당시 약간의 술 냄새를 풍기기는 하였으나 입장료를 지불하고 목욕용품을 구입하였으며 입장 과정에서도 정상적으로 보행을 하고 거스름돈을 확인하는 등 우려할 만한 특별한 문제점을 보이지 않았다. 丙은 무연고자로 판명되었으며, 부검 결과 사망 당일 소주 1병 상당의 음주를 한 것으로 확인되었다.

丙이 甲의 목욕장에서 사망한 사고가 다수의 언론에 보도되자 A시장은 甲에게 공중위생관리법 제4조 제1항, 제7항 및 같은 법 시행규칙 제7조 [별표 4] 제2호 라목의 (1) (다) 위반을 이유로, 같은 법 제11조 제1항 및 같은 법 시행규칙 제19조 [별표 7] Ⅱ. 제2호 라목의 라)에서 정하는 기준(이하 '이 사건 규정들')에 따라 2021.1.11. 영업정지 1월(2021.1.18.~2021.2.16.)의 제재처분(이하 '이 사건 처분')을 하였고, 같은 날 甲은 이를 통지받았다. 甲은 음주로 의심되는 丙을 입장시킨 점은 인정하나, 丙이 같은 법 시행규칙 제7조 [별표 4]의 '음주 등으로 목욕장의 정상적인 이용이 곤란하다고 인정되는 사람'으로 보이지는 않아 입장을 허용한 것이므로 이 사건 처분은 위법・부당하다고 생각한다. 이와 관련하여 아래 각 질문에 답하시오(단, 아래 각 문제는 독립적임).

설문 3

甲은 이 사건 처분으로 인해 영업손실이 심대하여 대출금 및 이자 상환, 종업원 및 가족의 생계에 큰 지장을 겪고 있어 국가배상청구소송을 제기하고자 한다. 甲이 제기한 취소소송에서 인용판결이 확정된 후 甲이 국가배상청구소송을 제기한 경우 수소법원은 국가배상법상 '법령에 위반하여'에 대해 취소소송의 수소법원에서 판단한 위법성과 다른 판단을 내릴 수 있는가? 만약 甲이 취소소송과 국가배상청구소송을 동시에 제기하였는데 국가배상청구소송에서 인용판결이 먼저 나왔을 경우 취소소송의 수소법원은 이 사건 처분의 위법성에 대하여 국가배상청구소송의 수소법원과 다른 판단을 내릴 수 있는가? (25점)

※ 유의 사항
아래 법령은 가상의 것으로, 이와 다른 내용의 현행 법령이 있다면 제시된 법령이 현행 법령에 우선하는 것으로 할 것

「공중위생관리법」

제1조(목적)

이 법은 공중이 이용하는 영업의 위생관리 등에 관한 사항을 규정함으로써 위생수준을 향상시켜 국민의 건강증진에 기여함을 목적으로 한다.

제2조(정의)

① 이 법에서 사용하는 용어의 정의는 다음과 같다.

1. "공중위생영업"이라 함은 다수인을 대상으로 위생관리서비스를 제공하는 영업으로서 숙박업 · 목욕장업 · 이용업 · 미용업 · 세탁업 · 건물위생관리업을 말한다.

3. "목욕장업"이라 함은 다음 각 목의 어느 하나에 해당하는 서비스를 손님에게 제공하는 영업을 말한다.

가. 물로 목욕을 할 수 있는 시설 및 설비 등의 서비스

나. 맥반석 · 황토 · 옥 등을 직접 또는 간접 가열하여 발생되는 열기 또는 원적외선 등을 이용하여 땀을 낼 수 있는 시설 및 설비 등의 서비스

제4조(공중위생영업자의 위생관리의무 등)

① 공중위생영업자는 그 이용자에게 건강상 위해요인이 발생하지 아니하도록 영업관련 시설 및 설비를 위생적이고 안전하게 관리하여야 한다.

⑦ 제1항 내지 제6항의 규정에 의하여 공중위생영업자가 준수하여야 할 위생관리기준 기타 위생관리서비스의 제공에 관하여 필요한 사항으로서 그 각항에 규정된 사항외의 사항 및 출입시켜서는 아니 되는 자의 범위와 목욕장내에 둘 수 있는 종사자의 범위 등 건전한 영업질서유지를 위하여 영업자가 준수하여야 할 사항은 보건복지부령으로 정한다.

제11조(공중위생영업소의 폐쇄 등)

① 시장 · 군수 · 구청장은 공중위생영업자가 다음 각 호의 어느 하나에 해당하면 6월 이내의 기간을 정하여 영업의 정지 또는 일부 시설의 사용중지를 명하거나 영업소폐쇄등을 명할 수 있다.

4. 제4조에 따른 공중위생영업자의 위생관리의무 등을 지키지 아니한 경우

「공중위생관리법 시행규칙(보건복지부령)」

제7조(공중위생영업자가 준수하여야 하는 위생관리기준 등)

법 제4조 제7항의 규정에 의하여 공중위생영업자가 건전한 영업질서유지를 위하여 준수하여야 하는 위생관리기준 등은 [별표 4]와 같다.

제19조(행정처분기준)

법 제11조 제1항의 규정에 따른 행정처분의 기준은 [별표 7]과 같다.

[별표 4] 공중위생영업자가 준수하여야 하는 위생관리기준 등(제7조 관련)

2. 목욕장업자

라. 그 밖의 준수사항

(1) 다음에 해당되는 자를 출입시켜서는 아니 된다.

(다) 음주 등으로 목욕장의 정상적인 이용이 곤란하다고 인정되는 사람

[별표 7] 행정처분기준(제19조 관련)

Ⅰ. 일반기준

3. 위반행위의 차수에 따른 행정처분기준은 최근 1년간 같은 위반행위로 행정처분을 받은 경우에 이를 적용한다. 이 경우 기간의 계산은 위반행위에 대하여 행정처분을 받은 날과 그 처분 후 다시 같은 위반행위를 하여 적발된 날을 기준으로 한다.

5. 행정처분권자는 위반사항의 내용으로 보아 그 위반정도가 경미하거나 해당위반사항에 관하여 검사로부터 기소유예의 처분을 받거나 법원으로부터 선고유예의 판결을 받은 때에는 II. 개별기준에 불구하고 그 처분기준을 다음을 고려하여 경감할 수 있다.
   가) 위반행위가 고의나 중대한 과실이 아닌 사소한 부주의나 오류로 인한 것으로 인정되는 경우
   나) 위반 행위자가 처음 해당 위반행위를 한 경우로서, 관련법령상 기타 의무위반을 한 전력이 없는 경우

Ⅱ. 개별기준

2. 목욕장업

위반행위	근거법 조문	행정처분 기준			
		1차 위반	2차 위반	3차 위반	4차이상 위반
라. 법 제4조에 따른 공중위생 영업자의 위생관리의무등을 지키지 않은 경우	법 제11조 제1항 제4호				
라) 음주 등으로 목욕장의 정상적인 이용이 곤란하다고 인정되는 사람을 출입시킨 경우		영업정지 1월	영업정지 2월	영업정지 3월	영업장 폐쇄명령

「시체해부 및 보존에 관한 법률(약칭 '시체해부법')」

제1조(목적)

이 법은 사인(死因)의 조사와 병리학적·해부학적 연구를 적정하게 함으로써 국민 보건을 향상시키고 의학(치과의학과 한의학을 포함한다. 이하 같다)의 교육 및 연구에 기여하기 위하여 시체(임신 4개월 이후에 죽은 태아를 포함한다. 이하 같다)의 해부 및 보존에 관한 사항을 정함을 목적으로 한다.

제4조(유족의 승낙)

① 시체를 해부하려면 그 유족의 승낙을 받아야 한다. 다만, 다음 각 호의 어느 하나에 해당할 때에는 그러하지 아니하다.
   1. 시체의 해부에 관하여 민법 제1060조에 따른 유언이 있을 때
   1의2. 본인의 시체 해부에 동의한다는 의사표시, 성명 및 연월일을 자서·날인한 문서에 의한 동의가 있을 때
   2. 사망을 확인한 후 60일이 지나도 그 시체의 인수자가 없을 때. 다만, 사회복지시설 수용자는 제외한다.

제12조(인수자가 없는 시체의 제공 등)

① 특별자치시장·특별자치도지사·시장·군수·구청장은 인수자가 없는 시체가 발생하였을 때에는 지체 없이 그 시체의 부패 방지를 위하여 필요한 조치를 하고 의과대학의 장에게 통지하여야 하며, 의과대학의 장이 의학의 교육 또는 연구를 위하여 시체를 제공할 것을 요청할 때에는 특별한 사유가 없으면 그 요청에 따라야 한다.

「장기 등 이식에 관한 법률(약칭 '장기이식법')」

제12조(장기 등의 기증에 관한 동의)

① 이 법에 따른 장기 등 기증자 · 장기 등 기증 희망자 본인 및 가족 · 유족의 장기 등의 기증에 관한 동의는 다음 각 호에 따른 것이어야 한다.

1. 본인의 동의 : 본인이 서명한 문서에 의한 동의 또는 민법의 유언에 관한 규정에 따른 유언의 방식으로 한 동의
2. 가족 또는 유족의 동의 : 제4조 제6호 각 목에 따른 가족 또는 유족의 순서에 따른 선순위자 1명의 서면 동의

▎목차연습 ▎

예시답안 ▌ 2023년 제12회 변호사시험

Ⅰ 논점의 정리

취소소송의 인용판결의 확정 후 국가배상청구소송을 제기한 경우나 취소소송과 국가배상청구소송을 동시에 제기하였으나 국가배상청구소송에서 인용판결이 먼저 나온 경우, 취소소송의 소송물이나 국가배상청구소송의 소송물 사이에 동일관계, 선결관계, 모순관계가 인정되어 기판력이 작용하는 것은 아닌지 문제된다. 이는 취소소송과 국가배상청구소송의 소송물을 무엇으로 이해할지 여부와 관련되므로 이를 우선 검토하여 법원의 판단 여하를 살피기로 한다.

Ⅱ 취소소송의 인용판결의 확정 후 국가배상청구소송을 제기한 경우 후소법원의 판단 여하

1. 취소소송과 국가배상청구소송의 소송물

(1) 취소소송의 소송물

1) 학 설

처분의 위법성 일반으로 보는 견해와, 처분의 위법성과 자기의 권리가 침해되었다고 하는 원고의 법적 주장이라는 견해, 그리고 처분을 통하여 자신의 권리가 침해되었다고 하는 원고의 법적 주장이라는 견해가 대립하고 있다.

2) 판 례

판례에 의하면 취소판결의 기판력은 소송물로 된 행정처분의 위법성 존부에 관한 판단 그 자체에만 미치므로, 전소와 후소가 그 소송물을 달리하는 경우에는 전소 확정판결의 기판력이 후소에 미치지 아니한다고 한다.[412)]

3) 검 토

행소법이 취소소송의 본안요건을 위법성에 한정하여 규정하고 있고(행소법 제4조 제1호), 소송물은 본안판단에 관한 사항만을 대상으로 하는 것이므로, 취소소송의 소송물은 처분의 위법성 일반으로 보는 견해가 타당하다고 판단된다.

(2) 국가배상청구소송의 소송물

국가배상청구소송의 소송물은 국가배상청구권의 존부이다.

412) 대판 1996.4.26. 95누5820

2. 취소소송의 인용판결의 기판력이 국가배상청구소송에 미치는지 여부

(1) 기판력의 의의

기판력은 확정판결의 판단에 부여되는 후소법원에 대한 구속력을 의미한다. 취소소송의 인용판결의 기판력은 당사자나 이와 동일시할 수 있는 자에게만 미치며, 제3자에게는 미치지 아니하고, 판결의 주문에 포함된 것에 한하여 인정되며, 사실심변론 종결 시를 기준으로 한다.

(2) 취소소송의 인용판결의 기판력

1) 문제점

취소소송을 인용하는 확정판결이 내려진 후 국가배상청구소송을 제기하였을 경우, 확정판결의 기판력이 국가배상청구소송에 미치는지에 대하여 견해의 대립이 있다.

2) 학 설

① 전부기판력긍정설(협의의 행위불법설) : 취소소송에서의 위법과 국가배상청구소송에서의 위법이 동일한 개념이라고 보는 견해에 의하면, 취소판결 및 기각판결의 기판력은 국가배상청구소송에 미친다고 본다.

② 전부기판력부정설(상대적 위법성설・결과불법설) : 국가배상청구소송의 위법을 취소소송의 위법과 상이한 개념으로 보는 견해에 의하면, 취소판결의 기판력은 국가배상청구소송에 미치지 아니한다고 본다.

③ 제한적 기판력긍정설(광의의 행위불법설) : 국가배상청구소송의 위법 개념을 취소소송의 위법 개념보다 넓은 개념으로 보는 견해에 의하면, 인용판결의 기판력은 국가배상청구소송에 미치지만, 기각판결의 기판력은 국가배상청구소송에 미치지 않는다고 본다.

3) 판 례

판례는 전부기판력부정설의 입장에서 어떠한 행정처분이 항고소송에서 취소되었다고 할지라도 그 기판력으로 곧바로 국가배상책임이 인정될 수는 없고, '공무원이 직무를 집행하면서 고의 또는 과실로 법령을 위반하여 타인에게 손해를 입힌 때'라고 하는 국가배상법 제2조 제1항의 요건이 충족되어야 한다고 판시하고 있다.[413)]

4) 검 토

분쟁의 일회적인 해결이라는 이념과 국민의 권리구제의 실효성을 고려하면, 제한적 기판력긍정설을 따르는 것이 타당하다고 판단된다.

3. 사안의 경우

甲이 제기한 이 사건 처분 취소소송의 소송물은 이 사건 처분의 위법성 일반이고, 국가배상청구소송의 소송물은 국가배상청구권의 존부이다. 제한적 기판력긍정설(광의의 행위불법설)에 따르면 甲이 제기한 취소소송에서 인용판결이 확정된 후 甲이 국가배상청구소송을 제기한 경우, 전소인 취소소송에서 인용판결이 확정되었다면 후소인 국가배상청구소송의 소송물이 전소인 취소소송의 소송물을 선결관계로 하여 취소소송의 인용판결의 기판력은 후소인 국가배상청구소송에 미치게 되므로 후소법원은 취소소송의 수소법원의 판단과는 달리 이 사건 처분이 적법하다는 판단을 할 수 없다.

413) 대판 2022.4.28. 2017다233061

Ⅲ 국가배상청구소송에서 인용판결이 먼저 나온 경우 취소소송 수소법원의 판단 여하

1. 국가배상청구소송의 인용판결의 기판력

국가배상청구소송의 인용판결의 기판력은 취소소송의 소송물이 국가배상청구소송의 소송물과 동일하거나 국가배상청구소송의 소송물을 선결문제로 하거나 모순관계에 있는 경우에 작용한다.

2. 사안의 경우

甲이 취소소송과 국가배상청구소송을 동시에 제기하였는데 국가배상청구소송에서 인용판결이 먼저 나왔다면 국가배상청구소송의 소송물은 국가배상청구권의 존부이고 취소소송의 소송물은 처분의 위법성 일반이라는 점에서 소송물이 동일하지 아니하고 취소소송의 소송물이 국가배상청구소송의 소송물을 선결문제로 하거나 모순관계에 있는 것도 아니므로 국가배상청구소송의 인용판결의 기판력은 취소소송에는 미치지 아니하여 취소소송의 수소법원은 국가배상청구소송의 수소법원과 다른 판단을 내릴 수 있다.

Ⅳ 사안의 적용

취소소송 인용판결의 확정 후 국가배상청구소송을 제기한 경우 제한적 기판력긍정설(광의의 행위불법설)에 따르면 인용판결의 기판력은 후소인 국가배상청구소송에 미치게 되어 후소법원은 취소소송의 수소법원의 판단과는 달리 이 사건 처분이 적법하다는 판단을 할 수 없다. 국가배상청구소송에서 인용판결이 먼저 나온 경우에는 국가배상청구소송의 소송물과 취소소송의 소송물은 동일하지 아니하고 취소소송의 소송물이 국가배상청구소송의 소송물을 선결문제로 하거나 모순관계에 있는 것도 아니므로 취소소송의 수소법원은 국가배상청구소송의 수소법원과 다른 판단을 내릴 수 있다.

Ⅴ 결 론

취소소송의 인용판결의 확정 후 국가배상청구소송을 제기한 경우 후소법원은 이 사건 처분이 적법하다는 판단을 할 수 없으나, 국가배상청구소송에서 인용판결이 먼저 나온 경우 취소소송의 수소법원은 국가배상청구소송의 수소법원과 다른 판단을 내릴 수 있다.

기출문제 ▌ 2020년 제9회 변호사시험

제2문

경기도지사 乙은 2018.5.3. 관할 A군에 소재한 분묘가 조선 초 유명 화가의 묘로 구전되어 오는데다가 그 양식이 학술상 원형보존의 가치가 있다는 이유로 「문화재보호법」 제70조, 「경기도 문화재 보호 조례」 제11조에 따라 이를 도지정문화재로 지정·고시하였다. 또한 乙은 2018.6.8. 해당 분묘를 보호하기 위하여 분묘 경계선 바깥쪽 10m까지의 총 5필지 5,122m^2를 문화재보호구역으로 지정·고시하였다. 이에 해당 화가의 후손들로 이루어진 종중 B는 해당 화가의 진묘가 따로 존재한다고 주장하면서 乙에게 문화재지정처분을 취소 또는 해제하여 줄 것을 요청하는 청원서를 제출하였다. 이에 대해 乙은 문화재지정처분은 정당하여 그 취소 또는 해제가 불가하다는 회신을 하였다(이하 '불가회신'). 한편, 위 문화재보호구역 내에 위치한 일부 토지를 소유하고 있는 甲은 2019.3.14. 재산권 행사의 제한 등을 이유로 乙에게 자신의 소유 토지를 대상으로 한 문화재보호구역 지정을 해제해 달라는 신청을 하였다. 그러나 乙은 2019.6.5. 甲이 해제를 요구한 지역은 역사적·문화적으로 보존가치가 있을 뿐만 아니라 분묘의 보호를 위하여 문화재보호구역 지정해제가 불가함을 이유로 甲의 신청을 거부하는 회신을 하였다(이하 '거부회신').

설문 2

乙의 거부회신에 대하여 甲이 제기한 항고소송에서 甲이 승소하여 판결이 확정되었음에도 乙이 재차 문화재보호구역해제신청을 거부할 수 있을지 검토하시오. (15점)

※ 아래 법령은 현행 법령과 다를 수 있음.

「문화재보호법」

제27조(보호물 또는 보호구역의 지정)

① 문화재청장은 제23조·제25조 또는 제26조에 따른 지정을 할 때 문화재 보호를 위하여 특히 필요하면 이를 위한 보호물 또는 보호구역을 지정할 수 있다.

② 〈삭제〉

③ 문화재청장은 제1항 및 제2항에 따라 보호물 또는 보호구역을 지정하거나 조정한 때에는 지정 또는 조정 후 매 10년이 되는 날 이전에 다음 각 호의 사항을 고려하여 그 지정 및 조정의 적정성을 검토하여야 한다. 다만, 특별한 사정으로 인하여 적정성을 검토하여야 할 시기에 이를 할 수 없는 경우에는 대통령령으로 정하는 기간까지 그 검토시기를 연기할 수 있다.

1. 해당 문화재의 보존가치
2. 보호물 또는 보호구역의 지정이 재산권 행사에 미치는 영향
3. 보호물 또는 보호구역의 주변환경

제35조(허가사항)

① 국가지정문화재(국가무형문화재는 제외한다. 이하 이 조에서 같다)에 대하여 다음 각 호의 어느 하나에 해당하는 행위를 하려는 자는 대통령령으로 정하는 바에 따라 문화재청장의 허가를 받아야 하며, 허가사항을 변경하려는 경우에도 문화재청장의 허가를 받아야 한다. 다만, 국가지정문화재보호구역에 안내판 및 경고판을 설치하는 행위 등 대통령령으로 정하는 경미한 행위에 대해서는 특별자치시장, 특별자치도지사, 시장 · 군수 또는 구청장의 허가(변경허가를 포함한다)를 받아야 한다.

1. 국가지정문화재(보호물 · 보호구역과 천연기념물 중 죽은 것 및 제41조 제1항에 따라 수입 · 반입신고된 것을 포함한다)의 현상을 변경하는 행위로서 대통령령으로 정하는 행위

제70조(시 · 도지정문화재의 지정 및 시 · 도등록문화재의 등록 등)

① 시 · 도지사는 그 관할구역에 있는 문화재로서 국가지정문화재로 지정되지 아니한 문화재 중 보존가치가 있다고 인정되는 것을 시 · 도지정문화재로 지정할 수 있다.

②~⑤ 〈생략〉

⑥ 시 · 도지정문화재와 문화재자료의 지정 및 해제절차, 시 · 도등록문화재의 등록 및 말소절차, 시 · 도지정문화재, 문화재자료 및 시 · 도등록문화재의 관리, 보호 · 육성, 공개 등에 필요한 사항은 해당 지방자치단체의 조례로 정한다.

제74조(준용규정)

① 〈생략〉

② 시 · 도지정문화재와 문화재자료의 지정과 지정해제 및 관리 등에 관하여는 제27조, 제31조 제1항 · 제4항, 제32조부터 제34조까지, 제35조 제1항, 제36조, 제37조, 제40조, 제42조부터 제45조까지, 제48조, 제49조 및 제81조를 준용한다. 이 경우 "문화재청장"은 "시 · 도지사"로, "대통령령"은 "시 · 도조례"로, "국가"는 "지방자치단체"로 본다.

「문화재보호법 시행령」

제21조의2(국가지정문화재 등의 현상변경 등의 행위)

① 법 제35조 제1항 제1호에서 "대통령령으로 정하는 행위"란 다음 각 호의 행위를 말한다.

1.~2. 〈생략〉

3. 국가지정문화재, 보호물 또는 보호구역 안에서 하는 다음 각 목의 행위
   가. 건축물 또는 도로 · 관로 · 전선 · 공작물 · 지하구조물 등 각종 시설물을 신축, 증축, 개축, 이축(移築) 또는 용도변경(지목변경의 경우는 제외한다)하는 행위
   나. 〈생략〉
   다. 토지 및 수면의 매립 · 간척 · 땅파기 · 구멍뚫기, 땅깎기, 흙쌓기 등 지형이나 지질의 변경을 가져오는 행위

「경기도문화재보호조례」

제11조(도지정문화재)

① 도지사는 법 제70조 제1항에 따라 도지정문화재(무형문화재를 제외한다. 이하 제3장에서 같다)를 지정하는 경우 유형문화재・기념물・민속문화재로 구분하여 문화재위원회의 심의를 거쳐 지정한다.

②~③ 〈생략〉

④ 도지정문화재의 지정에 필요한 기준 및 절차는 규칙으로 정한다.

제17조(지정의 해제)

① 도지사는 법 제74조 및 법 제31조 제1항에 따라 도지정문화재 및 문화재자료가 지정문화재로서의 가치를 상실하거나 가치평가를 통하여 지정을 해제할 필요가 있는 때에는 문화재위원회의 심의를 거쳐 그 지정을 해제할 수 있다. 다만, 도지정문화재가 국가지정문화재로 지정된 때에는 그 지정된 날에 도지정문화재에서 해제된 것으로 본다.

②~④ 〈생략〉

⑤ 도지사는 제1항에 따라 문화재의 지정을 해제한 때에는 그 취지를 도보에 고시하고, 해당 문화재의 소유자에게 통지하여야 한다. 이 경우 그 해제의 효력은 도보에 고시한 날로부터 발생한다.

⑥ 도가 지정한 문화재의 소유자가 제1항에 따른 해제통지를 받으면 그 통지를 받은 날부터 30일 이내에 지정서를 도지사에게 반납하여야 한다.

⑦ 도지사는 제13조 제3항에 따른 검토결과 보호물 또는 보호구역의 지정이 적정하지 아니하거나 그 밖에 특별한 사유가 있는 때에는 보호물 또는 보호구역의 지정을 해제하거나 그 지정범위를 조정하여야 한다.

⑧ 도지사는 도지정문화재의 지정이 해제된 때에는 지체 없이 해당 문화재의 보호물 또는 보호구역의 지정을 해제하여야 한다.

「관광진흥법」

제61조(수용 및 사용)

① 사업시행자는 제55조에 따른 조성사업의 시행에 필요한 토지와 다음 각 호의 물건 또는 권리를 수용하거나 사용할 수 있다. 다만, 농업용수권(用水權)이나 그 밖의 농지개량시설을 수용 또는 사용하려는 경우에는 미리 농림축산식품부장관의 승인을 받아야 한다.

1. 토지에 관한 소유권 외의 권리
2. 토지에 정착한 입목이나 건물, 그 밖의 물건과 이에 관한 소유권 외의 권리
3. 물의 사용에 관한 권리
4. 토지에 속한 토석 또는 모래와 조약돌

② 제1항에 따른 수용 또는 사용에 관한 협의가 성립되지 아니하거나 협의를 할 수 없는 경우에는 사업시행자는 「공익사업을 위한 토지 등의 취득 및 보상에 관한 법률」 제28조 제1항에도 불구하고 조성사업시행 기간에 재결(裁決)을 신청할 수 있다.

③ 제1항에 따른 수용 또는 사용의 절차, 그 보상 및 재결신청에 관하여는 이 법에 규정되어 있는 것 외에는 「공익사업을 위한 토지 등의 취득 및 보상에 관한 법률」을 적용한다.

예시답안 Ⅰ 2020년 제9회 변호사시험

Ⅰ 논점의 정리

甲이 해제를 요구한 지역은 역사적·문화적으로 보존가치가 있을 뿐만 아니라, 분묘의 보호를 위하여 문화재보호구역 지정해제가 불가함을 이유로 행한 경기도지사 乙의 거부회신에 대하여 甲이 제기한 항고소송에서 甲이 승소하여 판결이 확정되었다면, 乙이 재차 문화재보호구역해제신청을 거부할 수 있는지 여부가 취소판결의 기속력과 관련하여 문제된다.

Ⅱ 취소판결의 기속력의 의의

1. 개 념

2. 법적 성질

(1) 학 설

(2) 판 례

판례는 기판력이라는 용어와 기속력이라는 용어를 혼용하여 사용하고 있다.

(3) 검 토

기판력은 소송법적 효력으로서 모든 소송의 본안판결에 인정되나, 기속력은 실체법적 효력으로서 행정소송의 인용판결에만 인정된다는 점에서 특수효력설이 타당하다고 판단된다.

Ⅲ 취소판결의 기속력의 범위

1. 주관적 범위

2. 객관적 범위

3. 시간적 범위

Ⅳ 취소판결의 기속력의 내용(효과)

1. 반복금지의무

2. 재처분의무

3. 결과제거의무(원상회복의무)

Ⅴ 사안의 적용

사안의 경우, 경기도지사 乙이 2019.6.5. 甲이 해제를 요구한 지역은 역사적·문화적으로 보존가치가 있을 뿐만 아니라 분묘의 보호를 위하여 문화재보호구역 지정해제가 불가함을 이유로 甲의 신청을 거부하는 회신을 하였으나, 甲이 제기한 항고소송에서 甲이 승소하여 판결이 확정되었다면, 乙은 승소판결의 취지에 따라 다시 이전의 신청에 대한 처분을 하여야 한다(행소법 제30조 제2항). 따라서 처분 후 발생한 새로운 사유 없이 분묘 자체가 역사적·문화적 보존가치가 있다는 평가를 단순히 유지한다거나, 분묘의 보호를 위하여 보호구역 지정이 필요하다는 판단을 그대로 포함하여 반복할 뿐인 경우에는 기본적 사실관계와 동일성을 갖는 사유로 평가되어 乙이 재차 그 신청을 거부할 수 없다고 보는 것이 타당하다.

Ⅵ 결 론

기출문제 ▌ 2018년 제7회 변호사시험

제2문

법무법인 甲, 乙 및 丙은 2015.3.3. 정기세무조사의 대상이 되어 2014 사업연도의 법인세신고 및 납부내역에 대한 세무조사를 받았다. 정기세무조사는 매년 무작위로 대상자를 추출하여 조사하는 것으로, 세무조사로 인한 부담을 덜어 주기 위하여 동일한 과세기간에 대하여는 원칙적으로 재조사를 금지하고 있다. 그러나 관할 세무서장은 甲, 乙 및 丙의 같은 세목 및 같은 과세기간에 대하여 재조사 결정 및 이에 따른 통지 후 2016.5.20. 재조사를 실시하면서, 재조사 이유에 대해 과거 위 각 법인에서 근무하던 직원들의 제보를 받아 법인세 탈루혐의를 입증할 자료가 확보되었기 때문이라고 밝혔다. 관할 세무서장은 재조사 결과 甲, 乙 및 丙의 법인세 탈루사실이 인정된다고 보아 甲과 乙에 대해서는 2017.1.10., 丙에 대해서는 2017.11.3. 증액경정된 조세부과처분을 각각 발령하였다. 한편, 甲, 乙 및 丙은 세무조사로서의 재조사에 대하여 제소기간 내에 취소소송을 제기하였다.

설문 2

甲은 연이은 세무조사로 인하여 법무법인으로서의 이미지가 실추되었다 생각하고, 국가배상청구소송을 제기하고자 한다. 위 1.에 의한 취소소송[세무조사로서의 재조사에 대한 취소소송(註)]에서 甲의 소송상 청구가 인용되어 그 판결이 확정된 것을 전제로 할 때, 국가배상청구소송에서의 위법성 인정 여부를 설명하시오. (20점)

※ 아래의 법령은 가상의 것임을 전제로 하며, 헌법재판소에서 해당 조항의 위헌 여부에 대하여 판단한 바 없다.

「국세기본법」

제81조의4(세무조사권 남용 금지)

① 세무공무원은 적정하고 공평한 과세를 실현하기 위하여 필요한 최소한의 범위에서 세무조사를 하여야 하며, 다른 목적 등을 위하여 조사권을 남용해서는 아니 된다.

② 세무공무원은 다음 각 호의 어느 하나에 해당하는 경우가 아니면 같은 세목 및 같은 과세기간에 대하여 재조사를 할 수 없다.

1. 조세 탈루의 혐의가 인정되거나 의심되는 자료가 있는 경우

2.~6. 〈생략〉

7. 그 밖에 제1호부터 제6호까지와 유사한 경우로서 대통령령으로 정하는 경우

제81조의7(세무조사의 통지와 연기신청)

② 사전통지를 받은 납세자가 천재지변이나 그 밖에 대통령령으로 정하는 사유로 조사를 받기 곤란한 경우에는, 대통령령으로 정하는 바에 따라 관할 세무관서의 장에게 조사를 연기해 줄 것을 신청할 수 있다.

제81조의17(납세자의 협력의무)

납세자는 세무공무원의 적법한 질문·조사, 제출명령에 대하여 성실하게 협력하여야 한다.

「구 조세범 처벌법」

제17조(명령사항 위반 등에 대한 과태료 부과)

관할 세무서장은 다음 각 호의 어느 하나에 해당하는 자에게는 2,000만원 이하의 과태료를 부과한다.

1.~4. 〈생략〉

5. 「소득세법」·「법인세법」 등 세법의 질문·조사권 규정에 따른 세무공무원의 질문에 대하여 거짓으로 진술을 하거나 그 직무집행을 거부 또는 기피한 자

❙ 목차연습 ❙

예시답안 ‖ 2018년 제7회 변호사시험

Ⅰ 논점의 정리

甲이 제기한 취소소송의 인용판결이 확정된 경우, 그 기판력이 후소인 국가배상청구소송에 미치는지 여부는 취소소송의 위법개념, 즉 취소소송의 소송물의 범위를 어떻게 이해할 것인지, 또한 취소소송에서의 위법개념과 국가배상청구소송에서의 위법개념은 어떻게 다른지와 관련되므로, 이를 고려하여 사안을 검토하기로 한다.

Ⅱ 취소소송과 국가배상청구소송의 소송물

1. 취소소송의 소송물

(1) 학 설

처분의 위법성 일반으로 보는 견해와, 처분의 위법성과 자기의 권리가 침해되었다고 하는 원고의 법적 주장이라는 견해, 그리고 처분을 통하여 자신의 권리가 침해되었다고 하는 원고의 법적 주장이라는 견해가 대립하고 있다.

(2) 판 례

판례에 의하면 취소판결의 기판력은 소송물로 된 행정처분의 위법성 존부에 관한 판단 그 자체에만 미치므로, 전소와 후소가 그 소송물을 달리하는 경우에는 전소 확정판결의 기판력이 후소에 미치지 아니한다고 한다.[414)]

(3) 검 토

행소법이 취소소송의 본안요건을 위법성에 한정하여 규정하고 있고(행소법 제4조 제1호), 소송물은 본안판단에 관한 사항만을 대상으로 하는 것이므로, 취소소송의 소송물은 처분의 위법성 일반으로 보는 견해가 타당하다고 판단된다.

2. 국가배상청구소송의 소송물

국가배상청구소송의 소송물은 국가배상청구권의 존부이다.

Ⅲ 취소소송의 확정판결의 기판력이 국가배상청구소송에 미치는지 여부

1. 기판력의 의의

기판력은 확정판결의 판단에 부여되는 후소법원에 대한 구속력을 의미한다. 취소소송의 기판력은 당사자나 이와 동일시할 수 있는 자에게만 미치며, 제3자에게는 미치지 아니하고, 판결의 주문에 포함된 것에 한하여 인정되며, 사실심변론 종결 시를 기준으로 한다.

414) 대판 1996.4.26. 95누5820

2. 취소소송의 확정판결의 기판력

(1) 문제점

취소소송의 확정판결이 내려진 후 국가배상청구소송을 제기하였을 경우, 확정판결의 기판력이 국가배상청구소송에 미치는지에 대하여 견해의 대립이 있다.

(2) 학 설

1) 전부기판력긍정설(협의의 행위불법설)

취소소송에서의 위법과 국가배상청구소송에서의 위법이 동일한 개념이라고 보는 견해에 의하면, 취소판결 및 기각판결의 기판력은 국가배상청구소송에 미친다고 본다.

2) 전부기판력부정설(상대적 위법성설 · 결과불법설)

국가배상청구소송의 위법을 취소소송의 위법과 상이한 개념으로 보는 견해에 의하면, 취소판결의 기판력은 국가배상청구소송에 미치지 아니한다고 본다.

3) 제한적 기판력긍정설(광의의 행위불법설)

국가배상청구소송의 위법 개념을 취소소송의 위법 개념보다 넓은 개념으로 보는 견해에 의하면, 인용판결의 기판력은 국가배상청구소송에 미치지만, 기각판결의 기판력은 국가배상청구소송에 미치지 않는다고 본다.

(3) 판 례

판례는 전부기판력부정설의 입장에서 어떠한 행정처분이 항고소송에서 취소되었다고 할지라도 그 기판력으로 곧바로 국가배상책임이 인정될 수는 없고, '공무원이 직무를 집행하면서 고의 또는 과실로 법령을 위반하여 타인에게 손해를 입힌 때'라고 하는 국가배상법 제2조 제1항의 요건이 충족되어야 한다고 판시하고 있다.[415]

(4) 검 토

분쟁의 일회적인 해결이라는 이념과 국민의 권리구제의 실효성을 고려하면, 제한적 기판력긍정설을 따르는 것이 타당하다고 판단된다.

Ⅳ 사안의 적용

사안의 경우, 관할 세무서장이 행한 세무조사로서의 재조사에 대하여 甲이 제기한 취소소송의 판결이 확정되었으므로, 제한적 기판력긍정설에 의하면, 甲의 소송상 청구가 인용되어 그 판결의 기판력은 국가배상청구소송에 미친다. 따라서 국가배상청구소송의 수소법원은, 직무집행행위의 위법성과 관련하여 위법하다는 판단을 하여야 한다.

Ⅴ 결 론

국가배상청구소송의 수소법원은, 직무집행행위의 위법성과 관련하여 위법하다는 판단을 하여야 한다.

415) 대판 2022.4.28. 2017다233061

기출문제 ▌ 2015년 제4회 변호사시험

제2문의1

甲은 'X가든'이라는 상호로 일반음식점을 운영하는 자로, 식품의약품안전처 고시인 「식품 등의 표시기준」에 따른 표시사항의 전부가 기재되지 아니한 'Y참기름'을 업소 내에서 보관·사용한 사실이 적발되었다. 관할 구청장 乙은 「식품위생법」 및 「동법 시행규칙」에 근거하여 甲에게 영업정지 1개월과 해당 제품의 폐기를 명하였다.

甲은 표시사항의 전부가 기재되지 않은 제품을 보관·사용한 것은 사실이나, 표시사항이 전부 기재되지 아니한 것은 납품업체의 기계작동상 오류에 의한 것으로서 자신은 그 사실을 알지 못하였고, 이전에 납품받은 제품에는 위 고시에 따른 표시사항이 전부 기재되어 있었던 점, 인근일반음식점에 대한 동일한 적발사례에서는 15일 영업정지처분과 폐기명령이 내려진 점 등을 고려할 때, 위 처분은 지나치게 과중하다고 주장하면서, 관할 구청장 乙을 상대로 영업정지 1개월과 해당 제품 폐기명령의 취소를 구하는 소송을 제기하였다.

설문 3

만약 위 취소소송에서 원고의 승소판결이 확정된 후, 甲이 영업정지처분으로 인한 손해에 대하여 국가배상청구소송을 제기하는 경우, 甲의 청구는 인용될 수 있는가? (30점)

「식품위생법」

제10조(표시기준)

① 식품의약품안전처장은 국민보건을 위하여 필요하면 다음 각 호의 어느 하나에 해당하는 표시에 관한 기준을 정하여 고시할 수 있다.

1. 판매를 목적으로 하는 식품 또는 식품첨가물의 표시

② 제1항에 따라 표시에 관한 기준이 정하여진 식품 등은 그 기준에 맞는 표시가 없으면 판매하거나 판매할 목적으로 수입·진열·운반하거나 영업에 사용하여서는 아니 된다.

제72조(폐기처분 등)

① 식품의약품안전처장, 시·도지사 또는 시장·군수·구청장은 영업을 하는 자가 제4조부터 제6조까지, 제7조 제4항, 제8조, 제9조 제4항, 제10조 제2항, 제12조의2 제2항 또는 제13조를 위반한 경우에는, 관계 공무원에게 그 식품 등을 압류 또는 폐기하게 하거나 용도·처리방법 등을 정하여 영업자에게 위해를 없애는 조치를 하도록 명하여야 한다.

제75조(허가취소 등)

① 식품의약품안전처장 또는 특별자치도지사·시장·군수·구청장은 영업자가 다음 각 호의 어느 하나에 해당하는 경우에는, 대통령령으로 정하는 바에 따라 영업허가 또는 등록을 취소하거나 6개월 이내의 기간을 정하여 그 영업의 전부 또는 일부를 정지하거나 영업소 폐쇄(제37조 제4항에 따라 신고한 영업만 해당한다. 이하 이 조에서 같다)를 명할 수 있다.

1. 제4조부터 제6조까지, 제7조 제4항, 제8조, 제9조 제4항, 제10조 제2항, 제11조 제2항 또는 제12조의2 제2항을 위반한 경우

④ 제1항 및 제2항에 따른 행정처분의 세부기준은 그 위반행위의 유형과 위반 정도 등을 고려하여 총리령으로 정한다.

「식품위생법 시행규칙」

제89조(행정처분의 기준)

법 제71조, 법 제72조, 법 제74조부터 법 제76조까지 및 법 제80조에 따른 행정처분의 기준은 [별표 23]과 같다.

[별표 23] 행정처분기준(제89조 관련)

Ⅱ. 개별기준

3. 식품접객업

위반사항	근거법령	행정처분기준		
		1차 위반	2차 위반	3차 위반
법 제10조 제2항을 위반하여 식품・식품첨가물의 표시사항 전부를 표시하지 아니한 것을 사용한 경우	법 제75조	영업정지 1개월과 해당 제품 폐기	영업정지 2개월과 해당 제품 폐기	영업정지 3개월과 해당 제품 폐기

「식품 등의 표시기준」(식품의약품안전처 고시)

제1조(목적)

이 고시는 식품위생법 제10조의 규정에 따라 식품, 식품첨가물, 기구 또는 용기・포장(이하 '식품 등')의 표시기준에 관한 사항 및 같은 법 제11조 제1항의 규정에 따른 영양성분 표시대상 식품에 대한 영양 표시에 관한 필요한 사항을 규정함으로써 식품 등의 위생적인 취급을 도모하고, 소비자에게 정확한 정보를 제공하며, 공정한 거래의 확보를 목적으로 한다.

제3조(표시대상)

표시대상 식품 등은 다음과 같다.

1. 식품 또는 식품첨가물

제4조(표시사항)

식품 등의 표시사항은 다음과 같다.

1. 제품명(기구 또는 용기・포장은 제외한다)
2. 식품의 유형(따로 정하는 제품에 한한다)
3.~8. 〈생략〉
9. 성분명 및 함량(성분 표시를 하고자 하는 식품 및 성분명을 제품명 또는 제품명의 일부로 사용하는 경우에 한한다)
10. 영양성분(따로 정하는 제품에 한한다)
11. 기타 식품 등의 세부표시기준에서 정하는 사항

예시답안 Ⅰ 2015년 제4회 변호사시험

Ⅰ 논점의 정리

甲이 관할 구청장 乙을 상대로 제기한 영업정지 1개월과 해당 제품 폐기명령의 취소를 구하는 소송에서 승소하였으므로, 국가배상법 제2조에 의한 국가배상책임의 위법성을 인정하는 데 어떠한 영향을 미치는지가 문제되고, 乙은 처분의 근거법령을 단지 적용한 것에 불과하므로, 국가배상책임의 인정요건으로서의 공무원의 고의・과실을 인정할 수 있는지 또한 문제된다. 甲이 제기한 국가배상청구소송의 인용 여부는 이와 관련된다.

Ⅱ 취소소송의 확정판결의 기판력이 국가배상청구소송에 미치는지 여부

1. 취소소송과 국가배상청구소송의 소송물

(1) 취소소송의 소송물

1) 학 설

처분의 위법성 일반으로 보는 견해와, 처분의 위법성과 자기의 권리가 침해되었다고 하는 원고의 법적 주장이라는 견해, 그리고 처분을 통하여 자신의 권리가 침해되었다고 하는 원고의 법적 주장이라는 견해가 대립하고 있다.

2) 판 례

판례에 의하면 취소판결의 기판력은 소송물로 된 행정처분의 위법성 존부에 관한 판단 그 자체에만 미치므로, 전소와 후소가 그 소송물을 달리하는 경우에는 전소 확정판결의 기판력이 후소에 미치지 아니한다고 한다.[416]

3) 검 토

행소법이 취소소송의 본안요건을 위법성에 한정하여 규정하고 있고(행소법 제4조 제1호), 소송물은 본안판단에 관한 사항만을 대상으로 하는 것이므로, 취소소송의 소송물은 처분의 위법성 일반으로 보는 견해가 타당하다고 판단된다.

(2) 국가배상청구소송의 소송물

국가배상청구소송의 소송물은 국가배상청구권의 존부이다.

2. 취소소송의 확정판결의 기판력

(1) 기판력의 의의

기판력은 확정판결의 판단에 부여되는 후소법원에 대한 구속력을 의미한다. 취소소송의 기판력은 당사자나 이와 동일시할 수 있는 자에게만 미치며, 제3자에게는 미치지 아니하고, 판결의 주문에 포함된 것에 한하여 인정되며, 사실심변론 종결 시를 기준으로 한다.

(2) 국가배상청구에서의 위법개념에 따른 기판력의 작용 여부

1) 문제점

취소소송의 확정판결이 내려진 후 국가배상청구소송을 제기하였을 경우, 확정판결의 기판력이 국가배상청구소송에 미치는지에 대하여 견해의 대립이 있다.

---

416) 대판 1996.4.26. 95누5820

2) 학 설

① 전부기판력긍정설(협의의 행위불법설) : 취소소송에서의 위법과 국가배상청구소송에서의 위법이 동일한 개념이라고 보는 견해에 의하면, 취소판결 및 기각판결의 기판력은 국가배상청구소송에 미친다고 본다.

② 전부기판력부정설(상대적 위법성설 · 결과불법설) : 국가배상청구소송의 위법을 취소소송의 위법과 상이한 개념으로 보는 견해에 의하면, 취소판결의 기판력은 국가배상청구소송에 미치지 아니한다고 본다.

③ 제한적 기판력긍정설(광의의 행위불법설) : 국가배상청구소송의 위법 개념을 취소소송의 위법 개념보다 넓은 개념으로 보는 견해에 의하면, 인용판결의 기판력은 국가배상청구소송에 미치지만, 기각판결의 기판력은 국가배상청구소송에 미치지 않는다고 본다.

3) 판 례

판례는 전부기판력부정설의 입장에서 어떠한 행정처분이 항고소송에서 취소되었다고 할지라도 그 기판력으로 곧바로 국가배상책임이 인정될 수는 없고, '공무원이 직무를 집행하면서 고의 또는 과실로 법령을 위반하여 타인에게 손해를 입힌 때'라고 하는 국가배상법 제2조 제1항의 요건이 충족되어야 한다고 판시하고 있다.[417]

4) 검 토

분쟁의 일회적인 해결이라는 이념과 국민의 권리구제의 실효성을 고려하면, 제한적 기판력긍정설을 따르는 것이 타당하다고 판단된다.

Ⅲ 국가배상청구소송의 인용가능성

1. 국가배상책임의 성립요건

(1) 법령에 위반한 행위(위법성)

제한적 기판력설에 의하면, 인용판결의 기판력은 국가배상청구소송에 미치지만, 기각판결의 기판력은 국가배상청구소송에 미치지 않는다고 본다.

(2) 고의 · 과실로 인한 행위

1) 처분의 위법성과 공무원의 과실과의 관계

어떠한 행정처분이 항고소송에서 취소되었다고 할지라도 그 기판력으로 곧바로 국가배상책임이 인정될 수는 없고, '공무원이 직무를 집행하면서 고의 또는 과실로 법령을 위반하여 타인에게 손해를 입힌 때'라고 하는 국가배상법 제2조 제1항의 요건이 충족되어야 한다. 보통 일반의 공무원을 표준으로 공무원이 객관적 주의의무를 소홀히 하고 그로 말미암아 객관적 정당성을 잃었다고 볼 수 있으면 국가배상법 제2조가 정한 국가배상책임이 성립할 수 있다. 객관적 정당성을 잃었는지는 침해행위가 되는 행정처분의 양태와 목적, 피해자의 관여 여부와 정도, 침해된 이익의 종류와 손해의 정도 등 여러 사정을 종합하여 판단하여야 한다.[418]

---

417) 대판 2022.4.28. 2017다233061

418) 대판 2022.4.28. 2017다233061

2) 검 토

공무원이 관계 법령의 취지에 따라 법령을 적용하여 행정처분을 한 것을 두고, 객관적 주의의무를 결하여 그 행정처분이 객관적 정당성을 상실하였다고 인정될 정도에 이르렀다고 볼 수는 없을 것이므로, 공무원의 고의 또는 과실을 인정할 수 없다고 보는 것이 타당하다.

(3) 기타 요건

① 공무원, ② 직무를 집행함에 당하여 행한 행위, ③ 타인에게 손해를 가하였을 것

2. 검 토

관할 구청장 乙은 식품위생법 및 동법 시행규칙에 근거하여 甲에게 영업정지 1개월과 해당 제품의 폐기를 명하였고, 이에 대하여 甲이 乙을 상대로 제기한 영업정지 1개월과 해당 제품 폐기명령의 취소를 구하는 소송에서 승소한 경우, 이미 검토한 제한적 기판력긍정설에 의하여 乙이 행한 영업정지처분의 위법성은 인정되므로, 고의·과실로 인한 행위라는 요건 외에 국가배상책임을 인정하기 위한 나머지 요건은 충족된다. 생각건대 관할 구청장 乙은 식품위생법 및 동법 시행규칙에 근거하여 甲에게 영업정지 1개월과 해당 제품의 폐기를 명한 것에 불과하므로, 영업정지처분에 대한 고의·과실을 인정할 수 없어 甲이 제기한 국가배상청구소송은 인용되지 아니할 것으로 보인다.

Ⅳ 사안의 적용

관할 구청장 乙이 행한 영업정지처분의 위법성은 인정되나, 乙은 식품위생법 및 동법 시행규칙에 근거하여 甲에게 영업정지 1개월과 해당 제품의 폐기를 명한 것에 불과하므로, 영업정지처분에 대한 고의·과실을 인정할 수 없어 甲이 제기한 국가배상청구소송은 인용되지 아니할 것으로 보인다.

Ⅴ 결 론

CHAPTER ☑ 주요논점 ☐ 최신 기출문제해설 ☐ 주요 기출문제해설

07 취소소송의 가구제

제1절 집행정지

I 집행정지의 의의

1. 개 념

집행정지란 취소소송이 제기되어 처분 등이나, 그 집행 또는 절차의 속행으로 인하여 생길 회복하기 어려운 손해를 예방하기 위하여 긴급한 필요가 있다고 인정할 경우, 본안이 계속되고 있는 법원이 당사자의 신청 또는 직권에 의하여 처분 등의 효력이나, 그 집행 또는 절차의 속행 전부 또는 일부를 잠정적으로 정지하는 것을 의미한다(행소법 제23조 제2항).

2. 현행법의 태도

우리 행정소송법은 취소소송의 제기는 처분 등의 효력이나, 그 집행 또는 절차의 속행에 영향을 주지 아니한다고 규정하여 집행부정지의 원칙을 취하면서, 행정소송법 제23조에서는 처분 등이나, 그 집행 또는 절차의 속행으로 인하여 생길 회복하기 어려운 손해를 예방하기 위하여 긴급한 필요가 있다고 인정할 경우에만, 예외적으로 집행정지를 인정하고 있다.

II 집행정지의 요건

1. 적극적 요건

(1) 적법한 본안소송의 계속

행정소송법상 집행정지는 민사소송에서의 가처분과는 달리, 적법한 본안소송이 계속 중일 것을 요한다. 본안소송의 요건은 집행정지의 신청에 대한 결정 전 갖추어지면 된다.

(2) 처분 등의 존재

1) 내 용

처분 등이 존재하여야 한다. 부작위인 경우나 처분 등의 효력을 발생되기 전 또는 처분이 그 목적을 달성하여 소멸된 경우에는, 집행정지의 대상이 될 처분이 존재하지 아니하게 된다. 무효인 처분은 처분으로서의 외관이 존재하고, 집행정지에 관한 규정은 무효등확인소송의 경우 준용되고 있으므로, 처분이 존재하는 것으로 보아야 한다.

2) 거부처분의 집행정지의 대상 여부

① 학 설

㉠ 부정설 : 행정소송법 제23조 제6항은, 제30조 제2항을 준용하고 있지 아니하여 행정청의 재처분의무가 인정되지 아니하므로, 거부처분의 집행을 정지하더라도 거부처분이 있기 전인 신청 시의 상태로 돌아가는 것에 불과하다는 견해로, 손해 발생을 방지할 실익이 없다는 점을 논거로 한다.

㉡ 긍정설 : 행정소송법 제23조 제6항을 예시적으로 해석하여 재처분의무를 인정하고, 인용결정에 따라 행정청이 재처분의무를 이행하면 손해 발생을 방지할 실익이 있다는 점을 논거로, 거부처분의 집행정지를 인정하는 입장이다.

㉢ 제한적 긍정설(예외적 긍정설) : 원칙적으로 거부처분에 대하여는 집행정지가 불가하지만, 거부처분이 없는 상태로 돌아가는 것 자체만으로도 신청인에게 어떤 법적 이익이 인정되는 경우에는, 예외적으로 거부처분의 집행정지를 인정하는 입장이다.

② 판례 : 판례는 거부처분에 대한 집행정지를 인정한다 하더라도, 그 거부처분이 없었던 것과 같은 상태를 만드는 것에 지나지 아니한 것이고, 그 이상으로 행정청에 대하여 어떠한 처분을 명하는 등 적극적인 상태를 만들어 낼 수는 없다는 이유로, 거부처분에 대한 집행정지신청을 각하한 바 있다.[419)]

③ 검토 : 가구제인 집행정지는 본안판결의 내용을 초과할 수 없으므로, 거부처분에 대한 집행정지는 허용될 수 없다고 하여야 하나, 갱신신청에 대한 거부처분의 경우에는, 종전처분의 효력을 유지하는 것에 지나지 아니하여 허용하는 것이 바람직하므로, 제한적 긍정설이 타당하다고 판단된다.

(3) 신청인적격

집행정지를 신청할 수 있는 자는 본안소송의 당사자이다. 신청인은 법률상 이익이 있는 자이어야 한다. 집행정지신청요건인 법률상 이익은 항고소송의 요건인 법률상 이익과 동일하다. 제3자효 행정행위에서 소송당사자인 제3자의 집행정지신청도 가능하다는 것이 판례와 학설의 일반적인 태도이다.

핵심판례

신청인적격을 부정한 사례

[1] 행정처분에 대한 효력정지신청을 구함에 있어서도 이를 구할 법률상 이익이 있어야 하는바, 이 경우 법률상 이익이라 함은 그 행정처분으로 인하여 발생하거나 확대되는 손해가 당해 처분의 근거 법률에 의하여 보호되는 직접적이고 구체적인 이익과 관련된 것을 말하는 것이고 단지 간접적이거나 사실적·경제적 이해관계를 가지는 데 불과한 경우는 여기에 포함되지 않는다.

[2] 경쟁 항공회사에 대한 국제항공노선면허처분으로 인하여 노선의 점유율이 감소됨으로써 경쟁력과 대내외적 신뢰도가 상대적으로 감소되고 연계노선망개발이나 타 항공사와의 전략적 제휴의 기회를 얻지 못하게 되는 손해를 입게 되었다고 하더라도 위 노선에 관한 노선면허를 받지 못하고 있는 한 그러한 손해는 법률상 보호되는 권리나 이익침해로 인한 손해라고는 볼 수 없으므로 처분의 효력정지를 구할 법률상 이익이 될 수 없다.

[3] 경쟁 항공회사에 대한 국제항공노선면허처분이 효력정지되면 행정청으로부터 항공법상의 전세운항계획에 관한 인가를 받아 취항할 수 있게 되는 지위를 가지게 된다고 하더라도, 행정청이 위 인가를 하여 줄 법률상 의무가 발생하는 것이 아니고, 다만 경쟁 항공회사와 함께 인가를 신청할 수 있음에 그치는 것이며, 그 인가 여부는 다시 행정청의 별도의 처분에 맡겨져 있으므로 위와 같은 이익은 처분의 효력정지를 구할 수 있는 법률상 이익이라고 할 수 없다.[420)]

419) 대결 1991.5.2. 91두15
420) 대결 2000.10.10. 2000무17

(4) 신청이익

신청이익이라 함은 집행정지신청으로 현실적으로 보호될 수 있는 이익을 말한다. 즉 집행정지결정의 현실적 필요성을 의미하며 본안소송에서의 협의의 소의 이익에 대응하는 개념이다.

핵심판례

신청이익을 인정한 사례

[1] 미결수용 중 다른 교도소로 이송된 피고인이 그 이송처분의 취소를 구하는 행정소송을 제기하고 아울러 그 효력정지를 구하는 신청을 제기한 데 대하여 법원에서 위 이송처분의 효력정지신청을 인용하는 결정을 하였고 이에 따라 신청인이 다시 이송되어 현재 위 이송처분이 있기 전과 같은 교도소에 수용 중이라 하여도 이는 법원의 효력정지 결정에 의한 것이어서 그로 인하여 효력정지신청이 그 신청의 이익이 없는 부적법한 것으로 되는 것은 아니다.

[2] 상고심에 계속 중인 형사피고인을 안양교도소로부터 진주교도소로 이송함으로써 "회복하기 어려운 손해"가 발생할 염려가 있다고 본 사례.[421)]

(5) 회복하기 어려운 손해예방의 필요

회복하기 어려운 손해란 금전으로 보상할 수 없는 손해로, 이는 금전보상이 불능인 경우뿐만 아니라 금전보상으로는 사회관념상 행정처분을 받은 당사자가 수인할 수 없거나, 또는 수인하기가 현저히 곤란한 유형・무형의 손해를 의미한다.[422)] 당사자가 처분 등이나, 그 집행 또는 절차의 속행으로 인하여 재산상 손해를 입거나 기업 이미지 및 신용이 훼손당하였다고 주장하는 경우, 그 손해가 금전으로 보상할 수 없어 '회복하기 어려운 손해'에 해당한다고 하기 위해서는, 그 경제적 손실이나 기업 이미지 및 신용의 훼손으로 인하여 사업자의 자금사정이나 경영 전반에 미치는 파급효과가 매우 중대하여, 사업 자체를 계속할 수 없거나 중대한 경영상 위기를 맞게 될 것으로 보이는 등의 사정이 존재하여야 한다.[423)]

핵심판례

회복하기 어려운 손해예방의 필요를 부정한 사례

(1) 보건복지부 고시에 대한 효력정지신청을 기각한 사례

[1] 행정소송법 제23조 제2항에 정하고 있는 행정처분 등의 집행정지 요건인 '회복하기 어려운 손해'라 함은 특별한 사정이 없는 한 금전으로 보상할 수 없는 손해로서 이는 금전보상이 불능인 경우 내지는 금전보상으로는 사회관념상 행정처분을 받은 당사자가 참고 견딜 수 없거나 또는 참고 견디기가 현저히 곤란한 경우의 유형, 무형의 손해를 일컫는다 할 것인바, 당사자가 처분 등이나 그 집행 또는 절차의 속행으로 인하여 재산상의 손해를 입거나 기업 이미지 및 신용이 훼손당하였다고 주장하는 경우에 그 손해가 금전으로 보상될 수 없어 '회복하기 어려운 손해'에 해당한다고 하기 위해서는 그 경제적 손실이나 기업 이미지 및 신용의 훼손으로 인하여 사업자의 자금사정이나 경영전반에 미치는 파급효과가 매우 중대하여 사업자체를 계속할 수 없거나 중대한 경영상의 위기를 맞게 될 것으로 보이는 등의 사정이 존재하여야 한다.

[2] 항정신병 치료제의 요양급여 인정기준에 관한 보건복지부 고시의 효력이 계속 유지됨으로 인한 제약회사의 경제적 손실, 기업 이미지 및 신용의 훼손은 행정소송법 제23조 제2항 소정의 집행정지의 요건인 '회복하기 어려운 손해'에 해당하지 않는다고 한 사례.[424)]

---

421) 대결 1992.8.7. 92두30
422) 대결 2004.5.17. 2004무6
423) 대결 2003.4.25. 2003무2
424) 대결 2003.10.9. 2003무23

(2) 4대강사업실시계획 승인처분에 대한 효력정지신청을 기각한 사례
[1] 국토해양부 등에서 발표한 '4대강 살리기 마스터플랜'에 따른 '한강 살리기 사업' 구간 인근에 거주하는 주민들이 각 공구별 사업실시계획승인처분에 대한 효력정지를 신청한 사안에서, 위 사업구간에 편입되는 팔당지역 농지 대부분이 국가 소유의 하천부지이고, 유기농업에 종사하는 주민들 대부분은 국가로부터 하천점용허가를 받아 경작을 해온 점, 위 점용허가의 부관에 따라 허가를 한 행정청은 공익상 또는 법령이 정하는 것에 따르거나 하천정비사업을 시행하는 경우 허가변경·취소 등을 할 수 있는 점 등에 비추어, 주민들 중 환경영향평가대상지역 및 근접 지역에 거주하거나 소유권 기타 권리를 가지고 있는 사람들이 위 사업으로 인하여 토지 소유권 기타 권리를 수용당하고 이로 인하여 정착지를 떠나 타지로 이주를 해야 하며 더 이상 농사를 지을 수 없게 되고 팔당지역의 유기농업이 사실상 해체될 위기에 처하게 된다고 하더라도, 그러한 손해는 행정소송법 제23조 제2항에서 정하고 있는 효력정지 요건인 금전으로 보상할 수 없거나 사회관념상 금전보상으로는 참고 견디기 어렵거나 현저히 곤란한 경우의 유·무형 손해에 해당하지 않는다.
[2] [다수의견] 행정처분의 효력정지나 집행정지를 구하는 신청사건에서는 행정처분 자체의 적법 여부를 판단할 것이 아니고 행정처분의 효력이나 집행 등을 정지시킬 필요가 있는지 여부, 즉 행정소송법 제23조 제2항에서 정한 요건의 존부만이 판단대상이 된다. 나아가 '처분 등이나 그 집행 또는 절차의 속행으로 인한 손해발생의 우려' 등 적극적 요건에 관한 주장·소명 책임은 원칙적으로 신청인 측에 있으며, 이러한 요건을 결여하였다는 이유로 효력정지 신청을 기각한 결정에 대하여 행정처분 자체의 적법 여부를 가지고 불복사유로 삼을 수 없다.[425]

(6) 긴급한 필요의 존재

본안에 대한 판결을 기다릴 시간적 여유가 없는 긴급한 필요가 있다고 인정될 경우에만 허용된다. 여기서 긴급한 필요라 함은, 회복하기 곤란한 손해의 발생이 시간적으로 절박하였거나, 이미 시작됨으로 인하여 판결을 기다릴 여유가 없는 경우를 말한다.

핵심판례

1. 긴급한 필요를 인정한 사례
(1) 보건복지부 고시에 대한 효력정지신청을 인용한 사례
[1] 신청인은 이 사건 고시의 효력이 계속 유지되는 경우, 이로 인한 매출액의 감소나 시장점유율 및 판매신장률의 감소, 거래처의 감소, 신약의 공급중단 위기가능성, 이 사건 약제들의 적정한 상한금액을 확보하지 못할 위험성 등의 경제상 손실과 기업이미지 및 신용의 훼손 등을 입게 되어 앞서 본 신청인의 상황에 비추어 보면 경영상 위기를 맞게 될 수도 있으므로, 이러한 손해는 금전보상이 불능인 경우 내지 금전보상으로는 신청인으로 하여금 참고 견딜 수 없거나 또는 참고 견디기가 현저히 곤란한 경우의 유형·무형의 손해로, 행정소송법 제23조 제2항의 '회복하기 어려운 손해'에 해당한다고 볼 것이고, 신청인의 위와 같은 손해를 예방하기 위해서는 이 사건 고시의 효력을 정지하는 것 외에 다른 적당한 방법이 없으므로, 위 고시의 효력을 정지할 긴급한 필요도 있다고 보아야 할 것이다.
[2] 약제 및 치료재료의 산정기준 등에 관한 보건복지부 고시로 인한 손해가 행정소송법 제23조 제2항의 '회복하기 어려운 손해'에 해당한다고 한 사례.[426]

425) 대결 2011.4.21. 2010무111[전합]
426) 대결 2004.5.12. 2003무41

(2) 현역병입영처분에 대한 효력정지신청을 인용한 사례

[1] 행정소송법 제23조 제2항 소정의 행정처분 등의 효력이나 집행을 정지하기 위한 요건으로서의 '회복하기 어려운 손해'라 함은, 특별한 사정이 없는 한 금전으로 보상할 수 없는 손해로, 이는 금전보상이 불능인 경우뿐만 아니라 금전보상으로는 사회관념상 행정처분을 받은 당사자가 참고 견딜 수 없거나, 또는 참고 견디기가 현저히 곤란한 경우의 유형·무형의 손해를 말한다.

[2] 현역병입영처분 취소의 본안소송에서 신청인이 승소판결을 받을 경우에는, 신청인이 특례보충역으로 해당 전문 분야에서 2개월 남짓만 더 종사함으로써 5년의 의무종사기간을 마친다면, 구 병역법 제46조 제1항에 의하여 방위소집복무를 마친 것으로 볼 것이나, 만일 위 처분의 효력이 정지되지 아니한 채 본안소송이 진행된다면, 신청인은 입영하여 다시 현역병으로 복무하지 않을 수 없는 결과 병역의무를 중복하여 이행하는 셈이 되고, 이로 인하여 불이익을 입고 상당한 정신적 고통을 받게 될 것임은 짐작하기 어렵지 아니하므로, 이와 같은 손해는 쉽게 금전으로 보상할 수 있는 성질의 것이 아니어서 사회관념상 '회복하기 어려운 손해'에 해당된다.427)

(3) 비영리법인에 대한 설립허가 취소처분 효력정지신청을 인용한 사례

[1] 주무관청이 민법 제38조에 의하여 비영리법인에 대하여 그 설립허가를 취소한 경우 그 법인은 민법 제77조 제1항에 따라 해산하게 되고, 법인이 해산하면 본래의 목적을 위한 활동을 중단하고 청산절차를 이행하기 위하여 청산법인으로 존속하게 되어 청산의 목적범위 내에서만 권리가 있고 의무를 부담하며(민법 제81조), 청산절차를 마치면 소멸하게 된다. 따라서 이 사건 처분의 효력을 정지하지 아니할 경우, 재항고인이 제기한 이 사건 처분의 취소를 구하는 소송이 진행되는 사이에 청산절차가 진행 완료되어 재항고인 법인 자체가 소멸할 수도 있고, 그 후 이 사건 처분이 취소되더라도 재항고인은 회복하기 어려운 손해를 입을 우려가 적지 아니하므로, 이러한 손해를 예방하기 위하여 이 사건 처분의 효력을 정지할 긴급한 필요가 있다고 봄이 타당하다.

한편 처분의 효력정지는 공공복리에 중대한 영향을 미칠 우려가 있을 때에는 허용되지 아니하지만(행정소송법 제23조 제3항), 공공복리에 중대한 영향을 미칠 우려가 있다는 점에 대하여는 처분청인 상대방에게 주장·소명책임이 있는데, 상대방이 제출한 자료만으로는 이 사건 처분의 효력정지가 공공복리에 중대한 영향을 미칠 우려가 있을 때에 해당한다고 인정할 만한 소명이 부족한 것으로 보인다.

[2] 그럼에도 원심은 이와 달리, 이 사건 처분의 효력으로 인하여 재항고인에게 생길 회복하기 어려운 손해를 예방하기 위하여 긴급한 필요가 있다고 인정되지 아니하고, 오히려 효력정지로 인하여 공공복리에 중대한 영향을 미칠 우려가 있는 때에 해당한다고 판단하였으니, 이러한 원심의 판단에는 행정처분의 효력정지 요건에 관한 법리 등을 오해하여 재판에 영향을 미친 위법이 있다. 재항고이유의 주장은 이유 있다.428)

(4) 인가취소처분에 대한 효력정지신청을 인용한 사례

시장이 도시환경정비구역을 지정하였다가 해당구역 및 주변지역의 역사·문화적 가치 보전이 필요하다는 이유로 정비구역을 해제하고 개발행위를 제한하는 내용을 고시함에 따라 사업시행예정구역에서 설립 및 사업시행인가를 받았던 갑 도시환경정비사업조합에 대하여 구청장이 조합설립인가를 취소하자, 갑 조합이 해제 고시의 무효확인과 인가취소처분의 취소를 구하는 소를 제기하고 판결 선고 시까지 각 처분의 효력 정지를 신청한 사안에서, 정비구역 지정이 취소되고 이에 대하여 불가쟁력이 발생하는 경우 정비사업 시행을 전제로 하는 후속 처분들은 모두 그 의미를 상실하게 되고 갑 조합에 대한 조합설립인가 취소처분은 갑 조합이 적법하게 취득한 공법인의 지위를 갑 조합의 귀책사유 없이 사후적 사정변경을 이유로 박탈하는 것이어서 신중하게 판단해야 하므로 위 각 처분의 위법성에 관하여 갑 조합이 본안소송에서 주장·증명할 기회가 충분히 보장되어야 하는 점, 각 처분의 효력을 정지하지 않을 경우 갑 조합이 정비사업과 관련한 후속 조치를 실행하는 데

427) 대판 1992.4.29. 92두7

428) 대결 2014.1.23. 2011무178

사실상, 법률상 장애가 있게 될 뿐 아니라 시장 및 구청장이나 관계 행정청이 정비사업의 진행을 차단하기 위한 각종 불이익 조치를 할 염려가 있는 점 등을 종합하면, 각 처분의 효력을 정지하지 않을 경우 갑 조합에 특별한 귀책사유가 없는데도 정비사업의 진행이 법적으로 불가능해져 갑 조합에 회복하기 어려운 손해가 발생할 우려가 있으므로 이러한 손해를 예방하기 위하여 각 처분의 효력을 정지할 긴급한 필요가 있다.[429)]

(5) 과징금 부과처분에 대한 사업자의 집행정지신청을 인용한 사례
사업여건의 악화 및 막대한 부채비율로 인하여 외부자금의 신규차입이 사실상 중단된 상황하에서, 285억원 규모의 과징금을 납부하기 위하여 무리하게 외부자금을 신규차입하게 되면, 주거래은행과의 재무구조개선약정을 지키지 못하게 되어 사업자가 중대한 경영상 위기를 맞게 될 것으로 보이는 경우, 이 사건 처분이 신청인의 자금사정이나 경영 전반에 미치는 파급효과는 매우 중대하다고 할 것이므로, 그로 인한 신청인의 손해는 비록 그 성질이나 태양이 재산상 손해에 속한다 하더라도, 사회관념상 사후의 금전보상으로는 참고 견딜 수 없거나 또는 견디기가 현저히 곤란한 손해라고 할 것이므로, 효력정지 내지 집행정지의 적극적 요건인 '회복하기 어려운 손해'에 해당한다 할 것이고, 신청인의 손해가 회복하기 어려운 것인 이상, 신청인에게는 이를 예방하기 위한 긴급한 필요도 있다고 할 것이다.[430)]

(6) 시내버스운송사업계획 변경인가처분에 대한 기존운송업자의 집행정지신청을 인용한 사례
행정소송법 제23조 제2항에서 정하고 있는 집행정지요건인 '회복하기 어려운 손해'라 함은, 특별한 사정이 없는 한 금전으로 보상할 수 없는 손해로, 이는 금전보상이 불능인 경우 내지는 금전보상으로는 사회관념상 행정처분을 받은 당사자가 참고 견딜 수 없거나, 또는 참고 견디기가 현저히 곤란한 경우의 유형·무형의 손해를 일컫는다할 것이고, '처분 등이나, 그 집행 또는 절차의 속행으로 인하여 생길 회복하기 어려운 손해를 예방하기 위하여 긴급한 필요'가 있는지 여부는, 처분의 성질과 태양 및 내용, 처분상대방이 입는 손해의 성질·내용 및 정도, 원상회복·금전배상의 방법 및 난이 등은 물론, 본안청구의 승소가능성 정도 등을 종합적으로 고려하여 구체적·개별적으로 판단하여야 하며, 한편 같은 조 제3항에서 규정하고 있는 집행정지의 장애사유로서의 '공공복리에 중대한 영향을 미칠 우려'라 함은, 일반적·추상적 공익에 대한 침해의 가능성이 아닌 당해 처분의 집행과 관련된 구체적·개별적 공익에 중대한 해를 입힐 개연성을 말하는 것으로, 이러한 집행정지의 소극적 요건에 대한 주장·소명책임은 행정청에 있다. 이 사건 처분의 집행으로 인한 운행이 장기화됨에 따라, 신청인은 상당한 경제적 손실을 입어 여객자동차운송사업 자체에 중대한 영향을 받거나 심각한 경영상 위기를 맞을 우려가 있고, 이와 같은 손해는 신청인에게 참고 견디기가 현저히 곤란한 유형·무형의 손해로, 행정소송법 제23조 제2항의 '회복하기 어려운 손해'에 해당하며, 이를 예방하기 위하여 이 사건 처분의 집행을 정지시킬 긴급한 필요가 있다.[431)]

2. 긴급한 필요를 부정한 사례

(1) 건설업면허 취소처분에 대한 효력정지신청을 기각한 사례
이 사건 처분이 존속된다면, 재항고인은 이미 수주받아 시공 중에 있는 공사들을 중단하고 그에 따른 손해배상책임까지 부담하여야 하는데다가, 앞으로 새로운 공사의 수주를 받을 수 없게 되어 그 존립조차 위태로울 정도로 막대한 재산상 손실을 입게 됨은 물론, 대외적인 신용 내지 명예도 실추된다는 등의 사정은 다른 특별한 사정이 없는 한, 이 사건 처분의 존속으로 재항고인에게 금전적으로 보상할 수 없는 손해가 생길 우려가 있다고 볼 수 없다.[432)]

429) 대결 2018.7.12. 2018무600
430) 대결 2001.10.10. 2001무29
431) 대판 2004.5.17. 2004무6
432) 대결 1995.3.30. 94두57

(2) 영업허가 취소처분에 대한 효력정지신청을 기각한 사례
재항고인이 이 사건 영업을 위하여 거의 전 재산인 금 1억 5천만원을 투자하고 영업을 하여 온 까닭에 그 영업허가 취소처분의 효력이 정지되지 않는다면, 위 업소 경영에 절대적인 타격을 입게 되고, 그로 인하여 재항고인은 물론 그 가족 및 종업원들의 생계까지 위협받게 되는 결과가 초래될 수 있다는 등의 사정은, 이 사건 처분의 존속으로 재항고인에게 금전적으로 보상할 수 없는 손해가 생길 우려가 있는 경우에 해당한다고 볼 수 없으며, 그 밖에 기록을 살펴보아도, 이 사건 처분의 존속으로 말미암아 재항고인에게 회복할 수 없는 손해가 생길 우려가 있음을 인정할 만한 자료가 발견되지 아니하므로, 원심이 위와 같은 취지에서 이 사건 효력정지신청을 기각한 조치는 정당하고, 논지는 이유 없다.433)

(3) 과세처분에 대한 집행정지신청을 기각한 사례
상대방이 이 사건 신청원인으로 내세운 사유는, 이 사건 과세처분에 따라 납부한 세액 중 취소판결이 선고된 부분에 해당하는 세액을 환급받고자 한다는 것으로, 이와 같이 단순히 취소판결 확정 이전에 기납부세액을 조기에 환급받고자 한다는 사유만으로는, 위에서 본 '회복하기 어려운 손해'에 해당한다고 도저히 볼 수 없고, 그 밖에 기록을 살펴보아도, 이 사건 과세처분 부분의 존속으로 인하여 상대방에게 회복하기 어려운 손해가 생길 우려가 있다고 볼만한 자료도 찾아볼 수 없다.434)

2. 소극적 요건

(1) 공공복리에 중대한 영향을 미칠 우려가 없을 것

처분을 통하여 달성하고자 하는 공공복리와, 그로 인하여 입게 되는 손해의 엄격한 비교·형량을 통하여 결정된다.

핵심판례

공공복리에 중대한 영향을 미칠 우려를 인정한 사례
[1] 행정소송법 제23조 제2항에서 정하고 있는 효력정지 요건인 '회복하기 어려운 손해'란 특별한 사정이 없는 한 금전으로 보상할 수 없는 손해로서 이는 금전보상이 불가능한 경우 내지는 금전보상으로는 사회관념상 행정처분을 받은 당사자가 참고 견딜 수 없거나 참고 견디기가 현저히 곤란한 경우의 유형, 무형의 손해를 일컫는다. 그리고 '처분 등이나 그 집행 또는 절차의 속행으로 인하여 생길 회복하기 어려운 손해를 예방하기 위하여 긴급한 필요'가 있는지는 처분의 성질과 태양 및 내용, 처분상대방이 입는 손해의 성질·내용 및 정도, 원상회복·금전배상의 방법 및 난이 등은 물론 본안청구의 승소가능성의 정도 등을 종합적으로 고려하여 구체적·개별적으로 판단해야 한다. 행정소송법 제23조 제3항이 집행정지의 또 다른 요건으로 '공공복리에 중대한 영향을 미칠 우려가 없을 것'을 규정하고 있는 취지는, 집행정지 여부를 결정함에 있어서 신청인의 손해뿐만 아니라 공공복리에 미칠 영향을 아울러 고려해야 한다는 데 있고, 따라서 공공복리에 미칠 영향이 중대한지는 절대적 기준에 의하여 판단할 것이 아니라, 신청인의 '회복하기 어려운 손해'와 '공공복리' 양자를 비교·교량하여, 전자를 희생하더라도 후자를 옹호하여야 할 필요가 있는지에 따라 상대적·개별적으로 판단되어야 한다.
[2] 보건복지부장관이 2024.2.6. 의과대학 입학정원 확대방안에 관하여 2025학년도부터 2,000명 증원할 것이라고 발표(이하 '증원발표')한 후 교육부장관이 의과대학을 보유한 각 대학의 장으로부터 의대정원 증원 신청을 받아 2024.3.20. 2025학년도 전체 의대정원을 2,000명 증원하여 각 대학별로 배정(이하 '증원배정')하자, 의과대학 교수, 전공의, 의과대학에 재학 중인 학생, 의과대학에 입학하기를 희망하는 수험생들이 보건복지부장관의

433) 대결 1995.11.23. 95두53
434) 대결 1998.8.23. 99무15

증원발표 및 교육부장관의 증원배정에 대한 효력정지 및 집행정지신청을 한 사안에서, 보건복지부장관의 증원발표는 행정청의 내부적인 의사결정을 대외적으로 공표한 것에 그칠 뿐 국민의 권리의무에 영향을 미친다고 볼 수 없고 각 의과대학별 정원 증원이라는 구체적인 법적 효과는 교육부장관의 증원배정에 따라 비로소 발생한 것이므로 교육부장관의 증원배정은 항고소송의 대상이 되는 처분으로 볼 여지가 큰 반면, 보건복지부장관의 증원발표는 항고소송의 대상이 되는 처분으로 보기 어려우므로 증원발표의 효력정지를 구하는 신청은 부적법하여 각하되어야 하고, 교육부장관의 증원배정 처분의 근거가 된 고등교육법령 및 대학설립·운영 규정(대통령령)은 의과대학의 학생정원 증원의 한계를 규정함으로써 의과대학에 재학 중인 학생들이 적절하게 교육받을 권리를 개별적·직접적·구체적으로 보호하고 있다고 볼 여지가 충분하므로 의대 재학 중인 신청인들은 증원배정 처분 중 자신이 재학 중인 의과대학에 대한 부분의 집행정지를 구할 법률상 이익이 있지만, 의과대학 교수, 전공의 또는 수험생 지위에 있는 나머지 신청인들에 대하여는 증원배정 처분의 집행정지를 구할 법률상 이익이 인정되지 않으며, 증원배정 처분이 집행됨으로 인해 의대 재학 중인 신청인들이 입을 수 있는 손해에 비하여 증원배정의 집행이 정지됨으로써 공공복리에 중대한 영향이 발생할 우려가 크다는 이유로, 증원배정에 대한 집행정지는 허용되지 않는다고 한 사례[435)]

(2) 본안청구가 이유 없음이 명백하지 않을 것

1) 문제점

본안청구가 이유 없음이 명백하지 아니할 것은, 행정소송법상 집행정지의 요건으로서 명문으로 규정되어 있지는 않지만, 집행정지의 소극적 요건이 될 것인지에 대하여 견해가 대립한다.

2) 본안소송의 승소가능성 요부

본안소송에서 처분의 취소가능성이 없음에도 처분의 효력이나 집행의 정지를 인정한다는 것은 제도의 취지에 반하므로, 처분의 효력이나 집행의 정지 사건 자체에 의하여도 신청인의 본안청구가 이유 없음이 명백하지 않아야 한다는 것도, 처분의 효력이나 집행의 정지요건에 포함시켜야 한다.[436)]

Ⅲ 집행정지결정

집행정지의 요건이 충족된 경우 본안이 계속되고 있는 법원은, 당사자의 신청 또는 직권에 의하여 처분 등의 효력이나, 그 집행 또는 절차의 속행 전부 또는 일부의 정지를 결정할 수 있다. 법원이 집행정지를 결정하는 경우 그 종기는 본안판결 선고일부터 30일 이내의 범위에서 정한다. 다만, 법원은 당사자의 의사, 회복하기 어려운 손해의 내용 및 그 성질, 본안 청구의 승소가능성 등을 고려하여 달리 정할 수 있다(행소규칙 제10조).

435) 대결 2024.6.19. 2024무689
436) 대결 1997.4.28. 96두75

Ⅳ 집행정지결정의 내용

1. 처분의 효력정지

처분의 효력이 없는 상태로 만드는 것을 말하며, 이는 최후의 방법으로 보충적으로 적용된다.

핵심판례

절차속행의 정지가 가능한 경우 효력정지의 허용 여부

산업기능요원의 편입 당시 지정업체의 해당 분야에 종사하지 아니하였음을 이유로 산업기능요원의 편입이 취소된 사람은, 편입되기 전의 신분으로 복귀하여 현역병으로 입영하게 하거나 공익근무요원으로 소집하여야 하는 것으로 되어 있는데, 그 취소처분에 의하여 생기는 손해로서 그 동안의 근무실적이 산업기능요원으로서 종사한 것으로 인정받지 못하게 된 손해 부분은, 본안소송에서 그 처분이 위법하다고 하여 취소하게 되면 그 취소판결의 소급효만으로 그대로 소멸되게 되므로, 그 부분은 그 처분으로 인하여 생기는 회복할 수 없는 손해에 해당한다고 할 수 없고, 결국 그 취소처분으로 인하여 입게 될 회복할 수 없는 손해는, 그 처분에 의하여 산업기능요원의 편입이 취소됨으로써 편입 이전의 신분으로 복귀하여 현역병으로 입영하게 되거나 혹은 공익근무요원으로 소집되는 부분이라고 할 것이며, 이러한 손해에 대한 예방은 그 처분의 효력을 정지하지 아니하더라도, 그 후속절차로 이루어지는 현역병 입영처분이나 공익근무요원 소집처분절차의 속행을 정지함으로써 달성할 수가 있으므로, 산업기능요원 편입 취소처분에 대한 집행정지로서는 그 후속절차의 속행정지만이 가능하고, 그 처분 자체에 대한 효력정지는 허용되지 아니한다.[437)]

2. 처분의 집행정지

처분의 효력은 그대로 둔 채, 처분의 집행력을 박탈하여 그 내용을 실현하는 행위를 막는 것을 말한다.

3. 절차의 속행정지

처분의 효력은 그대로 둔 채, 그 후속절차가 속행되어 다른 처분이 행하여지는 것을 막는 것을 말한다.

Ⅴ 집행정지의 효력

1. 형성력

집행정지 중 효력정지는 처분의 효력을 잠정적으로 상실시키는 효력을 가진다. 효력정지는 장래에 향해 효력을 가지고, 소급효가 없다. 또한 집행정지결정은 제3자에 대하여도 미친다. 제3자효 행정행위에서의 부담자인 제3자가 취소소송을 제기하고 집행정지결정을 받은 경우, 그 효력이 제3자효 행정행위의 직접 상대방인 수익자에게 미치는 것을 의미한다.

2. 기속력

집행정지결정은 취소판결의 기속력에 준하여 당해 사건의 당사자인 행정청과 관계 행정청을 기속한다. 집행정지결정을 하였다면 행정청에 의하여 과징금 부과처분이 집행되거나, 행정청・관계 행정청 또는 제3자에 의하여 과징금 부과처분의 실현을 위한 조치가 행하여져서는 아니 된다. 따라서 부수적인 결과인 가산금 등은 발생되지 아니한다.[438)]

---

437) 대판 2000.1.8. 2000무35
438) 대판 2003.7.11. 2002다48023

3. 시간적 효력

집행정지결정은 주문에 정함이 없는 한, 당해 소송의 본안판결 시까지 효력이 인정된다. 기한을 특별히 정한 경우에는, 주문에 표시된 시기까지 효력이 인정된다.[439] 판례에 의하면 효력정지결정의 효력은 결정주문에서 정한 시기까지 존속하고 그 시기의 도래와 동시에 효력이 당연히 소멸하므로, 보조금 교부결정의 일부를 취소한 행정청의 처분에 대하여 법원이 효력정지결정을 하면서 주문에서 그 법원에 계속 중인 본안소송의 판결 선고 시까지 처분의 효력을 정지한다고 선언하였을 경우, 본안소송의 판결 선고에 의하여 정지결정의 효력은 소멸하고 이와 동시에 당초의 보조금 교부결정 취소처분의 효력이 당연히 되살아난다. 따라서 효력정지결정의 효력이 소멸하여 보조금 교부결정 취소처분의 효력이 되살아난 경우, 특별한 사정이 없는 한 행정청으로서는 취소처분에 의하여 취소된 부분의 보조사업에 대하여 효력정지기간 동안 교부된 보조금의 반환을 명하여야 한다고 판시하고 있다.[440]

핵심판례

1. 제재적 행정처분에 대한 집행정지결정의 효력

[사실관계]

피고는 2015.6.8. 원고에 대하여 원심판결 별지 2 목록 기재 각 화물자동차(이하 '제2화물자동차')를 불법증차하였다는 이유로 구 「화물자동차 운수사업법」(2021.7.27. 법률 제18355호로 개정되기 전의 것) 제19조 제1항 제2호에 따라 60일(2015.7.13.부터 2015.9.10.까지)의 운행정지 처분을 하고, 제2화물자동차를 불법증차하고도 거짓이나 부정한 방법으로 유가보조금을 지급받았다는 이유로 같은 법률 제44조의2 제1항 제5호에 따라 6개월(2015.7.13.부터 2016.1.13.까지)의 유가보조금 지급정지 처분을 하였다.

원고는 이에 불복하여 경상북도행정심판위원회에 행정심판을 청구하였다. 경상북도행정심판위원회는 2015.7.13. 위 각 처분의 집행을 행정심판 청구 사건의 재결이 있을 때까지 정지하는 내용의 이 사건 집행정지결정을 하였다가 2015.8.31. 유가보조금 지급정지 처분의 취소 청구는 기각하고, 위 운행정지 기간은 30일로 감경하는 이 사건 재결을 하였다(이하 위 유가보조금 지급정지 처분과 위와 같이 감경되고 남은 운행정지 처분을 합하여 '선행처분'). 원고는 선행처분에 대하여 법원에 별도로 취소소송을 제기하지 않았다.

피고는 2015.9.22. 선행처분의 집행을 피고와 주식회사 대림통운 사이의 대구지방법원 2015구합1245 사건의 판결 시까지 유예한다는 내용의 이 사건 유예 통지서를 작성하여 원고에게 발송하였다. 대구지방법원은 2016.1.13. 위 사건에 관하여 판결을 선고하였다. 피고는 2020.3.5. 원고에게 선행처분과 동일한 사유로 제2화물자동차에 관하여 30일(2020.3.6.부터 2020.4.4.까지)의 운행정지, 6개월의 유가보조금 지급정지를 하겠다고 통보하였다(이하 '이 사건 통보').

[판결요지]

[1] 행정소송법 제23조에 따른 집행정지결정의 효력은 결정 주문에서 정한 종기까지 존속하고, 그 종기가 도래하면 당연히 소멸한다. 따라서 효력기간이 정해져 있는 제재적 행정처분에 대한 취소소송에서 법원이 본안소송의 판결 선고 시까지 집행정지결정을 하면, 처분에서 정해 둔 효력기간(집행정지결정 당시 이미 일부 집행되었다면 그 나머지 기간)은 판결 선고 시까지 진행하지 않다가 판결이 선고되면 그때 집행정지결정의 효력이 소멸함과 동시에 처분의 효력이 당연히 부활하여 처분에서 정한 효력기간이 다시 진행한다. 이는 처분에서 효력기간의 시기와 종기를 정해 두었는데, 그 시기와 종기가 집행정지기간 중에 모두 경과한 경우에도 특별한 사정이 없는 한 마찬가지이다. 이러한 법리는 행정심판위원회가 행정심판법 제30조에 따라 집행정지결정을 한 경우에도

439) 대판 2020.9.3. 2020두34070

440) 대판 2017.7.11. 2013두25498

그대로 적용된다. 행정심판위원회가 행정심판 청구 사건의 재결이 있을 때까지 처분의 집행을 정지한다고 결정한 경우에는, 재결서 정본이 청구인에게 송달된 때 재결의 효력이 발생하므로(행정심판법 제48조 제1항, 제2항 참조) 그때 집행정지결정의 효력이 소멸함과 동시에 처분의 효력이 부활한다.
[2] 효력기간이 정해져 있는 제재적 행정처분의 효력이 발생한 이후에도 행정청은 특별한 사정이 없는 한 상대방에 대한 별도의 처분으로써 효력기간의 시기와 종기를 다시 정할 수 있다. 이는 당초의 제재적 행정처분이 유효함을 전제로 그 구체적인 집행시기만을 변경하는 후속 변경처분이다. 이러한 후속 변경처분도 특별한 규정이 없는 한 의사표시에 관한 일반법리에 따라 상대방에게 고지되어야 효력이 발생한다. 위와 같은 후속 변경처분서에 효력기간의 시기와 종기를 다시 특정하는 대신 당초 제재적 행정처분의 집행을 특정 소송사건의 판결 시까지 유예한다고 기재되어 있다면, 처분의 효력기간은 원칙적으로 그 사건의 판결 선고 시까지 진행이 정지되었다가 판결이 선고되면 다시 진행된다. 다만 이러한 후속 변경처분 권한은 특별한 사정이 없는 한 당초의 제재적 행정처분의 효력이 유지되는 동안에만 인정된다. 당초의 제재적 행정처분에서 정한 효력기간이 경과하면 그로써 처분의 집행은 종료되어 처분의 효력이 소멸하는 것이므로(행정소송법 제12조 후문 참조), 그 후 동일한 사유로 다시 제재적 행정처분을 하는 것은 위법한 이중처분에 해당한다.

[판결이유]
선행처분에서 정한 30일의 운행정지 및 6개월의 유가보조금 지급정지 기간은 이 사건 집행정지결정에 따라 진행이 정지되었다가 이 사건 재결서 정본이 원고에게 송달되면 집행정지결정의 종기가 도래하여 그때부터 다시 진행하고, 이 사건 유예 통지서가 원고에게 고지되면 다시 진행이 정지되었다가 대구지방법원 2015구합1245 사건에서 판결이 선고되면 위 통지서에서 정한 종기가 도래하여 그때부터 다시 진행한다. 이에 따르면, 이 사건 통보 당시 선행처분에서 정한 운행정지 및 유가보조금 지급정지 기간이 경과하여 선행처분의 집행이 이미 종료되었다고 볼 여지가 많다.
사정이 위와 같다면, 이 사건 통보는 집행이 종료되어 효력을 상실한 선행처분과 동일한 사유로 원고를 다시 제재하는 것으로 위법한 이중처분에 해당한다고 볼 것이다. 그런데도 원심은 이 사건 통보가 원고에게 선행처분과 별도로 새로운 의무를 부과하는 것이 아니어서 원고에게 그 취소를 구할 이익이 없다는 이유로 이 부분 소를 각하하였다. 이러한 원심판단에는 효력기간이 정해져 있는 제재적 행정처분에 대한 집행정지결정의 효력과 행정처분의 해석, 이중처분 등에 관한 법리를 오해하여 판결에 영향을 미친 잘못이 있다. 이 점을 지적하는 상고이유 주장은 이유 있다.[441)]

2. 집행정지기간 중 납부기간의 진행 여부

[1] 행정소송법 제23조에 정해져 있는 처분에 대한 집행정지는 행정처분의 집행으로 인하여 회복하기 어려운 손해를 예방하기 위하여 긴급한 필요가 있고 달리 공공복리에 중대한 영향을 미치지 아니할 것을 요건으로 하여 본안판결이 있을 때까지 당해 행정처분의 집행을 잠정적으로 정지함으로써 위와 같은 손해를 예방하고자 함에 그 취지가 있고, 그 집행정지의 효력 또한 당해 결정의 주문에 표시된 시기까지 존속하다가 그 시기의 도래와 동시에 당연히 소멸한다.
[2] 일정한 납부기한을 정한 과징금부과처분에 대하여 '회복하기 어려운 손해'를 예방하기 위하여 긴급한 필요가 있고 달리 공공복리에 중대한 영향을 미치지 아니한다는 이유로 집행정지결정이 내려졌다면 그 집행정지기간 동안은 과징금부과처분에서 정한 과징금의 납부기간은 더 이상 진행되지 아니하고 집행정지결정이 당해 결정의 주문에 표시된 시기의 도래로 인하여 실효되면 그때부터 당초의 과징금부과처분에서 정한 기간(집행정지결정 당시 이미 일부 진행되었다면 그 나머지 기간)이 다시 진행하는 것으로 보아야 한다.[442)]

441) 대판 2022.2.11. 2021두40720
442) 대판 2003.7.11. 2002다48023

집행정지기간은 법원이 그 시기와 종기를 정한다. 법원은 집행정지의 종기를 본안판결 선고일부터 30일 이내의 범위에서 정한다. 다만, 법원은 당사자의 의사, 회복하기 어려운 손해의 내용 및 그 성질, 본안 청구의 승소가능성등을 고려하여 달리 정할 수 있다(행소규칙 제10조). 종기의 정함이 없으면 본안판결확정시까지 정지의 효력이 존속한다.[443)]

4. 본안소송과 집행정지결정의 효력

항고소송을 제기한 원고가 본안소송에서 패소확정판결을 받았더라도 집행정지결정의 효력이 소급하여 소멸하지 않는다. 그러나 본안에서 해당 처분이 최종적으로 적법한 것으로 확정되어 집행정지결정이 실효되고 제재처분을 다시 집행할 수 있게 되면, 처분청으로서는 당초 집행정지결정이 없었던 경우와 동등한 수준으로 해당 제재처분이 집행되도록 필요한 조치를 취하여야 한다. 집행정지는 행정쟁송절차에서 실효적 권리구제를 확보하기 위한 잠정적 조치일 뿐이므로, 본안 확정판결로 해당 제재처분이 적법하다는 점이 확인되었다면 제재처분의 상대방이 잠정적 집행정지를 통해 집행정지가 이루어지지 않은 경우와 비교하여 제재를 덜 받게 되는 결과가 초래되도록 해서는 안 된다. 반대로, 처분상대방이 집행정지결정을 받지 못했으나 본안소송에서 해당 제재처분이 위법하다는 것이 확인되어 취소하는 판결이 확정되면, 처분청은 그 제재처분으로 처분상대방에게 초래된 불이익한 결과를 제거하기 위하여 필요한 조치를 취하여야 한다.[444)] 집행정지결정을 하려면 이에 대한 본안소송이 법원에 제기되어 계속 중임을 요건으로 하는 것이므로 집행정지결정을 한 후에라도 본안소송이 취하되어 소송이 계속하지 아니한 것으로 되면 집행정지결정은 당연히 그 효력이 소멸되는 것이고 별도의 취소조치를 필요로 하는 것이 아니다.[445)]

핵심판례

직접생산확인 취소처분과 집행정지결정의 관계

[1] 이 사건의 쟁점은 ① 피고가 직접생산확인 취소 대상을 '1차 취소처분 당시 유효기간이 남아 있었던 모든 제품에 대한 직접생산확인'에서 '1차 취소처분을 집행할 수 있게 된 시점에 유효기간이 남아 있는 모든 제품에 대한 직접생산확인'으로 변경할 수 있는지 여부 (변경처분 권한의 인정 여부)와 ② 위와 같은 변경처분 권한이 있다면 이 사건 처분이 그러한 변경처분에 해당하는지 여부(처분사유의 해석)이다.

[2] 직접생산확인을 받은 중소기업자가 공공기관의 장과 납품 계약을 체결한 후 직접생산하지 않은 제품을 납품하였다. 관할 행정청은 중소기업제품 구매촉진 및 판로지원에 관한 법률 제11조 제3항에 따라 당시 유효기간이 남아 있는 중소기업자의 모든 제품에 대한 직접생산확인을 취소하는 1차 취소처분을 하였다. 중소기업자는 1차 취소처분에 대하여 취소소송을 제기하였고, 집행정지결정이 이루어졌다. 그러나 결국 중소기업자의 패소판결이 확정되어 집행정지가 실효되고, 취소처분을 집행할 수 있게 되었다. 그런데 1차 취소처분 당시 유효기간이 남아 있었던 직접생산확인의 전부 또는 일부는 집행정지기간 중 유효기간이 모두 만료되었고, 1차 취소처분 당시 유효기간이 남아 있었던 직접생산확인 제품 목록과 취소처분을 집행할 수 있게 된 시점에 유효기간이 남아 있는 직접생산확인 제품 목록은 다르다. 위와 같은 경우 관할 행정청은 1차 취소처분을 집행할 수 있게 된 시점으로부터 상당한 기간 내에 직접생산확인 취소 대상을 '1차 취소처분 당시' 유효기간이 남아 있었던 모든 제품에서 '1차 취소처분을 집행할 수 있게 된 시점 또는 그와 가까운 시점'을 기준으로 유효기간이

443) 대결 1962.3.9. 62두1
444) 대판 2020.9.3. 2020두34070
445) 대결 2007.6.28. 2005무75

남아 있는 모든 제품으로 변경하는 처분을 할 수 있다. 이러한 변경처분은 중소기업자가 직접생산하지 않은 제품을 납품하였다는 점과 중소기업제품 구매촉진 및 판로지원에 관한 법률 제11조 제3항 중 제2항 제3호에 관한 부분을 각각 궁극적인 '처분하려는 원인이 되는 사실'과 '법적 근거'로 한다는 점에서 1차 취소처분과 동일하고, 제재의 실효성을 확보하기 위하여 직접생산확인 취소 대상만을 변경한 것이다.
[3] 2014.7.23.자 1차 취소처분은 순차적인 집행정지결정에 따라 2019.2.18.까지 집행정지되었다(중간에 집행정지결정을 받지 못한 15일의 기간은 논외). 집행정지기간 중에는 1차 취소처분과 관련하여 신규 신청제한 조항이 적용되지 않으므로, 그 기간 중에 이루어진 원고의 직접생산확인 신청과 이에 대한 피고의 2차 직접생산확인이 위법하다고 볼 수는 없다. 2019.2.18. 선행 취소소송에서 원고 패소판결이 확정되어 집행정지결정이 실효되고 1차 취소처분을 다시 집행할 수 있게 되었으나, 이는 장래에 향해서만 효력이 있고, 집행정지기간 중에 적법하게 이루어진 원고의 2차 직접생산확인 신청과 이에 대한 피고의 2차 직접생산확인이 소급하여 위법하게 되는 것은 아니다. 그러나 이 사건 처분은 2차 직접생산확인의 원시적 하자를 처분사유로 하여 1차 취소처분과 별개의 직접생산확인 취소처분을 하는 것이 아니라, 1차 취소처분과 '처분하려는 원인이 되는 사실'과 '법적 근거'를 같이하면서 1차 취소처분의 제재 실효성을 확보하기 위해 직접생산확인 취소 대상 제품만을 변경한 처분이라고 보아야 한다.446)

Ⅵ 집행정지결정에 대한 불복

당사자는 법원의 집행정지결정이나 집행정지결정의 취소결정, 또는 집행정지신청의 기각결정에 대하여 즉시항고를 할 수 있다. 집행정지결정에 대한 즉시항고에는 결정의 집행을 정지하는 효력이 없다(행소법 제23조 제5항, 제24조 제2항). 행정소송법 제23조 제2항에서 정한 요건을 결하였다는 이유로 효력정지 신청을 기각한 결정에 대하여 행정처분 자체의 적법 여부를 가지고 불복사유로 삼을 수는 없다.447)

446) 판로지원법은 직접생산확인 제도를 엄격히 유지할 공익상의 필요가 크다는 점을 감안하여 직접생산확인을 받고도 직접생산하지 않은 제품을 납품한 중소기업자에 대하여 반드시 모든 제품에 대한 직접생산확인을 취소하고, 그 취소된 날부터 6개월간 직접생산확인 신청을 제한하며, 공공기관의 장으로 하여금 원칙적으로 그 중소기업자와 체결한 계약의 전부 또는 일부를 해제하거나 해지하도록 하여 6개월간 중소기업자 간 경쟁입찰에서 배제되도록 한 점, 그런데 위와 같은 경우 관할 행정청이 직접생산확인 취소 대상을 취소처분을 집행할 수 있게 된 시점 또는 그와 가까운 시점을 기준으로 유효기간이 남아 있는 모든 제품에 대한 직접생산확인으로 변경할 수 없다고 보면 해당 중소기업자는 취소처분을 집행할 수 있게 된 이후에도 그 시점에 보유하고 있는 모든 제품에 대한 직접생산확인을 기초로 중소기업자 간 경쟁입찰에 계속 참가할 수 있게 되어 판로지원법이 의도한 제재 효과를 달성하지 못하게 될 뿐만 아니라 집행정지결정을 받지 않은 처분상대방은 취소처분을 집행하는 시점에 보유하고 있는 모든 제품에 대한 직접생산확인이 취소되는 불이익을 입게 되는 것과 비교할 때 집행정지결정을 받은 처분상대방에게 혜택을 부여하는 결과도 되는 점 등에 비추어 보면, 위와 같은 경우 피고는 1차 취소처분을 집행할 수 있게 된 시점으로부터 상당한 기간 내에 직접생산확인 취소 대상을 '1차 취소처분 당시' 유효기간이 남아 있었던 모든 제품에서 '1차 취소처분을 집행할 수 있게 된 시점 또는 그와 가까운 시점'을 기준으로 유효기간이 남아 있는 모든 제품으로 변경하는 처분을 할 수 있고, 이 사건 처분은 위와 같이 변경처분에 해당하므로, 선행 취소소송의 확정 판결에서 판단한 것처럼 이 사건 위반행위가 인정된다면, 이 사건 처분은 그 처분사유가 인정된다고 보아야 한다는 이유로 파기환송한 사례(대판 2020.9.3. 2020두34070)
447) 대결 2011.4.21. 2010무111[전합]

Ⅶ 집행정지결정의 취소

집행정지결정이 확정된 후, 그 결정이 공공복리에 중대한 영향을 미치거나 그 정지사유가 없어진 경우에는, 당사자의 신청 또는 직권에 의한 결정으로써 집행정지결정을 취소할 수 있다(행소법 제24조 제1항). 집행정지 취소신청에는 그 이유를 소명하여야 한다(행소법 제24조 제2항, 제23조 제4항).

핵심판례

'집행정지가 공공복리에 중대한 영향을 미치는 때'의 의미

[1] 행정소송법 제24조 제1항에서 규정하고 있는 집행정지 결정의 취소사유는 특별한 사정이 없는 한 집행정지 결정이 확정된 이후에 발생한 것이어야 하고, 그중 '집행정지가 공공복리에 중대한 영향을 미치는 때'라 함은 일반적·추상적인 공익에 대한 침해의 가능성이 아니라 당해 집행정지 결정과 관련된 구체적·개별적인 공익에 중대한 해를 입힐 개연성을 말하는 것이다.

[2] 원심은 '피신청인들 및 그 보조참가인들을 제외한 대부분의 구미초등학교 학생의 학부모들과 지역주민들이 극장 건립을 원하고 있는 점과 극장 건립이 가져올 주변지역의 개발이익 등'을 이 사건 집행정지결정의 취소사유로 들고 있으나, 피신청인들과 그 보조참가인들을 제외한 대부분의 구미초등학교 학생의 학부모들과 지역주민들이 이 사건 극장 건립을 원하고 있다는 사정만으로 이 사건 집행정지결정의 사유가 없어졌다고 볼 수 없고, 이 사건 집행정지결정으로 인하여 이 사건 극장 건립이 중단됨으로써 지역경제에 좋지 않은 영향을 미치게 된다고 하더라도 이는 간접적·반사적인 이해관계에 불과할 뿐 이 사건 집행정지결정과 관련된 구체적·개별적인 공익에 중대한 해를 입힐 개연성이 있는 경우에 해당한다고 보기 어렵다.448)

제2절 가처분

Ⅰ 가처분의 의의

가처분이란 금전 이외의 특정한 급부를 위한 청구권의 집행보전을 도모하거나(가금지), 쟁의 있는 권리관계에 관하여 임시지위를 정함(가이행)을 목적으로 하는 가구제제도를 의미한다.

Ⅱ 집행정지의 한계

소극적 가구제수단인 집행정지는 적극적으로 수익적 처분을 행할 것을 행정청에 명하거나, 장래에 예상되는 침익적 처분을 정지시키는 기능을 수행할 수 없다. 따라서 실효성 있는 임시적인 국민의 권리구제를 위하여 민사집행법상 가처분제도를 준용할 수 있는지가 문제된다.

448) 대결 2005.7.15. 2005무16

Ⅲ 항고소송에서의 가처분 인정 여부

1. 학 설

(1) 부정설

우리나라 판례와 통설의 태도이다. 행정소송법상 집행정지에 관한 규정은 민사집행법상 가처분제도에 대한 특별규정이므로, 민사집행법상 가처분을 배제한다는 뜻을 포함하는 것이다. 행정소송에서의 가구제는 본안소송의 범위 내에서만 인정되는 것으로 보아야 하는데, 우리 행정소송법은 의무이행소송을 인정하고 있지 않으므로 소극설이 합당하다는 견해이다.

(2) 긍정설

우리 행정소송법은 가처분을 배제하는 규정을 특별히 두고 있지 않으므로, 가처분에 관한 민사집행법의 규정이 행정소송에 준용되어야 한다. 가처분을 통하여 국민의 권리보호를 실효성 있게 하는 것은 사법권의 범위에 속하는 것이며, 헌법 제27조 제1항이 보장하는 재판을 받을 권리에도 포함된다는 견해이다.

(3) 제한적 긍정설

집행정지제도로는 가구제가 되지 아니하는 경우에는, 가처분제도를 활용하여 행정처분에 따르는 불이익을 잠정적이나마 배제할 필요가 있다는 견해이다.

2. 판 례

판례는 항고소송의 대상이 되는 처분 등의 효력이나, 그 집행 또는 절차의 속행 등의 정지를 구하는 신청은, 행정소송법상 집행정지신청의 방법으로만 가능할 뿐, 민사소송법상 가처분의 방법으로는 허용될 수 없다고 한다.449)

3. 검 토

생각건대 의무이행소송을 본안소송으로 인정하지 아니하고 있는 우리 행정소송법상, 부작위나 거부처분에 대한 가처분은 인정하기 어려울 것으로 보인다.

Ⅳ 당사자소송에서의 가처분

당사자소송에 대하여는 행정소송법 제23조 제2항의 집행정지에 관한 규정이 준용되지 아니하므로, 당사자소송을 본안으로 하는 가처분에 대하여는 행정소송법 제8조 제2항에 따라, 민사집행법상 가처분에 관한 규정이 준용된다. 판례도 같은 태도이다.450)

---

449) 대판 2009.11.2. 2009마596
450) 대결 2015.8.21. 2015무26

07 취소소송의 가구제

※ 기출문제해설의 답안은 참고용으로 활용하시기 바랍니다.

기출문제 Ⅰ 2016년 제25회 공인노무사시험

제1문

다음 질문에 답하시오(단, 행정쟁송법과 무관한 노동법적인 쟁점에 대해서는 서술하지 말 것).

물음 1

A회사에 근무하는 근로자 甲은 사용자와의 임금 인상에 관한 문제를 해결하고 근로조건의 개선을 도모하고자, A회사에 노동조합을 조직하고 관할 시장 乙에게 설립신고서를 제출하였다. 이에 관할 시장 乙은 A회사 노동조합 설립신고서에는 'A회사로부터 해고되어 노동위원회에 부당노동행위의 구제신청을 하고, 중앙노동위원회의 재심판정이 있기 전의 자'를 조합원으로 가입시킬 수 있다고 명시되어 있고, 이는 「노동조합 및 노동관계조정법」 제2조 제4호 라목의 '근로자가 아닌 자의 가입을 허용하는 경우'에 해당한다는 이유로, 甲의 설립신고서를 반려하였다. 관할 시장 乙의 설립신고서 반려행위에 대하여 취소소송을 통한 권리구제방안을 논하시오. (35점)

▌목 차▐

예시답안 Ⅰ 2016년 제25회 공인노무사시험

Ⅰ 논점의 정리

본 사안에서 관할 시장 乙은 노동조합 설립신고서를 반려한 바,

ⅰ) 관할 시장 乙의 설립신고서 반려행위에 대한 취소소송의 적법 여부가 우선 문제되고,

ⅱ) 만약 적법하다면 취소소송에서 인용판결 이전의 권리구제방안과 관련하여 가구제가 가능한지, 취소소송에서 인용판결 이후의 권리구제방안으로 기속력(재처분의무)의 유무와 간접강제의 가부가 문제된다.

Ⅱ 관할 시장 乙의 설립신고서 반려행위에 대한 취소소송의 적법 여부

1. 취소소송의 대상인 거부처분의 요건

(1) 공권력 행사의 거부일 것

행정청의 거부가 처분성을 가지기 위해서는 그 신청행위가 공권력의 행사 또는 그 거부와 이에 준하는 행정작용이어야 한다.

(2) 거부행위가 신청인의 법률관계에 영향을 미칠 것

거부행위는 신청인의 권리·의무에 직접적인 변동을 일으키는 것이어야 한다.

(3) 법규상·조리상 신청권의 존재

1) 학 설

① 본안요건설

행소법상 거부는 부작위 개념과는 달리 위법성을 전제로 하지 아니하므로, 신청권을 요구하여 국민의 권리구제의 길을 축소하는 것보다는 본안의 요건으로 보는 것이 타당하다는 견해이다.

② 소송요건설

신청권을 거부처분의 요건으로 보고, 신청권이 있는 자에게는 당연히 거부처분을 다툴 원고적격이 인정된다고 보는 거부처분요건설과, 신청권을 원고적격의 문제로 보는 원고적격설이 있다.

2) 판 례

판례는 신청권을 거부처분취소소송의 소송요건으로 해석하여 법규상·조리상 신청권이 없는 경우에는, 거부행위의 처분성을 인정하지 아니하는 경향을 보이고 있다.

3) 검 토

행소법은 신청권에 대응하는 처분의무를 부작위의 요소로 규정하고 있고(행소법 제2조 제1항 제2호), 거부처분 개념은 부작위 개념과도 연결되어 있으므로, 현행 행소법하에서는 신청권을 거부처분의 요건으로 보는 것이 타당하다고 판단된다.

2. 노동조합 설립신고서의 반려

(1) 노동조합 설립신고의 법적 성질

노조법 제2조, 제10조는 노동조합 설립신고를 할 경우 행정청이 실질적 심사를 할 것을 규정하고 있으므로, 노동조합의 설립신고는 수리를 요하는 신고에 해당한다.

(2) 수리를 요하는 신고의 수리 거부의 경우

행정요건적 신고의 경우에는, 그 수리 거부행위가 행소법상 처분 개념에 해당하여 행정쟁송을 제기할 수 있다는 것이 학설과 판례의 일관된 입장이다.

3. 검 토

乙이 설립신고서를 반려함으로써 근로자 甲은 헌법상 보장된 근로3권의 행사를 제한받고 있으며, 또한 노조법 제10조는 설립의 신고에 관한 명문의 규정을 두고 있어 甲에게 노동조합의 설립신고를 할 법규상 신청권이 인정되고, 관할 시장 乙의 설립신고서 반려는 수리를 요하는 신고의 수리 거부에 해당하므로 乙의 설립신고서 반려는 취소소송의 대상이 될 수 있는 처분에 해당한다. 한편, 노조법 제10조는 甲의 사익도 보호하는 규정이라고 할 것이므로, 甲에게는 노동조합의 설립신고 거부처분의 취소를 구할 원고적격도 인정된다. 따라서 甲은 乙을 상대로 설립신고 거부처분의 취소소송을 제기하여 권리구제를 받을 수 있다.

Ⅲ 취소소송에서 인용판결 이전의 권리구제방안

1. 집행정지

(1) 의 의

우리 행소법은 취소소송의 제기는 처분 등의 효력이나, 그 집행 또는 절차의 속행에 영향을 주지 아니한다고 규정하여 집행부정지의 원칙을 취하면서, 행소법 제23조에서는 처분 등의 효력이나, 그 집행 또는 절차의 속행으로 인하여 생길 회복하기 어려운 손해를 예방하기 위하여 긴급한 필요가 있다고 인정할 경우에만, 예외적으로 집행정지를 인정하고 있다.

(2) 신청의 이익

1) 문제점

거부처분에도 집행정지의 실익이 있는지가 문제된다.

2) 학 설

① 부정설

행소법 제23조 제6항은, 제30조 제2항을 준용하고 있지 아니하여 행정청의 재처분의무가 인정되지 아니하므로, 거부처분의 집행을 정지하더라도 거부처분이 있기 전인 신청 시의 상태로 돌아가는 것에 불과하다는 견해로, 손해 발생을 방지할 실익이 없다는 점을 논거로 한다.

② 긍정설

행소법 제23조 제6항을 예시적으로 해석하여 재처분의무를 인정하고, 인용결정에 따라 행정청이 재처분의무를 이행하면 손해 발생을 방지할 실익이 있다는 점을 논거로, 거부처분의 집행정지를 인정하는 입장이다.

③ 제한적 긍정설(예외적 긍정설)

원칙적으로 거부처분에 대하여는 집행정지가 불가하지만, 거부처분이 없는 상태로 돌아가는 것 자체만으로도 신청인에게 어떤 법적 이익이 인정되는 경우에는, 예외적으로 거부처분의 집행정지를 인정하는 입장이다.

3) 판 례

판례는 거부처분에 대한 집행정지를 인정한다 하더라도, 그 거부처분이 없었던 것과 같은 상태를 만드는 것에 지나지 아니한 것이고, 그 이상으로 행정청에 대하여 어떠한 처분을 명하는 등 적극적인 상태를 만들어 낼 수는 없다는 이유로, 거부처분에 대한 집행정지신청을 각하한 바 있다.

4) 검 토

가구제인 집행정지는 본안판결의 내용을 초과할 수 없으므로, 거부처분에 대한 집행정지는 허용될 수 없다고 하여야 하나, 갱신신청에 대한 거부처분의 경우에는, 종전처분의 효력을 유지하는 것에 지나지 아니하여 허용하는 것이 바람직하므로, 제한적 긍정설이 타당하다고 판단된다.

2. 가처분

(1) 문제점

소극적 가구제수단인 집행정지는 적극적으로 수익적 처분을 행할 것을 행정청에 명하거나, 장래에 예상되는 침익적 처분을 정지시키는 기능을 수행할 수 없다. 따라서 실효성 있는 임시적인 국민의 권리구제를 위하여 민사집행법상 가처분제도(가처분이란 금전 이외의 특정한 급부를 위한 청구권의 집행보전을 도모하거나(가금지), 쟁의 있는 권리관계에 관하여 임시지위를 정함(가이행)을 목적으로 하는 가구제제도를 의미한다)를 준용할 수 있는지가 문제된다.

(2) 학 설

1) 부정설

행소법상 집행정지에 관한 규정은 민사집행법상 가처분제도에 대한 특별규정이므로, 민사집행법상 가처분을 배제한다는 뜻을 포함하는 것이다. 행정소송에서의 가구제는 본안소송의 범위 내에서만 인정되는 것으로 보아야 하는데, 우리 행소법은 의무이행소송을 인정하고 있지 않으므로, 소극설이 합당하다는 견해이다.

2) 긍정설

우리 행소법은 가처분을 배제하는 규정을 특별히 두고 있지 않으므로, 가처분에 관한 민사집행법의 규정이 행정소송에 준용되어야 한다. 가처분을 통하여 국민의 권리보호를 실효성 있게 하는 것은 사법권의 범위에 속하는 것이며, 헌법 제27조 제1항이 보장하는 재판을 받을 권리에도 포함된다는 견해이다.

3) 제한적 긍정설

집행정지제도로는 가구제가 되지 아니하는 경우에는, 가처분제도를 활용하여 행정처분에 따르는 불이익을 잠정적이나마 배제할 필요가 있다는 견해이다.

(3) 판 례

판례는 항고소송에서는 오직 집행정지신청에 의하여만 가능하고, 민사집행법상 가처분에 관한 규정은 민사판결절차에 의하여 보호받을 수 있는 권리에 관한 것이므로, 행정소송에서는 가처분을 인정하지 않는다고 판시하고 있다.

(4) 검 토

생각건대 의무이행소송을 본안소송으로 인정하지 아니하고 있는 우리 행소법상, 부작위나 거부처분에 대한 가처분은 인정하기 어려울 것으로 보인다.

3. 사안의 경우

관할 시장 乙의 거부처분에 대한 집행정지는 신청의 이익이 없고, 민사집행법상 가처분에 관한 규정을 항고소송에 적용할 수 없으므로, 가구제는 불가능하다.

Ⅳ 취소소송에서 인용판결 이후의 권리구제방안

1. 기속력

판결에 의하여 취소되는 처분이 당사자의 신청을 거부하는 것을 내용으로 하는 경우에는, 그 처분을 한 행정청은 판결의 취지에 따라 다시 이전의 신청에 대한 처분을 하여야 한다(행소법 제30조).

2. 간접강제

행정청이 거부처분 취소에 따른 재처분의무를 이행하지 아니하는 경우에는, 제1심 수소법원이 당사자의 신청에 의한 결정으로써 상당한 기간을 정하고, 행정청이 그 기간 내에 이행하지 아니하면 그 지연기간에 따라 일정한 배상을 하도록 명하거나, 즉시 손해배상을 할 것을 명할 수 있다(행소법 제34조).

3. 검 토

甲이 제기한 취소소송의 판결이 확정되고, 그 판결의 취지에 따라 인용하지 아니하고 거부한 것이 위법하다면, 관할 시장 乙은 취소판결의 취지에 따라 설립신고를 수리하여야 한다. 이때 수리를 거부하거나 부작위한다면, 甲은 간접강제를 신청할 수 있다.

Ⅴ 사안의 적용

노동조합의 설립신고는 수리를 요하는 신고로, 그 수리 거부는 거부처분에 해당한다. 따라서 甲은 적법하게 취소소송을 제기할 수 있으나, 집행정지와 가처분 같은 임시적 권리구제는 불가능하다. 관할 시장 乙은 취소판결이 확정되면 판결의 취지에 따라 재처분을 하여야 하고, 거부나 부작위하는 경우에는 간접강제가 가능하다.

Ⅵ 결 론

甲은 노동조합의 설립신고 거부처분에 대하여 취소소송으로 다툴 수 있고, 취소소송에서 인용판결이 확정되면 간접강제를 고려할 수 있다.

07 취소소송의 가구제

※ 기출문제해설의 답안은 참고용으로 활용하시기 바랍니다.

기출문제 Ⅰ 2020년 제9회 변호사시험

제1문의2

A국 국적의 외국인인 甲은 자국 정부로부터 정치적 박해를 받고 있었다. 甲은 2018.11.20. 인천국제공항에 도착하여 입국심사과정에서 난민신청의사를 밝히고 난민법상 출입국항에서의 난민인정신청을 하였다. 인천국제공항 출입국관리공무원은 2018.11.20. 甲에 대하여 입국목적이 사증에 부합함을 증명하지 못하였다는 이유로 입국불허결정을 하고, 甲이 타고 온 외국항공사에 대하여 甲을 국외로 송환하라는 송환지시서를 발부하였다. 이에 甲은 출입국 당국의 결정에 불만을 표시하며 자신을 난민으로 인정해 달라고 요청하였고, 당국은 甲에게 난민심사를 위하여 일단 인천공항 내 송환대기실에 대기할 것을 명하였다. 인천공항 송환대기실은 입국이 불허된 외국인들이 국외송환에 앞서 임시로 머무는 곳인데, 이곳은 외부와의 출입이 통제되는 곳으로 甲이 자신의 의사에 따라 대기실 밖으로 나갈 수 없는 구조로 되어 있었다. 출입국 당국은 2018.11.26. 甲에 대하여 난민인정거부처분을 하였고, 甲은 이에 불복하여 2018.11.28. 난민인정거부처분 취소의 소를 제기하는 한편, 2018.12.19. 자신에 대한 수용(收容)을 해제할 것을 요구하는 인신보호청구의 소를 제기하였다. 한편 난민전문 변호사로 활동하고 있는 乙은 甲의 변호인으로 선임된 후, 2019.4.1. 송환대기실에서 생활 중이던 甲에 대한 접견을 당국에 신청하였으나, 당국은 송환대기실 내 수용된 입국불허자에게 접견권을 인정할 법적 근거가 없다는 이유로 이를 거부하였다. 실제로 송환대기실 수용자의 접견에 관한 관련 법상 조항은 없다.

설문 4

甲의 난민인정거부처분취소소송 중 잠정적으로 甲의 권리를 보전할 수 있는 가구제 수단을 검토하시오. (15점)

예시답안 Ⅰ 2020년 제9회 변호사시험

Ⅰ 논점의 정리

출입국 당국의 난민인정거부처분에 대하여 甲은 가구제 수단으로서 집행정지(행소법 제23조)나 가처분(행소법 제8조 제2항, 민사집행법 제300조)을 생각할 수 있는 바, 이러한 수단들이 甲의 권리를 보전할 수 있는 적절한 구제수단인지 여부를 검토하기로 한다.

Ⅱ 난민인정거부처분취소소송 중 가구제 수단

1. 집행정지

(1) 집행정지의 요건

1) 적극적 요건

① 적법한 본안소송의 계속

② 처분 등의 존재

㉠ 내 용

㉡ 거부처분의 집행정지의 대상 여부

㉮ 학 설

㉯ 판례 : 판례는 거부처분에 대한 집행정지를 인정한다 하더라도, 그 거부처분이 없었던 것과 같은 상태를 만드는 것에 지나지 아니한 것이고, 그 이상으로 행정청에 대하여 어떠한 처분을 명하는 등 적극적인 상태를 만들어 낼 수는 없다는 이유로, 거부처분에 대한 집행정지신청을 각하한 바 있다.[451]

㉰ 검토 : 가구제인 집행정지는 본안판결의 내용을 초과할 수 없으므로, 거부처분에 대한 집행정지는 허용될 수 없다고 하여야 하나, 갱신신청에 대한 거부처분의 경우에는, 종전처분의 효력을 유지하는 것에 지나지 아니하여 허용하는 것이 바람직하므로, 제한적 긍정설이 타당하다고 판단된다.

③ 회복하기 어려운 손해예방의 필요 : 회복하기 어려운 손해란 금전으로 보상할 수 없는 손해로, 이는 금전보상이 불능인 경우뿐만 아니라 금전보상으로는 사회관념상 행정처분을 받은 당사자가 수인할 수 없거나, 또는 수인하기가 현저히 곤란한 유형·무형의 손해를 의미한다.[452] 당사자가 처분 등이나, 그 집행 또는 절차의 속행으로 인하여 재산상 손해를 입거나 기업 이미지 및 신용이 훼손당하였다고 주장하는 경우, 그 손해가 금전으로 보상할 수 없어 '회복하기 어려운 손해'에 해당한다고 하기 위해서는, 그 경제적 손실이나 기업 이미지 및 신용의 훼손으로 인하여 사업자의 자금사정이나 경영 전반에 미치는 파급효과가 매우 중대하여, 사업 자체를 계속할 수 없거나 중대한 경영상 위기를 맞게 될 것으로 보이는 등의 사정이 존재하여야 한다.[453]

④ 긴급한 필요의 존재

451) 대결 1991.5.2. 91두15
452) 대결 2004.5.17. 2004무6
453) 대결 2003.4.25. 2003무2

2) 소극적 요건

① 공공복리에 중대한 영향을 미칠 우려가 없을 것

② 본안청구가 이유 없음이 명백하지 않을 것

(2) 집행정지결정의 내용

(3) 검 토

사안은 난민인정신청이 거부된 경우이므로, 집행정지결정에 의하여 거부처분 전의 상태가 됨에 따라 甲에게 회복되는 법적 이익이 있는 경우에 해당하지 아니한다. 따라서 출입국 당국의 난민인정거부처분에 대한 甲의 집행정지신청은 인정되지 아니할 것이다.

2. 가처분

(1) 학 설

(2) 판 례

(3) 검 토

생각건대 의무이행소송을 본안소송으로 인정하지 아니하고 있는 우리 행소법상, 부작위나 거부처분에 대한 가처분신청은 인정되기 어려울 것으로 보인다. 따라서 출입국 당국의 난민인정거부처분에 대한 甲의 가처분신청은 인정되지 아니할 것이다.

Ⅲ 사안의 적용

제한적 긍정설에 의하여 판단하건대 사안은 난민인정신청이 거부된 경우이므로, 집행정지결정에 의하여 거부처분 전의 상태가 됨에 따라 甲에게 회복되는 법적 이익이 있는 경우에 해당하지 아니한다. 따라서 출입국 당국의 난민인정거부처분에 대한 甲의 집행정지신청은 인정되지 아니할 것이다. 또한 의무이행소송을 본안소송으로 인정하지 아니하고 있는 우리 행소법상, 출입국 당국의 난민인정거부처분에 대한 甲의 가처분신청도 인정되지 아니할 것이다.

Ⅳ 결 론

CHAPTER ☑ 주요논점 ☐ 최신 기출문제해설 ☐ 주요 기출문제해설

08 청구의 병합과 소의 변경

제1절 관련 청구소송의 병합 · 이송

I 관련 청구소송의 병합

1. 의 의

(1) 개 념

행정소송법상 관련 청구소송의 병합이라 함은, 취소소송 또는 무효등확인소송에 당해 취소소송 등과 관련이 있는 청구소송을 병합하여 제기하는 것을 말한다(행소법 제10조 제2항).

(2) 취 지

관련 청구소송의 병합뿐만 아니라 이송의 경우에도, 판결의 모순 · 저촉을 방지하여 분쟁의 일회적 해결을 도모하고, 당사자의 신속한 재판을 받을 권리를 보장하며, 법원의 심리 · 재판의 부담을 덜어 소송경제에 기여하는 데 그 의의가 있다.

2. 관련 청구소송의 범위

(1) 당해 처분 등과 관련되는 손해배상 등 청구소송(행소법 제10조 제1항 제1호)

처분 등과 관련되는 손해배상 · 부당이득 반환 · 원상회복 등의 청구란, 청구의 내용 또는 발생원인이 행정소송의 대상인 처분 등과 사실상 또는 법률상 공통되는 관계에 있는 청구를 말하는 바, 예컨대 조세부과처분 취소소송에 조세과오납금 환급청구소송을, 처분에 대한 취소소송에 당해 처분으로 인한 손해에 대한 국가배상소송을 병합하는 경우 등이 이에 해당한다.

(2) 당해 처분 등과 관련되는 취소소송(행소법 제10조 제1항 제2호)

1) 처분 등과 관련되는 취소소송의 범위

처분 등과 관련되는 취소소송에는 ① 경원자관계에서 수익적 처분을 받지 못한 자가 제기한 자신에 대한 거부처분의 취소청구와 상대방에 대한 면허처분의 취소청구, ② 대집행절차에서 계고처분과 대집행영장에 의한 통지와 같이 당해 처분과 함께 하나의 절차를 구성하는 행위의 취소소송, ③ 원처분에 대한 소송에 재결의 취소소송을 병합하여 제기하는 경우 등이 이에 해당한다.

2) 문제되는 경우

항고소송에 당사자소송을 병합할 수 있는지가 문제될 수 있으나, 양 청구가 상호 관련되는 청구인 경우에는 병합이 가능하다고 하여야 한다.[454] 당사자소송에 항고소송을 병합하는 것은 명문의 규정이 있다(행소법 제44조 제2항, 제10조).

454) 대판 1992.12.24. 92누3335

3. 병합의 종류

(1) 원시적 병합과 후발적 병합

원시적 병합이란 취소소송 등과 관련 청구소송을 처음부터 함께 제기하는 병합형태를 의미하고, 후발적 병합이란 계속 중인 취소소송 등에 관련 청구소송을 나중에 제기하는 병합형태를 의미한다.

(2) 객관적 병합과 주관적 병합

객관적 병합이란 원고가 하나의 소송절차에서 여러 개의 청구를 하는 병합형태를 의미하고, 주관적 병합은 한 개의 소송절차에 3인 이상의 자가 동시에 또는 시기를 달리하여 절차에 관여하는 병합형태를 의미한다.

4. 요 건

(1) 취소소송 등에 병합할 것

취소소송 등이 주된 소송이므로, 관련 청구소송을 취소소송 등에 병합하여야 한다.

(2) 각 청구소송이 적법할 것

주된 취소소송 등과 관련 청구소송은 각각 적법한 소송요건을 갖추어야 한다.

(3) 관련 청구소송이 병합될 것

관련 청구소송이라 함은, 주된 취소소송 등의 대상인 처분 등과 관련되는 손해배상·부당이득 반환·원상회복 등의 청구소송 및 취소소송을 말한다. 처분 등과 관련되는 손해배상·부당이득 반환·원상회복 등의 청구라 함은, 손해배상청구 등의 청구내용 또는 발생원인이 행정소송의 대상인 처분 등과 법률상 또는 사실상 공통되거나, 그 처분의 효력 또는 존부 유무가 선결문제로 되는 등의 관계에 있는 청구를 말한다.[455]

(4) 주된 취소소송이 사실심에 계속 중일 것

주된 취소소송이 사실심변론 종결 전이어야 한다.

핵심판례

1. **행정소송에 민사소송을 병합하기 위한 요건**

   [1] 행정소송법 제10조 제1항 제1호는 행정소송에 병합될 수 있는 관련청구에 관하여 '당해 처분 등과 관련되는 손해배상·부당이득반환·원상회복 등의 청구'라고 규정함으로써 그 병합요건으로 본래의 행정소송과의 관련성을 요구하고 있는바, 이는 행정소송에서 계쟁 처분의 효력을 장기간 불확정한 상태에 두는 것은 바람직하지 않다는 관점에서 병합될 수 있는 청구의 범위를 한정함으로써 사건의 심리범위가 확대·복잡화되는 것을 방지하여 그 심판의 신속을 도모하려는 취지라 할 것이므로, 손해배상청구 등의 민사소송이 행정소송에 관련청구로 병합되기 위해서는 그 청구의 내용 또는 발생원인이 행정소송의 대상인 처분 등과 법률상 또는 사실상 공통되거나, 그 처분의 효력이나 존부 유무가 선결문제로 되는 등의 관계에 있어야 함이 원칙이다.

455) 대판 2000.10.27. 99두561

[2] 공공사업의 시행을 위한 토지수용사건에 있어서 심리의 대상으로 되는 적법한 수용에 따른 손실보상청구권과 당해 공공사업과 관련하여 사업인정 전에 사업을 시행하여 타인의 재산권을 침해하게 됨에 따라 발생하게 된 손해배상청구권은 위 각 권리가 적법한 행위에 의하여 발생한 것인가 아닌가의 차이가 날 뿐 그것들이 하나의 동일한 공공사업의 시행과 관련하여 타인의 재산권을 침해한 사실로 인하여 발생하였다는 점에서 위 각 청구의 발생원인은 법률상 또는 사실상 공통된다 할 것이고, 토지수용사건에 이러한 손해배상청구사건을 병합하여 함께 심리·판단함으로써 얻게 되는 당사자의 소송경제와 편의 등의 효용에 비하여 심리범위를 확대·복잡화함으로써 심판의 신속을 해치는 폐단이 통상의 경우보다 크다고 할 수도 없으므로, 이와 같은 경우 토지수용사건에 병합된 손해배상청구는 행정소송법 제10조 제2항, 제1항 제1호, 제44조 제2항에 따른 관련청구로서의 병합요건을 갖춘 것으로 보아야 한다.456)

2. **당사자소송에 민사소송의 병합을 인정한 사례**

[1] 고용보험 및 산업재해보상보험의 보험료징수 등에 관한 법률 제4조, 제16조의2, 제17조, 제19조, 제23조의 각 규정에 의하면, 사업주가 당연가입자가 되는 고용보험 및 산재보험에서 보험료 납부의무 부존재확인의 소는 공법상의 법률관계 자체를 다투는 소송으로서 공법상 당사자소송이다.

[2] 갑에게서 주택 등 신축 공사를 수급한 을이 사업주를 갑으로 기재한 갑 명의의 고용보험·산재보험관계 성립신고서를 근로복지공단에 작성·제출하여 갑이 고용·산재보험료 일부를 납부하였고, 국민건강보험공단이 갑에게 나머지 보험료를 납부할 것을 독촉하였는데, 갑이 국민건강보험공단을 상대로 이미 납부한 보험료는 부당이득으로서 반환을 구하고 국민건강보험공단이 납부를 독촉하는 보험료채무는 부존재확인을 구하는 소를 제기한 사안에서, 이는 행정소송인 공법상 당사자소송과 행정소송법 제10조 제2항, 제44조 제2항에 규정된 관련청구소송으로서 부당이득반환을 구하는 민사소송이 병합하여 제기된 경우에 해당하므로, 원심법원인 인천지방법원 합의부는 항소심으로서 민사소송법 제34조 제1항, 법원조직법 제28조 제1호에 따라 사건을 관할법원인 서울고등법원에 이송했어야 옳다고 한 사례.

[3] 고용보험 및 산업재해보상보험의 보험료징수 등에 관한 법률 제4조는 고용보험법 및 산업재해보상보험법에 따른 보험사업에 관하여 이 법에서 정한 사항은 고용노동부장관으로부터 위탁을 받아 근로복지공단이 수행하되, 보험료의 체납관리 등의 징수업무는 국민건강보험공단이 고용노동부장관으로부터 위탁을 받아 수행한다고 규정하고 있다. 따라서 고용·산재보험료의 귀속주체, 즉 사업주가 각 보험료 납부의무를 부담하는 상대방은 근로복지공단이고, 국민건강보험공단은 단지 각 보험료의 징수업무를 수행하는 데에 불과하므로, 고용·산재보험료 납부의무 부존재확인의 소는 근로복지공단을 피고로 하여 제기하여야 한다. 그리고 행정소송법상 당사자소송에서 원고가 피고를 잘못 지정한 때에는 법원은 원고의 신청에 의하여 결정으로써 피고의 경정을 허가할 수 있으므로(행정소송법 제44조 제1항, 제14조), 원고가 피고를 잘못 지정한 것으로 보이는 경우 법원으로서는 마땅히 석명권을 행사하여 원고로 하여금 정당한 피고로 경정하게 하여 소송을 진행하도록 하여야 한다.

[4] 건설업에서의 고용·산재보험료와 같이 신고납부 방식으로 징수되는 고용·산재보험료에 있어서는 근로복지공단의 보험료 부과처분 없이 납부의무자의 신고행위에 의하여 보험료 납부의무가 확정되므로 원심에서 추가된 청구취지에서 말하는 피고의 부과처분은 보험료 부과처분이 아닌 보험료 징수처분을 의미하는 것으로 보인다. 그런데 최초 제기된 이 사건 소가 당사자소송과 관련청구소송이 병합된 소송임은 앞서 본 바와 같으므로 여기에 항고소송인 보험료 징수처분의 무효확인을 구하는 청구를 추가하는 것은 행정소송법 제44조 제2항, 제10조에 따라 허용된다고 보아야 한다. 그럼에도 불구하고 원심이 이와 달리 원고의 이러한 청구취지 변경을 판결로써 불허한 것은 잘못이다.457)

---

456) 대판 2000.10.27. 99두561

457) 대판 2016.10.13. 2016다221658

5. 병합요건의 조사

병합요건은 법원의 직권조사사항이다.

6. 병합된 관련 청구소송의 판결

(1) 민사소송이 관련 청구소송으로 병합된 후 취소소송이 부적법각하된 경우

취소소송에 관련 청구소송을 병합하여 제기한 후 취소소송이 부적법각하된 경우에는, 소송경제상 행정법원은 행정사건과 분리하여 독립적으로 민사사건을 처리할 수 있도록 하는 것이 타당하나, 판례는 본래의 취소소송이 부적법각하되면 그에 병합된 관련 청구소송도 소송요건을 결한 것으로 보아 부적법각하되어야 한다고 판시하고 있다.[458)]

(2) 취소소송에 당해 처분의 취소를 선결문제로 하는 부당이득 반환청구가 병합된 경우

판례는 취소소송에 부당이득 반환청구가 병합되어 제기된 경우, 부당이득 반환청구가 인용되기 위해서는 소송절차에서 당해 처분이 취소되면 충분하고, 그 처분의 취소가 확정되어야 하는 것은 아니라고 보고 있다.[459)]

(3) 당사자소송이 관련 청구소송으로 병합된 후 취소소송이 부적법각하된 경우

판례는 취소소송 등에 당사자소송을 병합청구한 경우 취소소송 등이 부적법하다면, 법원은 청구의 기초에 변경이 없는 한 당초의 청구가 부적법하다는 이유로 병합된 청구까지 각하할 것이 아니라, 병합청구 당시에 유효한 소의 변경의 청구가 있었던 것으로 보아 이를 허가함이 타당하다고 판시하고 있다.[460)]

Ⅱ 관련 청구소송의 이송[461)]

1. 의 의

관련 청구소송의 이송이란 취소소송 등과 관련 청구소송이 각각 다른 법원에 계속되고 있는 경우, 관련 청구소송이 계속된 법원이 상당하다고 인정하는 때에 이를 취소소송이 계속된 법원으로 이송하는 제도를 의미한다(행소법 제10조 제1항).

2. 이송의 요건

당해 취소소송과 관련 청구소송이 다른 법원에 계속되고 있어야 한다. 또한 병합심리함이 상당하다고 관련 청구소송이 계속된 법원이 인정하는 경우, 당사자의 신청이나 직권에 의한 결정으로써 관련 청구소송을 주된 취소소송이 계속된 법원으로 이송하여야 한다.

458) 대판 2001.11.27. 2000두697
459) 대판 2009.4.9. 2008두23153
460) 대판 1992.12.24. 92누3335
461) 관할위반으로 인한 이송 등에 대하여는 CHAPTER 04 취소소송의 기타 소송요건 제3절 관할법원 Ⅱ 소송의 이송을 참조하라.

3. 이송의 효과

(1) 이송결정의 기속력

이송결정이 확정되면 그 결정은 이송받은 법원을 구속하므로, 소송을 이송받은 법원은 이송결정에 따라야 하고, 사건을 다시 다른 법원에 이송하지 못한다(민소법 제38조).

(2) 소송계속의 이전

이송결정이 확정되면 소송은 처음부터 이송받은 법원에 계속된 것으로 본다. 따라서 소 제기에 의한 시효 중단이나 법률상 기간 준수의 효력은 그대로 유지된다.

제2절 소의 변경

I 소의 변경의 의의

1. 개 념

소의 변경이란 소송의 계속 중 원고가 소송대상인 청구(소송물)를 변경하는 것을 의미한다.

2. 취 지

행정소송은 그 종류가 다양하고 소송요건도 각기 다르므로, 원고의 이익 및 신속한 재판을 받을 권리의 보장과 분쟁의 일회적 해결을 도모하기 위하여 인정된다.

II 행정소송법에 의한 소의 변경

1. 소송 종류의 변경을 위한 소의 변경(행소법 제21조)

(1) 의 의

행정소송의 경우, 여러 종류의 권리구제를 위하여 어떠한 종류의 소송을 선택하여야 하는지 명확하지 않아, 그 종류를 잘못 선택할 위험이 있다. 따라서 권리구제의 실효성을 높이기 위하여 행정소송 간의 소의 변경을 인정할 필요가 있어, 행정소송법은 이를 인정하고 있다.

(2) 유 형

1) 항고소송 간의 변경

취소소송을 무효등확인소송이나 부작위위법확인소송으로 변경하거나(행소법 제21조 제1항), 무효등확인소송이나 부작위위법확인소송을 취소소송으로 변경하는 것이 가능하다(행소법 제37조). 거부처분이 있었음에도 부작위로 인식하여 부작위위법확인소송을 제기한 경우에, 이 규정(행소법 제37조)에 의하여 부작위위법확인소송을 취소소송으로 변경하는 것이 가능하다.

2) 항고소송과 당사자소송 간의 변경

취소소송, 무효등확인소송을 당해 처분 등에 관계되는 사무가 귀속되는 국가 또는 공공단체에 대한 당사자소송으로 변경하거나(행소법 제21조 제1항, 제37조), 당사자소송을 항고소송으로 변경하는 것이 가능하다(행소법 제42조).

이 경우의 소의 변경에는 당사자(피고)의 변경이 수반된다. 이 점은 민사소송에서의 소의 변경과 다르다. 행정소송법은 소의 종류의 변경에 따르는 피고의 경정을 인정하고 있다(행소법 제21조 제4항). 원고가 고의 또는 중대한 과실 없이 당사자소송으로 제기하여야 할 것을 항고소송으로 잘못 제기한 경우에, 당사자소송으로서의 소송요건을 결하고 있음이 명백하여 당사자소송으로 제기되었더라도 부적법하게 되는 경우가 아닌 한, 법원으로서는 원고로 하여금 당사자소송으로 소의 변경을 하도록 하여 심리・판단하여야 한다.462) 또한 원고가 고의 또는 중대한 과실 없이 항고소송으로 제기하여야 할 것을 당사자소송으로 잘못 제기한 경우에 항고소송의 소송요건을 구비하지 못했음이 명백하여 항고소송으로 제기되었더라도 부적법하게 되는 경우가 아닌 한 법원으로서는 원고가 항고소송으로 소의 변경을 하도록 석명권을 행사하여 행정청의 처분이나 부작위가 적법한지의 여부를 심리・판단하여야 한다.463)

핵심판례

1. 항고소송으로 잘못 제기한 경우 당사자소송으로의 소의 변경 허용 여부

[1] 공법상 법률관계에 관한 당사자소송에서는, 그 법률관계의 한 쪽 당사자를 피고로 하여 소송을 제기하여야 한다(행정소송법 제3조 제2호, 제39조). 다만, 원고가 고의 또는 중대한 과실 없이 당사자소송으로 제기하여야 할 것을 항고소송으로 잘못 제기한 경우, 당사자소송으로서의 소송요건을 결하고 있음이 명백하여 당사자소송으로 제기되었더라도 어차피 부적법하게 되는 경우가 아닌 이상, 법원으로서는 원고가 당사자소송으로 소의 변경을 하도록 하여 심리・판단하여야 한다.

[2] 명예퇴직수당 지급대상자의 결정과 수당액 산정 등에 관한 구 국가공무원법 제74조의2 제1항・제4항, 구 법관 및 법원공무원 명예퇴직수당 등 지급규칙(이하 '명예퇴직수당규칙') 제3조 제1항・제2항, 제7조, 제4조 [별표 1]의 내용과 취지 등에 비추어 보면, 명예퇴직수당은 명예퇴직수당 지급신청자 중에서 일정한 심사를 거쳐 피고가 명예퇴직수당 지급대상자로 결정한 경우 비로소 지급될 수 있지만, 명예퇴직수당 지급대상자로 결정된 법관에 대하여 지급할 수당액은 명예퇴직수당규칙 제4조 [별표 1]에 산정기준이 정하여져 있으므로, 위 법관은 위 규정에서 정한 정당한 산정기준에 따라 산정된 명예퇴직수당액을 수령할 구체적인 권리를 가진다. 따라서 위 법관이 이미 수령한 수당액이 위 규정에서 정한 정당한 명예퇴직수당액에 미치지 못한다고 주장하며, 차액의 지급을 신청함에 대하여 법원행정처장이 거부하는 의사를 표시했더라도, 그 의사표시는 명예퇴직수당액을 형성・확정하는 행정처분이 아닌 공법상 법률관계의 한 쪽 당사자로서 지급의무의 존부 및 범위에 관하여 자신의 의견을 밝힌 것에 불과하므로, 행정처분으로 볼 수 없다. 결국 명예퇴직한 법관이 미지급 명예퇴직수당액에 대하여 가지는 권리는, 명예퇴직수당 지급대상자 결정절차를 거쳐 명예퇴직수당규칙에 의하여 확정된 공법상 법률관계에 관한 권리로, 그 지급을 구하는 소송은 행정소송법의 당사자소송에 해당하며, 그 법률관계의 당사자인 국가를 상대로 제기하여야 한다.464)

2. 당사자소송으로 잘못 제기한 경우 항고소송으로의 소의 변경 허용 여부

법원은 국가・공공단체 그 밖의 권리주체를 피고로 하는 당사자소송을 그 처분 등을 한 행정청을 피고로 하는 항고소송으로 변경하는 것이 타당하다고 인정할 때에는 청구의 기초에 변경이 없는 한 사실심 변론종결 시까지 원고의 신청에 의하여 결정으로써 소의 변경을 허가할 수 있다(행정소송법 제42조, 제21조). 다만 원고가 고의 또는 중대한 과실 없이 항고소송으로 제기해야 할 것을 당사자소송으로 잘못 제기한 경우에, 항고소송의 소송요건을 갖추지 못했음이 명백하여 항고소송으로 제기되었더라도 어차피 부적법하게 되는 경우가 아닌 이상, 법원으로서는 원고가 항고소송으로 소 변경을 하도록 석명권을 행사하여 행정청의 처분이나 부작위가 적법한지 여부를 심리・판단해야 한다.465)

462) 대판 2016.5.24. 2013두14863
463) 대판 2021.12.16. 2019두45944
464) 대판 2016.5.24. 2013두14863
465) 대판 2021.12.16. 2019두45944

(3) 요 건

1) 청구의 기초에 변경이 없을 것

소 종류의 변경은 청구의 기초에 변경이 없어야 허용된다. 소송이 달성하려는 이익이 동일하고, 동일한 사실적 기반에서 소송자료를 공통으로 사용할 수 있어야 한다.

2) 소를 변경하는 것이 상당하다고 인정될 것

상당성은 소송자료의 이용가능성, 다른 구제수단의 존재 여부, 소송의 지연 여부, 원고의 소송경제 등을 종합적으로 고려하여 판단한다.

3) 변경의 대상이 되는 소가 사실심에 계속되어 있고, 사실심변론 종결 전일 것

소송이 부적법하더라도 각하 전이면 가능하다. 법률심인 상고심에서는 허용되지 아니한다.

4) 신소가 적법할 것

변경된 소는 신소 제기의 실질을 가지므로, 적법한 소송요건을 갖추어야 한다.

(4) 절 차

원고의 신청에 의한 법원의 결정으로써 소의 변경을 허가하고, 당사자의 변경을 수반하는 경우에는 새로운 피고의 의견을 들은 후 새로운 피고에게 허가결정서를 송달하여야 한다(행소법 제21조 제4항, 제14조 제2항).

(5) 불 복

피고는 허가결정에 대하여 즉시항고를 할 수 있으나, 원고는 각하결정에 대하여 불복할 수 없다.

(6) 효 과

소의 변경을 허가하는 결정이 확정되면, 새로운 소는 제소기간과 관련하여 처음의 소를 제기한 때에 제기된 것으로 본다. 변경된 소는 취하된 것으로 보며, 변경된 소의 소송자료는 새로운 소의 소송자료가 된다.

2. 처분변경으로 인한 소의 변경(행소법 제22조)

(1) 의 의

행정청이 소송대상인 처분을 소가 제기된 후에 변경한 경우에는, 원고의 신청에 의하여 법원의 허가를 받아 그 소를 변경할 수 있는데, 이를 처분변경으로 인한 소의 변경이라고 한다. 처분변경으로 인한 소의 변경은 취소소송, 무효등확인소송 및 당사자소송에서 인정되고 있다.

(2) 요 건

1) 처분변경이 있을 것

행정청이 소송대상인 처분을 소가 제기된 후 변경하였어야 한다.

2) 신소가 적법할 것

변경된 소는 신소 제기의 실질을 가지므로, 적법한 소송요건을 갖추어야 한다. 다만, 변경 전의 처분에 대하여 행정심판 전치절차를 거쳤으면, 새로운 처분에 대하여 별도의 전심절차를 거치지 않아도 된다.

3) 처분변경이 있음을 안 날로부터 60일 이내일 것

원고는 처분변경이 있음을 안 날로부터 60일 이내에 소의 변경을 신청하여야 한다.

(3) 절 차

처분변경이 있음을 안 날로부터 60일 이내에 행하여진 원고의 신청에 의하여, 법원의 결정으로써 그 변경을 허가한다.

(4) 효 과

구소는 취하되고 신소가 처음에 제기된 것으로 보며, 처분변경으로 인한 새로운 청구는 행정심판전치주의가 적용되는 경우에도, 전치요건을 갖춘 것으로 간주된다. 따라서 원고는 이에 대하여 새로이 행정심판을 청구하지 않아도 된다.

Ⅲ 민사소송법에 의한 소의 변경

1. 문제점

행정소송법은 항고소송과 민사소송 간의 소의 변경에 관한 명문의 규정을 두고 있지 않아, 항고소송인 무효확인소송을 민사소송인 부당이득 반환청구소송으로 변경하는 것과 같은 행정소송과 민사소송 간의 소의 변경이 민사소송법상 소의 변경에 관한 규정에 의하여 인정되는지가 문제된다.

2. 학 설

(1) 부정설

민사소송법상 소의 변경은 법원과 당사자의 동일성을 유지하면서 동종의 절차에서 심리될 수 있는 청구 사이에서만 가능한 것이므로, 민사소송을 행정소송으로 변경하는 것이나 행정소송을 민사소송으로 변경하는 것은 허용되지 아니한다고 보는 견해이다.

(2) 긍정설

행정법원은 일반 사법법원으로부터 독립된 법원이 아닌 전문법원으로서의 사법법원 중 하나에 불과하고, 피고가 처분청에서 국가 등으로 변경되더라도 양 당사자는 실질적으로 동일하다는 점을 논거로 하는 견해이다.

3. 판 례

최근 판례는 당사자의 권리구제와 소송경제의 측면을 고려하여 일반적으로 행정소송과 민사소송 간의 소의 변경이 가능하다고 판시하고 있다.

4. 검 토

당사자의 이익 및 신속한 재판을 받을 권리의 보장과 분쟁의 일회적 해결을 도모하기 위하여 소의 변경을 인정하는 것이 타당하므로, 민사소송법 제262조에 의하여 소의 변경을 할 수 있다고 판단된다.

핵심판례

공법상 당사자소송으로 잘못 제기한 경우 민사소송으로의 소의 변경 허용 여부

공법상 당사자소송의 소 변경에 관하여 행정소송법은, 공법상 당사자소송을 항고소송으로 변경하는 경우(행정소송법 제42조, 제21조) 또는 처분변경으로 인하여 소를 변경하는 경우(행정소송법 제44조 제1항, 제22조)에 관하여만 규정하고 있을 뿐, 공법상 당사자소송을 민사소송으로 변경할 수 있는지에 관하여 명문의 규정을 두고 있지 않다. 그러나 공법상 당사자소송에서 민사소송으로의 소 변경이 금지된다고 볼 수 없다. 이유는 다음과 같다.

① 행정소송법 제8조 제2항은 행정소송에 관하여 민사소송법을 준용하도록 하고 있으므로, 행정소송의 성질에 비추어 적절하지 않다고 인정되는 경우가 아닌 이상 공법상 당사자소송의 경우도 민사소송법 제262조에 따라 청구의 기초가 바뀌지 아니하는 한도 안에서 변론을 종결할 때까지 청구의 취지를 변경할 수 있다.

② 한편 대법원은 여러 차례에 걸쳐 행정소송법상 항고소송으로 제기해야 할 사건을 민사소송으로 잘못 제기한 경우 수소법원으로서는 원고로 하여금 항고소송으로 소 변경을 하도록 석명권을 행사하여 행정소송법이 정하는 절차에 따라 심리·판단해야 한다고 판시해 왔다. 이처럼 민사소송에서 항고소송으로의 소 변경이 허용되는 이상, 공법상 당사자소송과 민사소송이 서로 다른 소송절차에 해당한다는 이유만으로 청구기초의 동일성이 없다고 해석하여 양자 간의 소 변경을 허용하지 않을 이유가 없다.

③ 일반 국민으로서는 공법상 당사자소송의 대상과 민사소송의 대상을 구분하기가 쉽지 않고 소송 진행 도중의 사정변경 등으로 인해 공법상 당사자소송으로 제기된 소를 민사소송으로 변경할 필요가 발생하는 경우도 있다. 소 변경 필요성이 인정됨에도, 단지 소 변경에 따라 소송절차가 달라진다는 이유만으로 이미 제기한 소를 취하하고 새로 민사상의 소를 제기하도록 하는 것은 당사자의 권리 구제나 소송경제의 측면에서도 바람직하지 않다. 따라서 공법상 당사자소송에 대하여도 청구의 기초가 바뀌지 아니하는 한도 안에서 민사소송으로 소 변경이 가능하다고 해석하는 것이 타당하다.[466)]

---

466) 대판 2023.6.29. 2022두44262 ; 이 판례는 민사소송에서 항고소송으로의 소의 변경을 허용한 이전의 판결에서 나아가 일반적으로 행정소송과 민사소송 간의 소의 변경이 허용될 수 있다고 명시적으로 판시한 최초의 판결이라고 이해된다.

08 청구의 병합과 소의 변경

※ 기출문제해설의 답안은 참고용으로 활용하시기 바랍니다.

기출문제 I 2024년 제33회 공인노무사시험

제1문

甲은 X주식회사에 근무하던 중 2021.12.1. 자녀를 출산하여 2022.1.1.부터 12개월 동안 육아휴직을 하였다. 甲은 2024.7.1. 위 휴직기간에 대한 육아휴직급여를 Y지방고용노동청 Z지청장(이하 'A'라고 한다)에게 신청하였으나, A는 2024.7.15. 甲이 「고용보험법」 제70조 제2항에서 정한 '육아휴직이 끝난 날 이후 12개월'이 지나 신청을 하였다는 이유로 그 지급을 거부하였다. 그리고 甲의 배우자 乙은 Y광역시의 경력직공무원으로서, 2024.1.1.부터 같은 해 6.30.까지에 해당하는 「지방공무원 수당 등에 관한 규정」 제15조에 따른 시간외근무수당을 예산이 부족하다는 이유로 시간외근무시간에 미치지 못하는 금액으로 지급받았다. (50점)

물음 1

아래의 각 경우 법원의 판단에 관하여 설명하시오. (30점)

(1) 甲은 「고용보험법시행령」 제94조 제3호에 해당하는 사유(직계비속의 질병)가 끝난 후 30일 이내 신청하였으므로 육아휴직급여청구권이 있다고 주장하면서, 2024.8.1. 대한민국을 피고로 하여 금전의 지급을 구하는 민사소송의 소장을 서울중앙지방법원에 제출하여 접수되었다. 국가소송수행자 B는 소송이 적법하지 않으므로 각하판결이 내려져야 한다고 항변한다. (15점)

▌목 차▌

예시답안 I 2024년 제33회 공인노무사시험

I 논점의 정리

甲이 A에게 육아휴직급여를 신청하였으나 그 지급을 거부당한 경우, 육아휴직급여에 대한 다툼이 공법관계에서의 분쟁인지의 여부 및 甲이 이를 다투고자 할 경우 A의 육아휴직급여지급거부에 대한 항고소송을 제기하여야 하는지, 아니면 대한민국을 피고로 하여 민사소송 또는 공법상 당사자소송으로 육아휴직급여의 지급을 청구하여야 하는지 여부가 문제된다. 만일, 육아휴직급여지급청구소송이 국가소송수행자 B의 주장대로 부적법하다면 소송경제와 원고의 이익을 위하여 육아휴직급여지급거부처분취소소송으로 소변경을 하여야 하는지 여부도 문제된다.

II 육아휴직급여에 대한 다툼이 공법관계에서의 분쟁인지의 여부

사회보장급여에 해당하는 육아휴직급여는 고용보험법령에서 강행규정으로 되어 있고 구체적인 요건과 내용, 지급절차의 대강까지 규정하고 있으므로, 그 권리의 존부나 범위는 고용보험법령이 정하는 바에 따라 결정된다는 점에서 육아휴직급여에 대한 다툼은 공법인 고용보험법령에 근거하여 발생한 공법관계에 대한 분쟁이다. 따라서 육아휴직급여에 대한 다툼이 있는 경우 이에 대한 소송은 행정소송으로 제기하여야 한다.

III 육아휴직급여지급결정과 육아휴직급여지급청구권의 관계

1. 사회보장수급권의 발생

(1) 판 례

판례는 공법상 각종 급부청구권은 행정청의 심사・결정의 개입 없이 법령의 규정에 의하여 직접 구체적인 권리가 발생하는 경우와 관할 행정청의 심사・인용결정에 따라 비로소 구체적인 권리가 발생하는 경우로 나눌 수 있고, 이러한 두 가지 유형 중 어느 것인지는 관계 법령에 구체적인 권리의 존부나 범위가 명확하게 정해져 있는지, 행정청의 거부결정에 대하여 불복절차가 마련되어 있는지 등을 종합하여 정해진다고 하면서, 그중 사회보장수급권은 법령에서 실체적 요건을 규정하면서 수급권자 여부, 급여액 범위 등에 관하여 행정청이 1차적으로 심사하여 결정하도록 정하고 있는 경우가 일반적이라고 판시하고 있다.[467)]

(2) 검 토

사안의 육아휴직급여지급청구권도 직업안정기관의 장인 A가 심사하여 지급결정을 함으로써 비로소 구체적인 수급청구권이 발생하는 경우로 앞서 본 후자의 유형에 해당한다.

467) 대판 2021.3.18. 2018두47264[전합]

2. 사회보장수급권에 관한 분쟁에 대한 소송의 형태

(1) 판 례

판례는 사회보장수급권은 관계 법령에서 정한 실체법적 요건을 충족시키는 객관적 사정이 발생하면 추상적인 급부청구권의 형태로 발생하고, 관계 법령에서 정한 절차·방법·기준에 따라 관할 행정청에 지급 신청을 하여 관할 행정청이 지급결정을 하면 그때 비로소 구체적인 수급권으로 전환된다고 하면서, 급부를 받으려고 하는 사람은 우선 관계 법령에 따라 행정청에 그 지급을 신청하여 행정청이 거부하거나 일부 금액만 지급하는 결정을 하는 경우 그 결정에 대하여 항고소송을 제기하여 취소 또는 무효확인 판결을 받아 그 기속력에 따른 재처분을 통하여 구체적인 권리를 인정받아야 하므로, 사회보장수급권의 경우 구체적인 권리가 발생하지 않은 상태에서 곧바로 행정청이 속한 국가나 지방자치단체 등을 상대로 한 당사자소송이나 민사소송으로 급부의 지급을 소구하는 것은 허용되지 않는다고 한다.[468)]

(2) 검 토

생각건대 판례의 취지를 고려할 때 甲이 A에게 육아휴직급여를 신청하였으나 그 지급을 거부당한 경우, 甲은 A의 육아휴직급여지급거부에 대한 항고소송을 제기하여야 하고, 아직 직접적이고 구체적인 권리가 발생하지 않아 대한민국을 피고로 하여 민사소송 또는 공법상 당사자소송으로 육아휴직급여의 지급을 청구할 수는 없다고 판단된다.

Ⅳ 육아휴직급여지급청구소송을 육아휴직급여지급거부처분취소소송으로 소변경이 가능한지 여부

1. 문제점

甲이 대한민국을 피고로 하여 항고소송의 관할이 없는 서울중앙지방법원에 육아휴직급여의 지급을 청구하는 민사소송을 제기하였다면 법원은 이를 관할권이 없는 법원에의 제소라는 이유로 부적법각하할 것이 아니라 소송경제를 고려하여 관할권이 있는 행정법원에 이송하여야 하는 것은 아닌지 문제된다.

2. 판 례

판례는 원고가 고의 또는 중대한 과실 없이 행정소송으로 제기하여야 할 사건을 민사소송으로 잘못 제기한 경우, 수소법원으로서는 만약 행정소송에 대한 관할도 동시에 가지고 있다면 이를 행정소송으로 심리·판단하여야 하고, 행정소송에 대한 관할을 가지고 있지 아니하다면 당해 소송이 이미 행정소송으로서의 전심절차 및 제소기간을 도과하였거나 행정소송의 대상이 되는 처분 등이 존재하지도 아니한 상태에 있는 등 행정소송으로서의 소송요건을 결하고 있음이 명백하여 행정소송으로 제기되었더라도 어차피 부적법하게 되는 경우가 아닌 이상 이를 부적법한 소라고 하여 각하할 것이 아니라 관할법원에 이송하여야 한다고 판시하고 있다.[469)]

3. 검 토

생각건대 甲은 A의 육아휴직급여지급거부에 대해 항고소송을 제기하여야 하나, 항고소송의 관할이 없는 서울중앙지방법원에 육아휴직급여의 지급을 청구하는 민사소송을 제기하였다면 서울중앙지방법원은 관할권이 없는 법원에의 제소라는 이유로 부적법각하할 것이 아니라 甲이 행소법 제8조 제2항, 민소법 제262조에 의하여 소의 변경을 신청하는 경우, 육아휴직급여지급거부처분취소소송으로 소변경을 허가하고 관할권이 있는 서울행정법원에 이송하여야 한다고 판단된다.

---

468) 대판 2021.3.18. 2018두47264[전합]
469) 대판 2017.11.9. 2015다215526

Ⅴ 사안의 적용

甲이 항고소송의 관할이 없는 서울중앙지방법원에 육아휴직급여의 지급을 청구하는 민사소송을 제기하였다면 서울중앙지방법원은 육아휴직급여지급청구소송이 적법하지 않으므로 각하판결이 내려져야 한다는 국가소송수행자 B의 항변을 배척하고 소송경제와 원고의 이익을 위하여 甲의 신청에 따라 육아휴직급여지급거부처분취소소송으로 소변경을 허가하고 관할권이 있는 서울행정법원에 이송하여야 한다고 판단된다.

Ⅵ 결 론

국가소송수행자 B의 항변은 타당하지 아니하므로 서울중앙지방법원은 B의 항변을 배척하고, 甲의 신청에 따라 육아휴직급여지급거부처분취소소송으로 소변경을 허가하고 동 소송을 관할권이 있는 서울행정법원에 이송하여야 한다.

기출문제 ▌ **2018년 제27회 공인노무사시험**

제2문

건축사업자 甲은 X시장으로부터 건축허가를 받아 건물의 신축공사를 진행하던 중 건축법령상 의무 위반을 이유로, X시장으로부터 공사중지명령을 받았다. 甲은 해당 법령상 의무 위반을 하지 않았다고 판단하고, 공사중지명령처분은 위법하다고 주장하면서 공사중지명령처분의 무효확인소송을 제기하였다. 법원은 사건의 심리 결과 해당 처분에 '중대한' 위법이 있음이 인정되지만, '명백한' 위법은 아닌 것으로 판단하였다. 법원은 어떠한 판결을 내려야 하는지 설명하시오. (25점)

▌목 차 ▌

Ⅰ. 논점의 정리

Ⅱ. 무효확인소송에서의 취소판결 가부

1. 문제점
2. 학 설
   (1) 기각판결설
   (2) 소변경설
   (3) 취소판결설
3. 판 례
4. 검 토

Ⅲ. 소의 변경가능성

1. 문제점
2. 소송 종류의 변경을 위한 소의 변경
   (1) 의 의
   (2) 항고소송 간의 변경
   (3) 요 건
   (4) 효 과
3. 검 토

Ⅳ. 사안의 적용

Ⅴ. 결 론

예시답안 Ⅰ 2018년 제27회 공인노무사시험

Ⅰ 논점의 정리

건축사업자 甲은 X시장의 공사중지명령에 대하여 해당 법령상 의무를 위반하지 아니하였다고 판단하고, 무효확인소송을 제기한 바, 법원이 사건을 심리한 결과 해당 처분에 '중대한' 위법이 있음은 인정되지만, '명백한' 위법은 아닌 것으로 판단한 경우, ⅰ) 무효확인소송에서의 취소판결 가부와 ⅱ) 취소소송으로의 소의 변경이 가능한지 여부가 문제된다.

Ⅱ 무효확인소송에서의 취소판결 가부

1. 문제점

무효확인소송을 제기하였는데 본안에서 단순위법으로 판단된 경우, 법원이 취소판결을 할 수 있는지, 아니면 무효확인판결을 기각하여야 하는지가 문제된다.

2. 학 설

(1) 기각판결설

중대・명백한 무효인 처분이 소송물이므로, 기각판결을 하여야 한다는 견해이다.

(2) 소변경설

법원은 석명권을 행사하여 취소소송으로 소의 변경을 하여야 한다는 견해이다.

(3) 취소판결설

행정처분의 무효확인을 구하는 소에는, 원고가 그 처분의 취소를 구하지 아니한다고 밝히지 아니한 이상 그 처분이 만약 당연무효가 아니라면, 그 취소를 구하는 취지도 포함되어 있는 것으로 보아야 한다는 견해이다.

3. 판 례

판례는 무효확인을 구하는 소에 취소를 구하는 취지도 포함되어 있다고 보아, 소의 변경 없이 취소판결을 할 수 있다는 입장이다.

4. 검 토

건축사업자 甲의 공사중지명령처분에 대한 무효확인소송에는 그 명령의 취소를 구하는 취지도 포함된 것으로 이해하는 취소판결설도 설득력이 있으나 취소소송과 무효확인소송은 소의 종류를 달리하는 별개의 소송이므로 법원은 석명권을 행사하여 취소소송으로 소의 변경을 하여야 한다는 소변경설이 타당하다.

Ⅲ 소의 변경가능성

1. 문제점

무효확인소송을 취소소송으로 변경할 수 있는지가 문제된다. 소의 변경이라 함은, 소송의 계속 중 원고가 소송대상인 청구를 변경하는 것을 말한다.

2. 소송 종류의 변경을 위한 소의 변경

(1) 의 의

행정소송의 경우, 수많은 종류의 권리구제를 위하여 어떠한 종류의 소송을 선택하여야 하는지 명확하지 않아, 그 종류를 잘못 선택할 위험이 있다. 따라서 권리구제의 실효성을 높이기 위하여 행정소송 간의 소의 변경을 인정할 필요가 있어, 행소법은 이를 인정하고 있다.

(2) 항고소송 간의 변경

취소소송을 무효등확인소송이나 부작위위법확인소송으로 변경하거나, 무효등확인소송이나 부작위위법확인소송을 취소소송으로 변경하는 것이 가능하다.

(3) 요 건

1) 청구의 기초에 변경이 없을 것

소 종류의 변경은 청구의 기초에 변경이 없어야 허용된다. 소송이 달성하려는 이익이 동일하고, 동일한 사실적 기반에서 소송자료를 공통으로 사용할 수 있어야 한다.

2) 소를 변경하는 것이 상당하다고 인정될 것

상당성은 소송자료의 이용가능성, 다른 구제수단의 존재 여부, 소송의 지연 여부, 원고의 소송경제 등을 종합적으로 고려하여 판단한다.

3) 변경의 대상이 되는 소가 사실심에 계속되어 있고, 사실심 변론종결 전일 것

소송이 부적법하더라도 각하 전이면 가능하다. 법률심인 상고심에서는 허용되지 아니한다.

4) 신소가 적법할 것

변경된 소는 신소 제기의 실질을 가지므로, 적법한 소송요건을 갖추어야 한다.

(4) 효 과

행소법 제21조 제4항에서 동법 제14조 제4항을 준용하는 바, 소의 변경을 허가하는 결정이 확정되면, 새로운 소는 제소기간과 관련하여 처음의 소를 제기한 때에 제기된 것으로 본다. 변경된 소는 취하된 것으로 보며, 변경된 소의 소송자료는 새로운 소의 소송자료가 된다.

3. 검 토

무효확인소송이 계속 중이고, 사실심변론 종결 전에 소를 변경하는 것이 상당하다고 인정되며, 청구의 기초에 변경이 없는 경우 취소소송으로의 변경이 가능하다. 다만, 법원은 소송상 청구를 일방적으로 변경할 수 없으므로, 석명권을 행사하여야 한다.

Ⅳ 사안의 적용

무효확인소송에서의 취소판결의 가부를 살피건대 취소소송과 무효확인소송은 소의 종류를 달리하는 별개의 소송이므로 법원은 석명권을 행사하여 취소소송으로 소의 변경을 하여야 한다는 소변경설이 타당하다. 이에 의할 때 무효확인소송이 계속 중이고, 사실심변론 종결 전에 소를 변경하는 것이 상당하다고 인정되며, 청구의 기초에 변경이 없는 경우 취소소송으로의 변경이 가능하다. 다만, 법원은 소송상 청구를 일방적으로 변경할 수 없으므로, 석명권을 행사하여 취소소송으로 소를 변경한 후 취소판결을 선고할 수 있다.

Ⅴ 결 론

무효확인소송이 계속 중이고, 사실심변론 종결 전에 소를 변경하는 것이 상당하다고 인정되며, 청구의 기초에 변경이 없는 경우 취소소송으로의 변경이 가능하므로 법원은 석명권을 행사하여 취소소송으로 소를 변경한 후 취소판결을 선고할 수 있다.

08 청구의 병합과 소의 변경

※ 기출문제해설의 답안은 참고용으로 활용하시기 바랍니다.

기출문제 ▌ 2018년 제27회 공인노무사시험

제3문

사업자 甲은 위법을 이유로, 행정청으로부터 2개월 영업정지처분을 받았다. 이에 대한 甲의 처분 취소소송과 그 처분으로 인한 영업상 손해에 대한 국가배상청구소송이 병합될 수 있는지 설명하시오. (25점)

▌목차연습▌

예시답안 Ⅰ 2018년 제27회 공인노무사시험

Ⅰ 논점의 정리

행정청으로부터 받은 2개월 영업정지처분에 대한 甲의 취소소송과, 그 처분으로 인한 영업상 손해에 대한 국가배상청구소송이 병합될 수 있는지가, 행소법 제10조와 관련하여 문제된다.

Ⅱ 관련 청구소송의 병합

1. 의 의

2. 취 지

판결의 모순・저촉을 방지하여 분쟁의 일회적 해결을 도모하고, 당사자의 신속한 재판을 받을 권리를 보장하며, 법원의 심리・재판의 부담을 덜어 소송경제에 기여하는 데 그 의의가 있다.

3. 병합의 종류

(1) 원시적 병합과 후발적 병합

원시적 병합이란 취소소송 등과 관련 청구소송을 처음부터 함께 제기하는 병합형태를 의미하고, 후발적 병합이란 계속 중인 취소소송 등에 관련 청구소송을 나중에 제기하는 병합형태를 의미한다.

(2) 객관적 병합과 주관적 병합

객관적 병합이란 원고가 하나의 소송절차에서 여러 개의 청구를 하는 병합형태를 의미하고, 주관적 병합은 한 개의 소송절차에 3인 이상의 자가 동시에 또는 시기를 달리하여 절차에 관여하는 병합형태를 의미한다.

4. 요 건

(1) 취소소송 등에 병합할 것

(2) 각 청구소송이 적법할 것

(3) 관련 청구소송이 병합될 것

관련 청구소송이라 함은, 주된 취소소송 등의 대상인 처분 등과 관련되는 손해배상・부당이득반환・원상회복 등의 청구소송 및 취소소송을 말한다. 처분 등과 관련되는 손해배상・부당이득반환・원상회복 등의 청구라 함은, 손해배상청구 등의 청구내용 또는 발생원인이 행정소송의 대상인 처분 등과 법률상 또는 사실상 공통되거나, 그 처분의 효력 또는 존부 유무가 선결문제로 되는 등의 관계에 있는 청구를 말한다.

(4) 주된 취소소송이 사실심에 계속 중일 것

주된 취소소송이 사실심변론 종결 전이어야 한다.

5. 병합요건의 조사

병합요건은 법원의 직권조사사항이다.

6. **국가배상청구소송이 당사자소송인지 민사소송인지 여부**

금전급부에 관한 소송이 당사자소송인지 민사소송인지 여부가 문제되는 바, 판례는 대등 당사자 사이의 사익을 위한 법률관계에 관한 소송이므로 민사소송으로 보고 있으나, 다수설은 처분을 원인으로 한 공법관계에 관한 소송이므로 당사자소송으로 봐야 한다는 입장이다.

Ⅲ 사안의 적용

사업자 甲의 영업상 손해에 대한 국가배상청구소송은, 관련 청구소송에 해당한다. 취소소송의 사실심이 계속 중이고, 사실심변론 종결 전인 경우, 영업정지처분 취소소송이 제기된 법원에 병합할 수 있다. 다만, 주된 취소소송과 관련 청구소송은 각각 적법한 소송요건을 갖추어야 한다. 국가배상청구소송을 민사소송으로 보는 판례의 입장에 따르면, 취소소송이 계속된 법원에 국가배상청구소송을 병합하여야 하며, 국가배상청구소송을 당사자소송으로 보는 입장은 어느 쪽으로 병합하여도 상관없다.

Ⅳ 결 론

CHAPTER ☑ 주요논점 ☐ 최신 기출문제해설 ☐ 주요 기출문제해설

09 무효등확인소송

제1절 무효등확인소송

I 무효등확인소송의 의의

1. 개 념

무효등확인소송이라 함은, 행정청의 처분 등의 효력 유무 또는 존재 여부를 확인하는 소송을 말한다(행소법 제4조 제2호).

2. 종 류

무효등확인소송에는 처분 등의 무효확인소송, 유효확인소송, 존재확인소송, 부존재확인소송 및 실효확인소송 등이 있다.

3. 필요성

무효인 행정처분은 처음부터 당연히 법률상 효력이 없다 할 것이나, 처분 등이 외관상 존재하므로 행정청 등이 당해 처분을 유효하다 판단하고 집행할 우려가 있다. 따라서 무효인 처분의 상대방이나 이해관계인은 그 무효를 공적으로 확인받을 필요가 있으며, 독립된 소송형태를 인정할 필요가 있다.

II 무효등확인소송의 요건

1. 대상적격

무효등확인소송의 대상은 취소소송과 마찬가지로, 처분 등이나 행정심판의 재결이다.

2. 당사자적격

(1) 원고적격

무효등확인소송은 행정청의 처분 등의 효력 유무 또는 존재 여부의 확인을 구할 법률상 이익이 있는 자가 제기할 수 있는 바, 여기서 법률상 이익은 취소소송과 마찬가지로, 당해 처분의 근거법규 및 관계법규에 의하여 보호되는 개별적·직접적·구체적 이익이 있는 경우를 말한다.

(2) 피고적격

무효등확인소송의 피고적격에 대하여는 취소소송에 관한 행정소송법의 규정이 준용되므로, 당해 무효인 행정처분을 한 행정청이 피고가 된다.

(3) 권리보호의 필요(협의의 소의 이익)

1) 문제점

무효등확인소송에서도 취소소송에서 논의되는 소의 이익이 요구된다. 그러나 민사소송인 확인소송에서 요구되는 확인의 이익이 무효등확인소송에서도 요구되는지에 관하여 견해가 대립한다.

2) 학 설

① 긍정설 : 무효등확인소송은 실질적으로 확인소송으로서의 성질을 가지고 있으므로, 확인소송의 일반적 소송요건인 확인의 이익이 요구된다는 입장이다. 확인소송은 보다 실효적인 구제수단이 가능하면 인정되지 않는다. 예를 들어, 무효인 행정처분이 집행되지 아니한 경우에는, 집행의무를 면하기 위하여 처분의 무효를 확인받을 이익이 있지만, 무효인 행정처분이 이미 집행된 경우에는, 그로 인하여 형성된 위법상태의 제거를 위한 직접적인 소송방법이 있다면, 그 원인인 처분의 무효를 확인받고 행정청이 그 판결을 존중하여 그 위법상태를 제거하여 줄 것을 기대하는 것은 간접적인 방법이므로, 행정처분의 무효확인을 독립한 소송으로 구할 소의 이익이 없다고 본다.

② 부정설 : 현행 행정소송법이 무효등확인소송을 항고소송의 일종으로 규정하고 있으므로, 그 실질은 처분을 다투는 항고소송이며, 무효확인판결의 기속력에 의하여 판결의 실효성을 확보할 수 있으므로, 민사소송에서와 같이 분쟁의 궁극적인 해결을 위한 확인의 이익 여부를 논할 이유가 없다는 입장이다. 또한 행정소송은 공익을 추구하는 행정작용을 위하여 별도로 마련된 소송제도로서 민사소송과는 그 목적과 취지를 달리하므로, 민사소송의 확인의 이익이 그대로 적용될 수 없다는 점을 논거로 한다.

3) 판 례

최근 전합판결은 행정처분의 근거법률에 의하여 보호되는 직접적이고 구체적인 이익이 있는 경우에는, 이와 별도로 무효등확인소송의 보충성이 요구되는 것은 아니라고 판시하고 있다.[470]

4) 검 토

무효확인판결은 기속력에 의한 원상회복의무가 인정되므로, 취소소송에서 요구되는 소의 이익과 달리, 확인의 이익이 추가적으로 요구되지는 아니한다고 보는 부정설이 타당하다고 판단된다.

(4) 참가인

제3자나 행정청 등의 소송참가에 관한 조항도 무효등확인소송에 준용된다(행소법 제38조 제1항).

3. 기타 요건

(1) 행정심판전치주의 및 제소기간

무효사유는 하자가 중대・명백하여 누구라도 언제나 무효를 주장할 수 있으므로, 예외적인 행정심판전치주의가 적용되지 않는다. 또한 처음부터 효력이 없으므로, 기간의 경과에 의하여 불가쟁력이 발생할 여지가 없어 제소기간의 제한을 받지 않는다(행소법 제38조 제1항).

470) 대판 2008.3.20. 2007두6342[전합]

(2) 재판관할

무효등확인소송의 재판관할은 취소소송과 마찬가지로, 제1심 관할법원을 피고인 행정청의 소재지를 관할하는 행정법원으로 한다(행소법 제38조 제1항, 제9조).

Ⅲ 무효등확인소송의 심리

1. 심리의 기본원칙

무효등확인소송에서도 취소소송의 심리에 관한 규정을 준용하고 있다. 따라서 변론주의를 원칙으로 하면서도, 법원이 필요하다고 인정하는 경우에는 직권으로 증거조사를 할 수 있고, 당사자가 주장하지 아니한 사실에 대하여도 판단할 수 있는 등 보충적 직권탐지주의가 인정된다.

2. 주장책임과 입증책임

(1) 주장책임

무효등확인소송에서도 취소소송과 마찬가지로, 당사자가 주장하지 아니한 주요 사실을 판결의 기초로 삼을 수 없다고 보아야 한다.

(2) 입증책임

1) 문제점

취소소송에서는 법률요건분류설에 의한다는 것이 판례와 다수설이다. 무효등확인소송에서는 입증책임에 관한 견해가 대립한다.

2) 학 설

① **원고책임설** : 무효등확인소송에서 주장되는 중대・명백한 하자는 예외에 속하는 특별한 하자라는 점 등을 이유로, 당해 처분 등의 무효원인에 대하여는 원고가 주장・입증하여야 한다는 견해이다.

② **일반원칙설** : 무효등확인소송도 항고소송의 일종이고, 처분 등의 적법 여부를 다툰다는 면에서는 취소소송과 다를 바 없을 뿐만 아니라, 위법의 중대성은 법 해석 내지 경험칙에 의하여 판단될 사항이므로, 입증책임의 문제와 직접 관계되지 아니한다는 견해이다.

3) 판 례

판례는 무효등확인소송에서의 무효사유에 대한 주장・입증책임은, 취소소송과는 달리 원고가 부담하며 이는 무효 확인을 구하는 뜻에서 행정처분의 취소를 구하는 소송에 있어서도 마찬가지라고 판시하고 있다.[471)]

4) 검 토

행정쟁송에서는 원고가 피고인 행정청에 비하여 열악한 지위에 놓여 있다는 점을 고려하면, 취소소송의 경우와 마찬가지로 입증책임분배의 일반원칙을 따르는 일반원칙설이 타당하다고 판단된다.

3. 위법성 판단의 기준 시

무효등확인소송의 위법성 판단의 기준 시는 취소소송과 마찬가지로, 처분 시이다.

471) 대판 2023.6.29. 2020두46073

Ⅳ 무효등확인소송의 종료

1. 법원의 판결

(1) 소송판결

소송요건을 흠결하여 부적법한 경우, 본안심리를 거절하는 각하판결을 내린다.

(2) 본안판결

1) 기각판결

본안심리의 결과 원고의 무효 등 확인청구가 이유 없다고 판단되는 경우, 기각판결을 내린다. 무효 등 확인청구가 이유 없다는 것은 ① 계쟁처분이 적법하거나 위법하지 아니하고 단순한 부당에 그친 경우, ② 계쟁처분이 위법하지만, 당해 위법이 중대하거나 명백하지 않은 경우에 해당한다. 다만, 판례는 계쟁처분의 위법이 취소사유에 불과하나, 당해 무효등확인소송이 취소소송의 요건을 충족하고 있는 경우에는, 무효 등 확인청구에는 취소청구가 포함된 것으로 보고 취소판결을 할 수 있다고 본다.

2) 인용판결

본안심리의 결과 원고의 무효 등 확인청구가 이유 있다고 인정하는 경우, 인용판결을 내린다.

(3) 사정판결

1) 문제점

사정판결은 행정소송법 제28조에 의하여 취소소송에서만 인정되고, 무효등확인소송에는 준용되지 아니하고 있다. 사정판결이 무효등확인소송에서도 인정될 수 있는 지에 대하여 견해가 대립한다.

2) 학 설

① **긍정설** : 무효인 처분에도 외관은 존재하므로 존치시킬 유효한 처분이 있고, 무효인 경우에도 사정판결의 필요성은 있다는 점 등을 논거로, 사정판결을 긍정하는 견해이다.

② **부정설** : 행정소송법 제38조 제1항에서 명문으로 사정판결의 준용을 배제하고 있으며, 무효인 경우에는 처음부터 효력이 없으므로 존치시킬 유효한 처분이 없고, 사정판결은 예외적인 경우로서 엄격하게 해석하여야 한다는 입장이다.

3) 판 례

판례는 당연무효의 행정처분을 소송물로 하는 행정소송에서는 존치시킬 효력이 있는 행정행위가 없으므로, 행정소송법 제28조 소정의 사정판결을 할 수 없다고 판시하고 있다.[472)]

4) 검 토

행정소송법 제38조 제1항에서 명문으로 사정판결의 준용을 배제하고 있으므로, 부정설이 타당하다고 판단된다.

2. 판결의 효력

(1) 취소소송규정의 준용

무효 등 확인판결의 효력에 대하여는 취소판결의 효력에 관한 규정이 준용되고(행소법 제38조, 제29조, 제30조), 인용판결의 제3자효나 기속력 등이 인정된다.

472) 대판 1996.3.22. 95누5509

(2) 간접강제 허용 여부

거부처분의 무효확인판결에 간접강제가 인정될 수 있는지 여부가 문제되지만, 행정소송법 제38조 제1항이 무효확인판결에 대하여 취소판결에 관한 규정을 준용함에 있어 같은 법 제30조 제2항을 준용한다고 규정하면서도, 같은 법 제34조는 이를 준용한다는 규정을 두지 않고 있으므로, 행정처분에 대하여 무효확인판결이 내려진 경우에는, 그 행정처분이 거부처분일지라도 판결의 취지에 따른 행정청의 재처분의무가 인정될 뿐, 그에 대하여 간접강제까지 허용되는 것은 아니라고 할 것이다.473)

3. 재 심

제3자의 재심청구에 관한 취소소송의 규정이 준용된다(행소법 제38조, 제31조).

V 취소소송과의 관계

1. 문제점

현행 행정소송법은 취소사유에 해당하는 처분에 관한 소송은 취소소송으로, 무효사유에 해당하는 처분에 관한 소송은 무효등확인소송으로 제기할 것을 명문으로 규정하고 있으나, 위법사유의 구별은 상대적인 것이므로 실제 위법사유와 소송의 형식이 불일치하는 경우가 발생할 수 있다.

2. 취소소송과 무효등확인소송의 병합

(1) 주위적 · 예비적 청구로만 병합 가능

취소청구와 무효 등 확인청구는 양립할 수 없는 청구로, 주위적 · 예비적 청구로만 병합이 가능하고, 선택적 병합이나 단순병합은 인정되지 아니한다.474)

(2) 병합형태

1) 주위적 청구가 기각될 것을 대비하여 예비적 청구를 병합하는 경우

원고는 무효 등 확인청구가 기각될 것을 대비하여 취소청구를 예비적으로 병합할 수는 있으나, 처분의 위법이 인정되지 않아 취소청구가 배척된다면 무효확인은 인정될 수 없으므로, 취소청구가 기각될 것을 대비하여 무효 등 확인청구를 예비적으로 병합할 수는 없다.

2) 주위적 청구가 각하될 것을 대비하여 예비적 청구를 병합하는 경우

소송요건에 대하여는 취소청구가 무효 등 확인청구보다 훨씬 엄격하다는 점에서(가령 제소권자, 제소기간 및 전심절차 등), 원고는 취소청구가 각하될 것에 대비하여 무효 등 확인청구를 예비적으로 병합할 수 있다. 그러나 무효 등 확인청구가 각하될 것을 대비하여 취소청구를 예비적으로 병합할 수는 없다.

---

473) 대결 1998.12.24. 98무37
474) 대판 1999.8.20. 97누6889

3. 무효사유가 있는 처분에 대하여 취소소송을 제기한 경우

취소소송이 제기된 당시에 당해 처분이 위법한 경우에는, 법원은 무효사유인지 취소사유인지 구분할 필요 없이 취소판결을 내리면 된다. 취소소송에서는 당해 처분의 위법 여부가 문제이고, 그 위법이 중대・명백한 것인지 여부는 심리대상이 되지 아니하기 때문이다. 다만, 판례에 의하면 당사자가 무효선언을 구하는 취소소송을 제기한 경우, 그 하자가 중대・명백하다면 법원은 무효선언을 의미하는 취소판결을 할 수 있다. 그러나 이 경우에도 제소기간의 준수 등 취소소송의 제기요건을 충족하여야 한다.

4. 취소사유가 있는 처분에 대하여 무효등확인소송을 제기한 경우

(1) 문제점

무효등확인소송을 제기하였는데 본안에서 단순위법으로 판단된 경우, 당해 무효등확인소송이 취소소송의 제기요건을 갖추지 못하였다면 법원은 기각판결을 하여야 한다. 그러나 취소소송의 제기요건을 갖추었다면 법원이 어떠한 판결을 내려야 할 것인지가 문제된다.

(2) 견해의 대립

1) 학 설

① 소의 변경 후 취소판결을 하여야 한다는 소변경설과, ② 바로 취소판결을 할 수 있다는 취소판결설, 그리고 ③ 중대・명백한 무효인 처분이 소송물이므로, 기각판결을 하여야 한다는 기각판결설이 대립하고 있다.

2) 판 례

판례는 무효확인을 구하는 소에 취소를 구하는 취지도 포함되어 있다고 보아, 소의 변경 없이 취소판결을 할 수 있다는 입장이다.[475]

3) 검 토

취소사유가 있는 처분에 대하여 무효등확인소송을 제기한 경우, 무효등확인소송에는 처분의 취소를 구하는 취지도 포함되어 있다고 볼 것이므로, 소의 변경 없이 바로 취소판결을 할 수 있다고 보는 것이 타당하다고 판단된다.

Ⅵ 가구제

1. 집행정지

무효원인과 취소원인의 구별이 상대적이고, 무효인 행정처분이라도 처분으로서의 외관이 존재하므로 행정청에 의하여 집행될 우려가 있다. 이에 따라 행정소송법은 집행정지결정에 관한 규정의 준용을 인정하고 있다(행소법 제38조).

2. 가처분

항고소송의 대상이 되는 처분 등의 효력이나 그 집행 또는 절차의 속행 등의 정지를 구하는 신청은 행정소송법상 집행정지신청의 방법으로서만 가능할 뿐, 민사소송법상 가처분의 방법으로는 허용될 수 없다.[476]

---

475) 대판 1969.7.29. 66누108

476) 대판 2009.11.2. 2009마596

Ⅶ 청구의 병합과 소의 변경

1. 관련 청구소송의 병합 및 이송

취소소송에서의 관련 청구소송의 병합·이송에 관한 규정은 무효등확인소송에서도 준용된다(행소법 제38조, 제10조). 따라서 무효등확인소송과 관련 청구소송이 각각 다른 법원에서 계속되고 있는 경우에는, 관련 청구소송의 계속법원은 관련 청구소송을 무효등확인소송의 계속법원으로 이송할 수 있으며, 무효등확인소송에서는 사실심변론 종결 시까지 관련 청구소송을 당해 법원에 병합하여 제기할 수 있다.

2. 소의 변경

법원이 무효등확인소송을 취소소송 또는 당사자소송으로 변경하는 것이 상당하다고 인정할 경우에는, 청구의 기초에 변경이 없는 한 사실심변론 종결 시까지 원고의 청구에 따른 법원의 결정으로써 소의 변경을 허가할 수 있다(행소법 제37조).

09 무효등확인소송

※ 기출문제해설의 답안은 참고용으로 활용하시기 바랍니다.

기출문제 I 2023년 제32회 공인노무사시험

제1문

A시는 택지개발예정지구 지정 공람공고가 이루어진 P사업지구에서 택지개발사업을 시행하고 있으며, 甲은 P사업지구에 주택을 소유하고 있는 자이다. A시는 택지개발사업과 관련한 이주대책을 수립・공고하였는데, 이에 의하면 이주대책 대상자 요건을 '택지개발예정지구 지정 공람공고일 1년 이전부터 보상계약체결일 또는 수용재결일까지 계속하여 P사업지구 내 주택을 소유하고 계속 거주한 자로, A시로부터 그 주택에 대한 보상을 받고 이주하는 자'로 정하고 있다. 甲은 A시에 이주대책 대상자 선정 신청을 하였으나, A시는 '기준일 이후 주택 취득'을 이유로 甲을 이주대책 대상에서 제외하는 결정을 하였고, 이 결정은 2023.6.28. 甲에게 통보되었다(이하 '1차 결정').

이에 甲은 A시에 이의신청을 하면서, 이의신청서에 이주대책 대상자 선정요건을 충족함을 증명할 수 있는 마을주민확인서, 수도개설 사용, 전력 개통사용자 확인 등 증빙서류를 새롭게 추가로 첨부하여 제출하였다. 그러나 A시는 추가된 증빙자료만으로 법적 소유관계를 확인할 수 없다는 이유로 甲의 이의신청을 기각하고 甲을 이주대책 대상에서 제외한다는 결정을 하였으며, 이 결정은 2023.8.31. 甲에게 통보되었다(이하 '2차 결정'). 다음 각 물음에 답하시오. (각 물음은 상호관련성이 없는 별개의 상황임) (50점)

물음 2

甲이 1차 결정에 대해 무효확인소송을 제기하였고, 甲이 기준일 이전에 주택을 취득한 것이 인정되어 청구를 인용하는 법원의 판결이 확정되었다. A시는 甲을 이주대책 대상자로 선정하여야 하는지 여부 및 A시가 아무런 조치를 하지 않는 경우 행정소송법상 강제수단에 대하여 설명하시오. (25점)

▌목 차▌

Ⅰ. 논점의 정리

Ⅱ. 1차 결정에 대한 무효확인판결의 기속력

1. 무효확인판결의 기속력
   (1) 기속력의 개념
   (2) 기속력의 법적 성질
   (3) 기속력의 범위
      1) 주관적 범위
      2) 객관적 범위
      3) 시간적 범위
   (4) 기속력의 내용
      1) 반복금지의무
      2) 재처분의무
      3) 결과제거의무(원상회복의무)
2. 검 토

Ⅲ. A시에 대한 행소법상 강제수단

1. 간접강제의 허용 여부
   (1) 간접강제의 의의
   (2) 무효확인소송에서의 간접강제 허용 여부
2. 검 토

Ⅳ. 사안의 적용

Ⅴ. 결 론

Ⅰ 논점의 정리

甲이 제기한 1차 결정에 대한 무효확인소송의 판결이 확정된 경우에 발생하는 기속력에 의하여 A시는 甲을 이주대책 대상자로 선정하여야 하는지 여부가 우선 문제되고 A시가 아무런 조치를 하지 않는 경우 취소판결의 실효성을 확보하기 위한 제도인 간접강제가 무효확인소송의 경우에도 인정될 것인지 여부가 문제된다.

Ⅱ 1차 결정에 대한 무효확인판결의 기속력

1. 무효확인판결의 기속력

(1) 기속력의 개념

기속력이라 함은, 행정청에 대하여 판결의 취지에 따라 행동하도록 당사자인 행정청과 그 밖의 관계 행정청을 구속하는 효력을 말한다(행소법 제38조 제1항, 제30조 제1항).

(2) 기속력의 법적 성질

기속력의 법적 성질에 대하여 기판력설과 특수효력설이 대립하고 있으나, 기속력은 인용판결의 경우에만 인정되는 것이어서 기각판결의 경우에도 인정되는 기판력과 동일하다고는 할 수 없으므로 특수효력설이 타당하다고 판단된다.

(3) 기속력의 범위

1) 주관적 범위

기속력은 당사자인 행정청과 그 밖의 관계 행정청을 기속한다(행소법 제38조 제1항, 제30조 제1항).

2) 객관적 범위

무효판결의 기속력은, 위법이라는 것을 인정하는 판결주문과 판결이유 중 설시된 개개의 위법사유에 미치게 된다. 기속력은 그 사건에 한하여 발생하므로, 사건이 다른 경우에는 기속력이 미치지 아니한다. 사건의 동일성 여부는 기본적 사실관계의 동일성 여부로 판단되므로, 기본적 사실관계가 다른 경우에는 기속력이 미치지 아니한다.

3) 시간적 범위

처분의 위법 여부의 판단시점은 처분 시이므로, 기속력은 처분 당시까지 존재하던 사유에 대하여만 미치고, 그 이후에 생긴 사유에는 미치지 아니한다. 따라서 처분 이후에 생긴 새로운 처분사유를 들어 동일한 내용의 처분을 다시 하는 것은, 기속력에 반하지 아니한다.

(4) 기속력의 내용

1) 반복금지의무

무효판결 등 원고의 청구를 인용하는 판결이 확정되면, 관계 행정청은 동일한 법적·사실적 관계하에서 동일한 당사자에 대하여 동일한 내용의 처분 등을 반복하여서는 아니 된다는 구속력을 의미한다. 기본적 사실관계의 동일성이 없는 다른 처분사유를 들어 동일한 내용의 처분을 하여도, 이는 동일한 처분이 아니므로 기속력에 반하지 아니한다.

2) 재처분의무

행정청의 재처분은 신청에 따른 인용처분이 되어야 한다. 다만, 행정청은 판결의 취지를 존중하면 되는 것이지, 반드시 신청한 내용대로 처분하여야만 하는 것은 아니므로, 기본적 사실관계의 동일성이 없는 다른 이유를 들어 다시 거부처분을 할 수 있다.

3) 결과제거의무(원상회복의무)

무효판결의 기속력에 결과제거의무가 포함되는지에 관하여 명문의 규정이 없지만, 행소법 제38조 제1항, 제30조 제1항에 근거하여 인정하는 것이 일반적인 견해이다.

2. 검 토

인용판결의 경우에만 인정되는 특수효력인 기속력은 당사자인 A시의 1차 결정이 결정 당시에 위법이라는 것을 인정하는 판결주문과 판결이유 중 설시된 개개의 위법사유에 미치게 된다. 사안에서는 A시의 재처분의무와 관련하여 1차 결정이 무효라는 법원의 판결이 확정되었다고 하더라도 A시가 甲의 신청에 따라 甲을 이주대책 대상자로 선정하는 재처분을 하지 아니하고 판결이유에서 위법하다고 판단한 사유인 甲이 기준일 이후 주택을 취득했다는 사유와 기본적 사실관계가 동일하지 않거나 처분 이후의 새로운 사유를 들어 재차 이주대책대상 제외결정을 할 수 있으므로, 반드시 甲을 이주대책 대상자로 선정하지 아니하더라도 확정판결의 기속력에 반하지 아니한다.

Ⅲ A시에 대한 행소법상 강제수단

1. 간접강제의 허용 여부

(1) 간접강제의 의의

행정청이 거부처분 취소에 따른 재처분의무를 이행하지 아니하는 경우에는, 제1심 수소법원이 당사자의 신청에 의한 결정으로써 상당한 기간을 정하고, 행정청이 그 기간 내에 이행하지 아니하면 그 지연기간에 따라 일정한 배상을 하도록 명하거나, 즉시 손해배상을 할 것을 명할 수 있는데(행소법 제34조), 이를 간접강제결정이라고 한다.

(2) 무효확인소송에서의 간접강제 허용 여부

판례는 행소법 제38조 제1항이 무효확인판결에 대하여 취소판결에 관한 규정을 준용함에 있어 같은 법 제30조 제2항을 준용한다고 규정하면서도, 같은 법 제34조는 준용한다는 규정을 두지 않고 있으므로, 행정처분에 대하여 무효확인판결이 내려진 경우에는, 그 행정처분이 거부처분일지라도 판결의 취지에 따른 행정청의 재처분의무가 인정될 뿐, 그에 대하여 간접강제까지 허용되는 것은 아니라고 하여 준용부정설의 입장을 취하고 있다.

2. 검 토

생각건대 행소법 제38조 제1항이 같은 법 제34조를 준용한다는 규정을 두고 있지 아니한 것은 입법의 불비가 아니라 무효확인소송에서는 간접강제를 인정하지 아니하려는 것을 입법자의 의사로 이해하는 것이 타당하므로 판례의 태도인 준용부정설을 따르기로 한다. 이에 의할 때 A시가 1차 결정에 대한 무효확인판결에 대하여 아무런 조치를 취하지 아니하는 경우 행소법상 강제수단은 별도로 생각할 수 없다고 판단된다.

Ⅳ 사안의 적용

A시의 재처분의무와 관련하여 甲이 기준일 이후 주택을 취득했다는 사유와 기본적 사실관계가 동일하지 않거나 처분 이후의 새로운 사유를 들어 재차 이주대책대상 제외결정을 할 수 있으므로, 반드시 甲을 이주대책 대상자로 선정하지 아니하더라도 확정판결의 기속력에 반하지 아니한다. 행소법 제38조 제1항이 같은 법 제34조를 준용한다는 규정을 두고 있지 아니하므로 판례의 태도인 준용부정설에 의할 때 A시가 1차 결정에 대한 무효확인판결에 대하여 아무런 조치를 취하지 아니하는 경우 행소법상 강제수단은 별도로 생각할 수 없다고 판단된다.

Ⅴ 결 론

A시의 재처분의무와 관련하여 반드시 甲을 이주대책 대상자로 선정하여야 할 필요는 없고, A시가 아무런 조치를 취하지 아니하는 경우 행소법상 강제수단은 별도로 생각할 수 없다.

기출문제 ▌ 2021년 제30회 공인노무사시험

제1문

중기계를 생산하는 제조회사에 근무하는 甲은 골절 등의 업무상 사고로 인하여 상해를 입었음을 이유로 근로복지공단으로부터 휴업급여와 장해급여 등의 지급결정을 받았다. 그 후 근로복지공단은 甲이 실제 상해를 입지 않았음에도 허위로 지급신청서를 작성하여 급여지급결정을 받은 사실을 들어 甲에 대한 급여지급결정을 취소하였고, 甲은 급여지급결정의 취소처분서를 2021.1.7. 직접 수령하였다. 이와 함께 근로복지공단은 이미 甲에게 지급된 급여액에 해당하는 금액을 부당이득으로 징수하였다. 한편, 甲은 위 급여지급결정 취소처분이 위법함을 이유로 2021.5.7. 급여지급결정 취소처분에 대한 무효확인소송을 제기하였다. 다음 물음에 답하시오.(단, 각 물음은 상호 관련성이 없는 별개의 문항임) (50점)

물음 1

위 무효확인소송에서 급여지급결정 취소처분이 무효라는 점에 대한 입증책임은 누가 부담하는가? (10점)

▌목 차▌

예시답안 Ⅰ 2021년 제30회 공인노무사시험

Ⅰ 논점의 정리

취소소송에서는 법률요건분류설에 의하여 입증책임을 분배하는 것이 학설, 판례의 일반적인 태도이나, 사안과 같은 급여지급결정 취소처분 무효확인소송에서는 누가 요건사실인 甲이 허위로 지급신청서를 작성하여 급여지급결정을 받은 사실에 대해 입증책임을 부담하는지 문제된다.

Ⅱ 입증책임의 의의

객관적 입증책임은 사실존부가 확정되지 않은 상태에서 당해 사실이 존재하지 않는 것으로 취급되어 당사자 일방이 받는 불이익을 의미하며 보통 입증책임이라 하면 이를 의미한다.

Ⅲ 급여지급결정 취소처분 무효확인소송에서의 입증책임

1. 학 설

(1) 원고책임설

무효등확인소송에서 주장되는 중대・명백한 하자는 예외에 속하는 특별한 하자라는 점 등을 이유로, 당해 처분 등의 무효원인에 대하여는 원고가 주장・입증하여야 한다는 견해이다.

(2) 일반원칙설

무효등확인소송도 항고소송의 일종이고, 처분 등의 적법 여부를 다툰다는 면에서는 취소소송과 다를 바 없을 뿐만 아니라, 위법의 중대성은 법 해석 내지 경험칙에 의하여 판단될 사항이므로, 입증책임의 문제와 직접 관계되지 아니한다는 견해이다.

2. 판 례

판례는 무효등확인소송에서의 무효원인에 대한 주장・입증책임은, 취소소송과는 달리 원고가 부담한다고 판시하고 있다.

3. 검 토

행정쟁송에서는 원고가 피고인 행정청에 비하여 열악한 지위에 놓여 있다는 점을 고려하면, 취소소송의 경우와 마찬가지로 입증책임분배의 일반원칙을 따르는 일반원칙설이 타당하다고 판단된다. 따라서 일반원칙인 법률요건분류설에 의할 때 급여지급결정 취소처분의 법률요건사실은 '허위사실에 의한 급여지급'이므로 甲이 실제 상해를 입지 않았음에도 허위로 지급신청서를 작성하여 급여지급결정을 받은 사실에 대하여 근로복지공단이 입증책임을 부담함이 타당하다고 판단된다. 다만, 판례에 따르면 甲에게 급여지급결정 취소처분이 무효인 사유를 주장, 입증할 책임이 있다.

Ⅳ 사안의 적용

일반원칙인 법률요건분류설에 의할 때 급여지급결정 취소처분의 법률요건사실은 '허위사실에 의한 급여지급'이므로 甲이 실제 상해를 입지 않았음에도 허위로 지급신청서를 작성하여 급여지급결정을 받은 사실에 대하여 근로복지공단이 입증책임을 부담함이 타당하다고 판단된다. 다만, 판례에 따르면 甲에게 급여지급결정 취소처분이 무효인 사유를 주장, 입증할 책임이 있다.

Ⅴ 결 론

甲이 실제 상해를 입지 않았음에도 허위로 지급신청서를 작성하여 급여지급결정을 받은 사실에 대하여 근로복지공단이 입증책임을 부담함이 타당하다고 판단된다.

제1문

중기계를 생산하는 제조회사에 근무하는 甲은 골절 등의 업무상 사고로 인하여 상해를 입었음을 이유로 근로복지공단으로부터 휴업급여와 장해급여 등의 지급결정을 받았다. 그 후 근로복지공단은 甲이 실제 상해를 입지 않았음에도 허위로 지급신청서를 작성하여 급여지급결정을 받은 사실을 들어 甲에 대한 급여지급결정을 취소하였고, 甲은 급여지급결정의 취소처분서를 2021.1.7. 직접 수령하였다. 이와 함께 근로복지공단은 이미 甲에게 지급된 급여액에 해당하는 금액을 부당이득으로 징수하였다. 한편, 甲은 위 급여지급결정 취소처분이 위법함을 이유로 2021.5.7. 급여지급결정 취소처분에 대한 무효확인소송을 제기하였다. 다음 물음에 답하시오.(단, 각 물음은 상호 관련성이 없는 별개의 문항임) (50점)

물음 2

위 무효확인소송의 계속 중 甲은 추가적으로 급여지급결정 취소처분의 취소를 구하는 소를 병합하여 제기할 수 있는가? (20점)

Ⅰ 목 차 Ⅰ

Ⅰ. 논점의 정리

Ⅱ. 무효확인소송의 관련청구소송의 병합
  1. 관련청구소송의 병합의 의의
  2. 급여지급결정 취소처분 취소소송의 관련청구소송 여부

Ⅲ. 무효확인소송의 관련청구소송의 병합의 적법 여부
  1. 적법요건
  2. 무효확인소송과 취소소송의 병합 유형
  3. 급여지급결정 취소처분 취소소송의 제소기간 준수 여부
    (1) 판 례
    (2) 검 토

Ⅳ. 사안의 적용

Ⅴ. 결 론

예시답안 ‖ 2021년 제30회 공인노무사시험

Ⅰ 논점의 정리

우선 급여지급결정 취소처분의 취소소송이 급여지급결정 취소처분에 대한 무효확인소송의 관련청구소송인지 여부가 문제된다. 관련청구소송이라면 무효확인소송과 취소소송의 병합 유형과 급여지급결정 취소처분 취소소송의 제소기간 준수 여부가 甲이 추가적으로 급여지급결정 취소처분의 취소소송을 병합하여 제기할 수 있는지 여부와 관련하여 다시 문제되므로 이를 검토한다.

Ⅱ 무효확인소송의 관련청구소송의 병합

1. 관련청구소송의 병합의 의의

취소소송과 이와 관련된 수개의 청구를 병합하여 하나의 소송절차에서 통일적으로 심판하게 되면 심리의 중복이나 재판의 모순·저촉을 피하고 당사자나 법원의 부담을 경감할 수 있게 되는데 이러한 취지에서 행소법은 취소소송에서 관련청구소송의 병합을 규정하고 무효등확인소송에 준용하고 있다(행소법 제10조, 제38조 제1항).

2. 급여지급결정 취소처분 취소소송의 관련청구소송 여부

급여지급결정 취소처분에 대한 무효확인소송과 급여지급결정 취소처분의 취소소송은 행정청인 근로복지공단의 공권력 행사에 불복하여 그 처분의 효력을 다투는 점에서 기본적으로 동일한 소송유형이라고 보이므로 급여지급결정 취소처분 취소소송은 급여지급결정 취소처분에 대한 무효확인소송의 관련청구소송이라고 이해하는 것이 타당하다.

Ⅲ 무효확인소송의 관련청구소송의 병합의 적법 여부

1. 적법요건

관련청구소송의 병합이 적법하기 위해서는 병합된 각 청구가 모두 일반적 소송요건을 구비하고 있어야 한다. 특히 추가된 급여지급결정 취소처분의 취소소송은 추가적 병합의 한 형태로서 계속 중인 무효확인소송과는 별도로 전치절차, 제소기간의 준수 등의 소송요건을 구비하여야 한다.

2. 무효확인소송과 취소소송의 병합 유형

동일처분에 대한 무효확인소송과 취소소송은 서로 양립할 수 없는 청구에 대한 소송이므로 단순병합이나 선택적 병합은 허용되지 아니하고 예비적 병합만 가능하다. 사안에서 甲의 추가적 변경의 유형이 무엇인지 분명하지 아니하나 甲의 무효확인소송의 계속 중 급여지급결정 취소처분의 취소소송을 예비적으로 병합하는 것은 가능하다고 판단된다.

3. 급여지급결정 취소처분 취소소송의 제소기간 준수 여부

(1) 판 례

판례는 "하자 있는 행정처분을 놓고 이를 무효로 볼 것인지 아니면 단순히 취소할 수 있는 처분으로 볼 것인지는 동일한 사실관계를 토대로 한 법률적 평가의 문제에 불과하고, 행정처분의 무효확인을 구하는 소에는 특단의 사정이 없는 한 그 취소를 구하는 취지도 포함되어 있다고 보아야 하는 점 등에 비추어 볼 때, 동일한 행정처분에 대하여 무효확인의 소를 제기하였다가 그 후 그 처분의 취소를 구하는 소를 추가적으로 병합한 경우, 주된 청구인 무효확인의 소가 적법한 제소기간 내에 제기되었다면 추가로 병합된 취소청구의 소도 적법하게 제기된 것으로 봄이 상당하다"고 판시하고 있다.

(2) 검 토

甲이 2021.5.7. 제기한 무효확인소송은 필요한 소송요건을 구비하여 일단 적법하다고 판단된다. 甲은 행정심판을 청구하지 않았으므로 추가적으로 병합하는 취소소송이 제소기간을 준수하였는지 여부는 급여지급결정의 취소처분서를 수령하여 처분이 있음을 알게 된 2021.1.7.로부터 90일 이내에 주위적 청구인 무효확인소송을 제기하였는지를 기준으로 판단한다. 그러나 사안에서 甲은 이 기간을 도과하였으므로 추가적・예비적으로 급여지급결정 취소처분의 취소소송을 병합하여 제기할 수는 없다고 판단된다.

Ⅳ 사안의 적용

급여지급결정 취소처분 취소소송은 급여지급결정 취소처분에 대한 무효확인소송의 관련청구소송이어서 다른 요건을 구비하면 관련청구소송의 병합이 가능하나, 급여지급결정의 취소처분서를 수령하여 처분이 있음을 알게 된 2021.1.7.로부터 90일을 경과한 2021.5.7.에 주위적 청구인 무효확인소송을 제기하였으므로 甲은 추가적・예비적으로 급여지급결정 취소처분의 취소소송을 병합하여 제기할 수는 없다고 판단된다.

Ⅴ 결 론

급여지급결정 취소처분의 취소소송의 제소기간을 도과하였으므로 甲은 무효확인소송의 계속 중 추가적・예비적으로 급여지급결정 취소처분의 취소소송을 병합하여 제기할 수는 없다.

09 무효등확인소송

※ 기출문제해설의 답안은 참고용으로 활용하시기 바랍니다.

제1장 제2장 제3장 제4장 제5장 제6장 제7장 제8장 제9장 제10장 제11장 제12장 제13장

기출문제 | 2021년 제30회 공인노무사시험

제1문

중기계를 생산하는 제조회사에 근무하는 甲은 골절 등의 업무상 사고로 인하여 상해를 입었음을 이유로 근로복지공단으로부터 휴업급여와 장해급여 등의 지급결정을 받았다. 그 후 근로복지공단은 甲이 실제 상해를 입지 않았음에도 허위로 지급신청서를 작성하여 급여지급결정을 받은 사실을 들어 甲에 대한 급여지급결정을 취소하였고, 甲은 급여지급결정의 취소처분서를 2021.1.7. 직접 수령하였다. 이와 함께 근로복지공단은 이미 甲에게 지급된 급여액에 해당하는 금액을 부당이득으로 징수하였다. 한편, 甲은 위 급여지급결정 취소처분이 위법함을 이유로 2021.5.7. 급여지급결정 취소처분에 대한 무효확인소송을 제기하였다. 다음 물음에 답하시오.(단, 각 물음은 상호 관련성이 없는 별개의 문항임) (50점)

물음 3

위 무효확인소송에서 기각판결이 확정된 후 甲이 급여지급결정 취소처분의 '법령 위반'을 이유로 국가배상청구소송을 제기한 경우, 무효확인소송의 기각판결의 효력과 관련하여 국가배상청구소송의 수소법원은 급여지급결정취소처분의 '법령 위반'을 인정할 수 있는가? (20점)

예시답안 ▌ 2021년 제30회 공인노무사시험

Ⅰ 논점의 정리

甲이 제기한 급여지급결정 취소처분에 대한 무효확인소송에 대한 기각판결이 확정된 경우, 확정판결의 판단에 부여되는 구속력인 기판력이 발생하게 되는데 이 확정판결의 기판력이 후소인 국가배상청구소송에 미치는지 여부와 관련하여 국가배상청구소송에서의 법령위반의 의미를 먼저 살펴보고 선결문제로 민사법원이 처분의 위법유무를 판단할 수 있는지 여부를 고려하여 후소법원인 국가배상청구소송의 수소법원이 급여지급결정 취소처분의 '법령 위반'을 인정할 수 있는지 검토하기로 한다.

Ⅱ 국가배상청구소송에서의 법령위반의 의미

1. 학 설

국가배상법상의 법령위반을 ① 가해행위의 결과인 손해의 불법을 의미한다고 보는 결과위법설, ② 피침해이익의 성격과 침해의 정도 및 가해행위의 태양 등을 종합적으로 고려하여 행위가 객관적으로 정당성을 결여한 경우를 의미한다는 상대적 위법성설, ③ 항고소송에서의 위법과 동일하게 가해행위가 법령에 합치하는가 여부에 따라 위법성을 판단하는 견해인 협의의 행위위법설, ④ 가해행위가 법령에 반하는 경우 외에 국가의 일반적인 손해방지의무의 위반을 포함하는 개념으로 이해하는 광의의 행위위법설 등이 주장되고 있다.

2. 판 례

<u>행위위법설을 취한 판례가 있으나, 판례의 주류는 상대적 위법성설의 태도를 취하고 있다</u>.

3. 검 토

생각건대 국민의 폭넓은 권리구제가 필요하다는 점에서의 광의의 행위위법설이 타당하다고 판단된다.

Ⅲ 확정판결의 기판력이 국가배상청구소송에 미치는지 여부

1. 확정된 기각판결의 효력

취소소송의 기각판결에서의 기판력은 "처분이 적법하다"는 점에 생기나, 급여지급결정 취소처분에 대한 무효확인소송의 기각판결의 기판력은 "처분이 무효가 아니라는 점"에 발생한다. 따라서 ① 처분이 적법하여 기각판결을 한 경우, ② 처분은 위법하나 무효의 하자에 이르지 않아(예 절차적 하자) 기각판결을 한 경우 모두 기판력이 발생한다.

2. 확정판결의 기판력

(1) 학 설

결과위법설, 상대적 위법성설에 따르면 항고소송의 위법성과 국가배상에서의 법령위반은 서로 다른 개념이므로 항고소송의 본안판결의 기판력이 국가배상청구소송에 미치지 않는다(전부기판력부정설). 한편 협의의 행위위법설에 의하면 항고소송의 위법성과 국가배상에서의 법령위반은 서로 같은 개념이므로 항고소송의 본안판결의 효력이 국가배상청구소송에 미치게 된다(전부기판력긍정설). 광의의 행위위법설에 의하면 국가배상에서의 법령위반이 항고소송의 위법성 보다 넓은 개념이므로 항고소송의 인용판결의 기판력은 국가배상청구소송에 미치게 되나 기각판결은 그러하지 아니하게 된다(제한적 기판력긍정설).

(2) 판 례

판례는 전부기판력부정설의 입장에서 어떠한 행정처분이 항고소송에서 취소되었다고 할지라도 그 기판력으로 곧바로 국가배상책임이 인정될 수는 없고, '공무원이 직무를 집행하면서 고의 또는 과실로 법령을 위반하여 타인에게 손해를 입힌 때'라고 하는 국가배상법 제2조 제1항의 요건이 충족되어야 한다고 판시하고 있다.[477]

(3) 검 토

국가배상청구소송에서의 법령위반의 의미에서 광의의 행위위법설을 취하였으므로 항고소송의 인용판결의 기판력은 국가배상청구소송에 영향을 미치지만, 기각판결은 기판력이 미치지 않는다고 보는 것이 타당하다(제한적 기판력긍정설). 따라서 급여지급결정 취소처분에 대한 무효확인소송에서 처분이 적법하여 원고의 청구가 기각된 경우나, 급여지급결정 취소처분은 위법하나 무효의 하자에 이르지 않아 기각된 경우에도 근로복지공단의 급여지급결정 취소처분이 무효가 아니라는 점에 발생한 기판력은 후소인 국가배상청구소송에 미치지 않게 된다.

Ⅳ 선결문제

1. 의 의

선결문제는 민사・형사법원의 본안판단에서 행정행위의 효력 유무나 위법 여부가 선결될 문제인 경우, 민사・형사법원이 그 효력 유무나 위법 여부를 스스로 판단할 수 있는지 여부를 말한다.

2. 민사법원이 처분의 위법유무를 판단할 수 있는지 여부

판례는 위법한 행정대집행이 완료되면 그에 대한 무효확인 또는 취소를 구할 소의 이익은 없으나 그 대집행에 대한 취소판결이 있어야만 그 행정처분의 위법을 이유로 한 손해배상청구를 할 수 있는 것은 아니라고 판시하고 있다.

3. 검 토

국가배상청구소송에서 선결문제로서 행정행위의 위법성판단은 그 효력을 부인하는 것이 아니어서 행정행위의 구성요건적 효력에 반하지 아니하므로 민사법원은 행정행위의 위법성을 심사할 수 있다고 보는 것이 타당하다. 따라서 급여지급결정 취소처분이 위법하나 무효의 하자에 이르지 않아 기각판결을 한 경우에는 국가배상청구소송의 수소법원이 급여지급결정 취소처분의 '법령 위반'을 인정할 수 있고 급여지급결정 취소처분이 적법하여 기각판결을 한 경우에도, 전소인 무효확인소송에서 기각판결이 확정되더라도 후소인 국가배상소송에 기판력이 미치지 않으므로 수소법원은 취소처분의 '법령 위반'을 인정할 수 있다.

477) 대판 2022.4.28. 2017다233061

Ⅴ 사안의 적용

항고소송의 인용판결의 기판력은 국가배상청구소송에 미치지만, 기각판결은 기판력이 미치지 않는다고 보아야 하고 민사법원은 행정행위의 위법성을 심사할 수 있다고 보는 것이 타당하다는 점을 고려할 때 후소법원인 국가배상청구소송의 수소법원은 급여지급결정 취소처분의 '법령 위반'을 인정할 수 있다고 판단된다.

Ⅵ 결 론

후소법원인 국가배상청구소송의 수소법원은 급여지급결정 취소처분의 '법령 위반'을 인정할 수 있다.

기출문제 ▎ 2017년 제26회 공인노무사시험

제2문

국민건강보험공단은 甲에게 보험료 부과처분을 하였고, 甲은 별도의 검토 없이 이를 납부하였다. 그러나 甲은 이후 당해 보험료 부과처분이 무효임을 알게 되었다. 甲이 이미 납부한 보험료를 돌려받기 위하여 제기할 수 있는 소송의 종류에 대하여 설명하시오. (25점)

▎목차연습 ▎

예시답안 Ⅰ 2017년 제26회 공인노무사시험

Ⅰ 논점의 정리

甲이 이미 납부한 보험료를 돌려받기 위하여 제기할 수 있는 소송의 종류를 묻고 있는 바, 보험료 부과처분이 무효이므로, ⅰ) 보험료부과처분무효확인소송을 제기하지 아니하고 보험료부당이득반환청구소송을 제기하는 경우, ⅱ) 보험료부과처분무효확인소송을 제기한 후에 보험료부당이득반환청구소송을 제기하는 경우, ⅲ) 양자를 병합제기하는 경우를 상정할 수 있다. ⅰ)과 관련해서는 처분의 선결문제가, ⅱ) 와 관련해서는 확인의 이익 요부가, ⅲ)과 관련해서는 관련 청구소송의 병합의 요건을 갖추었는지 각각 문제되므로 이하에서 차례로 검토한다.

Ⅱ 보험료부과처분무효확인소송을 제기하지 아니하고 보험료부당이득반환청구소송을 제기하는 경우

1. 문제점

판례는 부당이득반환의 법률관계를 민사관계로 보아 민사소송절차에 의하여 해결하고 있다. 이러한 판례의 태도에 의할 때 부당이득반환청구소송의 수소법원인 민사법원이 선결문제로서 본안판단에서 보험료부과처분의 효력 유무나 위법 여부를 판단할 수 있는지 문제된다.

2. 선결문제

(1) 의 의

선결문제는 민사·형사법원의 본안판단에서 행정행위의 효력 유무나 위법 여부가 선결될 문제인 경우, 그 효력 유무나 위법 여부를 말한다.

(2) 민사법원이 처분의 효력 유무를 판단할 수 있는지 여부

판례는 당해 행정행위가 무효이면, 민사법원은 행정행위가 무효임을 전제로 본안을 인용할 수 있다는 입장이다. 무효인 행정행위는 구성요건적 효력이 없기 때문이다.

3. 검 토

선결문제로서 민사소송의 수소법원이 행정처분의 당연무효 여부를 심리하여 무효임을 확인하는 것은, 구성요건적 효력에 저촉되지 않는다고 보는 것이 타당하다. 그러나 민사법원은 구성요건적 효력으로 인하여 유효한 행정행위의 효력을 부정할 수는 없다. 사안의 경우 보험료부과처분은 무효이기 때문에 행소법 제11조에 따라 민사법원은 보험료부과처분이 무효임을 전제로 본안판단을 할 수 있고 甲은 이에 따라 이미 납부한 보험료를 부당이득으로 반환받을 수 있다.

Ⅲ 보험료부과처분무효확인소송을 제기한 후에 보험료부당이득반환청구소송을 제기하는 경우

1. 문제점

보험료부당이득반환청구소송을 바로 제기하면 보험료를 반환받을 수 있다는 점에서 보험료부과처분무효확인소송을 따로 제기할 필요가 있는지 확인의 이익 인정여부와 관련하여 문제된다.

2. 무효등확인소송에서의 확인의 이익 인정여부

(1) 문제점

무효등확인소송에서도 취소소송에서 논의되는 소의 이익이 요구된다. 그러나 민사소송인 확인소송에서 요구되는 확인의 이익이 무효등확인소송에서도 요구되는지에 관하여 견해가 대립한다.

(2) 학 설

1) 긍정설

무효등확인소송은 실질적으로 확인소송으로서의 성질을 가지고 있으므로, 확인소송의 일반적 소송요건인 확인의 이익이 요구된다는 입장이다. 확인소송은 보다 실효적인 구제수단이 가능하면 인정되지 않는다.

2) 부정설

현행 행정소송법이 무효등확인소송을 항고소송의 일종으로 규정하고 있으므로, 그 실질은 처분을 다투는 항고소송이며, 무효확인판결의 기속력에 의하여 판결의 실효성을 확보할 수 있으므로, 민사소송에서와 같이 분쟁의 궁극적인 해결을 위한 확인의 이익 여부를 논할 이유가 없다는 입장이다.

(3) 판 례

수원시장의 하수도원인자부담금 부과처분의 무효확인을 구한 사안에서 대법원은 ⅰ) 행정소송은 민사소송과는 목적·취지 및 기능 등을 달리하고, ⅱ) 무효등확인소송에서도 확정판결의 기속력규정을 준용하기에 무효확인판결만으로도 실효성 확보가 가능하며, 행정소송법에 명문의 규정이 없다는 점을 이유로, 무효등확인소송의 보충성이 요구되지 않는다고 판례를 변경하였다.

(4) 검 토

무효확인판결의 기속력에 의하여 무효확인판결의 실효성을 확보할 수 있고, 행정소송은 민사소송과는 그 목적·취지 및 기능 등을 달리하므로, 무효등확인소송의 보충성이 요구되지 않는다고 보는 것이 타당하다고 판단된다. 따라서 甲은 보험료부과처분무효확인소송을 제기하여 후소로 제기할 부당이득반환청구소송에 기속력과 기판력을 미치게 하고 부당이득반환청구소송을 통해 보험료를 반환받을 수 있다.

Ⅳ 보험료부과처분무효확인소송과 보험료부당이득반환청구소송을 병합하여 제기한 경우

1. 관련 청구소송의 병합의 의의

행소법상 관련 청구소송의 병합이라 함은, 취소소송 또는 무효등확인소송에 당해 취소소송 등과 관련이 있는 청구소송을 병합하여 제기하는 것을 말한다(행소법 제10조 제2항).

2. 관련 청구소송의 병합의 요건

① 취소소송 등에 병합할 것, ② 각 청구소송이 적법할 것, ③ 주된 취소소송 등의 대상인 처분 등과 관련되는 손해배상·부당이득 반환·원상회복 등의 청구소송 및 취소소송에 해당하는 관련 청구소송이 병합될 것, ④ 주된 취소소송이 사실심에 계속 중일 것등의 요건을 갖추어야 한다.

3. 검 토

생각건대 사안의 보험료부과처분무효확인소송이 적법하고 보험료부당이득반환청구소송이 관련 청구소송이고 사실심변론 전이므로 관련 청구소송의 병합으로서의 요건은 충족한 것으로 보인다(행소법 제38조 제1항, 제10조 제2항). 따라서 甲은 보험료부과처분무효확인소송과 보험료부당이득반환청구소송을 병합하여 제기할 수 있다.

Ⅴ 사안의 적용

사안에서 보험료부과처분은 무효이기 때문에 행소법 제11조에 따라 민사법원은 보험료부과처분이 무효임을 전제로 본안판단을 할 수 있고 甲은 이에 따라 이미 납부한 보험료를 부당이득으로 반환받을 수 있다. 甲은 보험료부과처분무효확인소송을 제기하여 후소로 제기할 부당이득반환청구소송에 기속력과 기판력을 미치게 하고 부당이득반환청구소송을 통해 보험료를 반환받을 수 있다. 또한 甲은 보험료부과처분무효확인소송과 보험료부당이득반환청구소송을 관련청구소송으로 병합하여 제기할 수도 있다.

Ⅵ 결 론

甲은 보험료부과처분무효확인소송을 제기하지 않고 보험료부당이득반환청구소송을 제기할 수 있다. 또한 보험료부과처분무효확인소송을 제기하여 후소로 제기할 부당이득반환청구소송에 기속력과 기판력을 미치게 하고, 부당이득반환청구소송을 통해 보험료를 반환받을 수 있다. 甲은 보험료부과처분무효확인소송과 보험료부당이득반환청구소송을 관련 청구소송으로 병합하여 제기할 수도 있다.

CHAPTER ☑ 주요논점 ☐ 최신 기출문제해설 ☐ 주요 기출문제해설

10 부작위위법확인소송 및 기타 소송

제1절 부작위위법확인소송

Ⅰ 의 의

1. 개 념

부작위위법확인소송이라 함은, 행정청의 부작위가 위법하다는 것을 확인하는 소송을 말한다(행소법 제4조 제3호).

2. 제도적 한계

부작위위법확인소송에 의하면 수익적 행정작용의 부작위에 대한 권리구제가 미흡하므로, 근본적인 국민의 권리구제를 위하여 의무이행소송의 도입이 강하게 주장되고 있다.

Ⅱ 부작위위법확인소송의 요건

1. 대상적격

부작위위법확인소송의 대상은 부작위이다. 부작위라 함은, 행정청이 당사자의 신청에 대하여 상당한 기간 내에 일정한 처분을 하여야 할 법률상 의무가 있음에도 불구하고, 이를 하지 아니하는 것을 말한다.

(1) 당사자의 신청

1) 학 설

① 신청권필요설 : 신청인에게 신청권이 있어야만 부작위가 성립한다는 견해이다. 행정소송법 제2조 제1항 제2호는 부작위의 성립요건으로서 일정한 처분을 하여야 할 법률상 의무가 있을 것을 요하는데, 이러한 처분의무에 대응하는 것이 신청권이다. 부작위의 요소인 처분의무는 응답의무일 뿐, 신청에 따라 특정한 내용의 처분을 할 의무는 아니라고 한다.

② 신청권불요설 : 신청권이 부작위의 성립요건이 되지 아니한다는 견해이다. 신청권을 요하는 명문의 규정이 없음에도 신청권의 존부를 부작위의 개념요소로 보는 것은, 사인의 권리보호의 확대이념에 반하는 것이라고 한다.

2) 판 례

판례는 부작위가 성립하기 위해서는 법규상 또는 조리상 신청권이 있어야 하고, 신청권이 없는 경우에는 부작위가 있다 할 수 없으며, 원고적격도 없다고 한다.[478]

3) 검 토

행정소송법 제2조 제1항 제2호가 부작위의 성립요건으로서 일정한 처분을 하여야 할 법률상 의무가 있을 것을 요하고 있으므로, 해석론으로는 신청권을 부작위의 성립요건으로 보는 것이 타당하다고 판단된다.

(2) 상당한 기간의 경과

상당한 기간이란 사회통념상 그 신청에 대한 처분을 함에 있어 일반적으로 요구되는 처리기간을 의미한다.

(3) 처분의무의 존재

기속행위의 경우에는 특정 처분을 할 의무가 될 것이고, 재량행위의 경우에는 재량의 하자 없는 처분을 할 의무가 될 것이다.

(4) 처분의 부작위

신청에 대한 처분이 행하여지지 아니하였어야 한다. 예를 들어, 신청에 대한 거부처분을 하였다면, 이는 응답의무를 이행한 것이 되어 부작위가 성립하지 아니한다. 부작위위법확인소송의 대상이 될 수 있는 것은 구체적 권리・의무에 관한 분쟁이어야 하고, 추상적인 법령에 관한 제정의 여부 등은 그 자체로서 국민의 구체적인 권리・의무에 직접적인 변동을 초래하는 것이 아니므로, 그 소송의 대상이 될 수 없다.[479]

핵심판례

1. **행정입법 부작위의 부작위위법확인소송의 대상 여부**
   부작위위법확인소송의 대상이 될 수 있는 것은 구체적 권리・의무에 관한 분쟁이어야 하고, 추상적인 법령에 관한 제정의 여부 등은 그 자체로서 국민의 구체적인 권리・의무에 직접적인 변동을 초래하는 것이 아니므로, 그 소송의 대상이 될 수 없다.[480]

2. **압수물 환부신청에 대한 무응답의 부작위위법확인소송의 대상 여부**
   형사본안사건에서 무죄가 선고되어 확정되었다면, 형사소송법 제332조 규정에 따라 검사가 압수물을 제출자나 소유자, 기타 권리자에게 환부하여야 할 의무가 당연히 발생한 것이고, 권리자의 환부신청에 대한 검사의 환부결정 등 어떤 처분에 의하여 비로소 환부의무가 발생하는 것은 아니므로, 압수가 해제된 것으로 간주된 압수물에 대하여 피압수자나 기타 권리자가 민사소송으로 그 반환을 구함은 별론으로 하고, 검사가 피압수자의 압수물 환부신청에 대하여 아무런 결정이나 통지도 하지 아니하고 있다 하더라도, 그와 같은 부작위는 현행 행정소송법상 부작위위법확인소송의 대상이 되지 아니한다.[481]

478) 대판 2000.2.25. 99두11455
479) 대판 1992.5.8. 91누11261
480) 대판 1992.5.8. 91누11261
481) 대판 1995.3.10. 94누14018

2. 당사자적격

(1) 원고적격

부작위위법확인소송은 처분의 신청을 한 자로, 부작위의 위법 확인을 구할 법률상 이익이 있는 자만이 제기할 수 있다. 부작위위법 확인의 소에서 당사자가 행정청에 대하여 어떠한 행정행위를 하여 줄 것을 요구할 수 있는 법규상 또는 조리상 신청권이 없다면, 원고적격이 없거나 항고소송의 대상인 위법한 부작위가 있다고 볼 수 없으므로, 그 부작위위법 확인의 소는 부적법하다.

(2) 피고적격

부작위위법확인소송의 피고는 부작위를 행한 행정청이 된다.

(3) 권리보호의 필요(협의의 소의 이익)

1) 문제점

확인소송의 본질상 부작위위법확인소송은 부작위의 위법확인의 이익, 즉 부작위가 위법하다는 확인을 구할 이익이 있어야 한다. 그런데 이러한 확인의 이익의 의미와 범위에 대하여는 부작위위법확인소송의 성질에 따라 다음과 같은 견해의 대립이 있다.

2) 학 설

① 제1설 : 행정소송법상 부작위위법확인소송의 성질에 대하여, 소극적인 위법상태의 배제를 목적으로 하는 소극적 확인소송이라는 견해(절차적 심리설)에 따르면, 부작위상태를 제거하여야 할 현실적 필요성으로 보게 된다.

② 제2설 : 적극적 적법상태를 확인함으로써 그에 대한 반대작용인 부작위의 위법을 확인한다고 하는 적극적 확인소송이라는 견해(실체적 심리설)에 의하면, 실체법상 적극적 의무를 확인받을 이익을 의미하게 된다.

3) 판 례

판례에 의하면 부작위위법 확인의 소는 행정청이 국민의 법규상 또는 조리상 권리에 기한 신청에 대하여 상당한 기간 내에 그 신청을 인용하는 적극적 처분, 또는 각하하거나 기각하는 등의 소극적 처분을 하여야 할 법률상 응답의무가 있음에도 불구하고 이를 하지 아니하는 경우, 판결(사실심의 구두변론 종결) 시를 기준으로, 그 부작위의 위법을 확인함으로써 행정청의 응답을 신속하게 하여 부작위 내지 무응답이라는 소극적 위법상태를 제거하는 것을 목적으로 하는 것이고, 나아가 당해 판결의 구속력에 의하여 행정청에게 처분 등을 하게 하고, 다시 당해 처분 등에 대하여 불복이 있는 경우에는 그 처분 등을 다투게 함으로써 최종적으로는 국민의 권리이익을 보호하려는 제도이므로, 소 제기의 전후를 통하여 판결 시까지 행정청이 그 신청에 대하여 적극 또는 소극의 처분을 함으로써 부작위상태가 해소된 경우에는, 소의 이익을 상실하게 되어 당해 소는 각하를 면할 수가 없다고 한다.[482)]

4) 검 토

생각건대 의무이행소송을 인정하지 아니하고, 부작위위법확인소송만을 인정한 입법취지 및 부작위의 정의규정인 행정소송법 제2조 제1항 제2호에 비추어 보면, 소극적 확인소송으로 새기는 것이 바람직하다. 따라서 제1설이 타당하다고 판단된다.

(4) 참가인

제3자나 행정청의 소송참가는 부작위위법확인소송에 준용된다(행소법 제38조 제2항).

482) 대판 1990.9.25. 89누4758

3. 기타 요건

(1) 행정심판전치주의

부작위위법확인소송에서도 행정심판전치주의가 적용되며, 이 경우 의무이행심판을 필요적으로 거쳐야 한다(행소법 제38조 제2항).

(2) 제소기간

1) 행정심판을 거치지 아니한 경우

부작위는 계속되는 것이므로, 부작위위법확인소송은 원칙상 제소기간의 제한을 받지 않는다고 보는 것이 타당하다.[483)]

2) 행정심판을 거친 경우

그러나 판례는 행정심판을 거친 경우에는, 행정소송법 제20조가 정한 제소기간 내에 부작위위법 확인의 소를 제기하여야 한다고 한다.[484)]

핵심판례

부작위위법확인소송의 제소기간

[1] 4급 공무원이 당해 지방자치단체 인사위원회의 심의를 거쳐 3급 승진대상자로 결정되고 임용권자가 그 사실을 대내외에 공표까지 하였다면, 그 공무원은 승진임용에 관한 법률상 이익을 가진 자로서 임용권자에 대하여 3급 승진임용을 신청할 조리상의 권리가 있고, 이러한 공무원으로부터 소청심사청구를 통해 승진임용 신청을 받은 행정청으로서는 상당한 기간 내에 그 신청을 인용하는 적극적 처분을 하거나 각하 또는 기각하는 등의 소극적 처분을 하여야 할 법률상의 응답의무가 있다. 그럼에도, 행정청이 위와 같은 권리자의 신청에 대해 아무런 적극적 또는 소극적 처분을 하지 않고 있다면 그러한 행정청의 부작위는 그 자체로 위법하다.
[2] 부작위위법확인의 소는 부작위상태가 계속되는 한 그 위법의 확인을 구할 이익이 있다고 보아야 하므로 원칙적으로 제소기간의 제한을 받지 않는다. 그러나 행정소송법 제38조 제2항이 제소기간을 규정한 같은 법 제20조를 부작위위법확인소송에 준용하고 있는 점에 비추어 보면, 행정심판 등 전심절차를 거친 경우에는 행정소송법 제20조가 정한 제소기간 내에 부작위위법확인의 소를 제기하여야 한다.
[3] 당사자가 동일한 신청에 대하여 부작위위법확인의 소를 제기하였으나 그 후 소극적 처분이 있다고 보아 처분취소소송으로 소를 교환적으로 변경한 후 여기에 부작위위법확인의 소를 추가적으로 병합한 경우, 최초의 부작위위법확인의 소가 적법한 제소기간 내에 제기된 이상 그 후 처분취소소송으로의 교환적 변경과 처분취소소송에의 추가적 변경 등의 과정을 거쳤다고 하더라도 여전히 제소기간을 준수한 것으로 봄이 상당하다.[485)]

(3) 재판관할

부작위위법확인소송의 재판관할도 취소소송과 마찬가지로, 피고인 행정청의 소재지를 관할하는 행정법원을 제1심 관할법원으로 한다(행소법 제38조 제2항).

---

483) 대판 2009.7.23. 2008두10560
484) 대판 2009.7.23. 2008두10560
485) 대판 2009.7.23. 2008두10560

Ⅲ 부작위위법확인소송의 심리

1. 심리의 기본원칙

부작위위법확인소송에서도 취소소송의 심리에 관한 규정을 준용하고 있다. 따라서 변론주의를 원칙으로 하면서도, 법원이 필요하다고 인정하는 경우에는 직권으로 증거조사를 할 수 있고, 당사자가 주장하지 아니한 사실에 대하여도 판단할 수 있는 등 보충적 직권탐지주의가 인정된다.

2. 심리의 범위

(1) 문제점

부작위위법확인소송에서의 심리범위가 신청의 실체적 내용까지 미칠 수 있는지에 대하여 견해가 나뉜다.

(2) 학 설

1) 절차적 심리설

행정소송법 제2조 제1항 제2호의 일정한 처분을 할 법률상 의무를 신청에 대한 응답의무로 이해하여, 법원의 심리범위는 단순히 부작위의 위법함을 확인하는 데 그친다는 견해이다. 실체적 심리설에 의하면 의무이행소송을 인정하는 결과가 되므로, 부작위의 위법성만을 소송물로 하는 부작위위법확인소송의 본질에 반한다고 한다.

2) 실체적 심리설

행정소송법 제2조 제1항 제2호의 일정한 처분을 할 법률상 의무를 신청에 따른 처분의무로 이해하여, 법원의 심리범위는 신청에 따른 적절한 처리방향에 대한 심리까지 미치고, 무용한 소송의 반복을 피하기 위하여 신청에 따른 처분의무도 심판범위에 포함시키는 것이 타당하다는 견해이다.

(3) 판 례

판례는 부작위위법확인소송은 판결 시를 기준으로 그 부작위의 위법을 확인함으로써 행정청의 응답을 신속하게 하여 부작위 내지 무응답이라고 하는 소극적인 위법상태를 제거하는 것을 목적으로 하는 소송이라고 하여, 절차적 심리설의 입장을 취하고 있다.[486)]

(4) 검 토

의무이행소송을 인정하지 아니하고 부작위위법확인소송만을 인정한 입법취지 및 부작위의 정의규정인 행정소송법 제2조 제1항 제2호에 비추어 보면, 부작위의 위법 여부만이 부작위위법확인소송에서의 심판범위에 포함된다는 견해(절차적 심리설)가 타당하다고 판단된다.

3. 입증책임

부작위위법확인소송에서 부작위의 존재는 부작위를 주장하는 원고에게 입증책임이 있다.

---

486) 대판 1993.4.23. 92누17099

4. 위법성 판단의 기준 시

판례는 부작위위법확인소송은 판결 시를 기준으로, 그 부작위의 위법을 확인함으로써 행정청의 응답을 신속하게 하여 부작위 내지 무응답이라는 소극적 위법상태를 제거하는 것을 목적으로 하는 소송이라고 하여, 위법성 판단의 기준 시를 판결 시로 보고 있다.[487)]

Ⅳ 부작위위법확인소송의 종료

1. 법원의 판결

(1) 소송판결

취소소송의 규정이 준용되므로, 소송요건을 흠결하였을 경우 각하판결을 내린다.

(2) 본안판결

1) 기각판결

본안심리의 결과 원고의 부작위위법 확인청구가 이유 없다고 판단되는 경우, 기각판결을 내린다.

2) 인용판결

본안심리의 결과 원고의 부작위위법 확인청구가 이유 있다고 인정하는 경우, 인용판결을 내린다.

(3) 사정판결

부작위위법확인소송에서는 사정판결에 의하여 존치시킬 처분이 존재하지 아니하므로, 사정판결의 규정은 준용되지 아니한다.

2. 판결의 효력

(1) 취소소송규정의 준용

부작위위법 확인판결의 효력에 대하여는 취소판결의 효력에 관한 규정이 준용된다(행소법 제38조 제2항, 제29조, 제30조). 다만, 소송의 성질상 차이가 나는 부분이 있다.

(2) 형성력

1) 협의의 형성력

부작위위법확인소송은 부작위의 위법성을 확인할 뿐이므로, 법률관계의 발생・변경・소멸 등을 일으키는 형성력은 인정되지 아니한다.

2) 제3자효

제3자효에 관한 규정은 부작위위법 확인판결에 대하여도 준용된다. 판결의 효력이 제3자에게도 미치므로, 제3자를 보호하기 위하여 제3자의 소송참가제도와 제3자의 재심청구제도도 준용된다(행소법 제38조 제2항, 제17조, 제31조).

---

487) 대판 1990.9.25. 89누4758

(3) 기속력

1) 재처분의무

부작위위법 확인판결이 있으면 행정청은 판결의 취지에 따라, 다시 이전의 신청에 대하여 처분을 하여야 하는 의무를 부담한다. 그러나 부작위위법확인소송의 심리는 절차적 심리에 한정된다는 점에서 처분의무의 내용은 단순한 응답의무로 이해되므로, 다시 거부처분을 하더라도 기속력에 반하지 않는다. 판례도 부작위위법 확인판결 이후 거부처분을 하면 다시 거부처분취소소송을 제기하여야 한다고 판시하고 있다.

2) 간접강제

부작위위법확인소송의 인용판결에 따르면, 재처분의무의 실효성을 확보하기 위하여 취소소송의 간접강제규정이 준용된다(행소법 제38조 제2항, 제34조). 따라서 부작위위법 확인판결에 의하여 재처분의무를 행정청이 이행하지 아니하는 경우, 제1심 수소법원이 당사자의 신청에 의한 결정으로써 상당한 기간을 정하고, 행정청이 그 기간 내에 이행하지 아니하면 그 지연기간에 따라 일정한 배상을 하도록 명하거나, 즉시 손해배상을 할 것을 명할 수 있다.

3. 재 심

재심청구에 관한 취소소송의 규정이 준용된다(행소법 제38조 제2항, 제31조).

V 가구제

1. 집행정지

부작위는 처분의 실체가 존재하지 아니하므로, 집행정지의 대상이 될 수 없다.

2. 가처분

항고소송의 대상이 되는 처분 등의 효력이나 그 집행 또는 절차의 속행 등의 정지를 구하는 신청은 행정소송법상 집행정지신청의 방법으로서만 가능할 뿐, 민사소송법상 가처분의 방법으로는 허용될 수 없다.[488]

VI 청구의 병합과 소의 변경

1. 관련 청구소송의 병합 및 이송

취소소송에서 관련 청구소송의 이송·병합에 관한 규정은 부작위위법확인소송에서도 준용된다(행소법 제38조 제2항, 제10조). 따라서 부작위위법확인소송과 관련 청구소송이 각각 다른 법원에 계속되고 있는 경우에는, 관련 청구소송의 계속법원은 관련 청구소송을 부작위위법확인소송의 계속법원으로 이송할 수 있으며, 부작위위법 확인소송에서는 사실심변론 종결 시까지 관련 청구소송을 당해 법원에 병합하여 제기할 수 있다.

488) 대판 2009.11.2. 2009마596

2. 소의 변경

(1) 문제점

취소소송, 무효등확인소송 및 당사자소송 도중 처분이 변경된 경우에는, 소의 변경이 가능하다(행소법 제21조, 제37조, 제42조). 그런데 부작위위법확인소송 도중 거부처분이 나온 경우, 거부처분취소소송으로의 소의 변경이 가능한지가 문제된다. 이는 행정소송법 제22조에서 규정한 처분변경으로 인한 소의 변경을 부작위위법확인소송의 경우에 준용하지 아니함으로써 생기는 다툼이다(행소법 제37조 참조).

(2) 학 설

1) 부정설

처분의 변경에 의한 소의 변경에 관한 명문의 규정이 없으므로, 허용할 수 없다는 견해이다.

2) 긍정설

부작위위법확인소송에서 거부처분이 나온 경우, 행정소송법 제21조와 제37조를 확대적용하여 소의 변경이 가능하다고 보는 견해이다.

(3) 판 례

부작위위법확인소송 도중 거부처분이 나온 경우, 취소소송으로의 교환적 변경을 허가한 바 있다. 판례는 당사자가 동일한 신청에 대하여 부작위위법 확인의 소를 제기하였으나, 그 후 소극적 처분이 있다고 보아 처분취소소송으로 소를 교환적으로 변경한 다음 여기에 부작위위법 확인의 소를 추가적으로 병합한 경우, 최초의 부작위위법 확인의 소가 적법한 제소기간 내에 제기된 이상, 그 후 처분취소소송으로의 교환적 변경과 처분 취소소송에의 추가적 변경 등의 과정을 거쳤다 하더라도, 여전히 제소기간을 준수한 것으로 봄이 상당하다고 한다.[489)]

(4) 검 토

소의 변경을 부정하는 견해에 의하면, 이미 제기된 부작위위법확인소송을 취하하고 다시 거부처분에 대한 취소소송을 제기하여야 하는 소송불경제가 초래되는 문제점이 있다. 따라서 소의 변경을 허용하는 것이 타당하다고 판단된다.

제2절 당사자소송

I 당사자소송의 의의

행정청의 처분 등을 원인으로 하는 법률관계에 관한 소송이나 그 밖에 공법상 법률관계에 관한 소송으로, 그 법률관계의 한 쪽 당사자를 피고로 하는 소송을 말한다(행소법 제3조 제2호).

489) 대판 2009.7.23. 2008두10560

Ⅱ 다른 소송과의 구별

1. 민사소송과의 구별

민사소송과 당사자소송은 대등한 당사자 사이의 소송이라는 점에서 큰 차이가 없으나, 소송물이 공법상 권리이면 당사자소송이고, 사법상 권리이면 민사소송이라고 한다. 예를 들어, 공무원의 지위 확인의 경우에는 주장하는 권리가 공법적이어서 당사자소송이 되지만, 매매계약의 중요 부분의 착오에 의한 취소를 이유로 한 소유권 확인의 경우에는, 민사소송이 된다.

2. 항고소송과의 구별

당사자소송은 대등한 당사자 사이에서 한 쪽 당사자를 피고로 하여 구체적인 법률관계를 다투는 소송인데 반해, 항고소송은 우월한 지위를 전제로 하는 처분 등을 한 행정청을 피고로 하여 공권력의 행사 또는 그 거부를 다투는 소송을 말한다.

Ⅲ 당사자소송의 종류

1. 실질적 당사자소송

(1) 당사자소송의 대상

행정소송법은 행정청의 처분등을 원인으로 하는 법률관계에 관한 소송 그 밖에 공법상의 법률관계에 관한 소송을 당사자소송으로 규정하고 있고(행소법 제3조 제2호), 최근 제정된 행정소송규칙은 공익사업을 위한 토지 등의 취득 및 보상에 관한 법률이나 하천편입토지 보상 등에 관한 특별조치법상의 손실보상금에 관한 소송, 존부 또는 범위가 구체적으로 확정된 공법상 법률관계 그 자체에 관한 소송, 처분에 이르는 절차적 요건의 존부나 효력 유무에 관한 소송, 공법상 계약에 따른 권리・의무의 확인 또는 이행청구 소송 등을 당사자소송에 포함시키고 있다(행소규칙 제19조). 이하에서는 판례에 의하여 당사자소송의 대상인지 여부로 논의되고 있는 사항을 구체적으로 살펴보기로 한다.

(2) 처분 등을 원인으로 하는 법률관계에 관한 소송

과세처분의 무효를 이유로 한 부당이득 반환청구소송, 위법한 운전면허 취소처분으로 인하여 발생한 재산상 손해에 대한 국가배상청구소송이 있다. 주류적인 판례는 이들을 사법상 법률관계로 보아 민사소송으로 취급한다. 다만 판례는 납세의무자에 대한 국가의 부가가치세 환급세액 지급의무는 민사상 부당이득반환이 아니라 조세법령에 의하여 인정되는 공법상 의무라고 보아 부가가치세 환급세액 지급청구사건을 당사자소송의 절차에 따라야 한다고 판시하여 종전 판례를 변경하였고, 최근 판례는 국가 등 과세주체가 당해 확정된 조세채권의 소멸시효 중단을 위하여 납세의무자를 상대로 제기한 조세채권존재확인의 소는 공법상 당사자소송에 해당한다고 판시하고 있다.[490)]

490) 대판 2020.3.2. 2017두41771

핵심판례

부가가치세 환급세액지급청구소송이 당사자소송의 대상인지 여부

부가가치세법령이 환급세액의 정의 규정, 그 지급시기와 산출방법에 관한 구체적인 규정과 함께 부가가치세 납세의무를 부담하는 사업자(이하 '납세의무자')에 대한 국가의 환급세액 지급의무를 규정한 이유는, 입법자가 과세 및 징수의 편의를 도모하고 중복과세를 방지하는 등의 조세 정책적 목적을 달성하기 위한 입법적 결단을 통하여, 최종 소비자에 이르기 전의 각 거래단계에서 재화 또는 용역을 공급하는 사업자가 그 공급을 받는 사업자로부터 매출세액을 징수하여 국가에 납부하고, 그 세액을 징수당한 사업자는 이를 국가로부터 매입세액으로 공제·환급받는 과정을 통하여 그 세액의 부담을 다음 단계의 사업자에게 차례로 전가하여 궁극적으로 최종 소비자에게 이를 부담시키는 것을 근간으로 하는 전단계세액공제 제도를 채택한 결과, 어느 과세기간에 거래징수된 세액이 거래징수를 한 세액보다 많은 경우에는 그 납세의무자가 창출한 부가가치에 상응하는 세액보다 많은 세액이 거래징수되게 되므로 이를 조정하기 위한 과세기술상, 조세 정책적인 요청에 따라 특별히 인정한 것이라고 할 수 있다. 따라서 이와 같은 부가가치세법령의 내용, 형식 및 입법 취지 등에 비추어 보면, 납세의무자에 대한 국가의 부가가치세 환급세액 지급의무는 그 납세의무자로부터 어느 과세기간에 과다하게 거래징수된 세액 상당을 국가가 실제로 납부받았는지와 관계없이 부가가치세법령의 규정에 의하여 직접 발생하는 것으로서, 그 법적 성질은 정의와 공평의 관념에서 수익자와 손실자 사이의 재산상태 조정을 위해 인정되는 부당이득 반환의무가 아니라 부가가치세법령에 의하여 그 존부나 범위가 구체적으로 확정되고 조세 정책적 관점에서 특별히 인정되는 공법상 의무라고 봄이 타당하다. 그렇다면 납세의무자에 대한 국가의 부가가치세 환급세액 지급의무에 대응하는 국가에 대한 납세의무자의 부가가치세 환급세액 지급청구는 민사소송이 아니라 행정소송법 제3조 제2호에 규정된 당사자소송의 절차에 따라야 한다.[491]

(3) 그 밖의 공법상 법률관계에 관한 소송

1) 공법상 계약에 관한 소송

공법상 계약이란 공법적 효과의 발생을 목적으로 하여 대등한 당사자 사이의 의사표시의 합치로 성립하는 공법행위를 말한다. 어떠한 계약이 공법상 계약에 해당하는지는 계약이 공행정 활동의 수행 과정에서 체결된 것인지, 계약이 관계 법령에서 규정하고 있는 공법상 의무 등의 이행을 위해 체결된 것인지, 계약 체결에 계약 당사자의 이익만이 아니라 공공의 이익 또한 고려된 것인지 또는 계약 체결의 효과가 공공의 이익에도 미치는지, 관계 법령에서의 규정 또는 그 해석 등을 통해 공공의 이익을 이유로 한 계약의 변경이 가능한지, 계약이 당사자들에게 부여한 권리와 의무 및 그 밖의 계약 내용 등을 종합적으로 고려하여 판단하여야 한다.[492] 공법상 계약의 한 쪽 당사자가 다른 당사자를 상대로 효력을 다투거나 이행을 청구하는 소송은 공법상의 법률관계에 관한 분쟁이므로 분쟁의 실질이 공법상 권리·의무의 존부·범위에 관한 다툼이 아니라 손해배상액의 구체적인 산정방법·금액에 국한되는 등의 특별한 사정이 없는 한 공법상 당사자소송으로 제기하여야 한다.[493] 한편 비권력적 행위가 공법행위라면 당사자소송의 대상이 되고, 사법행위라면 민사소송의 대상이 된다. 즉 공법상 계약에 관한 소송이나 공법상 합동행위의 무효확인을 구하는 소송은 당사자소송이고 사법상 계약에 관한 소송은 민사소송으로 보아야 한다.

491) 대판 2013.3.21. 2011다95564[전합]
492) 대판 2024.7.11. 2024다211762
493) 대판 2021.2.4. 2019다277133 ; 대판 2023.6.29. 2021다250025

핵심판례

1. 행정청이 일방적인 의사표시로 자신과 상대방 사이의 법률관계를 종료시킨 경우(항고소송 또는 당사자소송)

[1] 행정청이 자신과 상대방 사이의 법률관계를 일방적인 의사표시로 종료시켰다고 하더라도 곧바로 의사표시가 행정청으로서 공권력을 행사하여 행하는 행정처분이라고 단정할 수는 없고, 관계 법령이 상대방의 법률관계에 관하여 구체적으로 어떻게 규정하고 있는지에 따라 의사표시가 항고소송의 대상이 되는 행정처분에 해당하는지 아니면 공법상 계약관계의 일방 당사자로서 대등한 지위에서 행하는 의사표시인지를 개별적으로 판단하여야 한다.

[2] 중소기업기술정보진흥원장이 갑 주식회사와 중소기업 정보화지원사업 지원대상인 사업의 지원에 관한 협약을 체결하였는데, 협약이 갑 회사에 책임이 있는 사업실패로 해지되었다는 이유로 협약에서 정한 대로 지급받은 정부지원금을 반환할 것을 통보한 사안에서, 중소기업 정보화지원사업에 따른 지원금 출연을 위하여 중소기업청장이 체결하는 협약은 공법상 대등한 당사자 사이의 의사표시의 합치로 성립하는 공법상 계약에 해당하는 점, 구 중소기업 기술혁신 촉진법(2010.3.31. 법률 제10220호로 개정되기 전의 것) 제32조 제1항은 제10조가 정한 기술혁신사업과 제11조가 정한 산학협력 지원사업에 관하여 출연한 사업비의 환수에 적용될 수 있을 뿐 이와 근거 규정을 달리하는 중소기업 정보화지원사업에 관하여 출연한 지원금에 대하여는 적용될 수 없고 달리 지원금 환수에 관한 구체적인 법령상 근거가 없는 점 등을 종합하면, 협약의 해지 및 그에 따른 환수통보는 공법상 계약에 따라 행정청이 대등한 당사자의 지위에서 하는 의사표시로 보아야 하고, 이를 행정청이 우월한 지위에서 행하는 공권력의 행사로서 행정처분에 해당한다고 볼 수는 없다고 한 사례.[494)]

2. 공법상 계약의 체결 여부의 결정 및 제재적 성격의 결정 등(항고소송)

(1) 여객자동차법상의 감차명령의 처분성을 인정한 사례

여객자동차 운수사업법(이하 '여객자동차법') 제85조 제1항 제38호에 의하면, 운송사업자에 대한 면허에 붙인 조건을 위반한 경우 감차 등이 따르는 사업계획변경명령(이하 '감차명령')을 할 수 있는데, 감차명령의 사유가 되는 '면허에 붙인 조건을 위반한 경우'에서 '조건'에는 운송사업자가 준수할 일정한 의무를 정하고 이를 위반할 경우 감차명령을 할 수 있다는 내용의 '부관'도 포함된다. 그리고 부관은 면허 발급 당시에 붙이는 것뿐만 아니라 면허 발급 이후에 붙이는 것도 법률에 명문의 규정이 있거나 변경이 미리 유보되어 있는 경우 또는 상대방의 동의가 있는 경우 등에는 특별한 사정이 없는 한 허용된다. 따라서 관할 행정청은 면허 발급 이후에도 운송사업자의 동의하에 여객자동차운송사업의 질서 확립을 위하여 운송사업자가 준수할 의무를 정하고 이를 위반할 경우 감차명령을 할 수 있다는 내용의 면허 조건을 붙일 수 있고, 운송사업자가 조건을 위반하였다면 여객자동차법 제85조 제1항 제38호에 따라 감차명령을 할 수 있으며, 감차명령은 행정소송법 제2조 제1항 제1호가 정한 처분으로서 항고소송의 대상이 된다.[495)]

494) 대판 2015.8.27. 2015두41449
495) 대판 2016.11.24. 2016두45028

(2) 두뇌한국(BK)21 사업협약 해지통보 및 대학자체의 징계 요구통보의 처분성 인정 여부에 대한 사례

[1] 재단법인 한국연구재단이 甲 대학교 총장에게 연구개발비의 부당집행을 이유로 '해양생물유래 고부가식품·향장·한약 기초소재 개발 인력양성사업에 대한 2단계 두뇌한국(BK)21 사업' 협약을 해지하고 연구팀장 乙에 대한 국가연구개발사업의 3년간 참여제한 등을 명하는 통보를 하자 乙이 통보의 취소를 청구한 사안에서, 학술진흥 및 학자금대출 신용보증 등에 관한 법률 등의 입법 취지 및 규정 내용 등과 아울러 위 법 등 해석상 국가가 두뇌한국(BK)21 사업의 주관연구기관인 대학에 연구개발비를 출연하는 것은 '연구 중심 대학'의 육성은 물론 그와 별도로 대학에 소속된 연구인력의 역량 강화에도 목적이 있다고 보이는 점, 기본적으로 국가연구개발사업에 대한 연구개발비의 지원은 대학에 소속된 일정한 연구단위별로 신청한 연구개발과제에 대한 것이지, 그 소속 대학을 기준으로 한 것은 아닌 점 등 제반 사정에 비추어 보면, 乙은 위 사업에 관한 협약의 해지 통보의 효력을 다툴 법률상 이익이 있다고 한 사례.

[2] 재단법인 한국연구재단이 甲 대학교 총장에게 연구개발비의 부당집행을 이유로 '해양생물유래 고부가식품·향장·한약 기초소재 개발 인력양성사업에 대한 2단계 두뇌한국(BK)21 사업' 협약을 해지하고 연구팀장 乙에 대한 대학자체 징계 요구 등을 통보한 사안에서, 재단법인 한국연구재단이 甲 대학교 총장에게 乙에 대한 대학 자체징계를 요구한 것은 법률상 구속력이 없는 권유 또는 사실상의 통지로서 乙의 권리, 의무 등 법률상 지위에 직접적인 법률적 변동을 일으키지 않는 행위에 해당하므로, 항고소송의 대상인 행정처분에 해당하지 않는다고 본 원심판단을 정당하다고 한 사례.[496]

(3) 산업단지관리공단의 입주변경계약 취소의 처분성을 인정한 사례

[1] 구 산업집적활성화 및 공장설립에 관한 법률(2013.3.23. 법률 제11690호로 개정되기 전의 것)의 제 규정들에서 알 수 있는 산업단지관리공단의 지위, 입주계약 및 변경계약의 효과, 입주계약 및 변경계약 체결 의무와 그 의무를 불이행한 경우의 형사적 내지 행정적 제재, 입주계약해지의 절차, 해지통보에 수반되는 법적 의무 및 그 의무를 불이행한 경우의 형사적 내지 행정적 제재 등을 종합적으로 고려하면, 입주변경계약 취소는 행정청인 관리권자로부터 관리업무를 위탁받은 산업단지관리공단이 우월적 지위에서 입주기업체들에게 일정한 법률상 효과를 발생하게 하는 것으로서 항고소송의 대상이 되는 행정처분에 해당한다.

[2] 일정한 행정처분으로 국민이 일정한 이익과 권리를 취득하였을 경우에 종전 행정처분에 하자가 있음을 전제로 직권으로 이를 취소하는 행정처분은 이미 취득한 국민의 기존 이익과 권리를 박탈하는 별개의 행정처분으로, 취소될 행정처분에 하자가 있어야 하고, 나아가 행정처분에 하자가 있다고 하더라도 취소해야 할 공익상 필요와 취소로 당사자가 입게 될 기득권과 신뢰보호 및 법률생활 안정의 침해 등 불이익을 비교·교량한 후 공익상 필요가 당사자가 입을 불이익을 정당화할 만큼 강한 경우에 한하여 취소할 수 있는 것이며, 하자나 취소해야 할 필요성에 관한 증명책임은 기존 이익과 권리를 침해하는 처분을 한 행정청에 있다. 이러한 신뢰보호와 이익형량의 취지는 구 산업집적활성화 및 공장설립에 관한 법률(2013.3.23. 법률 제11690호로 개정되기 전의 것)에 따른 입주계약 또는 변경계약을 취소하는 경우에도 마찬가지로 적용될 수 있다.[497]

3. 공법상 계약에 관한 소송(1)(당사자소송)

판례는 계약직 공무원의 채용계약해지 무효확인소송,[498] 공중보건의사 채용계약해지의 무효확인소송,[499] 서울특별시립무용단원의 해촉무효확인소송[500]을 당사자소송으로 판단하고 있다.

496) 대판 2014.12.11. 2012두28704
497) 대판 2017.6.15. 2014두46843
498) 대판 1993.9.14. 92누4611
499) 대판 1996.5.31. 95누10617
500) 대판 1995.12.22. 95누4636

4. **공법상 계약에 관한 소송(2)(당사자소송)**

[1] 공법상 당사자소송이란 행정청의 처분 등을 원인으로 하는 법률관계에 관한 소송 그 밖에 공법상의 법률관계에 관한 소송으로서 그 법률관계의 한 쪽 당사자를 피고로 하는 소송을 말한다(행정소송법 제3조 제2호). 공법상 계약이란 공법적 효과의 발생을 목적으로 하여 대등한 당사자 사이의 의사표시 합치로 성립하는 공법행위를 말한다. 어떠한 계약이 공법상 계약에 해당하는지는 계약이 공행정 활동의 수행 과정에서 체결된 것인지, 계약이 관계 법령에서 규정하고 있는 공법상 의무 등의 이행을 위해 체결된 것인지, 계약 체결에 계약 당사자의 이익만이 아니라 공공의 이익 또한 고려된 것인지 또는 계약 체결의 효과가 공공의 이익에도 미치는지, 관계 법령에서의 규정 내지 그 해석 등을 통해 공공의 이익을 이유로 한 계약의 변경이 가능한지, 계약이 당사자들에게 부여한 권리와 의무 및 그 밖의 계약 내용 등을 종합적으로 고려하여 판단하여야 한다. 공법상 계약의 한 쪽 당사자가 다른 당사자를 상대로 그 이행을 청구하는 소송 또는 이행의무의 존부에 관한 확인을 구하는 소송은 공법상 법률관계에 관한 분쟁이므로 분쟁의 실질이 공법상 권리·의무의 존부·범위에 관한 다툼이 아니라 손해배상액의 구체적인 산정방법·금액에 국한되는 등의 특별한 사정이 없는 한 공법상 당사자소송으로 제기하여야 한다.

[2] 원고가 고의 또는 중대한 과실 없이 행정소송으로 제기하여야 할 사건을 민사소송으로 잘못 제기한 경우, 수소법원으로서는 만약 그 행정소송에 대한 관할도 동시에 가지고 있다면 이를 행정소송으로 심리·판단하여야 하고, 그 행정소송에 대한 관할을 가지고 있지 아니하다면 관할법원에 이송하여야 한다.

[3] 갑 주식회사 등으로 구성된 컨소시엄과 한국에너지기술평가원은 산업기술혁신 촉진법(이하 '산업기술혁신법') 제11조 제4항에 따라 산업기술개발사업에 관한 협약을 체결하고, 위 협약에 따라 정부출연금이 지급되었는데, 한국에너지기술평가원이 갑 회사가 외부 인력에 대한 인건비를 위 협약에 위반하여 집행하였다며 갑 회사에 정산금 납부 통보를 하자, 갑 회사는 한국에너지기술평가원 등을 상대로 정산금 반환채무가 존재하지 아니한다는 확인을 구하는 소를 민사소송으로 제기한 사안에서, 위 협약은 산업통상자원부장관이 산업기술혁신 촉진 등을 통한 국가경쟁력강화 등의 공적 목적을 위하여 산업기술혁신법에 따라 추진하는 산업기술개발사업을 갑 회사 등 컨소시엄으로 하여금 수행하도록 하기 위하여 체결된 점, 위 협약 체결 및 이행의 효과는 공공의 이익에도 영향을 미치는 점, 산업기술혁신법 및 산업기술혁신 촉진법 시행령은 위 협약의 체결 과정부터 이행 및 종료 단계에 이르기까지 산업통상자원부장관이 이를 주도하도록 규정하고, 전담기관인 한국에너지기술평가원에는 위 협약에서 정한 권리 외에도 위 법령에 의하여 계약 상대방인 갑 회사 등 컨소시엄을 상대로 행사할 수 있는 권한 등이 인정되는바, 이렇게 관계 법령에 의한 한국에너지기술평가원의 권한 행사 등을 배제하지 않는다는 면에서 위 협약은 사법상 계약과 다른 점, 한국에너지기술평가원은 공적인 목적이나 사유가 있는 경우 갑 회사 등 컨소시엄의 귀책사유가 없어도 그 동의나 승낙 없이 위 협약의 내용을 변경하거나 해약할 수 있는 점, 위 협약에 일반 사법상 계약에서 당사자의 의무불이행과 관련하여 사용되는 이행보증금, 하자보증금, 지체상금 규정 등이 있다는 자료는 제출되지 않은 점 등에 비추어, 위 협약은 공법상 계약에 해당하고 그에 따른 계약상 정산의무의 존부·범위에 관한 갑 회사와 한국에너지기술평가원의 분쟁은 공법상 당사자소송의 대상이라고 한 사례.[501]

501) 대판 2023.6.29. 2021다250025

5. 관리처분계획안에 대한 총회결의의 무효확인을 구하는 소송(당사자소송)

[1] 도시 및 주거환경정비법상 행정주체인 주택재건축정비사업조합을 상대로 관리처분계획안에 대한 조합 총회결의의 효력 등을 다투는 소송은 행정처분에 이르는 절차적 요건의 존부나 효력 유무에 관한 소송으로서 그 소송결과에 따라 행정처분의 위법 여부에 직접 영향을 미치는 공법상 법률관계에 관한 것이므로, 이는 행정소송법상의 당사자소송에 해당한다.

[2] 도시 및 주거환경정비법상 주택재건축정비사업조합이 같은 법 제48조에 따라 수립한 관리처분계획에 대하여 관할 행정청의 인가・고시까지 있게 되면 관리처분계획은 행정처분으로서 효력이 발생하게 되므로, 총회결의의 하자를 이유로 하여 행정처분의 효력을 다투는 항고소송의 방법으로 관리처분계획의 취소 또는 무효확인을 구하여야 하고, 그와 별도로 행정처분에 이르는 절차적 요건 중 하나에 불과한 총회결의 부분만을 따로 떼어내어 효력 유무를 다투는 확인의 소를 제기하는 것은 특별한 사정이 없는 한 허용되지 않는다.

[3] 도시 및 주거환경정비법상의 주택재건축정비사업조합을 상대로 관리처분계획안에 대한 총회결의의 무효확인을 구하는 소를 민사소송으로 제기한 사안에서, 그 소는 행정소송법상 당사자소송에 해당하므로 전속관할이 행정법원에 있다고 한 사례.

[4] 주택재건축정비사업조합의 관리처분계획에 대하여 그 관리처분계획안에 대한 총회결의의 무효확인을 구하는 소가 관할을 위반하여 민사소송으로 제기된 후에 관할 행정청의 인가・고시가 있었던 경우 따로 총회결의의 무효확인만을 구할 수는 없게 되었으나, 이송 후 행정법원의 허가를 얻어 관리처분계획에 대한 취소소송 등으로 변경될 수 있음을 고려하면, 그와 같은 사정만으로 이송 후 그 소가 부적법하게 되어 각하될 것이 명백한 경우에 해당한다고 보기 어려우므로, 위 소는 관할법원인 행정법원으로 이송함이 상당하다고 한 사례.[502)]

2) 공법상 금전지급청구소송(국가배상청구소송, 손실보상청구소송 등)

외관상 처분으로 볼 수 있는 행정청의 결정이 공법상 금전 지급 전에 행하여져 금전 지급이 거부된 경우, 항고소송으로 다투어야 하는지, 당사자소송으로 다투어야 하는지가 문제된다. 이 경우에는 ① 문제된 권리가 행정청의 결정에 의하여 비로소 창설되거나, 구체적으로 확정되는 경우 및 구체적인 권리가 법령에 의하여 정하여져 있지만, 그 존부 또는 범위에 관하여 다툼이 있고, 지급결정 또는 거부결정이 이를 공식적으로 확인하는 성질의 확인행위인 경우에는, 항고소송을 제기하여야 하고, ② 금전 지급에 관한 구체적 권리가 법령의 규정에 의하여 직접 발생하고, 그 권리의 존부 및 범위가 명확한 경우(법령 등에 의하여 바로 구체적으로 명확하게 확정되어 있어 금전지급결정 또는 거부결정이 단순한 사실행위에 불과한 경우)에는, 문제된 권리가 공권이면 당사자소송, 사권이면 민사소송을 제기해야 한다.

---

502) 대판 2009.9.17. 2007다2428[전합]

핵심판례

1. 항고소송의 대상

(1) 민주화운동 관련자들의 보상금 지급청구소송

[다수의견]

[1] '민주화운동 관련자 명예회복 및 보상 등에 관한 법률' 제2조 제1호·제2호 본문, 제4조, 제10조, 제11조, 제13조 규정들의 취지와 내용에 비추어 보면, 같은 법 제2조 제2호 각 목은 민주화운동과 관련한 피해 유형을 추상적으로 규정한 것에 불과하므로, 제2조 제1호에서 정의하고 있는 민주화운동의 내용을 함께 고려하더라도 그 규정들만으로는 바로 법상 보상금 등의 지급대상자가 확정된다고 볼 수 없고, '민주화운동 관련자 명예회복 및 보상 심의위원회'에서 심의·결정을 받아야만 비로소 보상금 등의 지급대상자로 확정될 수 있다. 따라서 그와 같은 심의위원회의 결정은 국민의 권리·의무에 직접 영향을 미치는 행정처분에 해당하므로, 관련자 등으로서 보상금 등을 지급받고자 하는 신청에 대하여 심의위원회가 관련자 해당요건의 전부 또는 일부를 인정하지 아니하여 보상금 등의 지급을 기각하는 결정을 한 경우에는, 신청인은 심의위원회를 상대로 그 결정의 취소를 구하는 소송을 제기하여 보상금 등의 지급대상자가 될 수 있다.

[2] '민주화운동 관련자 명예회복 및 보상 등에 관한 법률' 제17조는 보상금 등의 지급에 관한 소송의 형태를 규정하고 있지 않지만, 위 규정 전단에서 말하는 보상금 등의 지급에 관한 소송은 '민주화운동 관련자 명예회복 및 보상 심의위원회'의 보상금 등의 지급신청에 관하여 전부 또는 일부를 기각하는 결정에 대한 불복을 구하는 소송이므로, 취소소송을 의미한다고 보아야 하며, 후단에서 보상금 등의 지급신청을 한 날로부터 90일을 경과한 때에는 그 결정을 거치지 않고 위 소송을 제기할 수 있도록 한 것은, 관련자 등에 대한 신속한 권리구제를 위하여 위 기간 내에 보상금 등의 지급 여부 등에 대한 결정을 받지 못한 경우에는, 지급거부결정이 있는 것으로 보아 곧바로 법원에 심의위원회를 상대로 그에 대한 취소소송을 제기할 수 있다고 규정한 취지라고 해석될 뿐, 위 규정이 보상금 등의 지급에 관한 처분의 취소소송을 제한하거나 또는 심의위원회에 의하여 관련자 등으로 결정되지 아니한 신청인에게, 국가를 상대로 보상금 등의 지급을 구하는 이행소송을 직접 제기할 수 있도록 허용하는 취지라고 풀이할 수는 없다.

[반대의견]

'민주화운동 관련자 명예회복 및 보상 등에 관한 법률' 제17조의 규정은 입법자가 결정전치주의에 관하여 특별한 의미를 부여하고 있는 것으로, 심의위원회의 결정과 같은 사전심사를 거치거나 사전심사를 위한 일정한 기간이 지난 후에는, 곧바로 당사자소송의 형태로 권리구제를 받을 수 있도록 하려는 데 그 진정한 뜻이 있는 것이다. 또한 소송경제나 분쟁의 신속한 해결을 도모한다는 측면에서도, 당사자소송에 의하는 것이 국민의 권익침해 해소에 가장 유효하고 적절한 수단이다. 따라서 보상금 등의 지급신청을 한 사람이 심의위원회의 보상금 등의 지급에 관한 결정을 다투고자 하는 경우에는, 곧바로 보상금 등의 지급을 구하는 소송을 제기하여야 하고, 관련자 등이 갖게 되는 보상금 등에 관한 권리는 위 법이 특별히 인정하고 있는 공법상 권리이므로, 그 보상금 등의 지급에 관한 소송은 행정소송법 제3조 제2호에 정한 국가를 상대로 하는 당사자소송에 의하여야 한다.[503)]

제1장 제2장 제3장 제4장 제5장 제6장 제7장 제8장 제9장 제10장 제11장 제12장 제13장

503) 대판 2008.4.17. 2005두16185[전합]

(2) 민간투자법령에 따른 제안비용보상금의 지급결정에 대한 소송

[1] 갑 주식회사 등 9개 건설회사로 구성된 컨소시엄(이하 '갑 회사 등 컨소시엄')이 주무관청인 을 지방자치단체의 장에게 경전철 건설 민간투자사업을 제안하자, 을 지방자치단체의 장이 이를 '사회기반시설에 대한 민간투자법'(이하 '민간투자법')에 따른 민간투자사업으로 추진하기로 결정하고 제3자 제안공고를 한 다음 제출된 제안서들을 검토 · 평가하여 최상위평가자인 갑 회사 등 컨소시엄을 우선협상대상자로 지정하였는데, 구체적인 사업조건 협상을 진행하던 중 을 지방자치단체의 장이 갑 회사 등 컨소시엄의 귀책사유를 이유로 우선협상대상자 지정 취소처분을 하고 차순위협상대상자인 다른 컨소시엄과 협상을 진행하여 그 컨소시엄과 실시협약을 체결하자, 갑 회사 등 컨소시엄이 주무관청이 속한 을 지방자치단체를 상대로 민간투자법령에 따른 제안비용보상금의 지급을 구한 사안에서, 우선협상대상자 지정 취소처분 당시의 민간투자법 제9조와 그 시행령(2019.5.7. 대통령령 제29726호로 개정되기 전의 것) 제7조, 민간투자사업기본계획(2015.4.20. 기획재정부 공고 제2015-82호) 제140조의 규정 내용과 체계 등을 종합하면, 주무관청이 민간부문의 최초 제안을 받은 후 그 제안을 받아들여 민간투자사업으로 추진할지 여부를 결정하는 행위, 특정 제안자를 우선협상대상자로 지정하는 행위, 우선협상대상자와 협상을 중단하고 그 지정을 취소하는 행위 또는 실시협약을 체결함으로써 사업시행자로 지정하는 행위는 민간투자법령과 민간투자사업기본계획에 배치되지 않는 범위 내에서 주무관청의 광범위한 재량과 자율적인 정책 판단에 맡겨진 사항인 점, 제3자 제안공고에서 제안비용보상금 지급대상자로 정한 '차순위평가자가 사업시행자로 지정받았을 경우 최상위평가자'는 제안서 경쟁심사에서 최상위평가자가 되어 우선협상자대상로 지정되었으나 귀책사유 없이 단지 구체적인 사업시행조건에 관한 견해 차이로 실시협약 체결에 성공하지 못하여 주무관청이 차순위평가자를 사업시행자로 지정하게 된 경우를 의미하고, 최상위평가자에게 귀책사유가 있어 우선협상대상자 지정 취소처분을 받음으로써 사업시행자로 지정되지 못한 경우는 이에 해당하지 않는 점 등 제반 사정에 비추어 보면, 갑 회사 등 컨소시엄은 민간투자사업기본계획에 따라 제안비용보상금 지급자가 되는 '탈락자'에 해당하지 않을 뿐만 아니라 제3자 제안공고에서 제안비용보상금 지급대상자로 정한 '차순위평가자가 사업시행자로 지정받았을 경우 최상위평가자'에 해당하지 않는데도, 갑 회사 등 컨소시엄이 우선협상대상자로 지정된 이상 그들의 귀책사유로 실시협약을 체결하지 못하였더라도 사업제안 경쟁을 촉진하는 차원에서 그들에게 제안비용을 보상해 줄 정책적 필요성이 인정된다는 등의 이유로 갑 회사 등 컨소시엄이 '차순위평가자가 사업시행자로 지정받았을 경우 최상위평가자'에 해당하는 것으로 보아 을 지방자치단체의 갑 회사 등 컨소시엄에 대한 제안비용보상금 지급의무를 인정한 원심판단에는 민간투자법령에 따른 제안비용보상제도에 관한 법리오해의 잘못이 있다고 한 사례.

[2] 항고소송의 대상인 '처분'이란 "행정청이 행하는 구체적 사실에 관한 법집행으로서의 공권력의 행사 또는 그 거부와 그 밖에 이에 준하는 행정작용"(행정소송법 제2조 제1항 제1호)을 말한다. 행정청의 행위가 항고소송의 대상이 될 수 있는지는 추상적 · 일반적으로 결정할 수 없고, 구체적인 경우에 관련 법령의 내용과 취지, 그 행위의 주체 · 내용 · 형식 · 절차, 그 행위와 상대방 등 이해관계인이 입는 불이익 사이의 실질적 견련성, 법치행정의 원리와 그 행위에 관련된 행정청이나 이해관계인의 태도 등을 고려하여 개별적으로 결정하여야 한다. 또한 어떠한 처분에 법령상 근거가 있는지, 행정절차법에서 정한 처분절차를 준수하였는지는 본안에서 해당 처분이 적법한가를 판단하는 단계에서 고려할 요소이지, 소송요건 심사단계에서 고려할 요소가 아니다.

[3] 관계 법령의 해석상 급부를 받을 권리가 법령의 규정에 의하여 직접 발생하는 것이 아니라 급부를 받으려고 하는 자의 신청에 따라 관할 행정청이 지급결정을 함으로써 구체적인 권리가 발생하는 경우에는, 급부를 받으려고 하는 자는 우선 관계 법령에 따라 행정청에 급부지급을 신청하여 행정청이 이를 거부하거나 일부 금액만 인정하는 지급결정을 하는 경우 그 결정을 대상으로 항고소송을 제기하고, 취소 · 무효확인판결의 기속력에 따른 재처분을 통하여 구체적인 권리를 인정받은 다음 비로소 공법상 당사자소송으로 급부의 지급을 구하여야 하고, 구체적인 권리가 발생하지 않은 상태에서 곧바로 행정청이 속한 국가나 지방자치단체 등을 상대로 한 당사자소송이나 민사소송으로 급부의 지급을 소구하는 것은 허용되지 않는다.

[4] 원고가 고의 또는 중대한 과실 없이 행정소송으로 제기하여야 할 사건을 민사소송으로 잘못 제기한 경우, 수소법원으로서는 만약 그 행정소송에 대한 관할도 동시에 가지고 있다면 이를 행정소송으로 심리・판단하여야 하고, 그 행정소송에 대한 관할을 가지고 있지 아니하다면 관할법원에 이송하여야 한다. 다만 해당 소송이 이미 행정소송으로서의 전심절차 및 제소기간을 도과하였거나 행정소송의 대상이 되는 처분 등이 존재하지도 아니한 상태에 있는 등 행정소송으로서의 소송요건을 결하고 있음이 명백하여 행정소송으로 제기되었더라도 어차피 부적법하게 되는 경우에는 이송할 것이 아니라 각하하여야 한다.[504)]

(3) 공무원연금관리공단의 급여지급결정에 대한 소송

구 공무원연금법 제26조 제1항, 제3항, 제83조 제1항, 구 공무원연금법 시행령 제19조의3 등의 각 규정을 종합하면, 구 공무원연금법에 의한 퇴직수당 등의 급여를 받을 권리는 법령의 규정에 의하여 직접 발생하는 것이 아니라 위와 같은 급여를 받으려고 하는 자가 소속하였던 기관장의 확인을 얻어 신청함에 따라 공무원연금관리공단이 그 지급결정을 함으로써 구체적인 권리가 발생한다. 여기서 공무원연금관리공단이 하는 급여지급결정의 의미는 단순히 급여수급 대상자를 확인・결정하는 것에 그치는 것이 아니라 구체적인 급여수급액을 확인・결정하는 것까지 포함한다. 따라서 구 공무원연금법령상 급여를 받으려고 하는 자는 우선 관계 법령에 따라 공단에 급여지급을 신청하여 공무원연금관리공단이 이를 거부하거나 일부 금액만 인정하는 급여지급결정을 하는 경우 그 결정을 대상으로 항고소송을 제기하는 등으로 구체적 권리를 인정받은 다음 비로소 당사자소송으로 그 급여의 지급을 구하여야 하고, 구체적인 권리가 발생하지 않은 상태에서 곧바로 공무원연금관리공단 등을 상대로 한 당사자소송으로 급여의 지급을 소구하는 것은 허용되지 않는다.[505)]

(4) 국방부장관의 급여지급결정에 대한 소송

[1] 구 군인연금법에 의한 사망보상금 등의 급여를 받을 권리는 법령의 규정에 따라 직접 발생하는 것이 아니라 급여를 받으려고 하는 사람이 소속하였던 군의 참모총장의 확인을 얻어 청구함에 따라 국방부장관 등이 지급결정을 함으로써 구체적인 권리가 발생한다. 국방부장관 등이 하는 급여지급결정은 단순히 급여수급 대상자를 확인・결정하는 것에 그치는 것이 아니라 구체적인 급여수급액을 확인・결정하는 것까지 포함한다. 구 군인연금법령상 급여를 받으려고 하는 사람은 우선 관계 법령에 따라 국방부장관 등에게 급여지급을 청구하여 국방부장관 등이 이를 거부하거나 일부 금액만 인정하는 급여지급결정을 하는 경우 그 결정을 대상으로 항고소송을 제기하는 등으로 구체적 권리를 인정받은 다음 비로소 당사자소송으로 그 급여의 지급을 구해야 한다. 이러한 구체적인 권리가 발생하지 않은 상태에서 곧바로 국가를 상대로 한 당사자소송으로 급여의 지급을 소구하는 것은 허용되지 않는다.

[2] 법원은 국가・공공단체 그 밖의 권리주체를 피고로 하는 당사자소송을 그 처분 등을 한 행정청을 피고로 하는 항고소송으로 변경하는 것이 타당하다고 인정할 때에는 청구의 기초에 변경이 없는 한 사실심 변론종결 시까지 원고의 신청에 의하여 결정으로써 소의 변경을 허가할 수 있다(행정소송법 제42조, 제21조). 다만 원고가 고의 또는 중대한 과실 없이 항고소송으로 제기해야 할 것을 당사자소송으로 잘못 제기한 경우에, 항고소송의 소송요건을 갖추지 못했음이 명백하여 항고소송으로 제기되었더라도 어차피 부적법하게 되는 경우가 아닌 이상, 법원으로서는 원고가 항고소송으로 소 변경을 하도록 석명권을 행사하여 행정청의 처분이나 부작위가 적법한지 여부를 심리・판단해야 한다.

504) 대판 2020.10.15. 2020다222382
505) 대판 2010.5.27. 2008두5636

[3] 일반적으로 처분이 주체·내용·절차와 형식의 요건을 모두 갖추고 외부에 표시된 경우에는 처분의 존재가 인정된다. 행정의사가 외부에 표시되어 행정청이 자유롭게 취소·철회할 수 없는 구속을 받게 되는 시점에 처분이 성립하고, 그 성립 여부는 행정청이 행정의사를 공식적인 방법으로 외부에 표시하였는지를 기준으로 판단해야 한다.[506]

2. 당사자소송의 대상

(1) 미지급퇴직연금에 대한 지급청구소송

[1] 공무원으로 재직하다가 퇴직하여 구 공무원연금법에 따라 퇴직연금을 받고 있던 사람이 철차산업 직원으로 다시 임용되어 철차산업으로부터는 급여를 받고 공무원연금관리공단으로부터는 여전히 퇴직연금을 지급받고 있다가, 구 공무원연금법시행규칙이 개정되면서 철차산업이 구 공무원연금법 제47조 제2호 소정의 퇴직연금 중 일부의 금액에 대한 지급정지기관으로 지정된 경우, 공무원연금관리공단의 지급정지처분 여부에 관계없이 개정된 구 공무원연금법시행규칙이 시행된 때로부터 그 법 규정에 의하여 당연히 퇴직연금 중 일부 금액의 지급이 정지되는 것이므로, 공무원연금관리공단이 위와 같은 법령의 개정사실과 퇴직연금 수급자가 퇴직연금 중 일부 금액의 지급정지대상자가 되었다는 사실을 통보한 것은 단지 위와 같이 법령에서 정한 사유의 발생으로 퇴직연금 중 일부 금액의 지급이 정지된다는 점을 알려주는 관념의 통지에 불과하고, 그로 인하여 비로소 지급이 정지되는 것은 아니므로 항고소송의 대상이 되는 행정처분으로 볼 수 없다.

[2] 구 공무원연금법 소정의 퇴직연금 등의 급여는 급여를 받을 권리를 가진 자가 당해 공무원이 소속하였던 기관장의 확인을 얻어 신청하는 바에 따라 공무원연금관리공단이 그 지급결정을 함으로써 그 구체적인 권리가 발생하는 것이므로, 공무원연금관리공단의 급여에 관한 결정은 국민의 권리에 직접 영향을 미치는 것이어서 행정처분에 해당할 것이지만, 공무원연금관리공단의 인정에 의하여 퇴직연금을 지급받아 오던 중 구 공무원연금법령의 개정 등으로 퇴직연금 중 일부 금액의 지급이 정지된 경우에는 당연히 개정된 법령에 따라 퇴직연금이 확정되는 것이지 같은 법 제26조 제1항에 정해진 공무원연금관리공단의 퇴직연금 결정과 통지에 의하여 비로소 그 금액이 확정되는 것이 아니므로, 공무원연금관리공단이 퇴직연금 중 일부 금액에 대하여 지급거부의 의사표시를 하였다고 하더라도 그 의사표시는 퇴직연금 청구권을 형성·확정하는 행정처분이 아니라 공법상의 법률관계의 한 쪽 당사자로서 그 지급의무의 존부 및 범위에 관하여 나름대로의 사실상·법률상 의견을 밝힌 것일 뿐이어서, 이를 행정처분이라고 볼 수는 없고, 이 경우 미지급퇴직연금에 대한 지급청구권은 공법상 권리로서 그의 지급을 구하는 소송은 공법상의 법률관계에 관한 소송인 공법상 당사자소송에 해당한다.[507]

(2) 명예퇴직수당 차액지급청구소송

[1] 공법상의 법률관계에 관한 당사자소송에서는 그 법률관계의 한 쪽 당사자를 피고로 하여 소송을 제기하여야 한다(행정소송법 제3조 제2호, 제39조). 다만 원고가 고의 또는 중대한 과실 없이 당사자소송으로 제기하여야 할 것을 항고소송으로 잘못 제기한 경우에, 당사자소송으로서의 소송요건을 결하고 있음이 명백하여 당사자소송으로 제기되었더라도 어차피 부적법하게 되는 경우가 아닌 이상, 법원으로서는 원고가 당사자소송으로 소 변경을 하도록 하여 심리·판단하여야 한다.

---

506) 사망한 군인의 유족인 원고는, 아들이 순직자에 해당하고 원고가 구 군인연금법상 사망보상금 지급대상자에 해당한다는 결정이 이루어진 후 경기남부보훈지청장을 상대로 구 군인연금법에 규정된 사망보상금의 지급을 청구하였는데, 경기남부보훈지청장은 원고가 이미 수령한 국가배상금을 공제하면 지급할 사망보상금이 없다는 취지의 내부결재문건에만 결재한 후 현재까지 사망보상금을 지급하지 않았고, 이에 원고는 피고(대한민국)를 상대로 구 군인연금법에 따른 사망보상금의 지급을 구하는 당사자소송을 제기한 사안에서, 본안에 관한 원심판단을 수긍하였으나, 직권으로 당사자소송의 적법 여부에 관하여 판단하면서 구 군인연금법령상 급여를 받으려고 하는 사람은 우선 관계 법령에 따라 국방부장관 등에게 급여지급을 청구하여 국방부장관 등이 이를 거부하거나 일부 금액만 인정하는 급여지급결정을 하는 경우 그 결정을 대상으로 항고소송을 제기하는 등으로 구체적 권리를 인정받은 다음 비로소 당사자소송으로 그 급여의 지급을 구해야 하고, 이러한 구체적인 권리가 발생하지 않은 상태에서 곧바로 국가를 상대로 한 당사자소송으로 급여의 지급을 소구하는 것은 허용되지 않는다고 보아 원심판결을 파기한 사례(대판 2021.12.16. 2019두45944)

507) 대판 2004.7.8. 2004두244

[2] 명예퇴직수당 지급대상자의 결정과 수당액 산정 등에 관한 구 국가공무원법 제74조의2 제1항, 제4항, 구 법관 및 법원공무원 명예퇴직수당 등 지급규칙(이하 '명예퇴직수당규칙') 제3조 제1항, 제2항, 제7조, 제4조 [별표 1]의 내용과 취지 등에 비추어 보면, 명예퇴직수당은 명예퇴직수당 지급신청자 중에서 일정한 심사를 거쳐 피고가 명예퇴직수당 지급대상자로 결정한 경우에 비로소 지급될 수 있지만, 명예퇴직수당 지급대상자로 결정된 법관에 대하여 지급할 수당액은 명예퇴직수당규칙 제4조 [별표 1]에 산정 기준이 정해져 있으므로, 위 법관은 위 규정에서 정한 정당한 산정 기준에 따라 산정된 명예퇴직수당액을 수령할 구체적인 권리를 가진다. 따라서 위 법관이 이미 수령한 수당액이 위 규정에서 정한 정당한 명예퇴직수당액에 미치지 못한다고 주장하며 차액의 지급을 신청함에 대하여 법원행정처장이 거부하는 의사를 표시했더라도, 그 의사표시는 명예퇴직수당액을 형성·확정하는 행정처분이 아니라 공법상의 법률관계의 한 쪽 당사자로서 지급의무의 존부 및 범위에 관하여 자신의 의견을 밝힌 것에 불과하므로 행정처분으로 볼 수 없다. 결국 명예퇴직한 법관이 미지급 명예퇴직수당액에 대하여 가지는 권리는 명예퇴직수당 지급대상자 결정 절차를 거쳐 명예퇴직수당규칙에 의하여 확정된 공법상 법률관계에 관한 권리로서, 그 지급을 구하는 소송은 행정소송법의 당사자소송에 해당하며, 그 법률관계의 당사자인 국가를 상대로 제기하여야 한다.[508]

(3) 퇴역연금액 차액지급청구소송

[1] 구 군인연금법(2000.12.30. 법률 제6327호로 개정되기 전의 것)과 같은법시행령(2000.12.30. 대통령령 제17099호로 개정되기 전의 것)의 관계 규정을 종합하면, 같은 법에 의한 퇴역연금 등의 급여를 받을 권리는 법령의 규정에 의하여 직접 발생하는 것이 아니라 각 군 참모총장의 확인을 거쳐 국방부장관이 인정함으로써 비로소 구체적인 권리가 발생하고, 위와 같은 급여를 받으려고 하는 자는 우선 관계 법령에 따라 국방부장관에게 그 권리의 인정을 청구하여 국방부장관이 그 인정 청구를 거부하거나 청구 중의 일부만을 인정하는 처분을 하는 경우 그 처분을 대상으로 항고소송을 제기하는 등으로 구체적 권리를 인정받은 다음 비로소 당사자소송으로 그 급여의 지급을 구하여야 할 것이고, 구체적인 권리가 발생하지 않은 상태에서 곧바로 국가를 상대로 한 당사자소송으로 그 권리의 확인이나 급여의 지급을 소구하는 것은 허용되지 아니한다.

[2] 국방부장관의 인정에 의하여 퇴역연금을 지급받아 오던 중 군인보수법 및 공무원보수규정에 의한 호봉이나 봉급액의 개정 등으로 퇴역연금액이 변경된 경우에는 법령의 개정에 따라 당연히 개정규정에 따른 퇴역연금액이 확정되는 것이지 구 군인연금법(2000.12.30. 법률 제6327호로 개정되기 전의 것) 제18조 제1항 및 제2항에 정해진 국방부장관의 퇴역연금액 결정과 통지에 의하여 비로소 그 금액이 확정되는 것이 아니므로, 법령의 개정에 따른 국방부장관의 퇴역연금액 감액조치에 대하여 이의가 있는 퇴역연금수급권자는 항고소송을 제기하는 방법으로 감액조치의 효력을 다툴 것이 아니라 직접 국가를 상대로 정당한 퇴역연금액과 결정, 통지된 퇴역연금액과의 차액의 지급을 구하는 공법상 당사자소송을 제기하는 방법으로 다툴 수 있다 할 것이고, 같은 법 제5조 제1항에 그 법에 의한 급여에 관하여 이의가 있는 자는 군인연금급여재심위원회에 그 심사를 청구할 수 있다는 규정이 있다 하여 달리 볼 것은 아니다.[509]

508) 대판 2016.5.24. 2013두14863
509) 대판 2003.9.5. 2002두3522

(4) 초과근무수당 지급청구소송

지방자치단체와 그 소속 경력직 공무원인 지방소방공무원 사이의 관계, 즉 지방소방공무원의 근무관계는 사법상의 근로계약관계가 아닌 공법상의 근무관계에 해당하고, 그 근무관계의 주요한 내용 중 하나인 지방소방공무원의 보수에 관한 법률관계는 공법상의 법률관계라고 보아야 한다. 나아가 지방공무원법 제44조 제4항, 제45조 제1항이 지방공무원의 보수에 관하여 이른바 근무조건 법정주의를 채택하고 있고, 지방공무원 수당 등에 관한 규정 제15조 내지 제17조가 초과근무수당의 지급 대상, 시간당 지급 액수, 근무시간의 한도, 근무시간의 산정 방식에 관하여 구체적이고 직접적인 규정을 두고 있는 등 관계 법령의 내용, 형식 및 체제 등을 종합하여 보면, 지방소방공무원의 초과근무수당 지급청구권은 법령의 규정에 의하여 직접 그 존부나 범위가 정하여지고 법령에 규정된 수당의 지급요건에 해당하는 경우에는 곧바로 발생한다고 할 것이므로, 지방소방공무원이 자신이 소속된 지방자치단체를 상대로 초과근무수당의 지급을 구하는 청구에 관한 소송은 행정소송법 제3조 제2호에 규정된 당사자소송의 절차에 따라야 한다.[510]

(5) 광주민주화운동 관련자들의 보상금 지급청구소송

광주민주화운동관련자보상 등에 관한 법률 제15조 본문의 규정에서 말하는 광주민주화운동관련자보상심의위원회의 결정을 거치는 것은 보상금 지급에 관한 소송을 제기하기 위한 전치요건에 불과하다고 할 것이므로 위 보상심의위원회의 결정은 취소소송의 대상이 되는 행정처분이라고 할 수 없다. 같은 법에 의거하여 관련자 및 유족들이 갖게 되는 보상 등에 관한 권리는 헌법 제23조 제3항에 따른 재산권침해에 대한 손실보상청구나 국가배상법에 따른 손해배상청구와는 그 성질을 달리하는 것으로서 법률이 특별히 인정하고 있는 공법상의 권리라고 하여야 할 것이므로 그에 관한 소송은 행정소송법 제3조 제2호 소정의 당사자소송에 의하여야 할 것이며 보상금 등의 지급에 관한 법률관계의 주체는 대한민국이다.[511]

3. 민사소송의 대상

조세부과처분이 당연무효임을 전제로 하여 이미 납부한 세금의 반환을 청구하는 것은 민사상의 부당이득반환청구로서 민사소송절차에 따라야 한다.[512]

3) 공법상 신분 등 확인소송

판례는 공무원의 지위 확인소송,[513] 텔레비전 방송수신료 징수권한 부존재확인소송,[514] 재개발조합원을 상대로 한 조합원자격확인소송,[515] 고용・산재보험료 납부의무 부존재확인소송[516]등을 당사자소송으로 판단하고 있다. 그러나 재개발 조합장 등의 선임・해임과 관련된 법률관계에 관한 소송[517]은 민사소송으로 이해하고 있다.

510) 대판 2013.3.28. 2012다102629
511) 대판 1992.12.24. 92누3335
512) 대판 1995.4.28. 94다55019
513) 대판 1998.10.23. 98두12932
514) 대판 2008.7.24. 2007다25261
515) 대판 1996.2.15. 94다31235
516) 대판 2016.10.13. 2016다221658
517) 대결 2009.9.24. 2009마168

핵심판례

1. 고용·산재보험료 납부의무 부존재확인소송

[1] 고용보험 및 산업재해보상보험의 보험료징수 등에 관한 법률 제4조, 제16조의2, 제17조, 제19조, 제23조의 각 규정에 의하면, 사업주가 당연가입자가 되는 고용보험 및 산재보험에서 보험료 납부의무 부존재확인의 소는 공법상의 법률관계 자체를 다투는 소송으로서 공법상 당사자소송이다.

[2] 갑에게서 주택 등 신축 공사를 수급한 을이 사업주를 갑으로 기재한 갑 명의의 고용보험·산재보험관계 성립신고서를 근로복지공단에 작성·제출하여 갑이 고용·산재보험료 일부를 납부하였고, 국민건강보험공단이 갑에게 나머지 보험료를 납부할 것을 독촉하였는데, 갑이 국민건강보험공단을 상대로 이미 납부한 보험료는 부당이득으로서 반환을 구하고 국민건강보험공단이 납부를 독촉하는 보험료채무는 부존재확인을 구하는 소를 제기한 사안에서, 이는 행정소송인 공법상 당사자소송과 행정소송법 제10조 제2항, 제44조 제2항에 규정된 관련청구소송으로서 부당이득반환을 구하는 민사소송이 병합하여 제기된 경우에 해당하므로, 원심법원인 인천지방법원 합의부는 항소심으로서 민사소송법 제34조 제1항, 법원조직법 제28조 제1호에 따라 사건을 관할법원인 서울고등법원에 이송했어야 옳다고 한 사례.

[3] 고용보험 및 산업재해보상보험의 보험료징수 등에 관한 법률 제4조는 고용보험법 및 산업재해보상보험법에 따른 보험사업에 관하여 이 법에서 정한 사항은 고용노동부장관으로부터 위탁을 받아 근로복지공단이 수행하되, 보험료의 체납관리 등의 징수업무는 국민건강보험공단이 고용노동부장관으로부터 위탁을 받아 수행한다고 규정하고 있다. 따라서 고용·산재보험료의 귀속주체, 즉 사업주가 각 보험료 납부의무를 부담하는 상대방은 근로복지공단이고, 국민건강보험공단은 단지 각 보험료의 징수업무를 수행하는 데에 불과하므로, 고용·산재보험료 납부의무 부존재확인의 소는 근로복지공단을 피고로 하여 제기하여야 한다. 그리고 행정소송법상 당사자소송에서 원고가 피고를 잘못 지정한 때에는 법원은 원고의 신청에 의하여 결정으로써 피고의 경정을 허가할 수 있으므로(행정소송법 제44조 제1항, 제14조), 원고가 피고를 잘못 지정한 것으로 보이는 경우 법원으로서는 마땅히 석명권을 행사하여 원고로 하여금 정당한 피고로 경정하게 하여 소송을 진행하도록 하여야 한다.[518]

2. 재개발 조합장 등의 선임·해임과 관련된 법률관계에 관한 소송

구 도시 및 주거환경정비법(2007.12.21. 법률 제8785호로 개정되기 전의 것)상 재개발조합이 공법인이라는 사정만으로 재개발조합과 조합장 또는 조합임원 사이의 선임·해임 등을 둘러싼 법률관계가 공법상의 법률관계에 해당한다거나 그 조합장 또는 조합임원의 지위를 다투는 소송이 당연히 공법상 당사자소송에 해당한다고 볼 수는 없고, 구 도시 및 주거환경정비법의 규정들이 재개발조합과 조합장 및 조합임원과의 관계를 특별히 공법상의 근무관계로 설정하고 있다고 볼 수도 없으므로, 재개발조합과 조합장 또는 조합임원 사이의 선임·해임 등을 둘러싼 법률관계는 사법상의 법률관계로서 그 조합장 또는 조합임원의 지위를 다투는 소송은 민사소송에 의하여야 할 것이다.[519]

4) 공법상 결과제거청구소송

공행정작용에 의하여 위법한 상태가 초래된 경우의 원상회복청구소송이 이에 해당된다. 그러나 실무는 이러한 소송을 민사소송으로 처리하고 있다.

518) 대판 2016.10.13. 2016다221658
519) 대결 2009.9.24. 2009마168

5) 기 타

핵심판례

토지의 일시 사용에 대한 동의의 의사표시의무의 존부를 다투는 소송

[1] 국토의 계획 및 이용에 관한 법률 제130조 제3항에서 정한 토지의 소유자·점유자 또는 관리인(이하 '소유자 등')이 사업시행자의 일시 사용에 대하여 정당한 사유 없이 동의를 거부하는 경우, 사업시행자는 해당 토지의 소유자 등을 상대로 동의의 의사표시를 구하는 소를 제기할 수 있다. 이와 같은 토지의 일시 사용에 대한 동의의 의사표시를 할 의무는 '국토의 계획 및 이용에 관한 법률'에서 특별히 인정한 공법상의 의무이므로, 그 의무의 존부를 다투는 소송은 '공법상의 법률관계에 관한 소송으로서 그 법률관계의 한 쪽 당사자를 피고로 하는 소송', 즉 행정소송법 제3조 제2호에서 규정한 당사자소송이라고 보아야 한다. 행정소송법 제39조는, "당사자소송은 국가·공공단체 그 밖의 권리주체를 피고로 한다."라고 규정하고 있다. 이것은 당사자소송의 경우 항고소송과 달리 '행정청'이 아닌 '권리주체'에게 피고적격이 있음을 규정하는 것일 뿐, 피고적격이 인정되는 권리주체를 행정주체로 한정한다는 취지가 아니므로, 이 규정을 들어 사인을 피고로 하는 당사자소송을 제기할 수 없다고 볼 것은 아니다.

[2] 당사자소송에 대하여는 행정소송법 제8조 제2항에 따라 민사집행법상 가처분에 관한 규정이 준용되므로, 사업시행자는 민사집행법 제300조 제2항에 따라 현저한 손해를 피하기 위해 필요한 경우 '임시의 지위를 정하기 위한 가처분'을 통하여 공익사업을 신속하고 원활하게 수행할 수 있다.[520]

2. 형식적 당사자소송

(1) 의 의

형식적 당사자소송이라 함은, 실질적으로는 행정청의 처분 등을 다투는 것이나, 형식적으로는 처분 등으로 인하여 형성된 법률관계를 다투기 위하여 제기하는 소송을 말한다.

(2) 필요성

형식적 당사자소송은 처분 등을 원인으로 하는 법률관계의 내용에 대하여 불복하는 소송인데, 만일 형식적 당사자소송이 인정되지 않으면 먼저 항고소송으로 처분의 효력을 다투어야 하고, 그 소송의 결과에 따라 처분청의 새로운 처분이 있어야 권리구제가 실현된다. 또한 새로운 처분에 의하여 형성된 새로운 법률관계 역시 불복한 자에게 만족을 주지 못하면, 다시 새로운 처분에 대한 항고소송을 제기하여 권리구제를 받아야 하므로, 권리구제의 실효성과 소송경제에 부합하지 못한다. 따라서 일정한 처분 등을 원인으로 하는 법률관계의 내용에 불복하는 경우에는, 직접 그 법률관계의 내용을 다투고 수소법원이 그 법률관계의 내용을 결정하도록 하는 소송제도를 인정할 필요성이 있다.

(3) 일반적 인정 여부

1) 문제점

개별법상 근거규정이 없더라도, 당사자에게 실질적으로는 행정청의 처분 등을 다투는 것이나, 형식적으로는 처분 등으로 인하여 형성된 법률관계를 다투기 위하여 제기하는 소송을 인정할 수 있는지가 문제된다.

520) 대판 2019.9.9. 2016다262550

2) 학 설

① **부정설** : 처분의 효력은 그대로 둔 채 법률관계만 변경할 수 없고, 형식적 당사자소송을 인정하는 명문의 규정이 없다는 것을 논거로, 부정하는 견해이다.

② **긍정설** : 행정소송법은 당사자소송에 관하여 민중소송·기관소송과는 달리 개별법에 의한 제한을 두고 있지 않아, 제3조 제2호의 규정에 형식적 당사자소송이 포함될 수 있다는 것을 논거로, 긍정하는 견해이다.

3) 판 례

판례는 공무원연금법령상 급여를 받으려고 하는 자는, 우선 관계 법령에 따라 공단에 급여 지급을 신청하여 공무원연금관리공단이 이를 거부하거나 일부 금액만 인정하는 급여지급결정을 하는 경우, 그 결정을 대상으로 항고소송을 제기하는 등으로 구체적 권리를 인정받은 다음 비로소 당사자소송으로 그 급여의 지급을 구하여야 하며, 구체적인 권리가 발생하지 않은 상태에서 곧바로 공무원연금관리공단 등을 상대로 한 당사자소송으로, 급여의 지급을 소구하는 것은 허용되지 아니한다고 판시하고 있다.[521]

4) 검 토

명문의 규정이 없음에도 형식적 당사자소송을 인정하여, 처분의 효력을 그대로 둔 채 당해 처분을 원인으로 하는 법률관계에 대한 소송을 제기하고 법원이 이를 판단하는 것은 공정력(혹은 구성요건적 효력)에 반하는 점, 개별법의 규정이 없다면 당사자적격이나 소송제기기간 등의 소송요건이 불명확하여 현실적으로 소송을 진행하기가 어렵다는 점 등을 고려하면, 부정하는 것이 타당하다고 판단된다.

(4) 개별법상 근거규정

개별법상 형식적 당사자소송이 인정되고 있는 경우로는, 공익사업을 위한 토지 등의 취득 및 보상에 관한 법률상 손실보상금 증감청구소송, 특허법상 보상금 또는 대가에 관한 소송, 전기통신기본법 등이 있다.

Ⅳ 당사자소송의 요건

1. 대상적격

당사자소송의 대상은 항고소송의 대상인 처분과는 달리, 처분 등을 원인으로 하는 법률관계 및 그 밖의 공법상 법률관계이다.

2. 당사자적격

(1) 원고적격

① 행정소송법에는 당사자소송의 원고적격에 대한 규정이 없다. 따라서 민사소송법이 준용되어, 소송의 내용이 이행소송인 경우 이행청구권이 있음을 주장하는 자이면 원고적격이 인정되고, 소송의 내용이 확인소송인 경우 확인의 이익을 가지는 자에게 원고적격이 인정된다(행소법 제8조 제2항).

② 확인의 소에서 확인의 이익은 원고의 권리 또는 법률상 지위에 현존하는 불안·위험이 있고, 그 불안·위험을 제거하기 위하여 확인판결을 받는 것이 가장 유효적절한 수단일 경우에만 인정된다. 보다 실효적인 구제수단이 있는 경우에는 확인의 이익이 없다.

521) 대판 2010.5.27. 2008두5636

(2) 피고적격

국가 또는 공공단체 그 밖의 권리주체를 피고로 한다(행소법 제39조). 국가가 피고가 되는 경우에는 법무부장관이 국가를 대표하고, 지방자치단체가 피고가 되는 경우에는 당해 지방자치단체의 장이 대표한다(국가를 당사자로 하는 소송에 관한 법률 제2조). 최근 판례는 도시・군계획시설사업의 사업시행자가 사인(私人)인 해당 토지의 소유자 등을 상대로 동의의 의사표시를 구하는 소를 제기하는 사례에서, 사인을 피고로 하는 당사자소송도 가능하다고 판시하고 있다.[522]

(3) 참가인

당사자소송에서도 취소소송과 마찬가지로, 제3자나 행정청의 소송참가가 인정된다(행소법 제44조, 제16조, 제17조).

3. 기타요건

(1) 행정심판전치주의

취소소송에서의 예외적 행정심판전치주의는 당사자소송에 준용되지 않는다. 다만, 손실보상청구소송과 관련하여 개별법에서 이의신청 또는 재심절차 등의 전치주의를 규정하고 있다.

(2) 제소기간

당사자소송에서는 취소소송의 제소기간에 관한 규정이 준용되지 않는다. 다만, 당사자소송에 관한 제소기간이 법령에 정하여져 있는 경우에는 그에 의하고, 그 기간은 불변기간으로 한다.

(3) 재판관할

당사자소송에 관한 재판관할에서도 취소소송에 관한 규정이 적용된다. 다만, 국가 또는 공공단체가 피고인 경우에는, 관계 행정청의 소재지를 피고의 소재지로 본다(행소법 제40조, 제9조).

V 당사자소송의 심리

1. 심리의 기본원칙

당사자소송에서는 행정심판기록 제출명령과 직권심리주의가 적용된다(행소법 제44조 제1항, 제25조, 제26조).

2. 입증책임

입증책임은 민사소송법상 일반원칙인 법률요건분류설에 따른다.

---

522) 대판 2019.9.9. 2016다262550

Ⅵ 당사자소송의 종료

1. 법원의 판결

판결은 취소소송과 동일하게 각하・기각・인용판결로 구분되고, 소송의 내용에 따라 확인판결과 이행판결로 나눌 수 있다. 다만, 사정판결제도는 없다.

2. 판결의 효력

당사자소송의 확정판결도 불가변력・불가쟁력・기속력・기판력을 가진다(행소법 제44조 제1항, 제30조 제1항). 다만, 취소판결의 제3자효, 재처분의무 및 간접강제 등은 당사자소송에서는 적용되지 아니한다.

3. 재 심

당사자소송에서는 제3자에 의한 재심청구가 인정되지 아니한다.

4. 가집행선고

① 가집행선고란 미확정의 종국판결에 대하여, 그것이 확정된 것과 같은 집행력을 부여하는 형식적 재판을 의미한다.

② 헌법재판소는 최근 행정소송에서는 당사자소송 중 재산권 청구에 한하여 가집행선고가 가능하고, 재산권의 청구에 관한 판결은 가집행의 선고를 붙이지 아니할 상당한 이유가 없는 한 가집행선고도 함께 하여야 함에도 국가가 당사자인 경우에는 가집행선고가 불가하도록 한 제한은 합리적 이유가 없으므로 행정소송법 제43조는 평등원칙에 위반된다고 하여 위헌결정을 하였다.[523]

Ⅶ 가구제

처분이 아닌 공법상 법률관계를 대상으로 하므로, 집행정지에 관한 규정은 준용되지 않는다. 다만, 민사집행법상 가처분은 준용된다는 것이 학설・판례의 일반적 태도이다.

핵심판례

당사자소송의 가구제수단

도시 및 주거환경정비법(이하 '도시정비법')상 행정주체인 주택재건축정비사업조합을 상대로 관리처분계획안에 대한 조합 총회결의의 효력을 다투는 소송은, 행정처분에 이르는 절차적 요건의 존부나 효력 유무에 관한 소송으로서 소송결과에 따라 행정처분의 위법 여부에 직접 영향을 미치는 공법상 법률관계에 관한 것이므로, 이는 행정소송법상 당사자소송에 해당한다. 그리고 이러한 당사자소송에 대하여는 행정소송법 제23조 제2항의 집행정지에 관한 규정이 준용되지 아니하므로(행정소송법 제44조 제1항 참조), 이를 본안으로 하는 가처분에 대하여는 행정소송법 제8조 제2항에 따라 민사집행법상 가처분에 관한 규정이 준용되어야 한다.[524]

523) 헌재 2022.2.24. 2020헌가12
524) 대결 2015.8.21. 2015무26

Ⅷ 청구의 병합과 소의 변경 및 이송

1. 관련 청구소송의 병합 및 이송

당사자소송과 관련 청구소송이 각각 다른 법원에 계속된 경우에는, 취소소송에서의 병합과 이송에 관한 규정이 준용된다(행소법 제44조 제2항, 제10조).

핵심판례

당사자소송이 각하되는 경우, 병합된 관련 청구소송도 소송요건흠결로 부적합

행정소송법 제44조, 제10조에 의한 관련 청구소송 병합은 본래의 당사자소송이 적법할 것을 요건으로 하는 것이어서 본래의 당사자소송이 부적법하여 각하되면 그에 병합된 관련 청구소송도 소송요건을 흠결하여 부적합하므로 각하되어야 한다.[525)]

2. 소의 변경

취소소송, 무효등확인소송을 당해 처분 등에 관계되는 사무가 귀속되는 국가 또는 공공단체에 대한 당사자소송으로 변경하거나(행소법 제21조 제1항, 제37조), 당사자소송을 항고소송으로 변경하는 것이 가능하다(행소법 제42조). 판례에 의하면 원고가 고의 또는 중대한 과실 없이 당사자소송으로 제기하여야 할 것을 항고소송으로 잘못 제기한 경우, 원고가 고의 또는 중대한 과실 없이 항고소송으로 제기하여야 할 것을 당사자소송을 잘못 제기한 경우 등에는 법원은 소변경을 석명하여 각각 당사자소송으로 청구의 이유 유무를, 행정소송으로 행정청의 처분이나 부작위가 적법한지의 여부를 심리・판단하여야 한다고 판시하고 있다. 한편 공법상 당사자소송과 민사소송 간의 소의 변경 인정 여부에 대하여 명문의 규정은 없으나, 공법상 당사자소송에 대하여도 그 청구의 기초가 바뀌지 아니하는 한도 안에서 행정소송과 민사소송 간의 소의 변경이 가능하다고 해석하는 것이 타당하다.[526)]

핵심판례

1. 항고소송으로 잘못 제기한 경우 당사자소송으로의 소의 변경 허용 여부

[1] 공법상 법률관계에 관한 당사자소송에서는, 그 법률관계의 한 쪽 당사자를 피고로 하여 소송을 제기하여야 한다(행정소송법 제3조 제2호, 제39조). 다만, 원고가 고의 또는 중대한 과실 없이 당사자소송으로 제기하여야 할 것을 항고소송으로 잘못 제기한 경우, 당사자소송으로서의 소송요건을 결하고 있음이 명백하여 당사자소송으로 제기되었더라도 어차피 부적법하게 되는 경우가 아닌 이상, 법원으로서는 원고가 당사자소송으로 소의 변경을 하도록 하여 심리・판단하여야 한다.

[2] 명예퇴직수당 지급대상자의 결정과 수당액 산정 등에 관한 구 국가공무원법 제74조의2 제1항・제4항, 구 법관 및 법원공무원 명예퇴직수당 등 지급규칙(이하 '명예퇴직수당규칙') 제3조 제1항・제2항, 제7조, 제4조 [별표 1]의 내용과 취지 등에 비추어 보면, 명예퇴직수당은 명예퇴직수당 지급신청자 중에서 일정한 심사를 거쳐 피고가 명예퇴직수당 지급대상자로 결정한 경우 비로소 지급될 수 있지만, 명예퇴직수당 지급대상자로 결정된 법관에 대하여 지급할 수당액은 명예퇴직수당규칙 제4조 [별표 1]에 산정기준이 정하여져 있으므로, 위 법관은 위 규정에서 정한 정당한 산정기준에 따라 산정된 명예퇴직수당액을 수령할 구체적인 권리를 가진다.

525) 대판 2011.9.29. 2009두10963
526) 대판 2023.6.29. 2022두44262

따라서 위 법관이 이미 수령한 수당액이 위 규정에서 정한 정당한 명예퇴직수당액에 미치지 못한다고 주장하며, 차액의 지급을 신청함에 대하여 법원행정처장이 거부하는 의사를 표시했더라도, 그 의사표시는 명예퇴직수당액을 형성·확정하는 행정처분이 아닌 공법상 법률관계의 한 쪽 당사자로서 지급의무의 존부 및 범위에 관하여 자신의 의견을 밝힌 것에 불과하므로, 행정처분으로 볼 수 없다. 결국 명예퇴직한 법관이 미지급 명예퇴직수당액에 대하여 가지는 권리는, 명예퇴직수당 지급대상자 결정절차를 거쳐 명예퇴직수당규칙에 의하여 확정된 공법상 법률관계에 관한 권리로, 그 지급을 구하는 소송은 행정소송법의 당사자소송에 해당하며, 그 법률관계의 당사자인 국가를 상대로 제기하여야 한다.[527]

2. 당사자소송으로 잘못 제기한 경우 항고소송으로의 소의 변경 허용 여부

법원은 국가·공공단체 그 밖의 권리주체를 피고로 하는 당사자소송을 그 처분 등을 한 행정청을 피고로 하는 항고소송으로 변경하는 것이 타당하다고 인정할 때에는 청구의 기초에 변경이 없는 한 사실심 변론종결 시까지 원고의 신청에 의하여 결정으로써 소의 변경을 허가할 수 있다(행정소송법 제42조, 제21조). 다만 원고가 고의 또는 중대한 과실 없이 항고소송으로 제기해야 할 것을 당사자소송으로 잘못 제기한 경우에, 항고소송의 소송요건을 갖추지 못했음이 명백하여 항고소송으로 제기되었더라도 어차피 부적법하게 되는 경우가 아닌 이상, 법원으로서는 원고가 항고소송으로 소 변경을 하도록 석명권을 행사하여 행정청의 처분이나 부작위가 적법한지 여부를 심리·판단해야 한다.[528]

3. 당사자소송으로 잘못 제기한 경우 민사소송으로의 소의 변경 허용 여부

공법상 당사자소송의 소 변경에 관하여 행정소송법은, 공법상 당사자소송을 항고소송으로 변경하는 경우(행정소송법 제42조, 제21조) 또는 처분변경으로 인하여 소를 변경하는 경우(행정소송법 제44조 제1항, 제22조)에 관하여만 규정하고 있을 뿐, 공법상 당사자소송을 민사소송으로 변경할 수 있는지에 관하여 명문의 규정을 두고 있지 않다. 그러나 공법상 당사자소송에서 민사소송으로의 소 변경이 금지된다고 볼 수 없다. 이유는 다음과 같다.

① 행정소송법 제8조 제2항은 행정소송에 관하여 민사소송법을 준용하도록 하고 있으므로, 행정소송의 성질에 비추어 적절하지 않다고 인정되는 경우가 아닌 이상 공법상 당사자소송의 경우도 민사소송법 제262조에 따라 청구의 기초가 바뀌지 아니하는 한도 안에서 변론을 종결할 때까지 청구의 취지를 변경할 수 있다.

② 한편 대법원은 여러 차례에 걸쳐 행정소송법상 항고소송으로 제기해야 할 사건을 민사소송으로 잘못 제기한 경우 수소법원으로서는 원고로 하여금 항고소송으로 소 변경을 하도록 석명권을 행사하여 행정소송법이 정하는 절차에 따라 심리·판단해야 한다고 판시해 왔다. 이처럼 민사소송에서 항고소송으로의 소 변경이 허용되는 이상, 공법상 당사자소송과 민사소송이 서로 다른 소송절차에 해당한다는 이유만으로 청구기초의 동일성이 없다고 해석하여 양자 간의 소 변경을 허용하지 않을 이유가 없다.

③ 일반 국민으로서는 공법상 당사자소송의 대상과 민사소송의 대상을 구분하기가 쉽지 않고 소송 진행 도중의 사정변경 등으로 인해 공법상 당사자소송으로 제기된 소를 민사소송으로 변경할 필요가 발생하는 경우도 있다. 소 변경 필요성이 인정됨에도, 단지 소 변경에 따라 소송절차가 달라진다는 이유만으로 이미 제기한 소를 취하하고 새로 민사상의 소를 제기하도록 하는 것은 당사자의 권리 구제나 소송경제의 측면에서도 바람직하지 않다.

따라서 공법상 당사자소송에 대하여도 청구의 기초가 바뀌지 아니하는 한도 안에서 민사소송으로 소 변경이 가능하다고 해석하는 것이 타당하다.[529]

527) 대판 2016.5.24. 2013두14863
528) 대판 2021.12.16. 2019두45944
529) 대판 2023.6.29. 2022두44262

3. 소의 이송

핵심판례

민사소송으로 잘못 제기한 경우 관할법원에의 이송 가부

원고가 고의 또는 중대한 과실 없이 행정소송으로 제기하여야 할 사건을 민사소송으로 잘못 제기한 경우, 수소법원으로서는 만약 행정소송에 대한 관할도 동시에 가지고 있다면 이를 행정소송으로 심리·판단하여야 하고, 행정소송에 대한 관할을 가지고 있지 아니하다면 당해 소송이 이미 행정소송으로서의 전심절차 및 제소기간을 도과하였거나 행정소송의 대상이 되는 처분 등이 존재하지도 아니한 상태에 있는 등 행정소송으로서의 소송요건을 결하고 있음이 명백하여 행정소송으로 제기되었더라도 어차피 부적법하게 되는 경우가 아닌 이상 이를 부적법한 소라고 하여 각하할 것이 아니라 관할법원에 이송하여야 한다.[530)]

제3절 민중소송

I 민중소송의 의의

민중소송이란 국가 또는 공공단체의 기관이 법률에 위반되는 행위를 한 경우, 직접 자기의 법률상 이익과 관계없이 그 시정을 구하기 위하여 제기하는 소송을 의미한다(행소법 제3조 제3호).

II 민중소송의 성질

민중소송은 당사자 사이의 구체적인 권리·의무에 관한 분쟁의 해결을 위한 것이 아니라, 행정법규의 정당한 적용이나 선거 등의 공정 등의 확보를 위한 소송으로, 객관적 소송이다.

III 민중소송의 종류

공직선거법상 선거 무효소송, 국민투표법상 국민투표 무효소송, 지방자치법상 주민소송 및 주민투표법상 주민투표 무효소송 등이 있다.

IV 적용법규

민중소송에 적용될 법규는 민중소송을 규정하는 각 개별법규가 정하는 것이 일반적이지만, 행정소송법은 민중소송에 대하여 성질에 반하지 않는 한 취소소송, 무효등확인소송 및 당사자소송에 관한 행정소송법의 규정을 준용하도록 규정하고 있다(행소법 제46조).

---

530) 대판 2017.11.9. 2015다215526

제4절 기관소송

I 기관소송의 의의

기관소송이란 국가 또는 공공단체의 기관 상호 간 권한의 존부나 그 행사에 관한 다툼이 있을 경우, 이에 대하여 제기하는 소송을 말한다(행소법 제3조 제4호).

II 기관소송의 인정필요성

행정주체 내에 이러한 분쟁을 해결할 수 있는 적당한 기관이 없거나, 제3자에 의한 공정한 해결을 할 필요가 있는 등, 이러한 경우 법원에 제소하여 해결하는 제도가 기관소송이다.

III 권한쟁의심판과의 구별

기관소송은 행정기관 사이의 권한에 관한 소송이라는 점에서, 상이한 법주체 사이의 권한에 관한 다툼을 포함하는 권한쟁의심판과 구별된다. 이에 따라 국가기관 상호 간의 소송은 실질적으로 기관소송이라고 볼 수 있지만, 헌법재판소의 관장사항이므로 기관소송의 영역은 아니다.

IV 구체적 경우

1. 지방의회 재의결에 대한 지방자치단체장의 소송

① 지방자치단체장은 재의결된 사항이 법령에 위반된다고 판단되면, 재의결된 날로부터 20일 이내에 대법원에 소를 제기할 수 있다. 이 경우 필요하다고 인정되면, 그 의결의 집행을 정지하게 하는 집행정지결정을 신청할 수 있다(지방자치법 제192조 제4항).

② 동일한 법주체인 지방자치단체 내 기관 간의 소송이므로, 기관소송이라고 할 수 있다.

2. 지방의회 재의결에 대한 주무부장관 또는 시 · 도지사의 소송

① 감독기관은 재의결된 사항이 법령에 위반된다고 판단됨에도 불구하고, 지방자치단체장이 소를 제기하지 아니하면 직접 제소할 수 있다(지방자치법 제192조 제5항).

② 감독기관으로부터 재의요구지시를 받은 지방자치단체장이 재의를 요구하지 아니하는 경우에는, 감독청은 대법원에 직접 제소할 수 있다(지방자치법 제192조 제8항).

3. 주무부장관이나 시·도시자의 기관위임사무 이행명령에 대한 지방자치단체장의 소송

지방자치단체장은 감독청의 이행명령에 이의가 있으면, 이행명령서를 접수한 날로부터 15일 이내에 대법원에 소를 제기할 수 있다. 이 경우 지방자치단체의 장은 이행명령의 집행을 정지하게 하는 집행정지결정을 신청할 수 있다(지방자치법 제189조 제6항).

4. 교육·학예에 관한 시·도의회 재의결에 대한 교육감의 소송

동일한 법주체인 지방자치단체 내 기관 간의 소송이므로, 기관소송이다(지방교육자치에 관한 법률 제28조).

V 법적 규율

1. 당사자적격

기관소송은 법률에서 정한 자에 한하여 제기할 수 있으며, 피고적격 역시 개별법률에서 정하고 있다.

2. 재판관할

기관소송의 재판관할에 관하여도 개별법률이 정하는 바에 따른다. 현행법상으로는 대법원이 1심을 관할하고 있다.

3. 적용법규(행소법 제46조)

① 기관소송으로써 처분 등의 취소를 구하는 소송에서는, 그 성질에 반하지 아니하는 한 취소소송에 관한 규정을 준용한다.

② 기관소송으로써 처분 등의 효력 유무 또는 존재 여부나, 부작위의 위법 확인을 구하는 소송에서는, 그 성질에 반하지 아니하는 한 무효등확인소송 또는 부작위위법확인소송에 관한 규정을 준용한다.

③ 기관소송으로서 제1항 및 제2항에 규정된 소송 외의 소송에서는, 그 성질에 반하지 아니하는 한 당사자소송에 관한 규정을 준용한다.

10 부작위위법확인소송 및 기타 소송

※ 기출문제해설의 답안은 참고용으로 활용하시기 바랍니다.

제1장 제2장 제3장 제4장 제5장 제6장 제7장 제8장 제9장 제10장 제11장 제12장 제13장

기출문제 ▌ 2024년 제33회 공인노무사시험

제1문

甲은 X주식회사에 근무하던 중 2021.12.1. 자녀를 출산하여 2022.1.1.부터 12개월 동안 육아휴직을 하였다. 甲은 2024.7.1. 위 휴직기간에 대한 육아휴직급여를 Y지방고용노동청 Z지청장(이하 'A'라고 한다)에게 신청하였으나, A는 2024.7.15. 甲이 「고용보험법」 제70조 제2항에서 정한 '육아휴직이 끝난 날 이후 12개월'이 지나 신청을 하였다는 이유로 그 지급을 거부하였다. 그리고 甲의 배우자 乙은 Y광역시의 경력직공무원으로서, 2024.1.1.부터 같은 해 6.30.까지에 해당하는 「지방공무원 수당 등에 관한 규정」 제15조에 따른 시간외근무수당을 예산이 부족하다는 이유로 시간외근무시간에 미치지 못하는 금액으로 지급받았다. (50점)

물음 1

아래의 각 경우 법원의 판단에 관하여 설명하시오. (30점)

(2) 乙은 2024.8.1. Y광역시를 피고로 하여 시간외근무시간에 미치지 못하는 시간외근무수당의 지급을 구하는 행정소송의 소장을 Y지방법원에 제출하여 접수되었다. 乙은 제소에 앞서 「지방공무원법」 제20조의2에 따른 소청절차를 거치지 않았다. Y광역시장 C는 소송이 적법하지 않으므로 각하판결이 내려져야 한다고 항변한다. (15점)

▌목 차▌

예시답안 Ⅰ 2024년 제33회 공인노무사시험

Ⅰ 논점의 정리

乙이 Y광역시를 피고로 하여 시간외근무수당의 지급을 구하는 행정소송을 제기한 경우, 시간외근무수당에 대한 다툼이 당사자소송의 대상인지의 여부 및 시간외근무수당에 대한 다툼에 행정심판전치주의가 적용되는지 여부가 문제된다. 乙이 소청절차를 거치지 아니하고 제기한 시간외근무수당지급청구소송이 부적법하여 각하판결이 내려져야 한다는 Y광역시장 C의 항변과 관련하여 법원이 내릴 판단은 이와 관련된다.

Ⅱ 시간외근무수당에 대한 다툼이 당사자소송의 대상인지의 여부

1. 공법상 법률관계에 대한 다툼인지의 여부

행소법은 행정청의 처분등을 원인으로 하는 법률관계에 관한 소송, 그 밖에 공법상의 법률관계에 관한 소송을 당사자소송으로 규정하고 있는데(행소법 제3조 제2호), 그 밖에 공법상의 법률관계에 관한 소송에는 공법상 계약에 관한 소송, 공법상 금전지급청구소송, 공법상 신분 등 확인소송, 공법상 결과제거청구소송 등이 포함된다. 판례는 지방소방공무원의 초과근무수당 지급청구권은 법령의 규정에 의하여 직접 그 존부나 범위가 정하여지고 법령에 규정된 수당의 지급요건에 해당하는 경우에는 곧바로 발생한다고 할 것이므로, 지방소방공무원이 자신이 소속된 지방자치단체를 상대로 초과근무수당의 지급을 구하는 청구에 관한 소송은 행정소송법 제3조 제2호에 규정된 당사자소송의 절차에 따라야 한다고 판시하고 있다.[531]

2. 사안의 경우

사안에서 乙이 Y광역시를 피고로 하여 시간외근무시간에 미치지 못하는 시간외근무수당의 지급을 구하는 행정소송을 제기한 것은 그 밖에 공법상의 법률관계에 관한 소송이라고 할 것이므로 이는 행소법 제3조 제2호에서 정한 당사자소송을 제기한 것으로 보아야 한다.

Ⅲ 시간외근무수당에 대한 다툼에 행정심판전치주의가 적용되는지 여부

1. 행정심판전치주의의 적용 범위

행정심판전치주의는 취소소송과 부작위위법확인소송에서 인정되며(행소법 제38조 제2항), 무효등확인소송에는 적용되지 아니하고(행소법 제38조 제1항), 성질상 당사자소송에도 그 적용이 없다. 다만, 부작위위법확인소송에서 전치되는 행정심판의 유형은, 의무이행심판이 될 것이다.

2. 사안의 경우

시간외근무수당에 대한 다툼은 당사자소송이므로 필수적 전치로서 행정심판규정인 행소법 제18조가 준용되지 않아, 지방공무원법 제20조의2에 의한 소청절차를 거치지 않고 제기할 수 있다.

---

531) 대판 2013.3.28. 2012다102629

Ⅳ 사안의 적용

사안에서 乙이 시간외근무수당의 지급을 구하며 제기한 행정소송은 그 밖에 공법상의 법률관계에 관한 소송이라고 할 것이므로 이는 행소법 제3조 제2호에서 정한 당사자소송을 제기한 것으로 보아야 한다. 시간외근무수당에 대한 다툼은 당사자소송이므로 지방공무원법 제20조의2에 의한 소청절차를 거치지 않고 제기할 수 있다. 따라서 乙이 소청절차를 거치지 아니하고 제기한 시간외근무수당지급청구소송이 부적법하여 각하판결이 내려져야 한다는 Y광역시장 C의 항변은 타당하지 아니하므로 Y지방법원은 이를 배척하는 판단을 하여야 한다.

Ⅴ 결 론

乙이 시간외근무수당의 지급을 구하며 제기한 행정소송은 행정심판전치주의가 적용되지 아니하는 당사자소송으로, 乙이 소청절차를 거치지 아니하고 제기한 시간외근무수당지급청구소송이 부적법하여 각하판결이 내려져야 한다는 Y광역시장 C의 항변은 타당하지 아니하므로 Y지방법원은 이를 배척하는 판단을 하여야 한다.

기출문제 ‖ 2023년 제32회 공인노무사시험

제3문

甲은 자기 소유 토지에 전원주택을 신축하고자 건축업자인 乙과 전원주택 신축공사에 관하여 도급계약을 체결하였고, 乙은 근로복지공단에 고용보험·산재보험관계성립신고를 하면서 신고서에 위 신축공사 사업장의 사업주를 甲으로 기재하여 제출하였다. 甲은 위 사업장에 관한 고용보험료와 산재보험료 중 일부만 납부하였고, 국민건강보험공단은 甲에게 체납된 고용보험료 및 산재보험료를 납부할 것을 독촉하였다. 관련 법령상 보험료의 신고 또는 납부 등 산재보험 및 고용보험에 관한 사업의 주요 업무는 고용노동부장관으로부터 위탁받은 근로복지공단이 수행하고, 다만 보험료 체납관리 등 징수업무는 국민건강보험공단이 위탁받아 수행하고 있다.

甲은 건축주가 직접 공사를 하지 않고 공사 전부를 수급인에게 도급을 준 경우에는 근로자를 사용하여 공사를 수행하는 수급인이 원칙적으로 그 공사에 관한 사업주로서 고용보험 및 산재보험의 가입자가 되어 고용보험료 및 산재보험료를 납부할 의무를 부담한다는 것을 알게 되었다. 이에 甲은 국민건강보험공단이 납부를 독촉하는 보험료채무에 대해 그 부존재확인을 구하는 소송과 이미 근로복지공단에 납부한 보험료에 대해 부당이득으로서 반환을 구하는 소송을 제기하고자 한다. 甲은 누구를 상대로 어떤 유형의 소송을 제기하여야 하는지 설명하시오. (25점)

| 목 차 |

Ⅰ. 논점의 정리

Ⅱ. 보험료채무부존재확인소송을 제기하는 경우

1. 보험료채무부존재확인소송의 유형

(1) 당사자소송과 항고소송의 구별

(2) 검 토

2. 보험료채무부존재확인소송의 피고

(1) 당사자소송의 피고

(2) 검 토

Ⅲ. 보험료부당이득반환청구소송을 제기하는 경우

1. 보험료부당이득반환청구소송의 유형

(1) 행정소송과 민사소송의 구별

(2) 검 토

2. 보험료부당이득반환청구소송의 피고

(1) 민사소송의 피고

(2) 검 토

Ⅳ. 보험료채무부존재확인소송과 보험료부당이득반환청구소송을 병합하여 제기하는 경우

1. 관련 청구소송의 병합의 의의

2. 검 토

Ⅴ. 사안의 적용

Ⅵ. 결 론

예시답안 Ⅰ 2023년 제32회 공인노무사시험

Ⅰ 논점의 정리

甲이 보험료채무에 대해 보험료채무부존재확인소송과 이미 근로복지공단에 납부한 보험료에 대해 보험료부당이득반환청구소송을 제기하고자 하는 경우, 각 소송의 유형과 피고를 누구로 하여야 하는지 여부가 문제되고 보험료부당이득반환청구소송이 보험료채무부존재확인소송의 관련청구 소송으로서 보험료채무부존재확인소송이 계속된 법원에 병합하여 제기할 수 있는지 여부도 또한 문제된다.

Ⅱ 보험료채무부존재확인소송을 제기하는 경우

1. 보험료채무부존재확인소송의 유형

(1) 당사자소송과 항고소송의 구별

당사자소송은 행정청의 처분 등을 원인으로 하는 법률관계에 관한 소송이나 그 밖에 공법상 법률관계에 관한 소송으로, 그 법률관계의 한 쪽 당사자를 피고로 하는 소송을 말하는데 반해(행소법 제3조 제2호), 항고소송은 우월한 지위를 전제로 하는 처분 등을 한 행정청을 피고로 하여 공권력의 행사 또는 그 거부를 다투는 소송을 말한다.

(2) 검 토

생각건대 사안과 유사한 사례에 대한 판례의 태도에 의하면 고용보험 및 산업재해보상보험의 보험료징수 등에 관한 법률(이하 '징수법')의 각 규정에 의하면 사업주가 당연가입자가 되는 고용보험 및 산재보험에서 보험료 납부의무의 존재 여부는 공법상의 법률관계 자체를 다투는 것이라는 점과 건설업에서의 고용・산재보험료와 같이 징수법상 신고납부 방식으로 징수되는 고용・산재보험료에 있어서는 근로복지공단의 보험료 부과처분 없이 납부의무자의 신고행위에 의하여 보험료 납부의무가 확정된다는 점에서 별개의 처분이 매개되지 않는 보험료채무부존재확인소송은 당사자소송으로 이해하는 것이 타당하다고 판단된다.

2. 보험료채무부존재확인소송의 피고

(1) 당사자소송의 피고

당사자소송은 공법상 법률관계의 한 쪽 당사자를 피고로 하는 소송이므로 피고는 그 법률관계의 상대방이 된다.

(2) 검 토

사안과 유사한 사례에 대한 판례의 태도에 의하면 징수법상 보험료의 신고 또는 납부 등 산재보험 및 고용보험에 관한 사업의 주요업무는 고용노동부장관으로부터 위탁받아 근로복지공단이 수행하고, 보험료 체납관리 등 징수업무는 국민건강보험공단이 고용노동부장관의 위탁받아 수행하므로 고용・산재보험료의 귀속주체, 즉 甲이 보험료 납부의무를 부담하는 상대방은 근로복지공단이고, 국민건강보험공단은 보험료의 징수업무를 수행하는데 불과하므로, 고용・산재보험료 납부의무 부존재확인소송은 근로복지공단을 피고로 하여 제기해야 한다.

Ⅲ 보험료부당이득반환청구소송을 제기하는 경우

1. 보험료부당이득반환청구소송의 유형

(1) 행정소송과 민사소송의 구별

행정소송이란 행정법규의 해석과 적용에 관한 소송으로, 법원이 행소법상 법률관계에 관한 분쟁에 대하여 정식재판절차로 하는 행정쟁송을 의미하는데 반해, 민사소송은 대등한 당사자 사이의 소송이라는 점에서 구별된다.

(2) 검 토

주류적인 판례는 부당이득반환청구소송을 사법상 법률관계로 보아 민사소송으로 취급하나 학설은 당사자소송으로 이해한다. 생각건대 고용・산재보험료 납부의무가 처음부터 존재하지 아니하는 경우에는 이미 납부한 고용・산재보험료는 보험료부당이득반환청구소송의 피고가 법률상 원인없이 수령하거나 보유하고 있는 부당이득에 해당한다고 보는 것이 타당하므로 甲이 제기할 보험료부당이득반환청구소송은 민사소송으로서 민사소송절차에 의하여야 한다고 판단된다.

2. 보험료부당이득반환청구소송의 피고

(1) 민사소송의 피고

민사소송절차에서는 이행소송의 원고가 이행의무자로 주장한 자가 피고적격을 가지게 되어 주장 자체로 당사자적격 인정 여부를 판단하게 된다. 피고가 실제의무자인지의 여부는 본안심리에서 판단한다.

(2) 검 토

생각건대 甲이 피고로 주장하는 자가 피고가 될 것이나, 권리의무의 귀속주체를 상대로 소송을 제기하려는 것으로 선해하면 근로복지공단에 납부한 고용・산재보험료에 대해 부당이득반환을 구하는 민사소송(다수설에 따르면 당사자소송)을 제기하는 것이므로, 근로복지공단을 피고로 이해하는 것이 타당하다고 판단된다.

Ⅳ 보험료채무부존재확인소송과 보험료부당이득반환청구소송을 병합하여 제기하는 경우

1. 관련 청구소송의 병합의 의의

행소법상 관련 청구소송의 병합이라 함은, 취소소송 또는 무효등확인소송에 당해 취소소송 등과 관련이 있는 청구소송을 병합하여 제기하는 것을 말한다(행소법 제10조 제2항).

2. 검 토

생각건대 사안의 보험료채무부존재확인소송이 적법하고 보험료부당이득반환청구소송이 관련 청구소송이고 사실심변론 전이므로 관련 청구소송의 병합으로서의 요건은 충족한 것으로 보인다(행소법 제44조 제2항, 제10조 제2항). 따라서 甲은 당사자소송인 보험료납부의무부존재확인소송에 관련청구소송인 부당이득반환청구소송을 병합하여 관할 행정법원에 제기할 수 있을 것이다.

Ⅴ 사안의 적용

甲은 국민건강보험공단이 납부를 독촉하는 보험료채무에 대해 근로복지공단을 피고로 하여 당사자소송인 보험료채무부존재확인소송을 제기하여야 하고, 이미 근로복지공단에 납부한 보험료에 대해서는 근로복지공단을 피고로 하여 민사소송인 부당이득반환청구소송을 제기하여야 한다. 甲은 행소법 제44조 제2항, 제10조 제2항에 따라 보험료납부의무부존재확인소송에 관련청구 소송인 부당이득반환청구소송을 병합하여 관할 행정법원에 제기할 수 있을 것이다.

Ⅵ 결 론

甲은 근로복지공단을 피고로 하여 당사자소송인 보험료채무부존재확인소송과 민사소송인 부당이득반환청구소송을 제기할 수 있고, 보험료채무부존재확인소송에 부당이득반환청구소송을 병합하여 관할 행정법원에 제기할 수도 있을 것이다.

10 부작위위법확인소송 및 기타 소송

※ 기출문제해설의 답안은 참고용으로 활용하시기 바랍니다.

기출문제 ▎ 2020년 제29회 공인노무사시험

제3문

A시 시장인 乙은 甲이 A시에서 진행하고 있는 공사가 관련 법령을 위반하였다는 이유로 해당 공사를 중지하는 명령을 하였다. 甲은 그 명령 이후에 그 원인사유가 소멸하였음을 들어 乙에 대하여 공사중지명령의 철회를 신청하였다. 그러나 乙은 그 원인사유가 소멸되지 않았다고 판단하여 甲의 신청에 대하여 아무런 응답을 하지 않고 있다. 乙의 행위가 위법한 부작위에 해당하는지에 대하여 설명하시오. (25점)

예시답안 I 2020년 제29회 공인노무사시험

I 논점의 정리

사안에서 시장 乙의 부작위가 행소법상 부작위위법확인소송의 대상인 위법한 부작위에 해당하는지 여부가, 부작위의 성립요건을 충족하고 있는지와 관련하여 문제된다.

II 부작위위법확인소송의 대상인 부작위의 의의

1. 부작위위법확인소송의 의의

부작위위법확인소송이라 함은, 행정청의 부작위가 위법하다는 것을 확인하는 소송을 말한다(행소법 제4조 제3호).

2. 위법한 부작위의 의미

(1) 학 설

1) 절차적 심리설

행소법 제2조 제1항 제2호의 일정한 처분을 할 법률상 의무를 신청에 대한 응답의무로 이해하여, 법원의 심리범위는 단순히 부작위의 위법함을 확인하는 데 그친다는 견해이다. 실체적 심리설에 의하면 의무이행소송을 인정하는 결과가 되므로, 부작위의 위법성만을 소송물로 하는 부작위위법확인소송의 본질에 반한다고 한다.

2) 실체적 심리설

행소법 제2조 제1항 제2호의 일정한 처분을 할 법률상 의무를 신청에 따른 처분의무로 이해하여, 법원의 심리범위는 신청에 따른 적절한 처리방향에 대한 심리까지 미치고, 무용한 소송의 반복을 피하기 위하여 신청에 따른 처분의무도 심판범위에 포함시키는 것이 타당하다는 견해이다.

(2) 판 례

판례는 부작위위법확인소송은 판결 시를 기준으로 그 부작위의 위법을 확인함으로써 행정청의 응답을 신속하게 하여 부작위 내지 무응답이라고 하는 소극적인 위법상태를 제거하는 것을 목적으로 하는 소송이라고 하여, 절차적 심리설의 입장을 취하고 있다.

(3) 검 토

의무이행소송을 인정하지 아니하고 부작위위법확인소송만을 인정한 입법취지 및 부작위의 정의규정인 행소법 제2조 제1항 제2호에 비추어 보면, 절차적 심리설이 타당하다고 판단된다. 따라서 위법한 부작위는 법률상 의무의 신청에 대한 행정청의 응답의무 불이행이라고 이해하는 것이 타당하고, 법원의 심리범위는 단순히 부작위의 위법함을 확인하는 데 그친다고 보아야 한다.

III 부작위의 성립요건

1. 당사자의 신청

(1) 학 설

1) 신청권필요설

신청인에게 신청권이 있어야만 부작위가 성립한다는 견해이다. 행소법 제2조 제1항 제2호는 부작위의 성립요건으로서 일정한 처분을 하여야 할 법률상 의무가 있을 것을 요하는데, 이러한 처분의무에 대응하는 것이 신청권이다. 부작위의 요소인 처분의무는 응답의무일 뿐, 신청에 따라 특정한 내용의 처분을 할 의무는 아니라고 한다.

2) 신청권불요설

신청권이 부작위의 성립요건이 되지 아니한다는 견해이다. 신청권을 요하는 명문의 규정이 없음에도 신청권의 존부를 부작위의 개념요소로 보는 것은, 사인의 권리보호의 확대이념에 반하는 것이라고 한다.

(2) 판 례

판례에 의하면 행정청이 행한 공사중지명령의 상대방은 그 명령 이후에 그 원인사유가 소멸하였음을 들어 행정청에게 공사중지명령의 철회를 요구할 수 있는 조리상의 신청권이 있다고 한다.

(3) 검 토

행소법 제2조 제1항 제2호가 부작위의 성립요건으로서 일정한 처분을 하여야 할 법률상 의무가 있을 것을 요하고 있으므로, 해석론으로는 신청권을 부작위의 성립요건으로 보는 것이 타당하다고 판단된다.

2. 상당한 기간의 경과

상당한 기간이란 사회통념상 그 신청에 대한 처분을 함에 있어 일반적으로 요구되는 처리기간을 의미한다.

3. 처분의무의 존재

기속행위의 경우에는 특정 처분을 할 의무가 될 것이고, 재량행위의 경우에는 재량의 하자 없는 처분을 할 의무가 될 것이다.

4. 처분의 부작위

신청에 대한 처분이 행하여지지 아니하였어야 한다. 예를 들어, 신청에 대한 거부처분을 하였다면, 이는 응답의무를 이행한 것이 되어 부작위가 성립하지 아니한다. 부작위위법확인소송의 대상이 될 수 있는 것은 구체적 권리·의무에 관한 분쟁이어야 하고 추상적인 법령에 관한 제정의 여부 등은 그 자체로서 국민의 구체적인 권리·의무에 직접적 변동을 초래하는 것이 아니어서 그 소송의 대상이 될 수 없다.

Ⅳ 사안의 적용

甲이 행정청인 A시 시장 乙에게 처분에 해당하는 공사중지명령의 철회를 신청하였으나, 乙이 그 원인사유가 소멸되지 아니하였다고 판단하여 그 신청에 아무런 응답을 하지 아니함으로써 상당한 기간이 경과하였을 것이라는 추론이 가능하고, 乙에게는 적어도 소극적 거부처분으로서의 응답의무가 존재한다고 판단되며, 판례의 태도에 따르면 甲에게 조리상 신청권이 인정되므로, 결국 乙의 무응답은 위법한 부작위에 해당한다.

Ⅴ 결 론

甲의 공사중지명령철회신청에 대한 A시 시장 乙의 무응답은 부작위위법확인소송의 대상인 위법한 부작위에 해당한다.

기출문제 ▌ **2019년 제28회 공인노무사시험**

제3문

甲은 부동산의 취득으로 인한 취득세 및 농어촌특별세의 납세의무부존재 확인소송을 제기하려고 한다. 이러한 납세의무부존재 확인소송의 법적 성질에 관하여 설명하시오. (25점)

▌목차연습 ▌

예시답안 Ⅰ 2019년 제28회 공인노무사시험

Ⅰ 논점의 정리

甲이 부동산의 취득으로 인한 취득세 및 농어촌특별세의 납세의무부존재 확인소송을 제기하려는 경우, 당해 확인소송은 확인소송으로서의 일반적 성질을 가지는 것 이외에, 납세의무의 존부라는 공법상 법률관계를 소송물로 하고 있으므로 당사자소송에 해당되는지가 문제되며, 그러하다면 당사자소송의 특성을 검토하는 것을 필요로 한다.

Ⅱ 납세의무부존재 확인소송의 당사자소송 여부

1. **당사자소송의 의의**
   행소법 제3조 제2호에 의하면, 행정청의 처분 등을 원인으로 하는 법률관계에 관한 소송이나 그 밖에 공법상 법률관계에 관한 소송으로, 그 법률관계의 한 쪽 당사자를 피고로 하는 소송을 말한다.
2. **실질적 당사자소송**
   공법상 당사자소송에는, 행정청의 처분 등을 원인으로 하는 법률관계에 관한 소송이나 그 밖에 공법상 법률관계에 관한 소송인 실질적 당사자소송과, 실질적으로는 행정청의 처분을 다투면서도, 항고소송에서와 같이 행정청을 피고로 하지 아니하고 당해 처분 등을 원인으로 하는 법률관계의 한 쪽 당사자를 피고로 하여 제기하는 형식적 당사자소송이 포함되는데, 납세의무부존재 확인소송은 납세의무의 존부라는 공법상 법률관계를 소송물로 하는 소송이라는 점에서, 실질적 당사자소송에 해당한다.
3. **그 밖에 공법상 법률관계에 관한 소송**
   납세의무부존재 확인소송은 실질적 당사자소송 중 그 밖에 공법상 법률관계에 관한 소송에 해당한다.
4. **검 토**
   당사자소송을 행정청의 처분 등을 원인으로 하는 법률관계에 관한 소송이나 그 밖에 공법상 법률관계에 관한 소송으로서 그 법률관계의 한 쪽 당사자를 피고로 하는 소송이라고 파악하면, 납세의무부존재 확인소송은 실질적 당사자소송 중 그 밖에 공법상 법률관계에 관한 소송에 해당한다.

Ⅲ 납세의무부존재 확인소송의 당사자소송으로서의 특성

1. **주관적 소송**
   당사자소송은 개인의 권리구제를 목적으로 한다는 점에서 주관적 소송의 성질을 가지고 있다.
2. **포괄적 소송**
   당사자소송은 처분 등·부작위 이외에 공법상 법률관계 일반을 대상으로 하고 있다는 점에서 포괄적 소송의 특성을 가지고 있다. 경우에 따라 이행소송이나 확인소송 등 다양한 소송유형을 내용으로 할 수 있어 광범위한 활용가능성을 지니고, 행정작용의 비중이 침해행정으로부터 급부·계획·조성행정으로 변화하고 있는 상황에서 행위형식이 다양해지면 질수록 당사자소송의 비중도 증대될 것이라는 견해가 있다.

3. 검 토

납세의무부존재 확인소송은 주관적·포괄적 소송의 특성뿐만 아니라 확인소송의 특성을 가지고 있고, 납세의무의 존부를 소송을 통하여 확인한다는 점에서 시심적 소송의 성질도 가지고 있다.

Ⅳ 결 론

甲이 제기한 부동산의 취득으로 인한 취득세 및 농어촌특별세에 대한 납세의무부존재 확인소송은 실질적 당사자소송, 주관적 소송, 포괄적 소송, 확인소송 및 시심적 소송의 특성을 가지고 있다.

제1문

국회는 연금 재정의 건전성 확보를 위하여 2019.10.4.「공무원연금법」 일부개정법률안(이하 '개정 법률안'이라 한다)을 의결하였다. 개정 법률안에는 퇴직연금수급자가 선출직 지방공무원에 취임한 경우 그 재직기간 동안 퇴직연금 전부의 지급을 정지하는 규정과 이 법 시행 전에 급여의 사유가 발생한 사람에 대하여도 이를 적용하도록 하는 부칙 조항이 포함되어 있다. 대통령 甲은 개정 법률안이 자신의 정책과 반대된다는 이유로 2019.10.15. 국회에 법률안 재의를 요구하였다. 국회는 2019.10.30. 재적의원 과반수의 출석과 출석의원 3분의 2의 찬성으로 개정 법률안을 재의결하였다. 「공무원연금법」상 퇴직연금수급자였던 乙과 丙은 2018.6. 전국동시지방선거에서 각각 지방의회의원으로 당선되어, 2018.7. 취임하였다. 공무원연금공단은 2020.1.20. 乙과 丙에게 개정된 법률에 따라 퇴직연금지급정지대상자가 되었다는 사실을 통보하여 연금지급 거부의사를 표시하였다.

乙은 2020.3.30. 공무원연금공단을 상대로 퇴직연금지급거부에 대하여 취소소송(이하 '이 사건 취소소송'이라 한다)을 관할 법원에 제기하였다. 乙은 이 사건 취소소송 계속 중 위 법률조항이 자신의 기본권을 침해한다고 주장하면서 변호사 丁을 선임하여 「공무원연금법」 제47조 제1항 제2호 및 부칙 제2조 제1항에 대하여 위헌법률심판제청신청을 하였으나, 2021.4.29. 그 신청은 기각되었다. 乙은 2021.5.6. 위 기각결정문을 통지받고 부칙 제1조를 추가하여 2021.6.1. 「공무원연금법」 제47조 제1항 제2호, 부칙 제1조 및 제2조 제1항에 대하여 「헌법재판소법」 제68조 제2항에 따른 헌법소원심판을 청구하였다.

설문 1

乙이 제기한 이 사건 취소소송의 대상적격을 검토하시오. (15점)

설문 2

2024.1.9. 丙이 지방의회의원 재직기간 중 지급정지된 퇴직연금을 받기 위하여 제기할 수 있는 소송유형을 검토하시오(단, 헌법재판소에서 2023.11.30. 심판대상조문에 대하여 단순위헌결정을 내린 것으로 전제함). (15점)

※ 유의 사항
아래 법령은 가상의 것으로, 이와 다른 내용의 현행 법령이 있다면 제시된 법령이 현행 법령에 우선하는 것으로 할 것

「공무원연금법」

제47조(퇴직연금 또는 조기퇴직연금의 지급정지)

① 퇴직연금 또는 조기퇴직연금의 수급자가 다음 각 호의 어느 하나에 해당하는 경우에는 그 재직기간 중 해당 연금 전부의 지급을 정지한다.

2. 선거에 의한 선출직 지방공무원에 취임한 경우

부칙

제1조(시행일)

이 법은 2020.1.1.부터 시행한다.

제2조(급여지급에 관한 경과조치)

① 이 법 시행 전에 지급사유가 발생한 급여의 지급은 종전의 규정에 따른다. 다만, 제47조의 개정규정은 이 법 시행 전에 급여의 사유가 발생한 사람에 대하여도 적용한다.

예시답안 | 2024년 제13회 변호사시험

설문 1

I 논점의 정리

공무원연금공단이 개정 공무원연금법 제47조에 따라 乙에게 퇴직연금지급정지대상자가 되었다는 사실을 통보한 경우, 乙이 이를 대상으로 하여 제기하는 퇴직연금지급정지대상자통보취소소송의 대상적격 인정 여부가 문제된다.

II 취소소송의 대상적격

취소소송의 대상적격이 인정되는 처분이란 행정청이 행하는 구체적 사실에 관한 법집행으로서의 공권력의 행사, 또는 그 거부와 그 밖에 이에 준하는 행정작용 및 행정심판에 대한 재결을 말한다(행소법 제2조 제1항 제1호). 판례는 항고소송의 대상이 되는 행정처분이란 행정청의 공법상 행위로서 특정사항에 대하여 법규에 의한 권리의 설정 또는 의무의 부담을 명하며 기타 법률상 효과를 발생하게 하는 등 국민의 구체적 권리의무에 직접적 변동을 초래하는 행위를 말하고, 행정청 내부에서의 행위나 알선, 권유, 사실상의 통지 등과 같이 상대방 또는 기타 관계자들의 법률상 지위에 직접적인 법률적 변동을 일으키지 아니하는 행위는 항고소송의 대상이 될 수 없다고 판시하고 있다.[532]

III 퇴직연금지급정지대상자통보 취소소송의 대상적격 인정 여부

1. 판 례

판례는 사안과 유사한 사례에서 공무원으로 재직하다가 퇴직하여 구 공무원연금법에 따라 퇴직연금을 받고 있던 사람이 철차산업 직원으로 다시 임용되어 철차산업으로부터는 급여를 받고 공무원연금관리공단으로부터는 여전히 퇴직연금을 지급받고 있다가, 구 공무원연금법시행규칙이 개정되면서 철차산업이 구 공무원연금법 제47조 제2호 소정의 퇴직연금 중 일부의 금액에 대한 지급정지기관으로 지정된 경우, 공무원연금관리공단의 지급정지처분 여부에 관계없이 개정된 구 공무원연금법시행규칙이 시행된 때로부터 그 법 규정에 의하여 당연히 퇴직연금 중 일부 금액의 지급이 정지되는 것이므로, 공무원연금관리공단이 위와 같은 법령의 개정사실과 퇴직연금 수급자가 퇴직연금 중 일부 금액의 지급정지대상자가 되었다는 사실을 통보한 것은 단지 위와 같이 법령에서 정한 사유의 발생으로 퇴직연금 중 일부 금액의 지급이 정지된다는 점을 알려주는 관념의 통지에 불과하고, 그로 인하여 비로소 지급이 정지되는 것은 아니므로 항고소송의 대상이 되는 행정처분으로 볼 수 없다고 하여 퇴직연금지급정지대상자통보를 관념의 통지로 이해한 결과 취소소송의 대상적격을 부정하고 있다.[533]

---

532) 대판 2019.2.14. 2016두41729
533) 대판 2004.7.8. 2004두244

2. **검토 및 사안의 경우**

퇴직연금수급자였던 乙과 丙이 지방의회의원으로 당선되어, 2018.7. 취임함에 따라 개정 공무원연금법 제47조 제1항에 의하여 퇴직연금 전부의 지급이 정지되었으므로 공무원연금공단이 乙과 丙에게 개정 공무원연금법에 따라 행한 퇴직연금지급정지대상자통보는 관념의 통지에 불과하여 乙이 공무원연금공단을 상대로 제기한 퇴직연금지급정지대상자통보 취소소송은 대상적격의 흠결로 부적법하다고 판단된다.

Ⅳ 사안의 적용

공무원연금공단이 乙과 丙에게 개정 공무원연금법에 따라 행한 퇴직연금지급정지대상자통보는 관념의 통지에 불과하여 乙이 공무원연금공단을 상대로 제기한 퇴직연금지급정지대상자통보 취소소송은 대상적격의 흠결로 부적법하다고 판단된다.

Ⅴ 결 론

퇴직연금지급정지대상자통보는 관념의 통지에 불과하여 乙이 제기한 퇴직연금지급정지대상자통보 취소소송은 대상적격의 흠결로 부적법하다.

설문 2

Ⅰ 논점의 정리

미지급퇴직연금에 대한 다툼이 공법관계에서의 분쟁이라면 丙은 미지급퇴직연금을 청구하기 위해 법원에 미지급퇴직연금지급거부 취소소송을 제기하거나, 당사자소송을 제기할 수 있는지 여부가 문제된다.

Ⅱ 미지급퇴직연금에 대한 다툼이 공법관계에서의 분쟁인지의 여부

사회보장급여에 해당하는 공무원의 퇴직연금은 공무원연금법에서 강행규정으로 되어 있고 구체적인 요건과 내용, 지급절차의 대강까지 규정하고 있으므로, 그 권리의 존부나 범위는 공무원연금법령이 정하는 바에 따라 결정된다는 점에서 공무원의 퇴직연금에 대한 다툼은 공법관계에 대한 분쟁으로 보아야 한다. 따라서 공무원의 퇴직연금에 대한 다툼이 있는 경우 이에 대한 소송은 행정소송으로 제기하여야 한다.

Ⅲ 미지급퇴직연금을 청구하기 위해 제기할 수 있는 소송유형

1. 미지급퇴직연금지급거부 취소소송의 제기 가부

(1) 판 례

판례는 사안과 유사한 사례에서 구 공무원연금법 소정의 퇴직연금 등의 급여는 급여를 받을 권리를 가진 자가 당해 공무원이 소속하였던 기관장의 확인을 얻어 신청하는 바에 따라 공무원연금관리공단이 그 지급결정을 함으로써 그 구체적인 권리가 발생하는 것이므로, 공무원연금관리공단의 급여에 관한 결정은 국민의 권리에 직접 영향을 미치는 것이어서 행정처분에 해당할 것이지만, 공무원연금관리공단의 인정에 의하여 퇴직연금을 지급받아 오던 중 구 공무원연금법령의 개정 등으로 퇴직연금 중 일부 금액의 지급이 정지된 경우에는 당연히 개정된 법령에 따라 퇴직연금이 확정되는 것이지 같은 법 제26조 제1항에 정해진 공무원연금관리공단의 퇴직연금 결정과 통지에 의하여 비로소 그 금액이 확정되는 것이 아니므로, 공무원연금관리공단이 퇴직연금 중 일부 금액에 대하여 지급거부의 의사표시를 하였다고 하더라도 그 의사표시는 퇴직연금 청구권을 형성・확정하는 행정처분이 아니라 공법상의 법률관계의 한쪽 당사자로서 그 지급의무의 존부 및 범위에 관하여 나름대로의 사실상・법률상 의견을 밝힌 것일 뿐이어서, 이를 행정처분이라고 볼 수는 없다고 판시하고 있다.[534)]

(2) 검 토

생각건대 공무원연금공단이 개정 공무원연금법에 따라 丙에게 연금지급거부의 의사를 표시한 경우, 그 거부의 의사표시는 공법상의 법률관계의 한쪽 당사자로서 그 지급의무의 존부 및 범위에 관하여 나름대로의 사실상・법률상 의견을 밝힌 것으로, 이를 행정처분이라고 볼 수는 없으므로, 丙이 공무원연금공단을 상대로 제기하는 미지급퇴직연금지급거부 취소소송은 그 대상적격의 흠결로 부적법하다고 판단된다.

2. 미지급퇴직연금을 구하는 당사자소송의 제기 가부

(1) 판 례

판례는 사안과 유사한 사례에서 공무원연금관리공단이 퇴직연금 중 일부 금액에 대하여 지급거부의 의사표시를 한 경우, 미지급퇴직연금에 대한 지급청구권은 공법상 권리로서 그의 지급을 구하는 소송은 공법상의 법률관계에 관한 소송인 공법상 당사자소송에 해당한다고 판시하고 있다.[535)]

(2) 검 토

丙이 소로써 구하고자 하는 미지급퇴직연금지급청구권은 공법상 권리이므로 공법상 법률관계에 관한 소송인 공법상 당사자소송을 제기할 수 있다고 판단된다.

534) 대판 2004.7.8. 2004두244
535) 대판 2004.7.8. 2004두244

Ⅳ 사안의 적용

공무원연금공단이 개정 공무원연금법에 따라 丙에게 연금지급거부의 의사를 표시한 경우, 그 거부의 의사표시는 행정처분이라고 볼 수 없으므로, 丙이 공무원연금공단을 상대로 제기하는 미지급퇴직연금지급거부 취소소송은 그 대상적격의 흠결로 부적법하나, 미지급퇴직연금지급청구권이 공법상 권리이므로 공법상 법률관계에 관한 소송인 공법상 당사자소송을 제기할 수 있다.

Ⅴ 결 론

미지급퇴직연금지급청구권은 공법상 권리이므로 丙은 공법상 당사자소송을 제기할 수 있다.

CHAPTER ☑ 주요논점 ☐ 최신 기출문제해설 ☐ 주요 기출문제해설

11 행정심판의 일반론

제1절 서 설

I 행정심판의 의의

1. 개 념

행정심판이라 함은, 행정청의 위법・부당한 처분 또는 부작위에 대한 불복에 관하여 행정기관이 심판하는 행정심판법상 행정쟁송절차를 말한다.

2. 성 격

행정심판은 분쟁해결의 성질을 가지지만, 이는 행정절차이지 사법절차는 아니다. 그리고 행정심판의 재결은 행정기관이 하는 행위이므로 행정작용이며, 행정행위의 성질을 가진다.

3. 존재이유

행정심판은 행정소송과는 달리 약식쟁송에 해당하므로, 법률관계에 대한 분쟁을 신속하게 해결할 수 있고, 법원에서 행정처분의 하자에 대한 위법성 심사를 하기 전에, 행정청이 스스로 반성할 기회를 주어 자율적으로 시정할 수 있다. 또한 행정소송의 제기 없이 행정심판과정에서 법률관계가 확정된다면 법원의 부담이 경감되고, 행정청은 법원보다 해당 분야에 대한 전문적인 지식이 풍부하므로, 이를 이용할 수 있는 장점이 있다.

II 이의신청과의 구별

1. 이의신청의 의의

이의신청이란 일반적으로 위법・부당한 행정작용으로 인하여 권리가 침해된 자가 처분청에 대하여 재심사를 청구하는 절차를 의미하는데, 학문상(판례상)의 이의신청은 행정불복 중 행정심판인 아닌 것으로 준사법적 절차가 아닌 행정불복을 말한다. 행정기본법은 이의신청의 정의규정을 두고 있지 아니하나, 행정기본법의 일반법으로서의 성격을 고려할 때 행정기본법상의 이의신청도 위와 마찬가지로 보아야 한다. 행정기본법상 이의신청에는 행정기본법만에 의해 규율되는 이의신청(일반이의신청)과 행정기본법과 달리 특별한 규율의 대상이 되는 이의신청(특별이의신청 ; 예를 들어 민원처리에 관한 법률상의 이의신청, 국세기본법상의 이의신청)이 있다.

2. 행정기본법상의 이의신청

(1) 이의신청자

이의신청은 행정청의 처분에 이의가 있는 당사자 즉 처분의 상대방에 한하여 할 수 있다(행기법 제36조 제1항). 이해관계있는 제3자는 법률상의 이익이 있는 자라도 행정기본법에 따른 이의신청을 할 수 없다.

(2) 이의신청의 대상

이의신청의 대상이 되는 것은 행정심판법상 처분(행심법 제2조 제4호) 중 행정심판법 제3조에 따라 행정심판의 대상이 되는 처분인 일반행정심판의 대상이 되는 처분에 한정된다. 특별행정심판의 대상이 되는 처분과 행정심판법상 처분이 아닌 것은 이의신청의 대상이 되지 아니한다(행기법 제36조 제1항). 다만, 개별법상 특별한 규정이 있는 경우에는 이의신청의 대상이 되지 아니하는 처분이나 행정심판법상 처분이 아닌 행정결정에 대하여도 이의신청이 인정될 수 있다. 한편 행정기본법 제36조 제7항 각 호에서 정한 사항과 부작위는 이의신청의 대상이 되지 아니한다(행기법 제37조 제7항, 제36조 제1항).

(3) 이의신청의 제기기간

행정청의 처분에 이의가 있는 당사자는 처분을 받은 날부터 30일 이내에 해당 행정청에 이의신청을 할 수 있다(행기법 제36조 제1항). 처분을 받은 날이란 처분이 도달하여 효력을 발생한 날을 의미한다.

(4) 이의신청의 처리기간

행정청은 이의신청을 받으면 그 신청을 받은 날부터 14일 이내에 그 이의신청에 대한 결과를 신청인에게 통지하여야 한다. 다만, 부득이한 사유로 14일 이내에 통지할 수 없는 경우에는 그 기간을 만료일 다음 날부터 기산하여 10일의 범위에서 한 차례 연장할 수 있으며, 연장 사유를 신청인에게 통지하여야 한다(행기법 제36조 제2항).

(5) 행정심판 또는 행정소송과의 관계

1) 쟁송제기기간

이의신청을 한 경우에도 그 이의신청과 관계없이 행정심판 또는 행정소송을 제기할 수 있다. 이의신청에 대한 결과를 통지받은 후 행정심판 또는 행정소송을 제기하려는 자는 그 결과를 통지받은 날(통지기간 내에 결과를 통지받지 못한 경우에는 통지기간이 만료되는 날의 다음 날)부터 90일 이내에 행정심판 또는 행정소송을 제기할 수 있다(행기법 제36조 제3항, 제4항).

2) 쟁송의 대상

이의신청에 대한 결정을 받은 후 행정심판 또는 행정소송을 제기하는 경우에 행정심판 또는 행정소송의 대상은 이의신청 결과 통지가 아닌 이의신청의 대상이 된 행정청의 원처분으로 한다. 즉 일부취소의 경우에는 일부취소되고 남은 원처분, 이의신청 결과 처분이 변경된 경우에는 변경된 처분은 말하며, 변경된 처분에는 처분내용은 동일하더라도 기본적 사실관계에 동일성이 없는 처분사유 변경이 있는 경우를 포함한다.

(6) 행정기본법 제36조의 적용 범위

다른 법률에서 이의신청(특별이의신청을 포함하는 처분에 대한 이의신청)과 이에 준하는 절차(처분이 아닌 행정결정에 대한 이의신청)에 대하여 정하고 있는 경우에도 그 법률에서 규정하지 아니한 사항에 관하여는 행정기본법 제36조에서 정하는 바에 따른다. 따라서 행정심판(준사법적 절차)이 아닌 이의신청 등 행정불복에 대하여는 특별한 규정이 없는 한 행정기본법 제36조 제5항이 적용된다고 이해하여야 한다. 다만, 행정기본법 제36조 제7항 각 호에서 정한 사항은 그러하지 아니하다(행기법 제37조 제7항).

3. 행정심판인 이의신청과 행정심판이 아닌 이의신청의 구별

이의신청이라는 명칭을 사용하는 행정불복 중에는 행정심판의 실질을 갖는 것(토지보상법상의 이의신청)이 있고, 행정심판이 아닌 이의신청(민원처리에 관한 법률상의 이의신청)이 있다.

(1) 재심판청구의 가부

행정심판은 재심판청구가 불가능하나(행심법 제51조), 이의신청을 거친 후에는 다시 행정심판을 청구할 수 있다.

(2) 이의신청에 대한 결정의 법적 성질

행정심판인 이의신청에 대한 결정은 행정심판의 재결의 성질을 갖는다. 행정심판이 아닌 이의신청에 대해 원처분을 취소 또는 변경하는 결정은 새로운 최종적 처분으로서 이의신청의 대상이 된 처분을 취소 또는 변경하는 처분에 해당한다. 다만, 이의신청의 대상이 된 기존의 처분을 그대로 유지하는 결정(기각결정)은 단순한 사실행위로서 아무런 법적 효력을 가지지 아니하고 항고소송의 대상이 되지 아니하나, 이의신청에 따른 기각결정이 새로운 신청에 따른 것이거나 별도의 의사결정 과정과 절차를 거쳐 이루어진 독립된 행정처분의 성질을 갖는 경우에는 항고소송의 대상이 된다.

핵심판례

1. 국가유공자법상 이의신청에 대한 기각결정의 처분성을 부정한 사례

[1] 국가유공자 등 예우 및 지원에 관한 법률(이하 '국가유공자법') 제4조 제1항 제6호, 제6조 제3항, 제4항, 제74조의18의 문언·취지 등에 비추어 알 수 있는 다음과 같은 사정, 즉 국가유공자법 제74조의18 제1항이 정한 이의신청은, 국가유공자 요건에 해당하지 아니하는 등의 사유로 국가유공자 등록신청을 거부한 처분청인 국가보훈처장이 신청 대상자의 신청 사항을 다시 심사하여 잘못이 있는 경우 스스로 시정하도록 한 절차인 점, 이의신청을 받아들이는 것을 내용으로 하는 결정은 당초 국가유공자 등록신청을 받아들이는 새로운 처분으로 볼 수 있으나, 이와 달리 이의신청을 받아들이지 아니하는 내용의 결정은 종전의 결정 내용을 그대로 유지하는 것에 불과한 점, 보훈심사위원회의 심의·의결을 거치는 것도 최초의 국가유공자 등록신청에 대한 결정에서나 이의신청에 대한 결정에서 마찬가지로 거치도록 규정된 절차인 점, 이의신청은 원결정에 대한 행정심판이나 행정소송의 제기에도 영향을 주지 아니하는 점 등을 종합하면, 국가유공자법 제74조의18 제1항이 정한 이의신청을 받아들이지 아니하는 결정은 이의신청인의 권리·의무에 새로운 변동을 가져오는 공권력의 행사나 이에 준하는 행정작용이라고 할 수 없으므로 원결정과 별개로 항고소송의 대상이 되지는 않는다.

[2] 국가유공자 비해당결정 등 원결정에 대한 이의신청이 받아들여지지 아니한 경우에도 이의신청인으로서는 원결정을 대상으로 항고소송을 제기하여야 하고, 국가유공자 등 예우 및 지원에 관한 법률 제74조의18 제4항이 이의신청을 하여 그 결과를 통보받은 날부터 90일 이내에 행정심판법에 따른 행정심판의 청구를 허용하고 있고, 행정소송법 제18조 제1항 본문이 "취소소송은 법령의 규정에 의하여 당해 처분에 대한 행정심판을 제기할 수 있는 경우에도 이를 거치지 아니하고 제기할 수 있다."라고 규정하고 있는 점 등을 종합하면, 이의신청을 받아들이지 아니하는 결과를 통보받은 자는 통보받은 날부터 90일 이내에 행정심판법에 따른 행정심판 또는 행정소송법에 따른 취소소송을 제기할 수 있다.

2. 이주대책 대상자 제외결정(1차 결정)에 대한 이의신청에 따른 제외결정(2차 결정)의 처분성을 인정한 사례

[원심판단]

원심은, ① 원고의 이의신청은 당초의 신청과 별개의 새로운 신청으로 보기 어렵고, ② 원고가 1차 결정(이주대책 대상자 제외결정)에 대하여 이의신청을 할 당시에 1차 결정에 대하여 행정심판이나 취소소송을 제기할 수 있었으며, ③ 2차 결정(1차 결정에 이은 이주대책대상자 제외결정)은 1차 결정의 내용을 그대로 유지한다는 취지로서 이는 원고의 권리・의무에 어떠한 새로운 변동을 초래하지 아니할 뿐만 아니라, ④ 이 사건에 신뢰보호의 원칙이 적용된다고 볼 수도 없다는 등의 이유로, 2차 결정을 1차 결정과 별도로 행정쟁송의 대상이 되는 처분으로 볼 수 없다고 판단하였다. 그런 다음 이 사건 소 중 피고 공사에 대한 2차 결정 취소청구 부분은 각하하고, 피고 위원회에 대한 이 사건 재결 취소청구 부분은 재결 자체에 고유한 위법이 없다는 이유로 기각하였다.

[대법원의 판단]

[1] 이 사건 사실관계를 살펴보면, 2차 결정은 1차 결정과 별도로 행정쟁송의 대상이 되는 '처분'으로 봄이 타당하다. 구체적인 이유는 다음과 같다.

① 수익적 행정처분을 구하는 신청에 대한 거부처분은 당사자의 신청에 대하여 관할 행정청이 이를 거절하는 의사를 대외적으로 명백히 표시함으로써 성립된다. 거부처분이 있은 후 당사자가 다시 신청을 한 경우에는 신청의 제목 여하에 불구하고 그 내용이 새로운 신청을 하는 취지라면 관할 행정청이 이를 다시 거절하는 것은 새로운 거부처분이라고 보아야 한다. 관계법령이나 행정청이 사전에 공표한 처분기준에 신청기간을 제한하는 특별한 규정이 없는 이상 재신청을 불허할 법적 근거가 없으며, 설령 신청기간을 제한하는 특별한 규정이 있다 하더라도 재신청이 신청기간을 도과하였는지 여부는 본안에서 재신청에 대한 거부처분이 적법한가를 판단하는 단계에서 고려할 요소이지, 소송요건 심사단계에서 고려할 요소가 아니다.

② 행정절차법 제26조는 행정청이 처분을 할 때에는 당사자에게 그 처분에 관하여 행정심판 및 행정소송을 제기할 수 있는지 여부, 그 밖에 불복을 할 수 있는지 여부, 청구절차 및 청구기간, 그 밖에 필요한 사항을 알려야 한다고 규정하고 있다. 이 사건에서 피고 공사가 원고에게 2차 결정을 통보하면서 '2차 결정에 대하여 이의가 있는 경우 2차 결정 통보일부터 90일 이내에 행정심판이나 취소소송을 제기할 수 있다'는 취지의 불복방법 안내를 하였던 점을 보면, 피고 공사 스스로도 2차 결정이 행정절차법과 행정소송법이 적용되는 처분에 해당한다고 인식하고 있었음을 알 수 있고, 그 상대방인 원고로서도 2차 결정이 행정쟁송의 대상인 처분이라고 인식하였을 수밖에 없다고 보인다. 이와 같이 불복방법을 안내한 피고 공사가 이 사건 소가 제기되자 '처분성'이 인정되지 않는다고 본안전 항변을 하는 것은 신의성실원칙(행정절차법 제4조)에도 어긋난다.

[2] 그런데도 원심은, 2차 결정이 1차 결정과 별도로 행정쟁송의 대상이 되는 처분에 해당하지 않는다고 판단하였다. 이러한 원심 판단에는 행정소송의 대상인 처분에 관한 법리를 오해하여 판결에 영향을 미친 잘못이 있다. 이를 지적하는 상고이유 주장은 이유 있다.[536]

3. 조정금 수령통지(1차 통지)에 대한 이의신청에 따른 조정금 수령통지(2차 통지)의 처분성을 인정한 사례

[1] 수익적 행정처분을 구하는 신청에 대한 거부처분이 있은 후 당사자가 다시 신청을 한 경우에는 신청의 제목 여하에 불구하고 그 내용이 새로운 신청을 하는 취지라면 관할 행정청이 이를 다시 거절하는 것은 새로운 거부처분이라고 보아야 한다. 나아가 어떠한 처분이 수익적 행정처분을 구하는 신청에 대한 거부처분이 아니라고 하더라도, 해당 처분에 대한 이의신청의 내용이 새로운 신청을 하는 취지로 볼 수 있는 경우에는, 그 이의신청에 대한 결정의 통보를 새로운 처분으로 볼 수 있다.

536) 대판 2021.1.14. 2020두50324

[2] 갑 시장이 을 소유 토지의 경계확정으로 지적공부상 면적이 감소되었다는 이유로 지적재조사위원회의 의결을 거쳐 을에게 조정금 수령을 통지하자(1차 통지), 을이 구체적인 이의신청 사유와 소명자료를 첨부하여 이의를 신청하였으나, 갑 시장이 지적재조사위원회의 재산정 심의·의결을 거쳐 종전과 동일한 액수의 조정금 수령을 통지한(2차 통지) 사안에서, 구 지적재조사에 관한 특별법 제21조의2가 신설되면서 조정금에 대한 이의신청 절차가 법률상 절차로 변경되었으므로 그에 관한 절차적 권리는 법률상 권리로 볼 수 있는 점, 을이 이의신청을 하기 전에는 조정금 산정결과 및 수령을 통지한 1차 통지만 존재하였고 을은 신청 자체를 한 적이 없으므로 을의 이의신청은 새로운 신청으로 볼 수 있는 점, 2차 통지서의 문언상 종전 통지와 별도로 심의·의결하였다는 내용이 명백하고, 단순히 이의신청을 받아들이지 않는다는 내용에 그치는 것이 아니라 조정금에 대하여 다시 재산정, 심의·의결절차를 거친 결과, 그 조정금이 종전 금액과 동일하게 산정되었다는 내용을 알리는 것이므로, 2차 통지를 새로운 처분으로 볼 수 있는 점 등을 종합하면, 2차 통지는 1차 통지와 별도로 행정쟁송의 대상이 되는 처분으로 보는 것이 타당함에도 2차통지의 처분성을 부정한 원심판단에 법리오해의 잘못이 있다고 한 사례.537)

(3) 불가변력 인정 여부

행정심판의 재결은 준사법적 행위로서 불가변력이 발생한다. 행정심판이 아닌 이의신청은 준사법적 행위는 아니지만 불복절차인 점에서 이의신청결정에 불가변력과 유사한 효력을 인정하는 것이 타당하다.

핵심판례

이의신청에 따른 직권취소의 경우에도 불가변력을 인정한 사례

과세처분에 관한 불복절차과정에서 불복사유가 옳다고 인정하여 이에 따라 필요한 처분을 하였을 경우에는, 불복제도와 이에 따른 시정방법을 인정하고 있는 국세기본법 취지에 비추어 볼 때 동일 사항에 관하여 특별한 사유 없이 이를 번복하고 종전과 동일한 처분을 하는 것은 허용될 수 없다. 따라서 과세관청이 과세처분에 대한 이의신청절차에서 납세자의 이의신청 사유가 옳다고 인정하여 과세처분을 직권으로 취소한 경우, 납세자가 허위의 자료를 제출하는 등 부정한 방법에 기초하여 직권취소되었다는 등의 특별한 사유가 없는데도 이를 번복하고 종전과 동일한 과세처분을 하는 것은 위법하다.538)

(4) 처분사유의 추가·변경

행정심판에는 기본적 사실관계의 동일성이 있다고 인정되는 한도 내에서만 당초 처분의 근거로 삼은 사유와 다른 사유를 추가 또는 변경할 수 있지만, 행정심판이 아닌 이의신청의 경우에는 기본적 사실관계의 동일성이 없는 사유라고 할지라도 처분의 적법성과 합목적성을 지지하는 처분사유로 추가·변경하는 것이 가능하다.

핵심판례

산재법상 심사청구 절차에서 동일성이 없는 처분사유의 추가를 인정한 사례

[1] 산업재해보상보험법 규정의 내용, 형식 및 취지 등에 비추어 보면, 산업재해보상보험법상 심사청구에 관한 절차는 보험급여 등에 관한 처분을 한 근로복지공단으로 하여금 스스로의 심사를 통하여 당해 처분의 적법성과 합목적성을 확보하도록 하는 근로복지공단 내부의 시정절차에 해당한다고 보아야 한다. 따라서 처분청이 스스로

537) 대판 2022.3.17. 2021두53894

538) 대판 2017.3.9. 2016두56790

당해 처분의 적법성과 합목적성을 확보하고자 행하는 자신의 내부 시정절차에서는 당초 처분의 근거로 삼은 사유와 기본적 사실관계의 동일성이 인정되지 않는 사유라고 하더라도 이를 처분의 적법성과 합목적성을 뒷받침하는 처분사유로 추가·변경할 수 있다고 보는 것이 타당하다.
[2] 근로복지공단이 '우측 감각신경성 난청'으로 장해보상청구를 한 근로자 甲에 대하여 소멸시효 완성을 이유로 장해보상급여부지급결정을 하였다가, 甲이 불복하여 심사청구를 하자 甲의 상병이 업무상 재해인 소음성 난청으로 보기 어렵다는 처분사유를 추가하여 심사청구를 기각한 사안에서, 근로복지공단이 산업재해보상보험법상 심사청구에 대한 자신의 심리·결정 절차에서 추가한 사유인 '甲의 상병과 업무 사이의 상당인과관계 부존재'는 당초 처분의 근거로 삼은 사유인 '소멸시효 완성'과 기본적 사실관계의 동일성이 인정되는지와 상관없이 처분의 적법성의 근거가 되는 것으로서 취소소송에서 처음부터 판단대상이 되는 처분사유에 해당한다는 이유로, 甲의 상병과 업무 사이의 상당인과관계 부존재를 처분사유 중 하나로 본 원심판단을 정당하다고 한 사례.[539]

(5) 취소소송의 대상성

행정심판의 재결은 고유한 위법이 있는 경우 취소소송의 대상이 될 수 있으나(행소법 제19조), 이의신청은 취소소송의 대상에 해당하지 아니한다.

(6) 심판기관

행정심판은 원칙적으로 처분청의 상급행정기관의 행정심판위원회에서 심판하나, 이의신청은 처분청에서 심판한다.

(7) 제소기간특례규정 적용 여부

행정심판을 거친 경우에는 행정소송법 제20조 제1항의 단서가 적용되어 재결서의 정본을 송달받은 날로부터 제소기간을 기산하나, 이의신청을 거친 경우에는 행정소송법 제20조 제1항의 본문이 적용되어 처분 등이 있음을 안 날로부터 기산한다.

4. 구별기준

(1) 문제점

개별법상 이의신청이 행정심판이 아닌 단순이의신청인지, 행정심판인 이의신청인지 여부를 판단하는 기준에 관하여 견해의 대립이 있다.

(2) 학 설

1) 심판기관기준설

처분청 자체에 제기하는 이의신청은 행정심판이 아닌 단순이의신청으로 보고, 처분청의 직근상급행정청 또는 행정심판위원회에 제기하는 이의신청은 행정심판인 이의신청으로 보는 견해이다.

539) 대판 2012.9.13. 2012두3859

2) 불복절차기준설

헌법 제107조 제3항에서 행정심판절차에는 사법절차가 준용되어야 한다고 규정하고 있는 점을 고려하여, 개별법에서 정하는 이의신청 중 준사법절차가 보장되는 것만을 행정심판인 이의신청으로 보고, 그러하지 아니한 것은 행정심판이 아닌 단순이의신청으로 보는 견해이다.

(3) 판 례

판례도 절차 및 담당기관을 기준으로 구분하고 있으므로, 불복절차기준설을 취하고 있는 것으로 보인다.[540)]

(4) 검 토

헌법 제107조 제3항에서 행정심판절차에는 사법절차가 준용되어야 한다고 규정하고 있는 점을 고려하면, 불복절차를 기준으로 행정심판이 아닌 단순이의신청과 행정심판인 이의신청을 구분하는 견해가 타당하다고 판단된다.

5. 행정심판인지 여부에 대한 구체적 검토

(1) 공익사업을 위한 토지 등의 취득 및 보상에 관한 법률(토지보상법)상 이의신청

관할 토지수용위원회의 수용재결에 대하여 중앙토지수용위원회에 이의신청을 하도록 규정하고 있고(동법 제83조), 이의신청에 대한 재결이 확정된 경우에는 민사소송법상 확정판결이 있는 것으로 보는 규정(동법 제86조) 등을 고려하여, 특별법상 행정심판으로 보는 것이 일반적인 견해이다.

(2) 국세기본법상 이의신청

국세기본법상 이의신청은 처분청인 세무서장에게 하거나, 세무서장을 거쳐 관할 지방국세청장에게 하는 것으로(국세기본법 제66조 제1항), 준사법적 절차가 보장되어 있지 않고, 이의신청과 별도로 특별법상 행정심판에 해당하는 심사청구와 심판청구를 제기할 수 있는 것으로 규정하고 있으므로(국세기본법 제56조 제2항), 행정심판이 아닌 이의신청으로 보는 것이 타당하다.

(3) 개별공시지가에 대한 이의신청

1) 판 례

판례는 부동산가격 공시 및 감정평가에 관한 법률 제12조, 행정소송법 제20조 제1항, 행정심판법 제3조 제1항의 규정 내용 및 취지와 아울러, 부동산가격 공시 및 감정평가에 관한 법률에 행정심판의 청구를 배제하는 명시적인 규정이 없고, 부동산가격 공시 및 감정평가에 관한 법률에 따른 이의신청과 행정심판은 그 절차 및 담당기관에 차이가 있는 점을 종합하면, 부동산가격 공시 및 감정평가에 관한 법률이 이의신청에 관하여 규정하고 있다 하여 이를 행정심판법 제3조 제1항에서 규정한, 행정심판의 청구를 배제하는 '다른 법률에 특별한 규정이 있는 경우'에 해당한다고 볼 수 없으므로, 개별공시지가에 대하여 이의가 있는 자는 곧바로 행정소송을 제기하거나, 부동산가격 공시 및 감정평가에 관한 법률에 따른 이의신청과, 행정심판법에 따른 행정심판청구 중 어느 하나만을 거쳐 행정소송을 제기할 수 있을 뿐만 아니라, 이의신청을 하여 그 결과 통지를 받은 후 다시 행정심판을 거쳐 행정소송을 제기할 수도 있다고 보아야 하고, 이 경우 행정소송의 제소기간은 그 행정심판재결서의 정본을 송달받은 날로부터 기산한다고 판시하고 있다.[541)]

---

540) 대판 2010.1.28. 2008두19987
541) 대판 2010.1.28. 2008두19987

2) 검 토

이 판례가 행정심판이 아닌 이의신청과 행정심판인 이의신청의 구별기준을 명확하게 하지 아니한 문제점은 별론으로 하고, 개별공시지가에 대한 이의신청을 행정심판법상 행정심판으로 보지 아니하고, 행정심판의 청구를 배제하지 아니하였음을 유의하여야 한다.

(4) 산업재해보상보험법상 심사청구

근로복지공단의 산재보험 급여에 관한 결정에 불복하는 자는, 결정이 있음을 안 날로부터 90일 이내에 공단에 심사청구를 할 수 있고(산재법 제103조), 공단의 심사청구에 관한 결정에 불복하는 자는, 결정이 있음을 안 날로부터 90일 이내에 재해보상보험재심사위원회에 재심사청구를 할 수 있다(산재법 제106조). 산업재해보상보험법의 심사청구는, 별도로 특별법상 행정심판에 해당하는 재심사청구를 제기할 수 있는 것으로 규정하고 있으므로, 행정심판이 아닌 이의신청으로 보는 것이 합당하다.

(5) 민원처리에 관한 법률상 이의신청

민원처리에 관한 법률상 이의신청은 준사법절차가 보장되어 있지 아니하고, 동 이의신청과 별도로 행정심판을 청구할 수 있는 것으로 규정하고(동법 제35조 제3항) 있으므로, 행정심판이 아닌 이의신청으로 보는 것이 타당하다. 판례도 같은 취지로 판시한 바 있다.[542)]

핵심판례

민원처리에 관한 법률상 이의신청의 행정심판 여부

[1] 행정소송법 제18조 내지 제20조, 행정심판법 제3조 제1항, 제4조 제1항, 구 민원사무처리에 관한 법률[현 민원처리에 관한 법률(註)] 제18조, 같은 법 시행령 제29조 등의 규정들과 그 취지를 종합하여 보면, 민원사무처리법에서 정한 민원이의신청의 대상인 거부처분에 대하여는 민원이의신청과 상관없이 행정심판 또는 행정소송을 제기할 수 있으며, 또한 민원이의신청은 민원사무처리에 관하여 인정된 기본사항의 하나로, 처분청으로 하여금 다시 거부처분에 대하여 심사하도록 한 절차로서 행정심판법에서 정한 행정심판과는 성질을 달리하고, 또한 사안의 전문성과 특수성을 살리기 위하여 특별한 필요에 따라 둔 행정심판에 대한 특별·특례절차라 할 수도 없어 행정소송법에서 정한 행정심판을 거친 경우의 제소기간의 특례가 적용된다고 할 수도 없으므로, 민원이의 신청에 대한 결과를 통지받은 날로부터 취소소송의 제소기간이 기산된다고 할 수 없다. 그리고 이와 같이 민원이의신청 절차와는 별도로 그 대상이 된 거부처분에 대하여 행정심판 또는 행정소송을 제기할 수 있도록 보장하고 있는 이상, 민원이의신청 절차에 의하여 국민의 권익 보호가 소홀하게 된다거나 헌법 제27조에서 정한 재판청구권이 침해된다고 볼 수도 없다.

[2] 구 민원사무처리에 관한 법률 제18조 제1항에서 정한 거부처분에 대한 이의신청(이하 '민원이의신청')은, 행정청의 위법 또는 부당한 처분이나 부작위로 침해된 국민의 권리 또는 이익을 구제함을 목적으로 하여 행정청과 별도의 행정심판기관에 대하여 불복할 수 있도록 한 절차인 행정심판과는 달리, 민원사무처리법에 의하여 민원사무처리를 거부한 처분청이 민원인의 신청사항을 다시 심사하여 잘못이 있는 경우 스스로 시정하도록 한 절차이다. 이에 따라, 민원이의신청을 받아들이는 경우에는 이의신청 대상인 거부처분을 취소하지 않고 바로 최초의 신청을 받아들이는 새로운 처분을 하여야 하지만, 이의신청을 받아들이지 않는 경우에는 다시 거부처분을 하지 않고 그 결과를 통지함에 그칠 뿐이다. 따라서 이의신청을 받아들이지 않는 취지의 기각결정 내지는 그 취지의 통지는 종전의 거부처분을 유지함을 전제로 한 것에 불과하고, 또한 거부처분에 대한 행정심판이나 행정소송의 제기에도 영향을 주지 못하므로, 결국 민원이의신청인의 권리·의무에 새로운 변동을 가져오는 공권력의 행사나 이에 준하는 행정작용이라고 할 수 없어 독자적인 항고소송의 대상이 된다고 볼 수 없다고 봄이 타당하다.[543)]

---

542) 대판 2012.11.15. 2010두8676

543) 대판 2012.11.15. 2010두8676

제2절 행정심판의 종류

I 일반행정심판

1. 의 의

일반행정심판이란 행정심판법에 의한 행정심판으로, 현행 행정심판법은 취소심판, 무효 등 확인심판 및 의무이행심판을 두고 있다(행심법 제5조).

2. 종 류

(1) 취소심판

취소심판이란 행정청의 위법 또는 부당한 처분을 취소하거나 변경하는 행정심판으로, 취소에는 적극적 처분의 취소뿐만 아니라 소극적 처분인 거부처분의 취소도 포함되고, 변경의 경우에는 취소소송에서와는 달리, 적극적 변경을 의미한다.

(2) 무효 등 확인심판

무효 등 확인심판이란 행정청의 처분의 효력 유무 또는 존재 여부를 확인하는 행정심판으로, 유효확인심판이나 무효확인심판, 존재확인심판, 부존재확인심판 및 실효확인심판 등으로 나뉜다.

(3) 의무이행심판

의무이행심판이란 행정청의 위법 또는 부당한 거부처분이나 부작위에 대하여 일정한 처분을 하도록 하는 행정심판으로, 처분청에게 일정한 처분을 할 것을 명하는 재결을 구하는 행정심판이므로, 이행쟁송이라고 본다.

(4) 거부처분 취소심판의 인정 여부

1) 학 설

행정심판법 제5조 제3호를 근거로, 거부처분은 의무이행심판의 대상이지 취소심판의 대상은 아니라는 견해와, 행정심판법 제2조 제1호와 제5조 제1호를 근거로, 거부처분에 대한 취소심판의 가능성을 인정하는 견해가 있다.

2) 판 례

판례는 당사자의 신청을 거부하는 처분을 취소하는 재결(거부처분 취소심판)이 있는 경우, 행정청은 그 재결의 취지에 따라 이전의 신청에 대한 처분을 하여야 하는 것이므로, 행정청이 그 재결의 취지에 따른 처분을 하지 아니하고, 그 처분과는 양립할 수 없는 다른 처분을 하는 것은 위법한 것이라 할 것이고, 이 경우 그 재결의 신청인은 위법한 다른 처분의 취소를 소구할 이익이 있다고 하여, 거부처분 취소심판의 청구가능성을 인정한 바 있다.[544)]

3) 검 토

개정 행정심판법 제49조 제2항은, 재결에 의하여 취소되거나 무효 또는 부존재로 확인되는 처분이 당사자의 신청을 거부하는 것을 내용으로 하는 경우라고 하여 거부처분 취소심판 등을 인정하고 있고, 당사자의 효과적인 권리구제를 위하여 거부처분 취소심판의 가능성을 인정하는 것이 타당하다고 판단된다. 따라서 하자 있는 거부처분에 대하여 당사자는, 거부처분 취소심판을 청구할 수 있다.

544) 대판 1988.12.13. 88누7880

Ⅱ 특별행정심판

행정심판에 관한 개별법률의 특례규정은 행정심판법에 대한 특별법적 규정이므로, 당해 특례규정이 행정심판법에 우선하여 적용된다. 그리고 행정심판에 관하여 개별법률에서 규정하고 있지 않은 사항과 절차는 일반법인 행정심판법이 적용되며, 여기에는 공무원법상 소청이나 조세심판, 특허심판 및 중앙노동위원회의 재심판정 등이 있다.

의무이행심판

Ⅰ 서 설

1. 의 의

의무이행심판이란 당사자의 신청에 대한 행정청의 위법 또는 부당한 거부처분이나 부작위에 대하여, 일정한 처분을 하도록 하는 행정심판을 의미한다(행심법 제5조 제3호).

2. 제도적 취지

오늘날과 같은 급부행정국가시대에서는 적극적 작용뿐만 아니라, 소극적 작용에 의한 권익침해도 문제되고 있으므로, 이에 따라 이런 소극적 작용에 대한 권리구제절차로서의 의무이행심판이 필요한 것이다. 다만 현행법상 행정심판에서는 의무이행심판이 인정되고 있지만, 행정소송에서는 의무이행소송이 인정되고 있지 아니한 바, 이런 현상은 행정심판에서의 심판기관은 처분청 자신 또는 처분청의 상급감독청이므로 권력분립의 원칙상 문제가 없지만, 행정소송에서의 심판기관은 법원이므로 행정청에게 일정한 처분을 할 것을 명하는 의무이행소송을 인정하는 것은, 권력분립의 원칙상 문제가 있다고 본 것에 기인한다.

3. 법적 성격

의무이행심판의 인용재결에는 이행재결에 해당하는 처분명령재결뿐만 아니라 형성재결에 해당하는 처분재결도 있으므로, 의무이행심판은 이행쟁송의 성격과 함께 형성쟁송의 성격도 아울러 가진다 할 것이다.

Ⅱ 심판청구요건

1. 대상적격

(1) 서 설

의무이행심판의 대상은 당사자의 신청에 대한 행정청의 거부처분이나 부작위이다(행심법 제5조 제3호). 다만, 대통령의 처분 또는 부작위에 대하여는 다른 법률에 특별한 규정이 있는 경우를 제외하고는 행정심판을 청구할 수 없다(행심법 제3조 제2항).

(2) 거부처분

판례는 행정청의 거부행위가 행정심판의 대상인 행정처분이 되기 위해서는, 그 신청한 행위가 공권력의 행사 또는 이에 준하는 행정작용이어야 하고, 그 거부행위가 신청인의 법률관계에 어떤 변동을 일으키는 것이어야 하며, 그 국민에게 그 행위발동을 요구할 법규상 또는 조리상 신청권이 있어야만 한다고 판시하여, 신청권을 요구하는 입장이다.545)

(3) 부작위

부작위란 행정청이 당사자의 신청에 대하여 상당한 기간 내에 일정한 처분을 하여야 할 법률상 의무가 있음에도 불구하고, 이를 하지 아니하는 것을 말한다(행심법 제2조 제2호).

545) 대판 2009.9.10. 2007두20638

2. **청구인적격**

의무이행심판은 처분을 신청한 자로, 행정청의 거부처분이나 부작위에 대하여 일정한 처분을 구할 법률상 이익이 있는 자가 청구할 수 있다(행심법 제13조 제3항). 이때 청구인적격이 인정되기 위해서는 일정한 처분을 신청한 것만으로는 충분하지 않고, 근거법령 등에 근거한 신청권이 있어야 한다.

3. **피청구인적격**

의무이행심판의 경우에는 청구인의 신청을 받은 행정청을 피청구인으로 하여 청구하여야 한다(행심법 제17조 제1항).

4. **심판청구기간**

거부처분에 대한 의무이행심판은 소정의 청구기간 내(처분이 있음을 알게 된 날로부터 90일 이내, 처분이 있었던 날부로터 180일 이내)에 제기하여야 한다(행심법 제27조). 다만, 부작위에 대한 의무이행심판은 심판청구기간의 제한을 받지 않는다.

Ⅲ 재 결

1. 재결의 종류

(1) 각하재결

각하재결은 심판청구의 제기요건을 충족하지 않은 부적법한 심판청구에 대하여, 본안에 대한 심리를 거절하는 내용의 재결을 말한다.

(2) 기각재결

1) 기각재결

일반적인 경우의 기각재결은 본안심리의 결과, 심판청구가 이유 없다고 인정하여 그 청구를 배척하고 원처분을 지지하는 재결을 의미한다.

2) 사정재결

행정심판위원회는 심판청구의 심리 결과 그 청구가 이유 있다 하더라도, 이를 인용하는 것이 공공복리에 크게 위배된다고 인정하면 그 청구를 기각하는 재결을 할 수 있는 바, 이를 사정재결이라고 한다(행심법 제44조).

(3) 인용재결

1) 의의 및 법적 성격

행정심판법 제43조 제5항에 따르면, 행정심판위원회는 의무이행심판청구가 이유 있다고 인정될 경우, 신청에 따른 처분을 하거나(처분재결) 처분을 할 것을 피청구인에게 명한다(처분명령재결). 여기서 처분재결은 행정청의 이행을 요구하지 않으므로 형성재결의 성격을 가지고, 처분명령재결은 행정청의 이행을 요구하므로 이행재결의 성격을 가진다.

2) 위법·부당 판단의 기준 시

부작위에 대한 의무이행심판의 위법·부당 판단의 기준 시는 재결 시라는 점에 대해서는 이견이 없다. 다만, 거부처분에 대한 의무이행심판의 위법·부당 판단의 기준 시가 처분 시인지, 아니면 재결 시인지에 대하여 견해의 대립이 있는 바, 의무이행심판의 청구취지가 거부처분의 취소가 아닌 일정한 처분의 발급이라는 점을 고려하면, 재결 시를 기준으로 종전의 거부처분을 유지할 것인지, 아니면 새로운 처분을 발급할 것인지를 결정하여야 할 것이다. 따라서 재결시설이 타당하다고 판단된다.

3) 인용재결의 내용

① 처분재결 : 기속행위의 경우, 행정심판위원회는 재결로써 청구인의 청구내용대로 처분을 할 수 있으나, 재량행위의 경우에는 처분의 인용 여부가 처분청의 재량이므로, 처분재결을 할 수 없다.

② 처분명령재결 : 기속행위의 경우 특정처분을 할 것을 명하는 재결을 하고, 재량행위의 경우 처분청으로 하여금 다시 처분을 하도록 하는, 재결정을 명하는 재결을 한다.

2. 재결의 효력(행심법 제49조)

(1) 서 설

행정심판위원회의 재결은 행정행위의 성질을 가진다.

(2) 형성력

재결의 형성력이란 재결의 내용에 따라 새로운 법률관계의 발생이나, 기존의 법률관계에 변동을 가져오는 효력으로, 제3자에게도 미치므로 이를 대세적 효력이라고도 한다. 인용재결 중 형성적 성질을 가지는 처분재결에서만 발생하며, 이러한 처분재결이 있는 경우에는 즉시 처분의 효력이 발생한다.

(3) 기속력

재결의 기속력이란 처분청 및 관계 행정청이 재결의 취지에 따르도록 처분청 및 관계 행정청을 구속하는 효력으로, 인용재결의 경우에만 인정되고 각하·기각재결의 경우에는 인정되지 않는다.

3. 재결에 대한 불복(행심법 제51조)

의무이행심판의 재결에 대하여 불복하여 다시 행정심판을 청구하는 것은, 현행 행정심판법상 금지되어 있다. 따라서 의무이행심판의 재결에 불복하는 경우에는 행정소송을 제기하여야 하는 바, 현행 행정소송법상 의무이행소송이 인정되지 않고 있으므로, 거부처분취소소송이나 부작위위법확인소송을 제기하여야 할 것이다.

Ⅳ 가구제

1. 집행정지

(1) 의 의

행정심판위원회는 처분 등의 효력이나, 그 집행 또는 절차의 속행으로 인하여 중대한 손해가 생기는 것을 예방할 필요가 있다고 인정할 경우에는, 당사자의 신청 또는 직권에 의하여 행정심판위원회의 심리·의결을 거쳐 예외적으로 처분 등의 효력이나, 그 집행 또는 절차의 속행의 전부 또는 일부의 정지를 결정할 수 있다(행심법 제30조).

(2) 거부처분의 경우

집행정지는 종전의 상태를 유지시키는 소극적인 것이므로, 종전의 상태를 변경시키는 적극적인 조치로 활용될 수 없다. 이에 따라 거부처분에 대하여는, 원칙적으로 집행정지가 허용되지 아니한다.

(3) 부작위의 경우

집행정지는 처분에 대한 가구제수단이므로, 부작위에 대하여는 집행정지가 허용될 여지가 없다.

2. 임시처분

(1) 의 의

임시처분이란 행정청의 처분 또는 부작위로 인하여 당사자에게 발생할 수 있는 중대한 불이익이나 급박한 위험을 막기 위하여, 당사자에게 임시지위를 부여하는 행정심판위원회의 결정을 의미한다(행심법 제31조).

(2) 대 상

법문상 처분 또는 부작위를 대상으로 규정하나, 적극적 처분의 경우에는 임시처분의 대상이 되기 어렵다. 이는 행정심판법 제31조 제3항에서, 임시처분은 제30조 제2항에 따른 집행정지로써 목적을 달성할 수 있는 경우에는, 허용되지 아니한다고 규정하고 있기 때문이다. 따라서 임시처분의 대상은 소극적 처분인 거부처분과 부작위이다.

제3절 고지제도

I 고지제도의 의의

1. 개 념

행정심판의 고지제도라 함은, 행정청이 처분을 함에 있어 상대방에게 그 처분에 대하여 행정심판을 청구할 수 있는지 여부, 제기할 경우의 심판청구절차 및 심판청구기간 등 행정심판의 청구에 필요한 절차적 사항을 미리 알려 주도록 의무를 부과하는 제도를 말한다. 행정심판법은 직권에 의한 고지와 청구에 의한 고지를 규정하고 있고, 고지하지 않은 경우와 잘못 고지한 경우의 제재를 규정하고 있다.

2. 성 격

행정심판법상 고지는 행정심판청구에 필요한 사항을 구체적으로 알리는 비권력적 사실행위로, 그 자체로는 어떠한 법률효과도 발생하지 아니한다. 행정심판법상 고지에 관한 규정은 강행규정으로, 의무규정의 성질을 가진다.

3. 인정의 필요성

고지제도는 행정심판청구의 기회를 보장하고, 적정한 행정권을 행사할 수 있도록 하는 기능이 있다.

II 고지의 종류

1. 직권에 의한 고지(행심법 제58조 제1항)

(1) 고지의 대상

1) 일반처분의 경우

일반처분은 처분의 상대방을 특정할 수 없는 처분이므로, 처분의 상대방에게 이루어지는 직권고지의 대상이 될 수 없다. 다만, 일반처분에 의하여 법률상 이익의 침해를 받을 것이 예상되는 이해관계인이 요구하는 경우에는, 고지하여야 할 것이다(행심법 제58조 제2항).

2) 구두에 의한 처분

고지의 대상이 되는 처분은 서면에 의한 처분뿐만 아니라 구두에 의한 처분도 포함되고, 여기서 처분은 행정심판상 행정쟁송의 대상이 될 수 있는 모든 처분뿐만 아니라, 특별법상 쟁송대상까지 포함한다.

3) 재결의 경우

원칙적으로 행정심판의 재결에 대하여는 다시 심판청구를 할 수 없으므로 고지를 요하지 않으나, 예외적으로 개별법에 의하여 재결에 대한 재심판청구가 인정되는 경우에는, 또 다시 고지를 하여야 할 것이다.

(2) 고지의 상대방

고지는 당해 처분의 직접상대방에 대하여 하여야 한다. 제3자는 의무적인 직권고지의 상대방은 아니다.

(3) 고지의 내용

고지의 내용은 행정심판을 청구할 수 있는지 여부, 청구할 경우의 심판청구절차 및 심판청구기간 등 행정심판에 필요한 절차적 사항이다.

(4) 고지의 방법과 시기

고지는 처분과 동시에 이루어져야 한다. 다만, 사후에 고지한 경우 만일 상당한 기간 내에 이루어졌다면, 불고지의 하자는 치유되었다고 본다. 고지의 방법에 대하여는 명문의 규정이 없으므로, 구술에 의한 고지도 가능하다고 본다.

2. 청구에 의한 고지(행심법 제58조 제2항)

(1) 청구권자

고지의 청구권자는 당해 처분의 이해관계인이다. 이때 이해관계인은 당해 처분으로 인하여 직접 자기의 법률상 이익이 침해된 자를 의미하며, 당해 처분으로 인하여 자기의 법률상 이익이 침해되었다고 주장하는 제3자도 포함된다.

(2) 청구의 대상

고지의 대상은 서면에 의한 처분만이 아닌, 그 고지의 청구권자의 법률상 이익을 침해한 모든 처분이다.

(3) 내 용

고지할 내용은 당해 처분이 행정심판의 대상이 되는지 여부, 행정심판의 대상이 될 경우 소관 행정심판위원회 및 심판청구기간 등이다.

(4) 방법과 시기

이해관계인이 요구하면 고지는 지체 없이 이루어져야 한다. 고지의 방법에 대하여는 명문의 규정이 없다. 다만, 이해관계인이 서면으로 요구한 경우에는, 서면으로 알려 주어야 한다.

Ⅲ 불고지 또는 오고지의 효과

1. 취 지

행정심판법은 고지의무가 있음에도 고지를 하지 아니하거나 잘못 고지한 경우, 처분의 상대방 또는 이해관계인의 권리구제를 위한 규정을 두고 있다.

2. 불고지의 효과

(1) 심판청구서 제출기관을 알리지 아니한 경우

처분청이 고지를 하지 아니하여 청구인이 심판청구서를 처분청이나 행정심판위원회가 아닌 다른 행정기관에 제출한 경우에는, 당해 행정기관은 그 심판청구서를 지체 없이 정당한 권한이 있는 피청구인에게 송부하고, 지체 없이 그 사실을 청구인에게 통지하여야 한다(행심법 제23조 제2항·제3항). 이때 심판청구기간을 계산할 경우에는, 청구인으로부터 피청구인이나 행정심판위원회에 또는 심판청구서를 제출받을 정당한 권한이 없는 행정기관에 심판청구서가 제출되었을 때에 행정심판이 청구된 것으로 본다(행심법 제23조 제4항).

(2) 청구기간을 알리지 아니한 경우

심판청구는 처분이 있음을 안 날로부터 90일 이내에 청구하여야 한다(행심법 제27조 제1항). 그러나 행정청이 청구기간을 고지하지 아니한 경우에는, 처분이 있은 날로부터 180일 이내에 청구하면 된다(행심법 제27조 제6항).

3. 오고지의 효과

(1) 심판청구서 제출기관을 잘못 알린 경우

처분청이 심판청구서 제출기관을 잘못 고지하여, 청구인이 심판청구서를 처분청이나 행정심판위원회가 아닌 다른 행정기관에 제출한 경우의 효과도, 위의 불고지의 경우와 같다(행심법 제23조 제2항·제4항).

(2) 청구기간을 잘못 알린 경우

행정청의 심판청구기간의 착오로 인하여 소정의 기간보다 길게 된 경우에는, 그 고지된 청구기간 내에 심판청구가 있으면, 그 심판청구는 적법한 기간 내에 청구된 것으로 본다(행심법 제27조 제5항).

핵심판례

행정심판법 제27조 제5항의 행정소송에의 적용 여부

[1] 행정청이 법정 심판청구기간보다 긴 기간으로 잘못 알린 경우에는, 그 잘못 알린 기간 내에 심판청구가 있으면, 그 심판청구는 법정 심판청구기간 내에 제기된 것으로 본다는 취지의 행정심판법 제27조 제5항의 규정은, 행정심판 제기에 관하여 적용되는 규정이지, 행정소송 제기에도 당연히 적용되는 규정이라고 할 수는 없다.

[2] 행정심판과 행정소송은 그 성질, 불복사유, 제기기간 및 판단기관 등에서 본질적인 차이점이 있고, 임의적 전치주의는 당사자가 행정심판과 행정소송의 유불리를 스스로 판단하여, 행정심판을 거칠지 여부를 선택할 수 있도록 한 취지에 불과하므로, 어느 쟁송형태를 취한 이상 그 쟁송에는 그에 관련된 법률규정만이 적용될 것이지, 두 쟁송형태에 관련된 규정을 통틀어 당사자에게 유리한 규정만이 적용된다 할 수는 없으며, 행정처분 시나 그 이후 행정청으로부터 행정심판의 제기기간에 관하여, 법정 심판청구기간보다 긴 기간으로 잘못 통지받은 경우 보호할 신뢰이익은, 그 통지받은 기간 내에 행정심판을 제기한 경우에 한하는 것이지 행정소송을 제기한 경우에까지 확대된다고 할 수 없으므로, 당사자가 행정처분 시나 그 이후 행정청으로부터 행정심판의 제기기간에 관하여, 법정 심판청구기간보다 긴 기간으로 잘못 통지받아 행정소송법상 법정 제소기간을 도과하였다 하더라도, 그것이 당사자가 책임질 수 없는 사유로 인한 것이라고 할 수는 없다.[546]

546) 대판 2001.5.8. 2000두6916

4. 불고지 또는 오고지와 처분의 효력

불고지나 오고지는 처분 자체의 효력에 영향을 미치지 아니한다. 판례도 같은 취지에서 고지절차에 관한 규정은 행정처분의 상대방이 그 처분에 대한 행정심판의 절차를 밟는 데 있어 편의를 제공하려는 데 있으며 처분청이 위 규정에 따른 고지의무를 이행하지 아니하였다고 하더라도 경우에 따라서는 행정심판의 제기기간이 연장될 수 있는 것에 그치고 이로 인하여 심판의 대상이 되는 행정처분에 어떤 하자가 수반된다고 할 수 없다고 한다.[547)]

547) 대판 1987.11.24. 87누529

11 행정심판의 일반론

※ 기출문제해설의 답안은 참고용으로 활용하시기 바랍니다.

기출문제 ▌ 2020년 제29회 공인노무사시험

제2문

甲은 태양광발전시설을 설치하기 위해 관할군수 乙에게 개발행위허가를 신청하였으나 乙은 산림훼손 우려가 있다는 이유로 거부처분을 하였다. 甲은 「민원처리에 관한 법률」 제35조에 따라 乙에게 이의신청을 하였다. 乙은 甲의 이의신청을 검토한 후 종전과 동일한 이유로 이의신청을 기각하는 결정을 하였다. 乙의 기각결정을 행정심판의 기각재결로 볼 수 있는지 설명하시오. (25점)

> ※ 「민원처리에 관한 법률」 제35조 ③ 민원인은 제1항에 따른 이의신청 여부와 관계없이 「행정심판법」에 따른 행정심판 또는 「행정소송법」에 따른 행정소송을 제기할 수 있다.

▌목 차▌

Ⅰ. 논점의 정리
Ⅱ. 행정심판과 이의신청의 구별
1. 행정심판의 의의
2. 이의신청의 의의
3. 양자의 구별실익
(1) 재심판청구 가부
(2) 취소소송의 대상성
(3) 심판기관
(4) 제소기간특례규정 적용 여부
4. 양자의 구별기준
(1) 문제점
(2) 학 설
(3) 판 례
(4) 검 토
Ⅲ. 군수 乙의 이의신청기각결정이 기각재결인지 여부
1. 판 례
2. 검 토
Ⅳ. 사안의 적용
Ⅴ. 결 론

예시답안 Ⅰ 2020년 제29회 공인노무사시험

Ⅰ 논점의 정리

군수 乙이 甲의 이의신청을 검토한 후 종전과 동일한 이유로 이의신청을 기각하는 결정을 하였는 바 乙의 기각결정을 행정심판의 기각재결로 볼 수 있는지 여부가, 민원처리에 관한 법률 제35조에 의한 이의신청이 행정심판인지 또는 단순이의신청인지 여부와 관련하여 문제된다.

Ⅱ 행정심판과 이의신청의 구별

1. 행정심판의 의의

행정심판이라 함은, 행정청의 위법・부당한 처분 또는 부작위에 대한 불복에 관하여 행정기관이 심판하는 행심법상 행정쟁송절차를 말한다.

2. 이의신청의 의의

이의신청이란 일반적으로 위법・부당한 행정작용으로 인하여 권리가 침해된 자가 처분청에 대하여 재심사를 청구하는 절차를 의미하는데, 학문상(판례상)의 이의신청은 행정불복 중 행정심판인 아닌 것으로 준사법적 절차가 아닌 행정불복을 말한다.

3. 양자의 구별실익

(1) 재심판청구 가부

이의신청을 거친 후에는 다시 행정심판을 청구할 수 있으나, 행정심판은 재심판청구가 불가능하다(행심법 제51조).

(2) 취소소송의 대상성

이의신청은 취소소송의 대상에 해당하지 아니하나, 행정심판의 재결은 고유한 위법이 있는 경우 그 대상이 될 수 있다(행소법 제19조).

(3) 심판기관

이의신청은 처분청에서 심판하나, 행정심판은 원칙적으로 처분청의 상급행정기관의 행정심판위원회에서 심판한다.

(4) 제소기간특례규정 적용 여부

이의신청을 거친 경우에는 행소법 제20조 제1항의 본문이 적용되어 처분 등이 있음을 안 날로부터 기산하나, 행정심판을 거친 경우에는 행소법 제20조 제1항의 단서가 적용되어 재결서의 정본을 송달받은 날로부터 기산한다.

4. 양자의 구별기준

(1) 문제점

개별법상 이의신청이 행정심판이 아닌 단순이의신청인지, 행정심판인 이의신청인지 여부를 판단하는 기준에 관하여 견해의 대립이 있다.

(2) 학 설

1) 심판기관기준설

처분청 자체에 제기하는 이의신청은 행정심판이 아닌 단순이의신청으로 보고, 처분청의 직근상급행정청 또는 행정심판위원회에 제기하는 이의신청은 행정심판인 이의신청으로 보는 견해이다.

2) 불복절차기준설

헌법 제107조 제3항에서 행정심판절차에는 사법절차가 준용되어야 한다고 규정하고 있는 점을 고려하여, 개별법에서 정하는 이의신청 중 준사법절차가 보장되는 것만을 행정심판인 이의신청으로 보고, 그러하지 아니한 것은 행정심판이 아닌 단순이의신청으로 보는 견해이다.

(3) 판 례

판례도 절차 및 담당기관을 기준으로 구분하고 있으므로, 불복절차기준설을 취하고 있는 것으로 보인다.

(4) 검 토

헌법 제107조 제3항에서 행정심판절차에는 사법절차가 준용되어야 한다고 규정하고 있는 점을 고려하면, 불복절차를 기준으로 행정심판이 아닌 단순이의신청과 행정심판인 이의신청을 구분하는 견해가 타당하다고 판단된다.

Ⅲ 군수 乙의 이의신청기각결정이 기각재결인지 여부

1. 판 례

판례는 구 민원사무처리에 관한 법률 제18조 제1항에서 정한 민원이의신청을 받아들이는 경우에는 이의신청 대상인 거부처분을 취소하지 않고 바로 최초의 신청을 받아들이는 새로운 처분을 하여야 하지만, 이의신청을 받아들이지 않는 경우에는 다시 거부처분을 하지 않고 그 결과를 통지함에 그칠 뿐이다. 따라서 이의신청을 받아들이지 않는 취지의 기각결정 내지는 그 취지의 통지는 종전의 거부처분을 유지함을 전제로 한 것에 불과하고, 또한 거부처분에 대한 행정심판이나 행정소송의 제기에도 영향을 주지 못하므로, 결국 민원이의신청인의 권리·의무에 새로운 변동을 가져오는 공권력의 행사나 이에 준하는 행정작용이라고 할 수 없어 독자적인 항고소송의 대상이 된다고 볼 수 없다고 봄이 타당하다고 한다.

2. 검 토

민원 처리에 관한 법률상 이의신청은 준사법절차가 보장되어 있지 아니하고, 동법 제35조 제3항에서 이의신청과 별도로 행정심판을 청구할 수 있다고 규정하고 있으므로, 사안의 이의신청은 행정심판이 아닌 단순이의신청으로 보는 것이 타당하다. 따라서 군수 乙이 甲의 이의신청을 기각하는 결정을 한 경우, 乙의 기각결정은 행정심판의 기각재결로 볼 수 없다.

Ⅳ 사안의 적용

이의신청이란 위법·부당한 행정작용으로 인하여 권리가 침해된 자가 처분청에 대하여 재심사를 청구하는 절차를 의미하고, 행정심판과 이의신청은 불복절차를 기준으로 구별하는 것이 타당하다는 점에서 살피건대, 사안의 이의신청은 행정심판이 아닌 단순이의신청으로 보는 것이 타당하다. 따라서 군수 乙이 甲의 이의신청을 기각하는 결정을 한 경우, 乙의 기각결정은 행정심판의 기각재결로 볼 수 없다.

Ⅴ 결 론

군수 乙이 甲의 이의신청을 기각하는 결정을 한 경우, 乙의 기각결정은 행정심판의 기각재결로 볼 수 없다.

11 행정심판의 일반론

※ 기출문제해설의 답안은 참고용으로 활용하시기 바랍니다.

기출문제 ▌ 2015년 제24회 공인노무사시험

제1문

甲은 2015.1.16. 주택 신축을 위하여 개발행위허가를 신청하였다. 이에 관할 행정청 乙은 「국토의 계획 및 이용에 관한 법률」의 규정에 의거하여 "해당 개발행위에 따른 기반시설의 설치나, 그에 필요한 용지의 확보계획이 적절하지 않다"라는 사유로 2015.1.22. 개발행위 불허가처분을 하였고, 그 다음 날 甲은 그 사실을 알게 되었다.

그런데 乙은 위 불허가처분을 하면서 甲에게 그 처분에 대하여 행정심판을 청구할 수 있는지 여부와, 행정심판을 청구하는 경우의 심판청구절차 및 심판청구기간을 알리지 아니하였다. 甲은 개발행위 불허가처분에 불복하여 2015.5.7. 행정심판위원회에 취소심판을 청구하였다. 아울러 甲은 적법한 제소요건을 갖추어 취소소송도 제기하였다.

물음 1

甲의 취소심판은 청구기간이 경과되었는가? (20점)

예시답안 Ⅰ 2015년 제24회 공인노무사시험

Ⅰ 논점의 정리

甲은 2015.1.22. 개발행위 불허가처분을 받고, 다음 날 그 사실을 알게 되었으며, 이에 불복하여 2015.5.7. 행정심판위원회에 취소심판을 청구하였다. 한편, 관할 행정청 乙은 불허가처분을 하면서, 甲에게 그 처분에 대하여 행정심판을 청구할 수 있는지 여부와 심판청구절차 및 심판청구기간을 알리지 아니하였다. 본래의 경우 처분이 있음을 안 날로부터 90일이 경과하면 행정심판을 청구할 수 없으나, 사안의 경우에는 乙이 고지하지 않았으므로, 청구기간과 관련하여 행정심판을 청구할 수 있는지가 문제된다.

Ⅱ 개발행위 불허가처분 취소심판의 청구기간

1. 행정심판청구기간의 의의

행정심판청구기간이라 함은, 처분의 상대방 등이 행정심판을 청구할 수 있는 기간을 말한다. 행정심판청구기간은 취소심판청구와 거부처분에 대한 의무이행심판청구에 적용되며, 무효 등 확인심판청구와 부작위에 대한 의무이행심판청구에는 적용되지 아니한다.

2. 행정심판청구기간

행정심판은 처분이 있음을 안 날로부터 90일, 처분이 있은 날로부터 180일 이내에 제기하여야 하고, 둘 중의 어느 한 기간이 경과하면 청구기간이 만료된다(행심법 제27조). 다만, 주관적 청구기간은 불변기간이지만, 객관적 청구기간은 정당한 사유가 인정되면 그 후에도 행정심판을 청구할 수 있다.

(1) 처분이 있음을 안 날로부터 90일

처분이 있음을 안 날이라 함은, 당사자가 당해 처분이 있었다는 사실을 현실적으로 안 날을 의미하는 것으로, 당사자가 알 수 있는 상태에 놓인 때에 그 처분이 있음을 알았다고 추정할 수 있다.

(2) 처분이 있은 날로부터 180일

처분이 있은 날이란 처분의 효력이 발생한 날을 의미하는 것으로, 개별처분은 송달을 통하여 상대방에게 도달됨으로써 처분의 효력이 발생하고, 일반처분은 고시・공고되어 그 효력이 발생한 날에 처분의 효력이 발생한다.

3. 검 토

관할 행정청 乙은 2015.1.22. 개발행위 불허가처분을 하였고, 甲은 그 다음 날 그 사실을 알게 되었다. 따라서 2015.1.23. 甲은 처분이 있음을 알았고, 그날이 바로 처분이 있음을 안 날이 되므로, 2015.1.23.부터 90일 이내에 취소심판을 제기하여야 한다. 사안의 甲은 2015.5.7.에 행정심판위원회에 취소심판을 청구하였으므로, 취소심판의 청구기간을 준수하지 못하였으나, 乙이 고지의무를 위반하였으므로, 甲의 취소심판청구기간 불준수가 치유되는지 여부와 관련하여 고지제도를 검토한다.

Ⅲ 고지제도

1. 고지의 종류

(1) 직권에 의한 고지

1) 고지의 대상

① 일반처분의 경우 : 일반처분은 처분의 상대방을 특정할 수 없는 처분이므로, 처분의 상대방에게 이루어지는 직권고지의 대상이 될 수 없다. 다만, 일반처분에 의하여 법률상 이익의 침해를 받을 것이 예상되는 이해관계인이 요구하는 경우에는, 고지하여야 할 것이다.

② 구두에 의한 처분 : 고지의 대상이 되는 처분은 서면에 의한 처분뿐만 아니라 구두에 의한 처분도 포함된다.

③ 재결의 경우 : 원칙적으로 행정심판의 재결에 대하여는 다시 심판청구를 할 수 없으므로 고지를 요하지 않으나, 예외적으로 개별법에 의하여 재결에 대한 재심판청구가 인정되는 경우에는, 또 다시 고지를 하여야 할 것이다.

2) 고지의 상대방

고지는 당해 처분의 직접상대방에 대하여 하여야 한다. 제3자는 의무적인 직권고지의 상대방은 아니다.

3) 고지의 내용

고지의 내용은 행정심판을 청구할 수 있는지 여부, 청구할 경우의 심판청구절차 및 심판청구기간 등 행정심판에 필요한 절차적 사항이다.

4) 고지의 방법과 시기

고지는 처분과 동시에 이루어져야 한다. 다만, 사후에 고지한 경우 만일 상당한 기간 내에 이루어졌다면, 불고지의 하자는 치유되었다고 본다. 고지의 방법에 대하여는 명문의 규정이 없으므로, 구술에 의한 고지도 가능하다고 본다.

(2) 청구에 의한 고지

1) 청구권자

고지의 청구권자는 당해 처분의 이해관계인이다. 이때 이해관계인은 당해 처분으로 인하여 직접 자기의 법률상 이익이 침해된 자를 의미하며, 당해 처분으로 인하여 자기의 법률상 이익이 침해되었다고 주장하는 제3자도 포함된다.

2) 청구의 대상

고지의 대상은 서면에 의한 처분만이 아닌, 그 고지의 청구권자의 법률상 이익을 침해한 모든 처분이다.

3) 내 용

고지할 내용은 당해 처분이 행정심판의 대상이 되는지 여부, 행정심판의 대상이 될 경우 소관 행정심판위원회 및 심판청구기간 등이다.

4) 방법과 시기

이해관계인이 요구하면 고지는 지체 없이 이루어져야 한다. 고지의 방법에 대하여는 명문의 규정이 없다. 다만, 이해관계인이 서면으로 요구한 경우에는, 서면으로 알려 주어야 한다.

2. 불고지 또는 오고지의 효과

(1) 취 지

행심법은 고지의무가 있음에도 고지를 하지 아니하거나 잘못 고지한 경우, 처분의 상대방 또는 이해관계인의 권리구제를 위한 규정을 두고 있다.

(2) 불고지의 효과

1) 심판청구서 제출기관을 알리지 아니한 경우

처분청이 고지를 하지 아니하여 청구인이 심판청구서를 처분청이나 행정심판위원회가 아닌 다른 행정기관에 제출한 경우에는, 당해 행정기관은 그 심판청구서를 지체 없이 정당한 권한이 있는 피청구인에게 송부하고, 지체 없이 그 사실을 청구인에게 통지하여야 한다(행심법 제23조 제2항·제3항). 이때 심판청구기간을 계산할 경우에는, 청구인으로부터 피청구인이나 행정심판위원회에 또는 심판청구서를 제출받을 정당한 권한이 없는 행정기관에 심판청구서가 제출되었을 때에 행정심판이 청구된 것으로 본다(행심법 제23조 제4항).

2) 청구기간을 알리지 아니한 경우

심판청구는 처분이 있음을 안 날로부터 90일 이내에 청구하여야 한다(행심법 제27조 제1항). 그러나 행정청이 청구기간을 고지하지 아니한 경우에는, 처분이 있은 날로부터 180일 이내에 청구하면 된다(행심법 제27조 제6항).

(3) 오고지의 효과

1) 심판청구서 제출기관을 잘못 알린 경우

처분청이 심판청구서 제출기관을 잘못 고지하여, 청구인이 심판청구서를 처분청이나 행정심판위원회가 아닌 다른 행정기관에 제출한 경우의 효과도, 위의 불고지의 경우와 같다(행심법 제23조 제2항·제4항).

2) 청구기간을 잘못 알린 경우

행정청의 심판청구기간의 착오로 인하여 소정의 기간보다 길게 된 경우에는, 그 고지된 청구기간 내에 심판청구가 있으면, 그 심판청구는 적법한 기간 내에 제기된 것으로 본다(행심법 제27조 제5항).

Ⅳ 사안의 적용

관할 행정청 乙은 甲에게 개발행위 불허가처분을 하면서, 甲에게 행정심판청구기간을 알리지 아니하였는바, 불고지에 따른 고지의무 위반이 인정된다. 따라서 甲은 처분이 있은 날인 2015.01.23.부터 180일 이내에 취소심판을 제기하면 된다.

Ⅴ 결 론

甲은 2015.1.23. 개발행위 불허가처분이 있음을 알게 되었고, 그날로부터 90일을 초과하여 2015.5.7. 취소심판을 청구하여 심판청구기간을 준수하지 못하였다 할 것이나, 乙의 고지의무 위반에 따른 불고지의 효과로 인하여 처분이 있은 날부터 180일 이내에 취소심판을 제기하면 되므로, 甲의 취소심판은 청구기간이 경과되지 아니하였다고 볼 것이다.

기출문제 Ⅰ 2022년 제11회 변호사시험

제2문

甲은 A군 소재 농지에서 농업경영을 하던 중 양돈업을 시작하고자 한다. A군의 군수 乙은 2021.5.경 「가축분뇨의 관리 및 이용에 관한 법률」 제8조 제1항 및 「A군 가축사육 제한에 관한 조례」(이하 '이 사건 조례') 제3조 제2항에 의거하여 「A군 가축사육 제한구역 지정 고시」(이하 '이 사건 고시')를 발령하였다. 이 사건 고시 제4조 제3호에 의하면, "도로(고속국도, 일반국도, 지방도, 군도)나 철도, 농어촌도로 경계선으로부터 가축 사육 시설 건축물 외벽까지 직선거리 200m 이내 지역"을 가축사육 제한구역의 하나로 정하고 있다.

축사 예정지로 삼고 있는 甲의 토지는 주거 밀집지역인 농가에서 1km 이상 벗어나 있는데 甲이 짓고자 하는 축사의 외벽은 지방도 경계선으로부터 직선거리 200m 이내에 소재하고 있어 가축사육 제한구역에 편입되게 되었다.

甲은 2021.11.30. 돼지를 사육하려고 乙에게 축사 건축허가를 신청하였다. 그러나 乙은 2021.12.15. 이 사건 조례 제3조 및 이 사건 고시 제4조 제3호에 의거하면 축사 예정지가 가축사육 제한구역에 해당하여 여기에 축사를 건축할 수 없다는 이유로 허가를 거부하는 처분(이하 '이 사건 처분')을 하였다.

乙은 이 사건 처분을 함에 있어서 「행정절차법」에 따른 사전통지를 하지 않았고, 「행정심판법」상 처분의 상대방에게 알려야 하는 행정심판 청구가능성, 그 절차 및 청구기간도 알리지 않았다.

설문 2

乙이 「행정절차법」상 사전통지를 하지 않았음에 따른 이 사건 처분의 적법 여부를 검토하고, 나아가 「행정심판법」상 요구되는 행정심판 청구가능성, 그 절차 및 청구기간을 알리지 않았음에 따른 이 사건 처분의 적법 여부와 「행정심판법」상 효과를 설명하시오. (25점)

※ 유의 사항
아래 법령은 가상의 것으로, 이와 다른 내용의 현행 법령이 있다면 제시된 법령이 현행 법령에 우선하는 것으로 할 것

「가축분뇨의 관리 및 이용에 관한 법률」

제1조(목적)

이 법은 가축분뇨를 자원화하거나 적정하게 처리하여 환경오염을 방지함으로써 환경과 조화되는 지속가능한 축산업의 발전 및 국민건강의 향상에 이바지함을 목적으로 한다.

제8조(가축사육의 제한 등)

① 시장·군수·구청장은 지역주민의 생활환경보전 또는 상수원의 수질보전을 위하여 다음 각 호의 어느 하나에 해당하는 지역 중 가축사육의 제한이 필요하다고 인정되는 지역에 대하여는 해당 지방자치단체의 조례로 정하는 바에 따라 일정한 구역을 지정·고시하여 가축의 사육을 제한할 수 있다. 다만, 지방자치단체 간 경계지역에서 인접 지방자치단체의 요청이 있으면 환경부령으로 정하는 바에 따라 해당 지방자치단체와 협의를 거쳐 일정한 구역을 지정·고시하여 가축의 사육을 제한할 수 있다.

1. 주거 밀집지역으로 생활환경의 보호가 필요한 지역
2. 「수도법」 제7조에 따른 상수원보호구역, 「환경정책기본법」 제38조에 따른 특별대책지역, 그 밖에 이에 준하는 수질환경보전이 필요한 지역
3. 「한강수계 상수원수질개선 및 주민지원 등에 관한 법률」 제4조 제1항, 「낙동강수계 물관리 및 주민지원 등에 관한 법률」 제4조 제1항, 「금강수계 물관리 및 주민지원 등에 관한 법률」 제4조 제1항, 「영산강·섬진강수계 물관리 및 주민지원 등에 관한 법률」 제4조 제1항에 따라 지정·고시된 수변구역
4. 「환경정책기본법」 제12조에 따른 환경기준을 초과한 지역

「A군 가축사육 제한에 관한 조례」

제1조(목적)

이 조례는 「가축분뇨의 관리 및 이용에 관한 법률」 제8조에 따라 일정한 지역 안에서 가축 사육을 제한함으로써 주민의 생활환경보전과 상수원의 수질보전에 기여함을 목적으로 한다.

제2조(정의)

이 조례에서 사용하는 용어의 뜻은 다음과 같다.

1. "가축"이란 「가축 분뇨의 관리 및 이용에 관한 법률」 (이하 '법') 제2조 제1호에 따른 소·젖소·돼지·말·양(염소 등 산양을 포함한다)·사슴·개·닭·오리·메추리를 말한다.
2. "가축사육 제한구역"이란 가축사육의 일부 또는 전부를 제한하는 구역을 말한다.
3. "주거 밀집지역"이란 주택과 주택 사이 직선거리가 50미터 이내로 10가구 이상 모여 있는 지역을 말한다.

제3조(가축사육의 제한 등)

① 법 제8조에 따른 가축사육 제한구역은 다음 각 호와 같다.

1. 「국토의 계획 및 이용에 관한 법률」에 따른 도시지역의 주거지역, 상업지역, 공업지역, 녹지지역 안의 취락지구
2. 「수도법」에 따른 상수원 보호구역
3. 「환경정책기본법」에 따른 환경기준을 초과한 지역
4. 「수산자원관리법」에 따른 수산자원 보호구역
5. 「교육환경 보호에 관한 법률」에 따른 교육환경 보호구역
6. 주거 밀집지역 최근접 인가 부지경계에서 가축을 사육하는 부지경계까지 직선거리로 개는 1,000미터 이내, 닭·오리·메추리·돼지는 600미터 이내, 말·양(염소 등 산양을 포함한다)·사슴은 300미터 이내, 젖소·소는 200미터 이내의 지역

② 군수는 가축사육 제한구역을 지정할 경우에 이를 고시하여야 한다.

「A군 가축사육 제한구역 지정 고시」

제4조(가축사육 제한구역)

3. 도로(고속국도, 일반국도, 지방도, 군도)나 철도, 농어촌도로 경계선으로부터 가축사육시설 건축물 외벽까지 직선거리 200미터 이내 지역

▎목차연습 ▎

예시답안 I 2022년 제11회 변호사시험

I 논점의 정리

甲이 군수 乙에게 축사 건축허가신청을 하였으나 乙이 건축허가거부처분을 할 때 행정절차법이 정한 사전통지를 하지 아니한 경우와 거부처분을 함에 있어 행심법상의 불복고지를 하지 아니한 경우 거부처분의 위법사유가 되는지 여부가 문제되며 불복고지를 하지 아니한 경우 행심법상의 효과도 또한 문제된다.

II 사전통지를 결여한 건축허가거부처분의 적법 여부[548)]

판례는 신청에 대한 거부처분은 당사자의 권익을 제한하는 처분이라고 할 수 없다고 하면서 거부처분은 사전통지를 요하지 아니한다고 판시하고 있으나, 상대방의 처분을 거부하는 처분은 침익적 처분과 마찬가지로 상대방의 권익을 침해하는 현실을 고려할 때 사전통지를 필요로 한다고 보아야 하며 이러한 절차상의 하자는 독자적인 위법사유로 이해하는 것이 타당하다고 판단된다. 사안에서 乙이 건축허가거부처분에 앞서 甲에게 처분의 내용, 법적 근거와 사실상의 이유, 의견청취절차 관련 사항 등을 미리 알려주지 않았으므로 사전통지 절차를 결여한 독자적인 위법사유가 인정된다.

III 처분에 대한 행심법상 고지제도

1. 고지제도의 의의

행정심판의 고지제도라 함은, 행정청이 처분을 함에 있어 상대방에게 그 처분에 대하여 행정심판을 청구할 수 있는지 여부, 제기할 경우의 심판청구절차 및 심판청구기간 등 행정심판의 청구에 필요한 절차적 사항을 미리 알려 주도록 의무를 부과하는 제도를 말한다. 행심법은 직권에 의한 고지와 청구에 의한 고지를 규정하고 있고, 고지하지 않은 경우와 잘못 고지한 경우의 제재를 규정하고 있다.

2. 법적 성격

행정심판법상 고지는 행정심판청구에 필요한 사항을 구체적으로 알리는 사실행위로, 그 자체로는 어떠한 법률효과도 발생하지 아니한다. 행심법상 고지에 관한 규정은 강행규정으로, 의무규정의 성질을 가진다.

3. 불고지의 효과

(1) 심판청구서 제출기관을 알리지 아니한 경우

처분청이 고지를 하지 아니하여 청구인이 심판청구서를 처분청이나 행정심판위원회가 아닌 다른 행정기관에 제출한 경우에는, 당해 행정기관은 그 심판청구서를 지체 없이 정당한 권한이 있는 피청구인에게 송부하고, 지체 없이 그 사실을 청구인에게 통지하여야 한다(행심법 제23조 제2항 · 제3항). 이때 심판청구기간을 계산할 경우에는, 청구인으로부터 피청구인이나 행정심판위원회에 또는 심판청구서를 제출받을 정당한 권한이 없는 행정기관에 심판청구서가 제출되었을 때에, 행정심판이 청구된 것으로 본다(행심법 제23조 제4항).

---

548) 출제영역을 벗어나는 논점이나 수험기술상 서술하였음을 밝힌다.

(2) 청구기간을 알리지 아니한 경우

심판청구는 처분이 있음을 안 날로부터 90일 이내에 청구하여야 한다(행심법 제27조 제1항). 그러나 행정청이 청구기간을 고지하지 아니한 경우에는, 처분이 있은 날로부터 180일 이내에 청구하면 된다(행심법 제27조 제6항).

4. 불고지와 처분의 효력

판례는 고지절차에 관한 규정은 행정처분의 상대방이 그 처분에 대한 행정심판의 절차를 밟는데 있어 편의를 제공하려는데 있으며 처분청이 위 규정에 따른 고지의무를 이행하지 아니하였다고 하더라도 경우에 따라서는 행정심판의 제기기간이 연장될 수 있는 것에 그치고 이로 인하여 심판의 대상이 되는 행정처분에 어떤 하자가 수반된다고 할 수 없다고 한다.[549]

Ⅳ 사안의 적용

사안에서 乙이 건축허가거부처분에 앞서 甲에게 처분의 내용, 법적 근거와 사실상의 이유, 의견청취절차 관련 사항 등을 미리 알려주지 않았으므로 사전통지 절차를 결여한 독자적인 위법사유가 인정된다. 그러나 乙이 건축허가거부처분을 하면서 행정심판의 청구가능성, 그 절차 및 청구기간 등을 알리지 않았지만 이는 행정심판의 상대방인 甲이 행정심판 절차를 거치는데 편의를 제공하려는데 그 취지가 있으므로 그러한 절차를 거치치 아니하였다고 하더라도 건축허가거부처분의 독자적인 위법사유는 되지 아니한다고 보는 것이 타당하다.

Ⅴ 결 론

사안에서 乙이 사전통지를 하지 아니한 것은 독자적인 위법사유이나, 불복고지를 하지 아니한 것은 독자적 위법사유라고 볼 수 없다.

549) 대판 1987.11.24. 87누529

CHAPTER ☑ 주요논점 ☐ 최신 기출문제해설 ☐ 주요 기출문제해설

12 행정심판의 청구요건 및 가구제

제1절 행정심판의 대상적격

I 내 용

행정심판법은 행정청의 처분 또는 부작위에 대하여 다른 법률에 특별한 규정이 있는 경우 외에는 행정심판을 청구할 수 있다고 규정하고 있는 바, 행정심판의 대상은 행정청의 처분 또는 부작위이다(행심법 제3조 제1항).

II 취소심판 · 무효 등 확인심판의 대상적격

취소심판 및 무효 등 확인심판의 대상은 행정청의 처분이다(행심법 제5조 제1호, 제2호).

III 의무이행심판의 대상적격

의무이행심판의 대상은 당사자의 신청에 대한 행정청의 거부처분이나 부작위이다(행심법 제5조 제3호).

제2절 행정심판의 당사자적격

I 청구인

1. 의 의

행정심판의 청구인이라 함은, 심판청구의 대상인 처분 또는 부작위에 불복하여 그의 취소 또는 변경 등을 구하는 심판청구를 제기하는 자를 말한다(행심법 제13조 제1항).

2. 청구인적격

(1) 의 의

청구인적격은 행정심판을 청구할 수 있는 자격을 말한다. 법인이 아닌 사단 또는 재단으로서 대표자나 관리인이 정하여져 있는 경우에는, 그 사단이나 재단의 이름으로 심판청구를 할 수 있다.

(2) 행정심판에서의 청구인적격

1) 문제점

행정심판법은 취소소송과는 달리, 취소심판에서 위법한 처분뿐만 아니라 부당한 처분도 통제의 대상으로 하고 있으나(행심법 제1조), 취소심판의 청구인적격은 행정소송법상 원고적격과 동일하게 법률상 이익이 있는 자로 규정하고 있는 것과 관련하여 견해의 대립이 있다.

2) 학 설

① **입법과오설** : 권리의 침해란 위법한 처분에 의하여만 가능하고, 행정심판법이 대상으로 하고 있는 부당한 처분에 의한 권리침해는 있을 수 없어 부당한 처분의 경우에는 청구인적격을 인정할 수 없으므로, 현행법이 청구인적격과 원고적격을 동일하게 법률상 이익 있는 자로 규정한 것은 입법의 과오라고 보는 견해이다.

② **입법비과오설** : 입법과오설은 심판제기요건의 문제와 본안문제를 혼동하고 있다는 점을 논거로, 법률상 이익의 침해는 위법한 처분은 물론 부당한 처분, 나아가 적법한 처분에 의하여도 침해될 수 있다는 견해이다.

3) 검 토

취소소송의 원고적격이나 행정심판의 청구인적격의 범위는, 무용한 쟁송의 반복을 막고 행정처분을 다툴 수 있는 자를 일정한 범위에 한정하고자 하는 쟁송법상 입법정책의 문제이므로, 입법의 과오로 보는 것은 바람직하지 아니하다고 판단된다.

3. 행정심판유형별 청구인적격

(1) 취소심판의 청구인적격

1) 의 의

취소심판청구는 처분의 취소 또는 변경을 구할 법률상 이익이 있는 자가 제기할 수 있다(행심법 제13조 제1항).

2) 법률상 이익의 의미

① 학 설

㉠ 권리구제설 : 취소심판의 기능은 위법·부당한 처분으로부터 침해된 개인의 권리구제에 있다고 보아, 실체법상 권리가 침해된 자만이 심판을 제기할 수 있다는 견해이다.

㉡ 법적 이익구제설 : 보호규범이론에 근거하여, 위법한 처분에 의하여 침해되고 있는 이익이 근거법률에 의하여 보호되고 있는 이익인 경우에는, 그러한 이익이 침해된 자에게도 청구인적격이 인정된다는 견해이다. 권리구제설보다 원고적격이 확대된다.

㉢ 보호가치 있는 이익구제설 : 소송법적 관점에서 재판에 의하여 보호할 만한 가치가 있는 이익이 침해된 자는, 법률상 이익이 인정된다는 견해이다.

㉣ 적법성 보장설 : 취소심판의 기능을 국민 개인의 권익구제가 아닌, 행정처분의 적법성 보장을 위한 것이라고 보는 견해이다.

② **판례** : 종전 판례는 법률상 보호되는 이익이라 함은, 당해 처분의 근거법규 및 관계법규에 의하여 보호되는 개별적 · 직접적 · 구체적 이익이 있는 경우라고 판시하였다. 최근에는 법률상 이익의 범위를 점차 넓혀가는 경향이 있다.550)

③ **검토** : 행정심판의 주된 기능이 청구인의 권익구제에 있다는 것을 고려하면, 법률상 보호되는 이익이 침해된 경우 청구인적격을 인정하는 법적 이익구제설이 타당하다고 판단된다.

(2) 무효 등 확인심판의 청구인적격

무효 등 확인심판은 처분의 효력 유무나 존재 여부에 대한 확인을 구할 법률상 이익이 있는 자가 청구할 수 있고(행심법 제13조 제2항), 이때 확인을 구할 법률상 이익은 처분의 근거법규에 의하여 보호되는 개별적 · 직접적 · 구체적 이익을 말한다.

(3) 의무이행심판의 청구인적격

의무이행심판은 처분을 신청한 자로, 행정청의 거부처분이나 부작위에 대하여 일정한 처분을 구할 법률상 이익이 있는 자가 청구할 수 있다(행심법 제13조 제3항). 이때 청구인적격이 인정되기 위해서는 일정한 처분을 신청한 것만으로는 충분하지 않고, 근거법령 등에 근거한 신청권이 있어야 한다.

Ⅱ 피청구인

1. 의 의

행정심판은 처분을 한 행정청을 피청구인으로 하여 청구하여야 한다. 다만, 심판청구의 대상과 관계되는 권한이 다른 행정청에 승계된 경우에는, 권한을 승계한 행정청을 피청구인으로 하여야 한다(행심법 제17조 제1항).

2. 피청구인의 경정

청구인이 피청구인을 잘못 지정한 경우, 행정심판위원회는 당사자의 신청 또는 직권에 의한 결정으로써 피청구인을 경정할 수 있다. 행정심판위원회는 행정심판이 청구된 이후에 사유가 발생하면, 당사자의 신청 또는 직권에 의한 결정으로써 피청구인을 경정한다(행심법 제17조 제2항 · 제5항).

Ⅲ 참가인

심판참가라 함은, 현재 계속 중인 타인 간 행정심판의 심판결과에 대하여 이해관계가 있는 제3자 또는 행정청이 참가하는 것을 말한다. 심판참가에는 제3자의 심판참가와 행정청의 심판참가가 있다. 또한, 심판참가는 이해관계인 또는 행정청의 신청에 의한 참가와 행정심판위원회의 요구에 의한 참가로 나눌 수 있다(행심법 제20조, 제21조).

550) 대판 2004.8.16. 2003두2175

제3절 행정심판의 청구

I 행정심판청구기간

1. 의 의

행정심판청구기간은 취소심판청구와 거부처분에 대한 의무이행심판청구에 적용되며, 무효 등 확인심판청구와 부작위에 대한 의무이행심판청구에는 적용되지 아니한다.

2. 행정심판법상 행정심판청구기간

(1) 처분이 있음을 안 날로부터 90일

1) 원 칙

행정심판은 처분이 있음을 안 날로부터 90일 이내에 청구하여야 하며(행심법 제27조 제1항), 이 기간은 불변기간이다. 처분이 있음을 안 날이라 함은, 당사자가 당해 처분이 있었다는 사실을 현실적으로 안 날을 의미하고, 다만 처분을 기재한 서류가 당사자의 주소지에 송달되는 등으로 사회통념상 처분이 있음을 당사자가 알 수 있는 상태에 놓인 때에는, 반증이 없는 한 그 처분이 있음을 알았다고 추정할 수 있다.[551]

2) 예 외

① **천재지변 등의 경우** : 청구인이 천재지변, 전쟁, 사변(事變), 그 밖의 불가항력으로 인하여 정한 기간에 심판청구를 할 수 없었을 경우에는, 그 사유가 소멸한 날로부터 14일 이내에 행정심판을 청구할 수 있다. 다만, 국외에서 행정심판을 청구하는 경우에는, 그 기간을 30일로 한다(행심법 제27조 제2항).

② **행정청의 오고지의 경우** : 행정청이 처분을 하는 경우에는, 그 처분의 상대방에게 행정심판청구에 대한 고지를 하도록 되어 있다. 그런데 심판청구기간을 고지함에 있어 법상 규정된 기간보다 긴 기간으로 잘못 알린 경우에는, 그 잘못 고지된 기간에 심판청구를 할 수 있다(행심법 제27조 제5항).

(2) 처분이 있은 날로부터 180일

1) 원 칙

행정심판은 처분이 있은 날로부터 180일이 지나면 청구하지 못한다(행심법 제27조 제3항).

2) 예 외

① **정당한 사유가 있는 경우** : 정당한 사유가 있는 경우에는 180일이 지나도 청구할 수 있다. 이와 관련하여 판례는 행정처분의 직접상대방이 아닌 제3자는 행정처분이 있음을 알 수 없는 처지이므로, 심판청구의 제척기간 내에 처분이 있음을 알았다는 특별한 사정이 없는 한, 그 제척기간의 적용을 배제할 정당한 사유가 있는 경우에 해당한다고 볼 수 있다고 판시하고 있다.[552]

② **행정청의 불고지의 경우** : 행정청이 심판청구기간을 알리지 아니한 경우에는, 처분이 있은 날로부터 180일 내에 심판청구를 할 수 있고(행심법 제27조 제6항), 처분이 있음을 안 날로부터 90일은 적용되지 아니한다.

3. 특별법상 행정심판청구기간

특별법에서 행정심판청구기간에 관하여 규정을 둔 경우에는, 그 규정이 우선한다.

---

551) 대판 1999.12.28. 99두9742

552) 대판 1989.5.9. 88누5150

Ⅱ 행정심판청구의 절차 및 방식

1. 행정심판 제기절차

(1) 행정심판청구서 제출기관

심판청구서는 피청구인인 행정청 또는 행정심판위원회에 제출하여야 한다(행심법 제23조 제1항).

(2) 행정심판청구서를 접수한 행정청의 처리

1) 정당한 권한 있는 행정청에 송부

행정청이 고지를 하지 아니하거나 잘못 고지하여 청구인이 심판청구서를 다른 행정기관에 제출한 경우에는, 당해 행정기관은 그 심판청구서를 지체 없이 정당한 권한이 있는 피청구인에게 보내야 한다(행심법 제23조 제2항).

2) 행정심판위원회에 송부

피청구인은 심판청구서를 접수하거나 송부받으면, 10일 이내에 심판청구서와 답변서를 행정심판위원회에 보내야 한다. 다만, 청구인이 심판청구를 취하한 경우에는 그러하지 아니하다. 피청구인이 심판청구서를 보낼 경우에는, 심판청구서에 행정심판위원회가 표시되지 아니하였거나 잘못 표시된 경우에도, 정당한 권한이 있는 행정심판위원회에 보내야 한다(행심법 제24조 제1항 · 제5항).

3) 피청구인의 직권취소 등

심판청구서를 받은 피청구인은 그 심판청구가 이유 있다고 인정하면, 심판청구의 취지에 따라 직권으로 처분을 취소 · 변경 · 확인하거나, 신청에 따른 처분을 할 수 있다. 이 경우 서면으로 청구인에게 알려야 한다(행심법 제25조 제1항).

2. 심판청구의 방식

(1) 의 의

심판청구는 서면으로 하여야 한다(행심법 제28조 제1항). 서면에는 청구인, 대표자, 관리인, 선정대표자 또는 대리인이 기명날인하여야 한다(행심법 제28조 제5항).

(2) 판 례

판례는 행정청은 청구인의 심판청구서 수리 시 단지 형식적인 요건심사에 그치는 것이므로, 기재사항의 순서가 다르게 되어 있는 경우, 각 항목별로 명확하게 분리하지 않고 기재된 경우, 서식이 다른 경우 등이 있더라도 수리하여야 한다고 판시하고 있다.[553]

Ⅲ 행정심판청구의 효과

행정심판이 제기되면, 행정심판위원회는 심판청구를 심리 · 재결한다. 행정심판청구가 제기되어도 처분 등의 효력이나, 그 집행 또는 절차의 속행이 정지되지 아니한다(집행부정지원칙). 따라서, 예외적으로 일정한 요건을 갖춘 경우에 행정심판위원회는 당사자의 신청 또는 직권으로 처분의 효력 등을 정지시키는 결정을 할 수 있다(행심법 제30조 제1항 · 제2항).

553) 대판 1995.9.5. 94누16520

제4절 행정심판기관

Ⅰ 행정심판기관의 의의

행정심판기관은 행정심판의 청구를 수리하고, 이를 심리·재결할 수 있는 권한을 가진 행정기관을 말한다.

Ⅱ 행정심판기관의 법적 지위 및 성격

행정심판위원회는 행정심판청구사건을 심리·재결하기 위하여, 원칙적으로 해당 행정청의 직근 상급행정기관 소속하에 설치하는 합의제 행정기관에 해당한다.

Ⅲ 행정심판기관의 종류

1. 일반행정심판위원회

감사원, 국가정보원장, 그 밖에 대통령령으로 정하는 대통령 소속 기관의 장, 국회사무총장·법원행정처장·헌법재판소사무처장 및 중앙선거관리위원회사무총장, 국가인권위원회, 그 밖에 지위·성격의 독립성과 특수성 등이 인정되어 대통령령으로 정하는 행정청의 경우에는 그 행정청 또는 그 소속 행정청의 처분 또는 부작위에 대한 행정심판의 청구에 대하여, 그 행정청에 두는 행정심판위원회에서 심리·재결한다(행심법 제6조 제1항).

2. 중앙행정심판위원회

일반행정심판위원회의 심리·재결의 대상이 되는 처분 또는 부작위를 행한 행정청 외의 국가행정기관의 장 또는 그 소속 행정청, 특별시장·광역시장·특별자치시장·도지사·특별자치도지사(특별시·광역시·특별자치시·도 또는 특별자치도의 교육감을 포함) 또는 특별시·광역시·특별자치시·도·특별자치도(이하 '시·도')의 의회(의장, 위원회의 위원장, 사무처장 등 의회 소속 모든 행정청을 포함), 지방자치법에 따른 지방자치단체조합 등 관계 법률에 따라 국가·지방자치단체·공공법인 등이 공동으로 설립한 행정청(시·도의 관할구역에 있는 둘 이상의 지방자치단체(시·군·자치구)·공공법인 등이 공동으로 설립한 행정청은 제외)의 경우에는 그 행정청의 처분 또는 부작위에 대한 행정심판의 청구에 대하여, 국민권익위원회에 두는 중앙행정심판위원회에서 심리·재결한다(행심법 제6조 제2항).

3. 시·도행정심판위원회

시·도 소속 행정청, 시·도의 관할구역에 있는 시·군·자치구의 장, 소속 행정청 또는 시·군·자치구의 의회(의장, 위원회의 위원장, 사무국장, 사무과장 등 의회 소속 모든 행정청을 포함), 시·도의 관할 구역에 있는 둘 이상의 지방자치단체(시·군·자치구)·공공법인 등이 공동으로 설립한 행정청의 경우에는, 그 행정청의 처분 또는 부작위에 대한 행정심판의 청구에 대하여, 특별시장·광역시장·특별자치시장·도지사·특별자치도지사 소속으로 두는 행정심판위원회에서 심리·재결한다(행심법 제6조 제3항).

4. 직근 상급행정기관 소속 행정심판위원회

법무부 및 대검찰청 소속 특별지방행정기관(직근 상급행정기관이나 소관 감독행정기관이 중앙행정기관인 경우는 제외)의 장의 처분 또는 부작위에 대한 행정심판의 청구에 대하여, 해당 행정청의 직근 상급행정기관에 두는 행정심판위원회에서 심리 · 재결한다(행심법 제6조 제4항).

Ⅳ 행정심판기관의 구성 및 회의

1. 일반행정심판위원회

(1) 구 성

행정심판위원회는 위원장 1명을 포함한 50명 이내의 위원으로 구성한다(행심법 제7조 제1항).

(2) 회 의

일반행정심판위원회의 회의는 위원장과 위원장이 회의마다 지정하는 8명의 위원으로 구성되며, 일반행정심판위원회는 구성원 과반수의 출석과 출석위원 과반수의 찬성으로 의결한다(행심법 제7조 제6항).

2. 중앙행정심판위원회

(1) 구 성

중앙행정심판위원회는 위원장 1명을 포함한 70명 이내의 위원으로 구성하되, 위원 중 상임위원은 4명 이내로 한다(행심법 제8조 제1항).

(2) 회 의

중앙행정심판위원회의 회의는 위원장, 상임위원 및 위원장이 회의마다 지정하는 비상임위원을 포함하여 총 9명으로 구성된다. 중앙행정심판위원회는 심판청구사건 중 「도로교통법」에 따른 자동차운전면허 행정처분에 관한 사건을 심리 · 의결하도록 하기 위하여, 4명의 위원으로 구성하는 소위원회를 둘 수 있다. 중앙행정심판위원회 및 소위원회는 구성원 과반수의 출석과 출석위원 과반수의 찬성으로 의결한다(행심법 제8조 제5항 · 제6항 · 제7항).

Ⅴ 위원의 제척 · 기피 · 회피제도

1. 제 척(행심법 제10조 제1항)

위원 등이 당사자 또는 사건의 내용과 특수관계에 있는 경우, 법률상 당연히 그 사건에 관하여 직무집행을 할 수 없도록 하는 제도이다. 여기서 특수관계라 함은, 위원 또는 그 배우자나 배우자이었던 사람이 사건의 당사자이거나 사건에 관하여 공동 권리자 또는 의무자인 경우, 위원이 사건의 당사자와 친족이거나 친족이었던 경우, 위원이 사건에 관하여 증언이나 감정(鑑定)을 한 경우, 위원이 당사자의 대리인으로서 사건에 관여하거나 관여하였던 경우, 위원이 사건의 대상이 된 처분 또는 부작위에 관여한 경우 등을 말한다.

2. 기 피(행심법 제10조 제2항)

위원에게 제척사유 이외에 심리・재결에 공정을 기대하기 어려운 사정이 있는 경우, 당사자의 신청 또는 위원장의 결정에 의하여 직무집행으로부터 배제되는 것을 말한다. 여기서 사정이란, 통상인의 판단으로써 위원과 사건의 관계에서 편파적이고 불공정한 심리・재결을 하지 않을까 하는 염려를 일으킬 수 있는, 객관적 사정을 의미한다.

3. 회 피(행심법 제10조 제7항)

회피란 위원이 스스로 제척 또는 기피의 사유가 있다고 인정하여 자발적으로 심리・의결을 피하는 것을 말한다. 회피하고자 하는 위원은 그 사유를 소명하고, 위원장의 허가를 받아야 한다.

Ⅵ 행정심판기관의 권한과 의무

1. 권 한

행정심판위원회는 심판청구사건을 심리・재결하는 기관이므로, 심판청구사건의 심리권과 재결권이 행정심판위원회의 주된 권한이다. 행정심판위원회의 심리・재결이 본래의 의미를 다할 수 있도록 하기 위하여, 행정심판위원회에 증거조사권을 부여하고 있고, 그 밖에 선정대표자 선정권고권이나 청구인지위 승계허가권, 피청구인 경정권 등의 부수적인 권한도 부여하고 있다.

2. 의 무

피청구인에 대한 심판청구서의 부본의 송부의무, 다른 당사자에 대한 답변서의 부본의 송달의무, 제3자가 청구한 심판청구를 처분의 상대방에 통지할 의무, 당사자로부터 제출된 증거서류의 부본의 다른 당사자에 대한 송달의무, 증거서류 등의 반환의무, 재결서의 정본의 송달의무 등을 부담한다.

3. 권한승계

당사자의 심판청구 후 행정심판위원회가 법령의 개정・폐지 또는 피청구인의 경정결정에 따라 그 심판청구에 대하여 재결할 권한을 잃게 된 경우에는, 해당 행정심판위원회는 심판청구서와 관계 서류, 그 밖의 자료를 새로 재결할 권한을 갖게 된 행정심판위원회에 보내야 한다.

제5절 가구제

Ⅰ 서 설

행정심판법은 적극적 처분에 대한 소극적 가구제수단인 집행정지뿐만 아니라, 소극적 처분에 대한 적극적 가구제수단인 임시처분도 규정하고 있다.

Ⅱ 집행정지

1. 의 의

집행정지는 계쟁처분의 효력이나, 그 집행 또는 절차의 속행을 정지시키는 것을 말한다(행심법 제30조).

2. 집행부정지의 원칙

행정심판이 제기된다 하더라도 처분 등의 효력이나, 그 집행 또는 절차의 속행에 영향을 주지 않는다. 즉, 집행부정지가 원칙이다.

3. 요 건

(1) 적극적 요건

심판청구의 계속, 처분의 존재, 중대한 손해가 생기는 것을 예방, 긴급할 필요가 존재하여야 한다.

(2) 소극적 요건

공공복리에 중대한 영향을 미칠 우려가 없어야 하며, 본안청구가 이유 없음이 명백하지 아니하여야 한다. 집행정지의 요건과 관련하여, 행정소송법은 '회복하기 어려운 손해를 예방하기 위하여'라 규정하고 있고, 행정심판법은 '중대한 손해가 생기는 것을 예방할 필요성'이라 규정하고 있다(행소법 제23조 제2항, 행심법 제30조 제2항). 행정심판의 경우 다소 완화되어 있다고 볼 수 있다.

4. 대 상

집행정지결정의 요건이 갖추어진 경우 처분 등의 효력이나, 그 집행 또는 절차의 속행을 정지시킬 수 있다. 다만, 처분의 효력정지는 처분의 집행 또는 절차의 속행을 정지함으로써 그 목적을 달성할 수 있는 경우에는, 허용되지 아니한다.

5. 절 차

집행정지는 행정심판위원회가 결정한다. 행정심판위원회의 심리·결정을 기다릴 경우 중대한 손해가 생길 우려가 있다고 인정되면, 위원장은 직권으로 행정심판위원회의 심리·결정을 갈음하는 결정을 할 수 있다. 이 경우 위원장은 지체 없이 행정심판위원회에 그 사실을 보고하고 추인(追認)을 받아야 하는데, 행정심판위원회의 추인을 받지 못하면 집행정지 또는 집행정지 취소에 관한 결정을 취소하여야 한다.

6. 효 과

집행정지결정은 형성력을 가진다.

7. 취 소

행정심판위원회가 집행정지결정을 한 후, 그 결정이 공공복리에 중대한 영향을 미치거나 그 정지사유가 없어진 경우에는, 당사자의 신청 또는 직권에 의하여 집행정지결정을 취소할 수 있다(행심법 제30조 제4항).

Ⅲ 임시처분

1. 의 의

임시처분이란 행정청의 처분 또는 부작위로 인하여 당사자에게 발생할 수 있는 중대한 불이익이나 급박한 위험을 막기 위하여, 당사자에게 임시지위를 부여하는 행정심판위원회의 결정을 의미한다(행심법 제31조). 임시처분은 행정소송에서의 임시지위를 정하는 가처분에 해당하는 것으로, 의무이행심판에 의한 권리구제의 실효성을 보장하기 위한 제도이다.

2. 요 건

(1) 적극적 요건

임시처분결정을 하기 위해서는 행정심판청구가 계속되어야 하고, 처분 또는 부작위가 위법・부당하다고 상당히 의심되어야 하며, 행정심판청구의 계속 중 처분 또는 부작위로 인하여 당사자에게 발생할 수 있는 중대한 불이익이나 급박한 위험이 존재하여야 하고, 이를 막기 위하여 임시지위를 정하여야 할 필요가 있어야 한다.

(2) 소극적 요건

임시처분은 공공복리에 중대한 영향을 미칠 우려가 있거나, 집행정지로 목적을 달성할 수 있는 경우에는 허용되지 아니한다.

3. 대 상

임시처분의 대상은 소극적 처분인 거부처분과 부작위이다.

4. 절 차

임시처분은 공공복리에 중대한 영향을 미칠 우려가 있을 때에는 허용되지 아니한다. 위원회가 임시처분을 결정한 후에 임시처분이 공공복리에 중대한 영향을 미치거나 그 정지사유가 없어진 경우에는 직권으로 또는 당사자의 신청에 의하여 임시처분 결정을 취소할 수 있다. 임시처분 신청은 심판청구와 동시에 또는 심판청구에 대한 위원회나 소위원회의 의결이 있기 전까지, 임시처분 결정의 취소신청은 심판청구에 대한 위원회나 소위원회의 의결이 있기 전까지 신청의 취지와 원인을 적은 서면을 위원회에 제출하여야 한다. 다만, 심판청구서를 피청구인에게 제출한 경우로서 심판청구와 동시에 임시처분 신청을 할 때에는 심판청구서 사본과 접수증명서를 함께 제출하여야 한다. 위원회의 심리・결정을 기다릴 경우 중대한 불이익이나 급박한 위험이 생길 우려가 있다고 인정되면 위원장은 직권으로 위원회의 심리・결정을 갈음하는 결정을 할 수 있다. 이 경우 위원장은 지체 없이 위원회에 그 사실을 보고하고 추인(追認)을 받아야 하며, 위원회의 추인을 받지 못하면 위원장은 임시처분 또는 임시처분 취소에 관한 결정을 취소하여야 한다. 위원회는 임시처분 또는 임시처분의 취소에 관하여 심리・결정하면 지체 없이 당사자에게 결정서 정본을 송달하여야 한다(행심법 제31조 제2항, 제30조 제3항 내지 제7항).

5. 취 소

행정심판위원회가 임시처분결정을 한 후, 그 결정이 공공복리에 중대한 영향을 미치거나 그 정지사유가 없어진 경우에는, 당사자의 신청 또는 직권에 의하여 임시처분결정을 취소할 수 있다(행심법 제31조 제2항, 제30조 제4항).

12 행정심판의 청구요건 및 가구제

※ 기출문제해설의 답안은 참고용으로 활용하시기 바랍니다.

제1장 제2장 제3장 제4장 제5장 제6장 제7장 제8장 제9장 제10장 제11장 제12장 제13장

기출문제 Ⅰ 2024년 제33회 공인노무사시험

제2문

甲은 인터넷설치서비스업을 행하는 법인이다. 甲이 2024.1.22. 고객민원 및 직원 간의 불협화음등을 이유로 甲소속근로자 A에게 정직 7개월의 징계처분을 하자, A는 2024.1.26. 관할지방노동위원회에 구제신청을 하였다. 관할지방노동위원회는 2024.2.27. 징계사유가 인정되고 징계양정이 과하다고 볼 수 없다는 이유로 A의 구제신청을 기각하였다. A는 2024.3.4. 관할지방노동위원회의 판정에 불복하여 중앙노동위원회에게 재심을 신청하였다. 중앙노동위원회는 2024.4.30. 관할지방노동위원회의 판정을 취소하고 A에게 행한 정직은 부당정직임을 인정하면서 甲에게 판정서를 송달받은 날부터 30일 이내에 A에 대한 정직을 취소하고 정직기간 중 받을 수 있었던 임금상당액을 지급하라고 구제명령(이하 '이 사건구제명령'이라 한다)을 하였다. 한편, 중앙노동위원회는 2024.6.26. 甲이 이행기한까지 이 사건 구제명령을 이행하지 않았다는 이유로 이행강제금을 부과할 것임을 예고하였다. 이후 중앙노동위원회는 2024.8.7. 甲에게 '구제명령완전불이행'의 이유로 250만원의 이행강제금부과처분(이하 '이 사건부과처분'이라 한다)을 하였다. 한편, 甲은 2024.8.5. 인사위원회를 개최하여 A에 대한 정직취소를 의결한 바있다. 甲은 이 사건 부과처분문서를 2024.8.9. 송달받았다. 甲은 이 사건 부과처분의 위법을 이유로 취소심판을 청구하려고 한다. 이 경우 행정심판기관의 관할과 피청구인적격에 관하여 검토하시오.(25점)

▌목 차▐

Ⅰ. 논점의 정리

Ⅱ. 이행강제금부과처분 취소심판을 관할하는 행정심판기관

1. 행정심판기관의 종류
   (1) 일반행정심판위원회
   (2) 중앙행정심판위원회
2. 사안의 경우

Ⅲ. 이행강제금부과처분 취소심판의 피청구인적격

1. 문제의 소재
2. 처분청의 의의
3. 사안의 경우

Ⅳ. 사안의 적용

Ⅴ. 결 론

예시답안 Ⅰ 2024년 제33회 공인노무사시험

Ⅰ 논점의 정리

甲이 중앙노동위원회의 이행강제금부과처분의 위법을 이유로 취소심판을 청구하는 경우, 이행강제금부과처분 취소심판을 관할하는 행정심판기관, 이행강제금부과처분 취소심판의 피청구인적격 등이 문제된다.

Ⅱ 이행강제금부과처분 취소심판을 관할하는 행정심판기관

1. 행정심판기관의 종류

(1) 일반행정심판위원회

감사원, 국가정보원장, 그 밖에 대통령령으로 정하는 대통령 소속 기관의 장, 국회사무총장・법원행정처장・헌법재판소사무처장 및 중앙선거관리위원회사무총장, 국가인권위원회, 그 밖에 지위・성격의 독립성과 특수성 등이 인정되어 대통령령으로 정하는 행정청의 경우에는 그 행정청 또는 그 소속 행정청의 처분 또는 부작위에 대한 행정심판의 청구에 대하여, 그 행정청에 두는 행정심판위원회에서 심리・재결한다(행심법 제6조 제1항).

(2) 중앙행정심판위원회

일반행정심판위원회의 심리・재결의 대상이 되는 처분 또는 부작위를 행한 행정청 외의 국가행정기관의 장 또는 그 소속 행정청, 특별시장・광역시장・특별자치시장・도지사・특별자치도지사 또는 특별시・광역시・특별자치시・도・특별자치도의 의회, 지방자치법에 따른 지방자치단체조합 등 관계 법률에 따라 국가・지방자치단체・공공법인 등이 공동으로 설립한 행정청의 경우에는 그 행정청의 처분 또는 부작위에 대한 행정심판의 청구에 대하여, 국민권익위원회에 두는 중앙행정심판위원회에서 심리・재결한다(행심법 제6조 제2항).

2. 사안의 경우

중앙노동위원회는 고용노동부장관 소속의 합의제 행정청으로, 행심법 제6조 제2항 제1호 규정의 행정청에 해당한다. 따라서 이행강제금부과처분 취소심판을 관할하는 행정심판기관은 국민권익위원회에 두는 중앙행정심판위원회이다(행심법 제6조 제2항).

Ⅲ 이행강제금부과처분 취소심판의 피청구인적격

1. 문제의 소재

취소심판의 피청구인은 처분청이다. 사안에서 중앙노동위원회가 이행강제금을 부과한 경우, 피청구인이 중앙노동위원회인지 아니면 중앙노동위원회 위원장인지의 여부가 문제된다.

2. 처분청의 의의

행정심판은 처분을 한 행정청을 피청구인으로 하여 청구하여야 한다. 다만, 심판청구의 대상과 관계되는 권한이 다른 행정청에 승계된 경우에는, 권한을 승계한 행정청을 피청구인으로 하여야 한다(행심법 제17조 제1항). 이때 처분청이란 행정에 관한 의사를 결정하여 표시하는 행정청으로서 단독기관과 합의제기관을 포함한다.

3. 사안의 경우

중앙노동위원회가 甲에게 '구제명령완전불이행'의 이유로 250만원의 이행강제금부과처분을 하였으므로, 합의제 행정청인 중앙노동위원회에게 피청구인적격이 인정된다.

Ⅳ 사안의 적용

중앙노동위원회는 행심법 제6조 제2항 제1호 규정의 행정청에 해당하므로 이행강제금부과처분 취소심판을 관할하는 행정심판기관은 국민권익위원회에 두는 중앙행정심판위원회이다. 또한 중앙노동위원회가 이행강제금부과처분을 하였으므로, 합의제 행정청인 중앙노동위원회에게 피청구인적격이 인정된다.

Ⅴ 결 론

이행강제금부과처분 취소심판을 관할하는 행정심판기관은 중앙행정심판위원회이고, 중앙노동위원회에게 취소심판의 피청구인적격이 인정된다.

기출문제 ▌ 2018년 제27회 공인노무사시험

제1문

甲은 A국 국적으로, 대한민국에서 취업하고자 관련 법령에 따라 2009년 4월경 취업비자를 받아 대한민국에 입국하였고, 2010년 4월 체류기간이 만료되었다. 乙은 같은 A국 출신으로, 대한민국 국적 남성과 혼인하고 2015년 12월 귀화하였으나, 2016년 10월 협의이혼하였다. 이후 甲은 2017년 7월 乙과 혼인신고를 하고, 2017년 8월 관할 행정청인 X에게 대한민국 국민의 배우자(F-6-1)자격으로 체류자격 변경허가신청을 하였다. 그러나 甲은 당시 7년여의 '불법체류'를 하고 있음이 적발되었고, 이는 관련 법령 및 사무처리지침(이하 '지침 등')상 허가요건 중 하나인 '국내합법체류자'요건을 결여하게 되어 X는 2017년 8월 甲의 신청을 반려하는 처분을 하였다. 한편, 甲과 乙은 최근 자녀를 출산하였다. 甲은 위 허가를 받지 못하면 당장 A국으로 출국하여야 하고, 자녀 양육에 어려움을 겪는 등 가정이 파탄될 위험이 생기므로, 위 반려처분은 위법하다고 주장한다.

물음 1

만일, 甲이 X의 반려처분에 불복하여 행정심판을 청구함과 동시에 임시처분을 신청하는 경우, 임시처분의 인용가능성에 관하여 논하시오. (20점)

▌목 차▌

Ⅰ. 논점의 정리
Ⅱ. 임시처분의 인용가능성
1. 의 의
2. 요 건
(1) 적극적 요건
(2) 소극적 요건
3. 대 상
Ⅲ. 사안의 적용
Ⅳ. 결 론

예시답안 Ⅰ 2018년 제27회 공인노무사시험

Ⅰ 논점의 정리

甲의 체류자격 변경허가신청에 대하여 관할 행정청 X가 반려처분을 한 상황에서, 甲이 행정심판을 청구함과 동시에 소극적 작용에 대한 적극적 가구제수단인 임시처분의 신청이 가능한지가 문제된다. 이하에서는 임시처분의 일반적 내용과 함께 인용가능성 여부를 검토한다.

Ⅱ 임시처분의 인용가능성

1. 의 의

임시처분이란 처분 또는 부작위가 위법・부당하다고 상당히 의심되어, 그 처분 또는 부작위로 인하여 당사자에게 발생할 수 있는 중대한 불이익이나 급박한 위험을 막기 위하여, 당사자에게 임시지위를 정하여야 할 필요가 있는 경우 행정심판위원회가 발할 수 있는 가구제수단이다(행심법 제31조 제1항).

2. 요 건

(1) 적극적 요건

임시처분결정을 하기 위해서는 행정심판청구가 계속되어야 하고, 처분 또는 부작위가 위법・부당하다고 상당히 의심되어야 하며, 행정심판청구의 계속 중 처분 또는 부작위로 인하여 당사자에게 발생할 수 있는 중대한 불이익이나 급박한 위험이 존재하여야 하고, 이를 막기 위하여 임시지위를 정하여야 할 필요가 있어야 한다.

(2) 소극적 요건

임시처분은 공공복리에 중대한 영향을 미칠 우려가 있거나, 집행정지로 목적을 달성할 수 있는 경우에는 허용되지 아니한다.

3. 대 상

임시처분의 대상은 소극적 처분인 거부처분과 부작위이다.

Ⅲ 사안의 적용

ⅰ) 심판청구의 계속과 관련하여,

甲은 관할 행정청 X의 체류자격 변경허가신청에 불복하여 행정심판을 청구함과 동시에 임시처분을 신청하였으므로, 심판청구 계속의 요건을 만족한다.

ⅱ) 처분 또는 부작위가 위법・부당하다고 상당히 의심되는 경우와 관련하여,

관할 행정청 X의 반려처분은 甲이 7년여의 불법체류를 하고 있음을 이유로, 관련 법령 및 사무처리지침 상 허가요건 중 하나인 국내합법체류자요건을 만족시키지 못하였기에 한 처분이나, 甲과 乙은 최근 자녀를 출산하였고, 甲이 체류허가를 받지 못할 경우 당장 A국으로 출국하여야 하며, 甲의 출국으로 인하여 자녀 양육에 어려움을 겪는 등 가정이 파탄될 위험이 생기는 등의 사정이 존재한다면 비례의 원칙에 위반될 여지가 충분하므로 그 처분이 위법・부당하다고 상당히 의심되는 정도라고 볼 수 있다.

iii) 중대한 불이익이나 급박한 위험방지의 필요가 인정되는지 여부와 관련하여,

甲과 乙은 최근 자녀를 출산하였고, 甲이 체류허가를 받지 못할 경우 당장 A국으로 출국하여야 하며, 甲의 출국으로 인하여 자녀 양육에 어려움을 겪는 등 가정이 파탄될 위험이 생기므로, 중대한 불이익이나 급박한 위험을 방지할 필요성이 인정된다.

iv) 공공복리에 중대한 영향을 미칠 우려가 있는지 여부와 관련하여,

甲의 강제퇴거가 공공복리에 중대한 영향을 미친다고는 볼 수 없다. 사안을 종합하여 보면, 甲의 중대한 불이익이나 급박한 위험을 방지할 필요성이 인정되고 반려처분이 위법·부당하다고 상당히 의심되는 사정도 존재하므로, 임시처분은 인용될 것으로 보인다.

Ⅳ 결 론

甲이 관할 행정청 X의 반려처분에 불복하여 행정심판을 청구함과 동시에 임시처분을 신청하는 경우, 甲의 임시처분은 인용될 것으로 보인다.

12 행정심판의 청구요건 및 가구제

※ 기출문제해설의 답안은 참고용으로 활용하시기 바랍니다.

기출문제 | 2015년 제24회 공인노무사시험

제2문

취소심판의 재결이 내려지기 이전에 청구인이 제기할 수 있는 행정심판법상 잠정적인 권리구제수단에 관하여 설명하시오. (25점)

| 목차연습 |

예시답안 Ⅰ 2015년 제24회 공인노무사시험

Ⅰ 논점의 정리

가구제(잠정적 권리구제수단)라 함은, 행정심판에서 본안재결의 실효성 확보를 위하여 본안재결을 받기 전에, 당사자의 권리를 임시적·잠정적으로 보호하여 주는 제도를 말한다. 행심법은 적극적 처분에 대한 소극적 가구제수단인 집행정지뿐만 아니라, 소극적 처분에 대한 적극적 가구제수단인 임시처분도 규정하고 있다.

Ⅱ 집행정지

1. 의의(행심법 제30조)

2. 집행부정지의 원칙

3. 요 건

(1) 적극적 요건

심판청구의 계속, 처분의 존재, 중대한 손해가 생기는 것을 예방, 긴급할 필요가 존재하여야 한다.

(2) 소극적 요건

공공복리에 중대한 영향을 미칠 우려가 없어야 하며, 본안청구가 이유 없음이 명백하지 아니하여야 한다. 집행정지의 요건과 관련하여, 행소법은 '회복하기 어려운 손해를 예방하기 위하여'라 규정하고 있고, 행심법은 '중대한 손해가 생기는 것을 예방할 필요성'이라 규정하고 있다(행소법 제23조 제2항, 행심법 제30조 제2항). 행정심판의 경우 다소 완화되어 있다고 볼 수 있다.

4. 대 상

집행정지결정의 요건이 갖추어진 경우 처분 등의 효력이나, 그 집행 또는 절차의 속행을 정지시킬 수 있다. 다만, 처분의 효력정지는 처분의 집행 또는 절차의 속행을 정지함으로써 그 목적을 달성할 수 있는 경우에는, 허용되지 아니한다.

5. 절 차

6. 효 과

집행정지결정은 형성력을 가진다.

Ⅲ 임시처분

1. 의의(행심법 제31조)

2. 요 건

(1) 적극적 요건

임시처분결정을 하기 위해서는 행정심판청구가 계속되어야 하고, 처분 또는 부작위가 위법·부당하다고 상당히 의심되어야 하며, 행정심판청구의 계속 중 처분 또는 부작위로 인하여 당사자에게 발생할 수 있는 중대한 불이익이나 급박한 위험이 존재하여야 하고, 이를 막기 위하여 임시지위를 정하여야 할 필요가 있어야 한다.

(2) 소극적 요건

임시처분은 공공복리에 중대한 영향을 미칠 우려가 있거나, 집행정지로 목적을 달성할 수 있는 경우에는 허용되지 아니한다.

3. **대 상**

임시처분의 대상은 소극적 처분인 거부처분과 부작위이다.

4. **절 차**

5. **취 소**

Ⅳ 결 론

국민의 권리구제와 실효적인 가구제의 측면에서, 의무이행심판에 대응하는 적극적 가구제로서 임시처분제도를 도입한 것은 의미 있는 입법이라 할 것이나, 임시처분의 요건이 지나치게 협소하여 당초 입법목적을 달성할 수 있을지 의문이므로, 행정심판의 재결례를 통하여 임시처분제도를 상당히 완화하여 적용하려는 의지가 필요하다.

CHAPTER

☑ 주요논점 ☐ 최신 기출문제해설 ☐ 주요 기출문제해설

13 행정심판의 심리 · 재결

제1절 심 리

I 심리의 의의

심리라 함은, 분쟁의 대상이 되고 있는 사실관계와 법률관계를 분명히 하기 위하여 당사자나 관계자의 주장・반대주장을 듣고, 그러한 주장을 정당화시켜 주는 각종의 증거・자료를 수집・조사하는 일련의 절차를 말한다.

II 심리의 종류 및 범위

1. 종 류

(1) 요건심리

요건심리라 함은, 행정심판의 청구요건을 구비하였는가에 관한 심리를 말한다. 만약 요건의 불비가 있다면 각하재결을 한다(행심법 제43조 제1항).

(2) 본안심리

본안심리라 함은, 요건심리의 결과 당해 심판청구가 심판청구요건을 구비한 것으로 인정되는 경우, 심판청구의 당부를 심리하는 것을 말한다. 본안심리의 결과 심판청구가 이유 있다고 인정되면 청구인용재결을 하고, 심판청구가 이유 없다고 인정되면 청구기각재결을 한다(행심법 제43조 제2항・제5항).

2. 범 위

(1) 불고불리의 원칙

행정심판위원회는 심판청구의 대상이 되는 처분 또는 부작위 이외의 사항에 대하여는 재결하지 못한다고 규정하고 있다(행심법 제47조 제1항).

(2) 불이익 변경금지의 원칙

행정심판위원회는 심판청구의 대상이 되는 처분보다 청구인에게 불이익한 재결을 하지 못한다는 원칙이다(행심법 제47조 제2항).

Ⅲ 심리의 절차

1. 심리의 기본원칙

(1) 대심주의

행정심판법은 대심주의를 취한다. 대심주의란 심판청구인과 피청구인이 서로 대등한 입장에서 공격・방어방법을 제출하게 하고, 이때 제출된 공격・방어방법을 바탕으로 심리를 진행하는 원칙을 의미한다.

(2) 처분권주의

처분권주의란 심판의 개시, 심판의 대상 및 심판의 종결을 당사자의 의사에 일임하는 것을 의미한다. 행정심판은 청구인의 심판청구에 의하여 개시되고, 청구인이 심판의 대상과 범위를 결정하며, 청구인이 심판청구를 취하함으로써 심판절차를 종료시킬 수 있다.

(3) 구술심리주의와 서면심리주의

행정심판법은 서면심리주의와 구술심리주의를 함께 채택하고 있으며, 어느 방식을 취할 것인지는 행정심판위원회의 판단에 맡기고 있다(행심법 제40조 제1항 전단). 그러나 당사자가 구술심리를 신청하였다면, 서면심리만으로 결정할 수 있다고 인정하는 경우 외에는 구술심리를 하도록 하고 있어(행심법 제40조 제1항 후단), 심판청구인이 자신의 주장을 할 기회를 충분히 부여하고 있다.

(4) 직권심리주의

행정심판위원회가 필요하다고 인정할 경우에는, 당사자가 주장하지 아니한 사실에 대하여도 심리할 수 있고(행심법 제39조), 사건의 심리를 위해서는 직권으로 증거조사를 할 수 있다고 규정하고 있어(행심법 제36조 제1항), 직권심리주의를 택하고 있다.

(5) 비공개주의

비공개주의라 함은, 심판의 심리와 결정을 일반에게 공개하지 아니하는 원칙을 말한다.

2. 당사자의 절차적 권리

(1) 위원・직원에 대한 기피신청권

당사자는 위원에 대하여 제척신청이나 기피신청을 할 수 있다. 제척신청이나 기피신청은 그 사유를 소명한 문서로 하여야 한다. 다만, 불가피한 경우 신청한 날로부터 3일 이내에 신청사유를 소명할 수 있는 자료를 제출하여야 한다(행심법 제10조 제3항).

(2) 보충서면제출권

당사자는 심판청구서・보정서・답변서・참가신청서 등에서 주장한 사실을 보충하고, 다른 당사자의 주장을 다시 반박하기 위하여 필요하면, 행정심판위원회에 보충서면을 제출할 수 있다. 이 경우 다른 당사자의 수만큼 보충서면의 부본을 함께 제출하여야 한다(행심법 제33조 제1항).

(3) 구술심리신청권

행정심판의 심리는 구술심리나 서면심리로 한다. 다만, 당사자가 구술심리를 신청하였다면, 서면심리만으로 결정할 수 있다고 인정되는 경우 외에는 구술심리를 하여야 한다(행심법 제40조 제1항).

(4) 물적 증거제출권

당사자는 심판청구서·보정서·답변서·참가신청서·보충서면 등에 덧붙여, 그 주장을 뒷받침하는 증거서류나 증거물을 제출할 수 있다(행심법 제34조 제1항).

(5) 증거조사신청권

행정심판위원회는 사건의 심리를 위하여 필요하다고 인정할 경우에는, 당사자의 신청에 의하여 증거조사를 할 수 있다고 규정하고 있다(행심법 제36조 제1항).

Ⅳ 심리의 병합과 분리

1. 병 합

행정심판위원회는 필요하다고 인정될 경우, 관련되는 심판청구를 병합하여 심리할 수 있다(행심법 제37조). 증거가 공통되는 경우에는 동일 행정청의 유사한 처분에 관한 청구의 경우와 마찬가지로, 관련되는 수개의 심판청구는 병합심리하는 것이 경제적이고, 신속한 해결에 도움을 준다.

2. 분 리

행정심판위원회는 필요하다고 인정될 경우, 직권으로 이미 병합된 관련 심판청구를 분리하여 심리할 수 있다(행심법 제37조). 병합된 관련 심판청구는, 행정심판위원회가 직권으로 병합심리하기로 결정한 관련 심판청구 이외에, 당사자에 의하여 병합제기된 심판청구를 모두 포함한다.

Ⅴ 처분사유의 추가·변경

행정처분의 취소를 구하는 항고소송에서 처분청은, 당초처분의 근거로 삼은 사유와 기본적 사실관계의 동일성이 인정되는 한도 내에서만 다른 사유를 추가하거나 변경할 수 있고, 이러한 기본적 사실관계의 동일성 유무는, 처분사유를 법률적으로 평가하기 이전의 구체적 사실에 착안하여, 그 기초가 되는 사회적 사실관계가 기본적인 점에서 동일한지 여부에 따라 결정되므로, 추가 또는 변경된 사유가 당초처분 시 그 사유를 명기하지 않았을 뿐 처분 시 이미 존재하고 있었다거나, 당사자도 그 사실을 알고 있었다고 하여 당초 처분사유와의 동일성이 인정된다고 할 수는 없다. 그리고 이러한 법리는 행정심판단계에서도 그대로 적용된다.[554] 다만, 의무이행심판의 경우 거부처분의 위법 여부와 재결의 기준시를 재결시로 보게 되므로 처분 이후의 기본적 사실관계의 동일성이 없는 다른 사유(법령이나 사실상태의 변경)를 기준으로 기각판결을 하는 것은 처분사유의 추가·변경의 법리와 무관하게 가능한 것으로 이해하여야 한다.

554) 대판 2014.5.16. 2013두26118

제2절 재 결

Ⅰ 재결의 의의

재결이란 행정심판의 청구에 대하여 행정심판위원회가 행하는 판단을 말한다(행심법 제2조 제3호).

Ⅱ 재결의 절차

1. 행정심판위원회의 의결

행정심판위원회는 심판청구에 대한 심리를 마치면, 그 심판청구에 대하여 재결할 내용을 의결하고, 재결하여야 한다.

2. 재결의 기간

재결은 피청구인 또는 행정심판위원회가 심판청구서를 받은 날로부터 60일 이내에 하여야 한다. 다만, 부득이한 사정이 있는 경우에는, 행정심판위원장이 직권으로 30일을 연장할 수 있다(행심법 제45조 제1항).

3. 재결의 방식

재결은 서면으로 한다(행심법 제46조 제1항).

4. 재결의 범위

행정심판위원회는 심판청구의 대상이 되는 처분 또는 부작위 이외의 사항에 대하여는 재결하지 못하고(행심법 제47조 제1항), 심판청구의 대상이 되는 처분보다 청구인에게 불이익한 재결을 하지 못한다(행심법 제47조 제2항).

5. 재결의 송달과 효력 발생

행정심판위원회는 지체 없이 당사자에게 재결서의 정본을 송달하여야 한다. 이 경우 중앙행정심판위원회는 재결결과를 소관 중앙행정기관의 장에게도 알려야 한다(행심법 제48조 제1항). 재결은 청구인에게 송달되었을 때에 그 효력이 발생한다(행심법 제48조 제2항).

Ⅲ 재결의 종류

1. 각하재결

각하재결은 심판청구의 제기요건을 충족하지 않은 부적법한 심판청구에 대하여, 본안에 대한 심리를 거절하는 내용의 재결을 말한다(행심법 제43조 제1항).

2. 기각재결

(1) 기각재결

일반적인 경우의 기각재결은 본안심리의 결과, 심판청구가 이유 없다고 인정하여 그 청구를 배척하고 원처분을 지지하는 재결을 의미한다.

(2) 사정재결

행정심판위원회는 심판청구의 심리 결과 그 청구가 이유 있다 하더라도, 이를 인용(認容)하는 것이 공공복리에 크게 위배된다고 인정하면, 그 청구를 기각하는 재결을 할 수 있다(행심법 제44조 제1항). 이러한 사정재결은 취소심판 및 의무이행심판에서만 인정되고, 무효 등 확인심판에서는 인정되지 아니한다(행심법 제44조 제3항).

3. 인용재결

(1) 취소심판에서의 인용재결

취소심판의 청구가 이유 있다고 인정될 경우에는, 행정심판위원회는 그 심판청구를 인용하는 재결로써 심판청구의 대상이 된 처분을 직접 취소·변경하거나, 처분청에게 변경을 명할 수 있다. 처분취소재결·처분변경재결은 행정심판위원회가 스스로 처분을 취소·변경하므로 형성재결의 성질을 가지고, 처분변경명령재결은 행정심판위원회가 처분청에게 처분의 변경을 명령하는 것이므로 이행재결의 성질을 가진다. 2010년 7월 시행 이전의 구 행정심판법상에는, 행정심판위원회가 처분청에 대하여 취소할 것을 명령하는 취소명령재결도 규정되어 있었으나, 2010년 7월 시행 이후 행정심판법에는, 행정심판위원회의 처분청에 대한 취소명령재결에 관한 규정이 삭제되었다. 처분취소재결에는 처분의 전부취소 및 일부취소가 포함된다. 변경재결 및 변경명령재결에서 "변경"이란 원처분을 갈음하는 다른 처분으로의 변경을 의미한다. 다만, 이때의 변경은 청구인에게 유리한 변경이어야 한다(행심법 제47조 제2항).

(2) 무효 등 확인심판에서의 인용재결

행정심판위원회는 무효 등 확인심판의 청구가 이유 있다고 인정되면, 처분의 효력 유무(무효확인재결·유효확인재결) 또는 처분의 존재 여부(부존재확인재결·존재확인재결)를 확인하는 재결을 한다(행심법 제43조 제4항). 또한 명문의 규정은 없지만, 학설은 실효확인재결도 인정한다.

(3) 의무이행재결

1) 의의 및 성질

행정심판법 제43조 제5항에 따르면, 행정심판위원회는 의무이행심판청구가 이유 있다고 인정될 경우에는, 신청에 따른 처분을 하거나(처분재결) 처분을 할 것을 피청구인에게 명한다(처분명령재결). 여기서 처분재결은 행정청의 이행을 요구하지 아니하므로 형성재결의 성격을 가지고, 처분명령재결은 행정청의 이행을 요구하므로 이행재결의 성격을 가진다.

2) 재결의 기준 시

① 문제점 : 거부처분에 대한 의무이행심판의 위법·부당 판단의 기준 시가 처분 시인지, 아니면 재결 시인지에 대하여 견해의 대립이 있다.

② 학 설

㉠ 재결시설 : 의무이행심판 심리의 본질은, 재결시점에서 거부처분상태를 계속 유지하는 것이 위법·부당한지를 판단하는 데 있으므로, 재결시점을 기준으로 하여야 한다는 견해이다.

㉡ 처분시설 : 의무이행심판을 포함한 항고심판은, 처분청의 위법·부당한 처분에 대한 사후적 통제를 목적으로 하는 심판이므로, 처분시점을 기준으로 하여야 한다는 견해이다.

③ 검토 : 의무이행심판의 청구취지가 거부처분의 취소가 아닌 일정한 처분의 발급이라는 점을 고려하면, 재결 시를 기준으로 종전의 거부처분을 유지할 것인지, 아니면 새로운 처분을 발급할 것인지를 결정하여야 할 것이다.

3) 의무이행재결의 내용

① 처분재결과 처분명령재결의 선택

㉠ 문제점 : 행정심판법 제43조 제5항은, 의무이행심판의 경우 처분명령재결과 처분재결을 모두 인정하고 있으므로, 어떠한 재결이 우선되어야 하는지가 문제된다.

㉡ 학설 : 행정심판위원회는 처분재결과 처분명령재결을 선택함에 있어 전적으로 재량권을 가진다는 재량설과, 처분청의 처분권이 존중되어야 하므로 원칙적으로 처분명령재결을 하여야 하고, 예외적으로 처분재결을 하여야 한다는 처분명령재결설이 대립하고 있다.

㉢ 검토 : 처분청의 권한 존중과 행정심판 실무의 태도에 비추어 보면, 원칙적으로 처분명령재결에 의함이 타당하다고 판단된다.

② 처분명령재결의 내용

㉠ 기속행위의 경우 : 의무이행심판청구의 대상인 행정청의 행위가 기속행위이면, 행정심판위원회는 의무이행심판청구가 이유 있다고 인정될 경우에는, 청구인의 청구내용대로 처분을 하거나 처분을 할 것을 명하여야 한다. 예외적으로 피청구인이 관계 법령에서 정하고 있는 일정한 절차를 거치지 아니한 경우에는, 적법한 절차를 거쳐서 처분을 할 것을 명하는 재결도 가능하다 할 것이다.

㉡ 재량행위의 경우

㉮ 문제점 : 재량행위의 경우에는 행정청의 재량이 인정되므로, 그 거부처분에 대한 의무이행심판에서 행정심판위원회가 특정처분을 할 것을 명하는 재결을 하여야 하는지, 아니면 재결의 취지에 따라 일정한 처분을 할 것을 명하여야 하는지가 문제된다.

㉯ 학설 : 의무이행심판청구의 대상인 행정청의 행위가 재량행위이면, 본안심리결과가 위법한 경우에는 일정처분을 명령하여야 하고, 부당한 경우에는 특정처분을 명령하여야 한다는 위법·부당구별설과, 행정심판위원회는 하자 없는 재량행사를 명령하는 재결을 하여야 한다는 일정처분명령재결설, 그리고 재결 시를 기준으로 합법성 및 합목적성의 원칙상 특정처분을 하여야 할 것이 명백한 경우에는, 신청에 따른 적극적 처분을 하도록 하고, 특정 처분을 하여야 할 것이 명백하지 아니한 경우에는, 처분청의 재량권을 존중하여 재량권의 일탈·남용 및 부당을 명시하여, 하자 없는 재량행사를 명하는 재결을 하여야 한다는 재량권존중설이 대립하고 있다.

㉰ 검토 : 마찬가지로 처분청의 권한 존중과 행정심판 실무의 태도에 비추어 보면, 재량권존중설이 타당하다고 판단된다.

(4) 일부취소재결

1) 의 의

행정심판위원회의 취소심판에 의한 취소에는 적극적 처분의 취소뿐만 아니라 소극적 처분인 거부처분의 취소를 포함한다. 변경이란 취소소송에서와는 달리 적극적 변경을 의미한다고 보아야 하므로 일부취소재결은 적극적 처분의 취소에 포함된다.

2) 일부취소재결의 요건

일부취소재결의 가능성은 일부취소의 대상이 되는 부분의 분리가능성에 따라 결정된다. 외형상 하나의 처분이라고 하더라도 가분성이 있거나 처분대상의 일부가 특정될 수 있다면 일부만의 취소도 가능하며 일부의 취소는 당해 취소부분에만 효력이 생긴다.

3) 재량행위의 일부취소재결

취소소송에서는 재량행위가 위법한 경우라고 하더라도 법원은 처분청의 재량권을 존중하여야 하고 법원이 직접 처분을 하는 것은 인정되지 아니하므로 일부취소판결은 불가하고 전부취소판결을 하여 처분청이 재량권을 행사하여 적법한 처분을 하도록 해야 한다. 재량행위에 대한 사법심사의 경우 법원은 재량에 기한 공익판단의 여지를 감안하여 독립적인 결론을 도출할 수 없고 재량권의 일탈·남용이 있는지의 여부만 심사할 수 있기 때문이다. 그러나 행정심판에서는 행정심판위원회가 위법뿐만 아니라 부당도 통제할 수 있으므로(행심법 제1조, 제5조 제1호), 행정심판위원회는 재량행위의 위법 또는 부당을 이유로 일부취소재결을 할 수 있다. 행정심판위원회가 재량권을 행사할 수 있는지 여부는 취소소송에서와는 달리 문제가 되지 아니하기 때문이다.

Ⅳ 재결의 효력

1. 서 설

행정심판위원회의 재결은 행정행위의 성질을 가지므로, 재결서의 정본이 당사자에게 송달되어 그 효력이 발생하게 되면, 공정력이나 구속력, 불가쟁력, 불가변력 및 집행력 등 행정행위의 효력을 가지게 된다.

2. 불가쟁력과 불가변력

(1) 불가쟁력

심판당사자인 청구인과 피청구인(처분청)은, 행정심판위원회의 재결에 대하여 불복하여 다시 행정심판을 청구할 수 없으나(행심법 제51조), 재결 자체에 고유한 위법이 있는 경우에는 재결에 대한 행정소송의 제기가 가능하다(행소법 제19조 단서). 다만, 그러한 경우에도 제소기간이 도과되면, 더 이상 다툴 수 없다(행소법 제20조 제1항 단서).

(2) 불가변력

재결은 다른 일반 행정행위와는 달리 쟁송절차에 의하여 이루어진 판단행위이므로, 일단 재결이 이루어진 경우에는 설령 그것이 위법·부당하다 하더라도, 행정심판위원회 스스로 그 재결을 취소·변경할 수 없다. 다만, 이는 행정심판위원회 스스로 재결을 취소·변경할 수 없다는 것이고, 기각재결이 있더라도 처분청은 정당한 이유가 있는 경우에 한하여 당해 처분을 직권으로 취소·변경할 수 있다. 기각재결은 행정심판위원회가 청구인의 주장이 이유 없다고 인정하여 청구를 배척하는 데 그칠 뿐이며, 처분청에 대하여 원처분을 유지할 의무를 부담시키지는 않기 때문이다.

3. 형성력

재결의 형성력이란 재결의 내용에 따라 새로운 법률관계의 발생이나, 기존의 법률관계에 변동을 가져오는 효력으로, 제3자에게도 미치므로 이를 대세적 효력이라고도 한다. 형성력이 인정되는 재결에는 취소재결, 변경재결 및 처분재결 등이 있다. 형성재결이 있는 경우에는, 그 대상이 된 행정처분은 재결 자체에 의하여 당연히 취소되어 소멸된다.

4. 기속력

(1) 의 의

재결의 기속력이란 처분청 및 관계 행정청이 재결의 취지에 따르도록 처분청 및 관계 행정청을 구속하는 효력으로, 인용재결의 경우에만 인정되고(행심법 제49조 제1항) 각하·기각재결의 경우에는 인정되지 아니한다.

(2) 기속력의 범위

1) 주관적 범위

피청구인인 행정청뿐만 아니라, 그 밖의 모든 관계 행정청을 기속한다(행심법 제49조 제1항).

2) 객관적 범위

기속력의 객관적 범위는, 재결의 주문 및 이유 중 그 전제가 된 요건사실의 인정과 처분의 효력 판단에 한정되고, 재결의 결론과 직접 관련이 없는 방론이나, 간접사실에 대한 판단까지는 미치지 아니한다.

3) 시간적 범위

처분의 위법성 판단의 기준 시를 처분 시로 보는 것이 학설·판례의 일반적 태도이므로(처분시설), 기속력은 처분 시까지의 사유를 판단의 대상으로 한다. 따라서 처분 시 이후의 새로운 법률관계나 사실관계는, 재결의 기속력이 미치지 아니한다.

(3) 기속력의 내용

1) 반복금지의무

행정청은 처분의 취소재결, 변경재결, 무효, 부존재 및 실효재결 등이 있는 경우, 동일한 사정하에서는 같은 내용의 처분과 동일한 과오를 되풀이하지 못한다.

2) 재처분의무

① 변경명령재결에 따른 변경의무 : 취소심판에서 처분의 변경을 명하는 재결이 있는 경우에는, 처분청은 당해 처분을 변경하여야 한다. 다만, 행정심판법은 다른 처분의무와는 달리, 변경명령재결에 따른 피청구인의 변경의무 불이행에 대하여 별도의 실효성 확보수단을 규정하고 있지 아니하다.

② 거부처분 취소재결(또는 거부처분무효확인재결)에 따른 재처분의무 : 재결에 의하여 취소되거나, 무효 또는 부존재로 확인되는 처분이 당사자의 신청을 거부하는 것을 내용으로 하는 경우에는, 그 처분을 한 행정청은 재결의 취지에 따라 다시 이전 신청에 대한 처분을 하여야 한다(행심법 제49조 제2항). 종래 행정심판법은 취소심판의 재처분의무에 대하여 명문의 규정이 없었으므로, 거부처분 취소심판청구가 인용되어 거부처분 취소재결이 행하여진 경우, 재처분의무를 인정할 수 있는지에 대하여 견해대립이 존재하였다. 그러나 2017년 4월 개정된 행정심판법은 행정심판위원회의 재결의 실효성을 높이기 위하여, 거부처분에 대한 취소재결을 비롯하여 무효확인재결과 부존재확인재결까지 명문으로 재처분의무(행심법 제49조 제2항)와 간접강제제도(행심법 제50조의2)를 인정하고 있다. 그러나 이 경우에도 여전히 직접처분(행심법 제50조)을 인정하고 있지는 않음에 주의하여야 한다.

③ 처분명령재결에 따른 재처분의무 : 당사자의 신청을 거부하거나 부작위로 방치한 처분의 이행을 명하는 재결이 있는 경우에는, 처분청은 지체 없이 그 재결의 취지에 따라 이전의 신청에 대한 처분을 하여야 한다(행심법 제49조 제3항).

④ 제3자효행정행위가 절차의 하자로 취소된 경우의 재처분의무 : 신청에 따른 처분이 절차의 위법 또는 부당을 이유로 재결로써 취소된 경우에는, 행정청은 재결의 취지에 따라 이전의 신청에 대한 처분을 하여야 한다(행심법 제49조 제4항).

3) 결과제거의무(원상회복의무)

행정심판에서 취소 또는 무효확인 등의 재결이 행하여지면, 당해 처분과 관련하여 행하여진 후속처분이나 사실상 조치 등에 의한 법률관계 또는 사실관계는 위법한 것이 되므로, 처분청은 이를 원상으로 회복시킬 의무를 진다.

(4) 기속력의 확보수단

1) 행정심판위원회의 직접처분

① 의의 : 행정심판위원회의 처분명령재결에도 불구하고 처분청이 처분을 하지 아니하는 경우에는, 청구인은 행정심판위원회에 직접처분을 신청할 수 있다. 청구인의 신청을 받은 행정심판위원회는, 피청구인에게 일정한 기간을 정하여 서면으로 시정명령을 내리고, 피청구인이 그 기간 내에 이행하지 아니한 경우에는 직접 당해 처분을 할 수 있다(행심법 제50조).

② 취지 : 직접처분제도는 의무이행재결의 실효성을 확보하기 위하여 도입된 제도로, 행정심판은 행정부 내의 자기통제라는 특성상 처분청을 대신하여 행정심판위원회가 직접 처분을 할 수 있도록 한 것이다.

③ 범위 : 직접처분은 처분청이 의무이행재결(처분명령재결)에 따른 처분을 하지 아니하는 모든 경우에 인정된다. 이에 대하여 지방자치단체의 자치권을 보장할 필요가 있다는 이유로 재처분의무가 자치사무인 경우에는 제외하고, 처분청이 하급행정기관이나, 기관위임사무를 담당하는 지방자치단체의 장인 경우에만 직접처분을 인정하여야 한다는 견해가 있으나, 직접처분제도는 행정심판재결의 실효성을 확보하기 위하여 인정되는 제도이므로, 자치사무인 처분을 직접처분하는 것이 자치권의 침해라고 볼 수는 없다고 하여야 한다.

④ 요 건

㉠ 적극적 요건 : 우선 ㉮ 행정심판위원회의 처분명령재결에도 불구하고 처분청이 처분을 하지 아니하여야 하고, 이후 ㉯ 청구인의 신청에 따라 행정심판위원회가 기간을 정하여 시정을 명하여야 하며, ㉰ 행정청이 그 기간 내에 시정명령을 이행하지 아니하여야 한다.

㉡ 소극적 요건 : 소극적 요건으로는 처분의 성질이나 불가피한 사유로, 행정심판위원회가 직접 처분을 할 수 없는 경우에 해당하지 않아야 한다(행심법 제50조 제1항 단서). 이러한 경우에는 예컨대 ㉮ 재량행위, ㉯ 자치사무, ㉰ 정보비공개결정, ㉱ 의무이행재결 이후의 사정변경 등이 있다.

⑤ 직접처분에 대한 후속조치 : 행정심판위원회는 직접처분을 한 경우 그 사실을 해당 행정청에 통보하여야 하고, 통보를 받은 행정청은 행정심판위원회가 한 처분을 자기가 한 처분으로 보아, 관리 및 감독 등 필요한 조치를 하여야 한다(행심법 제50조 제2항).

⑥ 직접처분에 대한 불복

㉠ 지방자치단체의 불복 : 지방자치단체가 자치권의 침해를 이유로, 자치사무에 대한 직접처분의 취소를 구할 원고적격이 인정될 수 있는지에 대하여 부정하는 견해가 있으나, 지방자치단체의 자치권을 보장할 필요와 자치권도 주관적 공권이라는 점을 고려하면, 이를 인정하는 것이 타당하다.

㉡ 제3자의 불복 : 직접처분은 원처분의 성질을 가지고 있으므로, 직접처분으로 인하여 법률상 이익을 침해받은 제3자는, 행정심판위원회를 피고로 하여 직접처분의 취소를 구하는 행정소송을 제기할 수 있다. 직접처분은 행정심판작용이고, 행정심판위원회가 처분을 한 것이므로, 행정심판의 대상은 되지 아니한다고 보는 것이 타당하다.

2) 간접강제

① 의의 : 행정심판위원회의 거부처분 취소재결(거부처분 무효확인재결)이나 처분명령재결에도 불구하고 피청구인이 처분을 하지 아니하는 경우에는, 행정심판위원회가 청구인의 신청에 의한 결정으로써 상당한 기간을 정하고, 피청구인이 그 기간 내에 이행하지 아니하면 그 지연기간에 따라 일정한 배상을 하도록 명하거나, 즉시 손해배상을 할 것을 명할 수 있다(행심법 제50조의2).

② 취지 : 행정심판법에는 간접강제규정을 두고 있지 아니하므로, 성질상 행정심판위원회의 직접처분이 불가능한 영역에 있어 기속력 확보에 한계가 있었으나, 2017년 개정된 행정심판법에는 그러한 한계를 극복하기 위하여 간접강제제도를 마련하였다(행심법 제50조의2).

③ 요건 : ㉠ 행정심판위원회의 거부처분 취소재결(거부처분 무효확인재결)이나 처분명령재결에도 불구하고 피청구인이 처분을 하지 아니하여야 한다. ㉡ 청구인의 신청에 의한 결정으로써 상당한 기간을 정하고, 피청구인이 그 기간 내에 이행하지 아니하여야 한다.

④ 불복 : 청구인은 행정심판위원회의 간접강제결정에 불복하는 경우, 그 결정에 대하여 행정소송을 제기할 수 있다(행심법 제50조의2 제4항).

⑤ 내용 : 행정심판위원회의가 청구인의 신청에 의한 결정으로써 상당한 기간을 정하고, 피청구인이 그 기간 내에 이행하지 아니하면 그 지연기간에 따라 일정한 배상을 하도록 명하거나, 즉시 손해배상을 할 것을 명할 수 있다(행심법 제50조의2 제1항). 그리고 동 위원회는 사정변경이 있는 경우, 당사자의 신청에 의하여 간접강제결정의 내용을 변경할 수 있다(행심법 제50조의2 제2항).

⑥ 효력 : 간접강제결정의 효력은 피청구인인 행정청이 소속된 국가·지방자치단체 또는 공공단체에 미치며, 결정서의 정본은 민사집행법에 따른 강제집행에 관하여는 집행권원과 같은 효력을 가진다. 이 경우 집행문은 위원장의 명에 따라 행정심판위원회가 소속된 행정청 소속 공무원이 부여한다(행심법 제50조의2 제5항).

5. 기판력 불인정

재결에는 명문의 규정(토지보상법 제86조 제1항)이 없는 한 판결에서와 같은 기판력이 인정되지 아니한다. 따라서 재결이 확정된 경우에도 처분의 기초가 된 사실관계나 법률적 판단이 확정되고 당사자들이나 법원이 이에 기속되어 모순되는 주장이나 판단을 할 수 없게 되는 것은 아니다.[555)]

핵심판례

토석채취허가처분취소재결의 기판력을 부정한 사례

[1] 행정심판의 재결은 피청구인인 행정청을 기속하는 효력을 가지므로 재결청이 취소심판의 청구가 이유 있다고 인정하여 처분청에 처분을 취소할 것을 명하면 처분청으로서는 재결의 취지에 따라 처분을 취소하여야 하지만, 나아가 재결에 판결에서와 같은 기판력이 인정되는 것은 아니어서 재결이 확정된 경우에도 처분의 기초가 된 사실관계나 법률적 판단이 확정되고 당사자들이나 법원이 이에 기속되어 모순되는 주장이나 판단을 할 수 없게 되는 것은 아니다. 따라서 주진입로로 사용하고 있는 하천부지에 대한 점용허가기간인 2013.12.31.까지로 허가기간을 한정하여 한 완주군수의 2010.3.5.자 토석채취허가처분(이하 '이 사건 허가처분')을 취소하는 전라북도행정심판위원회의 2010.8.25.자 재결(이하 '이 사건 2차 재결')이 확정되었더라도, 이 사건 허가처분의 기초가 된 사실관계나 법률적 판단이 확정되고 당사자들이나 법원이 이에 기속되어 모순되는 주장이나 판단을 할 수 없게 되는 것은 아니므로, 원고가 피고에 대하여 이 사건 허가처분이 위법하다고 주장하면서 이로 인한 손해의 배상을 청구하는 이 사건 소송에서 피고가 원고의 주장을 다투는 것이 이 사건 2차 재결의 기속력에 저촉된다고 할 수 없다. 이 사건 2차 재결의 기속력으로 인하여 피고가 원고에 대하여 이 사건 허가처분의 위법성을 다툴 수 없다는 상고이유의 주장은 받아들일 수 없다.

555) 대판 2015.11.27. 2013다6759

[2] 재결의 기속력은 재결의 주문 및 그 전제가 된 요건사실의 인정과 판단, 즉 처분 등의 구체적 위법사유에 관한 판단에 대하여만 미치고, 종전 처분이 재결에 의하여 취소되었더라도 종전 처분 시와는 다른 사유를 들어 처분을 하는 것은 기속력에 저촉되지 아니한다. 여기서 동일한 사유인지 다른 사유인지는 종전 처분에 관하여 위법한 것으로 재결에서 판단된 사유와 기본적 사실관계에 있어 동일성이 인정되는 사유인지에 따라 판단하여야 한다. 그리고 기본적 사실관계의 동일성 유무는 처분사유를 법률적으로 평가하기 이전의 구체적인 사실에 착안하여 그 기초인 사회적 사실관계가 기본적인 점에서 동일한지에 따라 결정되고, 추가 또는 변경된 사유가 종전 처분 당시에 그 사유를 명기하지 아니하였을 뿐 이미 존재하고 있었고 당사자도 그 사실을 알고 있었다고 하여 당초의 처분사유와 동일성이 있는 것이라고 할 수 없다.

[3] 원심판결 이유와 기록에 의하면 다음과 같은 사실을 알 수 있다.

① 원고는 2009.3.24. 완주군수에게 이 사건 채석장에 대하여 용도를 토목 및 쇄골재, 허가기간을 허가일부터 7년, 토석채취량을 1,523,149㎥로 정하여 토석채취허가를 신청하였고(이하 '이 사건 신청'), 완주군수는 2009.8.12. 불허가처분을 하였다(이하 '이 사건 불허가처분').

② 원고는 2009.8.31. 전라북도행정심판위원회에 이 사건 불허가처분에 대한 행정심판을 청구하였고, 전라북도행정심판위원회는 2010.1.22. 다음과 같은 이유로 이 사건 불허가처분을 취소하는 재결(이하 '이 사건 1차 재결')을 하였다. 즉 ㉠ 원고는 채취방법을 무시한 불법행위로 10여 차례 행정지시를 받은 사실이 없고, 이 사건 채석장 지역에 사면의 안정성에 영향을 미칠 수 있는 취약한 불연속면이 분포하고 있어 여기에 강우의 침투로 인한 윤활작용 및 간극수압의 상승으로 말미암아 평면파괴가 일어나 직벽이 발생한 것으로 보일 뿐 원고의 하부 발파로 직벽이 발생한 것은 아니다. ㉡ 산지관리법 시행령 제36조 제1항의 허가기준인 표고의 100분의 70이하까지만 채취를 할 수 있으나 토석을 채취하려는 산지의 지형여건상 불합리하다고 인정되는 경우에는 지방산지관리위원회의 심의를 거쳐 이를 완화할 수 있는데, 전라북도산지관리위원회에서 산지의 표고 등 제반 사정을 고려하여 조건부 의결을 한 것으로 보이므로 이러한 이유를 거부사유로 삼을 수 없다. ㉢ 원고가 허가경계지역을 침범한 사실이 없고 가사 그렇더라도 이를 이 사건 신청을 거부할 사유로 삼을 수 없다. ㉣ 산지관리법 제39조 제1항에 의하면 허가처분을 받은 자는 토석의 굴취・채취가 완료된 때 산지를 복구하여야 하는데, 원고가 취득한 허가기간은 2011.1.31.까지이고 직벽 발생의 원인이 자연재해인 것으로 판단되어 산지관리법 제28조 제2항 제1호에 따라 토석채취허가기준 전부 또는 일부를 적용하지 아니하였을 수 있을 뿐만 아니라 현재의 잔벽 형태로는 기준에 부합하는 복구가 불가능한 상황에서 추가 채굴을 통하여 안정적인 형태를 조성하는 것이 필요하다고 판단된다. 직벽 발생의 원인을 원고의 하부 발파로만 판단하여 실질적인 복구가 어려운 현 상태에서 선(先)복구를 요건으로 이 사건 불허가처분을 한 것은 재량권을 일탈・남용한 것이므로 위법하다.

③ 그러나 완주군수는 2010.2.18. 주진입로로 사용하고 있는 하천부지에 대한 점용허가기간이 2013.12.31.까지임을 들어 토석채취의 허가기간을 이와 동일하게 변경하여 신청하거나 하천부지에 대한 점용허가기간을 토석채취의 허가기간 7년에 맞추어 연장 처리하라는 내용의 공문을 원고에게 보냈고, 원고가 이러한 공문을 받고서도 아무런 조치를 취하지 아니하자 2010.3.5. 원고에게 토석채취의 허가기간을 2013.12.31.까지로 한정한 이 사건 허가처분을 하였다. 그러자 원고는 2010.4.14. 토석채취의 허가기간이 신청기간에 비하여 단축된 것에 불복하여 다시 전라북도행정심판위원회에 행정심판을 청구하였고, 전라북도행정심판위원회는 2010.8.25. 이 사건 1차 재결에 따라 완주군수는 허가기간을 7년으로 한 토석채취허가를 하였어야 함에도 하천부지점용허가기간을 이유로 허가기간을 2013.12.31.까지로 한정하여 이 사건 허가처분을 한 것이 위법하다고 보아, '이 사건 허가처분을 취소하고, 완주군수는 이 사건 신청에 대하여 토석채취허가를 하라'는 취지의 이 사건 2차 재결을 하였다. 완주군수는 2011.6.2. 이후 3차례에 걸쳐 이 사건 2차 재결에 따른 토석채취허가를 위하여는 환경영향평가법 등에 따른 사전협의절차를 거쳐야 한다는 취지의 토석채취허가에 따른 이행통지를 한 후, 원고가 이러한 사전협의절차를 이행하자 비로소 2011.10.21. 원고에게 이 사건 신청에 따른 토석채취허가를 하였다.

[4] 이와 같은 사실관계를 앞서 본 법리에 비추어 살펴보면, ① 이 사건 1차 재결에서 판단한 사유는 이 사건 채석장 자체나 그와 경계를 이루는 토지와의 관계에 관한 것으로서 이 사건 1차 재결의 기속력은 그 주문과 재결에서 판단된 이와 같은 사유에 대하여만 발생하고, 이 사건 허가처분에서 근거로 삼은 사유는 원고가 주진입로로 사용하고 있는 하천부지에 대한 점용허가기간에 관한 것이어서 그 대상이 이 사건 1차 재결에서 판단한 사유와 달라 기본적 사실관계에 있어 동일성이 있다고 할 수 없으므로, 이 사건 허가처분이 이 사건 1차 재결의 기속력에 저촉된다고 할 수 없다. ② 나아가 환경영향평가법 등에 따른 사전협의절차의 이행이라는 사유도 그 대상이 이 사건 2차 재결에서 판단한 사유와 달라 기본적 사실관계에 있어 동일성이 있다고 할 수 없으므로, 원고가 이를 이행하지 아니하였다는 이유로 이 사건 신청에 따른 토석채취허가가 지연되더라도 이 사건 2차 재결의 기속력에 저촉된다고 할 수 없다. 따라서 원심이 이 사건 허가처분이 이 사건 1차 재결의 기속력에 반하고 환경영향평가법 등에 따른 사전협의절차의 이행을 이유로 이 사건 신청에 따른 토석채취허가가 지연된 것도 이 사건 2차 재결의 기속력에 반한다는 원고의 주장을 배척한 것은 정당하고, 거기에 상고이유의 주장과 같은 토석채취허가신청의 법적 성격이나 재결의 기속력의 객관적·시간적 범위에 관한 법리오해 등의 위법이 없다.[556)]

V 재결의 불복

1. 재심판청구의 금지

행정심판법은 심판청구에 대한 재결이 있는 경우에는, 당해 재결 및 동일한 처분 또는 부작위에 대하여 다시 심판청구를 제기할 수 없도록 하여, 행정심판의 단계를 단일화하였다(행심법 제51조).

2. 재결에 대한 행정소송

행정심판의 청구인은 각하재결, 기각재결 및 일부인용재결(일부취소재결·변경재결·변경명령재결) 등에 불복하려는 경우 항고소송을 제기할 수 있다. 제3자효 행정행위에서 처분의 상대방인 행정심판의 제3자는, 인용재결에 불복하려는 경우 항고소송을 제기할 수 있다.

3. 피청구인(처분청)의 불복가능성

(1) 문제점

인용재결의 기속력을 규정한 행정심판법 제49조에도 불구하고, 피청구인이 행정소송을 제기하는 것이 허용되는지 여부가 문제된다.

(2) 학 설

1) 부정설

행정심판의 재결은 피청구인인 행정청을 기속한다고 규정하고 있는 행정심판법 제49조 제1항에 근거하여, 처분청은 행정심판의 재결에 대하여 불복할 수 없다는 견해이다.

556) 대판 2015.11.27. 2013다6759

2) 제한적 긍정설

행정심판의 재결이 처분청 또는 감독청에 속한 행정심판위원회에 의하여 행하여지는 경우에는, 인용재결에 대한 처분청의 항고소송 제기가능성은 부정되지만, 자치사무에 속하는 처분에 대한 행정심판의 인용재결에 대하여는, 지방자치단체를 대표하여 항고소송을 제기할 수 있다는 견해이다.

(3) 판 례

판례는 처분행정청은 재결에 기속되어 재결의 취지에 따른 처분의무를 부담하게 되므로, 이에 불복하여 항고소송을 제기할 수 없다고 하여, 부정설의 입장이다.[557)]

(4) 검 토

행정심판법 제49조 제1항은 인용재결의 기속력에 관하여 규정하고 있으므로, 처분청은 인용재결에 대하여 불복할 수 없다. 따라서 현행법의 해석으로는 부정설이 타당하다고 본다.

557) 대판 1998.5.8. 97누15432

13 행정심판의 심리 · 재결

※ 기출문제해설의 답안은 참고용으로 활용하시기 바랍니다.

기출문제 ▌ 2019년 제28회 공인노무사시험

제2문

A국립대학교 법학전문대학원에 지원한 甲은 A국립대학교총장(이하 'A대학총장')에게 자신의 최종입학점수를 공개해 줄 것을 청구하였으나, A대학총장은 영업비밀임을 이유로 공개 거부결정을 하였다. 甲이 위 결정에 대하여 행정심판을 청구하였고, B행정심판위원회는 이를 취소하는 재결을 내렸다. 그럼에도 불구하고 A대학총장은 위 행정심판위원회의 재결을 따르지 아니하고, 甲의 최종입학점수를 공개하지 아니하고 있다. 이에 甲이 행정심판법상 취할 수 있는 실효성 확보수단을 설명하시오. (25점)

▌목 차▌

예시답안 Ⅰ 2019년 제28회 공인노무사시험

Ⅰ 논점의 정리

정보공개청구사건에서의 인용재결에는 취소심판에서의 취소재결 또는 의무이행심판에서의 처분명령재결이 있을 수 있다. 사안의 경우, A국립대학교총장의 甲에 대한 최종입학점수 공개 거부결정에 대하여 甲이 행정심판을 청구하였고, B행정심판위원회는 이를 취소하는 재결을 내렸으므로, 실효성 확보수단으로서 직접처분은 논외로 하고, 간접강제의 가능성이 있는지를 검토하기로 한다.

Ⅱ 실효성 확보수단으로서의 간접강제

1. 간접강제의 의의

행정심판위원회의 거부처분 취소재결(거부처분 무효확인재결)이나 처분명령재결에도 불구하고 피청구인이 처분을 하지 아니하는 경우에는, 행정심판위원회가 청구인의 신청에 의한 결정으로써 상당한 기간을 정하고, 피청구인이 그 기간 내에 이행하지 아니하면 그 지연기간에 따라 일정한 배상을 하도록 명하거나, 즉시 손해배상을 할 것을 명할 수 있다(행심법 제50조의2).

2. 간접강제의 취지

간접강제규정을 두고 있지 아니하므로, 성질상 행정심판위원회의 직접처분이 불가능한 영역에 있어 기속력 확보에 한계가 있었으나, 2017년 개정된 행심법에는 그러한 한계를 극복하기 위하여 간접강제제도를 마련하였다(행심법 제50조의2).

3. 간접강제의 요건

① 행정심판위원회의 거부처분 취소재결(거부처분 무효확인재결)이나 처분명령재결에도 불구하고 피청구인이 처분을 하지 아니하여야 한다. ② 청구인의 신청에 의한 결정으로써 상당한 기간을 정하고, 피청구인이 그 기간 내에 이행하지 아니하여야 한다.

4. 간접강제의 절차

피청구인이 재처분의무를 이행하지 아니하면, 청구인은 간접강제를 신청하여야 한다. 행정심판위원회는 간접강제결정을 하기 전에 신청상대방의 의견을 들어야 한다(행심법 제50조의2 제3항).

5. 간접강제의 내용

행정심판위원회의가 청구인의 신청에 의한 결정으로써 상당한 기간을 정하고, 피청구인이 그 기간 내에 이행하지 아니하면 그 지연기간에 따라 일정한 배상을 하도록 명하거나, 즉시 손해배상을 할 것을 명할 수 있다(행심법 제50조의2 제1항). 그리고 동 위원회는 사정변경이 있는 경우, 당사자의 신청에 의하여 간접강제결정의 내용을 변경할 수 있다(행심법 제50조의2 제2항).

6. 간접강제의 효력

간접강제결정의 효력은 피청구인인 행정청이 소속된 국가·지방자치단체 또는 공공단체에 미치며, 결정서의 정본은 민사집행법에 따른 강제집행에 관하여는 집행권원과 같은 효력을 가진다. 이 경우 집행문은 위원장의 명에 따라 행정심판위원회가 소속된 행정청 소속 공무원이 부여한다(행심법 제50조의2 제5항).

7. 간접강제의 불복

청구인은 행정심판위원회의 간접강제결정에 불복하는 경우, 그 결정에 대하여 행정소송을 제기할 수 있다(행심법 제50조의2 제4항).

Ⅲ 사안의 적용

A국립대학교총장이 B행정심판위원회의 재결에도 불구하고 甲에 대한 최종입학점수를 공개하지 아니하는 경우, 甲은 행심법 제50조의2에 근거하여 B행정심판위원회에 간접강제를 신청함으로써 재결의 실효성을 확보할 수 있다.

Ⅳ 결 론

甲은 행심법 제50조의2에 근거하여 B행정심판위원회에 간접강제를 신청함으로써 재결의 실효성을 확보할 수 있다.

13 행정심판의 심리 · 재결

※ 기출문제해설의 답안은 참고용으로 활용하시기 바랍니다.

기출문제 Ⅰ 2022년 제11회 변호사시험

제1문

혼인하여 3자녀를 둔 5인 가구의 세대주인 甲은 현재 독점적으로 전기를 공급하고 있는 전기판매사업자 S와 전기공급계약을 체결하고 전기를 공급받는 전기사용자이다. S는 甲에게 2016.7.3.부터 같은 해 8.2.까지 甲 가구가 사용한 525kWh의 전기에 대해 131,682원의 전기요금을 부과하였다. 甲은 위 기간 동안 특별히 전기를 많이 사용하지 않았음에도 불구하고 전월에 비해 전기요금이 2배 이상으로 부과된 것이 새로 도입한 누진요금제 때문이라는 것을 알게 되었다. 이에 甲은 S의 전기공급약관 중 누진요금에 관한 부분이 「전기사업법」 제16조 제1항, 「전기사업법 시행령」 제7조 제1항을 위반하고 甲의 계약의 자유를 침해하여 무효라고 주장하면서, 2016.11.16. 전주지방법원 군산지원에 S를 상대로 甲이 납부한 131,682원과 누진요금제 시행 이전 기준으로 산정한 55,500원(S의 전기공급약관 개정 전 [별표 1] 기준)의 차액 상당을 구하는 부당이득반환 청구소송을 제기하였다. 甲은 위 소송 계속 중 2017.3.6. 위 법원에 「전기사업법」 제16조 제1항 중 '전기요금' 부분이 의회유보원칙 및 포괄위임금지원칙에 위배되고 혼인하여 대가족을 이룬 甲의 평등권을 침해한다고 주장하며 변호사 乙을 선임하여 위 법률조항 부분에 대한 위헌법률심판 제청신청을 하였다.

위 법원이 2017.7.20. 甲의 부당이득반환 청구를 기각하면서 위헌법률심판 제청신청도 기각하자, 甲은 2017.8.16. 「전기사업법」 제16조 제1항 중 '전기요금'에 관한 부분과 같은 법 시행령 제7조 제1항에 대하여 「헌법재판소법」 제68조 제2항에 의한 헌법소원심판을 청구하였다. 한편 위 부당이득반환 청구에 대한 기각판결은 甲이 항소하지 않아 2017.8.10. 확정되었다.

설문 4

S가 비용을 자의적으로 분류하여 전기요금을 부당하게 산정하였음이 판명되었다. 이에 허가권자는 전기위원회 소속 공무원 丙으로 하여금 그 확인을 위하여 필요한 조사를 지시하였고, 丙은 사실조사를 통해 부당한 전기요금 산정을 확인하였다. 이에 허가권자는 전기사업법령이 정하는 바에 따라 S의 매출액의 100분의 4에 해당하는 금액의 과징금부과처분을 하였다.

과징금 액수가 과하게 책정되었음을 이유로 S가 과징금부과처분 취소심판을 제기하였다면, 행정심판위원회는 일부취소재결을 할 수 있는지 검토하시오. (20점)

※ 유의 사항
아래 조문들의 일부는 가상의 것임

「전기사업법」(2013.3.23. 법률 제11690호로 개정된 것)

제1조(목적)

이 법은 전기사업에 관한 기본제도를 확립하고 전기사업의 경쟁을 촉진함으로써 전기사업의 건전한 발전을 도모하고 전기사용자의 이익을 보호하여 국민경제의 발전에 이바지함을 목적으로 한다.

제2조(정의)

이 법에서 사용하는 용어의 뜻은 다음과 같다.

1. "전기사업"이란 발전사업·송전사업·배전사업·전기판매사업 및 구역전기사업을 말한다.
2. "전기사업자"란 발전사업자·송전사업자·배전사업자·전기판매사업자 및 구역전기사업자를 말한다.
9. "전기판매사업"이란 전기사용자에게 전기를 공급하는 것을 주된 목적으로 하는 사업을 말한다.
10. "전기판매사업자"란 제7조 제1항에 따라 전기판매사업의 허가를 받은 자를 말한다.
15. "보편적 공급"이란 전기사용자가 언제 어디서나 적정한 요금으로 전기를 사용할 수 있도록 전기를 공급하는 것을 말한다.

제3조(정부 등의 책무)

① 산업통상자원부장관은 이 법의 목적을 달성하기 위하여 전력수급(電力需給)의 안정과 전력산업의 경쟁 촉진 등에 관한 기본적이고 종합적인 시책을 마련하여야 한다.

② 특별시장·광역시장·도지사·특별자치도지사(이하 '시·도지사') 및 시장·군수·구청장(자치구의 구청장을 말한다. 이하 같다)은 그 관할 구역의 전기사용자가 전기를 안정적으로 공급받기 위하여 필요한 시책을 마련하여야 하며, 제1항에 따른 산업통상자원부장관의 전력수급 안정을 위한 시책의 원활한 시행에 협력하여야 한다.

제4조(전기사용자의 보호)

전기사업자는 전기사용자의 이익을 보호하기 위한 방안을 마련하여야 한다.

제6조(보편적 공급)

① 전기사업자는 전기의 보편적 공급에 이바지할 의무가 있다.

② 산업통상자원부장관은 다음 각 호의 사항을 고려하여 전기의 보편적 공급의 구체적 내용을 정한다.

1. 전기기술의 발전 정도
2. 전기의 보급 정도
3. 공공의 이익과 안정
4. 사회복지의 증진

제7조(전기사업의 허가)

① 전기사업을 하려는 자는 대통령령으로 정하는 바에 따라 전기사업의 종류별 또는 규모별로 산업통상자원부장관 또는 시·도지사(이하 '허가권자')의 허가를 받아야 한다. 허가받은 사항 중 산업통상자원부령으로 정하는 중요 사항을 변경하려는 경우에도 또한 같다.

제16조(전기의 공급약관)

① 전기판매사업자는 대통령령으로 정하는 바에 따라 전기요금과 그 밖의 공급조건에 관한 약관(이하 '기본공급약관')을 작성하여 산업통상자원부장관의 인가를 받아야 한다. 이를 변경하려는 경우에도 또한 같다.

② 산업통상자원부장관은 제1항에 따른 인가를 하려는 경우에는 전기위원회의 심의를 거쳐야 한다.

제21조(금지행위)

① 전기사업자등은 전력시장에서의 공정한 경쟁을 해치거나 전기사용자의 이익을 해칠 우려가 있는 다음 각 호의 어느 하나의 행위를 하거나 제3자로 하여금 이를 하게 하여서는 아니 된다.

4. 비용이나 수익을 부당하게 분류하여 전기요금이나 송전용 또는 배전용 전기설비의 이용요금을 부당하게 산정하는 행위

제22조(사실조사 등)

① 허가권자는 공공의 이익을 보호하기 위하여 필요하다고 인정되거나 전기사업자등이 제21조 제1항에 따른 금지행위를 한 것으로 인정되는 경우에는 전기위원회 소속 공무원으로 하여금 이를 확인하기 위하여 필요한 조사를 하게 할 수 있다.

② 허가권자는 제1항에 따른 조사를 하는 경우에는 조사 7일 전까지 조사 일시, 조사 이유 및 조사 내용 등을 포함한 조사계획을 조사대상자에게 알려야 한다.

제24조(금지행위에 대한 과징금의 부과 · 징수)

① 허가권자는 전기사업자등이 제21조 제1항에 따른 금지행위를 한 경우에는 전기위원회의 심의를 거쳐 대통령령으로 정하는 바에 따라 그 전기사업자등의 매출액의 100분의 5의 범위에서 과징금을 부과 · 징수할 수 있다.

② 제1항에 따른 위반행위별 유형, 과징금의 부과기준, 그 밖에 필요한 사항은 대통령령으로 정한다.

「전기사업법 시행령」(2013.3.23. 대통령령 제24442호로 개정된 것)

제7조(기본공급약관에 대한 인가기준)

① 법 제16조 제1항에 따른 전기요금과 그 밖의 공급조건에 관한 약관에 대한 인가 또는 변경인가의 기준은 다음 각 호와 같다.

1. 전기요금이 적정 원가에 적정 이윤을 더한 것일 것
2. 전기요금을 공급 종류별 또는 전압별로 구분하여 규정하고 있을 것
3. 전기판매사업자와 전기사용자 간의 권리의무 관계와 책임에 관한 사항이 명확하게 규정되어 있을 것
4. 전력량계 등의 전기설비의 설치주체와 비용부담자가 명확하게 규정되어 있을 것

② 제1항 각 호에 따른 인가 또는 변경인가의 기준에 관한 세부적인 사항은 산업통상자원부장관이 정하여 고시한다.

제13조(금지행위에 대한 과징금의 상한액 및 부과기준)

① 법 제24조 제2항에 따라 과징금을 부과하는 위반행위의 종류와 그에 대한 과징금 상한액은 [별표 1의4]와 같다.

[별표 1의4] 과징금 부과 위반행위의 종류 및 과징금 상한액(제13조 제1항 관련)

위반행위	근거 법조문	과징금 상한액
4. 비용이나 수익을 부당하게 분류하여 전기요금이나 송전용 또는 배전용 전기설비의 이용요금을 부당하게 산정하는 행위	법 제21조 제1항 제4호	매출액의 100분의 4

「발전사업세부허가기준, 전기요금산정기준, 전력량계허용오차 및 전력계통운영업무」(2014.5.21. 산업통상자원부고시 제2014-82호)

제11조(요금체계)

① 전기요금의 체계는 종별공급원가를 기준으로 전기사용자의 부담능력, 편익정도, 기타 사회정책적 요인 등을 고려하여 전기사용자 간에 부담의 형평이 유지되고 자원이 합리적으로 배분되도록 형성되어야 한다.

② 전기요금은 기본요금과 전력량요금을 원칙으로 하고, 자원의 효율적 배분을 위하여 필요하다고 인정하는 경우에는 차등요금, 누진요금 등으로 보완할 수 있다.

○ S의 전기공급약관

개정 [별표 1] 월간 전기요금표 (2016.7.1. 시행)

1. 주택용 전력 (표준전압 110V 이상 380V 이하 고객)

단계	기본요금(호당)		전력량 요금(kWh당)	
1	100kWh 이하 사용	390원	처음 100kWh 까지	57.90원
2	101~200kWh 사용	870원	101~200kWh 까지	120.20원
3	201~300kWh 사용	1,530원	201~300kWh 까지	179.40원
4	301~400kWh 사용	3,680원	301~400kWh 까지	267.80원
5	401~500kWh 사용	6,970원	401~500kWh 까지	398.70원
6	500kWh 초과 사용	12,350원	500kWh 초과	677.30원

개정 전 [별표 1] 월간 전기요금표 (2012.7.1.부터 2016.6.30.까지 시행된 것)

1. 주택용 전력 (표준전압 110V 이상 380V 이하 고객)

기본요금(호당)	전력량 요금(kWh당)
3,000원	100원

예시답안 Ⅰ 2022년 제11회 변호사시험

Ⅰ 논점의 정리

과징금 액수가 과도하게 책정되었음을 이유로 S가 과징금부과처분 취소심판을 제기한 경우, 행정심판위원회가 일부취소재결을 할 수 있는지 여부가 문제된다. 이는 과징금부과처분의 법적 성격과 관련되므로 이를 먼저 검토하기로 한다.

Ⅱ S에 대한 과징금부과처분의 법적 성격

과징금은 새로운 의무이행확보수단으로 행정청이 일정한 행정법상의 의무위반에 대한 제재로서 국민에게 부과・징수하는 금전부담을 의미한다. 사안의 과징금은 금지행위를 한 전기사업자에게 매출액의 100분의 5의 범위 내에서 부과하는 것(전기사업법 제24조 제1항)으로 본래의 의미의 과징금에 해당한다. 일반적으로 과징금을 부과할 수 있는 근거규정은 과징금을 부과할지의 여부 및 과징금을 부과하는 경우의 구체적인 금액 등에 행정청의 재량을 부여하는 것이 일반적이어서 사안에서 살피건대 전기사업법 제24조 제1항은 매출액의 100분의 5의 범위 내에서 과징금을 부과할 수 있다고 규정하고 있으므로 사안의 과징금부과처분은 재량행위로 판단된다.

Ⅲ 행정심판위원회의 일부취소재결의 인정 여부

1. **취소심판과 일부취소재결**
   행정심판위원회에 의한 취소심판은 행정청의 위법 또는 부당한 처분을 취소하거나 변경하는 심판을 말한다(행심법 제5조 제1호). 취소에는 적극적 처분의 취소뿐만 아니라 소극적 처분인 거부처분의 취소를 포함한다. 변경이란 취소소송에서와는 달리 적극적 변경을 의미한다고 보아야 한다. 일부취소재결은 적극적 처분의 취소에 포함된다.
2. **일부취소재결의 요건**
   일부취소재결의 가능성은 일부취소의 대상이 되는 부분의 분리가능성에 따라 결정된다. 외형상 하나의 처분이라고 하더라도 가분성이 있거나 처분대상의 일부가 특정될 수 있다면 일부만의 취소도 가능하며 일부의 취소는 당해 취소부분에만 효력이 생긴다.
3. **재량행위의 일부취소재결**
   취소소송에서는 재량행위가 위법한 경우라고 하더라도 법원은 처분청의 재량권을 존중하여야 하고 법원이 직접 처분을 하는 것은 인정되지 아니하므로 일부취소판결은 불가하고 전부취소판결을 하여 처분청이 재량권을 행사하여 적법한 처분을 하도록 해야 한다. 재량행위에 대한 사법심사의 경우 법원은 재량에 기한 공익판단의 여지를 감안하여 독립적인 결론을 도출할 수 없고 재량권의 일탈・남용이 있는지의 여부만 심사할 수 있기 때문이다. 그러나 행정심판에서는 행정심판위원회가 위법뿐만 아니라 부당도 통제할 수 있으므로(행심법 제1조, 제5조 제1호), 행정심판위원회는 과징금부과처분의 위법 또는 부당을 이유로 일부취소재결을 할 수 있다. 행정심판위원회가 재량권을 행사할 수 있는지 여부는 취소소송에서와는 달리 문제가 되지 아니하기 때문이다.

Ⅳ 사안의 적용

전기사업법 제24조 제1항은 매출액의 100분의 5의 범위 내에서 과징금을 부과할 수 있다고 규정하고 있으므로 사안의 과징금부과처분은 재량행위로 판단된다. 따라서 과징금의 액수가 과다하여 비례의 원칙에 반하는 경우 행정심판위원회는 과다한 부분에 대한 일부취소재결을 할 수 있고, 부당한 경우에도 정당하다고 판단되는 범위를 초과하는 부분에 대하여 일부취소재결을 할 수 있다.

Ⅴ 결 론

행정심판위원회는 재량행위인 과징금부과처분이 위법하거나 부당한 경우에 일부취소재결을 할 수 있다.

판례색인

판례색인

대판 1992.9.22. 91누13212 127, 191
대판 1992.10.9. 92누213 252
대판 1992.12.8. 92누6891 289
대판 1992.12.24. 92누3335 362, 365, 428
대판 1993.1.15. 92누12407 28, 33
대판 1993.3.12. 92누11039 207
대판 1993.4.23. 92누17099 413
대판 1993.5.11. 91누10787 52
대판 1993.8.24. 93누5673 60
대판 1993.9.14. 92누4611 420
대판 1993.9.28. 93누9132 206, 208, 234
대판 1993.9.28. 92누15093 61
대판 1993.11.26. 93누7341 14, 135
대판 1993.12.24. 92누17204 214
대판 1994.1.25. 93누16901 62
대판 1994.4.12. 93누24247 131
대판 1994.6.14. 94누1197 134
대판 1994.8.12. 94누2190 56
대판 1994.10.11. 94두23 14
대판 1994.10.28. 94누5144 34
대판 1995.1.12. 94누2602 135
대판 1995.1.20. 94누6529 28
대판 1995.3.10. 94누14018 410
대판 1995.3.28. 94누12920 33
대판 1995.4.28. 94다55019 428
대판 1995.5.12. 94누13794 15, 44
대판 1995.6.13. 94누15592 59
대판 1995.7.28. 95누4629 286
대판 1995.7.28. 94누12807 242
대판 1995.8.22. 94누5694[전합] 65, 213, 237
대판 1995.9.5. 94누16520 493
대판 1995.9.15. 95누6724 62, 83
대판 1995.9.26. 94누14544 125
대판 1995.11.14. 95누2036 32
대판 1995.11.16. 95누8850[전합] 282
대판 1995.12.22. 95누4636 420
대판 1996.2.15. 94다31235 428
대판 1996.3.22. 95누5509 287, 386
대판 1996.4.26. 95누5820 321, 331, 335
대판 1996.4.26. 96누1627 243
대판 1996.5.31. 95누10617 420
대판 1996.6.11. 95누12460 20
대판 1996.7.30. 95누6328 39
대판 1996.9.6. 95누12026 133
대판 1996.9.20. 95누8003 24, 25, 135
대판 1996.9.24. 95누12842 15
대판 1997.3.11. 96누15176 282
대판 1997.5.30. 95다28960 222
대판 1997.5.30. 96누18632 141
대판 1997.9.12. 96누6219 23
대판 1997.9.30. 97누3200 5
대판 1997.10.14. 96누9829 131
대판 1997.12.12. 96누4602 118
대판 1998.4.24. 97누17131 59
대판 1998.5.8. 97누15432 58, 521
대판 1998.9.4. 97누19588 26, 141
대판 1998.9.22. 98두7602 16
대판 1998.10.23. 98두12932 428
대판 1998.12.24. 98무37 299
대판 1999.2.9. 98두16675 251
대판 1999.3.9. 98두18565 257
대판 1999.5.25. 99두1052 241
대판 1999.8.20. 97누6889 387
대판 1999.10.22. 98두18435 48
대판 1999.12.7. 97누17568 23
대판 1999.12.28. 99두9742 492

판례색인

판례색인

대판 2017.6.15. 2015두2826 242
대판 2017.7.11. 2013두25498 347
대판 2017.8.29. 2016두44186 17
대판 2017.10.31. 2015두45045 152
대판 2017.11.9. 2015다215526 374, 436
대판 2018.3.27. 2015두47492 55
대판 2018.6.15. 2016두57564 55
대판 2018.7.12. 2015두3485 138, 149
대판 2018.7.26. 2015다221569 221
대판 2018.8.1. 2014두35379 116, 117
대판 2018.8.1. 2014두42520 129
대판 2018.10.25. 2018두43095 134
대판 2018.11.15. 2016두48737 27, 216
대판 2018.11.29. 2015두52395 14
대판 2018.12.13. 2016두31616 251
대판 2019.1.31. 2016두52019 299, 300
대판 2019.2.14. 2016두41729 33, 456
대판 2019.4.3. 2017두52764 34, 36
대판 2019.5.10. 2015두46987 149, 151
대판 2019.6.27. 2018두49130 52, 155
대판 2019.7.4. 2018두58431 215
대판 2019.7.25. 2017두55077 244
대판 2019.8.9. 2019두38656 212
대판 2019.9.9. 2016다262550 430, 432
대판 2019.10.31. 2017두74320 253
대판 2020.1.16. 2019다264700 224
대판 2020.2.20. 2019두52386[전합] 143, 169
대판 2020.2.27. 2018두67152 149
대판 2020.3.2. 2017두41771 417
대판 2020.4.9. 2015다34444 108, 223
대판 2020.4.9. 2019두61137 53
대판 2020.4.9. 2019두49953 140
대판 2020.5.14. 2019두63515 283
대판 2020.5.28. 2017두66541 13
대판 2020.6.11. 2019두49359 250
대판 2020.6.25. 2019두56135 297
대판 2020.7.23. 2015두48129 120
대판 2020.9.3. 2016두32992[전합] 31
대판 2020.9.3. 2020두34070 347, 349, 350
대판 2020.10.15. 2020다222382 225, 425
대판 2020.12.24. 2020두30450 153
대판 2020.12.24. 2020두39297 246
대판 2021.1.14. 2020두50324 12, 13, 36, 85, 463
대판 2021.2.4. 2019다277133 418
대판 2021.2.4. 2020두48772 113
대판 2021.2.10. 2020두47564 11, 12
대판 2021.3.18. 2018두47264[전합] 373, 374
대판 2021.7.29. 2016두64876 246
대판 2021.7.29. 2021두34756 255
대판 2021.12.16. 2019두45944 367, 426, 435
대판 2022.2.11. 2021두40720 348
대판 2022.3.17. 2021두53894 34, 37, 464
대판 2022.4.28. 2017다233061 289, 322, 332, 336, 403
대판 2022.7.14. 2020두54852 143
대판 2022.7.28. 2021두60748 39, 40, 42
대판 2022.9.7. 2022두42365 52
대판 2022.9.16. 2021두58912 243
대판 2022.11.17. 2021두44425 215, 224
대판 2023.1.12. 2022두56630 119
대판 2023.6.29. 2020두46073 385

판례색인

[헌법재판소]

[고등법원]

인생에서 실패한 사람 중 다수는
성공을 목전에 두고도 모른 채 포기한 이들이다.

– 토마스 A. 에디슨 –

합격의
공식
시대에듀

SDEDU

팀에는 내가 없지만 팀의 승리에는 내가 있다.

(Team이란 단어에는 I 자가 없지만 win이란 단어에는 있다.)

There is no “i” in team but there is in win

– 마이클 조던 –

참고문헌

3과목 행정쟁송법

- 홍정선, 신 행정법특강, 박영사, 2024
- 박균성, 행정법강의, 박영사, 2024
- 정하중, 김광수, 행정법개론, 법문사, 2024
- 박균성, 공인노무사 행정쟁송법, 고시계사, 2021
- 홍준형, 행정법, 법문사, 2017
- 김기홍, 2025 공인노무사 핵심정리 행정쟁송법, 새흐름, 2025
- 정선균, 노동행정법, 필통북스, 2024

2025 시대에듀 EBS 공인노무사 2차 행정쟁송법

개정1판1쇄 발행	2025년 02월 20일(인쇄 2025년 01월 07일)
초 판 발 행	2024년 04월 01일(인쇄 2024년 02월 28일)
발 행 인	박영일
책 임 편 집	이해욱
편 저	EBS 교수진
편 집 진 행	안효상 · 이재성 · 김민지
표지디자인	박종우
편집디자인	김민설 · 하한우
발 행 처	(주)시대고시기획
출 판 등 록	제10-1521호
주 소	서울시 마포구 큰우물로 75 [도화동 538 성지 B/D] 9F
전 화	1600-3600
팩 스	02-701-8823
홈 페 이 지	www.sdedu.co.kr
I S B N	979-11-383-8630-2(13360)
정 가	25,000원

개정법령 관련 대처법을 소개합니다!

도서만이 전부가 아니다! 시험 관련 정보 확인법!
법령이 자주 바뀌는 과목의 경우, 도서출간 이후에 아래와 같은 방법으로
변경된 부분을 업데이트 · 수정하고 있습니다.

01 정오표

도서출간 이후 발견된 오류는 그 즉시 해당 내용을 확인한 후 수정하여 정오표 게시판에 업로드합니다.

※ 시대에듀 : 홈 ≫ 학습자료실 ≫ 정오표

02 추록(최신 개정법령)

도서출간 이후 법령개정으로 인한 수정사항은 도서의 구성에 맞게 정리하여 도서업데이트 게시판에 업로드합니다.

※ 시대에듀 : 홈 ≫ 학습자료실 ≫ 도서업데이트